Die Einbettung der Europäischen Güterrechtsverordnungen in das System des europäischen Internationalen Privat- und Zivilverfahrensrechts

Europäische Hochschulschriften Recht

European University Studies in Law

Publications Universitaires Européennes de Droit

Band/Volume 6772

Christine Splietorp

Die Einbettung der Europäischen Güterrechtsverordnungen in das System des europäischen Internationalen Privat- und Zivilverfahrensrechts

PETER LANG

Lausanne - Berlin - Bruxelles - Chennai - New York - Oxford

Bibliografische Information der Deutschen Nationalbibliothek
Die Deutsche Nationalbibliothek verzeichnet diese Publikation in der Deutschen Nationalbibliografie; detaillierte bibliografische Daten sind im Internet über http://dnb.d-nb.de abrufbar.

Zugl.: Regensburg, Univ., Diss., 2022

D 355
ISSN 0531-7312
ISBN 978-3-631-90166-3
EBOOK 978-3-631-91217-1
E-PUB 978-3-631-91218-8
DOI 10.3726/b21405

Verlegt durch:
Peter Lang GmbH, Berlin, Deutschland

info@peterlang.com http://www.peterlang.com/

Diese Publikation wurde begutachtet.

Vorwort

Die vorliegende Arbeit wurde im Wintersemester 2022/2023 von der Fakultät für Rechtswissenschaft der Universität Regensburg mit der Gesamtnote *„Magna cum laude"* als Dissertation angenommen. Sie enthält meine Forschungsergebnisse zum System des europäischen Internationalen Privat- und Zivilverfahrensrechts im Allgemeinen und zur Einbettung der Güterrechtsverordnungen als neue „Mosaiksteine" dieses Systems im Besonderen. Dabei war mir ein wichtiges Anliegen, Erfahrungen und Beispiele einfließen zu lassen, denen ich in meiner mittlerweile dreißigjährigen Praxis im internationalen und insbesondere deutsch-spanischen Rechtsverkehr begegnet bin: in zehn ersten, entscheidenden Jahren im international ausgerichteten Notariat von Don José Luis Perales Sanz in Barcelona, Mentor meines Engagements im internationalen Rechtsverkehr, und seit 2003 in meinem eigenen Anwalts- und Sprachmittlungsbüro in Baden-Baden. Bei allem akademischen Interesse soll dieses „Spätwerk" besonders dem mit dem Alltag dieses Rechtsverkehrs konfrontierten Praktiker dienen.

In inhaltlicher Hinsicht sei darauf hingewiesen, dass in die Zeitspanne zwischen der Abgabe der Arbeit an die rechtswissenschaftliche Fakultät der Universität Regensburg und dem Abschluss des Promotionsverfahrens das Inkrafttreten der Brüssel-IIb-VO sowie das Urteil der Großen Kammer des EuGH vom 15. November 2022 in der Rechtssache C-646/20 fielen, um die die Ausführungen zur Anerkennung ausländischer Privatscheidungen in Kapitel VI 1 c zu ergänzen sind.

Baden-Baden, im August 2023
Christine Splietorp

Danksagungen und Widmung

Diese Arbeit widme ich allen, die zu ihrem Abschluss und Gelingen beigetragen haben: An erster Stelle meinem Doktorvater Prof. Dr. Christoph Althammer, der nicht nur der Initiator des Dissertationsthemas war, sondern im langen Entstehungsprozess dieser Arbeit wegweisende Ideen und Anregungen beigetragen hat, sowie Prof. Dr. Claudia Mayer für die zügige und konstruktive Zweitbegutachtung.

Darüber hinaus konnte ich auf die wichtige Unterstützung vieler weiterer Personen zählen: Ohne die fortwährenden Übersetzungsaufträge des Referats *Deutsche Übersetzung* des EuGH unter dem damaligen Leiter Dr. Matthias Gläser wäre es inhaltlich und finanziell nicht möglich gewesen, diese Arbeit zu schreiben. Die Mitarbeiterinnen der Bibliothek des Bundesgerichtshofs in Karlsruhe haben über Jahre hinweg mein defizitäres technisches Verständnis bei der Recherchearbeit ausgeglichen. Und in ganz besonderem Maße bin ich den „moralischen Stützen“ dieser Arbeit verbunden, von denen ich – stellvertretend für viele – Prof. Dr. Cornelia Sieber, Monika Kranich, Dr. Antje Hetterich und Christof Laxy nennen möchte.

Herzlichen Dank Ihnen/Euch allen!

Inhalt

Inhaltsverzeichnis

Einleitung und Untersuchungsgegenstand

1. Einleitung

Das Internationale Privat- und Zivilverfahrensrecht der Europäischen Union ist eine noch junge Materie:

Eine justizielle Zusammenarbeit der Mitgliedstaaten in Zivilsachen war zwar bereits 1992 durch den Vertrag von Maastricht in die Säule „Justiz und Inneres" aufgenommen worden. Sie war jedoch im Kern in Form einer Regierungszusammenarbeit (intergouvernemental) organisiert, die dem Ministerrat geringe, den Mitgliedstaaten dagegen umso höhere Gestaltungsmöglichkeiten einräumte, während dem Europäischen Parlament keine aktiven Mitwirkungsrechte zukamen. Die Haupterrungenschaft der Maastrichter Regelung bestand in der Schaffung eines Rechtsrahmens auf dem Gebiet der justiziellen Zusammenarbeit in Zivilsachen[1].

Mit dem Vertrag von Amsterdam 1997 wurde die justizielle Zusammenarbeit in Zivilsachen in den EU-Vertrag überführt. Damit kamen in diesem Bereich erstmals supranationale Gesetzgebungsverfahren zur Anwendung, weshalb die Verweigerung allein eines Mitgliedstaats nicht mehr in allen Teilgebieten der Zusammenarbeit zum Scheitern der jeweiligen Maßnahme führen konnte. Gleichzeitig erwarb man mit der Einführung der Verstärkten Zusammenarbeit[2] ein Instrument, das eine differenzierte Integration, d. h. ein „Europa verschiedener Geschwindigkeiten" ermöglichte[3].

Heute statuiert Art. 3 Abs. 2 EUV unmittelbar nach dem allgemeinen Ziel der Förderung von Frieden, Werten und Wohlergehen der in der Union zusammengeschlossenen Völker den Entschluss der Mitgliedstaaten, ihren Bürgerinnen und Bürgern einen *Raum der Freiheit, der Sicherheit und des Rechts ohne*

---

1 Tekin, Funda, Differenzierte Integration im Raum der Freiheit, der Sicherheit und des Rechts im Spannungsfeld zwischen Problemlösungsinstinkt und Souveränitätsreflex, *integration* 2017, S. 260 ff. (267).

2 Art. 20 EUV und Art. 326 bis 334 AEUV (vormals Art. 11 und 11 a EGV und Art. 27 a bis 27 e, 40 bis 40 b und 43 bis 45 EUV).

3 Tekin, a.a.O., S. 268. Grundlegende Betrachtungen zu den Möglichkeiten einer differenzierten (Des-)Integration, insbesondere vor dem Hintergrund des Austritts Großbritanniens aus der Europäischen Union, enthält der Beitrag von Lippert, Barbara, Differenzierte Integration in der EU im Spiegel von Austritt – Beitritt – Assoziierung, *integration* 2017, S. 101 ff.

Binnengrenzen zu bieten, in dem – wenngleich in Verbindung mit geeigneten Maßnahmen zur Kontrolle der Außengrenzen, des Asyls, der Einwanderung und der Verhütung und Bekämpfung von Kriminalität – der freie Personenverkehr gewährleistet ist.

Die mit der Unionsbürgerschaft garantierte Freizügigkeit innerhalb der Union (Art. 20 Abs. 1 sowie Abs. 2 Buchst. a) ist für die Verwirklichung dieses Raums der Freiheit, der Sicherheit und des Rechts ein Schlüsselbegriff: Wer die Staatsangehörigkeit eines Mitgliedstaats besitzt, soll sich in beruflicher wie in privater Hinsicht im Unionsgebiet ungehindert bewegen und am Ort seiner Wahl aufhalten bzw. niederlassen können. Dafür jedoch ist Rechtssicherheit auf wirtschaftlichem und, nicht weniger wichtig, auf familiärem Gebiet eine wesentliche Voraussetzung. Diese Rechtssicherheit soll u. a. mit der Vereinheitlichung der Vorschriften des Internationalen Privatrechts sowie wesentlicher Vorschriften des Internationalen Zivilverfahrensrechts geschaffen werden.[4]

Allerdings gilt für die im Rahmen der vorliegenden Arbeit besonders interessierenden Maßnahmen im Bereich des Familienrechts, die unmittelbaren Einfluss auf die Privatsphäre der Bürger haben, dass ein für die gesamte Union geltender Rechtsakt nach der in Art. 81 Abs. 3 des Vertrags über die Arbeitsweise der Union (AEUV) normierten Rechtsgrundlage nach Anhörung des Europäischen Parlaments nach wie vor ausschließlich vom Rat, und zwar mit Einstimmigkeit, beschlossen werden kann (sog. Anhörungsverfahren)[5].

Der Grund für dieses besonders „souveränitätsschonende" Verfahren ist in den rechtskulturellen Besonderheiten zu suchen, die im Familienrecht der Mitgliedstaaten zum Tragen kommen und dieses Gebiet zu einer besonders heiklen Kooperationsmaterie machen[6].

Das Bestehen solcher verschiedener Kulturen – die sich u. a. in den nationalen Unterschieden im Bereich des Scheidungsrechts, des Güterrechts, insbesondere in Kombination mit dem jeweiligen gesetzlichen Erbrecht[7], und im Zusammenhang mit der Akzeptanz gleichgeschlechtlicher Beziehungen widerspiegeln – ist auch in der Kulturwissenschaft anerkannt. Dort wird die unter einem Dach

4 Dazu eingehend unten in *Kap. III 1 a).*

5 S. u. *Kap. III 1 b (i).*

6 Geiger, Khan, Kotzur/*Kotzur*, EUV–AEUV, 6. Aufl., C.H. Beck, München 2017, RZ 15 zu Art. 81 AEUV, Streinz/*Leible*, EUV/AEUV, 2. Aufl., C.H. Beck, München 2012, RZ 46 zu Art. 81 AEUV, jeweils m.w.N.; Adolphsen, Jens, Europäisches Zivilverfahrensrecht, 2. Aufl., Springer Verlag Berlin-Heidelberg 2014, S. 283 RZ 2.

7 Dazu unten *Kap. VI 2 f* sowie *Anhang III.*

zusammenlebende *Haushalts*familie[8] als symbolische (Daseins-)Form[9] gesehen, ein menschlicher Erfahrungsraum, in dem über häusliche Kulturmuster der „harte Kern jeder Kultur“[10] tradiert wird. Es liegt auf der Hand, dass derartige Kulturmuster auch in den rechtlichen Rahmenbedingungen des jeweiligen nationalen Familienrechts ihren normativen Ausdruck gefunden haben.

In einer ökonomischen Deutung sind Familien, volkswirtschaftlich gesehen, „ein Hauptfaktor der Verteilung von Gütern und Leistungen in jeder bekannten Gesellschaft – einschließlich antiker, primitiver, in Entwicklung begriffener und entwickelter Gesellschaften. Besonders wichtig sind sie für die Erzeugung, Versorgung und Erziehung von Kindern“[11]. Die Familie dient ihren Mitgliedern zugleich als Einstandsgemeinschaft für wechselseitige Hilfe in Notsituationen und garantiert im Rahmen des Familienerbrechts und des Pflichtteilsrechts Vermögenskontinuität und -erhaltung[12].

---

8 Die *Haushalts*familie als symbolische Form basiert – im Gegensatz zu einer an Abstammungslinien abgeleiteten *Verwandtschafts*familie – auf dem Prinzip der *Koresidenz*, also der häuslichen Gemeinschaft in einem Raum gemeinsam geteilter Erfahrungen, deren Funktion im Wesentlichen in der Daseinsvorsorge im Sinne sowohl der Pflege eines Beziehungssystems zwischen seinen Komponenten als auch im Sinne der Organisation der sachlichen und der personell zur Verfügung stehenden Ressourcen besteht. Weinert-Portmann, Susanne, Familie – ein Symbol der Kultur, Verlag für Sozialwissenschaften, Wiesbaden 2009, S. 92 f.

9 Die „Philosophie der symbolischen Formen“ (Bd. I: Die Sprache, Bd. II: Das mythische Denken, Bd. III: Phänomenologie der Erkenntnis. 1923–1929), stellt das Hauptwerk des Kulturphilosophen Ernst Cassirer dar, das 2002 in der im Felix Meiner Verlag, Hamburg, erschienenen Gesamtausgabe seiner Werke neu aufgelegt wurde. Die Grundsätze solcher symbolischen Formen, die als eine Art Zwischenstufe zwischen der Betrachtung der „Existierenden“ (der Phänomene) und deren philosophischer Abstraktion (in letzter Konsequenz der Idee im Sinne Platons, vgl. Cassirer, Philosophie der symbolischen Formen, Bd. 13 der Gesamtausgabe, S. 1 und 3) die Verbindung von Transzendentalphilosophie und Phänomenologie zu einer Kulturphilosophie ermöglichen, sind von Weinert-Portmann im Rahmen ihrer in der vorstehenden Fußnote zitierten Dissertation auf die Daseinsform der Familie angewandt worden, um daraus Anregungen für die sozialpädagogische Arbeit mit Familien abzuleiten.

10 v. Schweitzer, Rosemarie, Einführung in die Wirtschaftslehre des privaten Haushalts, Ulmer Verlag, Stuttgart 1991, zitiert von Weinert-Portmann, a.a.O., S. 86.

11 Becker, Gary Stanley, Familie, Gesellschaft und Politik – die ökonomische Perspektive, Teil II Familie und Gesellschaft, Eine ökonomische Entwicklung der Familie (1985), Mohr Siebeck, Tübingen 1996, S. 101.

12 Basedow, Jürgen, Gesellschaftliche Akzeptanz und internationales Familienrecht, FamRZ 2019, 1833 (1834).

In einer historischen Sichtweise sind sie zuständig „für die Entwicklung von Werten und kulturellen Verhaltensmustern, die Weitergabe von Eigentum und sozialer Stellung über Generationen“[13].

In diesem Zusammenhang haben auch die religiösen Glaubensgemeinschaften erheblichen Einfluss auf die Entwicklung und Ausgestaltung des Familienrechts genommen. Beispielsweise hat der Kampf der staatlichen und religiösen Mächte um die Zuständigkeit für das Eheschließungsrecht über Jahrhunderte das Leben der Menschen geprägt[14]. Am Ende des 19. Jahrhunderts hatten die immer zahlreicher gewordenen religiösen Mischehen wesentlichen Anteil daran, dass sich auch in Deutschland das Blatt hin zu einer „Profanierung“ der Eherechts im Sinne einer staatlichen, religionsunabhängigen Normierung wendete, die 1875 in der im Reichspersonenstandsgesetz festgeschriebenen obligatorischen Zivilehe und im Jahr 1900 mit dem einheitlichen staatlichen Eherecht des BGB ihren Ausdruck fand[15].

Betrachtet man diese vielfältigen Aspekte des familiären Bereichs, so ist in der Tat nicht verwunderlich, dass die Mitgliedstaaten diesen als Politik- und Interventionsfeld nicht den Mehrheitsentscheidungen überlassen wollten, die von den Organen einer supranationalen Organisation an Stelle der eigenen nationalen Institutionen getroffen werden. Der Familienbegriff des von der Union geschaffenen europäischen Kollisions- und Internationalen Zivilverfahrensrechts stützt sich denn auch wesentlich auf *juristische* Kategorien, die auf konkrete Regelungsbereiche zielen[16]. Einzelstatute wie das Unterhaltsstatut, das Scheidungsstatut, das Güterrechtsstatut usw. knüpfen nicht an das familiäre Zusammenleben, sondern an eine *Verwandtschaft* zwischen den Beteiligten an.

---

13 Gestrich, Andreas, in: Gestrich, Andreas, Krause, Jens-Uwe, Mitterauer, Michael, Geschichte der Familie, Alfred Kröner Verlag, Stuttgart 2003, S. 366.

14 Schwab, Dieter, Familienrecht und Religion – ein Blick in die Geschichte, in Mayer, Claudia, Schwab, Dieter, Gottwald, Peter, Henrich, Dieter (Hrsg.): Familienrecht und Religion – Europäische Perspektiven, Tagungsband des 14. Symposiums für Europäisches Familienrecht der Universität Regensburg, Gieseking-Verlag, Bielefeld 2019, S. 13.

15 Vgl. den Abriss dieser historischen Entwicklung bei Schwab, Dieter, Familienrecht und Religion ..., in Mayer/Schwab/Gottwald/Henrich (Hrsg.): Familienrecht und Religion – Europäische Perspektiven, S. 9 ff. (15–17).

16 Althammer, Christoph, Das Konzept der Familie im Europäischen Internationalen Familienrecht, in: Arnold, Stefan (Hrsg.) Grundfragen des Europäischen Kollisionsrechts, Mohr Siebeck, Tübingen 2016, S. 1 ff. (2, 5).

Die „Vielfalt der Lebensformen"[17] beschäftigt dennoch auch die Rechtspraxis. So werden im Bereich des – der Unionsbürgerschaft immanenten – Rechts auf Freizügigkeit und Aufenthalt im Gebiet der Mitgliedstaaten der Union zugunsten von Unionsbürgern und ihren Familienangehörigen (Art. 20 AEUV und die Freizügigkeitsrichtlinie 2004/38/EG[18]) mittlerweile auch Bindungen zwischen miteinander nicht verwandten Mitgliedern einer Haushaltsfamilie zur Begründung von Aufenthaltsrechten in Anspruch genommen.[19] Die soziale Realität der Migration spielt in diesem Zusammenhang eine besondere Rolle, indem sie europäische Gerichte mit Rechtsordnungen konfrontiert, in denen das Familienrecht noch in hohem Maße religiös geprägt ist. Religiöse Vorstellungen (beispielsweise über männliche Vorrechte) beeinflussen nicht nur maßgeblich das Verhalten von Verfahrensbeteiligten, sondern stellen das erkennende Gericht auch vor die Frage, inwieweit religiös begründete Regelungen von ihnen anzuwenden sind bzw. inwieweit sie gegen den nationalen *Ordre public* verstoßen[20]. Beredtes Beispiel ist die international-privatrechtliche Einordnung der islamischen Brautgabe, die zumindest einen Teil ihrer traditionellen Funktionen verliert, sobald dem Paar die Migration in ein Land mit einer westlich orientierten Rechtsordnung gelungen ist[21].

In dem nicht einmal 20 Jahre währenden Zeitraum zwischen dem Inkrafttreten des Vertrags von Amsterdam am 1. Mai 1999 und der Geburtsstunde der Güterrechtsverordnungen am 24. Juni 2016 haben die Organe der Union auf dem Gebiet des Internationalen Privat- und Zivilverfahrensrechts nicht weniger als 25 Rechtsakte angenommen, darunter, trotz der dargestellten Einschränkungen

---

17 Althammer, a.a.O., S. 2.

18 Richtlinie 2004/38/EG des Europäischen Parlaments und des Rates vom 29. April 2004 über das Recht der Unionsbürger und ihrer Familienangehörigen, sich im Hoheitsgebiet der Mitgliedstaaten frei zu bewegen und aufzuhalten, zur Änderung der Verordnung (EWG) Nr. 1612/68 und zur Aufhebung der Richtlinien 64/221/EWG, 68/360/EWG, 72/194/EWG, 73/148/EWG, 75/34/EWG, 75/35/EWG, 90/364/EWG, 90/365/EWG und 93/96/EWG (ABl. L 158, 30.04.2004, S. 77 ff.).

19 In der Rs. C-451/19 wurde ein Aufenthaltsrecht eines minderjährigen Drittstaatsangehörigen von seinem spanischen Stiefvater abgeleitet, der mit der ebenfalls drittstaatsangehörigen Mutter des Jugendlichen verheiratet war.

20 Mayer, Claudia, Schwab, Dieter, in: Mayer/Schwab/Gottwald/Henrich (Hrsg.): Familienrecht und Religion – Europäische Perspektiven. Einleitung zum Tagungsband des 14. Symposiums für Europäisches Familienrecht der Universität Regensburg, Gieseking-Verlag, Bielefeld 2019, S. 3 ff. (5).

21 S. dazu unten *Kap. VI 4 g (ii)*.

durch die Rechtsgrundlage, sieben Instrumente, die familienrechtliche Materien betreffen. Von diesen wurden drei im Rahmen einer Verstärkten Zusammenarbeit, also unter Beteiligung nicht aller Mitgliedstaaten angenommen.[22] Die rein verfahrensrechtlichen Instrumente, die Brüssel-I-VO für Zivil- und Handelssachen und die Brüssel-II-VO für Ehesachen und Verfahren betreffend die elterliche Verantwortung, sind bereits reformiert worden, die zweite Neufassung der Letzteren wurde im Juni 2019 vom Rat verabschiedet[23].

Angesichts dieser Fülle von Rechtsakten ist die Abstimmung aller einzelnen Instrumente untereinander nach allgemeinem Befund[24] etwas zu kurz gekommen, so dass das Internationale Privat- und Zivilverfahrensrecht der Europäischen Union zu Recht nicht in dem Ruf steht, ein übersichtliches und bis in alle Einzelheiten kohärentes Gebilde zu sein.

Der Rechtsanwender nähert sich der Materie daher auch mit einer gewissen Scheu, was sich jedoch angesichts der zunehmenden Migration auf europäischer wie globaler Ebene als immer weniger entbehrlich erweist:

Zum einen erfreut sich die Familie als Form des Zusammenlebens auf Lebenszeit jedenfalls in Deutschland noch immer ungebrochener Akzeptanz:

Nach einer 2016 veröffentlichten OECD-Studie zur gelebten Partnerschaftlichkeit in Familie und Beruf[25] wuchs hierzulande im Jahr 2014 ein Anteil von 83,1 % aller Kinder (Personen unter 18 Jahren) bei zwei mit ihnen zusammenlebenden Elternteilen[26] auf, in 75,6 % der Fälle war das Elternpaar miteinander

---

22 S. dazu unten, *Anhänge I und II.*

23 Anwendungsbeginn für die Verordnung (EU) 2019/1111 des Rates vom 25. Juni 2019 über die Zuständigkeit, die Anerkennung und Vollstreckung von Entscheidungen in Ehesachen und in Verfahren betreffend die elterliche Verantwortung und über internationale Kindesentführungen war der 1. August 2022.

24 Mit der Kohärenz im Internationalen Privat- und Verfahrensrecht der Europäischen Union beschäftigte sich bereits eine von v. Hein, Jan und Rühl, Gisela organisierte Tagung am 10./11. Oktober 2014 in Freiburg i. Breisgau, deren vom Max-Planck-Institut für ausländisches und internationales Privatrecht herausgegebener Tagungsband im Tübinger Verlag Mohr Siebeck erschienen ist. Bereits 2013 erschien im bei der Jenaer Wissenschaftlichen Verlagsgesellschaft (Marketing und Vertrieb: Sellier. European Law Publishers) der von Leible, Stefan und Unberath, Hannes, herausgegebene Tagungsband eines am 29./30. Juni 2012 in Bayreuth abgehaltenen Symposiums, der unter dem Titel „Brauchen wir eine Rom-0-Verordnung?“ die Frage der Notwendigkeit eines allgemeinen Teils des Europäischen Kollisionsrechts zum Gegenstand hatte.

25 *Dare to Share* – Deutschlands Weg zur Partnerschaftlichkeit in Familie und Beruf, OECD Publishing, Paris, https://doi.org/10.1787/9789264263420-de, S. 44.

26 Der Begriff „Elternteile“ meint leibliche Eltern, Stiefeltern und Adoptiveltern.

verheiratet. Rechnet man den Anteil der Kinder hinzu, die von einem alleinerziehenden Elternteil betreut werden, verbleibt ein Anteil von maximal 2 % für nichtfamiliäre Strukturen wie Internate, Jugendheime und ähnliche Institutionen. Gleichzeitig steigt der Anteil der Personen, die in Deutschland in einer Ehe, eingetragenen Partnerschaft oder nichtehelichen Lebensgemeinschaft zusammenleben, nach der Volks- und Wohnraumzählung in der Europäischen Union aus dem Jahr 2011 bis zum Alter von 39 Jahren stark, vom 39. bis zum 64. Lebensjahr schwächer, aber immer noch an[27].

Familien sind damit nach wie vor keine reinen „Zweckgesellschaften", deren Sinn sich in der Aufgabe der Reproduktion und Kindererziehung erschöpft. „Wenn auch andere Lebensformen an Akzeptanz gewonnen haben", fassen die Familiensoziologen Hill und Kopp[28] zusammen, „ist die Familie – und dies so gut wie unabhängig von Alter, Geschlecht und anderen soziodemographischen Merkmalen – immer noch mit Abstand das Lebensmodell mit der höchsten sozialen Erwünschtheit und eine der wichtigsten gesellschaftlichen Institutionen."

Gleichzeitig erhöht sich jedoch die internationale Mobilität der Paare bzw. einzelner Partner, so dass die praktische Relevanz des Internationalen Privat- und Zivilverfahrensrechts sich in Zukunft eher noch verstärken als abnehmen wird:

Nach dem Migrationsbericht 2015 des für Migration und Flüchtlinge zuständigen Bundesministeriums des Innern entsprach der Anteil der in Deutschland lebenden Bevölkerung mit Migrationshintergrund in jenem Jahr 21 %. Von rund 1,2 Millionen im Jahr 2013 Zugewanderten kamen 62 % aus dem EU-Raum.

14 % aller Eheschließungen im Jahre 2013 waren solche mit ausländischer Beteiligung; von den rund 170.000 Ehescheidungen waren 11,5 % Scheidungen binationaler Paare, 3,9 % Scheidungen ausländischer Paare mit gleicher Nationalität.

Auf gesamteuropäischer Ebene ging die EU-Kommission nach einer Pressemitteilung vom 2. März 2016[29] davon aus, dass ca. 16 Millionen internationale Paare vorhanden seien. Von den im Jahr 2007 geschlossenen 2,4 Millionen Ehen hatten 13 % einen internationalen Bezug. Die 2007 in der EU eingetragenen

---

27 Wiedergabe dieser Ergebnisse in der oben zitierten OECD-Studie, S. 46.

28 Hill, Paul, Kopp, Johannes, Familiensoziologie. Grundlagen und theoretische Perspektiven. 3. Aufl., Verlag für Sozialwissenschaften, Wiesbaden 2004, S. 315.

29 Die im Internet unter http://europa.eu/rapid/press-release_IP-16-449_de.htm zu findende Pressemitteilung (IP/16/449) vom 2. März 2016 erschien anlässlich des Vorschlags der Kommission für die Verstärkte Zusammenarbeit zur Annahme der beiden Güterrechtsverordnungen, die am 8. Juli 2016 erfolgte.

211.000 Partnerschaften wiesen sogar in 20 % der Fälle (41.000) eine internationale Komponente auf.

Die verfügbaren Zahlen kennzeichnen die Bundesrepublik Deutschland auch unmissverständlich als Einwanderungsland:

Im Jahr 2017 belief sich die so genannte Nettozuwanderung nach Deutschland auf 416.080 Personen, basierend auf 1,55 Millionen Zuzügen und 1,13 Millionen Fortzügen. Im Jahr 2016 wurden insgesamt 1,87 Millionen Zu- und 1,37 Millionen Fortzüge über die Grenzen Deutschlands erfasst, der positive Zuwanderungssaldo betrug damit sogar 499.944 Personen.[30]

Diese zunehmende Mobilität von Paaren bzw. der Unionsbürger im Allgemeinen ist in den neuen europäischen Verordnungen zum ehelichen Güterrecht und zu den güterrechtlichen Wirkungen eingetragener Partnerschaften (im Folgenden auch EuGüterVO und EuPartVO bzw. zusammen EuGüter/PartVO) berücksichtigt worden. Nach dem 32. und 35. Erwägungsgrund hat sie Eingang besonders in die Vorschriften über die internationale gerichtliche Zuständigkeit in Güterrechtssachen gefunden.

2. Gegenstand der Arbeit

Mit dem Anwendungsbeginn der beiden Güterrechtsverordnungen am 29.01.2019 ist das System des europäischen Internationalen Privat- und Zivilverfahrensrechts um zwei wichtige Elemente erweitert worden, deren Einbettung in das zu dieser Zeit bereits bestehende Gesamtgefüge Thema der vorliegenden Arbeit ist.

Diese Einbettung wäre dann uneingeschränkt gelungen, wenn sich keine logischen Widersprüche oder Anwendungsprobleme innerhalb des Gesamtsystems der bei grenzüberschreitenden Sachverhalten zur Anwendung berufenen Vorschriften feststellen ließen.

Außer im Anwendungsbereich der Neuregelungen selbst können sich solche Friktionen namentlich im Zusammenspiel mit anderen Rechtsakten der Union, mit der Rechtsprechung des EuGH und mit den (aufgrund der nach wie vor bestehenden Lücken im System des Kollisions- und Internationalen Zivilverfahrensrechts der Union) weiter anzuwendenden nationalen Regelungen der Mitgliedstaaten ergeben.

Nach einem einführenden Kapitel über die der Arbeit zugrundeliegenden methodischen Grundlagen (Kapitel I) wird zunächst der Anwendungsbereich

30 Migrationsbericht der Bundesregierung 2016/17, S. 6.

der beiden Güterrechtsverordnungen in räumlicher, zeitlicher, persönlicher und sachlicher Hinsicht (Kapitel II) dargestellt, woran sich eine Zustandsanalyse des bei ihrem Anwendungsbeginn bestehenden Systems anschließt (Kapitel III). Diese leitet zu zwei weiteren Teilen (Kapitel IV und V) über, in denen Probleme der inneren Kohärenz der beiden Verordnungen und ihrer Vereinbarkeit mit dem außerhalb des Anwendungsbereichs der unionsrechtlichen Verordnungen weiter anwendbaren Internationalen Privat- und Zivilverfahrensrecht der Mitgliedstaaten erörtert werden. Kapitel VI schließlich analysiert jeweils gesondert die Kohärenz der Güterrechtsverordnungen mit den wichtigsten anderen für das Familien- und Erbrecht auf Unionsebene maßgeblichen Verordnungen.

Die Untersuchung wird durch drei Anhänge ergänzt, die einzelne untersuchte Fragen und dazu gefundene Ergebnisse veranschaulichen:

Anhang I enthält eine tabellarische Aufstellung der bis zum Anwendungsbeginn der Güterrechtsverordnungen im Rahmen der internationalen Zusammenarbeit in Zivilsachen bereits erlassenen unionsrechtlichen Rechtsakte.

Anhang II zeigt die jeweilige Akzeptanz der auf dem Gebiet des Familienrechts von der Union erlassenen Verordnungen anhand graphischer Darstellungen.

Anhang III fasst die Ergebnisse der in Kapitel VI 2 f angestellten Untersuchung zu den gesetzlich vorgesehenen Lösungen zur Versorgung des überlebenden Ehegatten im Zusammenspiel des jeweiligen nationalen Güter- und Erbrechts tabellarisch zusammen.

Kapitel I: Methodologische Grundlagen

Das Nebeneinander so genannter getrennter und gemischter Kodifikationen kennzeichnet das System des unionsrechtlichen Internationalen Privat- und Zivilverfahrensrechts.[31] Die hier untersuchten unionsrechtlichen Verordnungen zum ehelichen Güterrecht und zum Güterrecht eingetragener Partnerschaften sind *gemischte* Verordnungen und enthalten als solche einerseits Vorschriften des Internationalen Privatrechts, die bei grenzüberschreitenden Sachverhalten, für deren Regelung die Rechtsordnungen verschiedener Staaten in Frage kommen, das jeweils anzuwendende nationale Recht bestimmen. Sie werden daher auch als *Kollisionsvorschriften* bezeichnet. Diese international-privatrechtlichen Normen werden bei gemischten Verordnungen – andererseits – aber noch durch Normen des *Internationalen Zivilverfahrensrechts* (IZVR), konkret Vorschriften zur Bestimmung der internationalen gerichtlichen Zuständigkeit sowie zur Anerkennung und Vollstreckung von Entscheidungen im Bereich des Güterrechts flankiert.

Als *Verordnungen* im Sinn von Art. 288 Abs. 2 AEUV gelten beide Rechtsakte, – seit dem 29. Januar 2019 vollumfänglich (Art. 70 Abs. 2 Unterabs. 2 EuGüter/PartVO), – unmittelbar in den Mitgliedstaaten der Europäischen Union, die an der Verstärkten Zusammenarbeit im Bereich der Zuständigkeit, des anzuwendenden Rechts und der Anerkennung und Vollstreckung von Entscheidungen in Fragen der Güterstände internationaler Paare (also sowohl ehelicher Güterstände als auch Güterstände eingetragener Partnerschaften) teilnehmen[32].

1. Allgemeine unionsrechtliche Grundlagen

a) Normative Grundlagen der Unionsrechtsordnung

Die Europäische Union übt mit ihrer rechtsetzenden Tätigkeit Hoheitsrechte aus, die ihr durch zwischen den Mitgliedstaaten abgeschlossene völkerrechtliche Verträge[33]

---

31 Zu den Vor- und Nachteilen beider Typen von Rechtsakten s. unten *Kap. III 2 c)*.

32 Art. 288 Abs. 2 AEUV; dazu weiter s. u. *Kap. II 1 a)*.

33 Die römischen Verträge wurden von der Bundesrepublik Deutschland mit zwei Ratifikationsgesetzen nach Art. 59 Abs. 2 S. 1 Grundgesetz (GG; BGBl. II, 1952, Nr. 7, S. 445 und BGBl. II, 1957, Nr. 23, S. 753) ratifiziert. Der Vertrag von Lissabon, der die derzeitige Fassung der Verträge und einen Verweis auf die Charta der Grundrechte

übertragen worden sind.[34] Gegenwärtig sind dies der Vertrag über die Europäische Union (EUV), der Vertrag über die Arbeitsweise der Europäischen Union (AEUV) und die Charta der Grundrechte der Europäischen Union (GR-Charta).

Die Ausübung der der Union übertragenen Gesetzgebungskompetenzen unterliegt nach diesen Rechtsquellen drei in Art. 5 EUV festgelegten grundlegenden Regeln:

Für alle Zuständigkeiten der Union gilt zunächst der *Grundsatz der begrenzten Einzelermächtigung*: Gemäß Art. 5 Abs. 2 EUV wird die Union nur innerhalb der Grenzen der Zuständigkeiten tätig, die die Mitgliedstaaten ihr zur Verwirklichung der in den Verträgen niedergelegten Ziele übertragen haben. Die Verträge kennen somit keine generelle oder pauschale Ermächtigung zur Rechtsetzung, sondern nur Einzelermächtigungen für bestimmte Rechtsakte.[35]

Für jedes gesetzgeberische Tätigwerden der Union muss daher eine konkrete Rechtsgrundlage gefunden werden, deren Auswahl sich nach dem Ziel und Inhalt des geplanten Rechtsakts richten muss. Ergibt die Prüfung, dass der Rechtsakt zwei Zielsetzungen hat oder zwei Komponenten umfasst, und lässt sich *eine* von ihnen als die hauptsächliche oder überwiegende ausmachen, während die andere nur nebensächliche Bedeutung hat, so ist der Rechtsakt nur auf eine Rechtsgrundlage zu stützen: auf die, die die hauptsächliche oder überwiegende Zielsetzung oder Komponente erfordert. Steht ausnahmsweise fest, dass der Rechtsakt gleichzeitig mehrere Ziele verfolgt, die untrennbar miteinander verbunden sind, ohne dass das eine gegenüber dem anderen nur zweitrangig und mittelbar wäre, ist der Rechtsakt ausnahmsweise auf die verschiedenen einschlägigen Rechtsgrundlagen zu stützen[36].

Diese Rechtsprechung des EuGH wird weiter unten bei der Untersuchung des Antidiskriminierungsrechts als möglicher Rechtsgrundlage für gesetzgeberische Maßnahmen im Bereich des Familienrechts aufgegriffen[37].

---

enthält, wurde im April bzw. Mai 2008 von Bundestag und Bundesrat ratifiziert, die Ratifikationsurkunde vom Bundespräsidenten allerdings erst nach einem Urteil des Bundesverfassungsgerichts (sog. *Lissabon*-Urteil, BvE 2/08, 2 BvE 5/08, 2 BvR 1010/08, 2 BvR 1022/08, 2 BvR 1259/08 und 2 BvR 182/09, BVerfGE 123, 267 = NJW 2009, 2267) und nach dem Erlass eines neuen Begleitgesetzes am 25. September 2009 unterzeichnet.

34 Art. 23 Abs. 1 S. 2 GG.

35 Schweitzer, Michael, Dederer, Hans-Georg, Staatsrecht, Bd. III (Staatsrecht, Völkerrecht, Europarecht), 11. Aufl., Verlag C.F. Müller, Heidelberg 2016, RZ 615, S. 175.

36 So das Urteil des Gerichtshofs vom 11. September 2003, *Kommission/Rat*, Rs. 211/01, Leitsatz 1 sowie Rnrn. 38 bis 40.

37 S. *Kap. III 1 c (ii).*

Sodann darf die Union nach dem in Art. 5 Abs. 3 S. 1 EUV festgelegten *Subsidiaritätsgrundsatz* in den Bereichen, die *nicht* in ihre ausschließliche Zuständigkeit (d. h. entweder unter die in Art. 3 Abs. 1 und 2 EUV aufgeführten Einzelkompetenzen, Art. 2 Abs. 5 und 6 als Förderkompetenz oder Art. 2 Abs. 3 AEUV als Rahmenkompetenz) fallen, nur tätig werden, sofern und soweit die Ziele der in Betracht gezogenen Maßnahmen von den Mitgliedstaaten weder auf zentraler noch auf regionaler oder lokaler Ebene ausreichend verwirklicht werden können, sondern wegen ihres Umfangs oder ihrer Wirkungen auf Unionsebene besser zu erreichen sind.

So fällt die Schaffung eines Raums der Freiheit, der Sicherheit und des Rechts, zu dem auch die justizielle Zusammenarbeit in Zivilsachen und insbesondere die für das internationale Familienrecht der Union hauptsächliche Handlungsgrundlage Art. 81 Abs. 3 AEUV gehören, gemäß Art. 3 Abs. 2 EUV in die ausschließliche Zuständigkeit der Union. Soweit der Unionsgesetzgeber sich für bestimmte Maßnahmen auf andere Handlungsgrundlagen stützt, hat der EuGH in einem *obiter dictum* festgestellt[38], dass EU-Gesetzgebung mit dem Ziel der Harmonisierung[39] der Rechte der Mitgliedstaaten „unvermeidlich ein gemeinschaftsweites Vorgehen voraus[setzt]".

Ähnlich argumentieren auch die Güterrechtsverordnungen in EG 72 EuGüter bzw. EG 70 EuPartVO, wenn sie die Ziele der Freizügigkeit der Unionsbürger, der besseren Vorhersehbarkeit des anzuwendenden Rechts und der größeren Rechtssicherheit zur Rechtfertigung des Tätigwerdens der Union in den Vordergrund stellen.

Schließlich dürfen, drittens, die Maßnahmen der Union inhaltlich wie formal nicht über das zur Erreichung der Ziele der Verträge erforderliche Maß hinausgehen *(Grundsatz der Verhältnismäßigkeit)*.

Der konkrete Rechtsakt muss nach der Rechtsprechung des EuGH ein legitimes Ziel der Verträge verfolgen und unterliegt der gerichtlichen Kontrolle hinsichtlich seiner Geeignetheit und Erforderlichkeit zur Erreichung dieses Ziels[40]. Allerdings soll der Unionsgesetzgeber aufgrund der Komplexität der sich stellenden Abwägungsaufgaben in politischer, sozialer und wirtschaftlicher Hinsicht über einen weiteren Ermessensspielraum bei der Beurteilung dieser Parameter

---

38 Urteil des Gerichtshofs vom 12. November 1996, Working Time, Rs. C-84/94, Rn. 47.

39 In der genannten Entscheidung ging es um Maßnahmen zum Gesundheitsschutz.

40 So beispielhaft das Urteil des Gerichtshofs (Große Kammer) vom 12. Juli 2005, verbundene Rs. C-154/04 und C-155/04, Rn. 52 für Maßnahmen, deren Ziel die menschliche Gesundheit darstellt.

verfügen als der, den das deutsche Verfassungsrecht einem deutschen Gesetzgeber zugesteht.[41]

Institutionell erfolgt die Ausübung der der Union übertragenen Gesetzgebungskompetenzen nach dem in der gewählten Rechtsgrundlage vorgesehenen Verfahren unter Berücksichtigung der im Europäischen Rat – nach Vorarbeit der jeweiligen Ratspräsidentschaft(en)[42] – vereinbarten gesetzgeberischen Vorgaben (Art. 15 Abs. 1 EUV).[43]

Die verschiedenen Gesetzgebungsverfahren sehen unterschiedliche Vorgehensweisen bei der Kooperation des von den Unionsbürgern direkt gewählten Europäischen Parlaments mit den im Rat von ihren Regierungsmitgliedern repräsentierten Mitgliedstaaten vor, die durch eine gesetzgeberische Initiative der Europäischen Kommission eingeleitet wird. Gemäß Art. 12 EUV sind aber auch die nationalen Parlamente gehalten, aktiv zur guten Arbeitsweise der Union beizutragen, selbst wenn dies im Bereich der Gesetzgebung nur in Ausnahmefällen praktisch wird. Aber gerade im Bereich der Familiensachen mit grenzüberschreitendem Bezug ist eine Überführung einzelner Aspekte dieses Rechtsgebiets in das *ordentliche* Gesetzgebungsverfahren (anstelle des nach Art. 81 Abs. 3 Unterabs. 1 vorgesehenen *Anhörungsverfahrens*) möglich. Diese setzt gemäß Art. 81 Abs. 3 Unterabs. 3 AEUV die zumindest stillschweigende Zustimmung der nationalen Parlamente voraus, von denen jedes einzelne die Überführung durch seine Ablehnung verhindern kann.

Die von den Organen der Union erlassenen Rechtsakte, das so genannte *Sekundärrecht,* bilden zusammen mit dem *Primärrecht*[44] , d. h. insbesondere den

---

41 Vgl. A r n d t, Hans-Wolfgang, F i s c h e r, Kristian, F e t z e r, Thomas, Europarecht, 10. Aufl., Verlag C.F. Müller, Heidelberg 2010, S. 9, RZ 221.

42 Zu den Aufgaben der Ratspräsidentschaft und deren turnusübergreifender Arbeit s. die Darstellung auf der Website des Verbindungsbüros des Europäischen Parlaments in Deutschland, abrufbar unter http://www.europarl.europa.eu/germany/de/europa-und-europawahlen/rolle-und-aufgaben

43 Das in *Kap. IV 1 a)* dargestellte Gesetzgebungsverfahren der auf Art. 81 Abs. 3 AEUV gestützten Güterrechtsverordnungen ist dafür ein Beispiel.

44 Zum europäischen Primärrecht gehören in erster Linie die Gründungsverträge einschließlich ihrer Protokolle und Anhänge, aber auch die ungeschriebenen Regeln (allgemeinen Rechtsgrundsätze) des Unionsrechts und die Charta der Grundrechte. Von der Union selbst abgeschlossene völkerrechtliche Verträge nehmen nach dem Urteil des Gerichtshofs *International Fruit Company*, (Urteil vom 12. Dezember 1972, verbundene Rechtssachen 21–24/72, Rn. 5 ff.) eine Zwischenstellung unterhalb des Primärrechts, aber über dem Sekundärrecht ein und sind damit ebenfalls Bestandteil

eingangs genannten völkerrechtlichen Verträgen, eine gesonderte, an den in § 3 EUV festgelegten Zielen der Union ausgerichtete *Unionsrechtsordnung:*

Nach dem grundlegenden Urteil des Gerichtshofs der Europäischen Union in der Rechtssache *Van Gend en Loos*[45] stellt das Unionsrecht eine neue Rechtsordnung des Völkerrechts dar, zu deren Gunsten die Staaten, wenn auch in begrenztem Rahmen, ihre Souveränitätsrechte eingeschränkt haben. Rechtssubjekte dieser Ordnung sind nicht nur die Mitgliedstaaten, sondern auch die Einzelnen.

Nationale und unionale Rechtsordnung sind, wie auch das deutsche Bundesverfassungsgericht festgestellt hat, in vielfältiger Weise aufeinander bezogen, miteinander verschränkt und geöffnet für wechselseitige Einwirkungen. Dies gilt vor allem hinsichtlich der allgemeinen Rechtsgrundsätze, die den Rechtsordnungen der Mitgliedstaaten gemeinsam sind, namentlich hinsichtlich der Grundrechte. Die *Maastricht*-Entscheidung[46] des Bundesverfassungsgerichts von 1993 spricht von einem „engeren Rechtsverbund einer zwischenstaatlichen Gemeinschaft", der aus Sicht des Grundgesetzes zulässig sei, da bereits der Verfassungsgeber des Jahres 1949 die Integrationsoffenheit des Grundgesetzes gewollt habe.

b) Unmittelbare Wirkung unionsrechtlicher Normen

Aus dem Entstehungsprozess des Unionsrechts – einerseits aus von den Mitgliedstaaten ratifizierten völkerrechtlichen Verträgen (im Falle des Primärrechts), andererseits aus der Ausübung von durch die Mitgliedstaaten an die Union übertragenen Hoheitsrechten (im Falle des Sekundärrechts) – ergibt sich, dass dessen Vorschriften in den Rechtsordnungen der Mitgliedstaaten unmittelbare Wirkung entfalten.

Unmittelbar anwendbare Vorschriften, sog. *self-executing-norms* oder selbstvollziehende Regeln, sind auch dem klassischen Völkerrecht bekannt und begründen ohne das Erfordernis eines nationalen Umsetzungsakts unmittelbar Rechte und Pflichten des Einzelnen[47], im Falle des Unionsrechts des Einzelnen in seiner Eigenschaft als Unionsbürger[48].

---

der Unionsrechtsordnung. S. dazu Herdegen, Matthias, Europarecht, 16. Aufl., C.H. Beck München 2014, S. 159, Rn. 4 und S. 176, Rn. 33.

45 Urteil des Gerichtshofs vom 5. Februar 1963, *Van Gend en Loos*, Rs. 26/62, Leitsatz 3 sowie S. 25.

46 Urteil des Bundesverfassungsgerichts vom 12. Oktober 1993, BVerfGE 89, 155 ff., Rn. 94.

47 Dederer/Schweitzer, Staatsrecht III, RZ 436.

48 Repasi, René, Wirkungsweise des unionsrechtlichen Anwendungsvorrangs im autonomen IPR, Mohr Siebeck, Tübingen 2018, S. 18.

Erstmals im Urteil *Van Gend en Loos*[49] hatte der EuGH eine unmittelbare Wirkung von Vorschriften des *Primär*rechts bejaht, indem er dem Einzelnen „nach dem Geist, der Systematik und dem Wortlaut des EWG-Vertrages" das Recht zusprach, das in Art. 9 und insbesondere in Art. 12 des damaligen EWG-Vertrags enthaltene Verbot von Zöllen und Maßnahmen gleicher Wirkung vor den nationalen Gerichten geltend zu machen, „da Art. 12 ... individuelle Rechte begründet, die die staatlichen Gerichte zu beachten haben". Nach dieser Entscheidung entfalten Normen des Primärrechts unmittelbare Wirkung, wenn sie eindeutig, klar und uneingeschränkt sind und keine zusätzlichen Maßnahmen (insbesondere Konkretisierungen durch nationale Umsetzungsakte, Vorbehalte der Mitgliedstaaten etc.) erfordern.[50]

Aber auch dem *Sekundär*recht kommt – nach Art des jeweiligen Rechtsakts in unterschiedlichem Maß – unmittelbare Geltung in den Mitgliedstaaten zu:

Während unionsrechtliche Verordnungen in allen ihren Teilen unmittelbar anzuwenden und für Bürger und staatliche Institutionen verbindlich sind (Art. 288 Abs. 2 AEUV), richten sich Richtlinien an die Mitgliedstaaten und sind auch für diese nur hinsichtlich des in ihnen vorgegebenen Ziels verbindlich, während sie den innerstaatlichen Stellen die Wahl der Form und der Mittel überlassen (Art. 288 Abs. 3 AEUV). Dies verhindert aber nicht, dass nach der ständigen Rechtsprechung des Gerichtshofs der Unionsbürger nach Ablauf der den Mitgliedstaaten zur Verfügung stehenden Umsetzungsfrist die ihm von der Richtlinie verliehenen Rechte vor den nationalen Gerichten unmittelbar geltend machen kann, sofern sich der Inhalt dieser Rechte hinreichend genau bestimmen lässt.[51] Darüber hinaus kann der Einzelne bei hinreichend qualifizierten Verstößen gegen das Unionsrecht vom Mitgliedstaat für einen ihm aus der Nichtumsetzung entstandenen Schaden Ersatz verlangen, wenn das Ziel der Richtlinie ihm individuelle Rechte verleiht und ein Kausalzusammenhang zwischen dem Verstoß gegen die Umsetzungsverpflichtung und dem ihm entstandenen Schaden besteht.[52]

---

49 Urteil des Gerichtshofs vom 5. Februar 1963, *Van Gend en Loos*, Rs. 26/62; das nachstehende Zitat entspricht Leitsatz 5 sowie den Ausführungen auf S. 27 der Entscheidung.

50 EuGH ebd., S. 25.

51 Urteil des Gerichtshofs vom 19. November 1991, *Francovich und Bonifaci*, verbundene Rechtssachen 6/90 und 9/90, Leitsatz 1 sowie Rn. 11.

52 Urteil des Gerichtshofs vom 5. März 1996, *Brasserie du Pêcheur und Factortame III*, verbundene Rechtssachen 46/93 und 48/93, Rn. 51 sowie das bereits zitierte Urteil *Francovich*, Leitsatz 4 und Rn. 38–46.

Begründet wird diese Rechtsprechung mit der vollen Wirksamkeit des Unionsrechts und dem effektiven Schutz der Rechte des Einzelnen.[53]

c) Anwendungsvorrang des Unionsrechts

Mit der Möglichkeit des Unionsbürgers, die ihm vom Unionsrecht verliehenen Rechte vor den nationalen Gerichten geltend zu machen, stellt sich auch die Frage nach dem Verhältnis von nationalem Recht und Unionsrecht. Dies betrifft vor allem die Rechtsfolgen einer Unvereinbarkeit nationaler Vorschriften mit unmittelbar anwendbaren Normen oder Grundsätzen des Unionsrechts. Denn was zu geschehen hat, wenn zwischen Vorschriften beider Rechtsordnungen ein Widerspruch auftritt, ist in den Verträgen des Primärrechts nicht ausdrücklich geregelt[54].

Nach der Rechtsprechung des Gerichtshofs besteht, wenn sich ein Konflikt zwischen Normen des nationalen und des Unionsrechts abzeichnet, in erster Linie eine Verpflichtung der Mitgliedstaaten, das nationale Recht unionsrechtskonform, d. h. in Übereinstimmung mit den Anforderungen des Gemeinschaftsrechts auszulegen.[55] Grundlage hierfür sei, so der Gerichtshof, die Pflicht der Mitgliedstaaten, alle geeigneten Maßnahmen allgemeiner oder besonderer Art zu treffen, um die sich aus dem Gemeinschaftsrecht ergebenden Verpflichtungen zu erfüllen, die allen Trägern öffentlicher Gewalt in den Mitgliedstaaten, somit im Rahmen ihrer Zuständigkeiten auch den Gerichten, obliege.

Dementsprechend sind für eine unionsrechtskonforme Auslegung der nationalen Rechtsvorschriften insbesondere die Vorgaben des Primärrechts in *freiheits- und gleichheitsrechtlicher* Hinsicht, namentlich die Marktfreiheiten, die speziell mit der Unionsbürgerschaft verbundenen Rechte und der Gleichheitssatz bzw. das Diskriminierungsverbot zu berücksichtigen.

Ist eine unionsrechtskonforme Auslegung nicht möglich, so kommt dem Unionsrecht *Anwendungsvorrang* vor den Vorschriften des nationalen Rechts zu,

---

53 Urteil *Brasserie du Pêcheur und Factortame III,* Leitsatz 4 und Rn. 20.

54 Der letztlich nicht angenommene Entwurf einer Unionsverfassung sah in Art. I-6 Abs. 1 einen derartigen ausdrücklichen Vorrang „der Verfassung und des von den Organen der Union in Ausübung der der Union übertragenen Zuständigkeiten gesetze[n] Recht[s]“ vor.

55 Vgl. exemplarisch das Urteil des Gerichtshofs vom 26. September 2000, *Engelbrecht,* C-262/97, Rn. 38 und 39. Gegenstand dieses Falls war vor dem Hintergrund der unterschiedlichen in den Mitgliedstaaten geltenden Sozialsysteme deren Pflicht zur Erhaltung der Rechte, die Arbeitnehmer in einem anderen Staat erworben hatten.

da die nationalen Gerichte verpflichtet sind, „das Gemeinschaftsrecht in vollem Umfang anzuwenden und die Rechte, die dieses dem Einzelnen einräumt, zu schützen“[56].

Diese Rechtsprechung wurde vom EuGH bereits im Jahr 1964, d. h. nur sieben Jahre nach Abschluss der Römischen Verträge, begründet. Im Urteil *Costa/E.N.E.L*[57] stützte sich der Gerichtshof dogmatisch auf die Entstehung der Gemeinschaftsrechtsordnung als „vom Vertrag geschaffene[s], somit aus einer autonomen Rechtsquelle fließende[s] Recht“, dem wegen dieser Eigenständigkeit keine innerstaatlichen Rechtsvorschriften vorgehen könnten.

Gleichgültig ist, ob die entgegenstehenden innerstaatlichen Vorschriften beim Erlass der unionsrechtlichen Norm bereits bestanden haben oder ob sie vom Mitgliedstaat erst nach deren Annahme erlassen worden sind.[58]

Von den Konsequenzen dieser Rechtsprechung zeugt die zunehmende Umgestaltung bzw. vollständige Streichung deutscher IPR-Vorschriften des EGBGB parallel zum Entstehen direkt anwendbaren unionsrechtlichen Sekundärrechts im Bereich des Familien- und Erbrechts, aber auch im Vertragsrecht und bei außervertraglichen Ansprüchen.

Ausgehend von der Pflicht der Mitgliedstaaten zur umfassenden Anwendung des Unionsrechts und dem daraus abgeleiteten Anwendungsvorrang hat der Gerichtshof schließlich mit seiner *Simmenthal*-Rechtsprechung auch die nationalen Gerichte dazu verpflichtet, diesem Anwendungsvorrang effektive Geltung zu verschaffen, indem er ihre Verpflichtung zur uneingeschränkten Anwendung des Gemeinschaftsrechts präzisiert hat:

In dem als *Simmenthal II*[59] bekannten Urteil vom 9. März 1978 erklärte der Gerichtshof, *jeder im Rahmen seiner Zuständigkeit angerufene staatliche Richter* sei verpflichtet, das Gemeinschaftsrecht uneingeschränkt anzuwenden und die Rechte, die es den Einzelnen verleihe, zu schützen, indem er jede möglicherweise entgegenstehende Bestimmung des nationalen Rechts *aus eigener Entscheidungsbefugnis* unangewendet lasse[60]. In Weiterführung der Rechtsprechung über die gemeinschaftsrechtskonforme Auslegung nationaler Vorschriften machte der

---

56 Urteil *Engelbrecht*, Rn. 40 und 41.

57 Urteil *Costa / E.N.E.L.*, Rs. 6/64, Slg. 1964, S. 1253 ff. (1270).

58 Urteil des Gerichtshofs vom 15. Juli 1964, *Costa / E.N.E.L.*, Rs. 6/64, S. 1270.

59 Urteil des Gerichtshofs vom 9. März 1978, *Simmenthal II*, Rs. 106/77, Rn. 22/23 und Rn. 24.

60 Urteil *Simmenthal II*, Rn. 19/20.

Gerichtshof damit auch jedes mitgliedstaatliche Gericht zum Gemeinschaftsrichter *(juge communitaire)* und Wahrer des Gemeinschaftsrechts.

d) Auslegungs- und Verwerfungsmonopol des EuGH und Vorlagepflicht der nationalen Gerichte

Das Verhältnis zwischen den vom EuGH auf die Durchsetzung der effektiven Wirksamkeit des Gemeinschaftsrechts verpflichteten Gerichten der Mitgliedstaaten und dem Gerichtshof selbst ist durch wechselseitige Kooperation und die Übertragung beziehungsweise Teilung von Verantwortlichkeiten geprägt[61] – dies insbesondere im Rahmen des Vorabentscheidungsersuchens nach Art. 267 AEUV, mit dessen Schaffung dem EuGH ein Monopol zur Auslegung des Unionsrechts sowie zur Entscheidung über Gültigkeit oder Ungültigkeit von Handlungen der Organe der Union zuerkannt wurde. Nach Art. 19 Abs. 1 S. 2, Abs. 3 Buchst. b EUV i. V. m. Art. 267 hat der Gerichtshof die Aufgabe, die Wahrung des Rechts bei der Auslegung und Anwendung der Verträge zu sichern, was neben der ordnungsgemäßen Anwendung des Unionsrechts vor allem eine einheitliche Auslegung in allen Mitgliedstaaten sicherstellen soll[62].

Mit dem Auslegungsmonopol des EuGH korrespondierend, regelt die Vorschrift eine Vorlagemöglichkeit (bei letztinstanzlich entscheidenden Gerichten, deren Entscheidungen mit Rechtsmitteln nicht mehr angefochten werden können, sogar eine Vorlageverpflichtung) der nationalen Gerichte, sobald sie in einem ihnen zur Entscheidung vorliegenden Rechtsstreit die Klärung einer unionsrechtlichen Frage für diese Entscheidung für erforderlich halten. Die Entscheidung des EuGH erfolgt in einem Zwischenverfahren im Rahmen des in einem Mitgliedstaat anhängigen Rechtsstreits, dem Verfahren zur Vorabentscheidung gemäß Art. 267 AEUV.

Das auf das Vorabentscheidungsersuchen ergehende Urteil des EuGH entfaltet eine die nationalen Gerichte bindende formelle und materielle Rechtskraftwirkung *zwischen den Parteien des Ausgangsverfahrens* (*ad-rem*-Bindung,

---

61 Lenaerts, Koen, Kooperation und Spannung im Verhältnis von EuGH und nationalen Verfassungsgerichten, Vortrag an der Humboldt-Universität zu Berlin am 24. November 2014, Abschnitt II, Kooperation, abrufbar unter https://www.rewi.hu-berlin.de/de/lf/oe/whi/FCE/2014/veroeffentlichung-lenaerts.pdf

62 Urteil des Gerichtshofs vom 6. Oktober 1982, C.I.L.F.I.T., Rs. 283/81, LS 1. Grabitz/Hilf/Nettesheim, Das Recht der Europäischen Union, Stand Februar 2019, AEUV, Art. 267 RZ 2 m. zahlr. Nachw.

vgl. Art. 65, *arg. ex* Art. 104 Abs. 2 der Verfahrensordnung des Gerichtshofs[63]). Das nationale Gericht, das von der ihm nach Art. 267 Abs. 2 AEUV eingeräumten Möglichkeit Gebrauch macht, ist durch die Auslegung der fraglichen Vorschriften durch den Gerichtshof für die Entscheidung des Ausgangsverfahrens gebunden und muss gegebenenfalls von der Beurteilung eines höheren Gerichts abweichen, wenn es angesichts dieser Auslegung der Auffassung ist, dass sie nicht dem Unionsrecht entspricht.[64]

Darüber hinaus ergibt sich eine (im Gegensatz zur formellen Rechtskraft) nicht ausdrücklich statuierte *materielle* Bindungswirkung, die aus dem Zweck des Vorabentscheidungsverfahrens folgt, die Rechtseinheit zu gewährleisten. Sie fußt auf dem Grundsatz loyaler Zusammenarbeit zwischen den Mitgliedstaaten und der Union (Art. 4 Abs. 3 AEUV).[65]

Dass allerdings die Auslegungsrechtsprechung des EuGH auch am Anwendungsvorrang des Unionsrechts teilnimmt, dass der Beantwortung der abstrakt gestellten[66] Vorabentscheidungsfragen also eine *allgemeinverbindliche* Wirkung (*ultra-rem*-Bindung) zukommt, lässt sich weder dem Unionsrecht noch der Rechtsprechung des EuGH entnehmen:

Dagegen spricht, dass das Vorabentscheidungsersuchen schon seit den Römischen Verträgen fester Bestandteil des Primärrechts ist[67] und die Gründungsstaaten der Europäischen Gemeinschaft eine entsprechende Wirkung selbst den Entscheidungen ihrer eigenen Obergerichte nicht zuerkennen. Da Entscheidungen des EuGH verfassungsrechtlich nicht überprüft werden können, würde dadurch dem Unionsgericht die Funktion eines „Ersatzgesetzgebers“

63 Verfahrensordnung des Gerichtshofs vom 25. September 2012 (ABl. L 265 vom 29.09.2012), in der am 18. Juni 2013 geänderten Fassung (ABl. L 173 vom 26.06.2013, S. 65), zuletzt geändert am 09.04.2019 (ABl. Nr. L 111 S. 73).

64 Urteil des Gerichtshofs vom 20. Oktober 2011, *Interedil SRL*, Rechtssache C-369/09.

65 Althammer, Christoph, Bindungswirkung der Entscheidungen des EuGH, in Gsell, Beate/Hau, Wolfgang (Hrsg.), Zivilgerichtsbarkeit und Europäisches Justizsystem, Verlag Mohr Siebeck, Tübingen 2012, S. 37 ff. (39/40). Köck, Manuela, Die einheitliche Auslegung der Rom-I, Rom-II und Brüssel-I-Verordnung im europäischen internationalen Privat- und Verfahrensrecht, Duncker & Humblot, Berlin 2014, S. 74–94.

66 Classen, Claus Dieter in: Schulze, Reiner, Zuleeg, Manfred, Kadelbach, Stefan (Hrsg.), Europarecht – Handbuch für die deutsche Rechtspraxis, 3. Aufl., 2015, § 4 Rn. 70.

67 Damals verankert in Art. 177 EWG-Vertrag.

zugeschrieben[68], die die ohnehin schwach ausgeprägte Gewaltenteilung zwischen den verschiedenen Organen der Union noch weiter in Frage stellen würde.

Der EuGH selbst[69] geht deshalb wie die herrschende Meinung in der deutschen Literatur[70] nur von einer gelockerten *ultra-rem*-Bindung in dem Sinn aus, dass mitgliedstaatliche Gerichte zwar grundsätzlich verpflichtet sind, einer in einem Vorabentscheid festgestellten Auslegung zu folgen. Selbst das vorlegende Gericht kann jedoch eine bereits im Vorabentscheidungsverfahren entschiedene Rechtssache erneut vorlegen und dabei neue Gesichtspunkte unterbreiten, die den Gerichtshof veranlassen könnten, eine schon gestellte Frage abweichend zu beantworten[71].

Unumstritten ist jedoch wiederum, dass Auslegungsurteile des EuGH eine *faktische* Bindungswirkung dahingehend entfalten, dass letztinstanzlich entscheidende Gerichte, wollen sie von der Rechtsprechung des EuGH abweichen, eine Vorlagepflicht nach Art. 267 Abs. 3 AEUV trifft[72].

Für Gerichte der unteren Instanzen besteht diese Verpflichtung nicht, so dass in ihrem Zuständigkeitsbereich eine umfassende unionsrechtliche Kontrolle fehlt. Damit besteht einerseits ein Raum, der zur Disposition des jeweiligen Entscheiders steht, nicht zuletzt, indem dieser durch In-Aussicht-Stellen eines Vorabentscheidungsersuchens, das das gesamte Verfahren verzögern und auch das Kostenrisiko erhöhen[73] würde, eine vergleichsunwillige Partei zum Einlenken zu bewegen sucht. Gleichzeitig ist jedoch nicht zu verkennen, dass die Zahl der Vorabentscheidungsverfahren beim EuGH von Jahr zu Jahr zunimmt und es den

---

68 Bydlinski, Franz, Richterrecht über Richterrecht, Der Bundesgerichtshof in Zivilsachen zur beschränkten Bindungskraft von Präjudizien, in: 50 Jahre Bundesgerichtshof, Festgabe aus der Wissenschaft, Band I, C.H. Beck, München 2000, S. 3 ff. (6). Im Übrigen bestehen gegen Vorabentscheide des Gerichtshofs auch keine sonstigen Rechtsmittel (Beschluss vom 5. März 1986 in der Rs. *Wünsche*, C-69/85, Rn. 14).

69 Urteile des Gerichtshofs vom 27. März 1980, *Salumi*, Rs. 66, 127 und 128/79, LS 1 und Rn. 9, Beschluss vom 5. März 1986 in der Rs. *Wünsche*, C-69/85, LS 3 und Rn. 15.

70 Sua. Streinz/*Ehricke*, 3. Aufl. 2018, AEUV Art. 267 Rn. 69. Weitere Nachweise bei Köck, Manuela, Die einheitliche Auslegung …, S. 90.

71 Beschluss in der Rs. *Wünsche*, C-69/85, ebd. (Rn. 15).

72 So auch das Bundesverfassungsgericht im Beschluss vom 6. Oktober 2018, 2 BvR 987/16, Rn. 8.

73 Im Vorabentscheidungsverfahren entstehen zwar keine Gerichtskosten; dies gilt jedoch nicht für die beiderseitigen Anwaltsgebühren nach Maßgabe von § 38 Rechtsanwaltsvergütungsgesetz (mit den nach Teil 3 Abschnitt 2 Unterabschnitt 2 des Vergütungsverzeichnisses in Anhang 1 des RVG gegenüber einem erstinstanzlichen Verfahren erhöhten Gebührensätzen), über die das vorlegende Gericht zu entscheiden hat.

Parteien in Verfahren vor den Instanzgerichten noch am ehesten zugemutet werden kann, auf letzte Gewissheit hinsichtlich der Auslegung zu verzichten.

Eine Vorlagepflicht besteht auch für letztinstanzlich entscheidende Gerichte nicht, wenn entweder die richtige Anwendung des Gemeinschaftsrechts derart offenkundig ist, dass für einen vernünftigen Zweifel keinerlei Raum bleibt[74], d. h. ein *acte clair* vorliegt, oder wenn eine vom Gerichtshof in der Vergangenheit vorgenommene Auslegung auch über die sich neu stellende Frage Klarheit geschaffen hat *(acte éclairé)*.

Die Rechtsprechung zum so genannten *„acte éclairé"* wurde vom Gerichtshof in der Rechtssache *da Costa*[75] begründet und in der Rechtssache *C.I.L.F.I.T.* fortgeführt. Danach lässt ein *„acte éclairé"* den Sinn (und damit die Erforderlichkeit) eines Vorabentscheidungsverfahrens entfallen[76]. Ein *„acte éclairé"* liegt vor, wenn der Gerichtshof entweder bereits in einem gleichgelagerten Fall im Wege der Vorabentscheidung über die Auslegung der entsprechenden Vorschrift entschieden hat oder wenn eine gesicherte Rechtsprechung des Gerichtshofs zu der jeweiligen Rechtsfrage vorliegt (gleichgültig, in welcher Art von Verfahren sich diese Rechtsprechung gebildet hat)[77].

Bei einer bereits gesicherten Rechtsprechung gilt dies selbst dann, wenn die strittigen Fragen nicht vollkommen identisch sind; doch steht es den nationalen Gerichten auch hier frei, den Gerichtshof anzurufen, wenn sie Zweifel haben, wie die Rechtsfrage im konkreten Fall zu lösen ist. Die im Rahmen dieser Arbeit[78] diskutierte Frage nach einer Übertragbarkeit der Rechtsprechung aus dem im Bereich der EuErbVO ergangenen Urteil *Kubicka*[79] im Anwendungsbereich auch der Güterrechtsverordnungen zeigt, dass selbst bei der Verwendung identischer Formulierungen in unterschiedlichen Verordnungen – dort in der EuErb- und in den EuGüter-Verordnungen – nicht voreilig von einem *acte éclairé* ausgegangen werden darf.

Das Verhältnis zwischen dem EuGH und den nationalen Gerichten wird in jüngster Zeit – analog dem vom deutschen Bundesverfassungsgericht für die

---

74 Urteil *C.I.L.F.I.T.*, LS 5.

75 Urteil des Gerichtshofs vom 27. März 1963, *da Costa*, verb. Rechtssachen 28 bis 30/62, Slg. 1963, 63, 80, 81.

76 Urteil *C.I.L.F.I.T.*, LS 4.

77 Urteil *C.I.L.F.I.T.*, ebd.

78 *Kap. V 2 f)*.

79 Urteil des Gerichtshofs vom 12. Oktober 2017, *Kubicka*, Rs. C-218/16.

Europäische Union verwendeten Begriff des „Staatenverbunds“[80] – auch mit dem Neologismus des „Rechtsprechungsverbunds“ bezeichnet[81]. Dieser verdeutlicht, dass die unbestreitbar vorhandene vertikale Struktur, die sich am Auslegungsmonopol des Gerichtshofs und an der Vorlagepflicht der nationalen Gerichte zum EuGH zeigt, durch die horizontale Kooperation zwischen originären Unionsgerichten und mitgliedstaatlichen Gerichten ergänzt werden soll. Eine besondere Rolle kommt dabei nach Auffassung von Rennert der Rechtsvergleichung zu[82]. So gehe beispielsweise das *Research Network on EU Administrative Law (ReNEUAL)* – Projekt aus dem Jahr 2015, in dessen Rahmen ein Musterentwurf für ein EU-Verwaltungsverfahrensrecht erarbeitet wurde, davon aus, dass sich im Unionsrecht die Rechtstraditionen der Mitgliedstaaten widerspiegeln, zu deren Identifikation es der Rechtsvergleichung bedürfe.

Obwohl viele Bemühungen um eine aktivere Beteiligung der nationalen Obergerichte, etwa der Vorschlag, zukünftig die in den Verträgen normierte Vorlageverpflichtung durch ein Vorlage*ermessen* zu ersetzen, bislang vom EuGH stets unter Hinweis auf seine C.I.L.F.I.T-Rechtsprechung verworfen wurden, hat der Gerichtshof auch in einem im Juli 2019 ergangenen Urteil[83] betreffend die Gültigkeit eines Unionsrechtsakts festgestellt, dass nationale Gerichte zur Vorbereitung entsprechender Vorabentscheidungsersuchen (Art. 267 Abs. 1 Buchst. b AEUV) berechtigt sind, Informationen seitens der am Erlass eines Sekundärrechtsakts beteiligten Unionsorgane zu erhalten. Dies ergebe sich aus deren Verpflichtung zur loyalen Zusammenarbeit mit den Gerichten der Mitgliedstaaten,

---

80 Im bereits zitierten *Lissabon*-Urteil des Bundesverfassungsgerichts vom 30. Juni 2009, BVerfGE 123, 267 = NJW 2009, 2267 wird der Begriff „*Staatenverbund*“ definiert als enge, auf Dauer angelegte Verbindung souverän bleibender Staaten, die auf vertraglicher Grundlage öffentliche Gewalt ausübt, deren Grundordnung jedoch allein der Verfügung der Mitgliedstaaten unterliegt und in der die Völker – das heißt die staatsangehörigen Bürger – der Mitgliedstaaten die Subjekte demokratischer Legitimation bleiben.

81 Naumann, Christof, Kooperative Judikatur – Theorie und Praxis des Rechtsprechungsverbunds zwischen Europäischem Gerichtshof und den obersten Verwaltungsgerichten der Mitgliedstaaten. Zusammenfassung eines Vortrags des Präsidenten des deutschen Bundesverwaltungsgerichts, Prof. Dr. Klaus Rennert, auf der Frühjahrstagung der Arbeitsgemeinschaft Verwaltungsrecht im DAV, BayVBl. 2018, S. 15.

82 So Rennert, Klaus, in einem auf dem Festakt zum Europäischen Tag der Justiz am 9. Oktober 2019 im Dresdener Rathaus gehaltenen Vortrag.

83 Urteil des Gerichtshofs vom 3. Juli 2019, *Eurobolt BV/Staatssecretaris van Financiën*, C-644/17.

die sich vor einer eventuellen Anrufung des Gerichtshofs an die Organe der Union wenden könnten, um genaue Anhaltspunkte zu erhalten, durch die ihre Zweifel an der Gültigkeit des betreffenden Unionsrechtsakts ausgeräumt werden könnten und durch die vermieden werde, dass der Gerichtshof um Vorabentscheidung über die Gültigkeit dieses Rechtsakts ersucht werden müsse[84].

Ob das mit dieser Entscheidung verbundene Signal in Zukunft eine Stärkung der Rolle der mitgliedstaatlichen Gerichte im Sinne eines Vorlageermessens nach sich zieht – was in Anbetracht der stetig zunehmenden Anzahl von beim Gerichtshof eingehenden Vorabentscheidungsersuchen für Entlastung sorgen würde – bleibt abzuwarten. Im Grundsatz wird der EuGH an seiner Forderung nach einer so weit als möglich gleichen Anwendung des Unionsrechts im gesamten Unionsgebiet sicherlich auch in der Zukunft (zu Recht) festhalten[85].

e) Auslegungskanon des EugH

Gemäß Art. 2 EUV zählen zu den Werten, auf die sich die Union gründet, Gleichheit, Rechtsstaatlichkeit und die Wahrung der Menschenrechte, einschließlich der Rechte von Personen, die Minderheiten angehören.

Die Auslegung des Unionsrechts muss somit insbesondere auch Gleichheitsanforderungen genügen, was nach ständiger Rechtsprechung des EuGH das Erfordernis der einheitlichen Anwendung des Unionsrechts begründet, insbesondere, dass die in einer Bestimmung des Unionsrechts verwendeten Begriffe, sofern sie für die Ermittlung ihres Sinns und ihrer Bedeutung nicht ausdrücklich auf das Recht der Mitgliedstaaten verweisen, in der Regel *in der gesamten Union eine autonome und einheitliche Auslegung* erhalten müssen (*Grundsatz der autonomen Auslegung*). Ihre unionsrechtliche Bedeutung, so der Gerichtshof, müsse *ausgehend vom Wortlaut unter Berücksichtigung ihres Regelungszusammenhangs und der mit der Norm verfolgten Zielsetzung*[86] ermittelt werden.

---

84 EuGH, ebd., LS 2 und Rn. 31.

85 Dazu sogleich, *Kap. I 1 e).*

86 So zuletzt das Urteil des Gerichtshofs vom 3. September 2020, *Niki Luftfahrt*, C-530/19, sowie die Urteile vom 5. Oktober 2010, *J. McB. / L. E.*, Rs. 400/2010 PPU, ECLI:EU:C:2010:582, Rn. 41, mit Hinweis auf das Urteil vom 17. Juli 2008, *Kozłowski*, C-66/08, Slg. 2008, I-6041, Rn. 42 und die dort angeführte Rechtsprechung; vom 2. April 2009, Rs. *A*, C-523/07, Rn. 34; und vom 18. Januar 1984, *Elaro*, C-327/82, EU:C:1984:11, Rn. 11 und vom 19. September 2000, *Linster*, C-287/98, EU;C;2000:468, Rn. 43.

Damit nimmt der EuGH zugleich Bezug auf den klassischen Auslegungskanon rechtlicher Normen:

Die Auslegung nach dem Wortlaut entspricht der *wörtlichen oder grammatischen* Auslegung, die Berücksichtigung des Regelungszusammenhangs der *systematischen* und die Ausrichtung an der Zielsetzung der Norm der *teleologischen* Auslegung. Ergänzt wird dieser Kanon noch durch die (im obigen Zitat nicht erwähnte) *historische* Auslegung, die den Blick auf die Entstehungsgeschichte der Norm, konkret auf eventuelle normative Vorläufer, richtet, die der Gerichtshof an geeigneter Stelle ebenfalls für die Auslegung heranzieht.

Als unionsrechtliche Besonderheit ist zunächst zu berücksichtigen, dass im Bereich des Unionsrechts für die *wörtliche oder grammatische Auslegung* nicht nur eine einzige, sondern eine Vielzahl verschiedener Sprachfassungen in den 24 Amtssprachen der Union zur Verfügung stehen. Dabei ist allen der gleiche Wert beizumessen[87].[88]

Weichen diese Sprachfassungen voneinander ab, kann deshalb eine in einer der Sprachfassungen verwendete gesetzliche Formulierung nicht als alleinige Grundlage für die Auslegung dieser Vorschrift herangezogen werden oder Vorrang vor den anderen sprachlichen Fassungen beanspruchen[89]. Bei abweichenden Formulierungen ist die Tragweite der fraglichen Vorschrift daher nach der allgemeinen Systematik und dem Zweck der Regelung zu beurteilen, zu der sie gehört[90].

Die vom EuGH ebenfalls als Auslegungsansatz anerkannte Berücksichtigung des Regelungszusammenhangs, klassisch als *systematische Auslegung* bekannt, untersucht die Bedeutung einer Norm anhand ihrer Stellung im Gefüge des Unionsrechts. In diesem Zusammenhang hat der EuGH beispielsweise die Formel

---

87 Urteil des Gerichtshofs vom 12. Januar 2003, *Kyocera*, C-152/01, Rn. 32 m.w.N.

88 Zu Problematik und Chancen der Mehrsprachigkeit unionsrechtlicher Rechtsakte s. den Beitrag von Sobotta, Christoph, Die Mehrsprachigkeit als Herausforderung und Chance bei der Auslegung des Unionsrechts, Zeitschrift für Europäische Rechtslinguistik (ZERL). Köln: Europäische Rechtslinguistik, http://zerl.uni-koeln.de/sobotta-2015-mehrsprachigkeit-unionsrecht.html, (Abruf am 10. Dezember 2020).

89 Insoweit beispielhaft die Urteile des Gerichtshofs vom Urteile vom 15. März 2017, *Al Chodor* (C-528/15, EU:C:2017:213, Rn. 30 bis 32), vom 26. April 2017, *Popescu* (C-632/15, EU:C:2017:303, Rn. 35), sowie vom 8. Juni 2017, *Sharda Europe* (C-293/16, EU:C:2017:430, Rn. 21).

90 So neben den in der vorstehenden Fußnote genannten Urteilen auch die Schlussanträge von Generalanwalt Henrik Saugmandsgaard Øe in der Rechtssache *Sahyouni* (C-372/16) vom 14. September 2017, Nr. 78.

geprägt, Ausnahmeregelungen seien grundsätzlich eng auszulegen (*Grundsatz der restriktiven Auslegung von Ausnahmeregelungen*)[91].

Die *teleologische*, d. h. an der Zielsetzung der Norm ausgerichtete *Auslegung*, nutzt für die Erfassung des Bedeutungsinhalts eines Begriffs die Zwecke und Ziele der auszulegenden Vorschrift im Licht des gesamten Gemeinschaftsrechts, seiner Ziele und seines Entwicklungsstands zur Zeit der Anwendung der betreffenden Vorschrift[92].

Die *historische Auslegung* schließlich orientiert sich an der Entstehungsgeschichte der unionsrechtlichen Norm. So ist insbesondere dem Urteil in der vom EuGH schon 1968 entschiedenen Rechtssache *Simon*[93] zu entnehmen, dass die Änderung des Wortlauts einer Vorschrift, die eine andere Auslegung nahelegt, regelmäßig auch eine Änderung des Bedeutungsgehalts beinhaltet.

Als wichtige Informationsquelle in dieser Hinsicht wird mit jedem Rechtsakt der Verlauf des Gesetzgebungsverfahrens einschließlich der wesentlichen entstandenen Dokumente auf der Website *eur-lex.eu* unter dem Menüpunkt „Verfahren“ veröffentlicht. Im Fall der Güterrechtsverordnungen ist diese Entstehungsgeschichte sogar direkt in den 8. bis 12. Erwägungsgrund der EuGüter/PartVO aufgenommen worden. Für sie kann unter dem historisch-systematischen Gesichtspunkt als bedeutsam angesehen werden, dass sie *nach* dem Paradigmenwechsel von der Anknüpfung des anzuwendenden Rechts an die Staatsangehörigkeit hin zur vorrangigen Anknüpfung an das Recht des gewöhnlichen Aufenthalts angenommen worden sind.

2. Europäisches Kollisions- und Zivilverfahrensrecht

Für die Errichtung eines Raums der Freiheit, der Sicherheit und des Rechts setzt die Union auf die Annahme möglichst unionsweit geltender Vorschriften im Bereich des Internationalen Privat- und Zivilverfahrensrechts[94].

Beide Materien, die für die ganze Union vereinheitlicht werden sollen, sind traditionelle Bestandteile auch der nationalen Rechtsordnungen der Mitgliedstaaten: Für Sachverhalte mit Auslandsberührung regeln sie, wie das anzuwendende nationale Recht zu bestimmen ist, ebenso wie wesentliche

---

91 Urteile des Gerichtshofs vom 29. April 2004, *Kapper*, C-476/01, Rn. 72 sowie vom 10. September 2002, *Kügler*, C-141/00, Rn. 28.

92 Beispielhaft das Urteil des Gerichtshofs vom 6. Oktober 1982, *C.I.L.F.I.T.*, 283/81, Rnrn. 7 und 20.

93 Urteil des Gerichtshofs vom 1. Juni 1961, *Simon*, Rs. 15/60, Slg. S. 241 ff. (262).

94 Dazu bereits oben in der Einleitung sowie unten, *Kap. III 1 a)*.

verfahrensrechtliche Parameter, insbesondere die internationale Zuständigkeit der nationalen Gerichte und die Anerkennung und Vollstreckung von im Ausland ergangenen Entscheidungen im Inland.

Vorschriften des Internationalen Privatrechts, auch als Kollisionsvorschriften bezeichnet, sind auf ihrer Tatbestandsseite gekennzeichnet durch einen *Anknüpfungsgegenstand*, der die Materie festlegt, für die die Norm gelten soll. Im Fall von Art. 26 EuGüter/PartVO sind dies der eheliche Güterstand bzw. die güterrechtlichen Wirkungen eingetragener Partnerschaften.

Daneben enthält der Tatbestand der Kollisionsnorm einen *Anknüpfungspunkt*, der sich auf ein Sachverhaltselement bezieht: In Art. 26 EuGüterVO sind dies (bei Fehlen einer Rechtswahlvereinbarung, die nach Art. 22 i. V. m. Art. 26 vorrangig das auf den Güterstand anwendbare Recht bestimmen würde) nacheinander die in der Leiter des Abs. 1 Buchst. a bis c genannten Elemente des Sachverhalts (soweit vorhanden): In der EuGüterVO an erster Stelle der Staat des ersten gemeinsamen gewöhnlichen Aufenthalts des Paares, ersatzweise der Staat der gemeinsamen Staatsangehörigkeit, wiederum ersatzweise der Staat der engsten gemeinsamen Verbindung zum Zeitpunkt der Eheschließung. Art. 26 EuPartVO sieht demgegenüber allein den Registerstaat der eingetragenen Partnerschaft als Anknüpfungspunkt vor.

Die *Rechtsfolge* der Kollisionsnorm ist der Anwendungsbefehl zugunsten der mithilfe des Anknüpfungspunkts bestimmten Rechtsordnung, die in der Rechtswissenschaft mit den bekannten lateinischen Kategorien wie *lex domicilii* (Recht des Wohnsitzes), *lex loci actus* (Recht des Handlungsorts), *lex rei sitae* (das Recht der Belegenheit der Sache) oder *lex fori* (das Recht des Gerichtsorts) usw. umschrieben wird.[95]

Zur Bestimmung des anwendbaren Rechts wendet jedes angerufene Gericht in erster Linie sein eigenes Kollisionsrecht, die *lex fori*, an, indem es die nationale oder unionsrechtliche Kollisionsnorm auswählt, die nach ihrem Anknüpfungsgegenstand (z. B. das eheliche Güterrecht oder die güterrechtlichen Wirkungen eingetragener Partnerschaften) für den im konkreten Fall zu regelnden Sachverhalt einschlägig ist. Diese Feststellung des jeweiligen Anknüpfungsgegenstands wird *Qualifikation* genannt.

95 Vgl. v. SachsenGessaphe, Karl August, Internationales Privatrecht und UN-Kaufrecht, 2. Aufl., Berliner Wissenschaftsverlag 2007, S. 20.

Schließlich wird der Sachverhalt unter den Anknüpfungsgegenstand der Kollisionsnorm subsumiert, um nach Maßgabe des in ihrem Tatbestand genannten Anknüpfungspunkts (s. o.) das im konkreten Fall anwendbare Recht zu ermitteln.

Diesen gesamten Vorgang bezeichnet man als *Anknüpfung*.

International vereinheitlichtes Kollisions- und Zivilverfahrensrecht – wie durch die Annahme der Güterrechtsverordnungen unter den an der Verstärkten Zusammenarbeit teilnehmenden Mitgliedstaaten im Bereich des Güterrechts erreicht – fördert den Raum der Freiheit, der Sicherheit und des Rechts, weil unabhängig davon, in welchem Mitgliedstaat ein Rechtsstreit über Fragen des Güterrechts ausgetragen wird, weitgehend gleiche Ergebnisse erwartet werden können. Dadurch wird insbesondere eine zwischen den Parteien des Rechtsstreits bestehende unterschiedliche finanzielle Ausstattung, die sich in der Wahl des für die juristisch besser beratene Partei (*forum shopping*) günstigsten Gerichtsstands niederschlagen könnte, neutralisiert. Der durch das vereinheitlichte Kollisionsrecht geförderte *internationale Entscheidungseinklang* schafft Rechts- und Planungssicherheit für die Beteiligten und vermeidet sog. *hinkende* Rechtsverhältnisse, bei denen ein und dasselbe Rechtsverhältnis in verschiedenen Mitgliedstaaten unterschiedlich beurteilt und folglich auch rechtlich anders behandelt wird. Welche gravierenden Probleme aus derartigen hinkenden Verhältnissen für die Betroffenen entstehen können, zeigt *Kap. III 1 c (iii)* am Beispiel des Namensrechts.

Mit dem verfahrensrechtlichen Grundsatz gegenseitiger Anerkennung von Entscheidungen, die in den an den Güterrechtsverordnungen teilnehmenden Mitgliedstaaten ergangen sind, wird ihre internationale Durchsetzbarkeit garantiert[96].

Diese Ziele haben bereits mehrere vor Beginn der gesetzgeberischen Tätigkeit der Union im Bereich des Zivilrechts von den Mitgliedstaaten selbst oder von der EU in Ausübung ihrer Außenkompetenzen geschlossene internationale Übereinkommen verfolgt, die Vorläufer der jetzt geltenden unionsrechtlichen Rechtsakte waren und im Verhältnis zu Drittstaaten[97] zum Teil nach wie vor anwendbar sind.

Das Verhältnis zwischen unionsrechtlichen IPR- und IZVR-Vorschriften und diesen Regeln, die sich aus von den Mitgliedstaaten abgeschlossenen

---

96 Hierzu ausführlich Nietner, Sarah, Internationaler Entscheidungseinklang im Europäischen Kollisionsrecht, Verlag Mohr Siebeck, Tübingen 2015, S.

97 S. zum Begriff des Drittstaats in den güterrechtlichen Verordnungen *Kap. IV 1 c)*.

völkerrechtlichen Verträgen ergeben, wird in den unionsrechtlichen Rechtsakten jeweils durch besondere Vorschriften klargestellt[98], im Fall der Güterrechtsverordnungen in Art. 62 EuGüter/PartVO. Dabei statuieren die unionsrechtlichen Regelungen, wenn der völkerrechtliche Vertrag *ausschließlich* zwischen EU-Mitgliedstaaten geschlossen wurde, im Verhältnis dieser Mitgliedstaaten regelmäßig ihren eigenen Vorrang gegenüber solchen Übereinkommen[99]. Nehmen nicht alle Mitgliedstaaten an der jeweiligen Verordnung teil, gilt dieser Vorrang ausschließlich unter den Teilnehmerstaaten. Nicht an den unionsrechtlichen Rechtsakten teilnehmende Mitgliedstaaten sind in dieser Hinsicht als (sog. „unechte") Drittstaaten anzusehen.[100] Sind an den internationalen Übereinkommen außerdem „echte" Drittstaaten beteiligt, verpflichtet der völkerrechtliche Vertragsabschluss die Mitgliedstaaten, vorrangig die völkerrechtlich vereinbarten Regelungen anzuwenden.[101] Nach Art. 351 AEUV müssen sie allerdings dafür sorgen, den Verordnungen praktische Wirksamkeit zu verschaffen, indem sie die von ihnen geschlossenen Abkommen im Bedarfsfall neu verhandeln, um eine Kompatibilität mit den unionsrechtlichen Regelungen herzustellen.[102]

a) Verhältnis zwischen unionalem und nationalem Kollisionsrecht

(i) Nationales Kollisionsrecht und Anwendungsvorrang

Was das Verhältnis des Unionsrechts – in Gestalt einerseits des Primärrechts, andererseits der in Form von Sekundärrecht geschaffenen Kollisionsnormen – zu

98 Vgl. Art. 25 Rom-I-VO, Art. 28 Rom-II-VO, Art. 19 Rom-III-VO, Art. 69 EuUntVO, Art. 75 EuErbVO.

99 Art. 25 Abs. 2 i. V. m. Art. 26 Rom-I-VO (das von der Kommission gemäß Art. 26 Abs. 2 Buchst. a der Verordnung erstellte Verzeichnis der betroffenen Übereinkommen wurde am 17. Oktober 2010 im ABl. 2010, C-343, S. 3 veröffentlicht), 28 Abs. 2 Rom-II-VO, Art. 19 Rom-III-VO, Art. 69 EuUntVO, Art. 75 Abs. 2 EuErbVO, Art. 62 Abs. 2 EuGüter/PartVO.

100 Zur Unterscheidung zwischen „echten" und „unechten" Drittstaaten s. u. *Kap. I 2 c (iii)*.

101 Art. 25 Abs. 1 Rom-I-VO, Art. 28 Abs. 1 Rom-II-VO, Art. 19 Rom-III-VO, Art. 69 EuUntVO, Art. 75 Abs. 2 EuErbVO, Art. 62 Abs. 2 EuGüter/PartVO. Dazu u. a. Brödermann/Rosengarten, Internationales Privat- und Zivilverfahrensrecht, 7. Aufl. 2015, Verlag Franz Vahlen, München 2015, S. 13.

102 S. dazu auch unten, *Kap. IV 1 c)*.

den Kollisionsvorschriften der Mitgliedstaaten angeht, die bereits im Vorfeld bestanden haben oder später noch erlassen werden, ist die Geltung des Anwendungsvorrangs des Unionsrechts[103] heute allgemein anerkannt.

In den Anfangsjahren der justiziellen Zusammenarbeit in Zivilsachen wurde im Schrifttum namentlich von Franzen[104] die These vertreten, nationales Kollisionsrecht könne dem Anwendungsvorrang des Unionsrechts nicht unterfallen. Denn ein vom Unionsrecht missbilligtes Ergebnis, das beispielsweise gegen die Grundfreiheiten oder den Gleichheitsgrundsatz verstoße, könne nicht durch die Anwendung einer innerstaatlichen Kollisionsnorm entstehen; diese bestimme lediglich, welches nationale Sachrecht anzuwenden sei. Die unionsrechtswidrige – etwa diskriminierende oder beschränkende – Wirkung ergebe sich hingegen erst aus dem nach Maßgabe der Kollisionsnorm angewandten Sachrecht und damit in einem logisch nachgeordneten Stadium.

Dem wurde mit verschiedenen Begründungen widersprochen: Die Anwendung von Kollisions- und Sachnormen sei zwangsläufig kumulativ, was die Künstlichkeit der Unterscheidung zwischen Rechtsanwendungsbefehl und Rechtsfolge deutlich mache, da es letztlich um die Prüfung der Vereinbarkeit des *Ergebnisses* mit dem Unionsrecht gehe[105]. Außerdem könne eine unionsrechtlich missbilligte Wirkung sehr wohl durch die Anwendung der Kollisionsnorm selbst entstehen, wenn nämlich eine Schlechterstellung an die Staatsangehörigkeit anknüpfe oder eine Differenzierung auf Merkmale abstelle, die typischerweise nur Ausländer oder Inländer erfüllten (versteckte, indirekte oder mittelbare Diskriminierung)[106].

(ii) Stellungnahme

Der nunmehr herrschenden Meinung ist zuzustimmen. Was das im Hinblick auf die Vereinheitlichung der Kollisions- und Zivilverfahrensvorschriften besonders wichtige *Sekundär*recht der Union – beispielsweise also die Güterrechtsverordnungen – betrifft, liegt der gesamten Tätigkeit der Union die Annahme eines

---

103 S. *Kap. I 1 c)*.

104 Vgl. Franzen, Martin, Privatrechtsangleichung durch die Europäische Gemeinschaft, Verlag Walter de Gruyter, Berlin, New York 1999, S. 144/145, m.w.N.

105 Repasi, René, Wirkungsweise des unionsrechtlichen Anwendungsvorrangs im autonomen IPR, Verlag Mohr Siebeck, Tübingen 2018, S. 295.

106 Kropholler, Jan, Internationales Privatrecht, 6. Aufl., Verlag Mohr Siebeck, Tübingen 2006, S. 73/74; *Basedow*, Jürgen, Der kollisionsrechtliche Gehalt der Produktfreiheiten im Binnenmarkt: favor offerentis: *RabelsZ 59* (*1995*), S. 1 ff. (12).

derartigen Anwendungsvorrangs schon zugrunde, weil das gesamte Kollisions- und Internationale Zivilverfahrensrecht der Union von ihr in Ausübung der ihr in Art. 81 AEUV zu diesem Zweck ausdrücklich übertragenen Gesetzgebungskompetenzen erlassen wurde. Entsprechend müssen aber sowohl seine Auslegung als auch seine Wirkung im Verhältnis zu den nationalen Kollisionsvorschriften der unionsrechtlichen Beurteilung gemäß Art. 267 AEUV zugänglich sein.

Dieser Anwendungsvorrang wird zudem durch die bereits erwähnten unionsrechtlichen Regelungen unterstrichen, die den sekundärrechtlichen Vorschriften ausdrücklichen Vorrang vor den von den Mitgliedstaaten untereinander abgeschlossenen völkerrechtlichen Verträgen einräumen[107].

Schließlich fordert Art. 4 Abs. 2 EUV – Kehrseite des in Art. 5 Abs. 1 EUV verankerten Grundsatzes der begrenzten Einzelermächtigung – die loyale Mitarbeit der Mitgliedstaaten bei der Anwendung von einmal geschaffenem Unionsrecht. Dies umso mehr, als im Fall des europäischen Internationalen Privat- und Zivilverfahrensrechts der Grundsatz der Subsidiarität offensichtlich erfüllt ist: Die Vereinheitlichung von Kollisionsrecht kann auf unionsrechtlicher Ebene besser durchgeführt werden als auf der Ebene der Mitgliedstaaten. Davon abgesehen ist diese Vereinheitlichung im Hinblick auf das Ziel eines Raums der Freiheit, der Sicherheit und des Rechts die einzige sinnvolle Maßnahme.[108]

b) Autonome und einheitliche Auslegung unionsrechtlicher Kollisionsnormen

Aus dem Anwendungsvorrang des Unionsrechts auch im Bereich der Kollisionsvorschriften ergibt sich die Notwendigkeit, diese Normen einheitlich auszulegen, um ihre volle Wirksamkeit in allen (teilnehmenden) Mitgliedstaaten sicherzustellen. Nach der Rechtsprechung des EuGH gilt auch insoweit der Grundsatz der *autonomen* Auslegung, d. h. Inhalt und Tragweite der unionsrechtlichen Kollisionsregeln können nicht etwa auf der Grundlage des Rechts des angerufenen Gerichts bestimmt werden, sondern sind anhand von einheitlichen und autonomen Kriterien zu ermitteln, um ihre volle Wirksamkeit im Hinblick auf ihre Ziele sicherzustellen.[109]

---

107 S. o. in der Einleitung dieses *Kap. I 2*.

108 Leifeld, Das Anerkennungsprinzip ..., S. 10, führt hierzu aus, dass eine international einheitliche Lösung ohne Zusammenarbeit der Staaten aus der nationalen Perspektive nicht gefunden werden kann.

109 S. u. a. die Urteile vom 14. Oktober 1976, *Eurocontrol*, Rs. 29/76, Rn. 3, vom 23. März 1982, *Levin*, Rs. 53/81, Rn. 9–12, vom 3. Juni 1986, *Kempf*, Rs. 139/85, Rn. 15, vom

Dies ist schon deshalb erforderlich, weil im nationalen und im unionsrechtlichen Kollisionsrecht gleichlautende Begriffe häufig gerade nicht deckungsgleich sind, denn der Anwendungsbereich *nationaler* Kollisionsnormen wird regelmäßig mit Begriffen abgegrenzt, die dem nationalen materiellen Recht entlehnt sind.[110]

In den Güterrechtsverordnungen beispielsweise ist der zentrale Begriff des Güterstands (Art. 3 Abs. 1 Buchst. a EuGüterVO) bzw. der Begriff der güterrechtlichen Wirkungen der eingetragenen Partnerschaft (Art. 3 Abs. 1 Buchst. b EuPartVO)[111] so weit definiert, dass sich aufgrund des Anwendungsvorrangs des Unionsrechts der ursprüngliche Anwendungsbereich von Art. 14 EGBGB (betreffend die allgemeinen Ehewirkungen) verkleinert hat, weil einige der Fragen, die bisher im deutschen und auch im Kollisionsrecht anderer Mitgliedstaaten von der Vorschrift über die „allgemeinen Ehewirkungen" erfasst wurden, nun dem Anwendungsbereich der europäischen Güterrechtsverordnungen unterfallen[112].[113]

---

27. Januar 2005, *Junk*, Rs. C-188/03, Rn. 27–30, und vom 15. März 2011, *Koelzsch/ Großherzogtum Luxemburg*, C-29/10, Rn. 32 Allgemein zur autonomen Auslegung im Unionsrecht K ö c k, Martina, Die einheitliche Auslegung der Rom-I-, Rom-II- und Brüssel-I-Verordnung im europäischen internationalen Privat- und Verfahrensrecht, Duncker & Humblot, Berlin 2014, S. 103 ff.

110 Vgl. Palandt/*Thorn*, Vorbemerkung zu Art. 3 EGBGB, RZ 27.

111 Der den sachlichen Anwendungsbereich der EuPartVO definierende Begriff „Güterstände eingetragener Partnerschaften" in Art. 1 Abs. 1 EuPartVO) stimmt, nach ihrem 17. und 18. Erwägungsgrund zu urteilen, mit den in Art. 3 Abs. 1 Buchst. a der Verordnung definierten „güterrechtlichen Wirkungen eingetragener Partnerschaften" überein.

112 S. dazu *Kap. V 1 a).*

113 Die Überschrift von Art. 14 EGBG, „Allgemeine Ehewirkungen", entsprach dabei der Überschrift des 5. Titels im ersten Abschnitt des Buchs Familienrecht des BGB, „Wirkungen der Ehe im allgemeinen", Art. 15 EGBGB regelte bis zum Anwendungsbeginn der Güterrechtsverordnungen das auf den „Güterstand" anzuwendende Recht entsprechend den Regelungen im 6. Titel des BGB, indem „Güterstand" als wesentlich engerer Begriff verwendet wird. Art. 15 EGBGB wurde folgerichtig zum Anwendungsbeginn der Güterrechtsverordnungen durch das deutsche Gesetz zum Internationalen Güterrecht und zur Änderung von Vorschriften des Internationalen Privatrechts vom 17.12.2018 aufgehoben, da der unionsrechtliche Güterstandsbegriff alle vormals ihm unterfallenden Fragen abdeckt.

Nationale und unionsrechtliche Rechtsprechung konvergieren aber immerhin in der Frage, wie die Feststellung der jeweiligen Anwendungsbereiche zu bewerkstelligen ist:

Dass zur Auslegung von Begriffen des *deutschen* Internationalen Privatrechts grundsätzlich auf die *lex fori* zurückzugreifen sei, bedeutet auch nach Ansicht des BGH[114] nicht, dass die Rechtsbegriffe der nationalen Kollisionsnormen mit denen des deutschen materiellen Rechts deckungsgleich sein müssten. Vielmehr müssten sie entsprechend ihrer kollisionsrechtlichen Funktion oft weit ausgelegt werden, um auch ausländische Regelungen zu erfassen. Entscheidendes Kriterium der Anknüpfung sei die Prüfung, ob die ausländische Sachvorschrift dem in der deutschen Kollisionsnorm verwendeten Verweisungsbegriff *funktionell*[115] entspreche.

Das funktionelle Kriterium ist auch im Unionsrecht maßgeblich.[116] So hat der EuGH bereits in verschiedenen Entscheidungen zu den Vorläuferübereinkommen des heutigen Kollisionsrechts der Union die Unterscheidung der Anwendungsbereiche in funktioneller Weise vorgenommen, etwa, als er in der Entscheidung *van den Boogard*[117] im Hinblick auf eine einem Ehegatten gegenüber dem anderen zugesprochene größere Einmalzahlung zwischen der Möglichkeit einer unterhaltsrechtlichen und einer güterrechtlichen Funktion unterschieden hat.

c) Identifikation und Anknüpfung von Vorfragen im europäischen Kollisionsrecht

(i) Problemstellung

Eine autonome Auslegung von im Unionsrecht verwendeten Begriffen ist dort nicht möglich, wo die sie enthaltenden Normen die Inhaltsbestimmung rechtlicher Tatbestandsmerkmale als sog. *Vorfragen* ausdrücklich den nationalen Rechten der Mitgliedstaaten unterstellen.

---

114 Bundesgerichtshof, Urteil vom 22. März 1967, IV ZR 148/65, BGHZ 47, 324, (336). S. dazu auch *Kap. II 3 a (ii).*

115 KG Berlin, Beschluss vom 2. Dezember 2014, 1 W 562/13, FamRZ 2015, S. 943, Rn. 7 zum Begriff der Abstammung. Bundesgerichtshof, Urteil vom 9. Dezember 2009, XII ZR 107/08 = BGH NJW 2010, 1528 ff.

116 Münchener Kommentar zum FamFG/*Mayer*, 3. Aufl. 2019, EheGÜVO Art. 1 Rn. 10. Vgl. auch *Kap. VI 3 a).*

117 Urteil vom 27. Februar 1997, *van den Boogard*, Rs. C-220/95. S. dazu *Kap. VI 3 a).*

Kann z. B. im Rahmen einer familienrechtlichen Regelung der Union aufgrund von Uneinigkeiten der im Rat[118] vertretenen Mitgliedstaaten kein Konsens für einen autonom unionsrechtlichen Begriff gefunden werden, ist eine gemeinschaftsrechtliche Definition *de facto* nicht möglich. Auch das Ausfüllen des Begriffsinhalts durch eine unionsrichterliche Auslegung scheidet aus, da sich die Auslegungskompetenz des EuGH nach Art. 19 Abs. 3 Buchst. b EUV nur auf den Anwendungsbereich des Unionsrechts erstreckt.

Um den in Angriff genommenen Rechtsakt dennoch zu verabschieden, kann die jeweilige Auslegung des Begriffs auch einer Beurteilung nach dem Recht des anwendenden Mitgliedstaats überlassen werden. Dadurch ergibt sich innerhalb der Kompetenzbereiche der Union ein Zusammenspiel von Normen[119] und Begriffen unterschiedlicher Herkunft. Die Notwendigkeit, unionsrechtlich nicht vereinheitlichte Begriffe anhand der Rechte der Mitgliedstaaten zu bestimmen, führt zu so genannten *Vorfragen* der Anwendung unionsrechtlicher Kollisionsnormen: Eine Vorfrage betrifft den Inhalt rechtlicher Begriffe, die im Tatbestand der unionsrechtlichen Kollisionsvorschriften verankert sind, meist geht es um die Frage nach dem Bestehen bzw. Nichtbestehen eines präjudiziellen Rechtsverhältnisses oder Rechts[120]. Da diese Inhaltsbestimmung dem Tatbestand der Norm vorgelagert ist, wird sie als Vorfrage (im Französischen *question préliminaire*, im Englischen *incidental question*) bezeichnet[121]. Der unionsrechtliche Rechtsakt muss die Rechte der Mitgliedstaaten insoweit jedoch ausdrücklich berufen, da sonst vom Grundsatz einer autonomen Auslegung des Begriffs auszugehen wäre.[122]

---

118 Im Bereich des Familienrechts gilt für die Annahme unionsrechtlicher Rechtsakte das Anhörungsverfahren (Art. 81 Abs. 3 AEUV, Art. 78 a–e der Verfahrensordnung des Europäischen Parlaments). Vgl. *Kap. III 1 b i).*

119 Da Kollisionsrecht der Union in Ausübung der ihr seitens der Mitgliedstaaten abgetretenen Gesetzgebungskompetenzen als Sekundärrecht gesetzt wird, kann sein Anwendungsbereich logischerweise nicht weiterreichen als diese.

120 Brödermann, Eckart/Rosengarten, Joachim, Internationales Privat- und Zivilverfahrensrecht, 7. Aufl., Verlag Franz Vahlen, München 2015, S. 36, RZ 125.

121 Melchior, George, Die Grundlagen des deutschen internationalen Privatrechts, Berlin/Leipzig, 1932, S. 246; Kropholler, Jan, Internationales Privatrecht einschließlich der Grundbegriffe des Internationalen Zivilverfahrensrechts, 6. Aufl., Mohr Siebeck, Tübingen 2006, S. 221; Bernitt, Carmen Christina, Die Anknüpfung von Vorfragen im europäischen Kollisionsrecht, Tübingen, 2010, S. 18 f.

122 S. *Kap. I 2 b).*

Beispiele von Vorfragen in unionsrechtlichen Kollisionsvorschriften sind die Minder- oder die Volljährigkeit einer Person, ihre Staatsangehörigkeit, eine sachenrechtliche Eigentümerstellung, das Vorliegen einer wirksamen Adoption, die Inhaberschaft der elterlichen Sorge[123] oder – im Zusammenhang mit dem ehelichen Güterrecht besonders wichtig – das Bestehen einer gültigen Ehe.[124]

Von der Beantwortung einer kollisionsrechtlichen Vorfrage zu unterscheiden ist die Frage nach einer *Substitution* von Handlungen oder Begriffen, die Tatbestandsmerkmale von Vorschriften des inländischen Sachrechts ausfüllen durch eine im Ausland vorgenommene Rechtshandlung (z. B. eine notarielle Beurkundung), auf die weiter unten[125] einzugehen sein wird.

Dass schon die Identifikation der richtigen Vorfrage außerordentlich komplex sein kann, zeigt das Urteil des EuGH in der Rechtssache *J. McB. / L. E.* aus dem Jahr 2010[126], in dem zwischen dem *Inhalt* des elterlichen Sorgerechts (Art. 2 Nr. 11 Buchst. a der Brüssel-IIa-VO), der mangels Verweises auf die Rechte der Mitgliedstaaten *autonom* auszulegen (Rn. 41) war, und der *Inhaberschaft* dieses Sorgerechts, für die Art. 2 Nr. 11 Buchst. a der Brüssel-IIa-VO auf die Rechte der Mitgliedstaaten verweist, unterschieden wurde.

---

123 Diese und weitere Beispiele bei Staudinger/*Sturm*, BGB, Einleitung zum IPR, 2004, RZ 268.

124 Im nationalen IPR wird häufig noch weiter zwischen Erstfrage und Vorfrage im engeren Sinn differenziert: Erscheint das zu subsumierende Rechtsverhältnis als Tatbestandsmerkmal einer Kollisionsnorm, die das anwendbare Recht erst bestimmt, handelt es sich um eine Erstfrage; tritt es im Tatbestand einer bereits vom Kollisionsrecht berufenen ausländischen Kollisions- oder Sachnorm auf, handelt es sich um eine Vorfrage im engeren Sinn. Kropholler, a.a.O., S. 223, Rauscher, Thomas, Internationales Privatrecht, 5. Aufl., C.F. Müller, Heidelberg 2017, S. 125. Im Bereich des von der Union geschaffenen Kollisionsrechts ist eine derartige Unterscheidung zwischen Erst- und Vorfragen im engeren Sinn nicht geläufig. Argumentativ gegen eine Unterscheidung Nietner, Sarah, Internationaler Entscheidungseinklang im Europäischen Kollisionsrecht, Mohr Siebeck, Tübingen 2016, S. 198, m.w.N.; für das europäische Kollisionsrecht ebenfalls nicht differenzierend Kropholler, a.a.O., Brudermüller, a.a.O., S. 37 RZ 130, für eine Unterscheidung Rauscher, IPR, S. 522.

125 Brödermann/Rosengarten, Internationales Privat- und Zivilverfahrensrecht, S. 39, RZ 139. Dazu unten, *Kap. I 2 d (iii)*.

126 Urteil des Gerichtshofs vom 5. Oktober 2010, *J. McB. / L. E.*, 400/10 PPU.

(ii) Selbständige und unselbständige Anknüpfung von Vorfragen

Wegen der *rechtlichen* Qualität des im Rahmen einer Vorfrage festzustellenden Tatbestandsmerkmals und des zugrundeliegenden grenzüberschreitenden Sachverhalts ist maßgeblich von Interesse, nach *welchem* nationalen Recht das Vorliegen dieses Element zu beurteilen ist; denn grenzüberschreitende Sachverhalte zeichnen sich gerade dadurch aus, dass für die Beantwortung von Vorfragen mehr als eine Rechtsordnung in Betracht kommt.

Ein Beispiel hierfür ist die Vorfrage der wirksamen Auflösung einer Ehe durch Scheidung. Sie ist Voraussetzung für eine neue eheliche Verbindung des Geschiedenen, für das Entfallen gesetzlicher Erbrechte[127] und – im Fall einer unwirksamen Scheidung – für die Berechtigung zum Bezug einer Witwer/nrente.

Zur Beantwortung der Vorfrage nach einer wirksamen Ehescheidung bieten sich einerseits die nach den Kollisionsnormen des Forumsstaats (*lex fori*) bestimmten nationalen Normen an, andererseits die Vorschriften, die von den Kollisionsnormen des Staates berufen werden, nach dessen Recht die *Haupt*frage – bei den obigen Beispielen die Ehefähigkeit, die Rechtsnachfolge von Todes wegen oder die Berechtigung zum Rentenbezug – zu beantworten ist (*lex causae*).

Somit erhebt sich, wenn zur Entscheidung der betreffenden Vorfrage die nationalen Rechte berufen sind, auch auf *innerstaatlicher* Ebene die Frage, wie diese angeknüpft werden soll:

Einerseits soll durch die unionsrechtliche Vereinheitlichung der Kollisionsnormen der Mitgliedstaaten – unabhängig vom Mitgliedstaat, dessen Gerichte angerufen werden – die einheitliche Rechtsanwendung in einem internationalen Entscheidungseinklang münden, was im Bereich der vom Unionsrecht ausgeklammerten Vorfragen aber gerade nicht der Fall ist. Denn unterschiedliche Ergebnisse ergeben sich schon auf der Ebene der Qualifikation. So wird das Gericht eines Staates, das die gleichgeschlechtliche Ehe nicht kennt, wenn es mit einer solchen Ehe konfrontiert wird, eine Kollisionsnorm mit einem anderen Anknüpfungsgegenstand wählen (die Kollisionsnorm für die eingetragene Partnerschaft) als die Gerichte der Mitgliedstaaten, in denen hetero- und homosexuelle Verbindungen gleichermaßen als Ehen formalisiert werden können.

---

127 Vgl. etwa § 1933 BGB, der den Zeitpunkt des Entfallens des Erbrechts des Ehegatten nur dann vorverlagert, wenn der Erblasser den bereits zugestellten Scheidungsantrag gestellt oder diesem zugestimmt hat.

Andererseits wird zur Anknüpfung der rechtlichen Tatbestandsmerkmale der Vorfrage von den nationalen Gerichten auch nicht durchgehend das eigene nationale Kollisionsrecht angewandt:

Man spricht in der kollisionsrechtlichen Praxis von der *selbstständigen Anknüpfung* einer Vorfrage, wenn für diese vom eigenen nationalen Kollisionsrecht *(lex fori)* ausgegangen wird. Die Vorfrage wird dadurch von der Hauptfrage (d. h. der Frage, die von der Kollisionsnorm beantwortet wird, die das zur Vorfrage führende Tatbestandsmerkmal enthält) isoliert betrachtet und so behandelt, als wäre sie selbst die Hauptfrage[128].

Eine *unselbständige* (oder auch *abhängige*) *Anknüpfung* wird dagegen vorgenommen, wenn das Gericht bei Anwendbarkeit eines fremden Rechts auf die Hauptfrage der Beantwortung der Vorfrage die Kollisionsnormen eben dieses ausländischen Rechts *(lex causae)* zugrunde legt[129].

(iii) Diskussion und Ausblick

In der deutschen Rechtsprechung und Literatur wird mehrheitlich die selbständige Anknüpfung vertreten[130]. Auch eine rechtsvergleichende Studie des Deutschen Notarinstituts aus dem Jahr 2002[131] ergab, dass in den untersuchten 15 Mitgliedstaaten, soweit dort entsprechende Judikate vorhanden waren, die selbständige Anknüpfung vorherrschte.

---

128 Allgemeine Auffassung – beispielhaft Nietner, Internationaler Entscheidungseinklang, S. 196 m. Hinweis auf Kegel, Gerhard, Schurig, Klaus, Internationales Privatrecht, 9. Aufl., C.H. Beck, München 2004.

129 Vgl. Brödermann/Rosengarten, S. 36, RZ 127, m.w.N.

130 Vgl. die Nachweise bei Staudinger/*Sturm*, BGB, Einleitung zum IPR, 2004, RZ 271–278. Die Frage, welcher der beiden Anknüpfungsformen der Vorzug zu geben ist, ist bereits seit der Entdeckung der Problematik in den 30-er Jahren des letzten Jahrhunderts durch Melchior (Melchior, George, Die Grundlagen des deutschen internationalen Privatrechts, de Gruyter, Berlin/Leipzig 1932, S. 245 ff.) und Wengler (Wengler, Wilhelm, Die Vorfrage im Kollisionsrecht, RabelsZ 8 (1934), S. 148 ff.) streitig, wobei die beiden Autoren von einer grundsätzlich unselbständigen Anknüpfung der Vorfrage, d. h. von der Anwendbarkeit des Kollisionsrechts der auf die Hauptfrage anzuwendenden lex causae ausgingen.

131 Rechtsvergleichende Studie der erbrechtlichen Regelungen des Internationalen Verfahrensrechts und Internationalen Privatrechts der Mitgliedsstaaten der Europäischen Union, Schlussbericht abrufbar in deutscher Sprache unter http://www.european-succession-law.org/031_Schlussbericht_deutsch.pdf, zur Vorfragenanknüpfung s. S. 256 f.

Neben wenigen Vertretern der Gegenansicht haben sich außerdem vermittelnde Meinungen herausgebildet, die beispielsweise auf die jeweilige Stärke des Auslandsbezugs abstellen[132] oder Fallgruppen für die eine oder andere Art der Anknüpfung bilden[133].

Die Frage der – generellen oder einzelfallbezogenen – Vorzugswürdigkeit von selbständiger oder unselbständiger Anknüpfung von Vorfragen ist vor allem mit der Frage des Entscheidungseinklangs verbunden:

Die selbstständige Anknüpfung fördert einen *nationalen* Entscheidungseinklang, da im konkreten Fall die Auslegung der zu definierenden rechtlichen Voraussetzung mit anderen nationalen Entscheidungen vereinbar ist, selbst wenn auf die Hauptfrage unterschiedliche Rechtsordnungen zur Anwendung kommen. Eine unselbständige Anknüpfung fördert dagegen den *internationalen* Entscheidungseinklang, nämlich den Einklang mit der Rechtsordnung, die zur Anwendung auf die Hauptfrage berufen ist.[134]

Bei der Anwendung vereinheitlichten europäischen Kollisionsrechts im Bereich des Familienrechts ergibt sich schließlich noch ein Sonderproblem, was die Vorfrage nach dem Bestehen einer gültigen Ehe (Vorfrage sowohl der Rom-III-VO über das auf die Ehescheidung anzuwendende Recht als auch der Verordnung über das eheliche Güterrecht) betrifft:

Die Kollisionsnormen der an der Rom-III- und der Ehegüterrechtsverordnung teilnehmenden Mitgliedstaaten sind durch diese zwar vereinheitlicht, überlassen aber gleichzeitig die wesentliche ihrer Anwendung vorausgehende Frage, nämlich diejenige nach dem Bestehen einer gültigen Ehe, ausdrücklich dem nationalen Recht der Mitgliedstaaten. Ob diese Vorfragen in den nationalen

---

132 Münchener Kommentar/*Sonnenberger*, Einleitung zum IPR (2010), RZ 549 ff.; vgl. die Darstellungen bei Nietner, Entscheidungseinklang …, S. 197 sowie bei Staudinger/*Sturm*, BGB, Einleitung zum IPR, 2004, RZ 235, jeweils m.w.N.

133 Soweit im deutschen Schrifttum zwischen Erstfragen (das sich als Vorfrage stellende Recht oder Rechtsverhältnis erscheint im Tatbestand einer nationalen *Kollisionsnorm*) und Vorfragen im engeren Sinn (die Vorfrage stellt sich in einer Norm des *Sachrechts*) unterschieden wird, wird für die Erstfrage vertreten, dass diese grundsätzlich selbständig anzuknüpfen sei, da bei der Prüfung der Kollisionsnorm das auf die Hauptfrage anzuwendende Recht noch gar nicht bestimmt sei. S. Kropholler, a.a.O., S. 223 f. Dem ist aus Gründen der Logik m. E. auch zu folgen.

134 Zur (nach Ansicht des Autors mangelnden) rechtspolitischen Rechtfertigung und den Nachteilen der unselbständigen Anknüpfung M ä s c h, Gerald, Zur Vorfrage im europäischen IPR in: Leible/Unberath (Hrsg.), Brauchen wir eine Rom-0-Verordnung? Jenaer Wissenschaftliche Verlagsgesellschaft, Jena 2013, S. 201 ff. (S. 207–219).

Rechten selbständig oder unselbständig angeknüpft werden sollen, regeln die Verordnungen allerdings nicht. Angesichts der unter den Mitgliedstaaten bestehenden „Gräben" zwischen den Vertretern einer liberalen und einer konservativen Auffassung vom Begriff der Ehe ist zu vermuten, dass sich für diese Vorfrage zukünftig eine selbständige Anknüpfung etablieren wird, was dazu führt, dass der internationale Entscheidungseinklang als wesentliches Motiv für die Vereinheitlichung der Kollisionsnormen hintan gestellt werden wird. Innerhalb ein- und derselben nationalen Rechtsordnung wäre schwer vermittelbar, dass gleiche Fragen je nachdem, ob sie sich in einem rein innerstaatlichen oder in einem grenzüberschreitenden Sachverhalt stellen, in unterschiedlicher Weise beantwortet werden können[135]. Dies gilt auch und gerade im Verhältnis zu den zahlreichen Drittstaaten, zu denen in diesem Fall nicht nur die Staaten zählen, die nicht Mitglieder der Union sind („echte" Drittstaaten), sondern auch die Mitgliedstaaten der Union, die sich an allen oder an konkreten Verordnungen nicht beteiligen wollen („unechte" Drittstaaten).

d) Ergebniskorrektur kollisionsrechtlicher Anknüpfungen

Besteht keine Rechtswahl- bzw. Gerichtsstandvereinbarung, ist die *Qualifikation* des jeweiligen Sachverhalts, d. h. seine Einordnung unter eine konkrete Norm des Internationalen Privat- oder Zivilverfahrensrechts, Angelpunkt der Bestimmung des anwendbaren Rechts bzw. der international zuständigen Gerichte[136].

Parallel zur autonomen Auslegung unionsrechtlicher Begriffe ist nach der Rechtsprechung des EuGH auch bei der *Auswahl* der Normen einer autonomen Qualifikationsmethode zu folgen.[137] Die Einordnung des Sachverhalts unter bestimmte, in den unionsrechtlichen Verordnungen normierte Anknüpfungsgegenstände muss daher unabhängig von Begriffen aus den Rechtsordnungen der Mitgliedstaaten und deren Bedeutungsgehalt erfolgen, es sei denn, die europäischen Bestimmungen würden für die Bestimmung konkreter Begriffe als *Vorfragen* auf nationales Recht verweisen[138].

---

135 S. hierzu die Ausführungen zur Vorfrage, *Kap. I 2 c (i).*

136 S. o. Einleitung zu *Kap. I 2.*

137 Vgl. die Urteile des Gerichtshofs vom 13. Juni 2006, *Reisch Montage*, C-103/05 für die Brüssel-I-VO Rn. 29 und 30, vom 2. April 2009, *A*, C-523/07, Rn. 34 für die Brüssel-IIa-VO sowie vom 1. März 2018, *Mahnkopf*, Rs. C-558/18, Rnrn. 32 und 40, 41, zur Qualifikation der erhöhten Beteiligung des überlebenden Ehegatten nach deutschem Recht (Erhöhungsviertel nach § 1371 BGB) als erb- und nicht güterrechtlich.

138 Bonomi, Andrea, Fragen des Allgemeinen Teils: Qualifikation, Vorfrage, Renvoi und Ordre public, in: Dutta, Anatol, Weber, Johannes (Hrsg.), Die Europäischen

Im Kollisions- und internationalen Verfahrensrecht der Union sind jedoch nicht zuletzt die verschiedenen Rechtsordnungen und -traditionen der Mitgliedstaaten zu berücksichtigen (Art. 67 Abs. 1 AEUV)[139], die meist ein vorrangiges Interesse an einem *internen* Einklang der von ihren Gerichten erlassenen Entscheidungen haben.

Um diesen nationalen Interessen Rechnung zu tragen, bestehen im Internationalen Privatrecht der Union mehrere Möglichkeiten zur „Korrektur" einer nach den europäischen Kollisionsnormen durchgeführten Anknüpfung. Dass sie schon in der Vergangenheit Ausnahmen dargestellt haben, zeugt vom grundsätzlichen Respekt der Mitgliedstaaten vor ausländischen Rechten und von einem Konsens ihrer Rechtssysteme in wesentlichen kollisionsrechtlichen Fragen. Sie sollen im Folgenden hier jedoch dargestellt werden, da sich insbesondere im Zusammenspiel zwischen verschiedenen nationalen Güter- und Erbrechten eine Möglichkeit zur Korrektur als in der Tat erforderlich erwiesen hat[140].

(i) Eingriffsnormen

Die kollisionsrechtlich gebotene Anwendung ausländischen Rechts kann in einzelnen Rechtsfragen in Widerspruch zu den grundsätzlichen rechtlichen Wertungen des Forumsstaats treten. Denn die nationalen Normen des Privatrechts sollen nicht allein dem Ausgleich privater Interessen dienen, sondern korrespondieren teils auch mit ordnungspolitischen, am Gemeinwohl orientierten[141] und damit überindividuellen Gemeininteressen[142], die der Forumsstaat selbst

---

Güterrechtsverordnungen; Tagungsband zum wissenschaftlichen Symposium des Deutschen Notarinstituts und der Universität Regensburg am 10. Februar 2017 in Würzburg, Verlag C.H. Beck, München 2017, S. 124 ff. (125). S. hierzu auch die Ausführungen zu den der Auslegung durch die nationalen Rechte überlassenen Vorfragen im obigen *Kap. I 2 c).*

139 Auch der 7. Erwägungsgrund der EuGüter/PartVO nimmt ausdrücklich Bezug auf das vom Rat auf seiner Tagung vom 10./11. Dezember in Brüssel angenommene Stockholmer Programm, nach dem bei der Ausweitung der gegenseitigen Anerkennung der Rechtsordnungen der Mitgliedstaaten „die Rechtssysteme einschließlich der öffentlichen Ordnung *(Ordre public)* und die nationalen Traditionen der Mitgliedstaaten in diesem Bereich zu berücksichtigen sind."

140 S. u. *Kap. VI 2 f.*

141 Piir, Ragne, Eingreifen oder nicht eingreifen, das ist hier die Frage. Die Problematik der Bestimmung und des Anwendungsbereichs der Eingriffsnormen im internationalen Privatrecht, Juridica International. Law Review. University of Tartu (Estland), XVII 2010, abrufbar unter https://www.juridicainternational.eu/?id=14586.

142 Münchener Kommentar/*Sonnenberger* (2010), Einleitung, IPR Rn. 35.

dann durchgesetzt sehen möchte, wenn sein internationales Privatrecht auf das materielle Recht eines anderen Staates verweist.[143]

Deshalb enthalten die meisten Rechtsakte des Kollisionsrechts der Union, so auch die beiden Güterrechtsverordnungen, Generalklauseln zur Wahrung von so genannten Eingriffsnormen des jeweiligen Forumsstaats[144]. Nach ihnen sollen Vorschriften der *lex fori*, die, wie es die Rom-II-VO formuliert, „ohne Rücksicht auf das für das außervertragliche Schuldverhältnis maßgebende Recht den Sachverhalt zwingend regeln", durch die unionsrechtlichen Rechtsakte nicht berührt werden. Die flächendeckende Anwendung des von den europäischen Verordnungen berufenen ausländischen Rechts darf damit von den Gerichten zugunsten des Rechts des Forumsstaats ausnahmsweise in Fällen durchbrochen werden, in denen durch dieses ausländische Recht Vorschriften, die im Recht des Forumsstaats als unverzichtbar angesehen werden, konterkariert würden.

In Anlehnung an das Urteil des EuGH in den Rechtssachen *Arblade und Leloup*[145] wurde in Art. 9 Abs. 1 der Rom-I-VO erstmals die heute standardmäßig geltende Legaldefinition der Eingriffsnorm in einer europäischen Vorschrift normiert: Es handelt sich dabei um „eine zwingende Vorschrift, deren Einhaltung von einem Staat als so entscheidend für die Wahrung seines öffentlichen Interesses, insbesondere seiner politischen, sozialen oder wirtschaftlichen Organisation, angesehen wird, dass sie ungeachtet des nach Maßgabe dieser Verordnung auf den Vertrag anzuwendenden Rechts auf alle Sachverhalte anzuwenden ist, die in ihren Anwendungsbereich fallen".

Im internationalen Vertragsrecht gelten als typische Eingriffsnormen die Vorschriften des nationalen Wettbewerbsrechts, die Normen, die eine Kontrolle über besonders sensible Güter wie beispielsweise Waffen oder Kulturgüter sicherstellen[146] und das Verbot des Handels mit menschlichen Organen oder geschützten Tier- und Pflanzenarten. Der 53. Erwägungsgrund der EuGüter/PartVO nennt als Beispiele für die in Art. 30 Abs. 2 EuGüter/PartVO definierten Eingriffsnormen die „Normen zum Schutz der Familienwohnung". Gleichzeitig heißt es dort jedoch, dass diese Ausnahme von der Anwendung des auf den

---

143 Nietner, Entscheidungseinklang ..., S. 241.

144 Art. 16 Rom-II-VO, Art. 9 Abs. 2 Rom-I-VO, Art. 30 EuGüter/PartVO.

145 Urteil des Gerichtshofs vom 23. November 1999, *Arblade und Leloup*, C-396//96 und C-376/96, Rn. 33–38 sowie LS 1 und 4. Im vom EuGH entschiedenen Fall ging es um das Verhältnis zwischen nationalen belgischen Vorschriften zum Schutz von Arbeitnehmerinteressen einerseits und der unionsrechtlichen Dienstleistungsfreiheit andererseits.

146 Nietner, Internationaler Entscheidungseinklang ..., S. 242.

ehelichen Güterstand anzuwendenden Rechts eng auszulegen sei, damit sie der allgemeinen Zielsetzung dieser Verordnung nicht zuwiderlaufe.

Nach der Einschätzung von Renner[147] ist zu erwarten, dass das Eingriffsrecht zwischen den Mitgliedstaaten der Union aufgrund der zunehmenden Vereinheitlichung des Kollisionsrechts, wodurch in den einschlägigen Rechtsbereichen nicht mehr nationales, sondern schon vereinheitlichtes Eingriffsrecht gilt, zukünftig an Bedeutung verlieren wird.

(ii) Ordre public

Ebenfalls dem Schutz mitgliedstaatlicher Grundentscheidungen dienen die in allen unionsrechtlichen Verordnungen enthaltenen sog. *Ordre-public*-Klauseln.

Im Vergleich zu den *Eingriffsnormen*, die bestimmten *positiven* Wertungen der nationalen Rechtsordnung des Forumsstaats Vorrang vor der Anwendung ausländischen Rechts zumessen, zielt die Generalklausel des *Ordre public* (dt.: öffentliche Ordnung)[148] *negativ*, d. h. mit Abwehrfunktion gegenüber dem fremden Recht, auf die Korrektur der *Ergebnisse* des anzuwendenden Rechts, die mit wesentlichen Rechtsgrundsätzen des Forumsstaates so unvereinbar sind, dass ihre Anwendung in einem nicht hinnehmbaren Gegensatz zu dessen Rechtsordnung stünde.

Die Anwendung der *Ordre-public*-Klauseln, d. h. die Ersetzung von Ergebnissen des im Wege der Anknüpfung berufenen Rechts, kann allerdings erst in einem zweiten Schritt erfolgen, denn der kollisionsrechtliche Anwendungsbefehl bleibt zunächst beachtlich. Ein Rückgriff auf die *lex fori* kommt erst in Betracht, wenn im nach der Anknüpfung anzuwendenden ausländischen Recht keine *ordre-public*-konforme Lösung gefunden werden kann.[149] Gleichzeitig ist das angerufene Gericht, dem das Recht eingeräumt wird, im Rahmen der

---

147 Renner, Moritz, Ordre public und Eingriffsnormen, Konvergenzen und Divergenzen zwischen IPR und IZVR, in v. Hein, Jan, und Rühl, Gisela, Kohärenz im Internationalen Privat- und Zivilverfahrensrecht der Europäischen Union, Mohr Siebeck Verlag, Tübingen 2016, S. 367.

148 Art. 21 Rom-I-VO, Art. 26 Rom-II-VO, Art. 12 Rom-III-VO, Art. 24 EuUntVO und Art. 13 Haager Unterhaltsprotokoll (HUP), Art. 35 EuErbVO, Art. 32 EuGüter/PartVO.

149 Stürner, Michael, Der Ordre public im Europäischen Kollisionsrecht, in Arnold, Stefan (Hrsg.) Grundfragen des Europäischen Kollisionsrechts, Mohr Siebeck, Tübingen 2016, S. 87 ff. (90).

Ordre-public-Kontrolle die Maßstäbe seines eigenen nationalen Rechts auszulegen, an die Wertungen des europäischen Rechts gebunden[150].

Folgerichtig hat der Gerichtshof in der Rechtssache *Krombach/Bamberski*[151] – damals zum Europäischen Gerichtsstands- und Vollstreckungsübereinkommen (EuGVÜ), dem Vorläufer der international-verfahrensrechtlichen Normierungen der Union[152] – im Zusammenhang mit dem Verbot der Nachprüfung von in anderen Vertragsstaaten ergangenen Entscheidungen (Art. 29 und 34 Abs. 3 EuGVÜ) Schranken der mitgliedstaatlichen *Ordre-public*-Kontrolle definiert:

Die Vertragsstaaten des Übereinkommens, so der EuGH, könnten zwar selbst festlegen, welche Anforderungen sich nach ihren innerstaatlichen Anschauungen aus ihrer öffentlichen Ordnung ergäben, die Abgrenzung – und damit die Schranken – dieses Begriffes jedoch gehörten zur Auslegung des Übereinkommens[153]. Danach müsse eine offensichtliche Verletzung einer in der Rechtsordnung des Vollstreckungsstaats als wesentlich geltenden Rechtsnorm oder eines dort als grundlegend anerkannten Rechts vorliegen, damit dem Forumsstaat eine Berufung auf den *Ordre-public*-Vorbehalt erlaubt sei[154].

---

150 Hausmann, Rainer, Internationales und Europäisches Familienrecht, 2. Aufl., C.H. Beck, München, 2018, Teil A, S. 114, RZ 470 (konkret zur Rom-III-VO).

151 Urteil des Gerichtshofes vom 28. März 2000, *Krombach/Bamberski*, C-7/98, Rn. 23–37 sowie LS 3.

152 Heute namentlich die Verordnung (EU) Nr. 1215/2012 vom 12. Dezember 2012 über die gerichtliche Zuständigkeit und die Anerkennung und Vollstreckung von Entscheidungen in Zivil- und Handelssachen (Brüssel-Ia-VO), die Verordnung (EG) Nr. 2201/2003 vom 27. November 2003 (Brüssel-IIa-VO) über die gerichtliche Zuständigkeit und die Anerkennung und Vollstreckung von Entscheidungen in Ehesachen und in Verfahren betreffend die elterliche Verantwortung für die gemeinsamen Kinder der Ehegatten (Brüssel-IIa-VO oder Eu-Ehe-VO) sowie die entsprechenden sektoriellen Anerkennungs- und Vollstreckungsvorschriften, etwa für den Bereich des Unterhaltsrechts die Vorschriften über die Anerkennung und Vollstreckung von Entscheidungen in Kapitel IV (Art. 16 bis 43) der EuUntVO.

153 EuGH, Urteil *Krombach/Bamberski*, C-7/98, Rn. 22 und LS 1.

154 So das – im konkreten Fall durch eine Verurteilung *in absentia* verletzte – Recht jedes Angeklagten, sich von einem (ihm ggf. beizuordnenden) Rechtsanwalt verteidigen zu lassen, das nach der EuGH-Entscheidung *Krombach/Bamberski* zu den grundlegenden Merkmalen eines fairen Prozesses gehört (Rnrn. 38, 44 sowie LS 2 des Urteils).

(iii) Anpassung

Die *Anpassung* oder *Angleichung* dient dazu, Widersprüchen und unbilligen Ergebnissen beim Zusammentreffen von Normen unterschiedlicher Rechtsordnungen abzuhelfen.

Begriff und Technik sind gesetzlich nicht geregelt, da das Instrument der Anpassung zunächst von der deutschen Literatur entwickelt wurde. Es ist jedoch nicht nur in die Praxis der deutschen Rechtsprechung eingegangen, sondern heute auch in anderen Mitgliedstaaten der Union anerkannt.[155]

Die Güterrechtsverordnungen erläutern im 25. Erwägungsgrund, dass sie „die Anpassung eines unbekannten dinglichen Rechts an das in der Rechtsordnung dieses anderen Mitgliedstaats am ehesten vergleichbare Recht vorsehen. Bei dieser Anpassung sollten die mit dem besagten dinglichen Recht verfolgten Ziele und Interessen und die mit ihm verbundenen Wirkungen berücksichtigt werden“. Der jeweilige Art. 29 ordnet dies unter der Überschrift „Anpassung dinglicher Rechte“ an. Eine Parallelregelung besteht in Art. 31 EuErbVO, der im 16. Erwägungsgrund der Verordnung erläutert wird.

Da mit einer Anpassung nicht ausländische *Normen* als solche korrigiert, sondern das Ergebnis ihrer Anwendung beim Zusammentreffen mit dem Recht des Forumsstaats „angepasst“ wird, erfolgt dieser Vorgang notwendig einzelfallbezogen.[156] Eine Anpassung kann hier zum einen in der Form stattfinden, dass nur eines der beiden Rechte, d. h. dass schlicht die „störende“ Sachrechtsordnung nicht angewandt wird (sog. *kollisionsrechtliche* Anpassung).[157] Die *materiellrechtliche* Anpassung dagegen vergleicht das Ergebnis der strikten Anwendung beider berufenen Rechtsordnungen mit demjenigen, das sich bei einheitlicher Anwendung nur der einen oder nur der anderen Rechtsordnung ergäbe, und passt dieses Ergebnis an.

155 Looschelders, Dirk, Die Anpassung im internationalen Privatrecht: Zur Methodik der Rechtsanwendung in Fällen mit wesentlicher Verbindung zu mehreren nicht miteinander harmonierenden Rechtsordnungen, C.F. Müller Verlag, Heidelberg, 1995, S. 23.

156 Paffhausen, a.a.O., S. 8; Münchener Kommentar/*Sonnenberger*, 2010, Einleitung IPR, RN 532 ff.; Kegel, Gerhard/Schurig, Klaus, Internationales Privatrecht, 9. Aufl., C.H. Beck München, 2004, § 8 I.

157 Freitag, Robert, Der Einfluss des Europäischen Gemeinschaftsrechts auf das internationale Produkthaftungsrecht, Mohr Siebeck, Tübingen 2000, S. 318; Looschelders, a.a.O., S. 35 f. und 195.

Beispiele für einen durch das Zusammentreffen von Vorschriften mehrerer Rechtsordnungen bestehenden Anpassungsbedarf sind folgende Situationen:

- Stellen sich in einem einheitlichen Lebenssachverhalt mehrere Rechtsfragen, so können aufgrund der unterschiedlichen Sachnormen, zu denen die Anwendung der jeweils einschlägigen Kollisionsvorschriften führt, zwei oder mehr Rechtsordnungen *nebeneinander* zur Anwendung kommen. Dies ist der Fall beim Zusammentreffen unterschiedlicher Statute für das Güterrecht und das Erbrecht, wenn eine Ehe durch Tod beendet wird[158]. Da beide für die Regelung der einen wie der anderen Frage berufenen Rechtsordnungen den Zweck der Versorgung des überlebenden Ehegatten auf unterschiedlichem Wege erfüllen wollen, kann es zu einer Über- oder Unterbeteiligung des überlebenden Ehegatten am für die güter- und die erbrechtliche Aufteilung zur Verfügung stehenden Vermögen kommen, da die kombinierte Anwendung der jeweils berufenen Sachvorschriften zu einem Ergebnis führt, das keine der beiden aufeinandertreffenden Rechtsordnungen für sich genommen vorsieht[159].
- Bei einander widersprechenden gesetzlichen Vermutungen, insbesondere Kommorientenvermutungen, können logische Widersprüche entstehen. Da gemäß Art. 9 Abs. 1 EGBGB das *Recht der Staatsangehörigkeit* bestimmt, welche Kommorientenregel auf den jeweiligen Verstorbenen[160] anzuwenden ist, können bei Zweifeln über die Reihenfolge des Versterbens von Ehe-/ Lebenspartnern unterschiedlicher Staatsangehörigkeit die jeweiligen gesetzlichen Vermutungen in einen nicht auflösbaren Widerspruch zueinander treten. Dies ist z. B. der Fall, wenn die Vermutung gleichzeitigen Versterbens nach § 11 des deutschen Verschollenheitsgesetzes mit einer Regelung zusammentrifft, die aufgrund unterschiedlicher Lebensalter eine Vermutung für das Vorversterben des älteren Beteiligten aufstellt und damit den nach der gesetzlichen Vermutung des Rechts seiner eigenen Staatsangehörigkeit

---

158 Benicke, Christoph, Anpassung im internationalen Privatrecht, Festschrift f. Jan Schapp, Mohr Siebeck, Tübingen 2010, S. 61.

159 S. hierzu *Kap. VI 2 f)*.

160 Die für die Todeserklärung bei Verschollenheit geltende IPR-Vorschrift des Art. 9 EGBGB wird auch auf die Regel des § 11 VerschG angewandt; Ring, Gerhard und Ring-Ohlsen, Line, Internationales Privatrecht, 2. Aufl. 2017, RZ 108; v. Hoffmann, Bernd/Thorn, Karsten, IPR, § 7, RZ 4; Staudinger/*Sturm*, BGB, Einleitung zum IPR, 2004, RZ 254.

Vorverstorbenen zum Erben beruft[161]. Die Auflösung dieses Normwiderspruchs erfordert ebenfalls eine Anpassung, die hier wohl nur durch die Entscheidung für eine der beiden Vermutungen zu bewerkstelligen ist.

- Eine dritte Fallgruppe bilden Rechtsfiguren eines fremden Rechts, die im Recht des Forumsstaats keine Entsprechung finden[162]. Neben den bereits angesprochenen, dem Sachenrechtskatalog des Belegenheitsstaates unbekannten Rechten, sind dies in fremden Rechtsordnungen anstelle eines deutschen Auskunftsanspruchs gewährte Ansprüche mit anderen Merkmalen[163]. Heiderhoff schlägt für diesen Fall vor, das ausländische Recht im Wege der Anpassung fortzubilden, indem ihm ein Auskunftsanspruch entnommen wird[164].

Die Methodik der Anpassung ist sowohl vom Ergebnis als auch vom Verfahren her abhängig von Billigkeitserwägungen und räumt damit dem angerufenen Gericht einen großen Entscheidungsspielraum ein. Dass die richterliche Entscheidung deshalb als einem „subjektive[n], dezisionistische[n] Moment" unterworfen beschrieben wird, das möglichst einzuschränken sei[165], sollte meines Erachtens eher positiv als Pflicht der gerechten, alle Faktoren des Einzelfalls berücksichtigenden Urteilsfindung gedeutet werden, die im Bereich der unionsrechtlich überprüfbaren Auslegung der entsprechenden Verordnungen vom EuGH im Rahmen von Hinweisen auch angesprochen werden kann. Das eigentliche Problem, die verschiedenen Denk- und Argumentationswege der unvermittelt zusammentreffenden nationalen Rechtssysteme, ist hingegen dem Rechtsgebiet des Internationalen Privatrechts immanent und kann ohne eine Harmonisierung des entsprechenden Sachrechts auch nicht gelöst werden.

Zu unterscheiden ist die an einem gerechten Gesamtergebnis orientierte Anpassung von der *Substitution*. Diese beschäftigt sich damit, ob ein von einer nationalen Vorschrift vorausgesetztes Tatbestandsmerkmal auch dadurch erfüllt werden kann, dass es sich im Geltungsbereich eines nicht zur Anwendung berufenen Rechts verwirklicht[166].

---

161 Benicke, FS für Schapp, S. 63 f.

162 Staudinger/*Sturm*, BGB, Einleitung zum IPR, Bearbeitung 2012, RZ 254.

163 Heiderhoff, Bettina, Die EU-Güterrechtsverordnungen, IPRax 2018, S. 1 ff.

164 Heiderhoff, a.a.O., S. 3 unter Hinweis auf Staudinger/*Mankowski*, BGB, 2010, RZ 398 zu Art. 15 EGBGB.

165 Kropholler, IPR, ebd.; Staudinger/*Sturm*, a.a.O. (Bearb. 2012), RZ 257.

166 Staudinger/*Sturm*, BGB, Einleitung zum IPR, 2012, RZ 259.

Wichtigstes Beispiel ist die Beurkundung eines nach deutschem Recht beurkundungsbedürftigen Rechtsgeschäfts durch einen ausländischen Notar. Hierfür fordert die deutsche Rechtsprechung eine *Gleichwertigkeit*, die für Beurkundungen, Beglaubigungen und Entgegennahmen eidesstattlicher Versicherungen anhand der Aufgabe und Position der Urkundsperson festzustellen ist: Neben der Ausbildung und allgemeinen Stellung des Notars im Rechtsleben sind somit im Beispiel auch die Gleichwertigkeit des Beurkundungsverfahrens und die notarielle Funktion im Hinblick auf die konkrete Beurkundung zu berücksichtigen.[167]

167 OLG Stuttgart, DB 2000, S. 1218; weitere Nachweise bei Looschelders, Dirk, Internationales Privatrecht, S. 160 Rn. 19, Springer Verlag Heidelberg, 2004. Staudinger/ *Sturm*, Einleitung zum IPR, 2012, RZ 259.

Kapitel II: Anwendungsbereich der EU-Verordnungen zum Ehegüterrecht und zum Güterrecht eingetragener Partnerschaften

1. Räumlicher Anwendungsbereich

a) Eingeschränkter räumlicher Geltungsbereich

(i) Entstehungsgeschichte der Verordnungen

Die am 24. Juni 2016 vom Rat der Europäischen Union angenommenen Verordnungen zum ehelichen Güterrecht und zum Güterrecht eingetragener Partnerschaften[168] gelten seit dem 29. Januar 2019 (Art. 70 Abs. 2 EuGüter/PartVO) nicht in allen, sondern nur in 18 EU-Mitgliedstaaten der Europäischen Union, nämlich in Belgien, Bulgarien, Deutschland, Finnland, Frankreich, Griechenland, Italien, Kroatien, Luxemburg, Malta, den Niederlanden, Österreich, Portugal, Schweden, Slowenien, Spanien, der Tschechischen Republik und Zypern.

Estland hatte zwar schon kurze Zeit nach der Annahme der Verordnungen angekündigt, ebenfalls teilnehmen zu wollen, es hat diese Absichtserklärung jedoch bislang nicht in die Tat umgesetzt[169].

Damit beteiligen sich derzeit 9 Mitgliedstaaten, nämlich Dänemark, Irland, Estland, Lettland, Litauen, Polen, Rumänien, die Slowakei und Ungarn nicht an

---

168 Verordnung (EU) 2016/1103 des Rates vom 24. Juni 2016 zur Durchführung einer Verstärkten Zusammenarbeit im Bereich der Zuständigkeit, des anzuwendenden Rechts und der Anerkennung und Vollstreckung von Entscheidungen in Fragen des ehelichen Güterstands und Verordnung (EU) 2016/1104 des Rates vom 24. Juni 2016 zur Durchführung der Verstärkten Zusammenarbeit im Bereich der Zuständigkeit, des anzuwendenden Rechts und der Anerkennung und Vollstreckung von Entscheidungen in Fragen güterrechtlicher Wirkungen eingetragener Partnerschaften.

169 Gemäß Art. 328 Abs. 1 steht eine Verstärkte Zusammenarbeit nicht nur bei ihrer Begründung, sondern auch danach allen Mitgliedstaaten offen, die die im ermächtigenden Beschluss gegebenenfalls festgelegten Teilnahmevoraussetzungen erfüllen und die in diesem Rahmen bereits erlassenen Rechtsakte beachten. Die Kommission und die bereits teilnehmenden Mitgliedstaaten sollen außerdem die Teilnahme möglichst vieler Mitgliedstaaten fördern.

der Verstärkten Zusammenarbeit, in deren Rahmen beide Verordnungen angenommen wurden.

Dieser eingeschränkte räumliche Anwendungsbereich hängt mit der komplexen Entstehungsgeschichte der Verordnungen bzw. den besonderen Voraussetzungen ihrer Rechtsgrundlage zusammen:

Die EuGüter- und die EuPartVO wurden am 24. Juni 2016, nachdem die aus dem Jahr 2011 stammenden Vorschläge der Kommission[170] zur Annahme von unionsweit geltenden Regelungen im Rat für Justiz und Inneres gescheitert waren, nach dem gesetzgeberischen Vorbild der bereits aus dem Jahr 2010 stammenden Rom-III-VO, die Kollisionsvorschriften zum auf die Ehescheidung und Trennung ohne Auflösung des Ehebandes anzuwendenden Recht enthält, im Wege einer *Verstärkten Zusammenarbeit* nach Art. 326–334 ff. AEUV angenommen.

Trotz weitreichender Überarbeitungen der ersten Entwürfe – zunächst aufgrund der beiden Legislativen Entschließungen des Parlaments vom 10. September 2013[171], mit denen insgesamt 117 Änderungen vorgeschlagen worden waren, dann aufgrund der Änderungsversionen, die im Dezember 2013 unter italienischem und im Dezember 2014 unter luxemburgischem Ratsvorsitz ausgearbeitet worden waren – kam der Rat der Justiz- und Innenminister auf seiner Tagung vom 3. Dezember 2015 zu dem Schluss, dass es nicht möglich sein würde, innerhalb eines vertretbaren Zeitraums eine Einigung aller Mitgliedstaaten über den Erlass der Verordnungen zu erzielen.[172] Wesentlicher Grund waren (mutmaßlich) die offensichtlichen, grundlegend unterschiedlichen Auffassungen der im Rat vertretenen Mitgliedstaaten zum Begriff der Ehe und der Behandlung gleichgeschlechtlicher Verbindungen.

Zwischen Dezember 2015 und Februar 2016 stellten insgesamt 17 Mitgliedstaaten[173] bei der Kommission gemäß Art. 329 Abs. 1 AEUV einen Antrag auf

---

170 KOM(2011) 126 endg. und KOM(2011) 127 endg., jeweils vom 16. März 2011.

171 Legislative Entschließungen des Europäischen Parlaments vom 10. September 2013, P7_TA(2013)0337 und P7_TA(2013)0338 zu den Vorschlägen für Verordnungen des Rates über die Zuständigkeit, das anzuwendende Recht, die Anerkennung und die Vollstreckung von Entscheidungen im Bereich des Güterrechts eingetragener Partnerschaften (COM(2011)0127 – C7-0094/2011 – 2011/0060(CNS)) bzw. des Ehegüterrechts (COM(2011)0126 – C7-0093/2011 – 2011/0059(CNS)).

172 Vgl. Ratsdokument 8112/16 vom 28. April 2016, Punkt 3, sowie Erwägungsgrund 10 der EuGüter/PartVO.

173 Belgien, Bulgarien, Deutschland, Finnland, Frankreich, Griechenland, Italien, Kroatien, Luxemburg, Malta, die Niederlande, Österreich, Portugal, Schweden, Slowenien, Spanien, die Tschechische Republik und Zypern.

Durchführung einer verstärkten Zusammenarbeit, nachdem sowohl Polen als auch Ungarn als vehementeste Gegner der zuvor im Rat verhandelten Entwürfe signalisiert hatten, dass sie sich einer solchen Zusammenarbeit jedenfalls nicht entgegenstellen würden.

Am 2. März 2016 legte die Kommission nunmehr zwei neue Verordnungsvorschläge vor[174], woraufhin auch Zypern der Kommission mitteilte, sich an der Verstärkten Zusammenarbeit beteiligen zu wollen.

Das Europäische Parlament stimmte am 7. Juni 2016 nach Art. 329 Abs. 1 Unterabs. 2 der Verstärkten Zusammenarbeit zu. Der nach Art. 329 AEUV erforderliche einstimmige Beschluss des Rates[175] über die Ermächtigung zur Verstärkten Zusammenarbeit wurde am 9. Juni 2016 gefasst.

Nach Anhörung des Europäischen Parlaments am 23. Juni 2016 wurden die Verordnungen schließlich auf der Tagung des Rats der Justiz- und Innenminister vom 24. Juni 2016 angenommen und am 8. Juli 2016 im Amtsblatt der Europäischen Union veröffentlicht.

(ii) Sonderwege Dänemarks und Irlands

Dass nicht alle Mitgliedstaaten der Union an den Güterrechtsverordnungen teilnehmen, ist im Rahmen des europäischen Zivil- und Zivilverfahrensrechts nicht ungewöhnlich, sondern entspricht der Regel.

Denn Dänemark, das mittlerweile ganz aus der Union ausgeschiedene Vereinigte Königreich und Irland haben im Hinblick auf alle Maßnahmen, die die Schaffung eines Raums der Freiheit, der Sicherheit und des Rechts zum Ziel haben (Art. 67 bis 89 AEUV) bei Unterzeichnung des Lissaboner Vertrags[176] einen grundsätzlichen Sonderweg eingeschlagen. Nach zwei Zusatzprotokollen zum Vertrag von Lissabon beteiligen sich Irland (Protokoll Nr. 21)[177] und Dänemark (Protokoll Nr. 22)[178], seinerzeit auch das Vereinigte Königreich, insgesamt nicht an der Annahme von Maßnahmen, die der Rat im Rahmen der

174 KOM(2016)0106 final (Ehegüterverordnung) und KOM(2016)0106 final (Partnerschaftsverordnung)

175 Beschluss (EU) 2016/954.

176 Vertrag von Lissabon zur Änderung des Vertrags über die Europäische Union und des Vertrags zur Gründung der Europäischen Gemeinschaft, unterzeichnet in Lissabon am 13. Dezember 2007, ABl. C 306 vom 17.12.2007.

177 Protokoll (Nr. 21) über die Position des Vereinigten Königreichs und Irlands hinsichtlich des Raums der Freiheit, der Sicherheit und des Rechts, ABl. 2012, C 326/295.

178 Protokoll (Nr. 22) über die Position Dänemarks, ABl. 2012, C 326/300.

Zusammenarbeit zur Schaffung eines Raums der Freiheit, der Sicherheit und des Rechts beschließt.

Neben diesem allgemeinen *Opt-out* behielten sich das Vereinigte Königreich und Irland in Art. 3 des Protokolls Nr. 21 allerdings eine *(Re-)Opt-in*-Option vor, die diese Mitgliedstaaten berechtigt(e), innerhalb von drei Monaten nach Vorlage eines entsprechenden Vorschlags bzw. einer entsprechenden Initiative beim Rat mitzuteilen, sich an der Maßnahme beteiligen zu wollen. Über diesen Weg gelten in beiden Staaten im Bereich des Familienrechts die Brüssel-IIa-Verordnung (EU-EheVO)[179] und die EU-UnterhaltsVO[180], hingegen nicht die Rom-III-Verordnung[181].

Dänemark hatte in der ursprünglichen Fassung des Protokolls Nr. 22 auf jegliche *Opt-In*-Möglichkeit verzichtet, was zur Folge hatte, dass selbst für die Geltung der für den Binnenmarkt grundlegenden Brüssel-I-Verordnung[182] über die gerichtliche Zuständigkeit, Anerkennung und Vollstreckung von Entscheidungen in Zivil- und Handelssachen im Verhältnis zu Dänemark ein gesondertes völkerrechtliches Abkommen zwischen der Europäischen Gemeinschaft und dem Königreich Dänemark abgeschlossen werden musste[183]. Im Jahr 2009 wurde deshalb das Protokoll Nr. 22 zum Lissabon-Vertrag dahingehend geändert, dass das Dänemark nach dem jetzigen Art. 4 Abs. 1 innerhalb von sechs Monaten seinerseits beschließen kann, diese Maßnahme in einzelstaatliches Recht umzusetzen. Fasst es einen derartigen Beschluss zur Teilnahme, begründet dies eine

179 Verordnung (EG) Nr. 2201/2003 des Rates vom 27. November 2003 über die Zuständigkeit und die Anerkennung und Vollstreckung von Entscheidungen in Ehesachen und in Verfahren betreffend die elterliche Verantwortung und zur Aufhebung der Verordnung (EG) Nr. 1347/2000.

180 Verordnung (EG) Nr. 4/2009 des Rates vom 18. Dezember 2008 über die Zuständigkeit, das anwendbare Recht, die Anerkennung und Vollstreckung von Entscheidungen und die Zusammenarbeit in Unterhaltssachen.

181 Verordnung (EU) Nr. 1259/2010 des Rates vom 20. Dezember 2010 zur Durchführung einer Verstärkten Zusammenarbeit im Bereich des auf die Ehescheidung und Trennung ohne Auflösung des Ehebandes anzuwendenden Rechts.

182 Verordnung (EG) Nr. 44/2001 des Rates vom 22. Dezember 2000 über die gerichtliche Zuständigkeit und die Anerkennung und Vollstreckung von Entscheidungen in Zivil- und Handelssachen.

183 Abkommen zwischen der Europäischen Gemeinschaft und dem Königreich Dänemark über die gerichtliche Zuständigkeit und die Anerkennung und Vollstreckung von Entscheidungen in Zivil- und Handelssachen vom 16.11.2005, ABl. 2005 L 299/62.

völkerrechtliche Verpflichtung zwischen Dänemark und denjenigen Mitgliedstaaten, für die diese Maßnahme bindend ist.[184]

Die Sonderwege Dänemarks, des Vereinigten Königreichs und Irlands haben Spuren selbst in der internationalen Zusammenarbeit der übrigen Mitgliedstaaten hinterlassen. Lange Zeit nämlich war davon ausgegangen worden, dass kollisions- und international-verfahrensrechtliche Regelungen keiner eigenen Rechtsgrundlage bedürften, sondern als Ergänzung zu den jeweiligen Sachnormen auf dieselbe Rechtsgrundlage gestützt werden könnten.[185] 2011 allerdings wies der Juristische Dienst des Rates in einem Gutachten über den Beitritt der Union zum Athener Übereinkommen über die Beförderung von Reisenden auf See – für die nach Ansicht der Kommission Art. 100 AEUV (Kompetenz der Union zum Erlass von Vorschriften für die Seeschifffahrt und die Luftfahrt) als Rechtsgrundlage ausreichend war – darauf hin, dass auf diese Weise die Sonderstellung des Vereinigten Königreichs, Irlands und Dänemarks im Hinblick auf die justizielle Zusammenarbeit in Zivilsachen unterlaufen werde, da Art. 10 und 11 des Übereinkommens Vorschriften über die gerichtliche Zuständigkeit und über die Anerkennung und Vollstreckung von Urteilen enthielten. Daher müssten in solchen Fällen gesonderte, auf verschiedene Rechtsgrundlagen gestützte Rechtsakte angenommen werden,[186] was beim Beitritt der Union zum Athener Übereinkommen auch geschah.[187]

(iii) Verstärkte Zusammenarbeit und Einheitlichkeit des Raums der Freiheit, der Sicherheit und des Rechts

Nach dem Austritt des Vereinigten Königreichs nehmen nicht nur Dänemark und Irland, sondern darüber hinaus noch weitere sieben Mitgliedstaaten an den

184 Art. 4 Abs. 1 des Protokolls Nr. 22 zum Vertrag von Lissabon.

185 Schwarze, Becker, Hatje, Schoo/*Stumpf*, EU-Kommentar, 4. Aufl., Nomos Verlag, Baden-Baden 2019, RZ 3 zu Art. 81 AEUV.

186 Gutachten des Juristischen Dienstes des Rates vom 24. März 2011, Ratsdokument 8175/11, S. 3–7.

187 Der Beschluss des Rates über den Beitritt der Europäischen Union zum Athener Übereinkommen von 1974 über die Beförderung von Reisenden und ihrem Gepäck auf See *mit Ausnahme der Artikel 10 und 11* stützt sich auf Art. 100 AEUV, der Beschluss des Rates über den Beitritt der Europäischen Union zum selben Übereinkommen *in Bezug auf Artikel 10 und 11* dagegen „auf den Vertrag über die Arbeitsweise der Europäischen Union, insbesondere auf Art. 81 Abs. 1 und Abs. 2 Buchst. a und c in Verbindung mit Art. 218 Abs. 6 Buchst. a und Abs. 8 Unterabs. 1 AEUV". Vgl. Ratsdokument 8663/11 vom 3. Mai 2011.

Verordnungen zum Güterrecht nicht teil. Mit Blick auf die angestrebte Einheitlichkeit des Raums der Freiheit, der Sicherheit und des Rechts ist dies bedauerlich, zumal die unterschiedliche Akzeptanz der verschiedenen unionsrechtlichen Rechtsakte zu erheblichen Komplikationen führt.[188]

Herlin - Karnell[189] hat jedoch darauf hingewiesen, dass die im Vertrag festgelegte Möglichkeit flexibler Beteiligungen – etwa bei der ebenfalls nicht einheitlichen Übernahme des Schengen-Besitzstandes – einem „kodifizierten Pluralismus" entspricht. Auch die Generalanwältin Trstenjak stand in den Schlussanträgen zur Rechtssache C-77/05 auf dem Standpunkt, die (angesichts der damaligen Osterweiterung der EU) rasant voranschreitende Vergrößerung der Union mache eine Änderung der Konzeption der europäischen Integration erforderlich, die den einzelnen Mitgliedstaaten die Möglichkeit verschiedener Geschwindigkeiten eröffne.[190]

Basedow[191] bezeichnete 2012 die Möglichkeit der Mitgliedstaaten, sich von Fall zu Fall in einzelne Projekte „einzuschalten", als politisch bedenklich – was u. a. durch das Paradox bestätigt wird, dass im Gesetzgebungsverfahren zur Erbrechtsverordnung Großbritannien maßgeblichen Einfluss auf den Inhalt des späteren Rechtsakts ausgeübt und sich am Ende doch gegen ein *Opt-in* entschieden

---

188 Vgl. dazu unten *Kap. III 2 b), Kap. VI 4 b).*

189 Herlin-Karnell, Ester, Denmark and the European Area of Freedom, Security and Justice: A Scandinavian Arrangement (January 1, 2013). Amsterdam Law Forum (2013) Ausgabe 1, S. 95. Im Internet verfügbar unter http://ssrn.com/abstract=2244 177 bzw. http://dx.doi.org/10.2139/ssrn.2244177

190 So führt die Generalanwältin in der Rechtssache C-77/05, Großbritannien/Kommission, in Nr. 83 ihrer Schlussanträge aus: „Die herkömmliche Konzeption der europäischen Integration geht von dem Gedanken einer einheitlichen Integration aus, d. h. von der Begründung einheitlicher Rechte, die in allen Mitgliedstaaten gelten. Nach den Änderungen der Gründungsverträge, durch die die Zuständigkeit der Europäischen Gemeinschaft und der Europäischen Union erweitert wurde, und infolge der letzten Erweiterungen der Union, die zu einer größeren Uneinheitlichkeit der Strukturen und der Interessen geführt haben, kann das Konzept der einheitlichen Integration nicht mehr so angewandt werden wie zu der Zeit, als die Europäische Wirtschaftsgemeinschaft aus sechs oder neun Mitgliedern bestand. Die verstärkte Zusammenarbeit ist der zutreffende Ausdruck des Ausgleichs zwischen Erweiterung und Vertiefung der Union."

191 Basedow, Jürgen, Der Raum des Rechts und das internationale Privatrecht, Liber Amicorum Kresæimir Sajko, 2012, 23 ff. (33). Die dort angestellten Überlegungen beziehen sich konkret auf die vom Vereinigten Königreich, Irland und Dänemark generell eingeschlagenen Sonderwege.

hatte. Diese Verordnung wurde so zum guten Teil von einem Mitgliedsstaat mitgeprägt, in dem sie voraussichtlich niemals Anwendung finden wird.[192]

In diesem Zusammenhang wies der Autor darauf hin, dass entsprechende nationale Regelungen am Maßstab des primären Gemeinschaftsrechts, insbesondere der Verkehrsfreiheiten und des Rechts auf Freizügigkeit des Unionsbürgers überprüft werden könnten[193]. In *legislativer* Hinsicht seien die Rechtsakte der Union zum anzuwendenden Recht (Kollisionsrecht) auch keineswegs immer auf Art. 65 des damaligen EG-Vertrags (jetzt Art. 81 AEUV) als Handlungsgrundlage angewiesen, da insbesondere bei einem Binnenmarktbezug hierfür auch Art. 91 EG (jetzt Art. 114 AEUV) in Betracht komme.

Wenngleich der zweite, legislativ begründete Vorschlag zum Binnenmarktbezug im hier maßgeblichen Bereich des Familienrechts wegen Art. 114 Abs. 2 AEUV selten zum Tragen kommen und darüber hinaus Art. 81 AEUV gegenüber Art. 114 AEUV als Rechtsgrundlage mehrheitlich als *lex specialis* angesehen wird[194], zeigt die im nächsten Abschnitt besprochene Entscheidung *Coman*[195], dass der EuGH den ersten von Basedow aufgezeigten Weg eingeschlagen hat.

(iv) Zur Durchsetzung des Primärrechts der Union, insbesondere der Grundrechte, durch unionsgerichtliche Kontrolle mitgliedstaatlicher Durchführungsregelungen

Da im Familienrecht häufig ein Bezug zu Grundrechten besteht, bietet sich im Einzelfall die Möglichkeit zur Überprüfung nationaler Regelungen am Primärrecht der Union und insbesondere an den Vorschriften der europäischen

192 Eine Darstellung des Gesetzgebungsprozesses der Erbrechtsverordnung enthält die Kommentierung von Hertel, Christian, in: Rauscher, Thomas, Europäisches Zivilprozess- und Kollisionsrecht, Kommentar, Band V, Rn. 12 zur Erbrechtsverordnung.

193 A.a.O., S. 33. Der Autor führt hierzu insbesondere die Rechtsprechung des Gerichtshofs zum internationalen Namensrecht (vgl. die Urteile des Gerichtshofs vom 30.03.1993, *Konstantinidis*, C-168/91, vom 02.10.2003, *Garcia Avello*, C-148/02, sowie vom 14.10.2008, *Grunkin und Paul*, C-353/06) und zur Gründungstheorie betreffend die Niederlassungsfreiheit von Kapitalgesellschaften (Urteile vom 09.03.1999, *Centros*, C-212/97, vom 05.11.2002, *Überseering*, C-208/00, und vom 30.09.2003, *Inspire Art Ltd*, C-167/01) an.

194 Vgl. unten *Kap. III 1 c (i) und iii)*.

195 Urteil des Gerichtshofs (Große Kammer) vom 5. Juni 2018, *Relu Adrian Coman*, C-673/16. S. dazu *Kap. II 1 a (iv)*.

Grundrechtecharta[196]. Denn die Grenzen der Einschränkung von Grundrechten durch nationale Ausführungsregelungen von Unionsrecht sind in Art. 52 Abs. 1 GR-Charta gesetzlich festgelegt. Die Vorschrift erlaubt Grundrechtseinschränkungen – neben einem ausdrücklichem Gesetzesvorbehalt – ausschließlich zu zwei Zwecken: Die Einschränkung muss entweder einer von der Union anerkannten, dem Gemeinwohl dienenden Zielsetzung (1. Alternative) oder den Erfordernissen des Schutzes der Rechte und Freiheiten anderer (2. Alternative) entsprechen. Dabei sind der Wesensgehalt der Grundrechte und der Grundsatz der Verhältnismäßigkeit (Geeignetheit, Erforderlichkeit und Verhältnismäßigkeit im engeren Sinne) zu wahren. Ob diese Grenzen eingehalten sind, unterliegt im Bereich der Unionszuständigkeit (Art. 51 Abs. 2 AEUV) der Überprüfung durch den EuGH.[197]

In diesem Sinn ist das Urteil *Chakroun*[198] aus dem Jahr 2010, in dem der Gerichtshof im Hinblick auf die Richtlinie 2003/86/EG des Rates vom 22. September 2003 betreffend das Recht auf Familienzusammenführung festgestellt hat, dass den durch Art. 4 Abs. 1 dieser Richtlinie den Mitgliedstaaten auferlegten Verpflichtungen [den Nachzug bestimmter Personen zu erlauben] klar definierte subjektive Rechte entsprechen, bezüglich derer ein einzelstaatlicher Wertungsspielraum nicht besteht (Rn. 41). Die Bestimmungen der Richtlinie seien im Licht der Grundrechte, insbesondere im Licht des Rechts auf Achtung des Familienlebens auszulegen, das sowohl in der EMRK als auch in der Charta verankert sei (Rn. 44 des Urteils).

Welche Aufgabe in diesem Zusammenhang den nationalen Gerichten zukommt, hatte der Gerichtshof schon 10 Jahre zuvor im Urteil *Engelbrecht*[199] deutlich gemacht: Als Träger öffentlicher Gewalt in den Mitgliedstaaten sind auch sie verpflichtet, alle geeigneten Maßnahmen zur Erfüllung der gemeinschaftsrechtlichen Verpflichtungen allgemeiner oder besonderer Art zu treffen

196 Charta der Grundrechte der Europäischen Union vom 14. Dezember 2007, zuletzt veröffentlicht im ABl. vom 26.10.2012, C 326/391.

197 Zur individualschützenden Funktion des Vorabentscheidungsverfahrens vgl. die Darstellung bei Köck, Manuela, Die einheitliche Auslegung der Rom-I-, Rom-II- und Brüssel-I-Verordnung im europäischen internationalen Privat- und Verfahrensrecht, Duncker & Humblot, Berlin 2014, S. 54 f., unter Hinweis auf die Urteile des Gerichtshofs vom 5. Februar 1963, Rs. 26/62, *Van Gend en Loos / Niederländische Finanzverwaltung*, sowie vom 15. Juli 1964, Rs. 6/64, *Flamino Costa / E.N.E.L.*

198 EuGH, Urteil vom 4. März 2010, Rs. C-578/08, *Chakroun*, Rn. 41 und 44.

199 So auch im Urteil des Gerichtshofs vom 26. September 2000, Rs. C-262/97, *Engelbrecht*, Rn. 38–40.

und in ihrer Rechtsanwendung das nationale Recht so weit wie möglich in Übereinstimmung mit den Anforderungen des Gemeinschaftsrechts auszulegen. Ist dies nicht möglich, so muss das nationale Gericht das Gemeinschaftsrecht vollumfänglich anwenden und die Rechte, die es dem Einzelnen einräumt, schützen, indem es notfalls Bestimmungen unangewendet lässt, wenn ihre Anwendung im konkreten Fall zu einem Ergebnis führen würde, das gegen das Unionsrecht verstößt.

Allerdings ist Voraussetzung für die Überprüfung rechtlicher Regelungen von Mitgliedstaaten durch den EuGH nach Art. 51 GR-Charta, dass die für die Entscheidung erhebliche *Frage bei der Durchführung von Unionsrecht*, d. h. im Bereich der Zuständigkeiten der Union auftritt.

Insoweit lässt sich argumentieren, dass gerade Mitgliedstaaten, die an bestimmten Rechtsakten des sekundären Unionsrechts bzw. an einer einzelnen Verstärkten Zusammenarbeit, wie in den vorstehenden Abschnitten *(ii)* und *(iii)* dargestellt, *nicht* teilnehmen, in diesem Regelungsbereich auch keine Kompetenzen an die Union abgegeben haben, mithin gerade keine Zuständigkeit des EuGH besteht. Dies wird sogar noch dadurch gestützt, dass in Fällen, in denen bestimmte Fragen nicht dem Unionsrecht, sondern dem Recht des jeweiligen Mitgliedstaats zugewiesen sind, selbst nach der Rechtsprechung des Gerichtshofs eine Überprüfung der nationalen Vorschriften an der GR-Charta nur im Rahmen der der Union erteilten Zuständigkeiten möglich ist[200]. Konkret im Hinblick auf die Güterrechtsverordnungen wäre beispielsweise zu berücksichtigen, dass die EuGüterVO die Definition der Ehe als *Vorfrage* den nationalen Rechten zuweist[201].

All dies wird die Überprüfung nationaler Vorschriften aber selbst im Bereich des Familienrechts nicht verhindern können, wenn – was z. B. im Bereich der Familienzusammenführung der Fall ist – eine Gemengelage mit weiteren Sekundärrechtsakten der Union besteht, für die eindeutig eine Kompetenz der Union gegeben ist. In diesem Fall kann bzw. muss bei Zweifeln von den letztinstanzlichen Gerichten trotz der Nichtbeteiligung des betreffenden Mitgliedstaats eine Vorabentscheidung des EuGH zur Vereinbarkeit der nationalen Gesamtregelung mit dem Unionsrecht eingeholt werden, weil der von Art. 52 der Grundrechtscharta geforderte Bezug zur Ausführung von Unionsrecht gegeben ist.

---

200 Vgl. Generalanwalt Jääskinen, Schlussanträge von vom 22. September 2010, Nr. 54–56 in der Rs. C-400/10 PPU, *J. McB / L.E.;* EuGH, Urteil vom 5. Oktober 2010 in derselben Rechtssache, Rn. 51 und 52.

201 Vgl. den 27. und 21. Erwägungsgrund.

Neben Einschränkungen der unionsrechtlichen Grundfreiheiten würden dabei besonders Beeinträchtigungen etwa der Grundrechte auf Achtung des Privat- und Familienlebens (Art. 7 der Grundrechtscharta), auf Eingehung einer Ehe und Gründung einer Familie (Art. 9), der Rechte von Kindern (Art. 24), des Schutzes des Familien- und Berufslebens (Art. 33), des Grundsatzes der Nichtdiskriminierung (Art. 21), oder – konkret im Bereich der Güterstände – des Eigentumsrechts (Art. 17) in Frage kommen.

Bei den erwähnten Überschneidungen wären nach Art. 267 Abs. 3 AEUV die letztinstanzlichen Gerichte auch der an einzelnen Rechtsakten nicht teilnehmenden Mitgliedstaaten verpflichtet, bei Grundrechtsberührung trotz – oder womöglich gerade wegen – der Nichtbeteiligung ihres Staates Vorabentscheidungsersuchen an den EuGH zu richten. Über die der Union in Art. 4 Abs. 1 und 2 AEUV übertragenen geteilten Zuständigkeiten in den Bereichen der Sozialpolitik (Art. 4 Abs. 2 Buchst. c) und des Raums der Freiheit, der Sicherheit und des Rechts könnte diesen Rechten dann im Einzelfall Geltung verschafft werden[202].

Das am 5. Juni 2018 ergangene Urteil des EuGH in der Rechtssache *Coman und Clabourn Hamilton*[203] ist ein Beispiel für eine solche Überprüfung einzelstaatlichen Rechts, auch und gerade im Hinblick auf das nationale Verständnis vom Begriff der Ehe an unions- und grundrechtlichen Wertungen. Es betrifft ein Vorabentscheidungsersuchen des rumänischen Verfassungsgerichtshofs zur Auslegung von Art. 2 Nr. 2 Buchst. a, Art. 3 Abs. 1 und Abs. 2 Buchst. a und b sowie Art. 7 Abs. 2 der Freizügigkeitsrichtlinie[204].

Der homosexuelle rumänische Staatsangehörige Coman und sein US-amerikanischer Partner Clabourn Hamilton lebten zunächst vier Jahre in den USA zusammen und heirateten im Jahr 2010 in Brüssel. Im Dezember 2012 richteten sie ein Gesuch an die

---

202 Zur *faktisch* noch weitergehenden Bindungswirkung von Vorabentscheidungen s. Althammer, Christoph, Bindungswirkung der Entscheidungen des EuGH, in: Zivilgerichtsbarkeit und Europäisches Justizsystem, Hrsg. Gsell, Beate und Hau, Wolfgang, Mohr Siebeck, Tübingen 2012, S. 37 ff. (43 ff.)

203 Urteil des Gerichtshofs (Große Kammer) vom 5. Juni 2018, *Relu Adrian Coman*, C-673/16.

204 Richtlinie 2004/38/EG des Europäischen Parlaments und des Rates vom 29. April 2004 über das Recht der Unionsbürger und ihrer Familienangehörigen, sich im Hoheitsgebiet der Mitgliedstaaten frei zu bewegen und aufzuhalten, zur Änderung der Verordnung (EWG) Nr. 1612/68 und zur Aufhebung der Richtlinien 64/221/EWG, 68/360/EWG, 72/194/EWG, 73/148/EWG, 75/34/EWG, 75/35/EWG, 90/364/EWG, 90/365/EWG und 93/96/EWG (ABl. 2004, L 158, S. 77, berichtigt im ABl. 2004, L 229, S. 35, und im ABl. 2007, L 204, S. 28).

> rumänischen Behörden, ihnen mitzuteilen, nach welchem Verfahren und unter welchen Voraussetzungen der Drittstaatsangehörige Herr Hamilton als *Familienangehöriger* von Herrn Coman das Recht erlangen könne, sich für die Dauer von mehr als drei Monaten rechtmäßig in Rumänien aufzuhalten. Ihnen wurde am Anfang 2013 mitgeteilt, dass Herr Hamilton nur ein Recht zum Aufenthalt für drei Monate habe, da eine Ehe zwischen Personen desselben Geschlechts nach dem rumänischen Zivilgesetzbuch nicht anerkannt werde.

Im daraufhin von dem Paar eingeleiteten Rechtsstreit wurde im Wege eines Vorabentscheidungsersuchens der EuGH angerufen, der unter Bezugnahme insbesondere auf die Rechtsprechung des EGMR zu Art. 8 EMRK (Recht auf Achtung des Privat- und Familienlebens) feststellte, ein mit einem Unionsbürger in gleichgeschlechtlicher Ehe verheirateter Drittstaatsangehöriger verfüge über ein aus dem unionsbürgerlichen Recht seines Partners auf Freizügigkeit (Art. 21 AEUV) abgeleitetes (Dauer-)Aufenthaltsrecht im früheren Heimatstaat seines Ehepartners (Rumänien), sofern der Unionsbürger bereits zuvor ein Familienleben mit ihm geführt habe. Dies gelte insbesondere auch dann, wenn dieser Mitgliedstaat personenstandsrechtlich die gleichgeschlechtliche Ehe nicht anerkenne. Das abgeleitete Aufenthaltsrecht dürfe auch keinen strengeren als den in Art. 7 der Freizügigkeitsrichtlinie vorgesehenen Voraussetzungen für Familienangehörige, die nicht die Staatsangehörigkeit eines Mitgliedstaats besitzen und den Unionsbürger in den Aufnahmemitgliedstaat begleiten oder ihm nachziehen, unterworfen werden. Begründet wurde dies mit der unterschiedlichen Ausgestaltung, die das Freizügigkeitsrecht des Unionsbürgers in den verschiedenen Mitgliedstaaten erfahren würde, könnten diese seinem Ehegatten die Einreise in ihr Hoheitsgebiet und den Aufenthalt gestatten oder verweigern (Rn. 39). Eine nationale Maßnahme, die geeignet sei, die Ausübung der Personenfreizügigkeit zu beschränken, könne nur dann gerechtfertigt sein, wenn sie die durch die Charta verbürgten Grundrechte respektiere (Rn. 47). In Rn. 50 verwies der EuGH unter Hinweis auf Art. 52 Abs. 3 der Charta zudem auf die bereits von Generalanwalt Wathelet[205] angeführte Rechtsprechung des Europäischen Gerichtshofs für Menschenrechte, nach der die von einem homosexuellen Paar geführte Beziehung genauso unter die Begriffe „Privatleben" und „Familienleben" fallen kann wie die Beziehung eines in derselben Situation befindlichen verschiedengeschlechtlichen Paares[206]. In den genannten Urteilen hat sich der

205 Schlussanträge zur Rs. *Coman* (C-673/16) vom 11. Januar 2018, Nrn. 61 bis 67.

206 EGMR, 7. November 2013, Vallianatos u. a./Griechenland, CE:ECHR:2013:1107JUD002938109, § 73, sowie EGMR, 14. Dezember 2017, Orlandi u. a./Italien, CE:ECHR:2017:1214JUD002643112, § 143.

dargestellte Ansatz Basedows aus dem Jahr 2011[207] somit als gangbar erwiesen, was von Mitgliedstaaten, die sich generell oder punktuell der Mitwirkung an der justiziellen Zusammenarbeit im Bereich des Zivilrechts entzogen haben, durchaus als Bedrohung ihrer Sonderposition empfunden werden kann. Andererseits sind die Grundfreiheiten und die mit der Unionsbürgerschaft verbundenen Rechte Teil des elementaren *acquis communautaire*, der zum „Preis" der Unionsmitgliedschaft gehört.

b) Universelle Geltung der Kollisionsvorschriften

Auch wenn der Kreis der an den Verordnungen teilnehmenden Mitgliedstaaten eingeschränkt ist, sehen die beiden Güterrechtsverordnungen für ihre *Kollisionsvorschriften* gemäß Art. 20 EuGüter/PartVO eine universelle Geltung vor.

Diese Vorschriften stellen damit so genannte *allseitige* Kollisionsnormen dar[208], d. h. das nach den Vorschriften der Verordnungen anzuwendende Recht – gemäß Art. 32 EuGüter/PartVO mit Ausnahme seines Kollisionsrechts, wodurch Rück- oder Weiterverweisungen (*renvoi)* ausgeschlossen sind – ist für die teilnehmenden Mitgliedstaaten auch anwendbar, wenn es sich *nicht* um das Recht eines teilnehmenden Staates handelt.

Damit kommt drittstaatliches Recht zur Anwendung, wenn die Verordnungen auf dieses verweisen – wobei mit „Drittstaaten" entgegen der üblichen Terminologie des Unionsrechts nicht nur Staaten gemeint sind, die nicht Mitglieder der Europäischen Union sind, sondern auch alle EU-Mitgliedstaaten, die an der Verstärkten Zusammenarbeit nicht teilnehmen.[209]

Diese universelle Anwendbarkeit der Kollisionsnormen entspricht u. a. Art. 4 der Rom-III- und Art. 20 der EuErbVO, wobei bei der Letzteren eine Rück- und Weiterverweisung durch das anzuwendende drittstaatliche Erbrecht zugelassen wird, Art. 14 EuErbVO.

2. Zeitlicher Anwendungsbereich

Die Verordnungen sind am zwanzigsten Tag nach ihrer Veröffentlichung im Amtsblatt der Europäischen Union (8. Juli 2015) in Kraft getreten, die tatsächliche

---

207 S. o., *Kap. II 1 a (iii)* a. E.

208 Brödermann, Eckart, Rosengarten, Joachim, Internationales Privat- und Zivilverfahrensrecht (IPR/IZVR), 7. Aufl., Verlag Franz Vahlen München, 2015, RZ 13.

209 S. dazu unten *Kap. IV 1 c).*

Anwendung im Rechtsverkehr hat am 29. Januar 2019 begonnen (Art. 70 Abs. 2 Unterabs. 2 EuGüter/EuPartVO).

Nach den Übergangsbestimmungen in Art. 69 Abs. 3 EuGüter/EuPartVO gelten die Vorschriften über das anzuwendende Recht nur für Paare, die *nach* dem 29. Januar 2019 geheiratet oder hinsichtlich ihres Güterstands eine Rechtswahl getroffen haben.

Damit betreffen die Güterrechtsverordnungen ihrem zeitlichen Anwendungsbereich nach kollisionsrechtlich, d. h. hinsichtlich des jeweiligen Kapitels III, Ehegatten und registrierte Partner, die

- nach dem 29.01.2019 die Ehe geschlossen haben bzw. (nach ausländischem Recht) ihre Partnerschaft haben eintragen lassen *oder*
- eine Rechtswahl in Bezug auf die güterrechtlichen Wirkungen ihrer Verbindung getroffen haben.[210]

Am 29. Januar 2019 hat bereits die Anwendung der *zivilprozessualen* Vorschriften über die gerichtliche Zuständigkeit, Anwendung und Vollstreckung auf alle Verfahren, öffentlichen Urkunden und gerichtlichen Vergleiche begonnen, die an diesem Tag oder danach „eingeleitet, förmlich errichtet oder eingetragen beziehungsweise gebilligt oder geschlossen worden sind" (Art. 69 Abs. 1, 70 Abs. 3 EuGüter/PartVO). Sie müssen gemäß Art. 36 und 60 i. V. m. Art. 3 Buchst. d und e EuGüter/PartVO den „ehelichen Güterstand" bzw. die „güterrechtlichen Wirkungen der eingetragenen Partnerschaft" im Sinne der Definitionen in Art. 3 Abs. 1 Buchst. a EuGüterVO bzw. Art. 3 Abs. 1 Buchst. b EuPartVO betreffen.

Ist das Verfahren im Ursprungsmitgliedstaat schon *vor* dem 29. Januar 2019 eingeleitet worden, so werden nach diesem Zeitpunkt ergangene Entscheidungen gemäß Art. 69 Abs. 2 EuGüter/PartVO nach Maßgabe des jeweiligen Kapitels IV beider Güterrechtsverordnungen (Anerkennung, Vollstreckbarkeit und Vollstreckung von Entscheidungen, Art. 36 bis 57) anerkannt und vollstreckt, soweit die angewandten Zuständigkeitsvorschriften mit denen des Kapitels II (Art. 4 bis 19 EuGüter/PartVO) über die gerichtliche Zuständigkeit übereinstimmen.

---

210 Ring, Gerhard/Olsen-Ring, Line, Das Gesetz zum Internationalen Güterrecht und zur Änderung von Vorschriften des Internationalen Privatrechts, NotBZ 2019, 124 ff. (126).

3. Persönlicher Anwendungsbereich

Nach Art. 1 Abs. 1 beider Verordnungen ist die EuGüterVO auf Ehegatten, die EuPartVO auf Mitglieder eingetragener Partnerschaften anzuwenden. Die scheinbar einfache Unterscheidung gestaltet sich allerdings doch unvermutet schwierig, weil nur die *eingetragene Partnerschaft* in Art. 3 Abs. 1 Buchst. a der EuPartVO gesetzlich definiert ist – und selbst dies nach dem 17. Erwägungsgrund der Partnerverordnung ausschließlich für die Zwecke der Verordnung –, dagegen nicht der Begriff der *Ehe*.

Auch die früheren unionsrechtlichen Regelungen auf dem Gebiet des Zivilrechts wie die für das internationale Verfahrensrecht bei Trennung und Scheidung bzw. bei Streitigkeiten betreffend die elterliche Verantwortung (z. B. Sorge- und Umgangsrechte) erlassene Brüssel-IIa-Verordnung und die Rom-III-Verordnung (für die Ehescheidung und Trennung ohne Auflösung des Ehebandes, derzeit in 17 Mitgliedstaaten[211] geltend) enthalten keine Definitionen des Ehebegriffs. Der wesentliche Grund liegt darin, dass die Mitgliedstaaten im Hinblick auf gleichgeschlechtliche Verbindungen unterschiedliche Ansätze verfolgen[212]. Die Möglichkeit, explizit zu heiraten, steht homosexuellen Paaren derzeit in 15 der 27 Mitgliedstaaten offen[213]. In den an den Güterrechtsverordnungen teilnehmenden Mitgliedstaaten bestehen gesetzlich normierte Formen eingetragener Partnerschaften im Sinne der europäischen Partnerschaftsverordnung, die ausschließlich oder auch von homosexuellen Partnern eingegangen werden können. Ausnahmen hiervon sind Bulgarien und Rumänien[214].

---

211 An der entsprechenden Verstärkten Zusammenarbeit nach Art. 326 ff. AEUV nehmen Belgien, Bulgarien, Deutschland, Spanien, Frankreich, Italien, Lettland, Luxemburg, Ungarn, Malta, Österreich, Portugal, Rumänien und Slowenien, Litauen, Griechenland und Estland teil.

212 Dazu sogleich in *Kap. II 3 a)*.

213 Belgien, Dänemark, Finnland, Frankreich, Luxemburg, Niederlande, Portugal, Schottland, Schweden und Spanien, Irland, Deutschland, Malta, Österreich, Slowenien (seit 2022) und Estland (seit 2023).

214 Ein Gesetzentwurf zur Schaffung einer Rechtsgrundlage für eingetragene Partnerschaften wurde im Oktober 2018 nach dem Scheitern eines Referendums für das Verbot der „Ehe für alle" von der rumänischen Regierungspartei PSD zwar angekündigt, aber nach wie vor nicht ins Parlament eingebracht.

a) International-privatrechtliche Behandlung gleichgeschlechtlicher Ehen in Deutschland

Die Frage der Behandlung gleichgeschlechtlicher Ehen im europäischen Internationalen Privat- und Zivilverfahrensrecht ist erst mit dem *Tampere*-Programm von 1999 in das Blickfeld des europäischen Gesetzgebers gerückt.

Während die Brüssel-II-Verordnung aus dem Jahr 2003 und die EuUnterhaltsVO aus dem Jahr 2009 die dahinterstehende Kernfrage, nämlich den uneinheitlichen Ehebegriff in den EU-Mitgliedstaaten, noch mit keinem Wort erwähnen, nimmt Art. 2 Abs. 1 Buchst. b der 2010 erlassenen Rom-III-VO „das Bestehen, die Gültigkeit oder die Anerkennung einer Ehe" und damit die Frage, ob eine gleichgeschlechtliche Ehe als Ehe anzusehen ist, ausdrücklich von ihrem Anwendungsbereich aus. Erläutert wird dies im 10. Erwägungsgrund der Rom-III-VO, der ausdrücklich die Rechte der Mitgliedstaaten zur Entscheidung über diese Vorfrage beruft.

Die Regelung der EuGüterVO von 2016 ist hierzu parallel formuliert, wenngleich ihr 21. Erwägungsgrund (im Unterschied zu EG 10 Rom-III-VO) für die Beantwortung der Vorfrage nach dem Bestehen, der Gültigkeit und der Anerkennung der Ehe nicht nur die nationalen Kollisionsnormen der Mitgliedstaaten, sondern insgesamt „das nationale Recht, einschließlich [der] Vorschriften des Internationalen Privatrechts" für maßgeblich erklärt.

Das Bestehen einer wirksamen Ehe ist Voraussetzung sowohl für die Ehescheidung als auch für die Frage eines ehelichen Güterrechts. Soll diese Vorfrage anhand des (Kollisions-)rechts der teilnehmenden Mitgliedstaaten beantwortet werden, finden die nationalen Wertungsmaßstäbe über den Inhalt des Ehebegriffs Berücksichtigung. Die Einordnung der gleichgeschlechtlichen Ehen als Ehe oder eingetragene Partnerschaft (als deren *aliud* oder *minus*) und die Frage nach einer selbstständigen oder unselbständigen Anknüpfung dieser Vorfrage bleiben damit der *lex fori* und der im Forumsstaat ergehenden Rechtsprechung überlassen.[215]

Diese Lösung war in der deutschen Literatur schon für die Rom-III-VO (Anwendungsbeginn: 21. Juni 2012) umstritten, ergeben sich aus ihr doch weitreichende Konsequenzen. In der folgenden Darstellung wird, was deutsche Positionen betrifft, zwischen der Zeit vor und nach dem Inkrafttreten des Gesetzes zur Einführung des Rechts auf Eheschließung für Personen gleichen Geschlechts[216]

---

215 S. o. *Kap. I 2 c)*.

216 Gesetz vom 20.07.2017, BGBl. I 2017 S. 2787.

(Eheöffnungsgesetz) am 1. Oktober 2017 unterschieden. Die unter (i) dargestellten Standpunkte sind seit diesem Datum für die deutsche Rechtsordnung größtenteils nicht mehr aktuell, sie sind jedoch noch immer repräsentativ für Staaten, die sich nicht zur Öffnung der Ehe für gleichgeschlechtliche Paare entschlossen haben.

(i) Meinungsstand in Deutschland bis zum Inkrafttreten des Eheöffnungsgesetzes (betreffend die Rom-III- und die Brüssel-IIa-VO)

Bereits vor Inkrafttreten des Eheöffnungsgesetzes vertrat Hausmann[217] die Auffassung, Verlauf und Materialien des Gesetzgebungsprozesses der Rom-III-Verordnung machten ebenso wie deren Art. 13 (2. Fall) und ihr 26. Erwägungsgrund (2. Abschnitt) deutlich, dass eine Einbeziehung gleichgeschlechtlicher Ehen in die Rom-III- und die Brüssel-IIa-Verordnung vom Unionsgesetzgeber gewollt gewesen sei. Deshalb sei der Ehebegriff in der Brüssel-IIa- wie auch in der Rom-III-Verordnung autonom unionsrechtlich zu definieren und müsse gleichgeschlechtliche Ehen einschließen.

Auch Gruber ging 2012[218] von einer Einbeziehung gleichgeschlechtlicher Ehen in die Rom-III-VO aus, was durch die Materialien zur Rom-III-Verordnung und die (seinerzeit noch im Anfangsstadium befindliche) Parallelgesetzgebung zum internationalen Güterrecht bestätigt werde. Angesichts des nach dem 10. Erwägungsgrund der Rom-III-Verordnung anzustrebenden sachlichen Gleichlaufs müsse dies auch für die Brüssel-IIa-Verordnung gelten.

Die autonome Auslegung des Ehebegriffs führe, so Gruber, aber nicht dazu, dass gleichgeschlechtliche Ehen auch nach dem Kollisionsrecht des mit der Scheidung der Ehe befassten Mitgliedstaates (insbesondere, beim damaligen Regelungsstand, nach deutschem Kollisionsrecht[219]) zwangsläufig als „Ehen"

---

217 Hausmann, Internationales und Europäisches Familienrecht, 2. Aufl. 2018, Teil A I, S. 9, RZ 32 und 33 sowie S. 73 f. RZ 316 f. m.w.N.

218 Gruber, Urs, Scheidung auf Europäisch – die Rom-III-Verordnung, IPrax 2012, S. 381 ff. (382); ders. in Hüßtege, Rainer/Mansel, Heinz-Peter (Hrsg.), NomosKommentar BGB, Band 6: Rom-Verordnungen, Nomos-Verlag, Baden-Baden 2013, S. 573, RZ 573 ff.

219 Das Gesetz zur Einführung des Rechts auf Eheschließung für Personen gleichen Geschlechts, mit dem die Ehe für homosexuelle Paare geöffnet wurde, ist am 1. Oktober 2017 in Kraft getreten. Bis zum Inkrafttreten des jetzigen Art. 17 b Abs. IV EGBGB wurden im Ausland geschlossene gleichgeschlechtliche Ehen als eingetragene Partnerschaften im Sinne des damaligen Art. 17 b EGBGB behandelt.

angesehen werden müssten und automatisch nach den Kollisionsvorschriften für die verschiedengeschlechtliche Ehe zu scheiden seien. Parallel wurden bis zur Öffnung der Ehe für homosexuelle Paare ausländische gleichgeschlechtliche Ehen auch von der deutschen Rechtsprechung nicht nach Art. 17 EGBGB als Ehen, sondern in *analoger* Anwendung von Art. 17, 17 b EGBGB a. F. als Lebenspartnerschaften behandelt. Gruber ging trotz der seiner Ansicht nach gebotenen Anwendung der nationalen Kollisionsvorschrift über die eingetragene Lebenspartnerschaft auch nicht soweit, die gleichgeschlechtlichen Ehen von der Rom-III-Verordnung explizit auszunehmen[220]. Sein (damaliger) Standpunkt stellte daher eine pragmatisch-vermittelnde Lösung dar.

Demgegenüber unterstrich die herrschende Meinung[221], dass es sich bei der Frage nach der Gültigkeit der zu scheidenden Ehe um eine der im 10. Erwägungsgrund (3. Abschnitt) der Rom-III-VO genannten Vorfragen handle, die nach den Kollisionsnormen des entscheidenden Mitgliedstaates zu beantworten sei. Somit sei nach den Systembegriffen der jeweiligen *lex fori* zu klären, ob eine rechtsgültige Ehe vorliege oder nicht.

Entsprechend kam auch die in Deutschland herrschende Literaturmeinung zur Anwendung von Art. 17 b EGBGB a. F., der ausschließlich die eingetragenen Lebenspartnerschaften behandelte. Aufgrund des nach dem 10. Erwägungsgrund (1. Abschnitt) anzustrebenden Einklangs von Anwendungsbereich und Bestimmungen der Rom-III- und der Brüssel-IIa-VO (die zur Vorfrage des Bestehens einer gültigen Ehe schweigt) wurde dies auch im Hinblick auf die verfahrensrechtliche Verordnung so gesehen.

Winkler von Mohrenfels[222] wies in diesem Zusammenhang darauf hin, dass *kollisionsrechtliche* Begriffe grundsätzlich weiter zu fassen seien als die des nationalen materiellen Rechts, um gerade auch Rechtsinstitute erfassen zu können, die dem jeweils inländischen Recht unbekannt seien.[223] Diese weite

220 Gruber, Scheidung auf Europäisch (FN 22), S. 389.

221 Zahlreiche Nachweise bei Arnold, Stefan, in: Althammer, Christoph (Hrsg.), Brüssel-IIa, Rom-III, Kommentar zu den Verordnungen (EG) 2201/2003 und (EU) 1259/2010, S. 313, RZ 13.

222 Winkler von Mohrenfels, Peter, Die gleichgeschlechtliche Ehe im deutschen IPR und im internationalen Verfahrensrecht, in: Festschrift für Tuğrul Ansay, Hrsg. Arkan, Sabih und Yongalik, Aynur, Kluwer Lay International, London – Alphen an de Rijn (NL), 2006, S. 535 m.w.N.

223 Winkler v. Mohrenfels, a.a.O., S. 537.

Auslegung entsprach zugleich der in einem Urteil aus dem Jahr 1967[224] geäußerten Auffassung des IV. Senats des Bundesgerichtshofs: Es gehöre, so der BGH, gerade zu den Eigentümlichkeiten des Internationalen Privatrechts, dass die in ihm verwendeten Rechtsbegriffe oft weit ausgelegt werden müssten, um ausländischen Regelungen gerecht werden zu können. Im 1967 entschiedenen Fall gestattete dies nach Ansicht des Senats den deutschen Gerichten, unter Anwendung deutschen *Scheidungs*kollisionsrechts (Art. 17 EGBGB a. F.), eine Trennung unter Aufrechterhaltung des Ehebandes auszusprechen, sofern diese nach dem maßgeblichen ausländischen (im entschiedenen Fall dem italienischen) Recht zulässig war und nach den deutschen Gesetzen eine Scheidung der Ehe zulässig gewesen wäre.[225]

(ii) Entwicklung der Diskussion seit Inkrafttreten des Eheöffnungsgesetzes

Nach dem Inkrafttreten des Eheöffnungsgesetzes wird von der deutschen Literatur vorwiegend die Anwendbarkeit zumindest der Rom-III-VO als Kollisionsrecht auch für die Scheidung gleichgeschlechtlicher Ehen bejaht[226], im Wesentlichen unter Berufung auf deren bereits von Hausmann ins Feld geführten Art. 13, 2. Fall: Gerichte eines Mitgliedstaats, „nach dessen Recht … die betreffende Ehe für die Zwecke der Scheidung nicht als gültig angesehen wird", sind danach nicht *verpflichtet*, in Anwendung der Verordnung eine Ehescheidung auszusprechen. Dies, so wird argumentiert, könne sich nur auf

224 Urteil vom 22. März 1967, IV ZR 168/65, Abschnitt 4 d = BGHZ 67, 324 ff. = BGH NJW 1967, 2109 ff. (2113).

225 BGH a.a.O, Leitsatz der Entscheidung.

226 Unter anderem von H e i n, Jan von, in: Münchener Kommentar zum BGB, 7. Aufl., Verlag C.H. Beck, München 2017, RZ 23 zur EuGüterVO, Hausmann, Internationales und Europäisches Familienrecht, RZ 313–317 zur Rom-III-VO, (Abschnitt A, Nr. 3 zu Art. 1 Rom-III-VO, S. 72–74) sowie RZ 31–33 zur Brüssel-IIa-VO, (Abschnitt An Nr. 3 zu Art. 1 Brüssel-IIa-VO, S. 8 und 9); Heiderhoff, IPrax 2018, 1, Löhnig, NZFam 2017, 1085 (1086), H e l m s, Tobias in: Rauscher/*Helms*, RZ 7 zur Rom-III-VO, Mankowski, IPrax 2017, 541 (546) m.w.N.; im Grundsatz a.A. wohl H o h l o c h, Gerhard, in: E r m a n, Walter (Begr.), Handkommentar BGB, 15. Aufl., Otto-Schmidt-Verlag, Köln 2017, RZ 17 f. zur Rom-III-VO.

gleichgeschlechtliche Ehen beziehen, da die traditionelle heterosexuelle Ehe allen teilnehmenden Mitgliedstaaten vertraut sei[227].

Eine Erstreckung dieses Gedankens auch auf die die Rom-III-VO zivilprozessual flankierende Brüssel-IIa-Verordnung stellt sich demgegenüber deutlich komplizierter dar, da in ihrem Text ein ähnliches „Indiz" wie in Art. 13 Rom-III-VO nicht enthalten ist:

Da eine ausdrückliche Verweisung auf die nationalen Rechte zur Definition des Ehebegriffs fehlt, ist nach der Rechtsprechung des EuGH im Rahmen ihres Anwendungsbereichs von einer *autonomen* Auslegung des Begriffs „Ehe" auszugehen. Der Gerichtshof hatte dazu in früherer Zeit das traditionelle Verständnis der Ehe als Verbindung verschiedengeschlechtlicher Partner in den Vordergrund gestellt[228], woraus auch auf die Nichtanwendbarkeit der Brüssel-IIa-VO auf gleichgeschlechtliche Ehepaare geschlossen wurde.

Demgegenüber wird von Autoren, die ein „dynamischen Verständnis des Ehebegriffs" (Hausmann) „auf vergleichender Grundlage" (Mankowski) vertreten, eine Ausweitung des Konzepts der Ehe vorgeschlagen, in das auch gleichgeschlechtliche eheliche Verbindungen aufzunehmen seien[229]. Dies gelte insbesondere für Staaten, in denen wie seit 2017 in Deutschland eine Gleichstellung von gleich- und verschiedengeschlechtlicher Ehe bestehe[230].

(iii) Stellungnahme

Da die Brüssel-IIa-VO keine eigene Norm enthält, die die Verweigerung der Scheidung eines gleichgeschlechtlichen Ehepaars aus Gründen des nationalen

---

227 Löhnig, Martin, Die gleichgeschlechtliche Ehe im Internationalen Privatrecht, NZFam 2017, 1085 (1086). Münchener Kommentar/*v. Hein*, ebd.; Hausmann, a.a.O., RZ 316 zur Rom-III-VO, S. 73.

228 Zuletzt im Urteil vom 31. Mai 2001, *D und Königreich Schweden/Rat der Europäischen Union*, verb. Rs. C-122/99 P und C-125/99 P. Weitere Urteile, allesamt aus der Zeit vor der Jahrtausendwende, finden sich bei Simotta, Daphne Ariane, Die internationale Zuständigkeit nach den neuen europäischen Güterrechtsverordnungen, ZVglRWiss, ZVglRWiss 2017, 44 ff. (80).

229 Hausmann, a.a.O., RZ 33 zur Brüssel-IIa-VO; Mankowski, Peter, Das Gesetz über die „Ehe für alle", seine Folgen und sein europäisches Umfeld im Internationalen Privat- und Prozessrecht IPrax 2017, 541 (551); weitere Nachweise *für* eine Erstreckung der Brüssel-IIa-VO auf gleichgeschlechtliche Ehen finden sich gleichfalls bei Mankowski, a.a.O., S. 546, Fn. 50.

230 Hausmann, ebd. Das Argument scheint allerdings nicht zur Forderung des EuGH nach einer autonomen Bestimmung des Ehebegriffs zu passen.

Ordre public erlaubt, hätten bei Einbeziehung dieser Ehen die Mitgliedstaaten, die nicht gleichzeitig auch an der Rom-III-VO teilnehmen (und sich auf deren Art. 13 Rom-III-VO berufen können) bei einer möglichen Ausdehnung der Brüssel-IIa-VO für ihre Scheidungszuständigkeit keinerlei Ablehnungsmöglichkeit. An die Brüssel-IIa-VO gebundene Staaten könnten sich zwar gegen eine *Anerkennung* entsprechender Entscheidungen über den nationalen *Ordre public* und Art. 22 Buchst. b Brüssel-IIa-VO verwahren[231], die internationale Zuständigkeit für den *Erlass* solcher Entscheidungen wäre dagegen imperativ, auch für Staaten, die der gleichgeschlechtlichen Ehe ablehnend gegenüberstehen, zumal der Brüssel-IIa-VO praktisch unionsweite Geltung zukommt.

Die gesetzliche Forderung nach der Herstellung von Einklang zwischen dem Anwendungsbereich der Brüssel-IIa- und der Rom-III-VO kann schon aus kompetenzrechtlichen Gründen nicht zur Begründung einer solchen Ausweitung des autonomen Ehebegriffs herangezogen werden: Die kollisionsrechtliche Rom-III-VO, d. h. der zeitlich später erlassene Rechtsakt, wurde im Wege einer verstärkten Zusammenarbeit angenommen und weist im Vergleich zur Brüssel-IIa-VO, die für alle Mitgliedstaaten mit Ausnahme Dänemarks gilt, einen deutlich geringeren Kreis von Teilnehmerstaaten auf.

Für eine „dynamische Auslegung" des Ehebegriffs spricht der Hinweis auf die mit der Grundrechtecharta anerkannten Grundrechte und Grundsätze im letzten, dem 33. Erwägungsgrund der Brüssel-IIa-VO, denn zu diesen gehört insbesondere auch der Grundsatz der Nichtdiskriminierung. Andererseits weist Garber[232] zu Recht darauf hin, dass nach den Erläuterungen zur EU-Grundrechtecharta den Staaten weder untersagt noch vorgeschrieben werden sollte, Verbindungen zwischen Menschen gleichen Geschlechts den Status der Ehe zu verleihen, und dass dieser Grundsatz durch die Anwendbarkeit der Brüssel-IIa-VO auch auf gleichgeschlechtliche Ehen zumindest indirekt unterlaufen würde.

Bei einem entsprechenden Vorabentscheidungsersuchen an den EuGH wäre der Gerichtshof damit vor eine schwierige Wahl gestellt:

Als erste Entscheidungsalternative könnte er den Begriff der „Ehe" in der Brüssel-IIa-Verordnung, der in ihren Vorschriften stets nur mittelbar erscheint und nur im Kontext der Ehescheidung bzw. Auflösung einer Ehe verwendet wird, dahin konkretisieren, dass die Verordnung auch Scheidungen

---

231 Mankowski, IPrax 2017, 541, S. 546.

232 Garber, Thomas, Zum Begriff der Ehe iSd Art. 1 Abs. 1 lit. a EuEheKindVO, Festschrift für Daphne-Ariane Simotta, LexisNexis Verlag Wien, 2012, S. 161.

gleichgeschlechtlicher Ehen umfasst. In diesem Fall bliebe allerdings zu fragen, wie den an der Rom-III-VO nicht teilnehmenden Mitgliedstaaten ein Art. 13 Rom-III-VO entsprechendes Verweigerungsrecht für derartige Scheidungen zugesprochen werden könnte, wenn ihre Gerichte nach Art. 3 der Brüssel-IIa-VO angerufen werden sollten.

Dabei ist zu beachten, dass die letzte Entscheidung, in der das traditionelle Eheverständnis des EuGH explizit und unter Bezugnahme auf das Verständnis der damals erst 16 Mitgliedstaaten ausgeführt wurde, vom 31. Mai 2001 stammt,[233] als die „Ehe für alle" gerade einmal in einem einzigen Mitgliedstaat (den Niederlanden) anerkannt worden war. Auch bezog sich keine der in diesem Sinne ergangenen Entscheidungen auf eine europäische Verordnung aus dem Bereich des europäischen Familienkollisions- oder -verfahrensrechts.

Für eine interpretatorische Ausweitung der Brüssel-IIa-VO auf gleichgeschlechtliche Ehen spricht m. E. die Tatsache, dass bei ihrer Annahme am 27. November 2003 immerhin schon zwei Mitgliedstaaten die gleichgeschlechtliche Ehe eingeführt hatten, nämlich die Niederlande am 1. April 2001 und Belgien am 1. Juni 2003. Gerade die vehementesten Befürworter eines auf heterosexuelle Verbindungen beschränkten Ehebegriffs wie Estland, Lettland, Litauen, Malta, Polen, Slowakei, Slowenien, Tschechien, Ungarn und Zypern traten zeitlich später, zum 1. Mai 2004, der Europäischen Union bei, wofür sie mit dem *acquis communautaire* die vollständige Gesetzgebung der EU übernehmen mussten. Ihre Beitrittsverträge, nach deren Art. 2 „die ursprünglichen Verträge und die vor dem Beitritt erlassenen Rechtsakte der Organe und der Europäischen Zentralbank … verbindlich [sind] und … in diesen Staaten nach Maßgabe der genannten Verträge und dieser Akte [gelten]", datieren vom 23. September 2003.[234] Zu diesem Zeitpunkt war die niederländische Regelung über homosexuelle Ehen bereits mehr als zwei Jahre, die belgische seit zwei Monaten in Kraft, und die Antidiskriminierungsrichtlinie 2000/43/EG war, wenn auch „nur" in Bezug auf die Merkmale von Rasse und sozialer Herkunft, bereits seit drei Jahren erlassen.

Bei allem Bemühen um juristische Korrektheit sollte dabei auch nicht verkannt werden, dass es sich bei der Brüssel-IIa-VO um formelles Recht handelt, das die Durchsetzung materiellen Rechts *ermöglichen* und nicht behindern soll.

---

233 Urteil des Gerichtshofs vom 31. Mai 2001, D und Königreich Schweden / Rat der Europäischen Union, verb. Rs. C-122/99 P und C-125/99 P, Leitsatz 1.

234 Nach ihrem Art. 3 Abs. 4 betraf die Übernahmeverpflichtung auch „diejenigen Übereinkommen oder Instrumente in den Bereichen Justiz und Inneres, die von der Erreichung der Ziele des EU-Vertrags nicht zu trennen sind".

Als zweite Möglichkeit könnte der EuGH die Frage der – im Hinblick auf ihre Scheidung, Trennung und Auflösung – unter den Anwendungsbereich der Brüssel-IIa-VO fallenden Ehen mit Hinweis auf die geänderte Gesetzgebung in zahlreichen Mitgliedstaaten als *Vorfrage* qualifizieren und die Beantwortung den nationalen Rechtsordnungen der Mitgliedstaaten unterstellen.

Dies wäre eine mit den übrigen familienrechtlichen Verordnungen der Union (vorausgesetzt, man folgt der oben dargestellten Ausweitung des Ehebegriffs der Rom-III-VO) konforme und praktikable Lösung.

Allerdings widerspricht sie der Rechtsprechung des Gerichtshofs, wonach eine autonome Auslegung unionsrechtlicher Begriffe erfolgen muss, wenn in der einschlägigen unionsrechtlichen Regelung keine eindeutige Bezugnahme auf die Rechtsordnungen der Mitgliedstaaten erfolgt,[235] was in der Brüssel-IIa-VO nicht der Fall ist; zudem würde, wie dargestellt, die Möglichkeit der Ablehnung analog Art. 13 Rom-III-VO für diejenigen Staaten fehlen, die an der Rom-III-VO nicht teilnehmen.

Schließlich könnte der EuGH dem „dynamischen Verständnis des Ehebegriffs" und der damit verbundenen Ausweitung der Brüssel-IIa-VO eine deutliche Absage erteilen:

Wie beispielsweise die Entscheidung zur Nichtanwendbarkeit der Rom-III-VO auf Privatscheidungen zeigt, auf die weiter unten[236] noch zurückzukommen sein wird, meint es der EuGH mit den Grenzen der Rechtsfortbildung, die den von ihm entwickelten Auslegungsmaßstäben auch im Bereich des Unionsrechts gezogen sind, grundsätzlich ernst, so dass eine Antwort in diesem Sinne keineswegs außerhalb des Möglichen liegt.

Allerdings würde dies dazu führen, dass eine Erstreckung des Anwendungsbereichs auf gleichgeschlechtliche Ehen oder eingetragene Partnerschaften nur durch eine weitere Änderung der Brüssel-IIa-VO bzw. durch die Verabschiedung einer „Parallelverordnung" für eingetragene Partnerschaften erreicht werden könnte, für die mit der notwendigen Einstimmigkeit im Rat nicht zu rechnen ist. Würde ein entsprechendes Vorlageverfahren in Sinne einer solchen „Absage" an die Anwendbarkeit der Brüssel-IIa-VO auf gleichgeschlechtliche Ehen beantwortet, könnte der Gerichtshof dem europäischen Gesetzgeber nach dem Erlass der Brüssel-IIb-Verordnung eine weitere Reform der Brüssel-IIa-VO, nunmehr

---

235 Beispielhaft das Urteil des Gerichtshofs vom 1. März 2018, *Mahnkopf*, Rs. C-558/18, Rn. 2 m.w.N.

236 S. u. *Kap. IV 1 c)*. Es handelt sich um das Urteil des Gerichtshofs vom 20. Dezember 2017 in der Rechtssache *Sahyouni*, C-372/16, Rnrn. 45 bis 47.

hinsichtlich des *scheidungsrechtlichen* Teils, durch Einfügung einer Art. 13 Rom-III-VO und Art. 9 EuGüterVO vergleichbaren Vorschrift nahelegen. Er verfügt jedoch über keine Kompetenz, um als eine Art „Unionsverfassungsgericht" dem Unionsgesetzgeber die Schaffung einer entsprechenden gesetzlichen Änderung aufzugeben.

M. E. ist eine Nichtanerkennung gleichgeschlechtlicher Ehen als Ehen im Rahmen der familienrechtlichen Verordnungen der Union zum Internationalen Privat- und Zivilverfahrensrecht unter dem Gesichtspunkt des Gleichheitsgrundsatzes verfehlt:

Die Freiheit zur Eingehung einer Ehe ist ebenso wie die Gründung einer Familie ein menschliches Grundbedürfnis und ein Grundrecht, das Art. 9 der Charta der Grundrechte der Europäischen Union auch im Vergleich zu seinem Vorbild, Art. 12 der Europäischen Menschenrechtskonvention (EMRK)[237], im Hinblick auf den Kreis der Berechtigten noch einmal in betont geschlechtsneutraler Form formuliert hat.[238]

Auch wenn die Technik der Verordnung, die Frage nach dem Bestehen einer Ehe als Vorfrage zu formulieren, gerade nicht auf eine Pflicht zur Anerkennung von durch einen ausländischen staatlichen Hoheitsakt geschlossenen gleichgeschlechtlichen Ehen hindeutet, ist nicht von der Hand zu weisen, dass die gegenseitige Anerkennung von im anderen Mitgliedstaaten geschlossenen Verbindungen und damit die Gleichbehandlung von Bürgern, die versuchen, ihr Recht auf Freizügigkeit unabhängig von ihrer sexuellen Ausrichtung auszuüben, die Ausübung dieses Rechts erleichtern würde[239].

---

237 Art. 12 EMRK lautet: „Männer und Frauen im heiratsfähigen Alter haben das Recht, nach den innerstaatlichen Gesetzen, welche die Ausübung dieses Rechts regeln, eine Ehe einzugehen und eine Familie zu gründen."

238 Der Europäische Gerichtshof für Menschenrechte (EGMR) versteht – unter Berufung auf Art. 9 GR-Charta – selbst die Regelung des Art. 12 EMRK in diesem neutralen Sinn, wenn auch die Entscheidungskompetenz, ob die nationale Rechtsordnung das Institut einer gleichgeschlechtlichen Ehe zur Verfügung stelle oder nicht, den Mitgliedstaaten zufalle. EGMR, Nr. 30141/04, v. 24. Juni 2010; J a r a s s, Hans, Charta der Grundrechte der Europäischen Union unter Einbeziehung der vom EuGH entwickelten Grundrechte, der Grundrechtsregelungen der Verträge und der EMRK, Kommentar, 2. Aufl. 2013, C.H. Beck München, S. 109, RZ 5.

239 O r i e t o P r i e t o d e l o s M o z o s, Patricia, La nueva regulación de la Ley aplicable a la separación judicial y al divorcio: aplicación del Reglamento Roma III en España. Elektronisch veröffentlicht über das Netz der Universidad Complutense de Madrid und abzurufen unter http://eprints.ucm.es/23222/2/Reglamento_Roma_III., Teil C, S. 5 f.

Für eine Anerkennungspflicht spricht außerdem die unten noch genauer darzustellende Rechtsprechung zu Art. 21 AEUV, mit der der Gerichtshof sich für eine weite Auslegung des Freizügigkeitsrechts ausgesprochen hat.[240]

Nicht von der Hand zu weisen ist ferner, dass die von den Verordnungen angeordnete Verweisung von Vorfragen an die *lex fori* bzw. an die im Forumsstaat geltende Anknüpfungspraxis zu Rechtsunsicherheit führt und im Einzelfall sogar die „Unscheidbarkeit" einer gleichgeschlechtlichen Ehe zur Folge haben kann: Da Mitgliedstaaten, die eine solche Ehe weder kennen noch anerkennen, nach Art. 13, 2. Fall der Rom-III-Verordnung zu deren Scheidung nicht verpflichtet sind, kann ein gleichgeschlechtliches Paar vor der Situation stehen, dass die Scheidung seiner Verbindung nicht möglich ist, weil der Staat, dessen Gerichte nach der Brüssel-IIa-VO für die Scheidung zuständig sind, unter Hinweis auf Art. 13, 2. Fall der Rom-III-Verordnung die Mitwirkung seiner Gerichte verweigert.[241] Damit jedoch werden Konflikte zwischen (offenbar in Stein gemeißelten) nationalen Standpunkten auf dem Rücken der Betroffenen ausgetragen, die als „bekennende" Homosexuelle schon *per se* einer Minderheit angehören und als solche die geradezu typischen Adressaten von Diskriminierungen sind.

Das 20. und 21. Jahrhundert sind gerade im Bereich der Rollenbilder und der familiären Beziehungen von so tiefgreifenden Veränderungen geprägt wie es sie, blickt man auf ihre legislative Verankerung und die sich daraus ergebenden Folgen, zuvor wohl selten gegeben hat. Die von den verschiedenen Emanzipationsbewegungen angestoßenen gesellschaftlichen Veränderungen hatten, wenn auch nicht überall mit gleicher Selbstverständlichkeit, dazu geführt, dass auch schon vor dem Inkrafttreten des Eheöffnungsgesetzes von der Begründung einer Lebenspartnerschaft von einer „Heirat" gesprochen wurde[242].

Schließlich erscheint es auch als mit der Menschenwürde unvereinbar, gleichermaßen tiefe und verantwortungsvolle Beziehungen allein mit Blick auf die sexuelle Ausrichtung der Partner rechtlich unterschiedlich zu behandeln.

All dies spricht für eine Einbeziehung der gleichgeschlechtlichen Ehen in den Anwendungsbereich der Rom-III-, der Brüssel-IIa- und der EuGüterVO, die

---

240 S. unten *Kap. III 1 c (iii)*.

241 Für O r i e t o P r i e t o d e l o s M o z o s (a.a.O.) handelt es sich bei Art. 13 der Rom-III-Verordnung um eine „Garantienorm für gewisse konservative Werte, die (in diesem Bereich) nicht gerade mit denen der spanischen Rechtsordnung übereinstimmen".

242 Hierzu ausführlich die Begründung des Gesetzentwurfs der Bundesregierung zum späteren Gesetz zur Einführung der Ehe für Personen gleichen Geschlechts vom 11. November 2015 (BT-Drs. 18/6665, abrufbar unter http://dip21.bundestag.de/dip21/btd/18/066/1806665.pdf), S. 7–9.

zumindest das deutsche IPR in Art. 17 b Abs. 4 S. 1 und 2 EGBGB für das Ehescheidungs- und das Güterrecht nunmehr ausdrücklich klarstellt.

Abschließend ist darauf hinzuweisen, dass trotz der seit dem Eheöffnungsgesetz veränderten deutschen Blickrichtung mit der Änderung der deutschen Rechtsordnung, nach der die Anwendung der Brüssel-IIa-VO auch auf gleichgeschlechtliche Ehen in Deutschland verstärkt für vertretbar gehalten wird, nicht etwa unionsweit ein neuer Rechtszustand eingetreten wäre. Die Hälfte der EU-Mitgliedstaaten schließt und scheidet gleichgeschlechtliche Ehen, ohne dass in den Jahren seit 2004, dem Geltungsbeginn der Brüssel-IIa-VO jemals eine Vorlage an den Gerichtshof erfolgt wäre. Dies lässt nur den Schluss zu, dass trotz des Auslegungsmonopols des EuGH für die Brüssel-IIa-VO von den Familiengerichten entsprechende Lösungen gefunden werden. In diesem Zusammenhang dürfte von Bedeutung sein, dass Ehescheidungen „Massengeschäft" der Gerichte sind und ihr Ausspruch – mangels Aussicht auf Erfolg „in der Sache" – regelmäßig nicht mit Rechtsmitteln angefochten wird; schon aus diesem Grund wird die Situation einer Vorlagepflicht nach Art. 267 Abs. 3 AEUV kaum auftreten.

b) Persönlicher Anwendungsbereich der EU-Partnerverordnung

Auf den ersten Blick erscheint es einfach, den persönlichen Anwendungsbereich der EuPartVO zu bestimmen, da in Art. 2 b) der EuPartVO eine Definition der „eingetragenen Partnerschaft" aufgenommen worden ist.

Allerdings entsprach schon die anfangs im Kommissionsentwurf vorgesehene Definition („eine gesetzlich vorgesehene Form der Lebensgemeinschaft zweier Personen, die durch Eintragung bei einer Behörde begründet wird") schlicht nicht der EU-weiten gesetzlichen Realität, da eingetragene Partnerschaften in nur wenigen Mitgliedsstaaten durch den Realakt der Eintragung begründet werden:

Weder die deutsche Lebenspartnerschaft[243], die österreichische eingetragene Partnerschaft[244], das luxemburgische *Partenariat*[245] noch die irische *Civil Partnership*[246] kommen durch ihre Eintragung zustande. Sie entstehen allesamt durch

243 Vgl. § 1 Abs. 1 LPartG.

244 Gemäß § 6 Abs. 2 des österreichischen Eingetragenen PartnerschaftsG kommt die eingetragene Partnerschaft durch die Protokollierung der Erklärungen der beiden Partner, eine solche begründen zu wollen, zustande.

245 Art. 2, Art. 3 Abs. 1 und 2 *Loi du 9 juillet 2004 relative aux effets légaux de certains partenariats.*

246 Art. 59 H der *Civil Partnership and certain rights and obligations of Cohabitants Act 2010.*

die übereinstimmende Erklärung der Partner, eine Partnerschaft begründen zu wollen bzw. durch die formelle Protokollierung (in Österreich) oder schriftliche Entgegennahme (in Irland) dieser Erklärungen.

Der französische *PACS*[247] wird nach Art. 515-3 Code civil durch eine gemeinsame Erklärung seiner (gleich- oder verschiedengeschlechtlichen) Partner, die vor dem Standesbeamten des Ortes abzugeben ist, an dem sie ihren gemeinsamen Wohnsitz haben oder begründen wollen, geschlossen. Dies ist auch vor einem Notar möglich.[248] Die Wirkung zwischen den Parteien tritt hingegen erst mit der Aufnahme durch den Standesbeamten nach gerichtlicher Prüfung der materiellen Voraussetzungen in ein gesondertes Register ein. Dritten kann sie nur entgegengehalten werden, wenn auch die weiteren Publizitätspflichten – nämlich durch ihre Eintragung unter Angabe des jeweils anderen Partners als Randvermerk der jeweiligen Geburtseinträge – erfüllt sind.[249] Nach der luxemburgischen Regelung ist das Recht, sich gegenüber Dritten auf das Bestehen der Partnerschaft zu berufen, an die vorherige Eintragung in ein Verzeichnis nach Art. 1126 ff. der luxemburgischen Zivilprozessordnung[250] geknüpft[251].

Nurmehr in den Niederlanden kommt der *Eintragung* einer – gleich- oder verschiedengeschlechtlichen – *geregistreerd partnerschap* konstitutive Bedeutung zu, wie im ersten Entwurf der in Art. 1 der EuPartVOE enthaltenen Definition gefordert worden war.[252]

Die Gesetz gewordene Definition der eingetragenen Partnerschaft („eine rechtlich vorgesehene Form der Lebensgemeinschaft zweier Personen, deren Eintragung nach den betreffenden rechtlichen Vorschriften verbindlich ist und welche die in den betreffenden Vorschriften vorgesehenen rechtlichen Formvorschriften für ihre Begründung erfüllt"), hat den persönlichen Anwendungsbereich der EuPartVO gegenüber dem ersten Kommissionsentwurf erweitert und stellt auf die *Verbindlichkeit* der Eintragung ab. Damit umfasst sie sämtliche oben genannten Fälle, was die mit dem Kommissionsentwurf vorprogrammierten

---

247 *Pacte civil de solidarité*, definiert in Art. 515-1 des französischen *Code civil.*

248 Dies seit dem 1. November 2017 aufgrund eines Reformgesetzes vom 18.11.2016; zuvor war zur Aufnahme der Erklärung der Urkundsbeamte des erstinstanzlichen Gerichts am gemeinsamen Aufenthaltsort zuständig. Hierzu sowie zur Auflösung des PACS s. Katzenmaier, Silvia, Jüngere Entwicklungen im französischen Familienrecht, NZFam 2019, 107 (108).

249 Art. 515-3-1 S. 4 und 5 *Code civil.*

250 *Nouveau Code de Procédure civile* vom 3. August 1998.

251 Art. 3 Abs. 4 *Loi du 9 juillet 2004.*

252 Art. 80 a *Burgerlijk Wetboek.*

Subsumtionsprobleme gelöst hat. Auch die zeitliche Komponente der Definition wurde geklärt: Die Partnerschaft muss entstanden, braucht aber noch nicht eingetragen zu sein; vielmehr genügt, dass ein verbindliches Gebot zur Eintragung besteht und die Eintragungsvoraussetzungen erfüllt sind. Damit regelt die Partnerverordnung den Güterstand von durch Erklärung entstehenden Verbindungen zeitgleich mit der Begründung der Partnerschaft, speziell in den Niederlanden mit der (materiellrechtlich konstitutiven) Eintragung.

Nicht in den persönlichen Anwendungsbereich der Partnerschaftsverordnung fallen Verbindungen, die einer Eintragung nicht bedürfen, insbesondere Lebensgemeinschaften, deren Entstehung an rein faktische Gesichtspunkte wie etwa ein Zusammenleben beider Partner während einer gewissen Dauer geknüpft wird. Dies ist beispielsweise der Fall der *Unión Estable de Pareja* in den spanischen *Comunidades Autónomas* Katalonien[253], Asturias[254] und Kanarische Inseln[255]. Auch im Kosovo zieht allein das (heterosexuelle) Zusammenleben zweier heiratsfähiger Personen als Paar, *(„characterized by a joint life that represents a character of stability and continuation“)* nach der nationalen Regelung güterrechtliche Wirkungen nach sich, und zwar, was die Aspekte „Rechte und

253 Art. 234 1-14 der *LLEI 25/2010, del 29 de juliol, del llibre segon del Codi civil de Catalunya, relatiu a la persona i la família*; es genügt ein Zusammenleben von 2 Jahren, die Geburt eines gemeinsamen Kindes oder die Gründung der *Unió Estable* in notarieller Urkunde. Die Folgen einer solchen *„parella estable“* [festen (Lebens-)partnerschaft] zeigen sich auch im Bereich des Güterrechts: Die danach folgenden Vorschriften über die gleich- oder verschiedengeschlechtliche faktische Lebenspartnerschaft sehen insbesondere in Art. 234-9 einen Ausgleichsanspruch des Partners vor, der ohne oder gegen nicht ausreichende Vergütung substantiell mehr Arbeitseinsatz für den Haushalt erbracht hat, sofern der andere Partner bei Beendigung der Partnerschaft einen höheren Vermögenszuwachs erfahren hat. Die Vorschrift verweist auf den entsprechenden Ausgleichsanspruch zugunsten von Ehegatten, die im katalanischen gesetzlichen Güterstand der Gütertrennung gelebt haben, Art. 232-6. Auch der Schutz der Ehewohnung ist nach Maßgabe von Art. 231-9 auf die Lebenspartnerschaft entsprechend anzuwenden.

254 Art. 3 der *Ley 4/2002, de 23 de mayo, de Parejas Estables*. Voraussetzungen sind entweder ein Zusammenleben von 1 Jahr, das bloße Zusammenleben, falls ein gemeinsames Kind existiert, die Gründung der *Unión Estable* in notarieller Urkunde oder die Eintragung in das *Registro de Uniones de Hecho del Principado de Asturias*.

255 Art. 1 der *Ley 5/2003, de 6 de marzo, para la regulación de las parejas de hecho en la Comunidad Autónoma de las Islas Canarias*. Voraussetzung ist ein Zusammenleben der Partner für die Dauer von 12 Monaten, bei Vorhandensein gemeinsamer Kinder genügt allein das Zusammenleben.

Pflichten auf gegenseitige Fürsorge, finanzielle Unterstützung und Eigentumsrechte“ betrifft[256], in gleicher Weise wie die Ehe.

Teilweise wird vorgeschlagen, vom obigen Grundsatz, solche Lebensgemeinschaften von der EuPartVO auszunehmen, eine Ausnahme zu machen, wenn nationale Regelungen nichteheliche und nichtregistrierte Partner kraft der faktischen Paarbeziehung güterrechtlich weitgehend als Ehegatten behandeln, da es das nationale Recht sei, das festlege, wann für die Zwecke des Güterrechts eine Ehe vorliege[257]. Nach dem 16. Erwägungsgrund der Partnerverordnung umfasst die Regelung jedoch nur eingetragene Partnerschaften, die „einen offiziellen Charakter aufweisen.“ Der Unionsgesetzgeber setzt hier zu Recht auf die Möglichkeit eines einwandfreien Nachweises, der mit der Eintragung in ein entsprechendes Register einhergeht. Zwar ist nicht von der Hand zu weisen, dass ein solcher Nachweis auch dann möglich wäre, wenn die Begründung der Lebensgemeinschaft unter Mitwirkung einer anderen staatlichen Urkundsperson, beispielsweise eines Notars erfolgt wäre.[258] Ist bereits ein solcher Grad von Formalität erreicht, besteht auf Seiten der Betroffenen aber auch bezüglich einer sich anschließenden registerlichen Eintragung keine echte Hemmschwelle mehr,

256 So Art. 39 Abs. 1 und 2 des Law 2004/32 – Family Law of Kosovo. Zu den Voraussetzungen und Wirkungen vgl. Art. 40 und 41: *Article 40. Requirements – People are considered to live in a factual relationship (out-of-marriage relationship), if they: 1. are eligible to marry, but did not obtain a legal marriage: 2. have cohabitated openly as a couple. Article 41. Benefits – In a factual relationship (out-of-marriage relationship), spouses owe to each other the same respect, mutual understanding and support than under legal marriage.*

257 Dutta, Anatol, Das neue internationale Güterrecht der Europäischen Union – ein Abriss der europäischen Güterrechtsverordnungen, FamRZ 2016, S. 1973 ff. (1977) mit zahlreichen weiteren Beispielen derartiger Regelungen in der dortigen Fn. 35.

258 Vgl. die oben in Fn. 253 zusammengefasste katalanische Regelung, die vorsieht, dass die rechtlichen Wirkungen der Partnerschaft schneller eintreten, wenn eine notarielle Urkunde darüber errichtet wird. Die Gleichstellung eines notariell beurkundeten Vertrags mit der Eintragung mit Blick auf die Anwendung der Partnerverordnung auf solche Verbindungen wurde von Bonomi in der Diskussion im Anschluss an einen Vortrag auf dem am 10. Februar 2017 in Würzburg zu den Europäischen Güterrechtsverordnungen abgehaltenen Symposium für denkbar gehalten. Gräf, Stephan, Diskussionsbericht zu den Vorträgen von Michael Coester und Andrea Bonomi, in: Dutta, Anatol/Weber, Johannes (Hrsg.), Die Europäischen Güterrechtsverordnungen, Tagungsband zum oben genannten wissenschaftlichen Symposium des Deutschen Notarinstituts und der Universität Regensburg am 10. Februar 2017 in Würzburg, Verlag C.H. Beck, München 2017, S. 145.

um Rechtssicherheit über die Anwendbarkeit der EuPartVO herbeizuführen, zumal die Urkundsperson Aufklärungs- und Beratungspflichten treffen. Es ist Sache der nationalen Gesetzgeber, durch die Schaffung eines der Partnerschaftsdefinition der Güterrechtsverordnung entsprechenden Statuts entsprechende gewünschte Rechtssicherheit herbeizuführen.

Abschließend ist, was den persönlichen Anwendungsbereich der Güterrechtsverordnungen betrifft, darauf hinzuweisen, dass die *Staatsangehörigkeit* der Beteiligten für ihre Anwendbarkeit keine Rolle spielt: Die Verordnungen sind nicht auf Personen beschränkt, die Staatsangehörige eines EU-Mitgliedstaates sind. Auch Drittstaater fallen in den persönlichen Anwendungsbereich der Verordnungen, wenn deren Anwendungsvoraussetzungen vorliegen, was bei Anrufung eines Gerichts in einem teilnehmenden Mitgliedstaat von diesem zu prüfen ist.

4. Sachlicher Anwendungsbereich

a) Unionsrechtlicher Begriff des Güterstands

Als sachlichen Anwendungsbereich der beiden Verordnungen bezeichnet der jeweilige Art. 1 Abs. 1 der EuGüter/PartVO den „ehelichen Güterstand" bzw. die „Güterstände eingetragener Partnerschaften".

Näher definiert werden diese Begriffe durch Art. 3 Abs. 1 Buchst. a EuGüterVO („sämtliche vermögensrechtlichen Regelungen, die zwischen den Ehegatten und in ihren Beziehungen zu Dritten aufgrund der Ehe oder der Auflösung der Ehe gelten") bzw. dem inhaltlich analogen Art. 3 Abs. 1 Buchst. b EuPartVO. In der Partnerverordnung ist an dieser Stelle nicht von „Güterständen", sondern von „güterrechtlichen Wirkungen einer eingetragenen Partnerschaft" die Rede. Da aber auch der 11. und der 18. Erwägungsgrund der Partnerverordnung den Begriff „Güterstände" für die güterrechtlichen Beziehungen internationaler (hetero- wie homosexueller) Paare verwendet, ist für den Bereich der Partnerverordnung davon auszugehen, dass die Begriffe „Güterstände" und „güterrechtliche Wirkungen der eingetragenen Partnerschaft" inhaltsgleich sind.[259]

Beide Verordnungen sollen nach dem jeweiligen EG 18 für die Verwaltung des Vermögens der Ehegatten/Partner im Alltag wie für die güterrechtliche Auseinandersetzung, insbesondere infolge der Trennung des Paares oder des Todes eines Ehegatten/Partners, gelten.

---

259 S. dazu *Kap. IV 1 b).*

Die genannten Definitionen entsprechen der Auslegung des Begriffs des (ehelichen) Güterstands in dem bereits 1979 ergangenen Urteil *de Cavel (I)*[260] mit Blick auf den Anwendungsbereich des Brüsseler Übereinkommens[261], Vorläufer der heutigen Brüssel-I-a-Verordnung, das bereits wie diese eine Bereichsausnahme für die „ehelichen Güterstände" vorsah[262]. Der Begriff der ehelichen Güterstände umfasste dort alle vermögensrechtlichen „Beziehungen" – anstatt Regelungen –, die sich unmittelbar aus der Ehe oder ihrer Auflösung ergeben, mit Ausnahme von Unterhaltsansprüchen. Im Urteil *W./H.* wurde 1982 ergänzt, der Begriff „eheliche Güterstände" umfasse „... nicht nur die in einigen nationalen Rechtsordnungen besonders und ausschließlich für das Rechtsverhältnis der Ehe vorgesehenen Güterstände, sondern auch alle vermögensrechtlichen Beziehungen, die sich unmittelbar aus der Ehe oder ihrer Auflösung ergeben."[263] In der Definition in Art. 3 Abs. 1 Buchst. a EuGüter/PartVO ist damit lediglich noch die Bezugnahme auf das Verhältnis zu Dritten hinzugefügt worden.

Die europäischen Güterverordnungen legen somit einen *weiten* Begriff des Güterstands nahe, auf den im Zusammenhang mit der Überprüfung der Kohärenz der Güterrechtsverordnungen mit anderen Rechtsakten des Unionsrechts und mit deren Bereichsausnahmen noch weiter einzugehen sein wird.

Nur die EuGüterVO stellt in Satz 2 des 18. Erwägungsgrunds klar, dass der Begriff „ehelicher Güterstand" autonom auszulegen ist, was allerdings auch für die „güterrechtlichen Wirkungen eingetragener Partnerschaften" gilt, da nach ständiger Rechtsprechung des Gerichtshofs die einheitliche Anwendung des Unionsrechts und der Gleichheitsgrundsatz der Unionsbürger generell verlangen, dass Begriffe in europäischen Rechtsakten autonom und einheitlich ausgelegt werden, sofern diese Rechtsakte nicht explizit auf die nationalen Vorschriften verweisen.[264]

b) Katalog der Bereichsausnahmen

In beiden Verordnungen identisch sind die Bereiche, die nach Art. 1 Abs. 2 EuGüter/PartVO aus ihrem Anwendungsbereich ausgeklammert bleiben sollen.

---

260 Urteil des Gerichtshofs vom 27. März 1979, *de Cavel,* Rs. 143/78, Rn. 7.

261 Übereinkommen über die gerichtliche Zuständigkeit und die Vollstreckung gerichtlicher Entscheidungen in Zivil- und Handelssachen (unterzeichnet in Brüssel am 27. September 1968).

262 Art. 1 Nr. 1 des Brüsseler Übereinkommens. S. dazu auch *Kap. VI 4 b (ii).*

263 Urteil des Gerichtshofs vom 31.03.1982, *W./H.*, Rs. 25/91, Rn. 6.

264 S. o. *Kap. I 1 e).*

Bei der Überarbeitung der Verordnungsentwürfe der Kommission infolge der Legislativen Entschließungen des Europäischen Parlaments vom 10. September 2013[265], die mehr als hundert Änderungsvorschläge enthielten, wurden diese in Art. 1 Abs. 3 der Verordnungen präzisierten Bereichsausnahmen zum Teil geändert bzw. Erläuterungen dazu in die Erwägungsgründe aufgenommen.

Die verschiedenen Tatbestände werden an dieser Stelle übersichtsartig umrissen, um in *Kapitel VI* die Wechselwirkung zwischen den Güterrechtsverordnungen und anderen Rechtsakten des Unionsrechts, deren Gegenstand zum Teil mit dem der normierten Bereichsausnahmen identisch ist, näher zu untersuchen.

Nicht unter die Güterrechtsverordnungen fallen neben *Steuer- und Zollsachen* sowie *verwaltungsrechtlichen Angelegenheiten* – die keine zivil-, sondern öffentlich-rechtliche Rechtsverhältnisse betreffen – nach dem jeweiligen Art. 1 Abs. 2 Buchst. a EuGüter/PartVO zunächst die *Rechts, – Geschäfts- und Handlungsfähigkeit der Ehegatten/Partner.* „Die spezifischen Befugnisse und Rechte eines oder beider Ehegatten/Partner" – untereinander und gegenüber Dritten – „im Hinblick auf das Vermögen" sollen dagegen nach dem 20. Erwägungsgrund ausdrücklich in den Bereich der Verordnung fallen, denn derartige „Befugnisse und Rechte" betreffen in der Tat eine explizit vermögensrechtliche Materie. Klassisches Beispiel dafür sind sich aus der Ehe im Allgemeinen oder aus einzelnen Güterständen ergebende Verfügungsverbote[266]. Damit sind Beschränkungen und Zustimmungserfordernisse gemeint, wie sie das deutsche Recht mit den der Zugewinngemeinschaft immanenten Beschränkungen wie dem Verbot von Veräußerungen des Vermögens als Ganzes (§ 1365 BGB) vorsieht, aber auch das Verbot der Veräußerung und Verfügung über Haushaltsgegenstände (§ 1369 BGB) und das Verbot der Verfügungen über die Ehewohnung ohne Zustimmung des Partners. Letztere waren bisher unter anderem im spanischen[267] und französischen[268] Recht Teil der allgemeinen Ehewirkungen *(régime primaire)*, sie

265 Legislative Entschließungen des Europäischen Parlaments vom 10. September 2013, P7_TA(2013)0337 und P7_TA(2013)0338 zu den Vorschlägen für jeweilige Verordnungen des Rates über die Zuständigkeit, das anzuwendende Recht, die Anerkennung und die Vollstreckung von Entscheidungen im Bereich des Güterrechts eingetragener Partnerschaften (COM(2011)0127 – C7-0094/2011 – 2011/0060(CNS))/des Ehegüterrechts (COM(2011)0126 – C7-0093/2011 – 2011/0059(CNS)).

266 Dazu näher unten, *Kap. V 1 b).*

267 Art. 1320 span. *Código Civil.*

268 Art. 215 Abs. 3 franz. *Code civil.*

sind aber auch, in diesem Fall güterstandspezifisch, im deutsch-französischen Wahlgüterstand der Wahl-Zugewinngemeinschaft[269] vorgesehen.

Bestehen, Gültigkeit und Anerkennung der Ehe bzw. *eingetragenen Partnerschaft* sollen, wie bereits dargestellt[270], nach dem 21. Erwägungsgrund beider Verordnungen als Vorfragen dem innerstaatlichen Recht einschließlich der Vorschriften des Internationalen Privatrechts unterliegen.

Unterhaltspflichten sind Gegenstand der EU-UnterhaltsVO[271] sowie des Haager Unterhaltsprotokolls[272], auf das Art. 15 der Unterhaltsverordnung für das auf die Unterhaltspflichten anzuwendende Recht verweist[273].

Die Rechtsnachfolge von Todes wegen nach dem Tod eines Ehegatten bzw. Partners ist vom Anwendungsbereich der EuGüterVO ausgenommen, weil der gesamte erbrechtliche Bereich der EuErbVO (VO Nr. 650/2012) zugewiesen ist.

Im früheren Entwürfen betraf die Herausnahme nur „Nachlassansprüche" des überlebenden Ehegatten bzw. Partners (Art. 1 Abs. III, 4. Spiegelstrich EuGüterVOE bzw. Art. 1 Abs. 3 Buchst. e EuPartVOE), was Stimmen in der Literatur zu dem Schluss veranlasste, dass nur die erb-, nicht auch die güterrechtlichen Nachlassansprüche des Überlebenden vom Anwendungsbereich der neuen Verordnungen ausgeschlossen seien. Im deutschen Recht schließt sich hieran unmittelbar die Frage nach dem Charakter der Nachlassansprüche des überlebenden Ehegatten nach § 1371 BGB an. Diese wurden vom EuGH in der Entscheidung *Mahnkopf*[274] aus dem Jahr 2018 erbrechtlich eingeordnet, womit eine jahrelange Diskussion in der Literatur[275] beendet wurde. Stimmen aus der Praxis

---

269 Art. 5 Abs. 1 des Abkommens zwischen der Französischen Republik und der Bundesrepublik Deutschland über den Güterstand der Wahl-Zugewinngemeinschaft vom 4. Februar 2010.

270 *Kap. I 2 c (i).*

271 Verordnung (EG) Nr. 4/2009 des Rates vom 18. Dezember 2008 über die Zuständigkeit, das anwendbare Recht, die Anerkennung und Vollstreckung von Entscheidungen und die Zusammenarbeit in Unterhaltssachen.

272 Haager Protokoll vom 23. November 2007 über das auf Unterhaltspflichten anzuwendende Recht.

273 Zur Abgrenzung der persönlichen und sachlichen Anwendungsbereiche von Unterhalts- und der Güterrechtsverordnungen s. *Kap. VI 3 a).*

274 Urteil des Gerichtshofs vom 1. März 2018, *Mahnkopf*, Rs. C-558/16. S. *Kap. VI 2 d).*

275 Zur bis zu dieser Entscheidung herrschenden Meinung in der deutschen Literatur, die das Erhöhungsviertel güterrechtlich einordnete, Paffhausen, Patricia, EuErbVO und GüterrechtsVO in Konflikt, Bucerius Law Journal (abrufbar unter http://law-journal.de/archiv/jahrgang-2014/heft-1/euerbvo-und-guterrechtsvo-in-konflikt, S. 12; weitere

wollten die Bereichsausnahme auch schon früher dahin verstanden wissen, dass die Herausnahme aus dem Güterrecht *sämtliche* Ansprüche des Überlebenden am Nachlass umfassen solle[276].[277]

Art. 1 Abs. 2 Buchst. e EuGüter/PartVO erklärt auch den Bereich der *sozialen Sicherheit* für ausgenommen, dessen Inhalt und Reichweite in den Erwägungsgründen nicht näher erläutert wird. Art. 34 Abs. 1 der Europäischen Grundrechtecharta („Soziale Sicherheit und Unterstützung") unterscheidet zwischen Leistungen und Diensten bzw. Vergünstigungen der *sozialen Sicherheit*, auf die sich Art. 34 Abs. 1 und 2 beziehen, und das Recht auf *soziale Unterstützung* und *Unterstützung für die Wohnung*, die in Art. 34 Abs. 3 anerkannt werden. Vom Wortlaut her betrifft die Bereichsausnahme der Güterrechtsverordnungen allein Leistungen der sozialen Sicherheit, wie die Kranken-, Renten-, Unfall- und Arbeitslosenversicherung. Fragen der sozialen Unterstützung und Unterstützung für die Wohnung sind damit nicht grundsätzlich ausgeschlossen, werden aber häufig verwaltungsrechtlicher Natur sein. Da der Union in Fragen der sozialen Unterstützung auch keine Gesetzgebungskompetenz zukommt, könnten Vorlagefragen zur Abgrenzung der Bereiche „soziale Sicherheit" und „soziale Unterstützung" an den EuGH herangetragen werden.

Auch die *Berechtigung, Ansprüche auf Alters- oder Erwerbsunfähigkeitsrente, die während der Ehe (bzw. der eingetragenen Partnerschaft) erworben wurden und die während der Ehe (eingetragenen Partnerschaft) zu keinem Renteneinkommen geführt haben, im Falle der Auflösung der Ehe (eingetragenen Partnerschaft) oder deren Ungültigerklärung zwischen den Ehegatten (Partnern) zu übertragen oder anzupassen,* sind nach dem jeweiligen Art. 1 Abs. 2 Buchst. f vom Anwendungsbereich der Verordnungen ausgenommen.

Nach dem 23. Erwägungsgrund soll diese Ausnahme eine enge Auslegung erfahren. Der deutsche Anspruch auf Durchführung des Versorgungsausgleichs lässt sich dennoch mühelos darunter subsumieren. EG 23 der Güterrechtsverordnungen stellt im letzten Satz aber klar, dass die Güterrechtsverordnungen die Frage der *Kategorisierung* von Rentenansprüchen, während der Ehe an einen der Ehegatten bereits ausgezahlter Beträge und eines eventuell zu gewährenden

---

Nachweise bei Mankowski, Peter, Das erbrechtliche Viertel nach § 1371 Abs. BGB im deutschen und europäischen Internationalen Privatrecht, ZEV 2014, 121, 127.

276 Stellungnahme des Deutschen Notarvereins zu den Verordnungsvorschlägen vom 10. Juni 2011, abrufbar unter www.dnotv.de/Dokumente/Stellungnahmen, S. 2 f.; dazu Paffhausen, a.a.O. (FN 8) S. 12.

277 S. hierzu *Kap. VI 2 d (i).*

Ausgleichs bei mit gemeinsamem Vermögen finanzierten Rentenversicherungen regeln sollen.

Eine weitere Ausnahme, statuiert im jeweiligen Art. 1 Abs. 2 Buchst. g der beiden Verordnungen, betrifft die *Art der dinglichen Rechte an Vermögen*. Nach dem 24. Erwägungsgrund muss es sich dabei um Rechte und Berechtigungen handeln, die sich *aus dem Güterstand* nach dem auf ihn anzuwendenden Recht ergeben. Kennt das Recht des Mitgliedstaates, in dem sich der konkrete Gegenstand befindet, insbesondere der Belegenheitsstaat eines Grundstücks, solche durch den Güterstand begründeten oder übertragenen dinglichen Rechte nicht und herrscht dort ein *numerus clausus* der Sachenrechte, ordnen die Verordnungen die Anpassung des unbekannten dinglichen Rechts an das in der Rechtsordnung des Belegenheitsstaates am ehesten vergleichbare Recht an (s. dazu auch den 25. Erwägungsgrund). Dadurch wird einerseits die Begründung und Übertragung solcher Rechte ermöglicht, andererseits der *numerus-clausus*-Grundsatz im Belegenheitsstaat gewahrt (24. Erwägungsgrund)[278].

Mit den nach Art. 1 Abs. 3 Buchst. g ausgenommenen dinglichen Rechten in engem Zusammenhang steht schließlich auch die letzte Bereichsausnahme, betreffend *„jede Eintragung von Rechten an beweglichen oder unbeweglichen Vermögensgegenständen in ein Register, einschließlich der gesetzlichen Voraussetzungen für eine solche Eintragung, sowie die Wirkungen der Eintragung oder der fehlenden Eintragung solcher Rechte in ein Register"*. Das registerrechtliche Verfahren soll nach dem 27. Erwägungsgrund der Verordnungen ausdrücklich dem Recht des Mitgliedstaats unterliegen, in dem das Register geführt wird. Die zuständigen Behörden sollen dafür auch in einem anderen Mitgliedstaat gefertigte Schriftstücke annehmen, deren Verkehr nach den Güterrechtsverordnungen vorgesehen ist. Dies umfasst nach Art. 58 der Güterverordnungen auch öffentliche, insbesondere also notarielle Urkunden, deren Beweiskraft anhand eines gemäß Art. 66 EuGüter/PartVO von der Kommission im Rahmen eines Durchführungsakts noch zur Verfügung zu stellenden Formulars im Ursprungsmitgliedstaat bescheinigt werden kann.

---

278 Näheres zum Verhältnis zwischen Güterrechtsverordnungen und nationalem Sachenrecht *Kap. V 2 b) bis d)*.

5. Abschließende Regelung und Verhältnis zu bestehenden bilateralen Abkommen

Wie erörtert[279], ordnen die Güterrechtsverordnungen für die in ihnen enthaltenen *Kollisionsvorschriften* gemäß dem jeweiligen Art. 20 eine universelle, d. h. *weltweite Geltung* an. Die Gerichte der teilnehmenden Mitgliedstaaten sind somit verpflichtet, auch drittstaatliche Sachvorschriften anzuwenden, wenn das Kollisionsrecht der Verordnungen auf diese verweist.

Die beiden Güterrechtsverordnungen bilden damit für die an ihnen teilnehmenden Mitgliedstaaten in ihrem Anwendungsbereich eine abschließende Regelung des güterrechtlichen Kollisions- und Internationalen Zivilverfahrensrechts, da sie – aufgrund des Anwendungsvorrangs des Unionsrecht gegenüber von ihnen abweichenden nationalen Regelungen – nationale Vorschriften der einzelnen Mitgliedstaaten auf diesem Gebiet verdrängen[280].

Hinsichtlich des Anwendungsbereichs der in den Verordnungen enthaltenen *Vorschriften über die internationale Zuständigkeit* stellt der jeweilige Art. 2 klar, dass dadurch die innerstaatlichen Zuständigkeiten der „Behörden" der Mitgliedstaaten nicht berührt werden sollen, wobei der Begriff „Behörden" im Rahmen europarechtlicher Regelungen im Allgemeinen einen Oberbegriff für Verwaltungs- und Regierungsbehörden und Gerichte meint.

Innerstaatliche Zuständigkeitsvorschriften werden also durch die Verordnungen ausdrücklich nicht berührt, sie betreffen allein die internationale Zuständigkeit.

Nach dem jeweiligen Art. 62 Abs. 1 der EuGüter/PartVO lassen die Güterrechtsverordnungen die Anwendung von *bi- oder multilateralen Übereinkünften* unberührt, denen die Mitgliedstaaten bei ihrem Erlass (bzw. beim Erlass eines Beschlusses nach Art. 331 AEUV, mit dem einem weiteren Mitgliedstaat die Teilnahme an der Verstärkten Zusammenarbeit erlaubt wird) bereits angehört haben. Allerdings sind sie nach Art. 351 Abs. 2 AEUV dazu verpflichtet, alle geeigneten Mittel anzuwenden, um eventuell festgestellte Unvereinbarkeiten zu beheben, einander erforderlichenfalls zu diesem Zweck Hilfe zu leisten und gegebenenfalls eine gemeinsame Haltung einzunehmen[281].

---

279 S. o., *Kap. II 5.*

280 S. o., *Kap. I 1 c).*

281 Näheres zum Verhältnis der Verordnungen und der ihnen vorgehenden Staatsverträge bei K o h l e r, Christian, Die Güterrechtsverordnungen der Europäischen Union und die vorrangigen Staatsverträge mit Drittstaaten, in Dutta/Weber (Hrsg.), Die Europäischen Güterrechtsverordnungen, Tagungsband, C.H. Beck Verlag 2017, S. 163 ff.

Kapitel III: Analyse des Systems des Internationalen Privat- und Zivilverfahrensrechts der Union bei Annahme der Güterrechtsverordnungen

Die Güterrechtsverordnungen sind – von der 2022 in Kraft getretenen Neufassung der prozessualen Brüssel-IIa-Verordnung[282] abgesehen – die neuesten Elemente eines Systems von Rechtsakten, die in erster Linie Rechtssicherheit zur Verwirklichung eines Raums der Freiheit, der Sicherheit und des Rechts schaffen und den gleichen Zugang aller Unionsbürger zum Recht ermöglichen sollen. Dieses Ziel wird insbesondere auf dem Wege einer möglichst eindeutigen Feststellbarkeit des zuständigen Gerichts und des anwendbaren Rechts, mit effizienten, gerechten Verfahren und mit einer wirksamen Vollstreckbarkeit der ergangenen Entscheidungen verfolgt.[283]

Bevor in *Kapitel IV* bis *VI* die Passgenauigkeit der beiden Verordnungen im Gesamtsystem der Rechtsakte der Union auf dem Gebiet des Internationalen Privat- und Zivilverfahrensrechts untersucht werden kann, beschäftigt sich *Kapitel III* mit der Bestandsaufnahme des bei ihrer Annahme vorhandenen Systems. Bei dieser Analyse wird insbesondere danach gefragt, ob und welche Lücken darin noch vorhanden sind und inwieweit dieses System in sich kohärent ist, d. h. ob sich seine einzelnen Elemente gut aneinanderfügen oder ob Abstimmungsdefizite bestehen, die eine reibungslose Einbettung und Anwendung der Güterrechtsverordnungen verhindern können.

Begonnen wird mit dem angesprochenen Ziel der Union und den zu seiner Verwirklichung zur Verfügung stehenden Handlungsgrundlagen (*Kapitel III 1*).

---

282 Verordnung (EU) 2019/1111 des Rates vom 25. Juni 2019 über die Zuständigkeit, die Anerkennung und Vollstreckung von Entscheidungen in Ehesachen und in Verfahren betreffend die elterliche Verantwortung und über internationale Kindesentführungen (Neufassung), ABl. L 178/1.

283 So der Aktionsplan des Rates zur bestmöglichen Umsetzung der Bestimmungen des Amsterdamer Vertrages über den Aufbau eines Raums der Freiheit, der Sicherheit und des Rechts, angenommen vom Rat am 3. Dezember 1998, ABl. Nr. C 019 vom 23. Januar 1999, S. 1 ff., Teil I Abschnitt C a) – Justizielle Zusammenarbeit in Zivilsachen.

Kapitel III 2 identifiziert bestehende Lücken und Kohärenzprobleme zwischen den einzelnen Elementen. *Kapitel III 3* enthält eine kurze Stellungnahme.

1. Das System der im Rahmen der justiziellen Zusammenarbeit in Zivilsachen geschaffenen Rechtsakte

a) Schaffung eines Raums der Freiheit, der Sicherheit und des Rechts als gesetzgeberisches Ziel der Union im Bereich des Internationalen Privat- und Zivilverfahrensrechts

Das mit dem Vertrag von Amsterdam (1997)[284] in Art. 3 Abs. 2 in den EU-Vertrag aufgenommene Ziel der Errichtung eines *Raums der Freiheit, der Sicherheit und des Rechts* soll nach einem Aktionsplan, den der Rat 1998 zur Umsetzung der mit dem Vertrag neu geschaffenen primärrechtlichen Bestimmungen angenommen hat, den europäischen Bürgern das Leben besonders in Rechtssachen erleichtern, „bei denen die menschliche Dimension wichtig ist und die sich auf das Alltagsleben der Bürger auswirken".[285]

Beides trifft für Rechtssachen im familiären Umfeld in besonderem Maße zu. Mit den im Rahmen der justiziellen Zusammenarbeit im Zivilrecht angenommenen Rechtsakten soll gerade im privaten Bereich die als Planungsgrundlage unentbehrliche Rechtssicherheit geschaffen werden[286].

Der von Rat und Kommission im Jahr 1998 zur Festlegung der strategischen Leitlinien verabschiedete sog. Wiener Aktionsplan war Auftakt für mehrere aufeinanderfolgende 5-Jahres-Programme, deren erstes 1999 auf der Sondertagung des Europäischen Rates im finnischen Tampere beschlossen wurde (sog. „*Tampere-Programm*"). Ihm folgten, jeweils benannt nach dem Ort ihrer Annahme, im Jahr 2005 das „*Haager Programm*" und 2009 das „*Stockholmer Programm*". Ein für die Zeit von 2015 bis einschließlich 2019 konzipiertes „*Stockholm-Nachfolgeprogramm*" wurde auf der Tagung des Europäischen

284 Vertrag von Amsterdam zur Änderung des Vertrags über die Europäische Union, der Verträge zur Gründung der Europäischen Gemeinschaften sowie einiger damit zusammenhängender Rechtsakte – Konsolidierte Fassung des Vertrags zur Gründung der Europäischen Gemeinschaft, Amtsblatt Nr. C 340 vom 10/11/1997 S. 0173 ff.

285 Aktionsplan des Rates zur bestmöglichen Umsetzung der Bestimmungen des Amsterdamer Vertrages über den Aufbau eines Raums der Freiheit, der Sicherheit und des Rechts, angenommen vom Rat am 3. Dezember 1998, ABl. Nr. C 19 vom 23. Januar 1999, S. 1 ff., Nr. 39.

286 Nr. 16 des zitierten Aktionsplans.

Rates vom 27. Juni 2014 (nunmehr auf der Grundlage des durch den Vertrag von Lissabon eingefügten Art. 68 AEUV) verabschiedet[287]. Betreffend das Kollisionsrecht ist dort allerdings nur noch von der Priorität einer einheitlichen Umsetzung der bereits vorhandenen Rechtsinstrumente und der beschlossenen politischen Maßnahmen die Rede[288]. Ein neues strategisches Programm für die Jahre 2020–2024 sollte nach einem Achtzehnmonatsprogramm der Triopräsidentschaft Rumänien, Finnland und Kroatien[289] im Jahr 2019 verabschiedet werden. In der Pressemitteilung des Rates zur neuen strategischen Agenda für 2019–2024 wurde die justizielle Zusammenarbeit auf dem Gebiet des Zivilrechts jedoch nicht einmal erwähnt[290].[291]

Die Sekundärrechtsakte, die in Ausführung dieser vom Europäischen Rat verabschiedeten Programme ergangen sind, regeln jeweils sektoriell einen Teil des als umfassend konzipierten Systems des europäischen IPR[292] und IZVR. Sie räumen den Bürgern ein hohes Maß an Privatautonomie bei der Gestaltung ihrer Rechtsbeziehungen ein, indem sie bereits in einem frühen Stadium die

---

287 Schlussfolgerungen des Europäischen Rates vom 27. Juni 2014, EUCO 79/14, Raum der Freiheit, der Sicherheit und des Rechts, Punkt 3, S. 2.

288 Wagner erklärt dies in seinem Aufsatz „Zwanzig Jahre justizielle Zusammenarbeit in Zivilsachen", IPrax 2019, S. 185 ff. (192) mit der seit dem Beginn der justiziellen Zusammenarbeit in Zivilsachen gestiegenen Zahl an EU-Mitgliedstaaten, die die Konsensbildung auch bei der Programmplanung erschwere. Zudem komme dem Europäischen Rat mittlerweile nur noch die Aufgabe zu, die strategischen Leitlinien für die gesetzgeberische und operative Programmplanung zu setzen. Gleichzeitig kann sicher auch hier der Hinweis des Autors auf den gegenüber den früheren Programmen veränderten Zeitgeist Geltung beanspruchen, durch den im Unterschied zu dem ehemals freundlichen „Grundklima" für die Ausarbeitung grenzüberschreitender Regelungen nunmehr Art. 67 Abs. 1 AEUV ins Blickfeld rücke und dazu mahne, bei der unionalen Rechtsetzung die verschiedenen Rechtsordnungen und -traditionen der Mitgliedstaaten zu achten.

289 Achtzehnmonatsprogramm des Rates für die Zeit vom 1. Januar 2019–30. Juni 2020, Ratsdokument 14518/18, POLGEN 217 vom 30. November 2018, S. 2.

290 Abrufbar unter https://www.consilium.europa.eu/de/press/press-releases/2019/06/20/a-new-strategic-agenda-2019-2024/?utm_source=dsms-auto&utm_medium=email&utm_campaign=Uusi+strateginen+ohjelma+2019%E2%80%932024#

291 Zum aktuellen Stand der Gesetzgebungsarbeiten und zu den neuesten Entscheidungen des EuGH auf dem Gebiet der internationalen Zusammenarbeit in Zivilsachen s. aber Wagner, Rolf, Aktuelle Entwicklungen in der justiziellen Zusammenarbeit in Zivilsachen, NJW 2019, S. 1782 ff. (1782).

292 Hohloch, Gerhard, Die „Bereichsausnahmen" der Rom-II-VO, IPrax 2012, 110 ff. (110).

Möglichkeit einer Wahl des zur Anwendung kommenden Rechts zulassen, die sich später in der Möglichkeit zum Abschluss von Gerichtsstandvereinbarungen und in der grenzüberschreitenden Anerkennung und Vollstreckbarkeit fortsetzt.

Gleichzeitig sollen die mangels einer Rechtswahl anzuwendenden objektiven Kollisionsvorschriften und verfahrensrechtlichen Normen wenn schon nicht übereinstimmen, so doch möglichst gut auf einander abgestimmt sein. Dahinter steht der Gedanke, dass unabhängig davon, welches der (möglicherweise mehreren) international zuständigen Gerichte angerufen wird, im Ergebnis gleiche Entscheidungen der zu klärenden Fragen zu erwarten sein sollen (Grundsatz der Entscheidungseinheit). Damit sollen besonders Wettläufe der Parteien zum für den jeweiligen Beteiligten günstigeren Gericht (*Forum Shopping*) und der Erlass nicht miteinander zu vereinbarender Entscheidungen in den Mitgliedstaaten verhindert werden[293].

Schließlich sollen die ergangenen gerichtlichen[294] Entscheidungen in allen teilnehmenden Mitgliedstaaten unmittelbar – d. h. ohne ein vorgeschaltetes Exequatur-Verfahren – anerkannt werden und vollstreckbar sein und auch auf diesem Wege einen möglichst gleichen Zugang der Bürger zum Recht ermöglichen (Art. 67 Abs. 4 AEUV).[295]

b) Art. 81 Abs. 3 AEUV als Handlungsgrundlage für Rechtsakte der Union im Bereich Familienrechts

(i) Struktur der Vorschrift

Angesichts des in Art. 5 EUV niedergelegten Grundsatzes der begrenzten Einzelermächtigung bedarf das Tätigwerden des Unionsgesetzgebers auch für Maßnahmen mit dem Ziel des Raums der Freiheit, der Sicherheit und des Rechts einer Handlungsgrundlage.

In Art. 81 AEUV (vormals Art. 65 EU-Vertrag) wurde mit dem Vertrag von Amsterdam eine besondere Kompetenzvorschrift zum Erlass von Rechtsakten zur justiziellen Zusammenarbeit in Zivilsachen in das europäische Primärrecht aufgenommen, „die auf dem Grundsatz der gegenseitigen Anerkennung gerichtlicher und außergerichtlicher Entscheidungen beruht".

---

293 Vgl. den 42., 43. und 49. Erwägungsgrund der Verordnungen.

294 S. dazu unten *Kap. VI 1 c (iii)*.

295 Entsprechend erklärt auch der 56. Erwägungsgrund der Güterrechtsverordnungen die gegenseitige Anerkennung der in den teilnehmenden Mitgliedstaaten ergangenen Entscheidungen zu einer allgemeinen Zielsetzung beider Rechtsakte.

Maßnahmen auf dem Gebiet des *Familienrechts* nehmen, was das Gesetzgebungsverfahren betrifft, eine Sonderstellung gegenüber Rechtsakten ein, die allgemeine, insbesondere binnenmarktbezogene Aspekte grenzüberschreitender Rechtsbeziehungen betreffen. Denn Art. 81 Abs. 3 AEUV erfordert in familienrechtlichen Materien eine einstimmige Entscheidung des Rates nach Anhörung des Europäischen Parlaments. Soll dieses sog. Anhörungsverfahren für bestimmte Aspekte des Familienrechts durch das ordentliche Gesetzgebungsverfahren ersetzt werden, bedarf es nach Unterabs. 2 und 3 für einen entsprechenden Beschluss des Rates der Beteiligung der nationalen Parlamente, deren jedes den Vorschlag durch seine Ablehnung zu Fall bringen kann (sog. *Rendezvous*-Klausel[296]).

Als Handlungsgrundlagen für unionsrechtliche Regelungen im Bereich des Internationalen Privat- und Zivilverfahrensrechts sind in Art. 81 Abs. 2 allgemeine Zwischenziele der justiziellen Zusammenarbeit aufgeführt. So werden unter Buchst. a die gegenseitige Anerkennung und die Vollstreckung gerichtlicher und außergerichtlicher Entscheidungen, unter Buchst. c die Vereinbarkeit der in den Mitgliedstaaten der Union geltenden Kollisionsnormen genannt. Die Formulierung „Vorschriften zur Vermeidung von Kompetenzkonflikten" (ebenfalls Buchst. c) bezieht sich maßgeblich auf Vorschriften über die gerichtliche Zuständigkeit und die Vermeidung von Parallelprozessen[297]. Auch Buchst. b (grenzüberschreitende Zustellung gerichtlicher und außergerichtlicher Schriftstücke) und d (Zusammenarbeit bei der Erhebung von Beweismitteln) betreffen zivilprozessuale Aspekte.

Art. 81 Abs. 2 Buchst. a und c AEUV beinhaltet somit bereits die Kompetenzen zur Regelung von gerichtlicher Zuständigkeit, anzuwendendem Recht und Anerkennung und Vollstreckung von Entscheidungen, so wie sie in den bereits vor den Güterrechtsverordnungen angenommenen gemischten Kodifikationen zu einzelnen Bereichen des Internationalen Privat- und Zivilverfahrensrechts zu finden sind. Bei ihrer Umsetzung ist im Grundsatz von einer Rechtssetzung im ordentlichen Gesetzgebungsverfahren auszugehen, „insbesondere, wenn dies für das reibungslose Funktionieren des Binnenmarkts erforderlich ist".

---

296 Pache, Eckart, in: Niedobitek, Matthias (Hrsg.) Europarecht – Politiken der Union, de Gruyter, Berlin/Boston, 2014, § 10 Die Union als Raum der Freiheit, der Sicherheit und des Rechts, S. 1162, RZ 223.

297 Vgl. VonderGroeben/Schwarze/Hatje/*Lenzing*, Europäisches Unionsrecht, 7. Aufl., Nomos-Verlag Baden-Baden, 2015, Rn. 4 zu Art. 81 AEUV; Streinz/*Leible*, EUV/AEUV, 2. Aufl., C.H. Beck, München 2012, Rn. 29 zu Art. 81 AEUV.

Das erwähnte Anhörungsverfahren mit der Einstimmigkeitsanforderung im Rat betrifft ausschließlich das Familienrecht, und zwar aus den in der Einleitung zu dieser Arbeit dargestellten Gründen[298]. Die EuErbVO dagegen ist trotz ihrer thematischen Nähe zu diesem Rechtsgebiet auf Art. 81 Abs. 2 gestützt und wurde im ordentlichen Gesetzgebungsverfahren erlassen[299].

(ii) Erfordernis eines grenzüberschreitenden Bezugs

Art. 81 Abs. 1 beschränkt die Rechtssetzungskompetenz der Union auf *„Zivilsachen mit grenzüberschreitendem Bezug"*. Diese Voraussetzung wird in Abs. 1 S. 1 der Vorschrift zunächst allgemein festgelegt und in Art. 81 Abs. 3 als der Sondervorschrift für „Maßnahmen zum Familienrecht mit grenzüberschreitendem Bezug" explizit wiederholt.

Bis heute ist allerdings für die einzelnen von der Union erlassenen Rechtsakte nicht – schon gar nicht rechtsaktübergreifend – geklärt, was genau unter „grenzüberschreitendem Bezug" zu verstehen ist. Er ist für das System des europäischen Kollisions- und Zivilverfahrensrechts aus folgenden Gründen jedoch von entscheidender Bedeutung:

Als in der *Handlungsgrundlage* Art. 81 Abs. 1 bzw. Abs. 3 AEUV ausdrücklich normierte Voraussetzung ist er mit Blick auf den Grundsatz der beschränkten Einzelermächtigung (Art. 5 Abs. 1 EUV) und das Subsidiaritätsprinzip (Art. 5 Abs. 3 EUV)[300] schon für das Bestehen einer Regelungskompetenz der Union unabdingbar.

Sind Rechtsakte der Union auf der Grundlage von Art. 81 angenommen, zeigt sich die zweite Facette des Konzepts: Der *Anwendungsbereich* der auf der Grundlage von Art. 81 erlassenen Unionsrechtsakte kann konsequenterweise erst eröffnet sein, wenn gerade der konkret zu beurteilende Fall einen grenzüberschreitenden Bezug aufweist. Welche Sachverhalte dem europäischen Internationalen Privat- und Zivilverfahrensrecht unterliegen, weil sie grenzüberschreitend sind oder nicht, ist Gegenstand von Auseinandersetzungen zwischen Rat und Kommission gewesen und nach derzeitigem Stand wohl noch immer nicht abschließend geklärt. Insbesondere gilt dies für die Kollisionsnormen, die innerstaatlich nur in Fällen angewandt werden können, in denen tatsächlich ein entsprechender Koordinierungsbedarf besteht.[301] Damit ist mit dem Begriff

298 Einleitung, S. 2 ff.

299 S. die Einleitung zu den Erwägungsgründen sowie Erwägungsgrund 2 der EuErbVO.

300 S. o. *Kap. I 1 a).*

301 Vgl. Hess, Burkhard, Binnenverhältnisse im Europäischen Zivilprozessrecht, in: Kohärenz im Internationalen Privat- und Zivilverfahrensrecht der Europäischen

„grenzüberschreitend" außerdem das Problem verknüpft, inwieweit angesichts des universellen Geltungsanspruchs der europarechtlichen Kollisionsvorschriften aus Gründen der Inländer-Gleichbehandlung eine Erstreckung auch auf Binnensachverhalte geboten wäre und inwieweit diese Vorschriften das nationale IPR der Mitgliedstaaten im Verhältnis zu Drittstaaten ersetzt haben.

Abgeleitet vom Anwendungsbereich der europarechtlichen Vorschriften schließlich ergibt sich aus Art. 19 EUV, Art. 251 ff. AEUV auch die Grenze der *Auslegungs- und Kontrollkompetenzen* des EuGH.

(iii) Diskussion über das Merkmal des „grenzüberschreitenden Bezugs"

Insbesondere mit Blick auf eine mögliche innerstaatliche Anwendbarkeit aus Gründen der Gleichbehandlung wurde die Zweckdienlichkeit der allgemeinen Voraussetzung des „grenzüberschreitenden Bezugs" bisweilen angezweifelt. Wenn ein einheitlicher Raum der Freiheit, der Sicherheit und des Rechts geschaffen werden soll, sollten dann die Vorteile des vom Unionsrecht geschaffenen Systems nicht allen Unionsbürgern, d. h. auch den an rein innerstaatlichen Sachverhalten Beteiligten zugutekommen?

Das Kriterium wurde indessen weder vom Unionsgesetzgeber noch vom Gerichtshof jemals aufgegeben. Als Dreh- und Angelpunkt im Einzelfall oft entscheidender Fragen entspann sich daran dennoch eine Art Tauziehen zwischen Rat und Kommission[302]:

In ihren Vorschlägen zu mehreren 2004 und 2005 auf dem Gebiet des Zivilverfahrensrechts erlassenen Rechtsakten, konkret zur EuMahnVO[303], zur EuBagatellVO[304] und zur Mediationsrichtlinie[305], hatte die *Kommission* empfohlen, den Anwendungsbereich außer auf grenzüberschreitende Rechtssachen auch auf nationale, d. h. auf Binnensachverhalte zu erstrecken.

Die *kompetenzrechtliche* Voraussetzung des grenzüberschreitenden Bezugs, so der Vorschlag zur EUMahnVO[306], zwinge keineswegs dazu, auch den

---

Union, Hrsg. v. Hein, Jan und Rühl, Gisela, 1. Aufl., Mohr-Siebeck, Tübingen 2016, S. 68.

302 Vgl. hierzu Hau, Wolfgang, Zivilsachen mit grenzüberschreitendem Bezug, in: Gedächtnisschrift für Hannes Unberath, Hrsg. Arnold, Stefan und Lorenz, Stephan, C.H. Beck, München 2015, S. 139.

303 KOM/2004/173/ endg. vom 19.03.2004.

304 KOM/2005/87/ endg. vom 15.03.2005.

305 KOM/2004/0718 endg. vom 22.10.2004.

306 KOM/2004/173/ endg., S. 7 f.

Anwendungsbereich der auf der Grundlage von Art. 81 erlassenen Rechtsakte auf Sachverhalte mit grenzüberschreitenden Bezügen zu beschränken. Die Unterscheidung zwischen „grenzüberschreitenden" und „innerstaatlichen" Sachverhalten sei sehr viel schwieriger als dies auf den ersten Blick erscheine, und bis zu einem gewissen Grad sei sie sogar willkürlich: Wenn beispielsweise bei mehreren möglichen Gerichtsständen in verschiedenen Mitgliedstaaten nicht in allen diesen Staaten effiziente inländische Verfahren zur Verfügung stünden, habe es allein der Kläger in der Hand, durch eine Klageerhebung im Ausland die unionsrechtlichen Verfahrensvorschriften zur Anwendung zu bringen, anstatt sich mit dem im Inland zur Verfügung stehenden Verfahren begnügen zu müssen. Im Vorschlag zur Mediationsrichtlinie erhob die Kommission darüber hinaus mit Hinweis auf die Gefahren mangelnder Rechtssicherheit und Inländerdiskriminierung schließlich sogar Bedenken gegen die Berechtigung des Kriteriums als solchem.[307]

Im Ergebnis vertrat die Kommission den Standpunkt, zur Anwendbarkeit der europäischen Rechtsakte auch auf innerstaatliche Fälle müsse lediglich ein *potentiell* grenzüberschreitender Charakter der zugrundeliegenden Sachverhalte genügen.[308] Im Verfahrensrecht, so der Kommissionsvorschlag zur Bagatellverordnung, sei der potentiell grenzüberschreitende Charakter „seinem Wesen nach stets gegeben"[309], da in jeder Verfahrensart Sachverhalte mit Auslandsbezug auftreten könnten.[310] *Potenzieller* Auslandsbezug bestehe regelmäßig schon deshalb, weil jeder erstrittene Titel möglicherweise auch im Ausland vollstreckt werden müsse.

Dem *Rat* gingen diese Empfehlungen der Kommission allerdings zu weit, so dass die schließlich angenommenen Versionen aller drei genannten Rechtsakte für ihre Anwendbarkeit ausdrücklich einen unmittelbar grenzüberschreitenden Bezug des *konkreten* Verfahrens in dem Sinn erfordern, dass die Parteien ihren Wohnsitz bzw. Sitz in verschiedenen Mitgliedstaaten haben müssen[311].

Nach einem 2005 zustande gekommenen politischen Kompromiss zwischen Parlament, Rat und Kommission wurden Vorschläge für eine Erstreckung der in

---

307 KOM/2004/0718 endg., S. 5.

308 Vorschlag zur EuMahnVO, S. 8.

309 Vorschlag zur EuBagatellVO, S. 6.

310 So die Argumentation der Kommission zu einem erweiterten Anwendungsbereich der PKH-Richtlinie 2003/8/EG. Vgl. die Darstellung bei H e s s, Burkhard, Europäisches Zivilprozessrecht, C.F. Müller, Heidelberg 2010, S. 34 RZ 11 ff.

311 Art. 2 der Mediationsrichtlinie, Art. 3 der EuMahnVO, Art. 3 der EuBagVO.

der Folgezeit verabschiedeten Rechtsakte auf Binnensachverhalte zunächst auch seitens der Kommission nicht mehr gemacht.[312] Die endgültige Lesart des Kriteriums scheint aber noch immer nicht ausdiskutiert zu sein: Der Vorschlag zur 2014 angenommenen EuKontenpfändungsVO[313] aus dem Jahr 2011[314] führt aus, Ziel dieses Vorschlags sei „der Aufbau eines echten europäischen Zivilrechtsraums im Bereich der Vollstreckung“[315]. Diese Formulierung der Kommission zitiert die Schlussfolgerungen des Vorsitzes des Europäischen Rats von Tampere aus dem Jahr 1999, in denen allgemeiner von einem „Echten Europäischen Rechtsraum“ die Rede war, in dem Einzelpersonen und Unternehmen nicht durch die Unvereinbarkeit oder die Komplexität der Rechtsordnungen und der Verwaltungssysteme in den Mitgliedstaaten daran gehindert oder davon abgehalten werden sollten, von ihren Rechten Gebrauch zu machen[316]. Das Ersuchen des Europäischen Rats an Rat und Kommission zur Gesetzgebung im Bereich des europäischen IPR und Zivilverfahrensrechts geht damit über den von der Kommission im Vorschlag zur Kontenpfändungsverordnung empfohlenen „Zivilrechtsraum im Bereich der Vollstreckung“ sogar hinaus.[317]

---

312 Vgl. Von der Groeben/Schwarze/Hatje/*Lenzing*, Europäisches Unionsrecht, Rn. 4 zu Art. 81 AEUV; Hau, Gedächtnisschrift für Unberath, S. 140.

313 Vorschlag zur Verordnung (EU) Nr. 655/2014 des Europäischen Parlaments und des Rates vom 15. Mai 2014 zur Einführung eines Verfahrens für einen Europäischen Beschluss zur vorläufigen Kontenpfändung im Hinblick auf die Erleichterung der grenzüberschreitenden Eintreibung von Forderungen in Zivil- und Handelssachen http://eur-lex.europa.eu/legal-content/DE/TXT/?uri=CELEX%3A32014R0655.

314 KOM(2011) 445 endg., S. 2.

315 Die Einschränkung auf den Bereich der Anerkennung und Vollstreckung wird nur einmal, nämlich in Abschnitt 1.2 des Verordnungsvorschlags, gemacht. Im Abschnitt 1.1 erscheint sie nicht.

316 Schlussfolgerungen des Vorsitzes des Europäischen Rats von Tampere vom 15./16.10.1999, Abschnitt B Nr. 28, abrufbar unter http://www.europarl.europa.eu/summits/tam_de.htm#b.

317 Diese „Gesetzgebungsaufträge“ erfassten u. a. die Erarbeitung von Mindeststandards für ein angemessenes Niveau der Prozesskostenhilfe, den Erlass von Verfahrensregeln für vereinfachte und beschleunigte grenzüberschreitende Gerichtsverfahren bei verbraucher- und handelsrechtlichen Klagen mit geringem Streitwert, bei Unterhaltsklagen und bei unbestrittenen Forderungen, ein Maßnahmenprogramm zur Umsetzung des Grundsatzes der gegenseitigen Anerkennung gerichtlicher Entscheidungen bis hin zur Ausarbeitung neuer verfahrensrechtlicher Vorschriften für grenzüberschreitende Fälle insbesondere zu den Punkten, die unabdingbar für eine reibungslose justizielle Zusammenarbeit und für einen verbesserten Zugang zum Recht sind, wie z. B. einstweilige Maßnahmen, Beweisaufnahme, Mahnbescheide und Fristen. Im Bereich des

Da für jede gerichtliche Entscheidung ein *potentieller* Vollstreckungsbedarf auch im Ausland besteht, durch den unversehens Auslandsbezüge entstehen können, stellte die Kommission im Rahmen einer allgemeineren Formulierung auch in der EuKontenpfändungsVO erneut die Frage nach einer möglichen Anwendung unionsrechtlicher Verfahren auf Binnensachverhalte und danach, ob eine potentielle Auslandsberührung nicht ausreichen müsse.

Die 2014 im ordentlichen Gesetzgebungsverfahren schließlich angenommene EuKontenpfändungsVO fordert wiederum ausdrücklich einen *konkret* grenzüberschreitenden Sachverhalt. Allerdings liegt nach ihrem Art. 3 Abs. 1 b) ein solcher schon dann vor, wenn sich Vollstreckungsgericht und zu pfändendes Bankkonto im selben Mitgliedstaat befinden und lediglich der Gläubiger seinen Wohnsitz in einem anderen Mitgliedstaat hat.[318] Im Hinblick auf die Vollstreckungsmaßnahme genügt damit ein – sogar gesetzlich umschriebener – *Binnen*sachverhalt als Voraussetzung.

In Art. 3 ihres Vorschlags hatte die Kommission auch die Möglichkeit einer gesetzlichen Vermutung für das Vorliegen eines grenzüberschreitenden Sachverhalts ins Spiel gebracht. Als Initiativorgan der Europäischen Gesetzgebung scheint sie damit immer wieder nach Kompromissmöglichkeiten zwischen der von ihr vertretenen Position und der Position des Rates zu suchen. Auch die Verwendung des Adjektivs „echt" im Zusammenhang mit dem Begriff eines „Zivilrechtsraums" deutet darauf hin, dass die Kommission die rechtspolitische Debatte weiter aufrechterhalten will.

Der *Gerichtshof der Europäischen Union* hat – im Gegensatz zu zahlreichen Urteilen, die sich mit dem Merkmal des grenzüberschreitenden Sachverhalts im Zusammenhang mit den unionsrechtlichen Grundfreiheiten und anderen eindeutig wirtschaftlich geprägten Bereichen wie dem Wettbewerbsrecht

---

materiellen Zivilrechts bedürfe es einer allgemeinen Studie über die Frage, ob zur Beseitigung von Hindernissen für das reibungslose Funktionieren von zivilrechtlichen Verfahren die zivilrechtlichen Vorschriften der Mitgliedstaaten angeglichen werden müssten.

318 Abs. 1 des Art. 3 („Grenzüberschreitende Rechtssachen") KontenpfändungsVO lautet: „(1) Für die Zwecke dieser Verordnung gilt eine Rechtssache dann als grenzüberschreitend, wenn das mit dem Beschluss zur vorläufigen Pfändung vorläufig zu pfändende Bankkonto oder die damit vorläufig zu pfändenden Bankkonten in einem anderen Mitgliedstaat geführt werden als a) dem Mitgliedstaat des Gerichts, bei dem der Beschluss zur vorläufigen Pfändung gemäß Artikel 6 beantragt worden ist, oder b) dem Mitgliedstaat, in dem der Gläubiger seinen Wohnsitz hat."

oder der Fusionskontrolle beschäftigen[319] –, bisher nur in wenigen Entscheidungen und praktisch ausschließlich im Zusammenhang mit der Brüssel-I-Verordnung[320] Gelegenheit gehabt, sich zum Begriff der „Zivilsache mit grenzüberschreitendem Bezug" zu äußern.

In der von der Großen Kammer des Gerichtshofs 2005 entschiedenen Rechtssache *Owusu*[321] , die noch den Anwendungsbereich des völkerrechtlichen Vorläufers der Brüssel-I-Verordnung, des Europäischen Gerichtsstands- und Vollstreckungsübereinkommens (EuGVÜ)[322], zum Gegenstand hatte, führte der EuGH aus, der für die Anwendbarkeit des Übereinkommens und damit seines Art. 2 (Regel des Wohnsitzgerichtsstands) erforderliche Auslandsbezug müsse sich nicht unbedingt daraus ergeben, dass durch den Grund der Streitigkeit oder den jeweiligen Wohnsitz der Parteien mehrere Vertragsstaaten mit einbezogen seien. Ein Auslandsbezug sei auch schon dann gegeben, wenn der Sachverhalt in einem Vertragsstaat *Fragen* hinsichtlich der Festlegung der internationalen Zuständigkeit der Gerichte *aufwerfen könne*, da eben diese Festlegung gerade eines der Ziele des Brüsseler Übereinkommens sei[323].

Ist auf dieser weit gezogenen Grundlage die Anwendbarkeit des Übereinkommens aufgrund eines grenzüberschreitenden Bezugs festgestellt, greifen nach den dortigen Ausführungen des EuGH die internationalen Zuständigkeitsvorschriften unvermeidlich ein: Mit Blick auf eine zweifelsfreie Bestimmbarkeit der international zuständigen Gerichte und auf eine einheitliche Anwendung des Brüsseler Übereinkommens sei es dem vom Kläger angerufenen (britischen) Gericht verwehrt, als *forum non conveniens* auf die Ausübung seiner

---

319 S. hierzu die Zusammenfassung bei Lippert, André, Der grenzüberschreitende Sachverhalt – Der Yeti des Europarechts, Zeitschrift für europarechtliche Studien 2014, S. 273 ff.

320 In dem finnischen Vorabentscheidungsersuchen der Rechtssache C-523/07 hatte der EuGH zwar Vorlagefragen zum Anwendungsbereich der Brüssel-II-Verordnung zu beantworten, jedoch wurde die Frage, ob die Zivilsache grenzüberschreitend sei, nicht thematisiert, da die grenzüberschreitenden Bezüge offenkundig waren (gerichtliche Schutzmaßnahmen für Kinder mit festem Wohnsitz in Schweden, die in Finnland „ein Wanderleben führten", vgl. Rn. 30 des Urteils vom 2. April 2009).

321 Urteil vom 1. März 2005, *Owusu*, Rs. C-281/02.

322 Übereinkommen von Brüssel über die gerichtliche Zuständigkeit und die Vollstreckung gerichtlicher Entscheidungen in Zivil- und Handelssachen von 1968, ABl. C-27 vom 26.01.1998, S. 1–27, s. auch oben, Fn. 61.

323 Ebd., Urteil *Owusu*, Rn. 26 ff.

Zuständigkeit nach dem Übereinkommen zugunsten der jamaikanischen Gerichte aufgrund ihrer besseren Eignung zu verzichten.[324]

Ein zweites Urteil des Gerichtshofs vom 17. November 2011 in dem tschechischen Vorabentscheidungsverfahren *Hypoteční banka a.s./Udo Mike Lindner*[325] erging 2011, nunmehr zur Brüssel-I-Verordnung. Kernfrage war auch hier der Anwendungsbereich des europäischen Rechtsakts. Mangels bestimmbarem Wohnsitz des Beklagten, der als Schuldner eines Hypothekendarlehens den Schuldendienst eingestellt und den im Vertrag angegebenen Wohnsitz verlassen hatte, stützte der EuGH für den konkreten Fall die Anwendbarkeit der Verordnung auf die ausländische Staatsangehörigkeit des Beklagten, die unter den Umständen des Ausgangsverfahrens „offensichtlich" Fragen über die Bestimmung der internationalen Zuständigkeit aufwerfen könne. Damit wurde auch hier die Formel aus dem Urteil *Owusu* zur Anwendung gebracht.

Gleichzeitig wurde aber in beiden Urteilen die tatsächliche Anwendbarkeit des Brüsseler Übereinkommens bzw. der Brüssel-I-Verordnung auf Binnensachverhalte entschieden ausgeschlossen.[326]

Im zwei Jahre später folgenden Urteil *Maletic*[327] vertrat der EuGH – unter Beibehaltung des Kriteriums des grenzüberschreitenden Sachverhalts – erneut eine weite Anwendung der Brüssel-I-Verordnung. In einem Fall von Reisemängeln bejahte er ihre Anwendbarkeit und damit einen Gerichtsstand am Wohnsitz des Verbrauchers auf einen Binnensachverhalt, weil der – durch ein und dieselbe Buchung zustande gekommene – Vertrag mit dem im Wohnsitzstaat der Kläger (Österreich) ansässigen Reisevermittler („Binnensachverhalt") untrennbar mit dem „Auslandssachverhalt" des mit dem deutschen Reiseveranstalter begründeten Vertragsverhältnisses verbunden sei.

2020 schließlich hat der Gerichtshof in der Rechtssache E.E.[328] für den Bereich der EuErbVO festgestellt, dass jedenfalls ein grenzüberschreitender Bezug vorliege, wenn mindestens ein Nachlassgegenstand in einem anderen als dem Aufenthaltsstaat belegen sei.

Zusammenfassend scheint der EuGH die Voraussetzung des grenzüberschreitenden Bezugs damit nicht zu einem unüberwindlichen Hindernis für die Anwendbarkeit der europäischen Rechtsakte werden zu lassen.

---

324 Ebd., Urteil *Owusu*, Rn. 38 ff. und Urteilstenor.

325 Urteil vom 17. November 2011, *Hypoteční banka a.s. / Udo Mike Lindner*, C-327/10.

326 Urteil *Owusu* Rn. 25, Urteil *Hypoteční banka* Rn. 29

327 Urteil vom 14. November 2013, *Maletic,* Rs. C-478/12.

328 Urteil vom 20. Juni 2020, *E.E.* Rs. C-80/19.

Die rechtswissenschaftliche *Literatur* spiegelt bei der Auslegung des Kriteriums „grenzüberschreitender Sachverhalt“ die Polarität auf der institutionellen Ebene wider.

So besteht zwar Einigkeit darüber, dass es sich um einen Begriff handelt, dessen Komplexität eine rechtsaktübergreifende Auslegung unmöglich und eine sachgebietsspezifische Betrachtung erforderlich macht.[329] Unterschiedliche Auffassungen plädieren für eine Analyse der Anwendungsbereiche der verschiedenen Sekundärrechtsakte[330], in denen das Kriterium jeweils eine konkrete Ausgestaltung erfahren haben kann.

Lippert[331] als Vertreter einer „mitgliedstaatlichen“ Perspektive unterstreicht die Bedeutung der Kompetenzabgrenzung dieses Kriteriums, die von unschätzbarem Wert für die Akzeptanz und Legitimität europäischer Entscheidungen sei. Der Begriff des grenzüberschreitenden Sachverhalts wirke als „Brennglas von Entwicklung, Stand und Eigenheit der Europäischen Integration“ und müsse insbesondere auch die Entwicklung zu deren Ausrichtung an außerökonomischen Werten mitvollziehen. Binnensachverhalte könnten unter keinen Umständen in die europäischen Regeln mit einbezogen werden, da, auch wenn die physischen Grenzen zwischen den Mitgliedstaaten weggefallen seien, diese im rechtlichen Bereich nach wie vor bestünden. Am Erfordernis des grenzüberschreitenden Sachverhalts zeige sich die (wenn auch mit der Union geteilte) mitgliedstaatliche Souveränität.

Hess[332] spricht dagegen von einer „Verteidigungsstellung“, die die Mitgliedstaaten einnähmen, und empfiehlt, sich bei der Abgrenzung von grenzüberschreitenden und Binnensachverhalten weniger von abstrakten und politischen Erwägungen zur Kompetenzgrundlage leiten zu lassen als vielmehr von den praktischen Bedürfnissen der Rechtsschutzsuchenden im Europäischen Justizraum. Letztlich gehe es darum, dass wirksame und effiziente Justizsysteme den europäischen Bürgern effektiven Rechtsschutz eröffnen sollten.

Nach Ansicht von Hau[333] konzentriert sich der Rat eher auf die Schaffung möglichst griffiger Abgrenzungsformeln als darauf, die primärrechtliche

---

329 Vgl. dazu Hau, Wolfgang, Gedächtnisschrift für Unberath, S. 139 ff. (141), m.w.N.

330 So Lippert, a.a.O. (Fn. 82), S. 274 ff., und Hess, a.a.O. (Fn. 58), S. 72 ff.; letztlich auch Hau, a.a.O., S. 142 ff., der die verschiedenen Sekundärrechtsakte in größere Gruppierungen zusammenfasst.

331 Lippert, a.a.O., S. 297.

332 Binnenverhältnisse im Europäischen Zivilprozessrecht, S. 88.

333 Gedächtnisschrift für Hannes Unberath, S. 143 und S. 155.

Kompetenzgrundlage auszureizen. Gerade im verfahrensrechtlichen Bereich könne ohne weiteres durch Parteivereinbarung (etwa die Vereinbarung eines ausländischen Gerichtsstands) in einen an sich reinen Binnensachverhalt ein grenzüberschreitendes Element „eingeschleust" werden, um die unionsrechtlichen Rechtsakte zur Anwendung zu bringen. Jedenfalls sei dies nicht ausdrücklich verboten.

(iv) Stellungnahme

Die Unterscheidung zwischen Binnen- und grenzüberschreitenden Sachverhalten und damit die Kompetenzabgrenzung zwischen Mitgliedstaaten und Union im Bereich des Verfahrensrechts ist, wie schon von der Kommission in den oben zitierten Verordnungsvorschlägen, aber auch von Hau in der Literaturdebatte hervorgehoben, in der Tat in vielen Fällen schwierig und Manipulationen zugänglich.

Um dies zu aufzeigen, verwendet H e s s[334] das folgende Beispiel:

> Ein ursprünglich in Deutschland lebender, nun aber aus beruflichen Gründen in Luxemburg gemeldeter Kläger, der seinen Wohnsitz im Sinne des § 7 BGB nach wie vor in Deutschland habe, habe letztlich die Wahl, ob er gegen einen in Deutschland ansässigen Schuldner im nationalen oder im Europäischen Mahnverfahren vorgehen wolle. Parallel ändere sich auch der Gerichtsstand vom für seinen deutschen Wohnort zuständigen Mahngericht zum deutschen Europäischen Mahngericht, dem AG Wedding (§ 689 Abs. 2 S. 2 ZPO).

Von diesen Manipulationsmöglichkeiten abgesehen, ist auch nicht zu bestreiten, dass sich Vorschriften der europäischen Rechtsakte im nationalen Kontext teilweise ebenfalls als interessengerechter erweisen können als die nationalen Verfahrensregeln. Dies zeigt das Beispiel des Verbraucherschutzes, in dem der Vorteil eines Verbrauchergerichtsstands nach der Brüssel-IA-Verordnung gegenüber der deutschen Zuständigkeitsregelung, die diesen Gerichtsstand nicht kennt, offensichtlich ist.

Da solche Regelungen allerdings nur von einem relativ kleinen Personenkreis – im vorstehenden Beispiel eben nur von Verbrauchern, die ein europäisches Mahnverfahren anstrengen und vor dem schematischen, formulargestützten Verfahren nicht zurückschrecken – genutzt werden, wären die praktischen Auswirkungen im nationalen Rechtsverkehr überschaubar. Die (optionalen) europarechtlichen Verfahren stellen in der Praxis eher eine Nische dar, die für

---

334 Binnenverhältnisse …, S. 78.

vorwiegend mit nationalem Recht beschäftigte Anwender noch immer eine ungeliebte Herausforderung darstellt.

Der EuGH hat im Urteil *Hypoteční banka* zwar ausdrücklich in Abrede gestellt, dass die Brüssel-I-Verordnung die Vereinheitlichung der Verfahrensregeln der Mitgliedstaaten zum Gegenstand habe. Vielmehr gehe es lediglich um die Verteilung der gerichtlichen Zuständigkeiten für Zivil- und Handelssachen im Verhältnis zwischen den EU-Mitgliedstaaten und die Erleichterung der grenzüberschreitenden Vollstreckung gerichtlicher Entscheidungen. Jedoch würde gerade diese Vereinheitlichung die Abwicklung internationaler Verfahren enorm erleichtern. Davon zeugt auch, dass das unionsrechtliche Instrumentarium auf diesem Gebiet seit 2011 durch zahlreiche weitere verfahrensrechtliche Regelungen bereichert worden ist[335].

Trotz der Bemühungen der Union um Vereinfachung sind grenzüberschreitende Verfahren außerhalb der besonders vereinfachten Modelle (EuBagatellVO, EuMahnVO etc.) aber nach wie vor umständlich, erfordern Sprachkenntnisse und sind daher ohne Zusatzaufwand zumeist nicht praktikabel. Dies kann weder für die Ausübung der unionsbürgerlichen Freiheiten noch für das reibungslose Ablaufen des Binnenmarkts wünschenswert sein.

Deshalb sollte zumindest im Bereich des Zivilprozessrechts[336] über eine Vereinheitlichung der wesentlichen Vorschriften nicht nur gesprochen, sondern auch verhandelt werden, zumal die im Justizportal *e-justice.europa.eu* zu den nationalen Verfahrensrechten gesammelten Informationen zeigen, dass unüberwindbare Unterschiede im Verfahrensrecht der Mitgliedstaaten wohl nicht bestehen. Die erfolgreiche Verwirklichung dieses Gedankens würde vom Unionsbürger vermutlich auch als „Gegengewicht" gegenüber manchen Auflösungserscheinungen der Union angesehen werden, die die Unionsmitgliedschaft ihres Landes unter einem weiteren Aspekt attraktiv machen.

---

335 S. dazu unten *Kap. III 1 d* sowie *Anhang I*.

336 Was den Bereich des Kollisionsrechts angeht, stellt sich diese Aufgabe m. E. als schwieriger dar, da dort eher unterschiedliche materiell-rechtliche und soziale Wertungen der einzelnen Mitgliedstaaten aufeinandertreffen.

c) Alternative Handlungsgrundlagen zu Art. 81 Abs. 3 für Rechtsakte auf dem Gebiet des Familienrechts

(i) Art. 114 Abs. 1 AEUV – Kompetenz zur Angleichung der Rechtsvorschriften der Mitgliedstaaten zur Verwirklichung des Binnenmarkts

Eine weitere mögliche Rechtsgrundlage für ein gesetzgeberisches Tätigwerden der Union hat die Verwirklichung des am freien Verkehr von Waren, Personen (in ihrer Eigenschaft als Unternehmer oder Arbeitgeber), Dienstleistungen und Kapital ausgerichteten Binnenmarkts (Art. 3 Abs. 3 EUV) zum Ziel. Auf Art. 114 Abs. 1 AEUV können Sachvorschriften zur Angleichung der Rechts- und Verwaltungsvorschriften der Mitgliedstaaten gestützt werden, welche die Errichtung und das Funktionieren des Binnenmarkts zum Gegenstand haben.

Im Gegensatz zu Art. 81 Abs. 3 AEUV sieht Art. 114 Abs. 1 – mit Ausnahme der Materien Steuern, Freizügigkeit, Arbeitnehmerrechte und Arbeitnehmerinteressen (Art. 114 Abs. 2 AEUV) – das ordentliche Gesetzgebungsverfahren gemäß Art. 294 AEUV vor und fordert nicht explizit einen grenzüberschreitenden Sachverhalt.

Die Vorschrift diente als Rechtsgrundlage für die Richtlinie 2004/48/EG[337] zur Durchsetzung der Rechte des geistigen Eigentums in der Union (*Enforcement*-Richtlinie), die einen gleichwertigen Schutz dieser Rechte in der gesamten Union gewährleisten soll und im Wege der Umsetzung durch die Mitgliedstaaten auch in das jeweilige nationale Recht Eingang findet. Auch die im Juni 2019 angenommene Verordnung zur Erleichterung des grenzüberschreitenden Vertriebs von Organismen für gemeinsame Anlagen[338], die unionsweit einheitliche Anforderungen für den Vertrieb von Anteilen an alternativen Investmentfonds, Fonds für soziales Unternehmertum und für gemeinsame Anlagen in Wertpapieren aufstellt, basiert auf Art. 114 AEUV. An zivilverfahrensrechtlichen Rechtsakten wurden – als Maßnahmen des Verbraucherschutzes nach Art. 169 AEUV, der auf Art. 114 verweist – die Richtlinie 2013/11/EU über alternative Streitbeilegung

---

337 Berichtigte Fassung ABl. L 157 vom 30. April 2004.

338 Verordnung (EU) 2019/1156 des Europäischen Parlaments und des Rates vom 20. Juni 2019 zur Erleichterung des grenzüberschreitenden Vertriebs von Organismen für gemeinsame Anlagen und zur Änderung der Verordnungen (EU) Nr. 345/2013, (EU) Nr. 346/2013 und (EU) Nr. 1286/2014.

in Verbraucherangelegenheiten (ADR-Richtlinie)[339] und die Verordnung zur Online-Streitbeilegung[340], beide aus dem Jahr 2013, auf Art. 114 AEUV gestützt.

Was das Verhältnis zwischen Art. 81 und Art. 114 AEUV betrifft, stellt L e i b l e[341] weitreichende Überschneidungen zwischen beiden Vorschriften fest: Eine auf Art. 114 AEUV gestützte Angleichung materiellen Zivilrechts sei kaum ohne prozessuale Flankierung vorstellbar, zudem stehe außer Zweifel, dass (nationale) Regelungen im Bereich des IPR und des Internationalen Zivilverfahrensrechts zu Freiverkehrshindernissen und Wettbewerbsverzerrungen führen könnten.

Der Autor nimmt jedoch mit dem überwiegenden Teil der Literatur[342] ein Spezialitätsverhältnis zwischen Art. 81 und Art. 114 AEUV an. Ersterer stelle die eigentliche Rechtssetzungskompetenz für den Bereich des Internationalen Privat- und Zivilverfahrensrechts dar. Als Anwendungsbereich von Art. 114 verblieben lediglich Regelungen zur Angleichung von Vorschriften des Zivilprozessrechts, denen es an einem spezifisch *grenzüberschreitenden Bezug* fehle, beispielsweise Art. 3 Abs. 3 der Richtlinie über missbräuchliche Klauseln in Verbraucherverträgen i. V. m. Buchst. q ihres Anhangs[343]. Die Gegenmeinung hält es für zulässig, Rechtsakte im Bereich des Zivil- und Zivilverfahrensrechts alternativ zu Art. 81 AEUV auf Art. 114 zu stützen, sofern dessen Voraussetzungen gegeben seien.[344]

---

339 Richtlinie 2013/11/EU des Europäischen Parlaments und des Rates vom 21. Mai 2013 über die alternative Beilegung verbraucherrechtlicher Streitigkeiten und zur Änderung der Verordnung (EG) Nr. 2006/2004 und der Richtlinie 2009/22/EG (Richtlinie über alternative Streitbeilegung in Verbraucherangelegenheiten).

340 Verordnung (EU) Nr. 524/2013 des Europäischen Parlament und des Rates vom 21. Mai 2013 über die Online-Beilegung verbraucherrechtlicher Streitigkeiten und zur Änderung der Verordnung (EG) Nr. 2006/2004 und der Richtlinie 2009/22/EG (Verordnung über Online-Streitbeilegung in Verbraucherangelegenheiten).

341 S t r e i n z/*Leible*, EUV/AEUV, 2. Aufl. 2012 C.H. Beck München 2012, Rn. 52 zu Art. 81 AEUV.

342 Streinz/*Leible*, a.a.O., G e i g e r, K h a n, K o t z u r/*Kotzur*, EUV/AEUV, 6. Aufl., C.H. Beck, München 2017, Rn. 1 zu Art. 81 AEUV. Zum Streitstand s. V o n d e r G r o e b e n/ S c h w a r z e/H a t j e/*Lenzing*, Europäisches Unionsrecht, 7. Aufl., Nomos Verlag, Baden-Baden 2015. RZ 22 zu Art. 81 AEUV.

343 Richtlinie 93/13/EWG des Rates vom 5. April 1993 über missbräuchliche Klauseln in Verbraucherverträgen, ABl L 095 vom 21/04/1993.

344 B a s e d o w, Jürgen, The Communitarisation of Private International Law, RabelsZ 2009, S. 459; V.d. Groeben/Schwarze/Hatje/*Lenzing*, a.a.O., Fn. 99.

(ii) Stellungnahme

Die Frage nach dem Verhältnis von Art. 81 und Art. 114 AEUV kann sich von vornherein nur im Bereich von Art. 81 Abs. 2 stellen, da für das in Abs. 3 geregelte internationale Familienrecht angesichts des besonderen Gesetzgebungsverfahrens sicher davon ausgegangen werden kann, dass der Gesetzgeber ein *lex-specialis*-Verhältnis zwischen beiden Normen schaffen wollte.

Dass ein harmonisiertes Kollisions- und Zivilverfahrensrecht binnenmarktfördernd ist, steht in Anbetracht der Formulierung in Abs. 2 des Art. 81 AEUV, „*insbesondere,* wenn dies für das reibungslose Funktionieren des Binnenmarkts erforderlich ist", auch primärrechtlich außer Zweifel.

Meines Erachtens spricht aber auch die Genese von Art. 81 AEUV *für* ein Spezialitätsverhältnis zwischen diesen beiden Vorschriften: Die Tatsache, dass die ursprünglich intergouvernementale Säule der polizeilichen und justiziellen Zusammenarbeit, die im Vertrag von Maastricht noch auf die Zusammenarbeit in Strafsachen beschränkt war, Schritt für Schritt in eine Rechtsetzungskompetenz der Union auch im Bereich des Zivil- und Zivilverfahrensrechts überführt wurde, legt nahe, dass Art. 81 AEUV der Union nicht nur (wie Art. 114) Regelungen im Gefolge und am Rande anderer Vorschriften erlauben, sondern umfassendere Kodifikationen gerade des Zivil- und Zivilverfahrensrechts als solchen ermöglichen sollte, wie in der sehr detaillierten Aufzählung von Art. 81 Abs. 2 zum Ausdruck kommt.[345]

Zudem enthält Art. 81, so die allgemeine Auffassung, im Gegensatz zum früheren Art. 65 EU-Vertrag auch nicht mehr lediglich Beispiele der von der Vorschrift umfassten Regelungsmaterien, sondern in Abs. 2 einen abschließenden Katalog der Bereiche, auf die sich die Kompetenzen der Union beschränken[346].

Daher ist der herrschenden Meinung darin zu folgen, dass in den Bereich des Art. 81 fallende Maßnahmen, soweit es sich nicht lediglich um punktuelle Annexvorschriften wie das obige Beispiel aus der Klausel-Richtlinie handelt, heute nicht mehr ersatzweise auch auf Art. 114 gestützt werden können[347].

---

345 Vgl. dazu Streinz/*Leible*, RZ 1 sowie RZ 29 zu Art. 81 AEUV.

346 Beispielhaft Geiger, Khan, Kotzur/*Kotzur*, EUV/AEUV, RZ 6 zu Art. 81 AEUV.

347 Vgl. auch das in *Kap. I 1 a* genannte Beispiel des Beitritts der EU zum Athener Übereinkommen.

(iii) Art. 19 Abs. 1 AEUV – Kompetenz der Union für Rechtsakte zur Bekämpfung von Diskriminierungen

Nach Art. 19 Abs. 1 AEUV kann der Rat im Rahmen der Zuständigkeitsbereiche der Union in einem besonderen Gesetzgebungsverfahren nach Zustimmung des Europäischen Parlaments Diskriminierungen aufgrund der von der Vorschrift aufgezählten Merkmale (Geschlecht, Rasse, ethnischer Herkunft, Religion, Weltanschauung, Behinderung, Alter und sexuelle Ausrichtung) durch Rechtsakte bekämpfen. Auf Art. 19 AEUV gestützte Maßnahmen erfordern allerdings wiederum einstimmige Beschlussfassungen. Auf Art. 19 Abs. 1 basieren die grundlegenden Antidiskriminierungsrichtlinien wie die „Antirassismus-Richtlinie" 2000/43/EG[348] und die „Gender-Richtlinie" 2000/78/EG[349], die in der Zwischenzeit um eine beträchtliche Anzahl von Rechtsakten vor allem, aber nicht nur im arbeits- und sozialrechtlichen Bereich erweitert worden sind[350].

Mit Rücksicht auf ihre Zielsetzung würde sich die Vorschrift insbesondere für Maßnahmen zur Gleichstellung eingetragener Partnerschaften, also vorwiegend gleichgeschlechtlicher Verbindungen, mit der heterosexuellen Form der Ehe anbieten. Als Diskriminierung käme dabei nicht, wie man zunächst vermuten könnte, eine Diskriminierung aufgrund des *Geschlechts* in Frage. Homosexuelle Personen werden nicht diskriminiert, weil sie Frau oder Mann sind, sondern weil sie dem geschlechtlichen Rollenbild nicht entsprechen[351]. Ein Tätigwerden der Union wäre damit auf die Verhinderung von Diskriminierungen aufgrund der *sexuellen Ausrichtung* zu stützen, die in Abs. 1 der Vorschrift ebenfalls erwähnt wird.

Allerdings hat nach Art. 21 der Grundrechtecharta das Diskriminierungsverbot zwar unionsweite Geltung, jedoch liegt die Kompetenz, Ehe und Familie

---

348 Richtlinie 2000/43/EG des Rates vom 29.06.2000 zur Anwendung des Gleichbehandlungsgrundsatzes ohne Unterschied der Rasse oder der ethnischen Herkunft.

349 Richtlinie 2000/78/EG des Rates vom 27. November 2000 zur Festlegung eines allgemeinen Rahmens für die Verwirklichung der Gleichbehandlung in Beschäftigung und Beruf.

350 Vgl. das Handbuch zum Europäischen Antidiskriminierungsrecht, Ausgabe 2018, abrufbar unter https://fra.europa.eu/sites/default/files/fra_uploads/fra-2018-handbook-non-discrimination-law-2018_de.pdf, S. 127 ff., sowie die von der Europäischen Rechtsakademie eingerichteten Seiten https://era-comm.eu/eu-anti-discrimination-law/ und https://era-comm.eu/eu-gender-equality-law/

351 Dazu Richter, Dagmar, Ehe und Partnerschaft im Recht der Europäischen Union – Wie weit reicht die Bestimmungsmacht der Mitgliedstaaten? ZEuS 2014, S. 301 ff., S. 302 f.

einschließlich der Frage nach dem Bestehen einer Ehe oder eingetragenen Partnerschaft zu regeln, bei den Mitgliedstaaten. Richter fordert daher[352], die Autonomie der Mitgliedstaaten im Bereich des Familienrechts auf der einen und die Kompetenzen der Union, Diskriminierungen zu verbieten und zu verhindern, auf der anderen Seite zum Ausgleich zu bringen.

Der EuGH hat in der *Rechtssache D und Königreich Schweden / Rat* mit Hinweis auf das unionsrechtliche Diskriminierungsverbot den Grundsatz der Einheitlichkeit der persönlichen Rechtsstellung[353] aufgestellt, ihn allerdings gleichzeitig auf das Verbot beschränkt, Entscheidungen zu treffen, die sich auf die personenstandsrechtliche Lage – den Status, den ein anderer Mitgliedstaat geschaffen hat – *rechtsgestaltend* auswirken können[354]. Diese hoch angesetzte Grenze wird im Hinblick auf eine Rechtsetzungskompetenz der Union aus Art. 19 Abs. 1 AEUV auch im Bereich des Familienrechts kaum überschritten werden können. Richter kritisiert die Entscheidung denn auch mit dem Hinweis, die persönliche Rechtsstellung werde damit auf einen rein formalen Status ohne jede weitergehende Bedeutung reduziert.[355]

Zudem sind, was die Frage der Gleichbehandlung homosexueller Beziehungen betrifft, dem Tätigwerden der Union dogmatisch Grenzen gesetzt: Rechtsakte der Union sind nach dem Grundsatz der begrenzten Einzelermächtigung zunächst auf die Rechtsgrundlage zu stützen, die die hauptsächliche oder überwiegende Zielsetzung oder Komponente erfordert[356]. Damit müsste, um Art. 19 als Handlungsgrundlage heranziehen zu können, nicht die familiäre

---

352 Richter, a.a.O., S. 308 f.

353 EuGH, Urteil vom 31. Mai 2001, *D und Königreich Schweden / Rat der Europäischen Union*, verbundene Rechtssachen C-122/99 P und C-125/99 P, Rn. 22 ff.

354 EuGH, a.a.O., Rn. 43. Im entschiedenen Fall ging es um die Frage, ob eine in Schweden eingetragene Lebensgemeinschaft die Haushaltszulagen für verheiratete Beamte, deren Voraussetzungen nach dem damaligen Beamtenstatut der Europäischen Gemeinschaft an das Bestehen einer Ehe geknüpft war, für sich in Anspruch nehmen konnte. In seinem Urteil lehnte der Gerichtshof die Ausdehnung der Zulage auf die Lebenspartnerschaft ab, wenngleich diese nach schwedischem Recht der Ehe weitgehend gleichgestellt sei. Für die Auslegung des europarechtlichen Beamtenstatuts könne aber nicht einfach auf eine solche Gleichstellung durch das nationale Recht zurückgegriffen werden, sondern der Gemeinschaftsgesetzgeber müsse selbständig tätig werden, was aber gerade nicht erfolgt sei.

355 Richter, a.a.O., S. 318.

356 S. o. *Kap. I 1 a).*

Gemeinschaft als solche, sondern der allgemeine Schutz vor Diskriminierungen im Mittelpunkt stehen.

Auch aus praktischer Sicht sind auf der Basis von Art. 19 Abs. 1 AEUV keine umfangreichen Maßnahmen zu erwarten: Da die Standpunkte der Mitgliedstaaten hinsichtlich der Akzeptanz homosexueller Beziehungen nach wie vor sehr unterschiedlich sind, wie der EuGH in der Entscheidung *D und Königreich Schweden / Rat der Europäischen Union* konstatiert hat[357], was auch durch die räumlichen Anwendungsbereiche der bereits erlassenen europäischen Rechtsakte im Bereich des Familienrechts dokumentiert wird[358], ist mit der erforderlichen Einigkeit im Rat zur Annahme von Maßnahmen, die Diskriminierungen zwischen heterosexuellen und homosexuellen Personen abbauen sollen, angesichts des Einstimmigkeitserfordernisses kaum zu rechnen. Dies zeigt u. a. die Erfahrung mit einem Vorschlag der Kommission aus dem Jahr 2008[359], der als Grundlage Art. 13 Abs. EG-Vertrag (heute Art. 19 Abs. 1 AEUV) nennt und die Anwendung des Gleichbehandlungsgrundsatzes u. a. im Hinblick auf das Merkmal der sexuellen Ausrichtung konkretisieren soll. Das Projekt ist über das Stadium eines Vorschlags nicht hinausgekommen.

(iv) Art. 21 Abs. 2 AEUV – Kompetenz der Union für Rechtsakte zur Erleichterung der Ausübung der Personenfreizügigkeit

Schließlich enthält Art. 21 AEUV in Abs. 2 eine Rechtssetzungskompetenz der Union: Erscheint zur Erleichterung der Unionsbürgerfreizügigkeit ein Tätigwerden der Union erforderlich und sehen die Verträge hierfür keine Befugnisse vor, so können nach Art. 21 Abs. 2 AEUV der Rat und das Europäische Parlament im ordentlichen Gesetzgebungsverfahren – im Bereich der sozialen Sicherheit und des sozialen Schutzes allein der Rat im Wege eines einstimmigen Beschlusses nach Anhörung des Europäischen Parlaments (Art. 21 Abs. 3) – unionsrechtliche Maßnahmen zur Gewährleistung der Freizügigkeit erlassen. Da Art. 21 AEUV nicht zu Teil III Titel 5 AEUV gehört, sind für auf diese Vorschrift gestützte Rechtsakte selbst die Sonderpositionen, die Dänemark und Irland im Hinblick auf die justizielle Zusammenarbeit im Zivilrecht eingenommen haben, irrelevant.

---

357 Rn. 35 und 36 des Urteils.

358 S. *Anhang II*.

359 Vorschlag für eine Richtlinie des Rates zur Anwendung des Grundsatzes der Gleichbehandlung ungeachtet der Religion oder der Weltanschauung, einer Behinderung, des Alters oder der sexuellen Ausrichtung, KOM(2008) 426 endg.

Art. 21 Abs. 2 AEUV war Rechtsgrundlage der Freizügigkeitsrichtlinie über das Recht der Unionsbürger und ihrer Familienangehörigen, sich im Hoheitsgebiet der Mitgliedstaaten frei zu bewegen und aufzuhalten.[360] Auch die Eu-Legalisations-Verordnung (EuUrkVO)[361] wurde „insbesondere auf Art. 21 Abs. 2 AEUV" gestützt.

Der EuGH zitiert in der Entscheidung *D und Königreich Schweden*[362] zunächst seine Rechtsprechung, wonach der in Art. 20 AEUV verankerte Unionsbürgerstatus „dazu bestimmt [ist], der grundlegende Status der Angehörigen der Mitgliedstaaten zu sein, der es denjenigen unter ihnen, die sich in der gleichen Situation befinden, erlaubt, unabhängig von ihrer Staatsangehörigkeit und unbeschadet der insoweit ausdrücklich vorgesehenen Ausnahmen gleiche rechtliche Behandlung zu genießen".[363] Wichtigste Vorschrift betreffend das Recht, sich im Hoheitsgebiet der Mitgliedstaaten frei zu bewegen, ist Art. 21 Abs. 1 AEUV. Sie verleiht ihrem Wortlaut nach dem Unionsbürger ein unmittelbar anwendbares[364] Recht, sich in den Aufnahmestaat zu begeben und dort aufzuhalten, das als „Grundfreiheit ohne Markt" vom Binnenmarkt und seinen Freiheiten unabhängig ist[365]. Als Konsequenz ergibt sich daraus ein aufenthaltsrechtlicher Inländerbehandlungsanspruch im gesamten Hoheitsgebiet der Union, der die aufenthaltsrechtliche Schlechterstellung

---

360 Die Freizügigkeitsrichtlinie 2004/38/EG wurde in Deutschland mit dem Freizügigkeitsgesetz/EU vom 30. Juli 2004 (BGBl. I S. 1950, 1986) in das nationale Recht umgesetzt.

361 Verordnung (EU) 2016/1191 des Europäischen Parlaments und des Rates vom 6. Juli 2016 „zur Förderung der Freizügigkeit von Bürgern durch die Vereinfachung der Anforderungen an die Vorlage bestimmter öffentlicher Urkunden innerhalb der Europäischen Union" und zur Änderung der Verordnung (EU) Nr. 1024/2012.

362 Verbundene Rs. C-122/99 P und C-125/99 P, Rn. 60.

363 Urteile vom 20.09.2001, Rs. C-184/99, *Grzelczyk* (noch zu Art. 18 EG), Slg. 2001, I-6193, Rn. 31 ff., vom 17. September 2002, *Baumbast und R*, C-413/99, Slg. 2002, I-7091, Rn. 82, vom 2. März 2010, *Rottmann*, C-135/08, Slg. 2010, I-0000, Rnrn. 43 und 56, vom 8. März 2011, *Ruiz Zambrano*, C-34/09, Rn. 41, vom 31. Mai 2001, *D und Königreich Schweden/ Rat der Europäischen Union*, Rn. 60 f. sowie vom 11. Juli 2002 *D'Hoop*, C-224/98, Rn. 28 und N., C-46/12, Rn. 27.

364 Urteil des Gerichtshofs vom 17. September 2002, *Baumbast*, C-413/99, Leitsatz 3.

365 Wollenschläger, Ferdinand, Grundfreiheit ohne Markt, Die Herausbildung der Unionsbürgerschaft im unionsrechtlichen Freizügigkeitsregime, Mohr Siebeck, Tübingen 2007, S. 159.

von Angehörigen anderer EU-Mitgliedstaaten im Vergleich zu den Inländern des jeweiligen Mitgliedstaats verbietet.[366]

Allerdings steht die Freizügigkeit unter dem Vorbehalt der allgemeinen vertraglichen und sekundärrechtlichen Bestimmungen[367]. Unter diesem Gesichtspunkt sind zulässig und durch die Freizügigkeitsrichtlinie[368] auch sekundärrechtlich bestätigt unterschiedliche Behandlungen aus Gründen der öffentlichen Ordnung, Sicherheit oder Gesundheit, die in den beiden ersten Fällen unter dem besonderen Vorbehalt der Verhältnismäßigkeit stehen und eine Einzelfallprüfung des persönlichen Verhaltens des Betroffenen erfordern (vgl. Art. 27 Abs. 1 und 2 der Freizügigkeitsrichtlinie 2004/38/EG).

Für den Bereich des Familienrechts ist besonders von Belang, ob sich das Beschränkungsverbot, abgesehen vom Verbot tatsächlicher direkter

---

366 Das Recht auf Freizügigkeit richtet sich damit sogar gegen den Heimatstaat des Unionsbürgers. 2016 wurde Italien nach einer Vertragsverletzungsklage der Kommission verurteilt, weil es versäumt hatte, das Recht des Bürgers auf eine einzelstaatliche Entschädigung für Verletzungen durch in seinem Hoheitsgebiet begangene vorsätzliche Straftaten nach der Richtlinie 2004/80/EG (deren Erwägungsgründe 1 und 2 ausdrücklich das Recht auf Freizügigkeit erwähnen) für grenzüberschreitende Fälle zu regeln. Die verletzte Vorschrift, Art. 12 Abs. 2 der Richtlinie, sei dahin auszulegen, dass er dem Unionsbürger - unabhängig von seiner Staatsangehörigkeit - einen Anspruch auf eine gerechte und angemessene Entschädigung für die ihm im Hoheitsgebiet eines Mitgliedstaats, in dem er sich in Ausübung seines Rechts auf Freizügigkeit aufhalte, zugefügte Schädigung gewährleisten solle. Das Recht auf Entschädigung begünstige somit auch Staatsangehörige des entschädigungspflichtigen Mitgliedstaats, die ihren gewöhnlichen Aufenthalt in einem anderen Mitgliedstaat hätten und möglicherweise während eines in ihrem Heimatland verbrachten Urlaubs Opfer von Straftaten würden. Urteil des Gerichtshofs vom 11. Oktober 2016, *Kommission/Italien*, C-601/14, Rn. 45.

367 Urteil des Gerichtshofs vom 17. November 2011, *Aladzov*, C-434/10, Rn. 24. Dort hatte der Mitgliedstaat Bulgarien dem Kläger verboten, wegen Steuerschulden der von ihm geführten Gesellschaft bis zur Tilgung der Forderung des Staates oder bis zur Stellung einer Sicherheit für die gesamte Forderung das Land zu *verlassen*.

368 Richtlinie 2004/38/EG des Europäischen Parlaments und des Rates vom 29. April 2004 über das Recht der Unionsbürger und ihrer Familienangehörigen, sich im Hoheitsgebiet der Mitgliedstaaten frei zu bewegen und aufzuhalten, zur Änderung der Verordnung (EWG) Nr. 1612/68 und zur Aufhebung der Richtlinien 64/221/EWG, 68/360/EWG, 72/194/EWG, 73/148/EWG, 75/34/EWG, 75/35/EWG, 90/364/EWG, 90/365/EWG und 93/96/EWG, ABl. L 158/77.

und indirekter Diskriminierungen[369], wirklich auf sämtliche Maßnahmen erstreckt, „die die Ausübung des Freizügigkeitsrechts behindern oder weniger attraktiv machen können“[370], d. h. ob ein so genanntes allgemeines Beschränkungsverbot vorliegt, wie es für die europäischen Marktfreiheiten gilt.

Diese Frage ist umstritten[371]. Hauptargument der Autoren, die *gegen* ein solches allgemeines Beschränkungsverbot argumentieren, ist, dass über das nicht marktbezogene Freizügigkeitsrecht letztlich sämtliche innerstaatlichen Regelungen der Kontrolle durch die Union unterlägen, was wiederum dem Grundsatz der beschränkten Einzelermächtigung widerspräche.

Dafür spricht aber der Umstand, dass auch die Freizügigkeit als Arbeitnehmer oder unternehmerisch tätige natürliche Person nicht ungehindert realisiert werden kann, solange im persönlichen Bereich Einschränkungen möglich sind. Auch Arbeitnehmer, Unternehmer und Manager sind Privatpersonen, deren Entscheidungen durch persönliche *und* wirtschaftliche Gesichtspunkte bestimmt werden.

Gleichzeitig ist zu berücksichtigen, dass der EuGH zu den speziellen Diskriminierungsverboten (wie etwa zum Verbot von Diskriminierungen aufgrund der Staatsangehörigkeit oder des Geschlechts) eine weite Auslegung des Freizügigkeitsrechts vertreten hat[372].

Dieser unionsrechtliche Schutz reicht zwar nur soweit, dass „schwerwiegende Nachteile administrativer, beruflicher und privater Art vermieden werden“[373],

---

369 Vgl. beispielhaft die Urteile vom 11. Juli 2002, *D'Hoop*, Rs. C-224/98, und vom 26. Oktober 2006, *Tas-Hagen*, Rs. C-192/05.

370 So die Formel für ein allgemeines Beschränkungsverbot, die sich aus dem Urteil zur Niederlassungsfreiheit vom 30. November 1995, *Gebhard*, Rs. 55/94, Tenor, ergibt.

371 S. die Darstellungen von EuGH-Rechtsprechung und der in der Literatur zu dieser Frage entstandenen Diskussion bei Leifeld, Janis, Das Anerkennungsprinzip im Kollisionsrechtssystem des internationalen Privatrechts, Mohr Siebeck, Tübingen 2010, S. 21 ff. und bei Huber, Peter M., Unionsbürgerschaft, EuR 2013, S. 637 ff.

372 Urteile vom 2. Oktober 2003, Rs. 148/02, *García Avello* (Tenor) und vom 12. Mai 2011, Rs. C-391/09, *Runevič-Vardyn*, Rn. 66 ff. Die Ausführungen des EuGH in Rn. 70 des Urteils in dieser Rechtssache (C-391/09) deuten in der Tat an, dass der Gerichtshof Art. 21 Abs. 1 als allgemeines Beschränkungsverbot versteht. Im Urteil vom 19. Oktober 2004, Rs. C-200/02, *Catherine Zhu*, Rn. 45 argumentierte der EuGH wiederum mit der praktischen Wirksamkeit *(effet utile)* des Freizügigkeitsrechts eines Kindes, die entfallen würde, würde dessen versorgendem Angehörigen (im konkreten Fall der Mutter) mit unionsfremder Staatsangehörigkeit ein Aufenthaltsrecht versagt.

373 EuGH, Urteile vom 12. Mai 2011, *Runevič-Vardyn* Rs. C-391/09, Rn. 76, vom 2. Oktober 2003, *Garcia Avello,* Rs. 148/02, Rn. 36, vom 14. Oktober 2008, Rs. C-353/06,

jedoch stellen hinkende Rechtsverhältnisse (bei denen Diskrepanzen hinsichtlich der Rechtsstellung einer Person in zwei oder mehreren Mitgliedstaaten bestehen) schon *per se* ein Erschwernis dar, das zu erheblichen Schwierigkeiten im administrativen und beruflichen Bereich führt[374]. Die *faktischen* Schwierigkeiten, die aufgrund solcher Rechtsverhältnisse im Bereich des Namensrechts schon allein im Bereich administrativer Verfahren zu erwarten sind, hat Generalanwältin Sharpston in den Schlussanträgen in der Rechtssache *Grunkin und Paul*[375] (2008) anschaulich verdeutlicht.

Entsprechendes gilt *mutatis mutandis* für andere Statusverhältnisse, hier konkret für die Frage des Familienstands: Die von der Rechtsprechung vorausgesetzten schwerwiegenden Nachteile administrativer, beruflicher, privater und sogar juristischer Art werden häufig auch hier gegeben sein, da bei hinkenden Rechtsverhältnissen im Bereich von Familienstand und Person des Partners eine noch sensiblere Facette der Persönlichkeit betroffen ist, nämlich die minderheitliche und von Teilen auch der in Deutschland lebenden Bevölkerung noch lange Zeit nach der Abschaffung von § 175 StGB als Randerscheinung angesehene sexuelle Orientierung.[376]

Grunkin und Paul, Rn. 23 bis 28 und vom 22. Dezember 2010, C-208/09, *Sayn-Wittgenstein*, Rn. 67, 69 und 70.

374 Urteil vom 2. Oktober 2003, Rs. C-148/02, *Garcia Avello*, Rn. 36.

375 Schlussanträge der Generalanwältin Sharpston zum Urteil in der Rs. C-353/06, Rn. 77 und 78: „Zumindest wird [durch die Tatsache, dass ein Junge in verschiedenen Mitgliedstaaten verschiedene Nachnamen trägt] eine Diskrepanz zwischen der Geburtsurkunde und den Reisedokumenten des Betreffenden bestehen. Für jemanden, der wie Leonhard Matthias weiterhin hauptsächlich im Mitgliedstaat seines Geburtsorts lebt, zugleich aber einen engen Bezug zum Mitgliedstaat seiner Staatsangehörigkeit behält, werden sich die Probleme zwangsläufig vermehren. Im Laufe seines Lebens wird er verschiedene Dokumente erhalten, die auf den in seiner Geburtsurkunde eingetragenen Namen ausgestellt sind, unter Umständen aber auch Dokumente, die auf den im Mitgliedstaat seiner Staatsangehörigkeit anerkannten Namen ausgestellt sind. Er wird möglicherweise in beiden Staaten studieren und Abschlüsse erlangen. Er könnte in beiden Staaten für die Zwecke der Sozialversicherung registriert werden. Möglicherweise wird er in einen dritten Mitgliedstaat ziehen und dort administrative Schwierigkeiten haben, weil er in verschiedenen Dokumenten verschiedene Namen führt. Und es lässt sich nicht ignorieren, dass sowohl staatliche Behörden als auch private Einrichtungen in den letzten Jahren immer misstrauischer auf ungewöhnlich erscheinende Sachverhalte reagiert haben, was oft äußerst unangenehme Folgen für diejenigen hat, die ihrem Verdacht ausgesetzt sind."

376 In diesem Zusammenhang sollte nicht vergessen werden, dass der homosexuelle Handlungen zwischen männlichen Personen als kriminelles Unrecht sanktionierende

Den Ausführungen der Generalanwältin lag im Übrigen offenkundig der Standpunkt zugrunde, dass auch *potentielle* Beeinträchtigungen bei einer Ausübung des Freizügigkeitsrechts zu berücksichtigen seien. Folgt man dem, so müsste aus dem Anspruch des Unionsbürgers auf Gleichbehandlung bei der Ausübung des Rechts auf Freizügigkeit sogar eine Verpflichtung der Mitgliedstaaten zur gegenseitigen Anerkennung solcher Statusentscheidungen erwachsen, die schwerwiegende Nachteile administrativer, beruflicher, privater (und juristischer) Art erwarten lassen.

Dennoch könnte die Annahme, es bestehe eine Unionskompetenz aus Art. 21 Abs. 2 AEUV zur Weiterentwicklung der Freizügigkeit, den Verfahrensvorschriften für sekundärrechtliche Ergänzungen der Unionsbürgerschaft widersprechen.

Diese unterliegen dem in Art. 25 Abs. 2 vorgesehenen besonderen Verfahren, das als vereinfachtes Vertragsänderungsverfahren[377] nicht nur die Zustimmung des Europäischen Parlaments, sondern auch die der Mitgliedstaaten im Einklang mit ihren jeweiligen verfassungsrechtlichen Vorschriften erfordert. Denn die verschiedenen Rechtsordnungen und -traditionen sind gemäß Art. 67 Abs. 1 AEUV von der Union bei der Schaffung des Raums der Freiheit, der Sicherheit und des Rechts ausdrücklich zu respektieren. Damit rückt auch Art. 21 Abs. 2 AEUV als Handlungsgrundlage für Rechtssetzungsakte im Bereich des Europäischen Internationalen Privat- und Zivilverfahrensrechts wieder aus dem Blickfeld.

d) Bis zur Annahme der Güterrechtsverordnungen im Internationalen Privat- und Zivilverfahrensrecht erlassene Rechtsakte der Union

Die in Art. 81 Abs. 2 AEUV bezeichneten Inhalte sind nicht nur Handlungsgrundlagen für Rechtsetzungsakte der Union, sie können auch als Aufstellung der gesetzgeberischen Strategien gesehen werden, mit denen die Verwirklichung des Raums der Freiheit, der Sicherheit und des Rechts erreicht werden soll.

Die Güterrechtsverordnungen als Rechtsakte auf dem Gebiet des Familienrechts zitieren als Rechtsgrundlage Art. 81 Abs. 3 AEUV und unterfallen, was

---

§ 175 StGB erst nach der Wiedervereinigung der beiden deutschen Staaten, konkret 1994, aus dem Strafgesetzbuch der Bundesrepublik gestrichen wurde. Bis dahin waren die Betroffenen nicht nur der Stigmatisierung durch eine Vorstrafe, sondern auch in sozialer Hinsicht den entsprechenden abfälligen Kommentaren aus dem öffentlichen und privaten Umfeld ausgesetzt.

377 Vedder, Heintschel v. Heinegg/*Lorenzmeier* RZ 3 zu Art. 25 AEUV.

die erwähnten gesetzgeberischen Strategien betrifft, Art. 81 Abs. 2 Buchst. a („gegenseitige Anerkennung und die Vollstreckung gerichtlicher und außergerichtlicher Entscheidungen zwischen den Mitgliedstaaten") und Buchst. c („Vereinbarkeit der in den Mitgliedstaaten geltenden Kollisionsnormen und Vorschriften zur Vermeidung von Kompetenzkonflikten").

Anhang I dieser Arbeit enthält eine chronologische Aufstellung der im Rahmen der „Internen Politiken und Maßnahmen der Union" (Art. 67–89) AEUV auf dem Gebiet des Zivilrechts erlassenen Sekundärrechtsakte zur Verwirklichung des Raums der Freiheit, der Sicherheit und des Rechts.

Im Familienrecht zeigt sich eine unterschiedliche Beteiligung der Mitgliedstaaten an den angenommenen Verordnungen und entsprechend ein jeweils unterschiedlicher räumlicher Anwendungsbereich dieser Rechtsakte. Dies ist zum einen bedingt durch den generellen *Opt-out* Irlands und Dänemarks[378] mit entsprechender *Re-Opt-in*-Möglichkeit in Bezug auf die justizielle Zusammenarbeit in Zivilsachen als Ganzes, aber auch durch den Umstand, dass wegen des besonderen Erfordernisses der Einstimmigkeit im Rat für Rechtsakte aus dem Bereich des Familienrechts (Art. 81 Abs. 3) unionsweite Verordnungen auf dem Gebiet des Güterrechts nicht zustande kamen und deshalb bei drei Rechtsakten vom Instrument der Verstärkten Zusammenarbeit Gebrauch gemacht werden musste.

Zur Verdeutlichung dieser Akzeptanzunterschiede enthält *Anhang II* graphische Darstellungen der Rechtsakte im Bereich des Familienrechts nach dem Verhältnis der jeweils teilnehmenden Mitgliedstaaten zu deren Gesamtzahl.

Hier genießt die zivilprozessuale Brüssel-IIa-Verordnung[379] über die Zuständigkeit und die Anerkennung und Vollstreckung von Entscheidungen in Ehesachen und Verfahren betreffend die elterliche Verantwortung (seit 2022 neu gefasst durch die sog. Brüssel-IIb-Verordnung) unter den Mitgliedstaaten sehr weitreichende Akzeptanz, da das Vereinigte Königreich und Irland von ihrer *Opt-In*-Möglichkeit[380] Gebrauch gemacht hatten.

---

378 S. o. *Kap. II 1 a (ii).*

379 Verordnung (EG) Nr. 2201/2003 des Rates vom 27. November 2003 über die Zuständigkeit und die Anerkennung und Vollstreckung von Entscheidungen in Ehesachen und in Verfahren betreffend die elterliche Verantwortung und zur Aufhebung der Verordnung (EG) Nr. 1347/2000.

380 *Kap. II 1 a (ii).*

Der Rechtsakt mit dem größten räumlichen Anwendungsbereich ist allerdings die *EU-Unterhaltsverordnung*[381] aus dem Jahr 2008[382], die hinsichtlich ihres *prozessualen* Teils in sämtlichen Mitgliedstaaten der Union anwendbar ist.

Die Zuständigkeitsvorschriften für die Geltendmachung von Unterhaltsansprüchen waren bis zum Anwendungsbeginn der EU-Unterhaltsverordnung im Jahr 2011 Teil der Verordnung Nr. 44/2001 vom 22. Dezember 2000 über die gerichtliche Zuständigkeit und die Anerkennung und Vollstreckung von Entscheidungen in Zivil- und Handelssachen (*Brüssel-I-VO* oder EUGVVO, später ersetzt durch die Verordnung Nr. 1215/2012 vom 12. Dezember 2012 (*Brüssel-Ia-VO*)). Zwischen dem Königreich Dänemark und den übrigen Mitgliedstaaten der EG galt sie aufgrund eines am 19. Oktober 2005 abgeschlossenen Parallelübereinkommens[383], in dem sich Dänemark vorbehalten hatte, an der Ersetzung der unterhaltsrechtlichen Vorschriften durch die EuUntVO ebenfalls teilzunehmen. Von dieser Optionsmöglichkeit machte es mit Schreiben vom 14. Januar 2009[384] hinsichtlich der EuUnterhaltsVO Gebrauch, allerdings *nur hinsichtlich der internationalen Zuständigkeit und der Anerkennung und Vollstreckung von Unterhaltsentscheidungen*. Daher nimmt Dänemark am kollisionsrechtlichen Inhalt der Verordnung und an den Vorschriften über die Behördenzusammenarbeit nicht teil. Auch das Vereinigte Königreich und Irland hatten bei Erlass der Unterhaltsverordnung von ihrer *Opt-in*-Möglichkeit Gebrauch gemacht.[385]

Die *Rom-III-Verordnung*[386] , die wie die beiden Güterrechtsverordnungen im Rahmen einer Verstärkten Zusammenarbeit entstanden ist, gilt bisher

---

381 Verordnung (EG) Nr. 4/2009 des Rates vom 18. Dezember 2008 über die Zuständigkeit, das anwendbare Recht, die Anerkennung und Vollstreckung von Entscheidungen und die Zusammenarbeit in Unterhaltssachen (EuUntVO).

382 Der auf das Haager Unterhaltsprotokoll verweisende *kollisionsrechtliche* Teil führte zunächst innerhalb der EU zu einer nur vorläufigen Anwendung des Unterhaltsprotokolls, das erst am 01.08.2013 in Kraft trat, nachdem neben der EU (Beitritt und Ratifikation am 08.04.2010 für die 25 Mitgliedstaaten, die seinerzeit vorbehaltslos an der Zusammenarbeit auf dem Gebiet des Zivilrechts teilnahmen) als erforderliches zweites Mitglied Serbien seinen Beitritt erklärt und das Protokoll ratifiziert hatte.

383 S. o. *Kap. II 1 a (ii)*.

384 ABl. EU L 149, S. 80.

385 Saenger, Ingo (Hrsg.), Handkommentar zur Zivilprozessordnung (HK-)/*Dörner*, RZ 2 zur EuUntVO.

386 Verordnung (EU) Nr. 1259/2010 des Rates vom 20. Dezember 2010 zur Durchführung einer Verstärkten Zusammenarbeit im Bereich des auf die Ehescheidung und Trennung ohne Auflösung des Ehebandes anzuwendenden Rechts (Rom-III-VO).

in 17 Mitgliedstaaten, nämlich 14 (Belgien, Bulgarien, Deutschland, Spanien, Frankreich, Italien, Lettland, Luxemburg, Ungarn, Malta, Österreich, Portugal, Rumänien und Slowenien), die von Anfang an der Verstärkten Zusammenarbeit teilgenommen haben, sowie drei weiteren, die dieser Verstärkten Zusammenarbeit erst nach Abschluss des Gesetzgebungsverfahrens beigetreten sind, nämlich Litauen (2012), Griechenland (2014) und Estland (2016).

Die Gründe für die Weigerung der übrigen Mitgliedstaaten, an einer Verordnung zum Scheidungskollisionsrecht teilzunehmen, waren unterschiedlich:[387]

Abgesehen von den grundsätzlichen *Opt-outs* stand in mehreren Mitgliedstaaten die Vorstellung, in einem im Inland geführten Verfahren ausländisches Scheidungsrecht anzuwenden, dem dortigen juristischen Selbstverständnis entgegen, zum Teil aus Zweifeln an der richterlichen Kompetenz zur Anwendung eines ausländischen Rechts (so insbesondere in den *Common-law*-Staaten Großbritannien und Irland), zum Teil aus der Überzeugung von der Überlegenheit des eigenen – besonders liberalen – materiellen Scheidungsrechts (Schweden) bzw. umgekehrt aufgrund eines besonders traditionellen Verständnisses von der Ehe und ihrer Scheidung (Polen)[388]. Andere Mitgliedstaaten waren mit dem vorrangigen Anknüpfungskriterium des gewöhnlichen Aufenthalts zur Bestimmung des anwendbaren Rechts nicht einverstanden (Niederlande) oder lehnten die Möglichkeit einer Rechtswahl hinsichtlich des Scheidungsstatuts ab (Slowakei).[389] Auch die wie später in den Güterrechtsverordnungen schon in der Rom-III-VO offen gelassene Frage nach dem Inhalt des Ehebegriffs kann hier eine Rolle gespielt haben.

Die *EU-Erbrechtsverordnung*[390] ist nach europäischem Verständnis kein Rechtsakt auf dem Gebiet des Familienrechts (im Gegensatz zu manchen nationalen Rechtsordnungen, beispielsweise der chilenischen, in denen aufgrund des gesetzlichen Verwandtenerbrechts das Erbrecht als Teil des Familienrechts angesehen wird). Sie ist deshalb auf Art. 81 Abs. 2 AEUV und nicht auf Art. 81 Abs. 3 AEUV gestützt. Die Annahme erfolgte daher im

---

387 Raupach, Claudia, Ehescheidung mit Auslandsbezug in der Europäischen Union, Mohr-Siebeck, Tübingen 2014, S. 255 ff.

388 Vgl. die Darstellung im Europäischen Justizportal *e-justice*, abrufbar unter https://e-justice.europa.eu/content_divorce-45-pl-de.do?member=1#toc_1

389 Ausführliche Darstellung bei Raupach, a.a.O., S. 256–261.

390 Verordnung Nr. 650/2012 vom 4. Juli 2012 über die Zuständigkeit, das anzuwendende Recht, die Anerkennung und Vollstreckung von Entscheidungen und die Annahme und Vollstreckung öffentlicher Urkunden in Erbsachen sowie zur Einführung eines Europäischen Nachlasszeugnisses.

ordentlichen Gesetzgebungsverfahren und im Rat nicht einstimmig, sondern gegen die Stimme Maltas. Da das Erbrecht ein gesetzliches Erb- und/oder Pflichtteilsrecht in den Rechtsordnungen der Mitgliedstaaten zugunsten der nächsten Verwandten vorsieht und klar Bezüge zum familiären Bereich aufweist, wurde die Erbrechtsverordnung ebenfalls in *Anhang II* aufgenommen.

Die Ausarbeitung dieses Rechtsakts war bereits im gemeinsamen Maßnahmenprogramm von Kommission und Rat aus dem Jahr 2001[391] im Rahmen des Auftrags zur Erarbeitung von Rechtsinstrumenten über die *„[i]nternationale Zuständigkeit sowie Anerkennung und Vollstreckung von Urteilen in Fragen der Auflösung der Güterstände, der Folgen der Trennung von nicht verheirateten Paaren für das Vermögen sowie des Erbrechts"* beschlossen worden. Gleichzeitig handelt es sich bei beiden Rechtsgebieten um „lange wirkende und für die Privatperson sehr bedeutsame Entscheidungen"[392].

Betrachtet man die *Rom-III-VO und die Güterrechtsverordnungen* – d. h. die Rechtsakte, bei denen die Anwendbarkeit von der Vorexistenz einer gültigen Ehe abhängt – als Gesamtregelung, ist augenfällig, dass sie jeweils nur auf einen reduzierten Kreis teilnehmender Mitgliedstaaten zählen konnten. Erstaunlich ist allerdings, dass fünf Mitgliedstaaten, nämlich Rumänien (nur Rom-III-VO), Lettland, die Niederlande, Schweden und Tschechien (jeweils nur Güterrechtsverordnungen) an nur einer Regelung zum Scheidungs- bzw. Güterrecht teilnehmen. „Generalverweigerer" sind (neben Dänemark und Irland) einzig die beiden Mitgliedstaaten Polen und Ungarn, die sich keiner der Verordnungen angeschlossen haben. Die Tatsache, dass beide Güterrechtsverordnungen als „Paket" angenommen werden mussten, könnte eine Erklärung für diese Verweigerung sein.[393]

---

391 ABl. C 12/1.

392 Lurger, Brigitte, Die Verortung natürlicher Personen im europäischen IPR und IZVR, in v. Hein, Jan, und Rühl, Gisela (Hrsg.), Kohärenz im Internationalen Privat- und Verfahrensrecht der Europäischen Union, S. 229.

393 Vgl. den auf der Website *zeit-online* veröffentlichten Artikel „So homosexuell ist Europa" (Autor Bastian Brauns) vom 19. Oktober 2016, abrufbar unter https://blog.zeit.de/teilchen/2016/10/19/so-schwul-ist-europa/.

2. Kohärenzprobleme des bei Annahme der Güterrechtsverordnungen bestehenden Systems des europäischen Internationalen Privat- und Zivilverfahrensrechts

Die Frage nach der Kohärenz des Systems des europäischen Internationalen Privat- und Zivilverfahrensrechts stellt sich in Anbetracht der regen Tätigkeit des Unionsgesetzgebers seit Unterzeichnung des Vertrages von Amsterdam geradezu zwangsläufig (durchschnittlich wurden jedes Jahr zwei Sekundärrechtsakte verabschiedet)und hat sich für die juristischen Wissenschaft zu einem Dauerthema entwickelt.

Mit dem Begriff „Kohärenz" ist zum einen die Widerspruchsfreiheit, Sinnhaftigkeit, Vollständigkeit und Geschlossenheit dieses Systems in sich gemeint[394]; zum anderen betrifft er aber auch die Frage, ob die gewählten Strategien und aufgestellten Prinzipien – wie der Grundsatz der Statuteneinheit (nur *ein* anwendbares Recht regelt den gesamten Sachverhalt, z. B. die Rechtsnachfolge von Todes wegen oder die Ehescheidung), die Gewährung eines hohen Maßes an Parteiautonomie und die Berufung des Rechts der (mutmaßlich) engsten Verbindung – in den verschiedenen Verordnungen konsequent durchgehalten und befolgt worden sind[395]. Die Forderung nach innerer Logik korreliert zudem mit der Frage nach der Übersichtlichkeit und praktischen Handhabbarkeit dieses Systems.

Das Streben nach „Stimmigkeit"[396] hat die Forderung laut werden lassen, einer umfassenden Kodifizierung des Europäischen Privat- und Zivilverfahrensrechts einen Allgemeinen Teil des europäischen Privatrechts voranzustellen. Allerdings scheint in der Wissenschaft mittlerweile Einigkeit zu bestehen, dass

394 Basedow, Jürgen, Kohärenz im Internationalen Privatrecht und Verfahrensrecht der Europäischen Union. Eine einleitende Orientierung, in: von Hein, Jan, und Rühl, Gisela (Hrsg.), Mohr Siebeck, Tübingen 2016, S. 5. Das angeführte Werk enthält die Beiträge der Referenten einer am 10. und 11. Oktober 2014 an der Universität Freiburg i.Br. von Prof. Dr. Jan v. Hein zu diesem Thema veranstalteten Tagung. Ein kurzer Überblick von Ferdinand Gürtler ist im Internet unter https://verfahrensrecht.uni-halle.de/2014/12/15/tagung-kohaerenz-im-internationalen-privat-und-verfahrensrecht-der-europaeischen-union-in-freiburgbr-vom-10-bis-11-oktober-2014/ abrufbar.

395 Emmerich, Julian, Probleme der Anknüpfung im Rahmen der EuErbVO, Duncker und Humblot GmbH, Berlin, 2016, S. 284.

396 So Basedow, Kohärenz …, S. 9.

gerade wegen der zahlreich bestehenden Inkohärenzen die Zeit für einen solchen Allgemeinen Teil noch nicht reif ist[397].

Die Debatte hat jedoch dazu geführt, dass das Systems grundlegend analysiert und hinterfragt wurde.

a) Im System noch bestehende Lücken

Das europäische Internationale Privat- und Zivilverfahrensrecht weist noch zahlreiche Lücken auf.

Bisher bestehen beispielsweise keine europäischen Rechtsakte zur kollisionsrechtlichen Harmonisierung des internationalen Sachen-, Gesellschafts- oder Namensrechts[398], ebenso wenig eine Regelung zum auf die Beurteilung der Rechts- und Geschäftsfähigkeit natürlicher Personen anzuwendenden Recht. Wagner[399] sieht weitere Möglichkeiten Europäischer Gesetzgebung im Recht der gewillkürten Stellvertretung[400], bei den Themen „Internationales Privatrecht und Menschenrechte" und „Internationales Privatrecht und Datenschutz" sowie bei der Ausarbeitung eines allgemeinen Teils des Kollisionsrechts.

Wie angesichts der besonderen Anforderungen der Handlungsgrundlage Art. 81 Abs. 3 AEUV nicht anders zu erwarten, sind vor allem im Bereich des *internationalen Familienrechts* grundlegende Materien noch nicht geregelt. So bestehen noch keine vereinheitlichten Kollisionsnormen betreffend die Voraussetzungen der Eheschließung, deren allgemeine Rechtsfolgen, die gleich- oder verschiedengeschlechtlichen nichtehelichen Partnerschaften und ihre

397 Basedow, a.a.O., S. 23; Themenpapier des Europäischen Parlaments „Gegenwärtige Lücken und Zukunftsperspektiven des Internationalen Privatrechts der EU: Hin zu einem Gesetzbuch über Internationales Privatrecht?", 2013, PE 462.476, abrufbar auch im Internet unter http://www.europarl.europa.eu/document/activities/cont/201301/20130110ATT58829/20130110ATT58829DE.pdf, S. 5.

398 S. die Vorschläge für ein „europäisiertes" Namensrechts im von Dutta, Anatol, Helms, Tobias und Pintens, Walter herausgegebenen Werk „Ein Name in ganz Europa – Vorschläge für ein Internationales Namensrecht der Europäischen Union", Wolfgang Mezner Verlag, 2016.

399 Wagner, Rolf, Zwanzig Jahre justizielle Zusammenarbeit in Zivilsachen, IPrax 2019, 185 (200).

400 Zu Rechtslage und Meinungsstand in Deutschland angesichts des Fehlens unionsrechtlicher Kollisionsvorschriften Spickhoff, Andreas, Die Vollmacht im Kollisionsrecht, ZfRV 2016, 175 ff.

„Rückabwicklung" sowie das Recht des Verlöbnisses[401]. Auch das Abstammungs- und das Adoptionsrecht sind unionsrechtlich noch nicht geregelt worden.

Was das *Zivilverfahrensrecht* angeht, beschränken sich die im Rahmen der getrennten wie auch der gemischten Verordnungen[402] erlassenen verfahrensrechtlichen Vorschriften im Wesentlichen auf Regelungen zur internationalen Zuständigkeit und zur Anerkennung und Vollstreckung von Entscheidungen. Daneben bestehen gesonderte Verordnungen zur Zustellung und zur Zusammenarbeit von Gerichten der Mitgliedstaaten auf dem Gebiet der Beweisaufnahme. Mehrere Verordnungen stellen dem Rechtsverkehr *neben* den jeweiligen nationalen Verfahrensvorschriften auch unionsrechtliche Verfahren zur Wahl. Solche Instrumente sind die EuMahnVO, die EuBagatellVO (zur Schaffung eines europäischen Vollstreckungstitels für unbestrittene Forderungen) und die EuKontenpfändungsVO. Sie verweisen allerdings hinsichtlich der Zusammensetzung des Gerichts, des Beweisrechts, der Rechtsmittel und der Gerichtskosten auf die Bestimmungen des nationalen Verfahrensrechts. Vier Richtlinien harmonisieren Aspekte des Zivilverfahrens im Zusammenhang mit von der Union auch materiell geregelten Materien. Dies sind die Richtlinie über Unterlassungsklagen zum Schutz der Verbraucherinteressen[403], die Richtlinie über alternative Streitbeilegung in Verbraucherangelegenheiten[404], die Richtlinie zur Durchsetzung der Rechte des geistigen Eigentums[405] und die Richtlinie über Schadensersatzklagen wegen Zuwiderhandlungen gegen wettbewerbsrechtliche Bestimmungen[406]. Schließlich bestehen drei unionsrechtliche Instrumente, die

---

401 Hierzu Rupp, Caroline, Verliebt, verlobt, rückabgewickelt? – Ansprüche bei der Auflösung von Verlöbnissen aus grenzüberschreitender Perspektive, Rabels Zeitschrift 2019, 154 (173 f.): Angesichts des Fehlens europäischer Kollisionsregeln für das Verlöbnis anzuwendenden nationalen Kollisionsregeln – gesetzliche Kollisionsvorschriften sind kaum vorhanden – wird mehrheitlich das Statut der Eheschließung entsprechend angewendet, wobei sich die kollisionsrechtliche Einordnung von gegenseitigen Ansprüchen bei Verlobungsauflösung noch komplizierter darstellt. Zur entsprechenden Spruchpraxis in Deutschland Rupp, a.a.O. S. 176.

402 Dazu unten *Kap. III 2 c).*

403 Richtlinie (EG) Nr. 22/2009 des Europäischen Parlaments und des Rates vom 23. April 2009 über Unterlassungsklagen zum Schutz der Verbraucherinteressen, ABl. L 110/30.

404 S. *Anhang I.*

405 Richtlinie 2004/48/EG des Europäischen Parlaments und des Rates vom 29. April 2004 zur Durchsetzung der Rechte des geistigen Eigentums, ABl. L 195/16 (Berichtigung).

406 Richtlinie 2014/104/EU des Europäischen Parlaments und des Rates vom 26. November 2014 über bestimmte Vorschriften für Schadensersatzklagen nach nationalem

eine thematische Harmonisierung anstreben und dafür (partielle) Mindestnormen für Zivilverfahren in der EU festlegen: Die Richtlinie zur Prozesskostenhilfe, die Mediationsrichtlinie und die Empfehlung für kollektive Unterlassungs- und Schadensersatzverfahren.[407]

Trotz dieser hohen Anzahl von Rechtsakten im Internationalen Zivilverfahrensrecht wären beispielsweise auch Regelungen über gerichtliche Vergleiche (Mitwirkung des Gerichts, Form des Abschlusses), über Rechtsmittel (Fristen, Einreichung beim *iudex ad quem* oder *iudex a quo*), elektronische Kommunikation mit dem Gericht und allgemeine Grundsätze des Zivilverfahrens denkbar. Gerade auf prozessualem Gebiet wird daher weiter an der Vervollständigung des Systems gearbeitet[408].

b) Unterschiedliche Akzeptanz der einzelnen Verordnungen

In *Kap. III 1 d),* optisch in *Anhang II,* wird deutlich, wie unterschiedlich die Akzeptanz der einzelnen Verordnungen bei den Mitgliedstaaten der Union gerade im Bereich des Familienrechts ausfällt. Entsprechende Unterschiede bestehen bei ihren räumlichen Anwendungsbereichen. Von einer unionsweiten Anwendung gerade der familienrechtlichen Verordnungen kann nicht im Entferntesten die Rede sein, was die Rechtsanwendung infolge mangelnder Übersichtlichkeit behindert, aber auch eine übergeordnete Kodifikation, etwa im

---

Recht wegen Zuwiderhandlungen gegen wettbewerbsrechtliche Bestimmungen der Mitgliedstaaten und der Europäischen Union, ABl. L 349/1.

407 Die vorstehende Gruppierung entspricht derjenigen in der Analyse des Wissenschaftlichen Dienstes des Europäischen Parlaments, „Die Europäisierung des Zivilverfahrens. Auf dem Weg zu gemeinsamen Mindestnormen?" PE 559.499 zum unionsrechtlichen Besitzstand im Juni 2015, S. 1 f., abrufbar unter http://www.europarl.europa.eu/RegData/etudes/IDAN/2015/559499/EPRS_IDA(2015)559499_DE.pdf.

408 Im Mai 2014 begann ein gemeinsames Projekt des Europäischen Rechtsinstituts (ELI) und des Internationalen Instituts für die Vereinheitlichung des Privatrechts (UNIDROIT) über die Erstellung transnationaler Prinzipien des Zivilverfahrens für Europa, das zunächst die Themen *Beweis, einstweilige Maßnahmen* und *Zustellung* bearbeitet hat. Weitere geplante Themen sind die *Rechtskraft von Entscheidungen* und die *Rolle von Parteien, Anwälten und des Gerichts* während des Verfahrens sowie die *Zwangsvollstreckung* – all dies mit dem Ziel, dass die Ergebnisse nach einer Phase eingeschränkter Geltung in Form von *soft-law* die Grundlagen für eine Richtlinie abgeben können. Allein die Fülle der genannten Themen zeigt jedoch, dass auch im verfahrensrechtlichen Bereich derzeit noch zahlreiche Lücken bestehen.

Sinne eines europäischen allgemeinen Kollisionsrechts, erschwert.[409] Nach wie vor lässt das Bestehen unterschiedlicher Regelungen in der Union daher eine Durchbrechung des Entscheidungseinklangs und damit auch die Gefahr der Übervorteilung einer rechtlich weniger bewanderten oder schlechter beratenen Partei durch *law-* und/oder *forum-shopping* zu. Darüber hinaus unterminieren die – mit Rücksicht auf die verschiedenen „Lager" der Mitgliedstaaten eingefügten – Ausweichregelungen, beispielsweise Art. 13 der Rom-III- und Art. 9 der Güterrechtsverordnungen, die vom Unionsgesetzgeber beabsichtigte einfache und unzweifelhafte Bestimmbarkeit der zuständigen Gerichte und mit ihr die Rechtssicherheit wie die Berechenbarkeit der justiziellen Verfahren.

c) Nebeneinander getrennter und gemischter Kodifikationen

Auch das Nebeneinander gemischter und getrennter Kodifikationen kennzeichnet das System des Internationalen Privat- und Internationalen Zivilverfahrensrechts.

Dies hat zum Teil historische Gründe, indem beispielsweise die verfahrensrechtliche Brüssel-Ia- und die kollisionsrechtliche Rom-I-Verordnung auf getrennte völkerrechtliche Übereinkommen als Vorläufer zurückblicken.[410] Im Familienrecht stehen dahinter auch die zur Sprache gebrachten kompetenzrechtlichen und politischen Gründe: Die Rom-III-Verordnung wurde von einem Teil der Mitgliedstaaten angenommen, weil es nicht möglich war, das Scheidungskollisionsrecht in die Brüssel-IIa-Verordnung mit aufzunehmen.

Im internationalen Unterhaltsrecht begnügte sich der Unionsgesetzgeber kollisionsrechtlich mit dem Verweis auf das von der Haager Konferenz ausgearbeitete Haager Unterhaltsprotokoll und entschied sich lediglich im Bereich des Verfahrensrechts für eine eigenständige verfahrensrechtliche Regelung.[411]

---

409 Nach Auffassung von Basedow, Kohärenz ..., S. 10, müsste es den Mitgliedstaaten möglich sein, ihre Teilnahme an einer solchen übergeordneten Kodifikation auf die von ihnen jeweils mitgetragenen Rechtsakte zu beschränken.

410 Einerseits das Übereinkommen über die gerichtliche Zuständigkeit und die Vollstreckung gerichtlicher Entscheidungen in Zivil- und Handelssachen (Brüsseler Übereinkommen oder EuGVÜ) vom 27. September 1968, andererseits das Übereinkommen von Rom über das auf vertragliche Schuldverhältnisse anzuwendende Recht vom 19. Juni 1980 (Übereinkommen von Rom oder EVÜ)

411 Hierzu eingehend Dutta, Anatol, Gemeinsame und getrennte Kodifikation von IPR und IZVR auf europäischer Ebene, in von Hein, Jan/Rühl, Gisela (Hrsg.), Mohr Siebeck, Tübingen 2016, S. 35 f.

D u t t a[412] hat im Zusammenhang mit der Kohärenz des bestehenden Systems bezüglich der Wahl des *sektoriellen* Vorgehens durch den Unionsgesetzgeber die Vor- und Nachteile gemeinsamer und getrennter Kodifizierungen von IPR und IZVR gegenübergestellt:

Für gemeinsame Kodifizierungen spreche eine höhere Nutzerfreundlichkeit, da der Rechtsanwender die Regelung der gesamten Materie in einem einzigen Rechtsakt finde. Auch sei davon auszugehen, dass in einer gemischten Kodifizierung die wesentlichen Begriffe wie etwa die, die Anknüpfungspunkte für das anzuwendende Recht und die gerichtliche Zuständigkeit darstellten (beispielsweise der Begriff des gewöhnlichen Aufenthalts), gleich ausgelegt würden. Andererseits täusche der Anschein der sektoriellen „Gesamtregelung" in Wirklichkeit darüber hinweg, dass auch in gemeinsamen Kodifikationen sowohl über Vorfragen als auch über Fragestellungen aus noch nicht vereinheitlichten Materien Raum für den Einfluss der nationalen Rechtsordnungen der Mitgliedstaaten bleibe. Schließlich verhindere das sektorielle Vorgehen des Unionsgesetzgebers den Blick für das Ganze und schaffe Regelungen, die unterschiedlichen Entwicklungsstufen entsprächen.

Diesen Beobachtungen ist nichts hinzuzufügen. Allerdings erfordert die Unterschiedlichkeit der verschiedenen Rechtsmaterien auch die Möglichkeit eines unterschiedlichen gesetzgeberischen Vorgehens, und im Fall getrennter Kodifikationen kann der Nachteil der geringeren Nutzerfreundlichkeit dadurch ausgeglichen werden, dass die Regelungen schneller verabschiedet werden können.

d) Kein vollständiger Gleichlauf von internationaler Zuständigkeit und anwendbarem Recht

Die Rom-I- wie die Rom-II-VO erklären in ihrem siebten Erwägungsgrund, dass ihre sachlichen Anwendungsbereiche ebenso wie ihre Bestimmungen mit der Brüssel-I(a)-VO wie auch untereinander in Einklang stehen sollen.

Eine gleichartige Formulierung findet sich im zehnten Erwägungsgrund der Rom-III- im Hinblick auf die Brüssel-IIa-VO.

Der 27. und 28. Erwägungsgrund der EuErbVO (gemischte Kodifikation) statuieren das Ziel eines Gleichlaufs zwischen Forum und anzuwendendem Recht. Ein solcher Gleichlauf entlastet die nationalen Gerichte, da sie im Regelfall nicht das Recht anderer Staaten anzuwenden haben. Andererseits

412 Dutta, a.a.O. S. 36 ff.

bleibt gerade für Forum und Recht der Ehescheidung nach Art. 3 Abs. 1 der Brüssel-IIa-VO dem Kläger die Wahl zwischen mehreren Gerichtsständen. Auch dies führte im Gesetzgebungsverfahren der Rom-III-VO dazu, dass insbesondere die *Common-law*-Staaten Vereinigtes Königreich und Irland von der Teilnahme Abstand nahmen, da sie Vorbehalte gegenüber der Anwendung ihres eigenen Rechts durch fremde Gerichte hatten.[413] Gleichzeitig kann dies aber auch einer Wertung des europäischen Gesetzgebers entsprechen, mit der der Tatsache Rechnung getragen wird, dass die Position des Klägers im Prozess regelmäßig mehr Risiken birgt als die des Beklagten, denn er muss seine Ansprüche darlegen und zur Überzeugung des Gerichts beweisen. Diese Risiken sind im eigenen Aufenthaltsstaat besser einzuschätzen als an einem ausländischen Gerichtsstand. Wer sich aber scheiden lassen will, sollte davon nicht durch prozessuale Hindernisse abgehalten werden.

Ein weiteres Beispiel für das Auseinanderfallen von anwendbarem Recht und gerichtlicher Zuständigkeit findet sich im Bereich der EuErbVO, da Art. 4 keinen Wechsel der gerichtlichen Zuständigkeit vorsieht, wenn nach Auffassung des angerufenen Gerichts im Staat des letzten gewöhnlichen Aufenthalts des Erblassers die kollisionsrechtliche Ausweichklausel von Art. 21 Abs. 2 EuErbVO zur Anwendung kommt, d. h. wenn sich „ausnahmsweise aus der Gesamtheit der Umstände [ergibt], dass der Erblasser im Zeitpunkt seines Todes eine offensichtlich engere Verbindung zu einem anderen als dem Staat hatte, dessen Recht nach Abs. 1 anzuwenden wäre."

Auf schuldrechtlichem Gebiet schließlich führt Basedow den besonderen Gerichtsstand für Direktansprüche des Unfallgeschädigten gegenüber dem (Fahrzeug-)Haftpflichtversicherer infolge der EuGH-Rechtsprechung[414] an, die den Klägergerichtsstand nach Art. 11 der Brüssel-Ia-VO auf den Geschädigten ausdehnt, und stellt hier gegenläufige Wertungen fest, „die zu einer überaus komplexen Rechtsanwendung in einem zweistufigen Verfahren führen".[415]

---

413 S. hierzu eingehend Raupach, Claudia, Ehescheidung mit Auslandsbezug ..., S. 256 ff.

414 Urteil vom 13. Dezember 2007, *Odenbreit*, Rs. C-463/06.

415 Basedow, Kohärenz ..., S. 23.

e) Uneinheitliche Reichweite der kollisionsrechtlichen Verweisungen

Im Anwendungsbereich der EuErbVO zeigt sich eine weitere Inkohärenz des Systems, die die Reichweite der in den verschiedenen kollisionsrechtlichen Rechtsakten enthaltenen Verweisungsnormen betrifft:

Grundsätzlich ist Kennzeichen sowohl der kollisionsrechtlichen als auch der gemischten Kodifikationen des europäischen IPR der Ausschluss des *renvoi*, d. h. der Anwendung nationaler Kollisionsvorschriften des nach dem unionsrechtlichen Rechtsakt berufenen Rechts.[416] Unionsrechtliche Kollisionsvorschriften sind damit in der Regel reine Sachnorm-, keine Gesamtverweisungen, d. h. unter dem „anzuwendenden Recht" sind die *Sach*vorschriften der nach ihnen berufenen Rechtsordnung und nicht deren internationales Privatrecht zu verstehen.

Art. 34 Abs. 1 EuErbVO macht hiervon eine Ausnahme, da er eine etwas umständlich formulierte Gesamtverweisung für den Fall enthält, dass die Kollisionsvorschriften des nach der EuErbVO anzuwendenden Rechts eines Drittstaats auf das Recht eines Mitgliedstaats oder das Recht eines anderen Drittstaats, der sein eigenes Recht anwenden würde, verweisen. Die Regelung wird im Wesentlichen mit dem Ziel des internationalen Entscheidungseinklangs und mit *Ordre-Public*-Überlegungen begründet[417]. Sie stellt jedoch systematisch einen Bruch im Gefüge des europäischen Kollisionsrechts dar.

Außerdem werden nach dem 10. Erwägungsgrund der Rom-III-VO „Vorfragen wie … die Gültigkeit der Ehe und Fragen wie die güterrechtlichen Folgen der Ehescheidung oder der Trennung ohne Auflösung des Ehebandes … nach den Kollisionsnormen geregelt…, die in dem betreffenden teilnehmenden Mitgliedstaat anzuwenden sind." Zu diesen Kollisionsnormen gehören auch die Vorschriften in Kapitel III der beiden Güterrechtsverordnungen, sofern der an der Rom-III-VO beteiligte Mitgliedstaat an diesen teilnimmt. Sie sind hinsichtlich der von ihrem Anwendungsbereich nicht umfassten *Vorfragen,* insbesondere hinsichtlich des Bestehens, der Gültigkeit und Anerkennung einer Ehe, durch „das nationale Recht der Mitgliedstaaten, einschließlich ihrer Vorschriften des Internationalen Privatrechts" zu konkretisieren. Die Verweisungen der Rom-III- wie der Güterrechtsverordnungen führen damit hinsichtlich dieser Vorfrage des Bestehens der Ehe übereinstimmend zur Anwendung des nationalen

---

416 Emmerich, a.a.O., S. 231 ff.

417 S. die Darstellung der der Annahme der Verordnung vorangegangenen Debatte bei Emmerich, a.a.O., S. 239 ff.

Kollisionsrechts und nicht etwa zur direkten Anwendung der Sachvorschriften der *lex fori*. Dies ist weder unter dem Aspekt des Gleichlaufs von Forum und anzuwendendem Recht noch unter demjenigen der Praktikabilität als gelungene Regelung anzusehen.

f) Inkohärenzen in der Behandlung analog auftretender Probleme

Zwischen den einzelnen Verordnungen divergieren teilweise auch die Regelungen gleicher oder ähnlicher Rechtsfragen. Prägnantes Beispiel sind die unterschiedlichen Vorschriften über die Rechtswahl, bei denen in mehreren Punkten Abweichungen zwischen den Verordnungen zu beobachten sind:

So bestehen zunächst Unterschiede in der *Zahl* der wählbaren Rechte:

In der EuErbVO ist dies nur ein einziges, nämlich das Heimatrecht des Erblassers, obgleich es praxisnah gewesen wäre, auch die Wahl des Rechts eines aktuellen gewöhnlichen Aufenthalts, d. h. des gewöhnlichen Aufenthalts des Erblassers bei der Errichtung der letztwilligen Verfügung zuzulassen. Diese Möglichkeit würde dem Erblasser ersparen, bei einem erneuten Wechsel seines gewöhnlichen Aufenthalts seine Rechtswahl zu überprüfen und ggf. doch sein ursprünglich nicht gewünschtes Heimatrecht zu wählen, falls ihm das Erbrecht seines aktuellen Aufenthaltsstaats nicht zusagt.

Für das anzuwendende Scheidungsrecht stellt im Gegensatz dazu die Rom-III-VO den Parteien gleich mehrere Rechte zur Wahl, während die EuUntVO gar keine Rechtswahl zulässt, obgleich dies nicht pauschal mit dem Schutz einer der Parteien, insbesondere des Unterhaltsberechtigten, begründet werden kann.

Art. 3 der Rom-I- und Art. 14 der Rom-II-VO proklamieren für das Vertrags- und das Schadensrecht eine praktisch freie Rechtswahl, allein mit einer Einschränkung zugunsten der unabdingbaren Vorschriften des Unionsrechts oder des Rechts des Staates, in dem *alle* Elemente des konkreten Sachverhalts liegen, sofern dies ein anderer Staat ist als derjenige, dessen Recht erst nachträglich gewählt wurde (letztendlich also zugunsten des Rechts, zu dem nach wie vor eine enge Verbindung besteht).

Darüber hinaus divergieren die *Zeitpunkte*, bis zu denen eine Rechtswahl möglich ist:

Die Rom-I- und die Rom-II-VO enthalten (wie die Güterrechtsverordnungen) diesbezüglich keinerlei Einschränkungen, so dass auch noch während des gerichtlichen Verfahrens ein Wechsel des anzuwendenden Rechts durch Parteivereinbarung möglich ist. In der Rom-III-Verordnung endet die Rechtswahlmöglichkeit dagegen mit der Anrufung des Gerichts (Art. 5 Abs. 2 Rom-III-VO).

Schließlich bestehen von Verordnung zu Verordnung unterschiedliche Anforderungen an die *Form* einer wirksamen Rechtswahl:

Die Rom-I-VO verweist hinsichtlich des „Zustandekommens und [der] Wirksamkeit der Einigung der Parteien über das anzuwendende Recht" auf das Vertragsstatut, also nationales Recht. Die Rom-II-Verordnung regelt die Frage gar nicht, die Rom-III-VO und die Güterrechtsverordnungen enthalten eine (immerhin parallele) autonom unionsrechtliche Regelung. Danach sind Schriftform, Datierung und Unterzeichnung erforderlich, zusätzliche Formvorschriften des anzuwendenden Rechts sind für die Wirksamkeit ebenfalls beachtlich (Art. 7 Rom-III-VO). Nach der EuErbVO unterliegt die Frage der Formwirksamkeit (entsprechend derjenigen einer Verfügung von Todes wegen, Art. 22 Abs. 2 EuErbVO) dem nach Art. 27, die inhaltliche Wirksamkeit dem nach Art. 24 und 25 zu bestimmenden nationalen Recht.

g) Auslegung gleicher und „quasi-synonymer" Rechtsbegriffe in den einzelnen Rechtsakten

Gleichlautende Begriffe haben im Zusammenhang der unterschiedlichen Verordnungen zum Teil verschiedene Bedeutungen, zumindest aber unterschiedliche Bedeutungsschwerpunkte.[418]

Wie Generalanwältin Trstenjak in den Schlussanträgen zur Rechtssache *Koelzsch / Großherzogtum Luxemburg*[419] ausführt, trägt dies den unterschiedlichen Zielsetzungen der Rechtsakte und Vorschriften (im konkreten Fall den Zielsetzungen von Kollisionsnormen und Normen der internationalen Zuständigkeit) Rechnung. Von einer allgemeinen Vermutung, alle gleichen oder vergleichbaren Begriffe müssten einheitlich ausgelegt werden, könne folglich nicht ausgegangen werden. Ob eine einheitliche Auslegung zu erfolgen habe, sei vielmehr immer auf den Einzelfall bezogen zu prüfen.

So enthält keine der kollisions- und zivilverfahrensrechtlichen Verordnungen eine gesetzliche Definition des für die Bestimmung des anwendbaren Rechts und der gerichtlichen Zuständigkeit wichtigsten Anknüpfungspunkts, dem des „gewöhnlichen Aufenthalts" einer Person. Einzige Ausnahme ist die EuErbVO, die in den Erwägungsgründen aber lediglich Hinweise zur Ermittlung des

418 Köck, Die einheitliche Auslegung …, S. 109–120, zeigt zahlreiche Beispiele auf.

419 Generalanwältin Trstenjak, Schlussanträge in der Rs. *Koelzsch/Großherzogtum Luxemburg*, C-29/10, Nr. 82 und 83.

gewöhnlichen Aufenthalts des Erblassers enthält[420]. Sicher ist allein, dass der Begriff autonom auszulegen ist.[422]

Im Jahr 2009 hat der Gerichtshof in der Rechtssache *A*[423] erstmals inhaltliche Feststellungen zur Auslegung des Anknüpfungspunkts „gewöhnlicher Aufenthalt" im Rahmen der Brüssel-IIa-VO getroffen und dessen (relative) Eigenständigkeit im Verhältnis zum selben Begriff betont, wenn dieser in anderen Kontexten verwendet wird: Da Art. 8 Abs. 1 der Brüssel-IIa-Verordnung für die Ermittlung des Sinns und der Bedeutung des Begriffs „gewöhnlicher Aufenthalt" nicht ausdrücklich auf das Recht der Mitgliedstaaten verweise, sei dafür *auf den Kontext der Vorschriften der Verordnung und auf deren Ziel* abzustellen.[424] So könne die Rechtsprechung des Gerichtshofs zum Begriff des gewöhnlichen Aufenthalts in anderen Bereichen des Rechts der Europäischen Union auch nicht

---

420 Im 23. Erwägungsgrund der EuErbVO heißt es: „Bei der Bestimmung des gewöhnlichen Aufenthalts sollte die mit der Erbsache befasste Behörde eine Gesamtbeurteilung der Lebensumstände des Erblassers in den Jahren vor seinem Tod und im Zeitpunkt seines Todes vornehmen und dabei alle relevanten Tatsachen berücksichtigen, insbesondere die Dauer und die Regelmäßigkeit des Aufenthalts des Erblassers in dem betreffenden Staat sowie die damit zusammenhängenden Umstände und Gründe. Der so bestimmte gewöhnliche Aufenthalt sollte unter Berücksichtigung der spezifischen Ziele dieser Verordnung eine besonders enge und feste Bindung zu dem betreffenden Staat erkennen lassen."

421 In einer Entscheidung vom Dezember 2019 – Beschluss vom 17.12.2019 – 15 W 488/17 – hat das OLG Hamm (15. Zivilsenat) eine Abwägung der im 23. Erwägungsgrund der EuErbVO genannten „Indizien" für die Lage des gewöhnlichen Aufenthalts vorgenommen und sich dabei für einen Vorrang der Dauer und Regelmäßigkeit des Aufenthalts entschieden, auch wenn nach seiner Würdigung der konkreten Lebensumstände des „kaum in die spanische Gesellschaft integriert[en]" Erblassers dessen Leben „angesichts der Zeiten seines Aufenthalts in Spanien … überwiegend aus ‚Urlaub'" bestand. Da es sich bei der Dauer und Regelmäßigkeit des Aufenthalts um ein objektives Kriterium handelt, das sich im Gegensatz zu den integrationsorientierten Faktoren sicherer feststellen lässt, ist dem m. E. zuzustimmen. Im Hinblick auf den Begriff des gewöhnlichen Aufenthalts ist an der Entscheidung lediglich zu kritisieren, dass das OLG Hamm erklärt hat, dieser sei entsprechend dem Begriff des gewöhnlichen Aufenthalts nach der Rechtsprechung des Europäischen Gerichtshofs zur [Brüssel-IIa-Verordnung] zu bestimmen.

422 S. oben *Kap. I 2 b).*

423 Urteil vom 2. April 2009, Rs. A, C-523/09, Rn. 35.

424 Ebenso die Urteile vom 17. Oktober 2018, UD (C-393/18 PPU), vom 8. Juni 2017, OL (C-111/17 PPU), vom 9. Oktober 2014, C (C-376/14 PPU) und vom 22. Dezember 2010, Mercredi (C-497/10 PPU). S. auch *Kap. I 1 e).*

unmittelbar auf die Feststellung des gewöhnlichen Aufenthalts von Kindern i. S. v. Art. 8 Abs. 1 der in der Rechtssache *A* auszulegenden EuUntVO übertragen werden.

Diese „Rechtsprechung zum Begriff des gewöhnlichen Aufenthalts" wird allerdings nur auf die Auslegung *ähnlicher* Konzepte zu beziehen sein, da in den Verordnungen nicht etwa uniform der Begriff des „gewöhnlichen Aufenthalts" verwendet wird, sondern auch der des „ständigen Aufenthalts" bzw. des „Wohnsitzes".[425] Insoweit merkt H a u[426] zu Recht an, es sei unerklärlich, warum die erlassenen Rechtsakte einmal auf den Wohnsitz, einmal auf den gewöhnlichen Aufenthalt und zum Teil wahlweise auf eins von beiden abstellten.

Was den Bedeutungsgehalt des „gewöhnlichen Aufenthalts" betrifft, wird auch in der Literatur vertreten, es müssten, ausgehend von „einer in den grundsätzlichen Aspekten einheitlichen Begriffsbildung"[427] bzw. einem „einheitlichen Begriffskern"[428], am jeweiligen Rechtsgebiet orientierte, unterschiedliche Gewichtungen möglich sein.

Allerdings ist man sich angesichts der so entstehenden Bandbreite an Auslegungsmöglichkeiten nicht einig:

Lurger[429] plädiert für das Familien- und Erbrecht für eine eng an Merkmalen der *sozialen Integration* orientierte Auslegung des Begriffs, während Greeske[430] hervorhebt, dass der Begriff des gewöhnlichen Aufenthalts auch den Anforderungen des Informationszeitalters gerecht werden und den gesellschaftlichen Veränderungen Rechnung tragen müsse, die durch eine erhöhte

---

425 Die vom EuGH zitierte Entscheidung in der Rs. C-452/93 erging zur beamtenrechtlichen Auslandszulage, die Rs. C-372/02 zur sozialen Sicherheit von Wanderarbeitnehmern und die Rs. C-44/08 zur Vollstreckung eines Europäischen Haftbefehls.

426 Zivilsachen mit grenzüberschreitendem Bezug, GS für Unberath, S. 151.

427 Hein, Jan von, Kommentierung zu Art. 5 EGBGB, Rn. 133, Münchener Kommentar zum BGB, 6. Aufl., München 2015.

428 Kropholler, Jan, Internationales Privatrecht, 6. Aufl., Mohr Siebeck, Tübingen 2006, § 39, S. 285 f.

429 Lurger, Brigitte, Die Verortung natürlicher Personen im europäischen IPR und IZVR, in: von Hein, Jan, und Rühl, Gisela (Hrsg.), Kohärenz im Internationalen Privat- und Verfahrensrecht der Europäischen Union, Mohr Siebeck, Tübingen 2016, S. 229 ff. Tagungsband einer am 10. und 11. Oktober 2014 an der Universität Freiburg i.Br. von Prof. Dr. Jan v. Hein zum Thema veranstalteten Tagung., S. 228.

430 Greeske, Marion, Die Kollisionsnormen der neuen EU-Erbrechtsverordnung, Verlag Peter Lang GmbH, Frankfurt a. Main 2014, S. 218.

Mobilität der Menschen entstünden, mithin also auch Änderungen zugänglich sein müsse.

Da das eine das andere nicht ausschließt, wird man sich in erster Linie an den vom Gerichtshof gemachten Vorgaben, d. h. dem Kontext der Vorschriften und deren Ziel, orientieren können und ggf. sachliche Besonderheiten des technischen Entwicklungsstands sowie des konkreten tatsächlichen Umfelds berücksichtigen müssen.

3. Stellungnahme zur Kohärenz des bestehenden unionsrechtlichen Systems

Nach den in diesem Kapitel zusammengetragenen Erkenntnissen ist zwischen den Rechtsakten des bestehenden Systems eine Reihe von Ungereimtheiten festzustellen. Sie führen zu der von Basedow kritisierten „komplexen Rechtsanwendung“[431], wobei der Autor anerkennt, dass diese Abweichungen „[g]elegentlich … durch Besonderheiten des einzelnen Gegenstandes gerechtfertigt [sind]. Vielfach sind sie [aber auch] nur das Ergebnis unterschiedlicher Beratungszusammenhänge und inhaltlich unbegründet. Der nächste Schritt entsteht dann jeweils in der Entwicklung einer übergreifenden Lösung.“[432]

Für die Schaffung eines Raums der Freiheit, der Sicherheit und des Rechts sind selbstverständlich – insbesondere, was das Verfahrensrecht betrifft – eine größtmögliche Kohärenz und vor allem ein einheitlicher räumlicher Anwendungsbereich sämtlicher Rechtsakte wünschenswert, jedoch stellt die dadurch entstehende, gerade von Rechtsanwendern stets beklagte Komplexität des Systems vor gewaltige Hindernisse: Eine im Rahmen des Projekts EuFams-II in 10 Mitgliedstaaten der Europäischen Union durchgeführte empirische Studie zu Funktionalität und Effektivität dieses rechtlichen Systems[433] belegt selbst unter explizit im Familien- und Erbrecht tätigen Personen einen erschreckend niedrigen Bekanntheitsgrad und erhebliche Unsicherheiten im Umgang mit einzelnen,

431 Basedow, Jürgen, Kohärenz im Internationalen Privat- und Verfahrensrecht der Europäischen Union – Eine einleitende Orientierung, in v. Hein, Jan, Rühl, Gisela, Kohärenz im Internationalen Privat- und Verfahrensrecht der Europäischen Union, Verlag Mohr Siebeck, Tübingen 2016, S. 23.

432 A.a.O., S. 13.

433 Der vollständige Untersuchungsbericht der Studie mit hoher deutscher Beteiligung – 470 der insgesamt 1.394 befragten Experten sind in Deutschland tätig – ist unter http://www2.ipr.uni-heidelberg.de/eufams/index.php?site=projektberichte abrufbar.

in der Studie mithilfe von Fragebogen untersuchten Rechtsakten des europäischen Familien- und Erbrechts[434].

Die unterschiedlichen Standpunkte der im Europäischen Rat und Ministerrat vertretenen Mitgliedstaaten tun ein Übriges, um die Vermutung zu stützen, dass die Optimierung dieses Systems ein langer Prozess werden wird.

Hinzu kommen selbst wirtschaftliche Gründe: Die 2016 auf der Grundlage von Art. 21 Abs. 2 AEUV erlassene EuLegitimationsVO[435] fristet trotz ihres schon mehrere Jahre zurückliegenden Anwendungsbeginns noch immer ein Schattendasein, wofür nicht ganz belanglos sein dürfte, dass Übersetzer, Notariate und selbst der Staat an Übersetzungen, Beglaubigungen und Apostillen verdienen.

Andererseits ist aber auch anzuerkennen, dass die Erarbeitung eines funktionierenden und widerspruchsfreien rechtlichen Systems – insbesondere, wenn es sich wie bei der Schaffung eines europäischen IPR und IZVR um Pionierarbeit handelt – eine Herkulesarbeit darstellt. Schon der Kaiser der Franzosen hatte die Leistung, die eine Neukodifikation voraussetzt, erkannt, als er wenige Monate vor seinem Tod auf dem Felsen von St. Helena den Ausspruch tat: „Mein wahrer Ruhm gründet nicht auf dem Sieg in vierzig Schlachten. Waterloo wird die Erinnerung an so viele Siege auslöschen. Was nicht auszustechen sein wird, was ewig leben wird, ist mein Gesetzbuch.“[436] Führt man sich den Einfluss vor Augen, den dieser *Code Napoléon* auf die Rechtssysteme nicht nur Europas, sondern der Welt genommen hat, so erscheint es doch lohnend, sich auch für die unionsrechtliche Rechtsharmonisierung mit der notwendigen Geduld zu wappnen.

---

434 Eine Zusammenfassung der Umfrageergebnisse durch die am koordinierenden Institut für Ausländisches und Internationales Wirtschafts- und Privatrecht der Universität Heidelberg forschenden Wissenschaftler Quincy C. Lobach und Tobias Rapp enthält der von ihnen verfasste Beitrag „Eine empirische Untersuchung zum Europäischen Familien- und Erbrecht“ in FamRZ 2020, S. 83.

435 Verordnung (EU) 2016/1191 des Europäischen Parlaments und des Rates zur Förderung der Freizügigkeit von Bürgern durch die Vereinfachung der Anforderungen an die Vorlage bestimmter öffentlicher Urkunden innerhalb der Europäischen Union und zur Änderung der Verordnung (EU) Nr. 1024/2012.

436 *„Ma vraie gloire n'est pas d'avoir gagné quarante batailles ; Waterloo effacera le souvenir de tant de victoires ; ce que rien n'effacera, ce qui vivra éternellement, c'est mon Code civil.“ Charles-Tristan de Montholon : Récits de la captivité de l'empereur Napoléon à Sainte-Hélène*, Bd. I, Paris : Paulin 1847, S. 401. Der *Code Napoléon*, den sein Namensgeber, wie die zitierte Quelle zeigt, als persönliches Werk betrachtete, wurde am 21. März 1804 in Frankreich eingeführt.

Kapitel IV: Innere Widerspruchsfreiheit der Güterrechtsverordnungen und ihre Kohärenz untereinander

Da sich die Kohärenz eines rechtlichen Systems nicht allein an seiner Widerspruchsfreiheit, Sinnhaftigkeit, Vollständigkeit und Geschlossenheit auf der Ebene der Gesamtheit, sondern bereits auf der Ebene jedes einzelnen Rechtsakts für sich allein genommen bemisst[437], beschäftigt sich *Kapitel IV* in einem ersten Abschnitt *(1.)* mit der inneren Logik und Klarheit der beiden Güterrechtsverordnungen unter Berücksichtigung des Gesetzgebungsprozesses und der Inzidenz verbliebener Ungereimtheiten. Ein zweiter Abschnitt *(2.)* beleuchtet die Kohärenz beider Verordnungen untereinander und fragt nach möglicherweise bestehenden Diskriminierungen zwischen Ehen und eingetragenen Partnerschaften.

1. Innere Logik der Verordnungen

a) Gesetzgebungsverfahren

Mit den beiden Güterrechtsverordnungen wurden zwei Gesetzgebungsprojekte zum Abschluss gebracht, die schon 2005 im Haager Programm angestoßen wurden. Dieses Anfangsstadium des güterrechtlichen Projekts fiel ungefähr mit der Osterweiterung der Union zum 1. Januar 2007 zusammen. Bezeichnenderweise nehmen nur vier der damals beigetretenen Mitgliedstaaten (Malta, Slowenien, Tschechien und Zypern) an der jetzigen verstärkten Zusammenarbeit teil.

Der Rat hatte die Kommission zunächst um einen Vorschlag für ein Grünbuch über die Regelung des Kollisionsrechts im Bereich des ehelichen Güterstands einschließlich der Frage der Zuständigkeit und der gegenseitigen Anerkennung

437 Basedow, Kohärenz im Internationalen Privat- und Verfahrensrecht der Europäischen Union. Eine einleitende Orientierung, S. 5. Das angeführte Werk enthält zahlreiche Beiträge der Referenten einer am 10. und 11. Oktober 2014 an der Universität Freiburg i.Br. von Prof. Dr. Jan v. Hein zu diesem Thema veranstalteten Tagung. Ein Tagungsbericht von G ü r t l e r, Ferdinand, ist im Internet unter https://verfahrensrecht.uni-halle.de/2014/12/15/tagung-kohaerenz-im-internationalen-privat-und-verfahrensrecht-der-europaeischen-union-in-freiburgbr-vom-10-bis-11-oktober-2014/ abrufbar.

ersucht[438]. Mit diesem Grünbuch[439] wurden seitens der Kommission umfassende Konsultationen bezüglich güterrechtlicher Fragen eingeleitet, die sich im internationalen Kontext stellen. Die Projekte wurden im Jahr 2011 von der Kommission als Vorschläge[440] für zwei gesamteuropäische Verordnungen in das Gesetzgebungsverfahren eingebracht und 2016 nach zahlreichen Modifikationen schließlich im Wege der Verstärkten Zusammenarbeit von nur 18 Mitgliedstaaten angenommen.

Diese lange Phase des Gesetzgebungsverfahrens war von zähen, je nach Ratsvorsitz auch monatelang unterbrochenen Verhandlungen im Ministerrat gekennzeichnet[441]. Im Ringen um die unionsweite Geltung haben verschiedene Kompromissvorschläge ihren Niederschlag im Text der Verordnungen gefunden, weshalb sich kleinere Inkohärenzen, auch mit anderen unionsrechtlichen und nationalen Regelungen des Internationalen Privat- und Zivilverfahrensrechts, ergeben.

b) Behobene und fortbestehende redaktionelle Fehler

Die zunächst in den angenommenen Verordnungstexten bestehenden Inkongruenzen zwischen dem zeitlichen Anwendungsbereich der Kollisions- und verfahrensrechtlichen Vorschriften beider Rechtsakte konnten nachträglich berichtigt werden[442]: Nach Art. 69 Abs. 2 EuGüter/PartVO gelten die Kollisionsvorschriften nunmehr auch für Paare, die „*am* 29. Januar 2019 oder danach" die Ehe eingegangen sind bzw. ihre Partnerschaft haben eintragen lassen oder die eine Rechtswahl des auf ihren Güterstand/die güterrechtlichen Wirkungen ihrer eingetragenen Partnerschaft anzuwendenden Rechts getroffen haben.

Stehen geblieben ist dagegen der redaktionelle Widerspruch zwischen der für den sachlichen Anwendungsbereich der EuPartVO gewählten Bezeichnung

---

438 Haager Programm zur Stärkung von Freiheit, Sicherheit und Recht in der Europäischen Union, ABl. C 53 vom 03.03.2005, S. 1, Abschnitt 3.4.2.

439 Grünbuch zu den Kollisionsnormen im Güterrecht unter besonderer Berücksichtigung der gerichtlichen Zuständigkeit und der gegenseitigen Anerkennung {SEK(2006) 952}, KOM/2006/0400 endg.

440 KOM(2011) 126 endg. und KOM(2011) 127 endg., jeweils vom 16. März 2011.

441 Serdynska, Joanna, Die Entstehung der Güterrechtsverordnungen – Ein Überblick, in Dutta, Anatol/Weber, Johannes (Hrsg.), Die europäischen Güterrechtsverordnungen, Tagungsband zum wissenschaftlichen Symposium des Deutschen Notarinstituts und der Universität Regensburg, S. 7.

442 ABl. L 113/62.

„Güterstände eingetragener Partnerschaften“ (Art. 1 Abs. 1 EuPartVO) und der Definition als „güterrechtliche Wirkungen einer eingetragenen Partnerschaft“ (Art. 3 Abs. 1 Buchst. b). Da, wie bereits in *Kap. II. 4 a)* ausgeführt, damit jeweils dasselbe gemeint ist, wird im weiteren Verlauf dieser Arbeit zum Teil beides zusammenfassend als „Güterstand“ bezeichnet.

c) Fehlen von Definitionen für die Begriffe „teilnehmender Mitgliedstaat“ und „Drittstaat“

Problematischer als der vorstehende Punkt ist, dass die Verordnungen den Begriff des „Mitgliedstaats“ verwenden, aber nicht definieren[443]. Insbesondere wird nicht durch die Verwendung bzw. Definition des Begriffs *„teilnehmender* Mitgliedstaat“ klargestellt, dass es sich um einen solchen handelt, wie dies bei der gleichfalls als Verstärkte Zusammenarbeit zustande gekommenen Rom-III-Verordnung[444] der Fall ist (Art. 3 Nr. 1 Rom-III-VO).

Im Unterschied zu beidem stellt die EuUntVO – und zwar gleich zu Anfang in Art. 1 Abs. 2 EuUntVO – klar, dass unter „Mitgliedstaaten“ nur die an ihr teilnehmenden Mitgliedstaaten zu verstehen sind, wohl deshalb, weil an der EuUntVO praktisch alle Mitgliedstaaten der Europäischen Union beteiligt sind[445].

Der räumliche Anwendungsbereich der EuGüter/PartVO wird erst in Art. 70 Abs. 2 ausdrücklich auf diejenigen Mitgliedstaaten – gemeint sind an dieser Stelle offenbar alle Mitgliedstaaten *der Union* – beschränkt, „die an der durch den Beschluss (EU) 2016/954 begründeten Verstärkten Zusammenarbeit … in Fragen der Güterstände internationaler Paare (eheliche Güterstände und Güterstände eingetragener Partnerschaften) teilnehmen“.

Zwar leuchtet es bei im Rahmen einer Verstärkten Zusammenarbeit angenommenen Rechtsakten ein, dass Mitgliedstaaten der Europäischen Union, die an dieser Zusammenarbeit nicht teilnehmen, schon unter kompetenzrechtlichen Gesichtspunkten durch diese Instrumente nicht gebunden sein können

---

443 Weber, Johannes, Die Europäischen Güterrechtsverordnungen: Eine erste Annäherung, DNotZ 2016, S. 659 ff. (S. 662); Martiny, Dieter, Die Anknüpfung güterrechtlicher Angelegenheiten, ZfPW 2017, 1 ff. (5).

444 Die Formulierung „an der Verordnung teilnehmende Mitgliedsstaaten“ findet sich ausschließlich im jeweiligen 13. Erwägungsgrund und in der Schlussformel: „Diese Verordnung ist in allen ihren Teilen verbindlich und gilt gemäß den Verträgen unmittelbar in den teilnehmenden Mitgliedstaaten.“

445 S. *Anhang II.* Allein Dänemark verweigerte sich der Geltung des in der EuUnterhaltsVO vereinbarten Kollisionsrechts und der Behördenzusammenarbeit.

und dass sich damit der Begriff „Mitgliedstaaten“ auf den Kreis der teilnehmenden Mitgliedstaaten beziehen muss.[446] Dennoch ist der Unionsgesetzgeber auf dem Gebiet des Familienrechts in der Unterhalts-, der Rom-III- und den Güterrechtsverordnungen jeweils unterschiedlichen Wegen gefolgt, was die Anwenderfreundlichkeit des Systems, gelinde gesagt, vermindert.

Im Text der Güterrechtsverordnungen ist zudem außer von „Mitgliedstaaten“ auch von „Drittstaaten“[447] die Rede, zu denen neben allen Staaten, die nicht Mitglieder der Europäischen Union sind, auch die EU-Mitgliedstaaten zählen, die an der Verstärkten Zusammenarbeit nicht teilnehmen – nur wird dies in ihrem Text nirgends erwähnt. Im sonstigen europarechtlichen Kontext werden dagegen mit „Drittstaaten“ üblicherweise Staaten bezeichnet werden, die keine Unionsmitglieder sind. Die Rom-III-Verordnung ist demgegenüber bei der Formulierung ihres 12. Erwägungsgrunds erheblich stringenter, wenn sie erklärt: „Diese Verordnung sollte universell gelten, d. h. kraft ihrer einheitlichen Kollisionsnormen sollte das Recht eines teilnehmenden Mitgliedstaats, eines nicht teilnehmenden Mitgliedstaats oder das Recht eines Drittstaats zur Anwendung kommen können.“

Ein berechtigter Vorwurf gegenüber dem Unionsgesetzgeber gilt somit der uneinheitlichen und entsprechend missverständlichen Nomenklatur, die in den güterrechtlichen und verschiedenen anderen familienrechtlichen Verordnungen, insbesondere der Rom-III-Verordnung, verwendet wird[448].

Kohler[449] wählt im Kontext der Güterrechtsverordnungen im Bemühen um eine höhere Präzision für die nicht an der Verstärkten Zusammenarbeit teilnehmenden Mitgliedstaaten der Union sinnvollerweise die Bezeichnung „*unechte* Drittstaaten“. Praktische Bedeutung hat die Einbeziehung der nicht teilnehmenden Mitgliedstaaten, wie Kohler zeigt, für die Voraussetzungen einer internationalen Zuständigkeit nach Art. 11 sowie Art. 13 EuGüter/PartVO, aber auch für die Frage des Vorrangs bilateraler Abkommen der an den Güterrechtsverordnungen

---

446 Weber, a.a.O., S. 662.

447 So in den Erwägungsgründen 41 und 43 und in den jeweiligen Art. 11, 13 und 37.

448 Weitere Inkohärenzen zwischen den Güterrechtsverordnungen und der Rom-III-VO werden in *Kap. VI 1* untersucht.

449 Kohler, Christian, Die Güterrechtsverordnungen der Europäischen Union und die vorrangigen Staatsverträge mit Drittstaaten, in: Dutta, Anatol, Weber, Johannes (Hrsg.), Die Europäischen Güterrechtsverordnungen, Tagungsband zum oben genannten wissenschaftlichen Symposium des Deutschen Notarinstituts und der Universität Regensburg, Verlag C.H. Beck, München 2017, S. 164.

teilnehmenden Mitgliedstaaten gegenüber den Verordnungen, Art. 62 Abs. 1 und 2 EuGüter/PartVO:

Im Verhältnis zwischen den an den Güterrechtsverordnungen teilnehmenden Mitgliedstaaten untereinander kommt den Verordnungen nach Art. 62 Abs. 2 EuGüter/PartVO Vorrang vor unter ihnen abgeschlossenen Übereinkünften zu.

Dies gilt nicht für die mit – echten oder unechten – Drittstaaten bestehenden Abkommen. Kohler nennt als Beispiel das Abkommen zwischen den EU-Mitgliedstaaten Österreich und Polen, das im Zusammenhang mit den Güterrechtsverordnungen „unechter Drittstaat" ist. Gemäß Art. 62 Abs. 1 EuGüter/PartVO genießt dieses Abkommen, soweit die geregelten Materien deckungsgleich sind, Vorrang vor den güterrechtlichen Verordnungen. Gleichzeitig löst es, soweit es mit den Zielen und der praktischen Wirksamkeit der Güterrechtsverordnungen nicht vereinbar ist, die Verpflichtung Österreichs zur Behebung dieser Unvereinbarkeiten aus Art. 351 AEUV aus.[450]

Um dieser Verpflichtung nachzukommen, haben die Mitgliedstaaten nach der Rechtsprechung des EuGH alle geeigneten Mittel einzusetzen, um eine mit den Verträgen konforme Revision der bestehenden Abkommen zu erreichen, und diese Abkommen im Extremfall zu kündigen, wenn eine Kündigung völkerrechtlich zulässig ist.[451] Tun sie dies nicht, droht ihnen die Verurteilung in einem entsprechenden Vertragsverletzungsverfahren, wie sie u. a. in der EuGH-Entscheidung C-72/98 erfolgt ist.

Dass diese primärrechtliche Verpflichtung zur Revision insbesondere im Verhältnis zu echten Drittstaaten bestehender Abkommen für die betroffenen teilnehmenden Mitgliedstaaten diplomatische Probleme verursachen kann, ist als „Preis" mit der Unionsmitgliedschaft verbunden. Mit den unechten Drittstaaten wird die Abstimmung infolge der gemeinsamen Teilnahme an anderen, auch zukünftigen familienrechtlichen Verordnungen des Unionsrechts dagegen leichter fallen.

d) Unklarheiten in den Regelungen zum Schutz Dritter

(i) Nicht geregelte Fragen

Der jeweilige Art. 28 der Güterrechtsverordnungen legt fest, inwieweit das für den Güterstand der Ehe bzw. Partnerschaft anzuwendende Recht auch Dritten entgegengehalten werden kann. Hierbei geht es im Wesentlichen um gesetzliche

---

450 Kohler, a.a.O., S. 165, 175.

451 Urteil vom 4. Juli 2000, *Kommission/Portugal*, C-62/98, Rn. 34 m.w.N.

Vertretungsbefugnisse und Verfügungsbeschränkungen, die sich in den nationalen Rechten entweder als allgemeine Wirkungen der Ehe/Partnerschaft oder aus dem für die konkrete Verbindung geltenden Güterstand ergeben. Im deutschen Recht sind güterstandübergreifend die Schlüsselgewalt (gesetzliche Vertretungsbefugnis für Geschäfte zur angemessenen Deckung des Lebensbedarfs) in § 1357 BGB, für den deutschen gesetzlichen Güterstand der Zugewinngemeinschaft Verfügungen über Haushaltsgegenstände in § 1369 bzw. über das gesamte Vermögen in § 1365 BGB normiert.

Das für den deutsch-französischen Wahlgüterstand charakteristische Verbot einseitiger Verfügungen über die Ehewohnung, selbst wenn diese im ausschließlichen Eigentum des Verfügenden steht, war dem deutschen Recht bis zum Abschluss des entsprechenden deutsch-französischen Abkommens im Jahr 2010[452] gänzlich unbekannt. Es soll das Ausspielen ungleicher wirtschaftlicher Verhältnisse oder einer zufälligen Eigentumsverteilung zu Lasten des anderen Ehegatten und der regelmäßig mitbetroffenen Kinder verhindern. Angesichts der häufig extrem gespannten Lage in Trennungssituationen hat das Verbot auch praktische Bedeutung. Es besteht neben dem französischen beispielsweise auch im spanischen Recht (Art. 1320 *Código Civil*), jeweils unabhängig vom für die Ehe geltenden Güterstand. In Österreich wird der betroffene Ehegatte über den Schutz seines Mitbesitzes gesichert (§ 97 ABGB), gegen Störungen kann mit Klagen auf Feststellung der Störung und Wiederherstellung des früheren Zustandes vorgegangen werden[453].

Art. 28 Abs. 1 EuGüter/PartVO schließt vom Grundsatz her zunächst aus, dass derartige Wirkungen des auf die Verbindung anzuwendenden Güterrechts auch Dritten entgegengehalten werden können. Nach den Erwägungsgründen (EG 52 der Brüssel-IIa-VO, EG 51 der EuPartVO) bezweckt die Vorschrift den Schutz des Rechtsverkehrs.

Eine Ausnahme von dieser Grundentscheidung sollen jedoch Situationen darstellen, in denen der Dritte vom anzuwendenden Güterrecht positive

---

452 Abkommen zwischen der Bundesrepublik Deutschland und der Französischen Republik über den Güterstand der Wahl-Zugewinngemeinschaft, veröffentlicht durch das Gesetz zu dem Abkommen vom 4. Februar 2010 zwischen der Bundesrepublik Deutschland und der Französischen Republik über den Güterstand der Wahl-Zugewinngemeinschaft vom 15. März 2012 (BGBl. 2012 II S. 178).

453 S. die im Internet abrufbare „Rechtsratgeberin für Frauen" des österreichischen Bundesministeriums für Bildung und Frauen aus dem Jahr 2015 (https://www.bmgf.gv.at/cms/home/attachments/6/3/6/CH1553/CMS1465398232691/scheidungsratgeber.pdf), S. 24.

Kenntnis hat oder in denen er dieses Güterrecht „bei gebührender Sorgfalt" kennen müsste (Art. 28 Abs. 1 EuGüter/PartVO a. E.). Die Formulierung als Ausnahmetatbestand – und Ausnahmen sind eng auszulegen[454] – lässt darauf schließen, dass auch die Beweislast dem Ehegatten obliegt, der sich auf die Wirkungen des auf den Güterstand anzuwendenden Rechts beruft[455].

Allerdings wird nach Art. 28 Abs. 2 EuGüter/PartVO „davon ausgegangen", dass der Dritte von dem auf den ehelichen Güterstand anzuwendenden Recht Kenntnis hat, wenn es sich um ein nationales Recht handelt, bei dem Vorkenntnisse des Dritten über die in diesem Recht geltenden Regeln möglich bzw. sogar wahrscheinlich sind: wenn es sich bei dem maßgeblichen Güterrecht um das auch auf sein Rechtsverhältnis mit dem Ehegatten anzuwendende Vertragsstatut, das Recht des gemeinsamen gewöhnlichen Aufenthalts der Parteien des Vertragsverhältnisses oder um das Belegenheitsrecht der vertragsgegenständlichen unbeweglichen Sache handelt (Art. 28 Abs. 2 Buchst. a). Ein Schutz des Dritten soll aber auch ausgeschlossen sein – Art. 28 Abs. 2 Buchst. b – wenn die geltenden Anforderungen an die Publizität oder Registrierung des Güterstands erfüllt worden sind, und zwar nur nach *einem* der in Abs. 2 Buchst. a genannten Statute.

Die gesetzliche Formulierung von Art. 28 Abs. 2 EuGüter/PartVO lässt zwei Fragen offen, nämlich zum einen, was der genaue Gegenstand der „Kenntnis" sein soll, und zum anderen, ob es sich um eine widerlegbare oder um eine unwiderlegbare Vermutung handelt[456]. Weder die Vorschrift selbst noch die Erwägungsgründe enthalten diesbezüglich Anhaltspunkte.

Was die erste Frage nach dem Gegenstand der Kenntnis betrifft, merkt S ü ß[457] an, dass für den Dritten in erster Linie von Interesse sei, welche *Auswirkungen* das anwendbare Recht auf die Verfügungsbefugnis des Ehegatten habe. Dies sei naturgemäß bei einem Recht, das dem Dritten nahestehe (Art. 28 Abs. 2 Buchst. a), viel eher der Fall als bei einem Recht, das nur im jeweiligen nationalen (Güterrechts-)Register mehr oder weniger detailliert ausgewiesen

---

454 Vgl. statt vieler das Urteil vom 14. September 2004 in der Rechtssache C-385/02, Rn. 19, m.w.N.

455 Süß, Rembert, Sonderanknüpfung von Eheverträgen und Schutz Dritter, in: in: Dutta, Anatol, Weber, Johannes (Hrsg.), Die Europäischen Güterrechtsverordnungen, Tagungsband zum oben genannten wissenschaftlichen Symposium des Deutschen Notarinstituts und der Universität Regensburg, Verlag C.H. Beck, München 2017, RZ 62, S. 102. Hausmann, Internationales und Europäisches Familienrecht, RZ 375 zu Art. 28 EuGüterVO, S. 239.

456 So Dutta, a.a.O., S. 1983, Weber, a.a.O., S. 686.

457 Süß, a.a.O, RZ 68, S. 103.

werde (Art. 28 Abs. 2 Buchst. b). Da Art. 28 Abs. 2 Buchst. a die Kenntnisvermutung an eine besondere Verbindung zwischen den Beteiligten und dem auf den Güterstand anzuwendenden Recht knüpfe, spreche außerdem vieles dafür, dass gemeint sei, dass die Kenntnis von den *Wirkungen* des ausländischen Rechts dem Dritten schade.

Buchst. b dagegen vermute seine Kenntnis vor dem Hintergrund, dass er es versäumt habe, sich über das Güterrecht seines Vertragspartners und dessen Auswirkungen auf den Vertrag kundig zu machen, was als mangelnde Sorgfalt mit der Vermutung eines „Kennenmüssens" des anwendbaren Güterrechts bestraft werde. Art. 63 der EuGüter/PartVO verpflichte die Mitgliedstaaten zur Veröffentlichung von Zusammenfassungen ihrer nationalen Vorschriften und Verfahren betreffend die ehelichen Güterstände, einschließlich Informationen zur Art der für Fragen des Güterstands zuständigen Behörde und den Wirkungen gegenüber Dritten i. S. v. Art. 28 über das Europäische Justizielle Netzwerk der Kommission, so dass sich der Geschäftspartner des Ehegatten/Partners entsprechend informieren könne.

Damit soll bei Art. 28 Abs. 2 Buchst. b offenbar die Erfüllung der Publizitätsvorschriften allein genügen, um vom Eingreifen der gesetzlichen Vermutung auszugehen. Hinsichtlich der Frage der Widerlegbarkeit oder Unwiderlegbarkeit der in Art. 28 Abs. 2 Buchst. a und b normierten gesetzlichen Vermutungen geht Süß mit Rücksicht auf die von ihm zitierten gesetzgeberischen Motive von deren Unwiderleglichkeit aus.

(ii) Stellungnahme

Gegen die dargestellte Argumentation bestehen Bedenken:

Selbstverständlich ist von juristischen Berufsträgern, insbesondere den beurkundenden Notaren, zu erwarten, dass sie einschlägige Informationsquellen, konkret die des erwähnten Justiziellen Netzwerks, konsultieren. Bei Rechtsgeschäften, die zwischen Privaten ohne die Assistenz solcher Personen vorgenommen werden, erscheinen die Hürden für die Annahme einer Gutgläubigkeit des Dritten aber zu hoch angesetzt. Bei Annahme der Unwiderleglichkeit der Vermutung in Art. 28 Abs. 2 wird schon das oben dargestellte Regel-Ausnahmeprinzip in sein Gegenteil verkehrt.

Was die Frage der Reichweite der Kenntnisvermutung betrifft, sind die Kenntnisse über Einzelheiten selbst des für ihre eigene Ehe geltenden Güterstands bei großen Teilen der Bevölkerung ernüchternd gering, und entsprechend dürfte auch das Problembewusstsein über Verfügungsbeschränkungen des Güterrechts sein, erst recht über diejenigen eines fremden Rechts.

Würde im Hinblick auf Art. 28 Abs. 2 Buchst. a die Kenntnis von der Anwendbarkeit eines ausländischen Güterrechts in Verbindung mit der Existenz des Europäischen Justiziellen Netzwerk genügen, um die Vermutung auszulösen, wäre angesichts der Allgemeinzugänglichkeit der dort bereitgestellten Informationen die nach dem Gesetzeswortlaut immerhin nur vermutete „Sorgfaltspflichtverletzung" des Dritten praktisch zwingend, sobald eines der in der Vorschrift genannten, dem Dritten „nahestehenden Rechte" zur Anwendung käme.

Hinsichtlich Art. 28 Abs. 2 Buchst. b (Erfüllung der Publizitätspflichten) stellt sich die Situation ähnlich dar: Das deutsche Güterrechtsregister, in dem zwischen Ehe- und Lebenspartnern vereinbarte Wahlgüterstände „eigentlich" einzutragen wären, um nach § 1412 Abs. 1 BGB eine Drittwirkung herbeizuführen, führt in Deutschland ein Schattendasein und ist dem Großteil der Bevölkerung – im Gegensatz zum „professionellen Dritten", insbesondere Banken – gänzlich unbekannt. Entsprechend ist die Wahrscheinlichkeit, dass der (private) Dritte sich bei Vorliegen der Voraussetzungen von Buchst. b vor dem Abschluss eines Rechtsgeschäfts aus eigenem Antrieb über die Einhaltung von Publizitätsvorschriften informieren wird, minimal. Lebensfremd ist auch die Vorstellung, dass sich der Vertragspartner vor einer Unterschrift das Bestehen einer ehelichen/partnerschaftlichen Verbindung und den bestehenden Güterstand nachweisen lässt.

Davon abgesehen erscheint es vor dem Hintergrund von Art. 28 Abs. 1 systemwidrig, wenn in den Güterrechtsverordnungen mit keinem Wort eine Verpflichtung des vertragschließenden Ehegatten/Partners impliziert wird, seinen Vertragspartner über die güterrechtlichen Auswirkungen seiner Ehe oder Partnerschaft aufzuklären. Vielmehr wird dem Vertragspartner bei Vorliegen der objektiven Voraussetzungen in Art. 28 Abs. 2 Buchst. a und b das Risiko der sich aus der Ehe/Partnerschaft ergebenden Folgen allein auferlegt. Die Vermutungen müssen daher zumindest einen Gegenbeweis zulassen, damit sich ihre Wirkungen in denen einer Beweislastumkehr erschöpfen.

(iii) Ersatzweise Geltung anderer Güterrechte

Nach Art. 28 Abs. 3 schließlich bestimmen sich im Fall, dass der vertragschließende Ehegatte dem Dritten sein tatsächliches Güterstatut nach Art. 28 Abs. 1 und 2 nicht entgegenhalten kann, es somit bei der grundlegenden Entscheidung von Art. 28 Abs. 1 bleibt, die güterrechtlichen Wirkungen der Ehe/Partnerschaft gegenüber dem Dritten *ersatzweise* nach dem Güterrecht des auf das Rechtsgeschäft anzuwendenden Rechts, im Fall von unbeweglichem Vermögen des Belegenheitsrechts und im Fall von eingetragenen Vermögenswerten oder Rechten des Rechts des Eintragungsorts.

Bei diesem zweifellos innovativen Ansatz, der einer Art „Spagat" zwischen dem Schutz der Interessen der Ehegatten/Partner und derjenigen des mit ihnen kontrahierenden Dritten gleichkommt, ist ungeklärt, nach welchen Kriterien dies geschehen soll. Möglich wären eine Bestimmung anhand des *gesetzlichen* Güterstands des ersatzweise geltenden nationalen Rechts oder anhand des dem tatsächlichen Güterrecht der Ehepartner am nächsten kommenden Wahlgüterstands. Außerdem ist es Zufall, ob dies im Zusammenhang des konkreten Rechtsgeschäfts dem Horizont des – doch eigentlich auf diesem Wege zu schützenden – Dritten tatsächlich besser entspricht oder ihn benachteiligt.

Zusammenfassend ist festzustellen, dass die Vorschriften zum Drittschutz in Art. 28 der beiden Verordnungen Lücken und Ungereimtheiten aufweisen, deren baldige Klärung durch den EuGH wünschenswert wäre, wenngleich sie mit der Aussicht auf ein um ca. 2 Jahre verlängertes Verfahren einhergeht, das bei einer detaillierteren Erläuterung von Art. 28 in den Erwägungsgründen der beiden Verordnungen vermeidbar gewesen wäre.

e) Möglichkeit von Güterrechtsspaltungen

(i) Güterrechtsspaltung aufgrund subsidiärer Zuständigkeiten

Art. 21 EuGüter/PartVO proklamiert die Einheit des auf den ehelichen Güterstand bzw. die güterrechtlichen Wirkungen der eingetragenen Partnerschaft anzuwendenden Rechts. Allerdings können sich aus den Zuständigkeitsvorschriften beider Verordnungen mittelbar Durchbrechungen dieses sog. *monistischen* Prinzips ergeben[458].

So lässt es Art. 13 Abs. 1 EuGüter/PartVO bei einer Güterrechtssache, die an eine *Nachlasssache* anknüpft, auf Antrag einer der Parteien zu, dass in einem Drittstaat befindliches Nachlassvermögen von der Entscheidung des im Geltungsbereich der Güterrechtsverordnungen angerufenen Gerichts ausgeklammert wird, wenn zu erwarten ist, dass seine Entscheidung über diese Vermögenswerte in dem betreffenden Drittstaat nicht anerkannt oder gegebenenfalls nicht für vollstreckbar erklärt wird. Damit kann sich sogar die parallele Anwendung unterschiedlicher Güterrechte ergeben, beispielsweise, wenn die Staaten zweier international zuständiger Gerichte dieselbe Ehe aufgrund ihres unterschiedlichen Verständnisses von ehe- und partnerschaftlichen

---

458 Vgl. Coester-Waltjen, Dagmar, Die objektive Anknüpfung des Ehegüterstatuts, in: Dutta/Weber (Hrsg.), Die Europäischen Güterrechtsverordnungen, Tagungsband, C.H. Beck Verlag 2017, S. 47 ff. (S. 60).

Verbindungen unter die Anwendungsbereiche der beiden Güterrechtsinstrumente verschieden einordnen. Gleiches gilt für die Gerichte, die im Fall subsidiärer Zuständigkeiten nach Art. 10 EuGüter/PartVO zur Entscheidung über unbewegliches Nachlassvermögen berufen sind. Und schließlich erlaubt Art. 13 Abs. 2 EuGüter/PartVO in sämtlichen Fällen Vereinbarungen der Parteien über eine Beschränkung des Streitgegenstands nur dann, wenn das Recht des Forumsstaates dies zulässt.

In sämtlichen skizzierten Situationen ist die Folge, dass im Ergebnis mindestens zwei Gerichte über die Frage nach dem auf den Güterstand anzuwenden Recht entscheiden und dabei möglicherweise zu unterschiedlichen Ergebnissen kommen, etwa weil sie im Bereich der Ausweichklausel von Art. 26 Abs. 3 EuGüterVO, Art. 26 Abs. 2 EuPartVO das Bestehen bzw. Nichtbestehen einer „engeren Verbindung" zum vorletzten Aufenthaltsstaat und des entsprechenden „Vertrauens" der Ehegatten auf die Geltung des dortigen Rechts verschieden einschätzen. Eine Beurteilung anhand derselben Kriterien findet überdies nur statt, wenn beide Forumsstaaten an den Güterrechtsverordnungen beteiligt sind. Echte wie unechte Drittstaaten sind an diese Vorgaben zur Bestimmung des anwendbaren Rechts von vorneherein nicht gebunden, sondern werden ihre eigenen nationalen Kollisionsvorschriften anwenden, so dass divergierende Entscheidungen in solchen Fällen noch wahrscheinlicher werden.

(ii) Stellungnahme

Während die nach den vorhergehenden Abschnitten *b)* bis *d)* bestehenden redaktionellen und inhaltlichen Ungenauigkeiten besser vermieden worden wären, sind die durch die subsidiären Zuständigkeiten verursachten Durchbrechungen des monistischen Prinzips mit den Zielen der Verordnungen letztlich doch vereinbar:

Bei Gerichtstandvereinbarungen nach Art. 13 Abs. 2 EuGüter/PartVO geht die Aufspaltung des Forums auf den Willen der Parteien zurück, steht also mit dem Grundsatz der Privatautonomie in Einklang. Beim zweiten Fall, der mangelnden Anerkennungsfähigkeit der angestrebten Entscheidung in einem Drittstaat, muss eine Klärung auch außerhalb des Anwendungsbereichs der Verordnungen möglich sein, um den Parteien effektiven Rechtsschutz zu garantieren. Der – stets subsidiär anzuwendende – Art. 10 verfolgt letzten Endes denselben Zweck, nämlich den Ehegatten/Partnern selbst dann, wenn kein Anknüpfungspunkt in einem teilnehmenden Mitgliedstaat gegeben sein sollte, den Schutz ihrer Rechte zu gewährleisten, wenn sich unbewegliches Vermögen in einem der an den Verordnungen teilnehmenden Staaten befindet[459].

2. Kohärenz der beiden Güterrechtsverordnungen untereinander

Die Güterrechtsverordnungen wurden seitens der Kommission von Anfang an in zwei Verordnungsentwürfen vorgelegt. Grund für die Aufteilung der geregelten Materie in das eheliche Güterrecht einerseits und das Güterrecht eingetragener Partnerschaften andererseits waren die nicht umfassende Anerkennung und die divergierende gesetzliche Konzeption eingetragener Partnerschaften in den Mitgliedstaaten der Union[460]. Da die in Art. 20 und 21 der Grundrechtscharta verankerten Grundsätze der Gleichheit und Nichtdiskriminierung auch hinsichtlich der sexuellen Ausrichtung tragende Pfeiler der Unionsrechtsordnung sind, wurde für wichtig gehalten, beide Projekte gemeinsam anzunehmen, was später auch in den Anträgen zur Durchführung einer Verstärkten Zusammenarbeit nach Art. 329 Abs. 1 AEUV zum Ausdruck kam.[461] Dem entsprechend erhielt diese Zusammenarbeit die Bezeichnung „Verstärkte Zusammenarbeit im Bereich der Güterstände internationaler Paare".[462] Der Beitritt neuer teilnehmender Mitgliedstaaten ist ebenfalls nur zu beiden Verordnungen gemeinsam möglich[463].

Das Konzept der inhaltlichen Verbindung beider Rechtsakte wurde durch die während des langen Gesetzgebungsverfahrens (von 2011 bis 2016) ergangene Rechtsprechung des Europäischen Gerichtshofs für Menschenrechte zum Verbot der Diskriminierung gleichgeschlechtlicher Verbindungen bestätigt:

---

459 Simotta, Die internationale Zuständigkeit ..., ZVglRWiss 116 (2017), 84.

460 Serdynska, Joanna, Die Entstehung der Güterrechtsverordnungen – ein Überblick, in Dutta/Weber, Die europäischen Güterrechtsverordnungen, Tagungsband, S. 7, RZ 2.

461 Serdynska, a.a.O., S. 8, RZ 8.

462 Vgl. auch den 11. Erwägungsgrund der Güterrechtsverordnungen, der vom Wunsch der ursprünglich 17 teilnehmenden Mitgliedstaaten spricht, „untereinander eine verstärkte Zusammenarbeit im Bereich der güterrechtlichen Beziehungen internationaler Paare, insbesondere ... in Fragen der ehelichen Güterstände und der Güterstände eingetragener Partnerschaften, begründen zu wollen".

463 Serdynska, ebd., RZ 10 a. E.

Im Urteil vom 3. November 2015 in der Rechtssache *Oliari u. a. gegen Italien*[464] stellte der EGMR fest, die Staaten des Europarats treffe eine Verpflichtung, die Beziehung gleichgeschlechtlicher Paare im Sinne einer eingetragenen Partnerschaft rechtlich anzuerkennen und zu regeln; da es den Beschwerdeführern (drei homosexuellen Paaren) in Italien weder gestattet werde zu heiraten noch eine zivilrechtliche Partnerschaft zu begründen, habe Italien gegen Art. 8 der Europäischen Menschenrechtskonvention (Recht auf Achtung des Privat- und Familienlebens) verstoßen. Schon 2013 hatte der EGMR in der Rechtssache *Vallianatos u. a. gegen Griechenland* (zwei Beschwerden, Nr. 29381/09 und 32684/09) eine Verletzung des Diskriminierungsverbots von Art. 14 in Verbindung mit dem bereits im Urteil *Oliari* herangezogenen Art. 8 EMRK festgestellt, weil das griechische Recht zivile Partnerschaften nur für verschiedengeschlechtliche Paare vorsah und gleichgeschlechtlichen Paaren die Möglichkeit zur Eingehung einer Partnerschaft insgesamt vorenthielt.

Diese Rechtsprechung des EGMR hat allerdings nichts daran geändert, dass auch in mehreren Mitgliedstaaten der Europäischen Union – Bulgarien, Lettland, Litauen, Polen, Rumänien und der Slowakei[465] – homosexuellen Paaren das Institut einer gesetzlich geregelten eingetragenen Partnerschaft nach wie vor verweigert wird. Wie der jeweils letzte (73. bzw. 71.) Erwägungsgrund der Güterrechtsverordnungen erklärt, stehen diese nunmehr „im Einklang mit den Grundrechten und Grundsätzen, die mit der Charta anerkannt wurden, namentlich die Artikel 7, 9, 17, 21 und 47, die das Recht auf Achtung des Privat- und Familienlebens, das nach nationalem Recht geschützte Recht, eine Ehe einzugehen und eine Familie zu gründen, das Eigentumsrecht, den Grundsatz der Nichtdiskriminierung sowie das Recht auf einen wirksamen Rechtsbehelf und ein faires Verfahren betreffen".

464 Rechtssachen 18766/11 und 36030/11, Eine deutsche Zusammenfassung des Urteils wurde im Newsletter Menschenrechte 4/2015 des Österreichischen Instituts für Menschenrechte (ÖIM) veröffentlicht und ist im Internet abrufbar unter http://hudoc.echr.coe.int/eng?i=001-174093.

465 Quelle: Europäische Union, abrufbar unter https://europa.eu/youreurope/citizens/family/couple/registered-partners/index_de.htm

a) Einebnung von zwischen den beiden Verordnungen bestehenden Unterschieden während des Gesetzgebungsverfahrens

Der Unionsgesetzgeber hat sich im Lauf des Gesetzgebungsverfahrens bemüht, die in den Kommissionsvorschlägen bestehenden Unterschiede zwischen den beiden Verordnungen so weit wie möglich zu nivellieren:

An den Entwürfen der Kommission von 2011 war zu Recht kritisiert worden, dass eingetragenen Partnern im Gegensatz zu Ehegatten weder eine Wahl des anzuwendenden Güterrechts noch eine Wahl des Gerichtsstands gestattet werde[466]. Art. 15 des Entwurfs der EuPartVO (EuPartVO-E) erklärte ausschließlich das Güterrecht des Eintragungsstaats der Partnerschaft für anwendbar, was den international-privatrechtlichen Vorschriften der meisten Mitgliedstaaten, insbesondere auch der Regelung in Art. 17 b Abs. 1 S. 1 EGBGB a. F., entsprach[467]. Die Kommission wollte angesichts der Diversität der in den Mitgliedstaaten bestehenden gesetzlichen Modelle und gesellschaftlichen Anschauungen offenbar den Weg des geringsten Widerstands gehen[468] und Schwierigkeiten im Zusammenhang mit einer Rechtswahl vermeiden. Um im Einzelfall eine solche Wahlmöglichkeit zu schaffen, hätte, wäre es dabei geblieben, für eingetragene Partnerschaften nur die rein praktische Option bestanden, sich noch in einem weiteren Staat als dem Aufenthaltsstaat als Partnerschaft registrieren zu lassen[469].

Mit Blick auf die Frage der Gleichbehandlung war hingegen nicht nachvollziehbar, weshalb die Rechtswahl Ehegatten erlaubt und eingetragenen Partnerschaften untersagt bleiben sollte. Kohler/Pintens[470] rückten in den Vordergrund, dass Lebenspartner diesbezüglich die gleichen Bedürfnisse haben.

---

466 Martiny, Dieter, Der Kommissionsvorschlag für das internationale Ehegüterrecht sowie für das internationale Güterrecht eingetragener Partnerschaften, IPrax 2011, 437 (456). Kohler, Christian und Pintens, Walter, Entwicklungen im europäischen Personen- und Familienrecht 2010–2011, FamRZ 2011, 1433 (1437); Dutta/Wedemann, a.a.O., zur fehlenden Möglichkeit von Gerichtsstandvereinbarungen, S. 148.

467 Hausmann, a.a.O., RZ 33 der Vorbemerkung zum Entwurf der EuPartVO.

468 Vgl. auch den 16. und 29. Erwägungsgrund der heutigen EuPartVO.

469 Vgl. Hausmann, Rainer, Internationales und Europäisches Ehescheidungsrecht, 1. Aufl., C.H. Beck, München 2013, S. 1451, RZ 34 zu Teil R (EuGüVO-E und EuPartVO-E); Bruns, Manfred, Eingetragene Lebenspartnerschaften im Rahmen der EU-Erbrechtsverordnung, ZErb 2014 S. 181 ff.(182) m.w.N. mit Blick auf die erbrechtlichen Wirkungen eingetragener Partnerschaften.

470 A.a.O. (Fn. 466).

Nach dem Urteil des EuGH in der Rechtssache *Maruko*[471] liege deshalb eine unzulässige Diskriminierung aufgrund der sexuellen Orientierung vor, wenn Lebenspartner bei vergleichbaren Positionen gegenüber Ehegatten schlechter gestellt würden. Im Verlauf des Gesetzgebungsverfahrens wurde die unterschiedliche Behandlung insbesondere vom Europäischen Parlament bemängelt[472] und entsprechende Wahlmöglichkeiten in den Entwurf der Partnerverordnung aufgenommen.

Auch was den internationalen Gerichtstand betrifft, bestand für eingetragene Partnerschaften ursprünglich kein Wahlrecht. Neben den Sondergerichtsständen in Art. 3 und 4 (jetzt Art. 4 und 5, die die vorrangige internationale Zuständigkeit der Gerichte im Staat eines Nachlass- bzw. Auflösungsverfahrens regeln) galt objektiv nach Art. 5 EuPartVO-E („Zuständigkeit in anderen Fällen") die hierarchische Zuständigkeitsleiter des heutigen Art. 6 Buchst. a bis c EuPartVO, schließlich nach Buchst. d die Zuständigkeit der Gerichte des Eintragungsstaats. Heute können eingetragene Partner, sofern kein führendes Nachlass- oder Auflösungsverfahren anhängig ist, nach Art. 7 Abs. 1 EuPartVO die Zuständigkeit der Gerichte des Mitgliedstaats, dessen Güterrecht auf ihre Verbindung anwendbar ist, oder der Gerichte des Eintragungsstaats vereinbaren.

Auch wurden die vormals in Art. 3 Abs. 2 und Art. 5 Abs. 2 EuPartVO-E enthaltenen Ausweichklauseln, die es den Gerichten eines teilnehmenden Mitgliedstaats erlauben, sich für unzuständig zu erklären, wenn das Institut der eingetragenen Partnerschaft seinem Sachrecht nicht bekannt ist, in den – in den jetzigen Güterrechtsverordnungen parallel formulierten – Art. 9 („Alternative Zuständigkeit") überführt.

Unterschiede zwischen Ehen und eingetragenen Partnerschaften waren schließlich in den abschließenden Übergangsbestimmungen der Verordnungen, Art. 39 EuGüterVO-E und Art. 35 EuPartVO-E, vorgesehen: Nach Art. 39 EuGüterVO-E sollten die Kollisionsvorschriften in Kapitel III der Verordnung nur auf Ehepaare Anwendung finden, „die nach Beginn der Anwendung dieser Verordnung die Ehe eingegangen sind oder eine Rechtswahl bezüglich des auf ihren Güterstand anzuwendenden Rechts getroffen haben". Für eingetragene Partnerschaften wurde zur Anwendung der entsprechenden Vorschriften in Kapitel III der EuPartVO noch nicht auf den Zeitpunkt der Eintragung abgestellt,

471 Urteil des Gerichtshofs (Große Kammer) vom 1. April 2008, *Maruko*, Rs. C-267/06, Rn. 72.

472 Vgl. die Stellungnahme des Europäischen Parlaments zum schließlich angenommenen Entwurf der EuPartVO vom 16. Juni 2016, A8-0208/2016, RR\1098260DE.doc, S. 7 f.

sondern in Art. 35 Abs. 3 angeordnet, dass Kapitel III nur für Personen gelte, „die in einer eingetragenen Partnerschaft *leben*.“[473] Die jetzige Regelung in Art. 69 Abs. 3 EuPartVO ordnet die Anwendung von Kapitel III auf „Partner, die nach dem 29. Januar 2019 ihre Partnerschaft *haben eintragen lassen* oder eine Rechtswahl des auf die güterrechtlichen Wirkungen ihrer eingetragenen Partnerschaft anzuwendenden Rechts getroffen haben“, an.

Dies ist in Anbetracht des unterschiedlichen Zustandekommens eingetragener Partnerschaften in den teilnehmenden Mitgliedstaaten[474] keine präzise Lösung, die Eintragung der Partnerschaft hat in fast allen teilnehmenden Mitgliedstaaten keine konstitutive Wirkung. Es handelt sich jedoch zum einen um eine sinnvolle Parallelformulierung zu Art. 69 Abs. 3 EuGüterVO, zum anderen trifft die gesetzgeberische Entscheidung wohl den „kleinsten gemeinsamen Nenner“: Man kann vermuten, dass beim Zustandekommen der Partnerschaft durch die Erklärungen der Partner im Standesamtstermin zumindest auch ein Antrag auf Eintragung im entsprechenden Register gewollt ist. Dieser könnte in Anbetracht der Wendung „eintragen lassen“ als der maßgebliche eigenverantwortliche Akt der Partner anzusehen sein, an den die Partnerschaftsverordnung ihre Anwendung knüpft.

b) Noch verbliebene Unterschiede

Ein erster und wesentlicher verbliebener Unterschied zwischen den Verordnungen besteht darin, dass die eingetragene Partnerschaft in der EU-PartVO eine *unionsrechtliche Definition* erfahren hat, während die EUGüterVO für den Begriff der Ehe auf die nationalen Rechte der Mitgliedstaaten (einschließlich ihrer Vorschriften des Internationalen Privatrecht) verweist. Angesichts der selbst im reduzierten Kreis der teilnehmenden Mitgliedstaaten bestehenden Unterschiede zwischen den nationalen Ehekonzepten ist dieses Vorgehen derzeit allerdings alternativlos, auch wenn dadurch die kollisionsrechtliche Einordnung gleichgeschlechtlicher Ehen „im Dunkeln“ bleibt, da jeder teilnehmende Mitgliedstaat die Einordnung vornehmen kann, die seiner eigenen Rechtsordnung entspricht[475].

---

473 Damit blieb unklar, ob durch diese Formulierung eine Einschränkung des Anwendungsbereichs durch Herausnahme von eingetragenen Partnerschaften bezweckt war, deren Lebensgemeinschaft bei Beginn der Anwendung der EuPartVO – trotz (noch) bestehender Eintragung – *de facto* nicht mehr bestand.

474 Vgl. oben *Kap. II 3 b)*.

475 Weber, Johannes, Einführungsbeitrag zur Tagung über die Europäischen Güterrechtsverordnungen, in: Dutta, Anatol, Weber, Johannes (Hrsg.), Die

Wird das anwendbare Recht nicht vereinbart, sondern durch *objektive Bestimmung* ermittelt, gilt nach Art. 26 Abs. 1 EuPartVO das Recht des Eintragungsstaats als Recht, das die eingetragene Partnerschaft kennt und damit zwangsläufig entsprechende Regelungen bereithält. Offenbar wollte man sicher gehen, dass das anwendbare Recht das Recht eines Staates sein würde, der eingetragene Partnerschaften anerkennt. Die Verschiedenheit der in den Mitgliedstaaten geltenden Regelungen rechtfertigt es m. E. auch, auf eine Art. 26 Abs. 1 EuGüterVO entsprechende „Leiter" zu verzichten und das Recht für anwendbar zu erklären, mit dem sich die Partner – mit Ausnahme des Rechts ihres Wohnsitzstaates – aller Wahrscheinlichkeit nach am ehesten vertraut gemacht haben, nämlich das Güterrecht des Eintragungsstaats.

Zweitens kann ausnahmsweise das nach Art. 26 Abs. 1 EuGüter/PartVO objektiv bestimmte Güterrecht bei beiden Verordnungen nach dem jeweiligen Abs. 3 dieser Vorschrift vom zuständigen Gericht auf Antrag eines Beteiligten ersetzt werden durch das Recht des Staates des letzten gemeinsamen Aufenthalts, wenn die Partner bzw. Ehegatten bei der Regelung oder Planung ihrer güterrechtlichen Beziehungen auf dieses Recht vertraut haben und sie in diesem anderen Staat „einen erheblich langen Zeitraum" (so die Formulierung in der EuPartVO) bzw. „über einen erheblich längeren Zeitraum als in dem in Abs. 1 Buchst. a bezeichneten Staat" (so die EuGüterVO) hatten. Die Verwendung des Komparativs ausschließlich in der EuGüterVO lässt auf ein Redaktionsversehen in der EuPartVO schließen, da die Formulierung „erheblich lang" nicht nur grammatikalisch falsch ist, sondern vor allem auch keinen Sinn ergibt. Lauten müsste sie wie in der EuGüterVO.

Im Bereich der internationalen *Zuständigkeit* macht Art. 5 Abs. 2 EuGüterVO nur für einen Teil der möglichen Konstellationen die akzessorische Zuständigkeit der Gerichte des Staates der Ehescheidung und damit die Bündelung mit den aus dieser Scheidung erwachsenden vermögensrechtlichen Folgen von einer *Vereinbarung* der Ehegatten abhängig, bei eingetragenen Partnerschaften ist dies dagegen immer der Fall (Art. 5 Abs. 1 EuPartVO).[476] Diese unterschiedliche Behandlung hängt damit zusammen, dass für Ehegatten mit der Brüssel-IIa-VO eine Regelung zur Verfügung steht, für die man von einer im Grundsatz objektiven und interessengerechten Auswahl der angebotenen gerichtlichen

Europäischen Güterrechtsverordnungen, Tagungsband zum wissenschaftlichen Symposium des Deutschen Notarinstituts und der Universität Regensburg, Verlag C.H. Beck, München 2017, S. 4.

476 S. dazu unten, *Kap. VI 1 d (iii)*.

Zuständigkeiten ausgehen kann. Für eingetragene Partnerschaften ist dagegen keine zivilprozessuale Regelung vorhanden. Deshalb werden vor allem die für den Antragsgegner ungünstigsten Gerichtsstände nach der Brüssel-IIa-VO im Staat des gewöhnlichen Aufenthalts des Antragstellers (fünfter und sechster Gedankenstrich von Art. 3 Abs. 2 Brüssel-IIa-VO) unter das Erfordernis gestellt, dass der Gerichtsstand zwischen den Parteien vereinbart sein muss.

Noch eine weitere Besonderheit weist die EuPartVO im Bereich der Zuständigkeit auf: Um das Bestehen eines international zuständigen Forums in jedem Fall zu gewährleisten, ist in Art. 6 EuPartVO im Gegensatz zur EuGüterVO als letzter Stufe der dortigen Leiter die Zuständigkeit der Gerichte des Eintragungsstaates vorgesehen, was angesichts der in Art. 9 Abs. 1 EuPartVO normierten Ablehnungsmöglichkeit dem Bedürfnis nach einer Auffangmöglichkeit abhilft[477].

Der letzte inhaltliche Unterschied zwischen den beiden Verordnungen besteht darin, dass die im jeweiligen Art. 68 festgelegte Überprüfungsklausel in Abs. 1 einen ersten Berichtstermin über die Anwendung beider Verordnungen am 29. Januar 2027 vorsieht. Danach sind für die EuPartVO *weitere*, fünfjährige Berichtszeiträume vorgesehen, die EuGüterVO verlangt eine derartige Folgeverpflichtung nicht. Da die Anerkennung gleichgeschlechtlicher Partnerschaften in den Rechtsordnungen der Mitgliedstaaten noch relativ neu ist, ist dies, auch in Anbetracht der Diversität der nationalen Regelungen, nachvollziehbar. Bereits am 29. Januar 2024 sollen jedoch – insoweit wiederum übereinstimmend – nach Abs. 2 Berichte über die Anwendung von Art. 9 (die oben erwähnte Möglichkeit der Gerichte zur Ablehnung der eigenen Zuständigkeit) und Art. 38 (Achtung der Grundrechte bei der Anerkennung und Vollstreckung von Entscheidungen) vorgelegt werden.

Nach alledem geben die Güterrechtsverordnungen für den Vorwurf von Diskriminierungen und sonstigen Grundrechtsverletzungen keinen Anlass.

---

477 Vgl. auch den 35. Erwägungsgrund der EuPartVO.

Kapitel V: Abgrenzungsprobleme zwischen dem Anwendungsbereich der Güterrechtsverordnungen und dem Anwendungsbereich (weiterhin) anwendbarer Vorschriften der Mitgliedstaaten

Soweit Fragen des Internationalen Privatrechts nicht unionsrechtlich geregelt sind, sind nach wie vor die Kollisionsvorschriften der Mitgliedstaaten anwendbar. *Kapitel V* beschäftigt sich mit drei Bereichen, in denen Abgrenzungsprobleme der nationalen Rechte mit dem Güterrecht zu erwarten sind: Bei den allgemeinen Ehewirkungen, deren Umfang mit dem Anwendungsbeginn der Güterrechtsverordnungen verkleinert worden ist *(1.)*, im Grenzbereich zwischen Güterrecht und nationalem Sachenrecht *(2.)* und bei der Anwendung der Vorschriften über die Rechtswahl *(3.)*.

1. Unionsrechtlicher Güterstand und weiterhin national geregelte allgemeine Ehewirkungen

a) Autonome Auslegung der Begriffe „ehelicher Güterstand" und „güterrechtliche Wirkungen einer eingetragenen Partnerschaft"

Nach dem 18. Erwägungsgrund der EuGüterVO ist der Begriff „ehelicher Güterstand" autonom auszulegen, dasselbe gilt für die „güterrechtlichen Wirkungen einer eingetragenen Partnerschaft" mangels ausdrücklicher Verweisung auf die nationalen Rechte[478]. Der Anwendungsbereich der EuPartVO erstreckt sich gleichermaßen auf „alle zivilrechtlichen Aspekte der Güterstände eingetragener Partnerschaften", und die Definition der güterrechtlichen Wirkungen in Art. 3 Abs. 1 Buchst. b EuPartVO ist mit der des Güterstands in Art. 3 Abs. 1 Buchst. a der EuGüterVO inhaltlich identisch.

Verglichen mit den nationalen Rechtsordnungen der Mitgliedstaaten, ist der Güterstandbegriff des Unionsrechts außerordentlich weit. Art. 3 Abs. 1 Buchst. a

478 S. dazu oben, *Kap. I 1 e und 2 b)*.

EuGüterVO bzw. Art. 3 Abs. 1 Buchst. b EuPartVO definieren ihn (bzw. die „güterrechtlichen Wirkungen der eingetragenen Partnerschaft") als „sämtliche vermögensrechtlichen Regelungen, die zwischen den Ehegatten/Partnern und in ihren Beziehungen zu Dritten aufgrund der Ehe/Partnerschaft oder der Auflösung der Ehe/Partnerschaft gelten". Damit umfasst er nach ersten Auslegungen in der Literatur „sämtliche Ehewirkungen vermögensrechtlicher Art mit Ausnahme des Unterhaltsrechts"[479].

Der in den beiden Legaldefinitionen erscheinende Begriff „Regelungen" wird nach dem 18. Erwägungsgrund der EuGüterVO[480] als Überbegriff nicht nur für zwingende gesetzliche Vorschriften, sondern auch für (rechtlich zulässige) private, in der Regel also vertragliche Vereinbarungen der Parteien gebraucht und umfasst darüber hinaus auch die Auffangregelungen des anzuwendenden Rechts. Ferner werden nicht nur für das Innenverhältnis der Ehegatten/Partner vorgesehene Regelungen erfasst, sondern auch vermögensrechtliche Verhältnisse, die in ihren Rechtsbeziehungen zu Dritten gelten. Alle diese Regelungen müssen nach dem jeweiligen 18. Erwägungsgrund a. E. der EuGüter/PartVO „direkt infolge der Ehe oder der Auflösung des Eheverhältnisses" anwendbar sein[481].

479 Heiderhoff, Bettina, Vorschläge zur Durchführung der EU-Güterrechtsverordnungen, IPrax 2017, S. 231 ff., (232); Büte, Dieter, Das neue internationale Güterrecht der Europäischen Union, FuR 2019, 136 ff. (137), der „sämtliche zivilrechtlichen Aspekte des Güterrechts" nach dem Entstehungszeitpunkt der „Regelungen" in solche anlässlich der gesetzlichen oder vertraglichen Begründung und Ausgestaltung des Güterstands, in die rechtlichen Folgen für die Ehegatten untereinander und gegenüber Dritten und schließlich in Regelungen anlässlich der güterrechtlichen Auseinandersetzung infolge Trennung oder Tod unterteilt; Henrich, Dieter, Zur EU-Güterrechtsverordnung: Handlungsbedarf für die nationalen Gesetzgeber, Zeitschrift für Europarecht, Internationales Privatrecht und Rechtsvergleichung (ZfRV) 2016, 171 ff., unter eingehender Darstellung der einzelnen vermögensrechtlichen Ehewirkungen; Köhler in Dutta/Weber, Die Europäischen Güterrechtsverordnungen, Tagungsband, S. 147 ff. (149), Dutta, FamRZ 2016, 1973 ff. (1974).

480 Die EuPartVO enthält diesen Hinweis zur Auslegung des Begriffs der Regelungen nicht. Aus den bereits oben zur autonomen Auslegung des Begriffs „güterrechtliche Wirkungen der eingetragenen Partnerschaft" genannten Gründen kann aber wohl von einer Deckungsgleichheit des Begriffs in beiden Verordnungen ausgegangen werden.

481 Weber, Johannes, Die Europäischen Güterrechtsverordnungen: Eine erste Annäherung, DNotZ 2016, S. 659 ff. (664).

b) Verengung des Statuts der allgemeinen Ehewirkungen und Anpassung des EGBGB

Die begriffliche Weite des unionsrechtlich geregelten Güterstands führt in Deutschland, aber auch in anderen an den Verordnungen teilnehmenden Mitgliedstaaten, z. B. Frankreich, Belgien und Spanien, zu Verschiebungen zwischen dem allgemeinen Ehewirkungsstatut[482], für das eine unionsrechtliche Regelung fehlt, und dem durch die unionsrechtlichen Verordnungen normierten Güterrechtstatut.[483] Zur Bestimmung des Rechts, das auf die „allgemeinen Wirkungen" der Ehe bzw. Partnerschaft (in Frankreich als *régime primaire,* in Spanien als *régimen primario* bezeichnet) anzuwenden ist, sind nach wie vor die nationalen Kollisionsvorschriften anwendbar.

Vom deutschen Schrifttum wurden vor Anwendungsbeginn der Güterrechtsverordnungen güterstandunabhängige Verfügungsbeschränkungen ausländischen Rechts wie Art. 169 des schweizerischen Zivilgesetzbuchs (ZGB)[484], Art. 194 des türkischen ZGB[485] oder Art. 215 des französischen *Code civil*[486]

---

482 Art. 212–226 des französischen, Art. 212–224 des belgischen *Code civil.* Es handelt sich dabei um *„Rechte, Pflichten und Befugnisse der Ehegatten ..., die allein aufgrund der Tatsache der Eheschließung anwendbar sind"* und durch die Vorschriften des ehelichen Güterrechts bzw. durch die Vereinbarungen eines eventuellen Ehevertrages ergänzt werden, durch Letztere jedoch nicht abbedungen werden können (Art. 212 Abs. 1 und 2 des belgischen Code civil). Zur Übernahme des französisch-belgischen Systems in das spanische Familienrecht (Art. 1315–1324 *Código Civil*) s. García Cantero, Gabriel, *El régimen primario y su marco en el Código Civil, Revista Jurídica de les Illes Balears* 2016, Nr. 14, abrufbar unter https://revistajuridicaib.icaib.org/el-regimen-matrimonial-primario-y-su-marco-en-el-codigo-civil/I

483 Büte, Das neue internationale Güterrecht, FuR 2019, 136. Ziereis, Marie-Therese, Das neue internationale Güterrecht – ein Überblick über die Europäischen Güterrechtsverordnungen, NZFam 2019, 237 ff. (238). Anderer Ansicht Bonomi in Dutta/Weber, Die Europäischen Güterrechtsverordnungen, Fragen des Allgemeinen Teils: Qualifikation, Vorfrage, Renvoi und Ordre public, S. 124 ff. (136 f.)

484 Art. 169 des schweizerischen ZGB lautet: „1 Ein Ehegatte kann nur mit der ausdrücklichen Zustimmung des andern einen Mietvertrag kündigen, das Haus oder die Wohnung der Familie veräussern oder durch andere Rechtsgeschäfte die Rechte an den Wohnräumen der Familie beschränken. 2 Kann der Ehegatte diese Zustimmung nicht einholen oder wird sie ihm ohne triftigen Grund verweigert, so kann er das Gericht anrufen."

485 Gleichlautend mit Art. 169 ZGB der Schweiz.

486 Art. 215 Abs. 3: *„Les époux ne peuvent l'un sans l'autre disposer des droits par lesquels est assuré le logement de la famille, ni des meubles meublants dont il est garni. Celui des*

als vor die Klammer der einzelnen Güterstände gezogene „Wirkungen der Ehe im Allgemeinen“ unter Art. 14 EGBGB eingeordnet[487]. Da Verfügungsbeschränkungen vermögensrechtlichen Charakter haben und auf der Ehe als solcher basieren, also der Definition in Art. 3 Abs. 1 Buchst. a EuGüterVO bzw. Art. 3 Abs. 1 Buchst. b EuPartVO entsprechen, ist dies seit dem Anwendungsbeginn der Güterrechtsverordnungen mit Blick auf ihren Anwendungsvorrang vor dem nationalen Recht nicht mehr möglich[488].

Um eine Koordination des nationalen IPR/IZVR im Bereich der allgemeinen Ehewirkungen mit den unionsrechtlichen Regelungen zum Güterrecht herzustellen, mussten von der inhaltlichen Verschiebung des Güterrechtsstatuts betroffene Mitgliedstaaten eine legislative Anpassung ihres eigenen Internationalen Privat- und Zivilverfahrensrechts vornehmen.

Diese Anpassung ist in Deutschland mit dem Ausführungsgesetz zu den Güterrechtsverordnungen, dem Gesetz zum internationalen Güterrecht und zur Änderung von Vorschriften des Internationalen Privatrechts vom 17. Dezember 2018[489] erfolgt. Auf diese Weise hat der weite europarechtliche Güterstandbegriff zu einer weitreichenden Reform des deutschen Internationalen Privatrechts geführt.[490]

Diese Änderung war schon deshalb notwendig, weil der für die allgemeinen Ehewirkungen einschlägige Art. 14 EGBGB a. F. an erster Stelle an eine mögliche gemeinsame Staatsangehörigkeit der Ehegatten und erst an zweiter Stelle an den (ggf. letzten) gemeinsamen gewöhnlichen Aufenthaltsort angeknüpft

---

deux qui n'a pas donné son consentement à l'acte peut en demander l'annulation : l'action en nullité lui est ouverte dans l'année à partir du jour où il a eu connaissance de l'acte, sans pouvoir jamais être intentée plus d'un an après que le régime matrimonial s'est dissous.“

487 Staudinger/*Mankowski*, BGB, Internationales Eherecht, Art. 14 EGBGB, 2003, RZ 302 f.; Junker, Abbo, Internationales Privatrecht, Verlag C.H. Beck, München 1998, Rn. 505, zum Fall von Art. 215 Abs. 3 des frz. *Code civil.*

488 So u. a. Weber, Johannes, Die Europäischen Güterrechtsverordnungen: Eine erste Annäherung, DNotZ 2016, S. 659 ff. (664 f.).

489 BGBl. I S. 2573 (Nr. 47).

490 Damit wurden Vorschläge aus der deutschen Literatur umgesetzt, die die Ausrichtung des Rechts der allgemeinen Ehewirkungen an den Anknüpfungspunkten der EuGüterVO und insbesondere eine Möglichkeit zur Anpassung von Güterrecht und allgemeinen Ehewirkungen in dem Sinn gefordert hatten, auch Letztere (durch Rechtswahl) unwandelbar zu machen, Vgl. Heiderhoff, IPrax 2017, S. 231 ff., S. 234; Dutta, FamRZ 2016, S. 1974.

hatte. Damit war die objektive Anknüpfung von allgemeinen Ehewirkungen und Güterrecht grundlegend konträr angelegt. In Art. 14 Abs. 2 EGBGB n. F. wurde die vorrangige Anknüpfung an den Staat des gewöhnlichen Aufenthalts parallel zur güterrechtlichen Regelung der Union normiert. Dabei soll es zur Anwendbarkeit des Rechts des ersten Aufenthaltsstaates auf den Güterstand (Art. 26 Abs. 1 Buchst. a EuGüterVO) genügen, dass beide Ehegatten nach der Eheschließung ihren gewöhnlichen Aufenthalt in ein und demselben *Staat* gehabt haben, ohne dass erforderlich wäre, dass dort auch eine gemeinsame Ehewohnung bestand[491]. Um einen vollständigen Gleichlauf zu erzielen, müssen auch Art. 14 Abs. 2 Nr. 1 und 2 EGBGB n. F. in dieser Weise ausgelegt werden.

Ein weiteres Problem in diesem Zusammenhang war, dass das Statut der allgemeinen Ehewirkungen bei objektiver Anknüpfung nach wie vor grundsätzlich wandelbar, das objektiv bestimmte Güterrecht dagegen – abgesehen von der (antragsabhängigen) Ausweichklausel des Art. 26 Abs. 3 EuGüterVO, die jedoch auch nur die Anwendung des Rechts eines einzigen, nämlich des *vorletzten* Aufenthaltsstaats unter den in den Buchst. a und b normierten engen Voraussetzungen erlaubt – grundsätzlich unwandelbar ist. Zur Behebung dieser Diskrepanz sind die nach Art. 14 Abs. 3 EGBGB a. F. vorhandenen Möglichkeiten der Rechtswahl für die allgemeinen Ehewirkungen – die nur gegeben waren, wenn die Ehegatten *keine* gemeinsame Staatsangehörigkeit besaßen[492] – dergestalt erweitert worden, dass nunmehr bei gleicher ebenso wie bei verschiedener Staatsangehörigkeit der Beteiligten das Recht der allgemeinen Ehewirkungen gemäß Art. 14 Nrn. 1–3 EGBGB n. F. unwandelbar vereinbart werden kann.

Auch der für gleichgeschlechtliche Ehen und eingetragene Partnerschaften geltende Art. 17 b EGBGB wurde im Rahmen der IPR-Reform reformiert:

Nach dem jetzigen Wortlaut von Art. 17 b Abs. 1 und Abs. 4 S. 1 und 2 EGBGB ist bei objektiver Anknüpfung für die allgemeinen Wirkungen der Partnerschaft

---

491 Beck'scherOnline-Kommentar BGB/*Wiedemann*, 50. Aufl. v. 01.05.2019, EuGüVO Art. 23, RZ 6. Weber, DNotZ 2016, 659 ff. (671) weist darauf hin, dass der Begriff des gewöhnlichen Aufenthalts nach dem Kontext des ihn enthaltenden Unionsrechtsakts bestimmt wird und „angesichts des Normzwecks der Bestimmung eines Schwerpunkts ehelicher Vermögensverhältnisse … eine größere Verfestigung erfahren haben" muss.

492 Nach Art. 14 Abs. 3 EGBGB a. F. konnten Ehegatten das Recht des Staates wählen, dem einer von ihnen angehörte, wenn keine gemeinsame Staatsangehörigkeit vorhanden war und kein Ehegatte dem Staat des gemeinsamen gewöhnlichen Aufenthalts angehörte bzw. kein gemeinsamer Aufenthaltsstaat bestand. Die Wirkungen der Rechtswahl endeten, sobald die Ehegatten eine gemeinsame Staatsangehörigkeit erlangten.

bzw. der gleichgeschlechtlichen Ehe das Recht des Registerstaats zur Anwendung berufen, während das auf die güterrechtlichen Wirkungen anzuwendende Recht über die Vorschriften der Güterrechtsverordnungen bestimmt wird. Damit können die beiden Statute auseinanderfallen, sofern gleichgeschlechtliche Partner die Ehe im Ausland schließen. Im Inland dagegen besteht für homosexuelle Paare mittlerweile die Option einer Eheschließung und folglich die Möglichkeit zur Rechtswahl nach Art. 22 EuGüterVO. Art. 17 b Abs. 1 S. 1 i. V. m. Abs. 4 S. 1 EGBGB n. F. gestattet den Partnern einer gleichgeschlechtlichen Ehe, den Ort ihrer Eheschließung bzw. deren Registrierung entsprechend auszuwählen, d. h. *de facto* eine Rechtswahl auch für die nicht güterrechtlichen Wirkungen der Ehe zu treffen[493]. Die Aussicht, dass auch ausländische homosexuelle Paare Art. 17 b Abs. 1 i. V. m. Abs. 4 nutzen könnten, um „in den Genuss einer Ehe nach deutschem Recht" zu kommen, und dass Deutschland sich als „neues internationales Heiratsparadies" etablieren könnte[494], wäre als Ausdruck der Fortgeltung des Prädikats *„Made in Germany"*, diesmal auf dem Gebiet der Rechtssetzung, m. E. positiv zu bewerten. In der Praxis wird dieser Vorteil allerdings dadurch ausgeglichen, dass die Anzahl der Staaten, die bereit sind, gleichgeschlechtliche Ehen zu schließen und zu registrieren, nach wie vor begrenzt ist, was den Kreis der so „wählbaren" Rechte wiederum einschränkt. Art. 17 b Abs. 1 S. 1 und Abs. 4 EGBGB hat keine Besserstellung gleichgeschlechtlicher Ehen im Auge[495], sondern soll gewährleisten, dass ein auf die Eheschließung und die allgemeinen Ehewirkungen anwendbares Recht auch wirklich zur Verfügung steht. Die Erweiterung der auf diese Weise faktisch wählbaren Rechte lässt es angeraten sein, sich über das Recht ausländischer Staaten zu informieren und die Regelungen miteinander zu vergleichen. Es besteht daher eher die Gefahr, dass sich für die Eheleute überraschende güterrechtliche Konsequenzen im Nachhinein ergeben, weil sie keine rechtliche Beratung in Anspruch genommen haben.

Für (im Ausland[496]) neu begründete eingetragene Partnerschaften stimmt das nach Art. 26 Abs. 1 EuPartVO objektiv bestimmte Güterrecht mit der Regelung

---

493 Erbarth, Alexander, Neues Internationales Privatrecht für die Wirkungen der Ehe im Allgemeinen, NZFam 2019, 417 (425).

494 S. Pfeiffer, Thomas, Welches Eherecht hätten'S denn gerne? Frankfurter Allgemeine Zeitung vom 14. September 2017, S. 8.

495 Vgl. Pfeiffer, Thomas, ebd.

496 Nach dem durch das Gesetz zur Einführung des Rechts auf Eheschließung für Personen gleichen Geschlechts ebenfalls geänderten § 1 Lebenspartnerschaftsgesetz n. F. können Lebenspartnerschaften in Deutschland seit dem 1. Oktober 2017 nicht mehr begründet werden. Vielmehr wurde durch das Gesetz zur Öffnung der Ehe für

von Art. 17 b Abs. 1 S. 1 EGBGB überein, wonach das Recht des registerführenden Staates anwendbar ist, sofern nicht ausnahmsweise auf den Antrag eines Partners nach Art. 26 Abs. 2 EuPartVO ein anderes Recht zur Anwendung kommt, was jedoch von den von der Norm beschriebenen tatsächlichen Gegebenheiten abhängt.

c) Profilierung der Anwendungsbereiche von Güterrechts- und Ehewirkungsstatut

Aufgrund des Anwendungsvorrangs des Unionsrechts[497] verdrängen die Güterrechtsverordnungen seit Beginn ihrer Anwendung in ihrem räumlichen und sachlichen Anwendungsbereich die entsprechenden nationalen Kollisionsvorschriften.

Zu bestimmen, wo genau die Grenze zwischen dem unionsrechtlich geregelten Bereich des Güterrechts und den (in Deutschland weiterhin durch Art. 14 EGBGB bzw. Art. 17 b Abs. 1 EGBGB geregelten) allgemeinen Ehewirkungen verläuft, ist nicht unkompliziert, u. a. angesichts mehrerer Sonderstatute im deutschen Internationalen Privatrecht, denen einzelne „allgemeine" Ehewirkungen unterliegen:

Zunächst richtet sich das Statut von aus einer Ehe oder eingetragenen Partnerschaft[498] abgeleiteten Ansprüchen auf *Unterhalt* schon nach der Eu-Unterhaltsverordnung[499]. Das auf sie anzuwendende Recht wird damit über die Verweisungsnorm des Art. 15 EuUntVO vom Haager Unterhaltsprotokoll bestimmt.

Homosexuelle ein neuer § 20 a in das Lebenspartnerschaftsgesetz eingefügt, nach dem bisherige Lebenspartner durch eine persönliche Erklärung gegenüber dem Standesbeamten, miteinander eine Ehe auf Lebenszeit führen zu wollen, ihre bisherige Partnerschaft in eine gleichgeschlechtliche Ehe umwandeln können. Die Tatsache, dass der „Geschäftswille" der Personen, die gemäß § 1 Abs. 2 LebenspartG eine Lebenspartnerschaft begründen wollten, mit dem zweier Eheschließender nach § 1312 BGB ebenso wie die personenstandsrechtliche Erklärung des Standesbeamten nicht vollständig identisch ist, sprach nach Einführung der „Ehe für alle" gegen die Möglichkeit eines automatischen „Upgradings" der bestehenden Lebenspartnerschaften in vollwertige Ehen.

497 S. *Kap. I 2 a).*

498 Art. 1 Abs. 1 EuUntVO umfasst Unterhaltsansprüche aus einem *Familien*verhältnis, worunter auch Ansprüche eines eingetragenen Partners fallen. Vgl. dazu auch unten *Kap. VI 3.*

499 Zur Abgrenzung zwischen Unterhalts- und Güterrecht s. unten *Kap. IV 3 a).*

Das eheliche *Namensstatut* nach Art. 10 Abs. 2 EGBGB gilt über Art. 17 b Abs. 2 EGBGB auch für Lebenspartnerschaften und gleichgeschlechtliche Ehen. Da es sich nicht um eine vermögensrechtliche Frage handelt, tritt weder durch die Güterrechtsverordnungen noch durch die Reform von § 17 b EGBGB eine Änderung im Anwendungsbereich dieser Vorschrift ein.

Das *Scheidungsstatut* für verschiedengeschlechtliche Ehen bestimmt sich nach der Rom-III-VO. Für die nach h. M. nicht unter die Verordnung fallenden gleichgeschlechtlichen Ehen ist mit dem Gesetzestext von Art. 17 b Abs. 4 EGBGB n. F. eine Regelung geschaffen worden, die die Verordnung *kraft nationalen Rechts* für anwendbar erklärt und damit die vormalige Geltung der Vorschriften des registerführenden Staates (Art. 17 b Abs. 1, Abs. 4 EGBGB a. F.) beendet hat. Die Auflösung eingetragener Partnerschaften unterliegt nach wie vor dem Recht des Registerstaats (Art. 17 b Abs. 1 S. 1 EGBGB).

Was die folgenden Rechtsinstitute betrifft, tritt die bereits erwähnte Verschiebung zugunsten des Güterrechts ein:

Güterstandabhängige *Verfügungsbeschränkungen*, insbesondere die Zustimmungsbedürftigkeit von Verfügungen über das Vermögen als Ganzes (§ 1365 BGB) und über Haushaltsgegenstände (§ 1369 BGB) wurden in Deutschland schon unter der früheren Regelung güterrechtlich qualifiziert. Die Begründung für diese Qualifikation ist seit Anwendungsbeginn der güterrechtlichen Verordnungen lediglich nicht mehr in der Güterstandabhängigkeit dieser Institute zu suchen, sondern in ihrer Vermögensbezogenheit. Die güterrechtliche Einordnung gilt daher auch für güterstandunabhängige Verfügungsbeschränkungen.

Die ausweislich von Art. 27 Buchst. c EuGüter/PartVO nun unter das Güterrecht fallende *Haftung* eines Ehegatten für Verbindlichkeiten und Schulden des anderen wurde in Bezug auf Errungenschaftsgut, das zwar beiden Ehegatten gehört, aber auch zur Deckung von nur einen Ehegatten treffenden Verbindlichkeiten herangezogen werden kann, in den entsprechenden Rechtsordnungen schon bisher dem Güterrecht zugerechnet. Im gesamtspanischen *Código Civil* fallen die einschlägigen Art. 1362 bis 1374 schon systematisch unter den Titel III „*Del régimen economico-matrimonial*" (Vorschriften über den Güterstand) des 4. Buches.[500] Entsprechendes ergibt sich aus Art. 1413 des französischen *Code*

---

500 S. hierzu näher Meingast, Irene Elisabeth, Vermögensrechtliche Folgen der Ehescheidung im Rechtsvergleich Spanien – Österreich unter besonderer Berücksichtigung des Systems der ehelichen Güterstände in Spanien, Diss. Wien 2010, abrufbar unter https://core.ac.uk/download/pdf/11591233.pdf

civil für die französische Form der Errungenschaftsgemeinschaft (*régime en communauté*).

Heiderhoff[501] weist auf die in ausländischen Rechtsordnungen nicht im selben Maß wie in Deutschland normierten *Auskunftsansprüche* hin: Zwar sei ein normierter Auskunftsanspruch wie derjenige nach § 1379 Abs. 1 BGB problemlos güterrechtlich einzuordnen. Kenne ein ausländisches Güterrecht aber keinen Auskunftsanspruch im eigentlichen Sinne, sondern sehe beispielsweise die Erstellung von Vermögensverzeichnissen oder die Ermittlung von Amts wegen vor, müsse mit dem Instrument der Anpassung[502] gearbeitet werden, und zwar am ehesten, indem das ausländische Recht fortgebildet und ihm eine Auskunftspflicht entnommen werde. Funktionell und mit Rücksicht darauf, dass Auskunftsansprüche meist Vermögen betreffen, wird in den meisten Fällen die güterrechtliche Komponente ohnehin überwiegen.

Als allgemeine Ehewirkungen qualifiziert wurden vor dem Anwendungsbeginn der beiden güterrechtlichen Verordnungen insbesondere auch die im deutschen Recht bestehenden Nutzungsbefugnisse an *Ehewohnung* und *Hausrat*.

Für die Nutzungsbefugnis betreffend die *im Inland* belegene Ehewohnung[503] und den im Inland befindlichen Hausrat nebst damit zusammenhängenden Betretungs-, Näherungs- und Kontaktverboten galten bis zur jüngsten Änderung des EGBGB gemäß Art. 17 a a. F. die deutschen Sachvorschriften. Soweit mit der Zuweisung der Ehewohnung grundlegende Bedürfnisse des unterhaltsberechtigten Ehegatten befriedigt werden sollen, insbesondere, wenn die Ehewohnung als Unterkunft für diesen Ehegatten und die gemeinsamen Kinder benötigt wird, wurde (und wird wohl auch in Zukunft) von der obergerichtlichen Rechtsprechung teilweise auch unterhaltsrechtlich qualifiziert[504]. Im Regelfall, führte das OLG Karlsruhe[505] zur Begründung aus, sei die Ehewohnung „von zentraler Bedeutung für die Lebensführung und den Lebensstandard dieses

501 IPrax 2018, 1 (3).

502 S. *Kap. I 2 d (iii).*

503 Nach ständiger Rechtsprechung des Bundesgerichtshofs entfalten die Sonderregelungen über die Zuweisung von Ehewohnung und Hausrat sowohl materiell-rechtlich als auch verfahrensrechtlich eine Sperrwirkung gegenüber Herausgabeansprüchen aus anderem Rechtsgrund. Vgl. das Urteil des BGH vom 28. September 2016, II ZB 487/15 (= NJW 2017, 260 ff.), Rn. 11.

504 OLG Düsseldorf, Beschluss vom 02.05.1990 – 7 WF 41/90 = FamRZ 1990, 3091 f., im selben Sinn OLG Karlsruhe, Beschluss vom 02.09.1992 – 16 WF 93/92 = FamRZ 1993, 1464 f., jeweils für in Deutschland belegene Ehewohnungen.

505 OLG Karlsruhe, a.a.O., II.1 = FamRZ 1993, 1464 (1465).

Ehegatten und [bestimme] dessen Bedarf", weshalb sie im entschiedenen Fall unterhaltsrechtlich einzuordnen sei.

Diese Qualifikation wird durch die ausdrückliche Zuschreibung der „Befugnisse, Rechte und Pflichten eines oder beider Ehegatten/Partner in Bezug auf das Vermögen" (Art. 27 Buchst. d) wie auch angesichts der Erwähnung der Familienwohnung in den Erwägungsgründen der Güterrechtsverordnungen[506] nunmehr vorwiegend güterrechtlich ausfallen. Dies gilt ebenso für die in § 1361 b Abs. 3 vorgesehene Nutzungsentschädigung[507], die die wirtschaftlichen Nachteile aufgrund des Verlusts des Mitbesitzes an der Ehewohnung bis zur rechtskräftigen Scheidung im Einzelfall und nach Billigkeitsgesichtspunkten kompensieren soll[508]. Angesichts der in § 1361 b Abs. 1 BGB statuierten Verpflichtung, bei der Wohnungszuweisung unbillige Härten zu vermeiden (insbesondere, wenn das Wohl von im Haushalt lebenden Kindern während der Trennungszeit betroffen ist), könnte die Vorschrift als Eingriffsnorm[509] anzusehen sein. Auch EG 53 der EuGüter- bzw. EG 52 der EuPartVO sprechen dafür, denn insgesamt legt die Erwähnung der Ehewohnung in den Erwägungsgründen nahe, dass damit zusammenhängende Ansprüche vom Anwendungsbereich der Güterrechtsverordnungen erfasst werden[510].

Für die Nutzungsbefugnis einer *im Ausland* belegenen Ehewohnung und des dort befindlichen Hausrats galt für die heterosexuelle Ehe vor der Reform des deutschen IPR Art. 14 EGBGB a. F. bzw. ab Eintritt der Rechtskraft der Endentscheidung im Scheidungsverfahren[511] Art. 17 Abs. 1 EGBGB a. F., was zur Anwendung des nach der Rom-III-VO auf die Ehescheidung anwendbaren Rechts auch auf diese Scheidungsfolgen führte.

Auch hier ist angesichts des unionsrechtlichen Güterstandbegriffs und des Umstands, dass die Zuweisung von Ehewohnung und Hausrat, die „die Befugnisse, Rechte und Pflichten eines oder beider Ehegatten in Bezug auf das

---

506 EG 53 EuGüterVO, EG 52 EuPartVO.

507 Andrae, Marianne, Erneut zum Begriff „Eheliche Güterstände", IPrax 2017, 526 (527–529).

508 BGH, Beschluss vom 18. Dezember 2013, XII ZB 268/13 = FamRZ 2014, 460, Rn. 10, m.w.N.

509 Palandt/*Thorn*, RZ 2 zu Art. 17 a EGBGB; zum Begriff der Eingriffsnorm s. *Kap. I 2 d (i)*.

510 Andrae, IPrax 2017, 528.

511 So u. a. OLG Hamm, Urteil vom 20. Februar 1998, 5 UF 169/97 (= NJW-RR 1998, 1542). Weitere Nachweise aus Rechtsprechung und Literatur bei Erbarth, Alexander, Neues Internationales Privatrecht ..., NZFam 2019, 418 (420), Fn. 39.

Vermögen" (Art. 27 Buchst. d EuGüterVO) betrifft, davon auszugehen, dass hinsichtlich der Nutzungs- und Verfügungsmöglichkeiten nunmehr allein die Güterrechtsverordnungen einschlägig sind.

Dem deutschen Internationalen Ehewirkungsrecht verbleiben mithin in Bezug auf die Ehewohnung insgesamt nur mehr die personen- und nicht mehr die vermögensorientierten Betretungs-, Näherungs- und Kontaktverbote, die mit der im Inland belegenen Ehewohnung zusammenhängen[512] und durch Art. 17 a EGBGB n. F. dem nationalen Recht zugewiesen werden. Die Wirkung von im Inland verhängten Gewaltschutzmaßnahmen kann nach der Verordnung (EU) Nr. 606/2013 über die gegenseitige Anerkennung von Schutzmaßnahmen in Zivilsachen auch auf das europäische Ausland erstreckt werden und umgekehrt.[513]

In den Anwendungsbereich der allgemeinen Ehewirkungen fielen klassischerweise die explizit personenrechtlichen Verpflichtungen wie die in § 1353 BGB normierte Pflicht zur *ehelichen Lebensgemeinschaft*, die von beiden Ehegatten gemeinsam zu treffenden Regelungen über *Haushaltsführung und Erwerbstätigkeit* (§ 1356 BGB), aber auch die vom Güterstand unabhängige *Schlüsselgewalt* (§ 1357 BGB) und die in § 1362 BGB zugunsten der Gläubiger statuierte *Eigentumsvermutung*. Die beiden letzten Institute werden – im Fall der Schlüsselgewalt als wirtschaftliche und damit vermögensbezogene Ermächtigung zum Abschluss von Geschäften zur Deckung des Lebensbedarfs der Familie, im Fall der Eigentumsvermutung als Regelung zum Schutz der Gläubiger eines Ehegatten – nach wohl einhelliger Auffassung nun vom Anwendungsbereich der Güterrechtsverordnungen erfasst[514].

---

512 Mankowski, Peter, Neue Gesetze im deutschen Internationalen Ehe- und Eheverfahrensrecht, NJW 2019, 465 ff. (468), mit einer detaillierten Aufstellung der noch im Bereich der national geregelten Ehewirkungen verbleibenden Ansprüche. Palandt/*Thorn*, RZ 1 zu Art. 17 a EGBGB.

513 Gesetz zum zivilrechtlichen Schutz vor Gewalttaten und Nachstellungen vom 11. Dezember 2001 (BGBl. I S. 3513), ergänzt durch die Richtlinie (EU) Nr. 2011/99 über die Europäische Schutzanordnung und die Verordnung (EU) Nr. 606/2013 über die gegenseitige Anerkennung von Schutzmaßnahmen in Zivilsachen, die die EU-weite Durchsetzbarkeit entsprechender nationaler Anordnungen bezwecken.

514 Andrae, Marianne, Der sachliche Anwendungsbereich der Europäischen Güterrechtsverordnung, IPrax 2018, 221 (222). Köhler in Dutta/Weber, Die Europäischen Güterrechtsverordnungen, Tagungsband, S. 147 ff. (149), Dutta, FamRZ 2016, 1973 ff. (1974).

Personenbezogene Regelungen und somit vom Güterrecht nach wie vor nicht erfasst sind die Vorschriften über die eheliche *Lebensgemeinschaft*, soweit diese nicht ohnehin als bloße Generalklausel für die innerhalb der Ehe bestehenden personenrechtlichen Verpflichtungen angesehen wird[515], sowie die gemeinschaftliche Regelung der *Haushaltsführung* (§§ 1353 und 1356 Abs. 1 BGB), die im Bereich der allgemeinen Ehewirkungen verbleiben.

Ob dies auch für das *Recht jedes Ehegatten zur Erwerbstätigkeit* gilt, ist bisher, soweit ersichtlich, nicht thematisiert worden, aber immerhin diskussionswürdig: Die Tatsache, dass das Recht zur Erwerbstätigkeit unter dem Vorbehalt der Familienverträglichkeit des § 1356 Abs. 2 S. 2 BGB steht[516], spricht zwar ebenso wie die systematische Stellung der Vorschrift für eine nicht vermögensbezogene Einordnung, sondern durch den unmittelbaren Zusammenhang mit der inneren Organisation der ehelichen Gemeinschaft, zu der auch die Haushaltsführung gehört, eher für ein Verbleiben im Recht der allgemeinen Ehewirkungen. Eine güterrechtliche Einordnung scheint aber im Zusammenhang mit der Frage der Haftung von Arbeitseinkommen als Teil von Gesamtgut, also insbesondere bei Errungenschafts- und Gütergemeinschaft, möglich.

Die Pflicht zum *Familienunterhalt* (1360, 1360 a BGB) und der *Unterhalt bei Getrenntleben* (§ 1361 BGB) sind vermögensbezogen, fallen aber nach der Bereichsausnahme in Art. 1 Abs. 2 Buchst. c EuGüter/PartVO gerade nicht unter diese, sondern unter die EuUnterhaltsVO.

d) Internationales Zivilverfahrensrecht

Die Wahrscheinlichkeit, dass es angesichts des recht einfach festzustellenden Kriteriums der Personen- bzw. Vermögensbezogenheit zu Konflikten über die Einordnung der soeben betrachteten Rechtsfragen kommt, ist nicht sehr hoch.

In solchen Fällen könnte es für den Antragsteller allerdings zum Problem werden, wenn die internationalen Zuständigkeiten für Streitigkeiten über güterrechtliche Fragen und solche über Fragen der allgemeinen Ehewirkungen auseinanderfallen. Denn bei Zweifeln über die kollisionsrechtliche Einordnung unter die unionsrechtlichen Verordnungen bzw. die nationalen Vorschriften zur internationalen Zuständigkeit müsste schon bei der Zulässigkeitsprüfung eine entsprechende Klärung stattfinden, und zwar, da die unionsrechtlichen Güterrechtsverordnungen betroffen sind, über den Weg des

---

515 So Mayer, Claudia, Haftung und Paarbeziehung, Mohr Siebeck, Tübingen 2017, S. 141–175.

516 Palandt/*Siede*, RZ 5 zu § 1356 BGB.

Vorabentscheidungsverfahrens beim EuGH, was die endgültige Entscheidung des Verfahrens erheblich verzögern würde[517]. Außerdem besteht bei Auseinanderfallen dieser Zuständigkeiten die Gefahr einer unterschiedlichen Bewertung der Vorfragen, insbesondere, was das Bestehen einer Ehe betrifft. Ist die internationale Zuständigkeit dagegen identisch, ist es allein Sache des internen, von derselben obergerichtlichen Rechtsprechung geprägten Zuständigkeitsrechts, noch die sachlichen und örtlichen Zuständigkeiten festzustellen und zu kohärenten Lösungen auf nationaler Ebene zu kommen.

In Deutschland fallen Ansprüche aus allgemeinen Ehewirkungen verfahrensrechtlich unter die *„aus der Ehe herrührenden Ansprüche"* nach § 266 Abs. 1 Nr. 2 FamFG.[518] Für sie ist nach § 105 FamFG dann eine deutsche internationale Zuständigkeit gegeben, wenn ein deutsches Gericht *örtlich* zuständig ist. Art. 267 FamFG unterscheidet diesbezüglich zwischen zwei Situationen:

Ist gleichzeitig eine Ehesache anhängig (für die sich die internationale Zuständigkeit aus der Brüssel-IIa-VO ergibt, vgl. § 97 Abs. 1 S. 2 FamFG), so besteht nach den nationalen Vorschriften eine interne örtliche Zuständigkeit für Streitigkeiten über „aus der Ehe herrührende Ansprüche" beim Gericht des ersten Rechtszugs dieser Ehesache (aus §§ 266 Abs. 1 Nr. 2, 267 Abs. 1 FamFG). Da auch Art. 5 Abs. 1 EuGüterVO eine international verfahrensrechtliche Annexzuständigkeit der Gerichte des Staates vorsieht, in dem bereits die Ehesache anhängig ist, würde diese parallel im nationalen wie im Unionsrecht normierte internationale Annexzuständigkeit als Bindeglied zu einer übereinstimmenden internationalen Zuständigkeit für güterrechtliche Streitigkeiten und Streitigkeiten über Ansprüche aus allgemeinen Ehewirkungen führen. Dies mit der Einschränkung, dass die güterrechtliche Zuständigkeit der Gerichte des Staates, in dem die Ehesache anhängig ist, nach der EuGüterVO (Art. 5 Abs. 2) eine *Vereinbarung* der Ehegatten erfordert, wenn es sich um einen besonders antragstellerfreundlichen Gerichtsstand (Art. 3 Abs. 1 a 5. oder 6. Gedankenstrich Brüssel-IIa-VO bzw. Art. 5 Brüssel-IIa-VO (Umwandlung einer Trennung in eine Ehescheidung)) oder um eine Restzuständigkeit nach Art. 7 Brüssel-IIa-VO handelt[519].

---

517 Im Jahr 2021 betrug die durchschnittliche Verfahrensdauer beim Gerichtshof, bezogen auf aller Verfahrensarten 16,6 Monate (https://www.europarl.europa.eu/factsheets/de/sheet/26/der-gerichtshof-der-europaischen-union).

518 Vgl. Thomas, Heinz/Putzo, Hans/*Hüßtege*, Zivilprozessordnung, Verlag C.H. Beck, 40. Aufl. 2019, RZ 4 zu § 266 FamFG; Zöller/*Lorenz*, RZ 14 zu § 266 FamFG.

519 Dazu eingehend *Kap. VI 1 d)*.

Wird diese Vereinbarung verweigert, so bestimmt sich die internationale Zuständigkeit für die Güterrechtssache nach der Zuständigkeitsleiter des Art. 6 EuGüterVO mit der Folge, dass es von der Migrationsgeschichte des Paares bzw. von einer gemeinsamen deutschen Staatsangehörigkeit abhängt, ob sich eine übereinstimmende internationale Zuständigkeit für allgemeine Ehewirkungen und Ehegüterrecht ergibt oder nicht.

Ist keine Ehesache anhängig, so besteht eine deutsche internationale Zuständigkeit für die allgemeinen Ehewirkungen gemäß §§ 105, 266 Abs. 1 Nr. 2, 111 Nr. 10, 113 Abs. 1 S. 2, 267 Abs. 2 FamFG i. V. m. §§ 12 und 13 ZPO, wenn der gewöhnliche Aufenthalt des Antragsgegners in Deutschland liegt. Denn gemäß § 267 Abs. 2 FamFG gelten für die örtliche Zuständigkeit in „sonstigen Familiensachen" die Vorschriften der ZPO mit der Maßgabe, dass in den Vorschriften über den allgemeinen Gerichtsstand an die Stelle des Wohnsitzes der gewöhnliche Aufenthalt tritt. Zur Bestimmung des allgemeinen Gerichtsstands des Antragsgegners nach §§ 12, 13 ZPO – und damit auch zur Bestimmung der internationalen Zuständigkeit für Streitigkeiten über allgemeine Ehewirkungen i. S. v. § 105 FamFG – ist somit auf seinen gewöhnlichen Aufenthalt zum Zeitpunkt der Antragstellung abzustellen.

Problematisch im Hinblick auf eine übereinstimmende internationale Zuständigkeit für Güterrechtssachen und Streitigkeiten über allgemeine Ehewirkungen ist bei dieser Konstellation allerdings, dass die Zuständigkeiten der Güterrechtsverordnungen in einem hierarchischen Stufenverhältnis stehen, dem Kläger also kein Wahlrecht lassen, sondern die jeweils nächste Stufe erst in Betracht kommt, wenn auf der vorherigen Stufe keine Zuständigkeit besteht[520].

Auf der *ersten Stufe* dieser Leiter fallen die Zuständigkeiten zusammen, wenn sich der gemeinsame gewöhnliche Aufenthalt der Parteien zum Zeitpunkt der Antragstellung (der mit dem nach der Güterrechtsverordnung einschlägigen gewöhnlichen Aufenthalt zum Zeitpunkt der Anrufung des Gerichts identisch ist, vgl. Art. 6 Buchst. a i. V. m. Art. 14 Buchst. a EuGüterVO) – in Deutschland befindet.

Bei einer Zuständigkeit nach Art. 6 Buchst. b EuGüterVO (*zweite Stufe*: internationale Zuständigkeit im Staat des letzten gemeinsamen und einseitig

520 Mankowski, Peter, Internationale Zuständigkeit nach EuGüVO und EuPartVO, in: Dutta, Anatol, Weber, Johannes (Hrsg.), Die Europäischen Güterrechtsverordnungen, Tagungsband zum wissenschaftlichen Symposium des Deutschen Notarinstituts und der Universität Regensburg am 10. Februar 2017 in Würzburg, Verlag C.H. Beck, München 2017, S. 11 ff. (S. 30).

beibehaltenen gewöhnlichen Aufenthalts) ist dies der Fall, wenn der *Antragsgegner* den früheren gemeinsamen Aufenthaltsort Deutschland einseitig beibehalten hat, da er gemäß § 13 ZPO i. V. m. § 267 Abs. 2 FamFG am Ort seines gewöhnlichen Aufenthalts zum Zeitpunkt der Antragstellung zu verklagen ist.

Dagegen ist ein Abweichen der internationalen Zuständigkeit für die beiden Verfahren wahrscheinlich, wenn der einseitig beibehaltene letzte gemeinsame Aufenthaltsort im Ausland lag und der Antragsgegner nach Deutschland verzogen ist, wo sich nunmehr nach §§ 12, 13 ZPO sein allgemeiner Gerichtsstand befindet. In diesem Fall nämlich „versperrt" der Gerichtsstand des einseitig beibehaltenen letzten gemeinsamen Aufenthaltsorts nach Art. 6 Buchst. b EuGüterVO den Weg zum für die allgemeinen Ehewirkungen maßgeblichen allgemeinen Gerichtsstand des Antragsgegners, Art. 6 Buchst. c EuGüterVO.

Die *dritte Stufe* des internationalen Forums für das Güterrecht, Art. 6 Buchst. c EuGüterVO, enthält dasselbe Anknüpfungskriterium wie § 13 ZPO i. V. m. § 267 Abs. 2 FamFG (gewöhnlicher Aufenthaltsort des Antrags*gegners)*, wodurch aus deutscher Sicht ein übereinstimmender Gerichtsstand gegeben ist.

Bei einer internationalen Zuständigkeit auf der *vierten* und letzten *Stufe* der in den Güterrechtsverordnungen festgelegten Leiter, Art. 6 Buchst. d EuGüterVO (güterrechtliche Zuständigkeit im Staat der gemeinsamen Staatsangehörigkeit der Ehegatten) ist ein übereinstimmender Gerichtsstand hingegen nur bei einer gemeinsamen deutschen Staatsangehörigkeit und einem Wohnsitz des Antragsgegners in Deutschland gegeben, da die Staatsangehörigkeit der Parteien für die internationale Zuständigkeit nach § Art. 267 FamFG i. V. m. §§ 13 ff. ZPO keine Bedeutung hat.

Dem bereits aus römischer Zeit stammenden Rechtssatz *„actor sequitur forum rei"* folgend, ist der Gerichtsstand am Wohnsitz des Beklagten auch nach den Vorschriften vieler anderer Staaten das vorrangige internationale Forum[521], so dass die hier beschriebenen Konstellationen nach dem deutschen Recht auch dort auftreten werden. Verlässlich kann eine übereinstimmende internationale Zuständigkeit für Güterrechtssachen und Streitigkeiten über allgemeine Ehewirkungen daher nur über eine Gerichtsstandvereinbarung betreffend die güterrechtlichen Angelegenheiten erreicht werden.

---

521 Vgl. Rodríguez Jiménez, Sonia, *Foros de atribución de competencia judicial civil internacional (Foren für die Internationale Zuständigkeit)*, veröffentlicht in der *Biblioteca Juridica Virtual del Instituto de Investigaciones Juridicas der Universidad Nacional Autónoma de México* und abrufbar unter https://archivos.juridicas.unam.mx/www/bjv/libros/9/4251/18.pdf.

Bei Lebenspartnerschaftssachen verlangt Art. 5 EuPartVO sogar *stets* eine Vereinbarung der Partner für die internationale Annexzuständigkeit der Gerichte[522], während für die allgemeinen Wirkungen der Partnerschaft (§ 266 Abs. 1 Nr. 2 FamFG) als „Ansprüchen aus der Lebenspartnerschaft" i. S. v. § 270 Abs. 2 i. V. m. § 269 Abs. 2 Nr. 2 FamFG wie in den güterrechtlichen Ehesachen die „in sonstigen Familiensachen nach § 111 Nr. 10 [FamFG] geltenden Vorschriften entsprechend anzuwenden" sind. Letztlich ergibt sich damit für Ehe und Lebenspartnerschaft ein weitgehend gleiches Bild, indem insbesondere das im Zweifel sicherste Forum des Eintragungsstaates in Art. 6 Buchst. e EuPartVO durch den vorausgehenden Buchst. b „versperrt" wird. Insoweit kann den Güterrechtsverordnungen vorgeworfen werden, dass sie den für an ihren sachlichen Anwendungsbereich eng angrenzende Fragen geltenden internationalen Gerichtsstand am Wohnsitz bzw. gewöhnlichen Aufenthaltsort des Antragsgegners nicht hinreichend berücksichtigt haben.

Im Bereich der Anerkennung und Vollstreckung von Entscheidungen kommt der Unterscheidung zwischen allgemeinen Ehewirkungen und Güterrecht geringere Bedeutung zu, da die im ersten Bereich verbleibenden persönlichen Ehewirkungen (Treue- und Fürsorgepflichten) regelmäßig nicht vollstreckbar sind. Die Befugnis zur Nutzung von Ehewohnung und im Ausland befindlichem Hausrat, die Schlüsselgewalt und die Eigentumsvermutung nach § 1362 BGB, die auch nach hier vertretener Ansicht in den Bereich der Güterrechtsverordnungen „verschoben" wurden, nehmen an deren Möglichkeiten der gegenseitigen Anerkennung und Vollstreckung unter den teilnehmenden Mitgliedstaaten teil.

2. Abgrenzung zwischen unionsrechtlich bestimmtem Güterrechts- und nationalem Sachenrechtsstatut

a) Problemaufriss

Gemäß Art. 1 Abs. 2 Buchst. g und h EuGüter/PartVO sind „die Art der dinglichen Rechte" und „jede Eintragung von Rechten an beweglichen und unbeweglichen Sachen in ein Register" einschließlich deren Voraussetzungen und Wirkungen vom Anwendungsbereich der Güterrechtsverordnungen ausgenommen. Da keine unionsrechtlichen Vorschriften auf dem Gebiet des Sachenrechts vorhanden sind, finden auf diese Bereichsausnahmen, zu denen die Verordnungen in ihren jeweiligen Erwägungsgründen 24 und 25 Erläuterungen

522 Dazu ausführlich *Kap. VI 1 d (iii).*

enthalten, die nationalen Kollisionsvorschriften der teilnehmenden Mitgliedstaaten Anwendung, die als Sachenrechtsstatut regelmäßig das Recht der Belegenheit der Sache, d. h. die *lex rei sitae,* vorsehen[523].

Das anwendbare Güterrecht der EuGüter/PartVO bestimmt sich dagegen nach dem „Schwerpunkt der Gemeinschaft"[524], der sich entweder aus einer Vereinbarung der Partner nach Art. 22 ff. oder aus der objektiven Bestimmung nach Art. 26 ff. EuGüter/PartVO ergibt. Erfolgt keine (neue) güterrechtliche Rechtswahl, beeinflusst das unwandelbare Güterrecht bei einer güterrechtlichen Rechtsänderung die eigentumsrechtliche Zuordnung oder dingliche Belastungssituation der ihm unterliegenden Vermögensgegenstände auch in anderen Mitgliedstaaten, häufig ohne gesonderten Übertragungs- oder Verfügungsakt. Denn die Güterrechtsverordnungen proklamieren den Grundsatz der Einheitlichkeit des Güterrechts: Dem auf den Güterstand anwendbaren Recht unterliegt das gesamte Vermögen der Ehegatten/Partner *ungeachtet seiner Belegenheit* (Art. 21 der EuGüter/PartVO).[525]

Die Güterrechtsverordnungen (unbeschadet der oben genannten Bereichsausnahmen) sollen nach dem 24. Erwägungsgrund „die sich aus dem Güterstand ergebende Begründung oder Übertragung von dinglichen Rechten nach Maßgabe des auf diese güterrechtlichen Wirkungen anzuwendenden Rechts ermöglichen". Gemäß der Auflistung der Regelungsgegenstände des anzuwendenden Rechts in Art. 27 EuGüter/PartVO unterliegen dem Güterrecht insbesondere die Einteilung des Vermögens eines oder beider Ehegatten in verschiedene Kategorien während und nach der Ehe (Buchst. a), die Übertragung von Vermögen von

---

523 Schmidt, Jan Peter, in: Dutta/Weber (Hrsg.), Internationales Erbrecht, 1. Aufl., C H. Beck, München 2016, Rn. 1 zu Art. 31 EuErbVO; Köhler, Andreas, Der sachliche Anwendungsbereich der Güterrechtsverordnungen und der Umfang des Güterrechtsstatuts, in: Dutta/Weber (Hrsg.), Die Europäischen Güterrechtsverordnungen, Tagungsband (s. Fn. 52), S. 149 ff., 158. Auch Generalanwalt Bot geht in den Schlussanträgen der Rechtssache C-218/16, Kubicka, Rn. 4 von dieser Tatsache aus.

524 Weber, Johannes, Sachenrecht und Verkehrsschutz aus der Perspektive der Europäischen Güterrechtsverordnungen, Rheinische Notarzeitschrift 2017, 365 ff. (366), sowie Art. 21 EuGüter/PartVO.

525 Konsequenterweise ist auch die früher durch Art. 15 Abs. 2 Nr. 3 EGBGB a. F. eröffnete Möglichkeit, für einzelne unbewegliche Sachen abweichend vom ausländischen Güterstand einen Güterstand des deutschen Belegenheitsorts zu vereinbaren und das Güterrechtsstatut auf diese Weise partiell an das Sachenrechtsstatut anzupassen, mit dem Inkrafttreten des Gesetzes zum Internationalen Güterrecht und zur Änderung von Vorschriften des Internationalen Privatrechts entfallen.

einer Kategorie in die andere (Buchst. b), die Auflösung des ehelichen Güterstands und die Teilung, Auflösung und Abwicklung des Vermögens (Buchst. e) sowie die Wirkungen des ehelichen Güterstands auf ein Rechtsverhältnis zwischen einem Ehegatten und Dritten (Buchst. f).

Da innerhalb ein und derselben Rechtsordnung Güter- und Sachenrechtsvorschriften aufeinander abgestimmt sind, entstehen Abgrenzungsprobleme zwischen beiden Statuten, wenn das unionsrechtlich bestimmte Güter- und das durch die nationalen IPR-Vorschriften bestimmte Sachenrecht auseinanderfallen.

Dies kann schon zu Beginn des Güterstands der Fall sein, wenn das anzuwendende Güterrecht vorbestehende Vermögensmassen der Partner zu Gesamthandvermögen zusammenführt (vgl. § 1416 Abs. 1 BGB für die deutsche Gütergemeinschaft) und einzelne Vermögensgegenstände aufgrund ihrer Belegenheit den sachenrechtlichen Vorschriften einer anderen Rechtsordnung unterfallen.

Später kann sich dieselbe Situation dadurch ergeben, dass das Paar bewegliches oder unbewegliches Vermögen an einem Ort erwirbt, der nicht in den territorialen Geltungsbereich des für die Verbindung geltenden Güterrechts fällt, oder wenn das ursprünglich mit dem Sachenrechtsstatut übereinstimmende Güterrechtsstatut nachträglich durch Rechtswahl geändert wird.

Konflikte zwischen dem auf die Paarverbindung anwendbaren Güterrecht und dem Sachenrecht des Belegenheitsstaats können auch entstehen, wenn die Zuordnung eines Einzelgegenstands zu einer von mehreren im Rahmen des Güterstands bestehenden Vermögensmassen willkürlich geändert wird (vgl. Art. 27 Buchst. b EuGüter/PartVO), indem beispielsweise im Rahmen von Güter- oder Errungenschaftsgemeinschaften eine Umwandlung von im Eigengut eines Ehegatten stehenden Vermögensgegenständen in Gesamtgut stattfinden soll oder umgekehrt.

Auch die Beendigung des Güterstands, insbesondere seine Liquidation durch die Aufteilung des bis dahin gemeinsamen Vermögens, kann zu Widersprüchen zwischen dem anwendbaren Güterrecht und dem Sachenrecht des Belegenheitsstaates führen.

Nach Art. 27 EuGüter/PartVO schließlich soll das Güterrecht bestimmen, ob und in welchem Ausmaß eine gegenseitige Vertretungsbefugnis beim Erwerb von Haushaltsgegenständen besteht[526] und ob sich aus dem Güterstand Verfügungsbeschränkungen über nur einem Partner gehörende Vermögensgegenstände ergeben, beispielsweise das Verbot einseitiger Verfügungen über die

526 Weber, Rheinische Notarzeitschrift 2017, 367.

Ehewohnung[527]. Auch diese Materien weisen Bezüge zum Sachenrecht auf, wenn etwa die Wirksamkeit oder Unwirksamkeit einer Veräußerung, der einem Verfügungsgeschäft[528] zugrundeliegende Rechtsgrund oder ein gutgläubiger Erwerb durch einen Dritten geprüft werden müssen[529].

b) Gemeinschaftlicher Erwerb einzelner Vermögensgegenstände

Dass die Unterscheidung, welche Fragen vom nationalen Sachenrecht und welche vom anwendbaren Güterrechtsstatut geregelt werden, nicht von bloß dogmatischer, sondern auch praktischer Bedeutung ist, illustriert folgendes Beispiel:

> Im Rahmen einer Errungenschaftsgemeinschaft französischen Rechts erwirbt Ehemann E allein ein in Deutschland belegenes Grundstück. Nach dem für die Ehe geltenden Güterrecht fällt dieses in die ihm und seiner Ehefrau F gemeinsam zustehende und gesamthänderisch gebundene Vermögensmasse.

Fragen könnte man hier zunächst, ob ein gleichzeitiger Erwerb der Immobilie durch beide Ehepartner zur gesamten Hand erfolgt oder ob eine gesonderte dingliche „Vergemeinschaftung“ des von ihm allein erworbenen Gegenstands erforderlich ist. Für den räumlichen Anwendungsbereich des deutschen Zivilrechts stellt dies jedoch kein Problem dar, da § 1416 Abs. 2 BGB für den Güterstand der Gütergemeinschaft klarstellt, dass für den Erwerb als Gesamtgut der Ehegatten ein gesonderter dinglicher Übertragungsakt nicht

---

527 Es sei an dieser Stelle nochmals erwähnt, dass dieses Verfügungsverbot, das sich in mehreren nationalen Rechtsordnungen unabhängig vom im Einzelfall geltenden Güterstand allein aus der Ehe bzw. Partnerschaft ergibt und deshalb unter der Geltung der nationalen Rechte zum sog. *régime primaire* gehörte, mittlerweile unter den weiten unionsrechtlichen Begriff des Güterstands und damit in den Anwendungsbereich der europäischen Güterrechtsverordnungen fallen. S. dazu *Kap. V 1 b) und c).*

528 Dem deutsche Abstraktionsprinzip als Grundsatz der Unabhängigkeit von schuldrechtlichem Verpflichtungs- und sachenrechtlichem Verfügungsgeschäft ist in anderen kontinentalen Rechtsordnungen zumindest nicht mit der gleichen Konsequenz gefolgt worden wie im deutschen Recht. Vgl. z. B. Art. 609 des spanischen *Código Civil*, der für den Übergang neben dem Kaufvertrag lediglich einen Realakt, nämlich die Übergabe der Kaufsache, verlangt; nach Art. 711 frz. *Code civil* ist für den Übergang des Eigentums ausschließlich der Abschluss des Kaufvertrags erforderlich; dieselbe Regelung ergibt sich auch aus Art. 1583 des belgischen *Code civil* und Art. 874 des portugiesischen *Código Civil.*

529 Hausmann, Internationales und Europäisches Familienrecht, Teil B, Art. 28 GüterVO, RZ 372 f., S. 238 f.

erforderlich ist. Der gleichzeitige dingliche Rechtsübergang auf beide Partner infolge des zwischen ihnen bestehenden Güterstands ist daher im deutschen Zivilrecht systemkonform und wird konsequenterweise auch für ausländische Güterstände akzeptiert. Nach Gräf[530] ist nicht nur dem deutschen Recht, sondern auch allen anderen Rechtsordnungen die gesamthänderische Bindung von Vermögensmassen bekannt[531] – was schon deshalb nachvollziehbar ist, weil etwa auch bei einer Mehrheit von Erben eine gemeinschaftliche Berechtigung am Nachlass des Erblassers eintritt.

Hausmann/Odersky[532] vertreten allerdings eine Differenzierung zwischen der *Entstehung* und der *Anerkennung* der vom ausländischen Güterrecht verliehenen dinglichen Rechte: Da sich aus § 1416 BGB ergebe, dass das Entstehen gemeinschaftlicher Vermögensmassen bei Geltung eines bestimmten Güterstands auch dem deutschen Recht bekannt sei, stehe einer Anerkennung der güterrechtlichen Beteiligung des nicht handelnden Ehegatten in diesem Fall zwar nichts im Wege. Wo hingegen das deutsche Recht für die Entstehung des dinglichen Rechts, etwa eines Pfandrechts oder eines Nießbrauchs, eine *Übertragungshandlung* verlange, während das ausländische Güterrecht darauf verzichte, könne ein solches Recht an in Deutschland belegenen Sachen nicht *ex lege* entstehen.

c) Wechsel der Zuordnung einzelner Vermögensgegenstände zwischen im Rahmen des Güterstands bestehenden Vermögensmassen

Problematischer als der vorstehend untersuchte Fall sind Situationen, in denen kein Neuerwerb von Vermögensgegenständen stattfindet, sondern in denen

530 Gräf, Stephan, Drittbeziehungen und Drittschutz in den Europäischen Güterrechtsverordnungen, Mohr Siebeck, Tübingen 2019, S. 273. Die Dissertation von Gräf (S. 265 ff.) enthält eine ausführliche Analyse der problematischen und unproblematischen Konstellationen, deren vollständige Aufnahme den thematischen Rahmen dieses Werks überschreiten würde.

531 Nach Dutta ist dies unter der Ägide der Güterrechtsverordnungen allerdings irrelevant, da es sich um das „*ob*" eines gemeinschaftlichen Erwerbs und damit um eine allein dem Güterrecht unterliegende Frage handle. S. Dutta, Anatol, Das neue internationale Güterrecht der Europäischen Union – ein Abriss der europäischen Güterrechtsverordnungen, FamRZ 2016, S. 1973 ff., 1975 mit Hinweis auf die ausführliche Darstellung der zur EuErbVO geführten Diskussion in Dutta/Weber/*Schmidt*, Internationales Erbrecht, Rn. 125 zu Art. 1 EuErbVO. Köhler, a.a.O., S. 159; Weber, DNotZ 2016, S. 659 ff. (668).

532 Hausmann, Rainer/Odersky, Felix, Internationales Privatrecht in der Notar- und Gestaltungspraxis 3. Aufl., C.H. Beck-Verlag München, 2017, § 9, RZ 181, m.w.N.

einzelne Gegenstände, die der Gesamthand oder einem der Partner gehören, nach dem Willen der Parteien ihre dingliche Zuordnung wechseln sollen, oder dass der Güterstand, sei es durch Scheidung (bzw. „Entpartnerung") oder durch einen gewillkürten Güterstandwechsel, beendet wird. Beispiel:

Die im Güterstand der Errungenschaftsgemeinschaft lebenden Ehegatten E und F vereinbaren in einem notariellen Ehevertrag, dass das im Eigentum der Gesamthand stehende, in Deutschland belegene Grundstück in das Alleineigentum der F wechseln soll.

Für solche Konstellationen besteht im deutschen Recht keine § 1416 Abs. 2 BGB vergleichbare Regelung, eine analoge Anwendung der Vorschrift wird von Rechtsprechung und Literatur abgelehnt.[533]

Infolgedessen sind aus Sicht des deutschen Sachenrechts eine gesonderte Auflassung zwischen den Ehegatten und die Eintragung der F als Alleineigentümerin im Grundbuch erforderlich, damit sich der dingliche Rechtsübergang vollzieht. Somit entsteht ein Widerspruch zwischen güter- und sachenrechtlichen Vorschriften, wenn das anwendbare Güterrecht einen solchen Übertragungsvorgang nicht vorsieht.

d) Qualifikation des Erwerbsmodus dinglicher Rechte

Betrachtet man die unter *b)* und *c)* vorgestellten Konstellationen, zeigt sich im zweiten Fall angesichts des Widerspruchs zwischen den vom Güter- und vom Sachenrecht angeordneten dinglichen Wirkungen der *Erwerbsmodus* dinglicher Rechte als neuralgischer Punkt. Die kollisionsrechtliche Qualifizierung dieses Rechtserwerbs als güter- oder sachenrechtlich erweist sich daher als nötig, weil er je nach den auf ihn zur Anwendung kommenden Kollisionsvorschriften verschiedenen Sachvorschriften unterliegt.

Aufgrund der Parallelität zwischen den in der EuGüter/PartVO und den in Art. 1 Abs. 2 Buchst. k und l EuErbVO formulierten Bereichsausnahmen wie auch den Positivlisten in Art. 27 Buchst. b EuGüter/Part VO und Art. 23 Buchst. e EuErbVO ist dasselbe Problem schon im Bereich des internationalen Erbrechts aufgetreten und im Zusammenhang mit dem im Erbfall nach der EuErbVO bestimmten *Erbrechtsstatut* im Jahr 2017 mit dem Urteil *Kubicka*[534] vom EuGH entschieden worden. In diesem polnischen Vorabentscheidungsverfahren

533 BayObLG, BayObLGZ 1962, 205 = Rpfleger 1961, 250, BayObLGZ 1993, 1 = NJW-RR 1993, 472. Literaturnachweise bei Gräf, Drittbeziehungen und Drittschutz …, S. 275 und BeckOK BGB/Siede/Spernath, 54. Ed. 01.05.2020, BGB § 1416 RZ 11.

534 Urteil des Gerichtshofs vom 12. Oktober 2017, *Kubicka*, Rs. C-218/16.

entschied der Gerichtshof eine Vorlagefrage zur Abgrenzung zwischen polnischem Erb- und deutschem Sachenrechtsstatut. Er trennte dabei zwischen den Fragen der *Entstehung und Anerkennung* der dinglichen Wirkungen des Erbstatuts und der *registerlichen* Behandlung eines *Vindikationslegats* nach polnischem Recht. Durch ein solches Vindikationslegat erwirbt der begünstigte Vermächtnisnehmer mit dem Eintritt des Erbfalls das ihm zugewendete dingliche Recht an der Sache unmittelbar, ohne dass es, wie beim *Damnationslegat*[535], erforderlich wäre, dass der Erbe dem Vermächtnisnehmer die testamentarisch zugewandte Rechtsposition erst durch einen dinglichen Übertragungsakt verschafft.

Da das deutsche Recht nur das schuldrechtlich wirkende Damnationslegat kennt, wurde bis zum Urteil *Kubicka* in Deutschland auch einem vom Erblasser in einem ausländischen Testament verfügten Vindikationslegat die unmittelbare dingliche Wirkung versagt. Begründet wurde dies in erster Linie mit der Erwägung, in Deutschland wirkende dingliche Rechte könnten ausschließlich nach deutschem Sachenrecht und mit den in der deutschen Rechtsordnung vorgesehenen Wirkungen begründet werden. Ein ausländisches Vindikationslegat sei daher in ein Damnationslegat umzudeuten.[536]

Die Vorlagefrage des polnischen Bezirksgerichts im Fall *Kubicka* betraf die Frage nach der Anerkennungspflicht der unmittelbaren dinglichen Wirkungen eines von einer polnischen Testatorin gewünschten Vindikationslegats durch das deutsche Belegenheitsrecht. Das Vindikationslegat hatte nämlich die in Deutschland belegene, der Testatorin zur Hälfte gehörende Immobilie in Frankfurt/Oder zum Gegenstand, auf der sich ihr Wohnhaus befand. Ihren Anteil daran sollte nach ihrem Willen direkt mit dem Erbfall, d. h. ohne einen Zwischenerwerb der von ihr eingesetzten Erben (Ehemann und Kinder), ihr Ehegatte erwerben. Anlass des Ausgangsrechtsstreits war die Weigerung des von der Testatorin aufgesuchten polnischen Notars, das Vermächtnis als Vindikationslegat in ihr Testament aufzunehmen, da er angesichts der bis dahin geübten

535 §§ 1939 ff. BGB.

536 Bundesgerichtshof, Urteil vom 28. September 1994 – IV ZR 95/93 = NJW 1995, 95 (98) mit Nachweisen zur damals vorhandenen Literatur (Abschn. III Nr. 2). Neuere Nachweise s. bei Gärtner, Franz, Die Behandlung ausländischer Vindikationslegate im deutschen Recht, Verlag C.H. Beck, München, 2014, S. 41–46. Der polnische Notar, der der Testatorin in der Rechtssache *Kubicka* die Aufnahme des Vindikationslegats in deren Testament verweigert hatte, berief sich hierfür auf den Umstand, dass das deutsche Sachen- und Registerrecht und die deutsche Rechtsprechung gemäß Art. 1 Abs. 2 Buchst. k und l sowie Art. 31 der EuErbVO zu berücksichtigen seien, und auf die Begründung des deutschen Internationalen Erbrechtsverfahrensgesetzes vom 29. Juni 2015, BGBl. I, S. 1042, (vgl. Rn. 21 und 22 des Urteils *Kubicka*).

deutschen Anwendungspraxis davon ausging, die unmittelbaren dinglichen Wirkungen des Legats würden in Deutschland nicht anerkannt.

Das mit der Beschwerde gegen diese Weigerung befasste polnische Bezirksgericht befragte den Gerichtshof, ob die zu erwartende Nichtanerkennung der dinglichen Wirkung des Vindikationslegats unionsrechtskonform wäre und verwies dabei auf die in Art. 1 Abs. 2 Buchst. k und l EuErbVO formulierten Bereichsausnahmen sowie auf das in Art. 31 EuErbVO statuierte Gebot der Anpassung dinglicher Rechte, wenn diese dem Belegenheitsrecht unbekannt sind.

Der EuGH hielt in seinem Urteil[537] keine der beiden Bereichsausnahmen für einschlägig, sondern den Erwerbsmodus des Vermächtnisnehmers für eine allein nach dem von der Testatorin gewählten polnischen *Erbstatut* zu beurteilende Frage: Die Bereichsausnahme der „Art der dinglichen Rechte" betreffe zwar insbesondere die Prärogativen (= Vorrechte) des Inhabers sowie den *numerus clausus* der in einer Rechtsordnung existierenden Sachenrechte, es gehe aber um den unmittelbaren Übergang eines Eigentumsrechts als Wirkung eines Vindikationslegats, nicht um das in Rede stehende dingliche Recht an sich. Damit werde die Anerkennung der dinglichen Wirkungen eines Vindikationslegats von der Bereichsausnahme in Art. 1 Abs. 2 Buchst. k EuErbVO nicht erfasst, denn das *Eigentum* als solches sei dem deutschen Recht bekannt. Vielmehr gehe es im Ausgangsverfahren um die im Erbfall maßgeblichen *Modalitäten des Rechtsübergangs*, d. h. um den Modus des Erwerbs, den die EuErbVO nach ihrem 15. Erwägungsgrund nach dem auf die Rechtsnachfolge von Todes wegen anzuwendenden Recht gerade ermöglichen solle.

Hinsichtlich der Bereichsausnahme in Art. 1 Abs. 2 Buchst. l EuErbVO (Eintragung der erbrechtlich übergegangenen dinglichen Rechte) stelle die EuErbVO ausschließlich auf die *Eintragung* von Rechten in ein Register ab. Die Voraussetzungen, unter denen solche Rechte *erworben* würden, zählten damit ebenfalls nicht zu den vom Anwendungsbereich der Verordnung. ausgeschlossenen Bereichen. Auch Art. 31 EuErbVO (der wie Art. 29 EuGüter/PartVO die Anpassung dinglicher Rechte anordnet, die dem anwendbaren Sachenrecht nicht bekannt sind) betreffe nicht die Modalitäten des Übergangs dinglicher Rechte, sondern nur die Wahrung des vom Erbstatut festgelegten Inhalts derselben und ihre Rezeption in der Rechtsordnung des Mitgliedstaats, in dem sie geltend gemacht würden.

Die unmittelbare Zuwendung des Eigentums im Wege eines Vindikationslegats sei von der deutschen Rechtsordnung anzuerkennen, da eine Ablehnung der

537 S. insbesondere Rnrn. 49, 54, 63 und 64 des Urteils.

unmittelbaren dinglichen Wirkung (also der Erwerbsmodalität) gegen die zitierten Vorschriften der Europäischen Erbverordnung verstieße.

Da die Entscheidung in starkem Kontrast zu der vom Bundesgerichtshof bis dahin angewandten Praxis der Umdeutung von Vindikationslegaten stand, ist sie in Deutschland auf erhebliche Kritik gestoßen, weil sie im Hinblick auf den wünschenswerten Standard des Verkehrsschutzes, insbesondere, was Immobilienvermögen betrifft, als Zumutung empfunden wurde. Die Rechtssicherheit erfordere, dass der Eigentumsübergang den Publizitätsanforderungen des Belegenheitsorts entspreche[538]. Zudem stehe sie im Zusammenhang mit weiteren Entscheidungen des Gerichtshofs, die den „revolutionären"[539] Charakter der Europäisierung des Internationalen Privatrechts bestätigten.[540]

Andererseits hat die *Kubicka*-Entscheidung, indem sie „in unaufgeregter Weise eine zentrale Problematik der EuErbVO aus den Fängen nationaler Dogmatik [löst] und … sie im Sinne des prägenden Grundsatzes der Nachlasseinheit [entscheidet]", aber auch Befürworter gefunden.[541] Der für die Berichtigung des Grundbuchs erforderliche *Nachweis* der unmittelbaren Rechtsnachfolge aufgrund eines Vindikationslegats sei als Aufgabe anzusehen, die im Rahmen der Ausstellung des Europäischen Nachlasszeugnisses gelöst werden könne. Unabhängig von § 35 GBO (der Rechtsinstitute, die der deutschen Rechtsordnung unbekannt sind, nachvollziehbarerweise nicht im Blick hat) sei angesichts des Anwendungsvorrangs von Art. 60 Abs. 5 EuErbVO jedenfalls eine Legitimation des Vindikationslegatars durch ein Europäisches Nachweiszeugnis zulässig.

Vermittelnde Lösungen fordern eine unionsrechtskonforme Auslegung von § 35 GBO[542] bzw. die Änderung dieser Vorschrift in dem Sinn, dass sie Vindikationslegate ausdrücklich mit umfasst[543].

---

538 Weber, Johannes, *Kubicka* und die Folgen: Vindikationslegate aus Sicht des deutschen Immobiliarsachenrechts, DNotZ 2018, 16 ff. (19 f.)

539 Die Bezeichnung stammt von Michaels, Ralf, in: The New European Choice-Of-Law Revolution, 82 *Tulane Law Review* 1607–1644 (2008), abrufbar unter https://scholarship.law.duke.edu/faculty_scholarship/1908/

540 Zu diesen Entscheidungen gehören auch das in *Kap. VI 2 d (ii)* besprochene Urteil *Mahnkopf* und die in *Kap. VI 1 c* bzw. *Kap. VI 2 g (iii)* zitierten Urteile *Sahyouni* und *Oberle*.

541 Kleinschmidt, Jens, Anmerkung zum Urteil *Kubicka* in Fachdienst Zivilrecht – LMK (C.H. Beck) 2018, 2018, 403371.

542 Fornasier, Matteo, in Dutta/Weber (Hrsg.), Internationales Erbrecht, Art. 69 Rn. 34.

543 Döbereiner, Christoph, Anmerkung zum *Kubicka*-Urteil des EuGH, FamRZ 2017, 2060 (2061).

e) Stellungnahme

Zwar ist beim derzeitigen Stand der Gesetzgebung das Argument eines geringeren Verkehrsschutzes nicht von der Hand zu weisen, da in allen Fällen, in denen das Grundbuch unrichtig ist, Gefahren für den Rechtsverkehr bestehen.

Andererseits stehen bereits jetzt für bestimmte Fälle von Unrichtigkeit des Grundbuchs Mechanismen zur Verfügung, die dazu dienen, Dritte zu warnen bzw. die Rechte von noch nicht eingetragenen Rechteinhabern zu sichern. In diesem Zusammenhang ist beispielsweise an die §§ 51 (Nacherbenvermerk) und 53 GBO (Eintragung eines Widerspruchs von Amts wegen) zu denken, die die von der deutschen Rechtsordnung geforderten Sicherheitsstandards gewährleisten sollen.

An den hier dargestellten Beispielen (vereinbarter Wechsel der eigentumsrechtlichen Zuordnung von Vermögensgegenständen und dingliche Wirkung von Vindikationslegaten) zeigt sich aber zugleich, dass eine Verabsolutierung dieser Sicherheitsstandards zu einem Stolperstein auf dem Weg zur Europäisierung des Internationalen Privatrechts werden könnte. Da die deutsche Exekutive diese Vereinheitlichung rechtspolitisch stets für geboten gehalten und bis zur Stunde den Europäisierungsprozess durch Deutschlands Teilnahme an sämtlichen von den Organen der Union angenommenen Rechtsakten gefördert hat, wird die Rechtsdogmatik diesen Eingriff in ihre traditionelle Position hinnehmen müssen und die Rechtspolitik durch eigene, geeignete Vorschläge dafür sorgen müssen, Verkehrsschutz soweit als möglich zu gewährleisten.

Neben ergänzenden grundbuchrechtlichen Vorschriften zur Eintragung von rechtswahrenden und Dritte warnenden Instituten auf Antrag des Berechtigten wäre auch eine engere Zusammenarbeit von Notariaten und Grundbuchämtern im Sinne einer Verpflichtung zur (elektronischen) Unterrichtung der Letzteren von notariell beurkundeten rechtsändernden Geschäften denkbar. Die Europäische Kommission hat am 2. Dezember 2020 ein Paket zur Digitalisierung der europäischen Justiz veröffentlicht mit dem Ziel, einen digitalen Wandel auch im Justizwesen herbeizuführen. Darin wurden u. a. „Gesetzgebungsinitiativen zur Festlegung der Anforderungen der Digitalisierung, um einen besseren Zugang zur Justiz und eine verbesserte grenzüberschreitende Zusammenarbeit zu fördern", angekündigt[544], dessen Umsetzung mittlerweile schon weit fortgeschritten

544 Mitteilung der Kommission an das Europäische Parlament, den Rat, den Europäischen Wirtschafts- und Sozialausschuss und Den Ausschuss Der Regionen – Digitalisierung der Justiz in der Europäischen Union, KOM(2020) 710 endg., S. 6.

ist[545].

Dies lässt für die Zukunft auf Möglichkeiten der schnellen Kommunikation zwischen bzw. mit amtlichen Stellen anderer Mitgliedstaaten hoffen und könnte dazu genutzt werden, auch eine zeitnahe Berichtigung unrichtig gewordener Eintragungen herbeizuführen. Die Aufnahme klarer Erläuterungen in die Urkundentexte – z. B. dass diese nach dem anzuwendenden Güterrecht eine Änderung in der Zuordnung bestimmter Vermögensgegenstände implizieren – würde ihrerseits zur Rechtsklarheit beitragen.

f) Anwendbarkeit der *Kubicka*-Entscheidung auch im Güterrecht?

Dass das im Bereich des Erbrechts ergangene Urteil *Kubicka* gleichzeitig die Frage nach dem Erwerb und der Anerkennung dinglicher Berechtigungen, die nicht von einem ausländischen Erbrecht, sondern von einem ausländischen Güterrecht bewirkt werden, beantwortet haben könnte, dass also auch für diese Materie bereits ein *acte éclairé* vorliegt, ist zumindest zweifelhaft.

Dafür spricht zwar, dass die im Urteil *Kubicka* vom EuGH untersuchten Vorschriften der Erbrechtsverordnung (Art. 1 Abs. 2 Buchst. k und l sowie Art. 31 EuErbVO) und der Güterrechtsverordnungen (Art. 1 Abs. 2 Buchst. g und h sowie Art. 29 EuGüter/PartVO) textlich praktisch identisch sind. Gleichzeitig bestehen aber zwischen Güter- und Erbrecht erhebliche Unterschiede:

Zunächst ist dies die Tatsache, dass das anwendbare Güterrecht praktisch zu jeder Zeit und sogar rückwirkend durch Rechtswahl mit vier zur Verfügung stehenden Alternativen geändert werden kann[546], das internationale Erbrecht dagegen lediglich das Recht des gewöhnlichen Aufenthalts und das Heimatrecht des Erblassers zur Wahl stellt. Daneben geht es im Erbrecht allein um den Übergang von dem Erblasser zustehenden Rechtspositionen auf dessen Erben bzw.

---

545 Am 28. Juni 2023 haben beispielsweise der Rat und das Europäische Parlament eine Einigung über zwei Gesetzgebungsvorschläge der Kommission (14850/21 und 14821/21) zur Digitalisierung der justiziellen Zusammenarbeit und zum Zugang der Bürgerinnen und Bürger zur Justiz erzielt. Für die von der Kommission vorgelegten Gesetzgebungsvorschläge, ihre Folgenabschätzung und darauf erfolgte Rückmeldungen s. https://ec.europa.eu/info/law/better-regulation/have-your-say/initiatives/12685-Digitalisation-of-cross-border-judicial-cooperation.

546 Art. 22 Abs. 3 EuGüter/PartVO stellt allerdings klar, dass eine rückwirkende Änderung des anzuwendenden Rechts nach Abs. 2 die Ansprüche Dritter, die sich aus diesem Recht ableiten, nicht beeinträchtigen darf.

auf Vermächtnisnehmer, während das Güterrecht auch Berechtigungen anderer Art umfasst, etwa die Entstehung von Verfügungsbeschränkungen, die für den Rechtsverkehr mit Dritten von Bedeutung sind, oder güterrechtliche Rechtspositionen an Vermögensgegenständen des Partners, die sich insbesondere bei dessen Ableben auch inhaltlich verändern können:

Dies ist der Fall bei der *joint tenancy*, die nach englischem und amerikanischem Recht vereinbart werden kann und bei der beim Ableben eines Ehegatten das sog. „*Right of Survivorship*" zur Anwachsung des Anteils des Verstorbenen beim überlebenden Ehegatten führt, ohne dass der betreffende Gegenstand als dem Nachlass zugehörig betrachtet wird. Bei einer Belegenheit dieses Gegenstands in Deutschland hindert der *numerus clausus* der deutschen Sachenrechte die Anerkennung der *joint tenancy*, weshalb Andrae[547] für diese Vereinbarungen in Anbetracht einer ausdrücklichen Herausnahme aus der Eu-Erbrechtsverordnung (Art. 1 Abs. 2 Buchst. g EuErbVO) ihre güterrechtliche Einordnung und, falls sie mit deutschem Sachenrecht zusammentreffen, eine Anpassung gemäß Art. 29 EuGüterVO vorgeschlagen hat. Diese soll auf dem Weg der Umdeutung in einen schuldrechtlichen Anspruch auf Übertragung des Miteigentums erfolgen. Als weiteres Beispiel nennt die Autorin die Eigentümerpartnerschaft österreichischen Rechts, „eine Art Gesamthandseigentum an einem einzelnen Gegenstand"[548].

Eine ähnliche Situation entsteht beim gesetzlichen Güterrecht der spanischen Autonomen Gemeinschaft Aragón, dem *consorcio conyugal:* Das Foralrecht sieht mit dem *derecho expectante de viudedad* eine gesetzliche Anwartschaft vor, die während des Bestehens der Ehe das bewegliche wie das unbewegliche Vermögen des Ehepartners dinglich erfasst und beim Versterben des Partners, der Eigentümer des betroffenen Vermögensgegenstands ist, zu einem Nießbrauch des Überlebenden erstarkt. Bei einem lebzeitigen Verkauf von Vermögensgegenständen, die nur einem Ehepartner gehören, ist der Verzicht des anderen auf dieses gesetzliche Anwartschaftsrecht erforderlich, weil dieses sonst den Gegenstand ungeachtet seiner Veräußerung weiter belasten und sich beim Tod des Verkäufers in einen Nießbrauch zugunsten des überlebenden Ehegatten umwandeln würde.[549]

---

547 Andrae, Marianne, Der sachliche Anwendungsbereich der Europäischen Güterrechtsverordnung, IPrax 2018, 221 ff. (229).

548 Andrae, ebd.

549 Zur Eintragung eines derartigen Anwartschaftsrechts in ein deutsches Grundbuch müsste m. E. ebenfalls der „Anpassungsartikel" des 29 EuGüter/PartVO bemüht werden und würde zur Eintragung eines aufschiebend bedingten Nießbrauchs zugunsten des berechtigten Ehegatten führen. Der Nießbrauch stellt allerdings nach der

Der besondere Regelungsgegenstand und Kontext des Güterrechts wird daher mit Sicherheit Fragen aufwerfen, für die die vom EuGH im Urteil *Kubicka* getroffene Abgrenzung der untersuchten Bereichsausnahmen und der Anwendungsbereich des „Anpassungsartikels" weiter zu präzisieren sind. Allerdings wird das Urteil *Kubicka* hinsichtlich der Qualifikation des Erwerbsmodus vom Gerichtshof vermutlich als richtungweisend betrachtet werden, so dass ihm zukünftige Vorlagen betreffend die Güterrechtsverordnungen Gelegenheit geben werden, deren grundlegende Übertragbarkeit festzustellen.

Forschner[550] weist, was die von ihm untersuchte Frage nach der Notwendigkeit eines gesonderten dinglichen Übertragungsakts beim gewillkürten Wechsel des Güterstatuts durch Rechtswahl der Ehegatten betrifft, darauf hin, dass zwischen den auf den ersten Blick identischen „Positivlisten" der Erb- und der Güterrechtsverordnungen eine kleine, aber seiner Ansicht nach entscheidende Abweichung besteht: Während Art. 23 Abs. 2 Buchst. e der EuErbVO als eine der vom Erbstatut geregelten Fragen den „*Übergang* der zum Nachlass gehörenden Vermögenswerte" erwähne, spreche Art. 27 in Buchst. e EuGüter/PartVO von der „Auflösung des ehelichen Güterstands und [der] Teilung, Aufteilung oder Abwicklung des Vermögens", ohne dass der Vermögens*übergang* dort ausdrücklich genannt werde. Mit „Aufteilung" aber seien keineswegs zwingend die *dinglichen* Wirkungen der güterrechtlichen Auseinandersetzung gemeint, eher die Frage, wem welche Vermögensgegenstände oder Forderungen nach Beendigung des Güterstands zustünden. Die fehlende Einbeziehung des Vermögens*übergangs* in den Regelungsbereich des Güterstatuts wiederum deute gerade darauf hin, dass die Frage der dinglichen Übertragung der Vermögensgegenstände bei Beendigung des Güterstands dem nationalen Sachenrecht des Belegenheitsorts unterliege. In der Konsequenz heiße dies, dass insbesondere ein unmittelbarer Rechtsübergang an Grundstücken ohne konstitutive Eintragung im Grundbuch nur möglich sei, wenn die *lex rei sitae* eine derartige Form des Rechtsübergangs kenne. Das Argument des Urteils *Kubicka*, dass durch das einheitlich für den gesamten Nachlass geltende Erbrecht eine Nachlassspaltung verhindert werden solle (Rn. 57), sei auf das Güterrecht nicht übertragbar, da

---

spanischen wie nach der französischen Rechtstradition keine Belastung des Eigentumsrechts dar, sondern es handelt sich um einen Teil des allumfassenden [Eigentums-]Rechts, der zusammen mit dem sog. Rest- oder nackten Eigentum das Volleigentum bildet und selbstständig verkehrsfähig ist.

550 Forschner, Julius, Statutenwechsel und Abwicklung des Güterstands – Kubicka auch im Güterrecht?, DNotZ 2020, 381 (388 f.).

die Güterrechtsverordnungen nach Art. 22 EuGüter/PartVO von der Möglichkeit eines Statutenwechsels sowohl mit Wirkung für die Zukunft als auch für die Vergangenheit ausgingen.

g) Stellungnahme

Angesichts der hohen Bandbreite von Abweichungen zwischen den erb- und güterrechtlichen Szenarien ist folgerichtig, dass die Übertragbarkeit, wie Forschner feststellt, nicht zwingend ist. Die textliche Abweichung kann sich jedoch – wenn man dem Unterschied zwischen dem Wortlaut von Art. 23 Abs. 2 Buchst. e EuErbVO und Art. 27 Buchst. e EuGüter/PartVO trotz fehlender Hinweise in den Erwägungsgründen der Güterrechtsverordnungen überhaupt eine so weitreichende Bedeutung beimessen will – ausschließlich auf die Auflösung und dingliche Auseinandersetzung des Güterstands beziehen. Die Güterrechtsverordnungen sollen gemäß EG 24 EuGüter/PartVO ausdrücklich „die sich aus dem ehelichen Güterstand ergebende Begründung oder Übertragung eines Rechts an beweglichen oder unbeweglichen Vermögensgegenständen nach Maßgabe des auf den ehelichen Güterstand anzuwendenden Rechts ermöglichen“, und auch die unter Art. 27 Buchst. b genannte „Übertragung von Vermögen von einer Kategorie in die andere“ soll unmissverständlich dem unionsrechtlich bestimmten Güterrecht unterliegen. Weshalb gerade für die *Beendigung* des Güterstands etwas anderes gelten sollte als für seine Begründung oder für Modifikationen in der Zuordnung einzelner Vermögensgegenstände, wird von Forschner nicht erläutert. Die Formulierung von Art. 27 Buchst. a EuGüter/PartVO, wonach „die Einteilung des Vermögens eines oder beider Ehegatten in verschiedene Kategorien *während und nach der Ehe*[551]“ vom unionsrechtlich bestimmten Güterrecht bestimmt werden soll, spricht dagegen.

Vom praktischen Standpunkt aus gesehen wäre möglich, eine sich aus dem ehelichen Güterstand bzw. dessen Auflösung ergebende Begründung oder Übertragung von Rechten im Rahmen einer notariell beurkundeten Trennungs- und Scheidungsvereinbarung oder eines gerichtlich protokollierten Vergleichs der Partner über die Scheidungsfolgen zu verwirklichen, indem in der notariellen Urkunde entsprechende Erläuterungen gemacht und gegebenenfalls *vorsorglich* explizit die dinglichen Wirkungen betreffende Erklärungen und Erläuterungen abgegeben werden[552].

---

551 Hervorhebung nur hier.
552 Vgl. dazu auch *Kap. V 2 c)*.

Wie Forschner befürchtet, wird sich die Wissenschaft wohl damit abfinden müssen, dass die unionsrechtliche Rechtsprechung auf Besonderheiten der deutschen Rechtsordnung, insbesondere das Erfordernis der Grundbucheintragung für den Erwerb von Rechten an deutschen Grundstücken, im Bereich des Güterrechts so wenig Rücksicht nehmen wird wie im Bereich des Erbrechts. Auch hier wäre im Interesse der Rechtssicherheit die Entwicklung eines (elektronischen) Grundbuchsystems mit möglichst enger Vernetzung zwischen entscheidenden bzw. beurkundenden Rechtsanwendern und den entsprechenden Registern auf europäischer Ebene wünschenswert.

3. Zusammenspiel unionsrechtlicher und nationaler Vorschriften im Bereich der Rechtswahl

a) Richterliche Kontrolle einer für den Bereich des Güterrechts getroffenen Rechtswahl?

Im Zusammenhang mit den Vorschriften über die Rechtswahl (Art. 22–24 EuGüter/PartVO) stellt sich als erstes die Frage, ob vor dem Hintergrund von Art. 24 EuGüter/PartVO, wonach Zustandekommen und Wirksamkeit einer Rechtswahlvereinbarung nach dem von den (Ehe-)Partnern vereinbarten Recht zu beurteilen sind, bei Wahl des deutschen Güterrechts diese Rechtswahlvereinbarung *als solche* Gegenstand der richterlichen Wirksamkeits- und Anwendungskontrolle von Eheverträgen sein kann. In Bezug auf die Rechtswahl nach 5 ff. Rom-III-VO werden diesbezüglich unterschiedliche Meinungen vertreten. Die dortige Diskussion ist auch auf den Anwendungsbereich der Güterrechtsverordnungen übertragbar, weil die in EG 15 bis 19 der Scheidungsverordnung genannten Ziele der Rechtssicherheit und der möglichst engen Verbindung des Sachverhalts zum anwendbaren Recht den in EG 45 bis 47 EuGüter/EG 46 bis 48 EuPartVO genannten Zielen entsprechen.

Eine unter anderem von Mayer vertretene Auffassung[553] will bei Anwendbarkeit deutschen Rechts eine *Inhaltskontrolle der Rechtswahl* als Teil der materiellen Wirksamkeit vornehmen und die vom Bundesgerichtshof nach den

553 Mayer, Claudia in: Althammer, Christoph (Hrsg.), Brüssel-IIa, Rom-III, Art. 6 Rom-III-VO Rn. 4; Raupach, Claudia, Ehescheidung mit Auslandsbezug, S. 174. Rösler, Rechtswahlfreiheit im internationalen Scheidungsrecht der Rom-III-Verordnung, RabelsZ für internationales und ausländisches Privatrecht 2014, 180; Döbereiner, Christoph, Das internationale Güterrecht nach den Güterrechtsverordnungen, MittBayNot 2018, 406 ff. (418).

Vorgaben des Bundesverfassungsgerichts[554] entwickelten Mechanismen der Wirksamkeits- und Ausübungskontrolle von Eheverträgen zur Anwendung bringen. Damit wäre die Rechtswahl als solche an den in den §§ 138 bzw. 242 BGB niedergelegten Grundsätzen zu messen.

Die von Arnold[555] vertretene Gegenmeinung verwirft eine materielle Kontrolle der in der Rom-III-VO eingeräumten Parteiautonomie mit Hinweis auf die autonom europarechtliche Grundlage, auf der eine solche Rechtswahl basiert. Die mit der Kontrolle erfolgende teleologische Reduktion der unionsrechtlichen Bestimmungen über Wirksamkeit und Grenzen der Rechtswahl (insbesondere in Art. 3 Abs. 5 sowie Art. 10 der Rom-I- und Art. 6 der Rom-III-Verordnung) käme für den Autor einer Auslegung *contra legem* nahe.[556]

Brosch[557] vertritt die Ansicht, dass das in der Rom-III-VO zu Tage tretende gesetzgeberische Ziel einer lediglich *informierten Rechtswahl* über die Erwägungsgründe (EG 47 EUGüterVO und EG 46 EuPartVO) auch in den Vorschriften der Güterrechtsverordnungen zum Ausdruck gekommen sei. Nach diesen Bestimmungen sollten die Regeln zur materiellen Wirksamkeit und zur Formgültigkeit einer Rechtswahlvereinbarung es den Ehegatten vornehmlich erleichtern, ihre Rechtswahl *in voller Sachkenntnis* zu treffen. Dadurch solle u. a. gewährleistet werden, dass die einvernehmliche Rechtswahl der Ehegatten im Interesse der Rechtssicherheit sowie eines besseren Rechtsschutzes respektiert werde[558]. Auch

554 S. das Urteil des Bundesverfassungsgerichts vom 6. Februar 2001, 1 BvR 12/92 (= FamRZ 2001, 343) zur gerichtlichen Kontrolle des Inhalts ehevertraglicher Abreden, die vor der Eheschließung mit einer bereits schwangeren Frau getroffen wurden.

555 Arnold, Stefan, Gründe und Grenzen der Parteiautonomie im Europäischen Kollisionsrecht, in Arnold, Stefan (Hrsg.), Grundfragen des Europäischen Kollisionsrechts, Mohr Siebeck, Tübingen 2016, S. 23 ff. (49).

556 Darüber hinaus ist auch im deutschen Rechtsraum schon die Frage gestellt worden, ob die richterliche Inhaltskontrolle von Eheverträgen nicht einer Modifikation bedarf, da sich die Gesetzeslage ebenso wie die gesellschaftlichen Einschätzungen, die seinerzeit das Bundesverfassungsgericht bewogen haben, eine besondere richterliche Inhaltskontrolle von Eheverträgen zu fordern, mittlerweile geändert haben. Hierzu Bergschneider, Ludwig, Ist die Rechtsprechung des Bundesverfassungsgerichts und des Bundesgerichtshofs zur richterlichen Kontrolle von Eheverträgen noch zeitgemäß? in: Festschrift für Hahne, Verlag Ernst und Werner Gieseking, Bielefeld 2012, 113 ff.

557 Brosch, Marlene, Rechtswahl und Gerichtsstandvereinbarungen im internationalen Familien- und ErbR der EU, Mohr Siebeck, Tübingen 2019, S. 83 (für die Rom-III-VO) und S. 114 (für die Güterverordnungen), m.w.N.

558 So die zitierten Erwägungsgründe, EG 47 EUGüterVO und EG 46 EuPartVO.

im Güterrecht werde eine Verbindung zwischen den Formvorschriften und der Gewährleistung einer informierten Wahlentscheidung hergestellt, jedoch ergäben sich daraus weder besondere materielle Gültigkeitsvoraussetzungen für die Rechtswahl noch eine Belehrungspflicht oder eine zwingende Kontrolle der Rechtswahl von Seiten der Gerichte. Über den *Ordre-public*-Vorbehalt könne dem gewählten Recht in Ausnahmefällen – so die Autorin unter Verweis auf Weber[559] – eine Grenze gezogen werden.

Hausmann[560] betont, dass sowohl die Güterrechtsverordnungen als auch die Rom-III-VO – im Gegensatz zum Haager Unterhaltsprotokoll, das in Art. 8 Abs. 5 eine Kontrolle der Rechtswahl auf „unbillige oder unangemessene Folgen" anordnet – eine Rechtswahlkontrolle nicht vorsehen.

b) Stellungnahme

Wie die von Hausmann hervorgehobene unterschiedliche Formulierung der europäischen Verordnungen und des Haager Unterhaltsprotokolls zeigt, hatte der Unionsgesetzgeber kaum im Sinn, die Wahl eines bestimmten Güterrechts außer an die von Brosch angeführten formellen Voraussetzungen noch an andere inhaltliche Bedingungen als an die in EG 47 EUGüterVO und EG46 EuPartVO angeführte *Rechtswahl in voller Sachkenntnis*[561] zu knüpfen.

Die Vorstellung, die Wahl eines bestimmten nationalen Güterrechts könnte den Vorwurf der Sittenwidrigkeit begründen, widerspricht dem Grundsatz der Gleichwertigkeit der nationalen Rechte, an dem sich das Internationale Privatrecht der Union orientiert. Eine Kontrolle nicht der Rechtswahl als solcher, sondern der *Ergebnisse* des vereinbarten Rechts zum für die Ausübung maßgeblichen Zeitpunkt muss jedoch bei einer Wahl deutschen Rechts möglich sein. Denn die Unüberprüfbarkeit der Rechtswahl *ex ante* betrifft nicht die Prüfung des sonstigen Inhalts des Ehevertrags nach den Maximen des maßgeblichen Rechts bei *Ausübung* des Vereinbarten: Korrekturmöglichkeiten wie die Vertragsanpassung wegen Wegfalls der Geschäftsgrundlage oder die Feststellung einer Treuwidrigkeit bei seiner Ausübung (Verstoß gegen Treu und Glauben) müssen als übergeordnete Rechtsgrundsätze angewandt werden können. Dies würde nicht

559 Weber Johannes, Die Europäischen Güterrechtsverordnungen: Eine erste Annäherung, DNotZ 2016, 659 ff. (689).

560 Hausmann, Rainer, Die Inhaltskontrolle von Eheverträgen in Fällen mit Auslandsberührung, Festschrift für Reinhold Geimer, Verlag C.H. Beck, München 2017, S. 199 (215)

561 EG 47 EuGüterVO, EG 46 EuPartVO.

bedeuten, dass die Vereinbarung eines konkreten nationalen Güterrechts für unangemessen erklärt wird, sondern dass das von den Parteien gewählte deutsche Recht gerade angewandt wird. Gleiches gilt für die *Ordre-public*-Klausel, was einzelne Vorschriften des gewählten Rechts betrifft.[562]

c) Bestimmung der nach Art. 22 Eu-Partnerverordnung wählbaren Güterrechte

Nach Art. 22 EuPartVO ist notwendige Voraussetzung für die Wahl eines der in Abs. 1 Buchst. a bis c genannten Rechte, dass das gewählte Recht *güterrechtliche Wirkungen an das Institut der eingetragenen Partnerschaft knüpft*. Nach dem 44. Erwägungsgrund der Verordnung soll diese Voraussetzung verhindern, dass die Rechtswahl ins Leere geht, weil sie zu keiner anwendbaren Regelung führt.

Die Voraussetzung kann Zweifel hinsichtlich einiger nationaler Rechtsordnungen wecken:

In Frankreich als einem der größten teilnehmenden Mitgliedstaaten ist heute aufgrund der Öffnung der Ehe für homosexuelle Verbindungen kein Institut mehr erforderlich, das homosexuellen Paaren als Ersatz für die Ehe zur Verfügung steht. Die nach wie vor zulässige, neben der Ehe für hetero- wie homosexuelle Paare angebotene eingetragene Partnerschaft, der *Pacte civil de solidarité* oder *PACS*, knüpft von Gesetzes wegen keinerlei vermögensrechtliche Wirkungen an die Verbindung[563]. Es besteht nur die Möglichkeit, hinsichtlich der während der Ehe von den Mitgliedern des *PACS* einzeln oder gemeinsam erworbenen Gegenstände eine im Gesetz geregelte *convention d'indivision* zu vereinbaren, wonach diese (mit gleichfalls gesetzlich normierten Ausnahmen) gemeinschaftliches Vermögen der beiden Mitglieder der *PACS* werden sollen.[564]

Auch in Spanien überlässt z. B. die Autonome Gemeinschaft Katalonien die güterrechtliche Gestaltung eingetragener Partnerschaften – ausgenommen die güterstandübergreifende gesetzliche Verfügungsbeschränkung zum Schutz der partnerschaftlichen Wohnung – allein der Parteivereinbarung[565], so dass

---

562 Dazu S a h n e r, Andreas, Materialisierung der Rechtswahl im internationalen Familienrecht, Mohr Siebeck Verlag, Tübingen 2019, S. 471. Sahner weist darauf hin, dass eine Anwendung der Ordre-public-Klausel allerdings wirkungslos bleibt, wenn sich gerade die *lex fori* im konkreten Fall als unangemessen und unbillig herausstellt.

563 Art. 515-5 des französischen *Code civil.*

564 Artt. 515-5-1 bis 515-5-3 *Code civil.*

565 Vgl. Art. 4 der *Ley 11/2001, de 19 de diciembre, de Uniones de Hecho de la Comunidad de Madrid*; Art. 234-3 des Zweiten Buchs des *Codi Civil de Catalunya*.

darüber hinaus keine güterrechtlichen Wirkungen entstehen, wenn die Partner sie nicht vereinbaren.

Dutta[566] vertritt den Standpunkt, es müsse zur Wählbarkeit einer Rechtsordnung nach Art. 22 EuPartVO genügen, dass das mit der Vereinbarung gewählte Recht das Institut der eingetragenen Partnerschaft als solches kenne, da auch die Verweigerung des Paares gegenüber einer gegenseitigen Vermögensteilhabe eine güterrechtliche Wirkung der Partnerschaft darstelle, Hausmann[567] lässt die Anordnung obligater Gütertrennung durch das gewählte nationale Recht genügen.

Nach derzeitigem Stand der Gesetzgebung würde dies bedeuten, dass z. B. die Wahl rumänischen, lettischen, litauischen, polnischen und auch bulgarischen Rechts (Bulgarien ist an den Güterrechtsverordnungen teilnehmender Mitgliedstaat) ausgeschlossen wäre, da diese Rechtsordnungen ein Rechtsinstitut der eingetragenen Partnerschaft bisher nicht vorsehen. In Bulgarien besteht die Möglichkeit, eine eingetragene Partnerschaft zu begründen, ausschließlich für *hetero*sexuelle Paare, was zumindest theoretisch die Frage aufwirft, ob die dafür zur Verfügung stehenden Güterstände (Errungenschaftsgemeinschaft und Gütertrennung) von homosexuellen Paaren gewählt werden können, die im Ausland eine eingetragene Partnerschaft eingegangen sind. Vom güterrechtlichen Gesichtspunkt würde wohl nichts dagegen sprechen, jedoch wäre im Fall von Streitigkeiten bei einer in Bulgarien bestehenden internationalen Zuständigkeit – insbesondere auf der Grundlage von Art. 4 oder Art. 6 Buchst. c bis e EuPartVO – zu befürchten, dass sich die dortigen Gerichte unter Berufung auf Art. 9 Abs. 1 EuPartVO weigern würden, in Fällen gleichgeschlechtlicher Partnerschaften über güterrechtliche Fragen zu entscheiden, obgleich es sich um das Recht ihres eigenen Staates handelt. Selbst einer ausländischen Entscheidung könnte unter Hinweis auf den *Ordre public* die Anerkennung versagt werden.

d) Stellungnahme

Die Wirksamkeit oder Unwirksamkeit einer Rechtswahl darf nicht davon abhängen, ob dieses Recht zwingend oder lediglich optional güterrechtliche Rechtsfolgen vorsieht, indem es wie im Fall Frankreichs und Spaniens keine güterrechtlichen Wirkungen gesetzlich anordnet. Die Überlegung – oder vielmehr Hoffnung – dass Paare, die sich bei der Eingehung der Partnerschaft nicht

566 Dutta, Anatol, Das neue internationale Güterrecht der Europäischen Union – ein Abriss der europäischen Güterrechtsverordnungen, FamRZ 2016, S. 1973 ff. (S. 1981)
567 Internationales und Europäisches Familienrecht, Abschnitt I, RZ 168, S. 812.

lediglich passiv verhalten, sondern sogar eine Rechtswahl treffen, sich über die Wirkungen des gewählten Güterrechts informiert haben, führt zur Schlussfolgerung, dass vermögensrechtliche Wirkungen nicht beabsichtigt sind, wenn ein Recht gewählt wird, in dem keine zwingenden Regelungen existieren und optionale Regelungen auch nicht getroffen werden, was schon aus Gründen der Selbstbestimmung möglich sein muss.

e) Zusätzliche nationale Formerfordernisse für Vereinbarungen über Rechtswahl und Güterstand (Art. 23 EuGüterVO, Art. 25 EuPartVO)

Wie die meisten anderen Rechtsordnungen der an den Güterrechtsverordnungen teilnehmenden Mitgliedstaaten enthält auch das deutsche Recht keine Formvorschriften für die Rechtswahl.

Beide Güterrechtsverordnungen sehen in Art. 23 Abs. 1 EuGüterVO und Art. 25 Abs. 1 EuPartVO für die Wahl des anzuwendenden Rechts eigene, autonom auszulegende Formvorschriften vor, und zwar nach EG 47 EuGüter/46 EuPartVO, um zu erleichtern, dass die Rechtswahl in voller Sachkenntnis getroffen und im Interesse der Rechtssicherheit und eines besseren Rechtsschutzes respektiert wird. Die von den Verordnungen statuierten Anforderungen bestehen im Grundsatz in der Einhaltung einer Schriftform bzw. dauerhaften elektronischen Form, Datierung und Unterzeichnung der Vereinbarung durch beide Ehegatten/Partner (Art. 23 Abs. 1 S. 1 EuGüter/PartVO). Zwar müssen diese Formerfordernisse eingehalten sein, die Verordnungen verlangen jedoch nicht, dass die Rechtswahl auch *ausdrücklich* erfolgt ist. Eine stillschweigende Vereinbarung des anzuwendenden Rechts ist im Gegenschluss gestattet, auch wenn der Gesetzestext – anders als in Art. 3 Abs. 1 S. 2 der Rom-I-VO – keine Klarstellung enthält, ob und welche weiteren Anforderungen an eine stillschweigende Rechtswahl gestellt werden müssen[568].

Die Regelung ist – auch in den folgenden Absätzen des jeweiligen Art. 23 – von ihrem Inhalt her identisch mit derjenigen in Art. 7 der Rom-III-Verordnung.

„Schriftform" erfordert im Grundsatz eine Perpetuierung der Erklärung durch Schriftzeichen auf Papier oder einem ähnlichen zur Wiedergabe von Schriftzeichen geeigneten Stoff.[569] Eine solche Perpetuierung ist nach dem

568 Martiny, Dieter, Die Anknüpfung güterrechtlicher Angelegenheiten nach den Europäischen Güterrechtsverordnungen, ZfPW 2017, 1 ff. (19).

569 Beck-Online-Kommentar BGB/*Wiedemann*, 50. Aufl. v. 01.05.2019, EuGüVO Art. 23 RZ 1–4.

jeweiligen Abs. 1 S. 2 auch auf elektronischen Medien möglich, diese müssen jedoch eine „dauerhafte Aufzeichnung" der Vereinbarung ermöglichen. Es wäre in diesem Zusammenhang wohl nicht übertrieben gewesen, auch eine dauerhaft *unveränderliche* Aufzeichnung der Vereinbarung zu verlangen.

Allerdings ergibt sich dies auch aus dem gesetzgeberischen Zweck des jeweiligen Art. 23 der Verordnungen, denn der 47. Erwägungsgrund der EuGüterVO (EG 46 der EuPartVO) erklärt – ganz im Sinne der klassischen Lehre über die Zwecke von Formerfordernissen[570] – die Formvorschriften sollten gewährleisten, „dass die einvernehmliche Rechtswahl der Ehegatten im Interesse der Rechtssicherheit sowie eines besseren Rechtsschutzes respektiert wird" (Beweisfunktion) und „dass sich die Ehegatten der Tragweite ihrer Rechtswahl bewusst sind" (Warnfunktion).

Haben die Ehegatten oder Partner ihren gemeinsamen Aufenthalt in einem teilnehmenden Mitgliedstaat, dessen Rechtsordnung für Vereinbarungen über den Güterstand gegenüber der von den Güterrechtsverordnungen verlangten Form *zusätzliche* Formerfordernisse aufstellt, so sind über die Anforderungen von Art. 23 Abs. 1 EuGüter/PartVO hinaus auch diese Vorschriften einzuhalten (Art. 23 Abs. 2 EuGüter, Art. 25 Abs. 2 Unterabs. 1 EuPartVO, vgl. auch Art. 23 Abs. 3 und EuGüterVO, Art. 25 Abs. 2 Unterabs. 2 und 3 EuPartVO).

Die Mindestanforderungen aus Art. 23 Abs. 1 EuGüter/PartVO werden auch durch die Einhaltung strengerer Formerfordernisse (z. B. durch die notarielle Beurkundung im Rahmen eines Ehevertrags, § 1410 BGB) erfüllt. Wenn das nach Art. 24 anwendbare Recht die notarielle Beurkundung erfordert, ist damit auch die Schriftform erfüllt. Neben den Vorschriften für die Form der *Rechtswahl* enthalten die Verordnungen nämlich noch eine zweite Formvorschrift für *Vereinbarungen über den Güterstand,* konkret Art. 25 EuGüter/PartVO, die die gleichen Anforderungen aufstellt, allerdings ergänzt durch den Zusatz (Art. 25 Abs. 3), dass auch eventuellen zusätzlichen Formanforderungen des *gewählten* Rechts entsprochen werden muss. Nach dem 48. Erwägungsgrund der EuGüterVO (EG 47 der EuPartVO) wurden auch sie aufgenommen, „[u]m die Anerkennung von auf der Grundlage einer Vereinbarung über den ehelichen Güterstand erworbenen Güterstandsrechten in den Mitgliedstaaten zu erleichtern".

Die Regelung ist einerseits zu begrüßen, zumal die Mehrzahl[571] der teilnehmenden Mitgliedstaaten für (Güterstände regelnde) Eheverträge nicht nur die

570 Vgl. die Darstellung der Formzwecke in Prütting, Wegen, Weinreich/*Ahrens*, BGB Kommentar, RZ 1–6 zu § 125 BGB.

571 Belgien, Bulgarien, Deutschland, Finnland, Frankreich, Luxemburg, die Niederlande, Spanien, die Tschechische Republik und Zypern.

schriftliche, sondern darüber hinaus die notarielle Form vorschreibt, was insbesondere im Hinblick auf die notariellen Belehrungs- und Beratungspflichten die bereits angesprochene[572] „informierte Rechtswahl“ fördert. Probleme können sich vor diesem Hintergrund jedoch andererseits daraus ergeben, dass die Mitgliedstaaten untereinander nicht ausnahmslos eine ausländische notarielle Beurkundung als der inländischen Beurkundung vergleichbare Form anerkennen.[573] Dies betrifft somit die Frage, ob insoweit eine *Substitution*[574] möglich ist, d. h., ob die Tatbestandsmerkmale der inländischen Norm auch im Ausland erfüllt werden können.

Dies sollte jedoch nicht dazu führen dürfen, dass die Parteien eines Ehevertrages aufgrund derartiger „nationaler“ Anforderungen um die Formwirksamkeit ihrer Vereinbarung bangen müssen oder sogar gezwungen sind, einen Notar im Geltungsbereich des von ihnen gewählten Güterrechts aufzusuchen (sicherheitshalber wäre dazu zu raten). Denn bei einer nach Art. 25 Abs. 2 bzw. Abs. 3 EuGüter/PartVO erforderlichen Beurkundung handelt es sich explizit um im Verhältnis zur unionsrechtlichen Grundform *zusätzliche* Formerfordernisse[575], die als Konzession an die vom Mitgliedstaat des gewöhnlichen Aufenthalts (Art. 25 Abs. 2) bzw. vom Staat des nach der Vereinbarung auf den ehelichen Güterstand anzuwendenden Rechts (Art. 25 Abs. 3) aufgestellten höheren Formerfordernisse zu einer höheren Akzeptanz der in güterrechtlichen Vereinbarungen erworbenen Rechte führen sollen.[576]

---

572 *Kap. V 3 a) und b).*

573 S. die Nachweise bei Looschelders, Dirk, Internationales Privatrecht, Springer-Verlag Heidelberg, Berlin 2004, S. 161 f., Rn. 19: Voraussetzung für die Anerkennung einer ausländischen Beurkundung in Deutschland in Sinne der dort zitierten Rechtsprechung ist die funktionelle Gleichwertigkeit der Urkundsperson, die einem deutschen Notar im Hinblick auf ihre Vorbildung und Stellung im Rechtsleben einem deutschen Notar im Wesentlichen vergleichbar sein muss. Zudem ist ein gleichwertiges Beurkundungsverfahren erforderlich, was nach dem Sinn und Zweck der konkret in Rede stehenden inländischen Sachnorm zu beurteilen ist.

574 In *Kap. I 2 d (iii).*

575 Eine Aufstellung dieser in den an den Güterrechtsverordnungen teilnehmenden Mitgliedstaaten geltenden Anforderungen findet sich auf der Website des Deutschen Notarinstituts unter https://www.dnoti.de/fileadmin/user_upload/Arbeitshilfen/IPR-und-auslaendisches-Recht/Formerfordernisse_fuer_Ehevertraege.pdf

576 Joubert, Nathalie, *La dernière pierre (provisoire ?) à l'édifice du droit international privé européen en matière familiale, Revue critique de droit international privé*, 2017 S. 1 ff., RZ 51.

Was die an der Verstärkten Zusammenarbeit der Güterrechtsverordnungen teilnehmenden Mitgliedstaaten betrifft, die *keine* notarielle Beurkundung von Eheverträgen fordern, bieten diese ein uneinheitliches Bild:

In *Griechenland* und *Schweden* genügt für die Wirkung zwischen den Ehegatten die einfache Schriftform, *Kroatien* und *Malta* fordern die notarielle Beglaubigung der Unterschriften auf der privatschriftlichen Urkunde. In *Italien* kann die Wahl des Güterstands der Gütertrennung in der Heiratsurkunde erfolgen, alle übrigen Vereinbarungen bedürfen der notariellen Form. *Österreichische* Eheverträge bedürfen nur der notariellen Beurkundung, wenn sie im Vorhinein die Verteilung ehelicher Ersparnisse oder das Schicksal des Familienheims regeln, ansonsten genügt die einfache Schriftform (§ 97 Abs. 1 EheG). In *Portugal* können Eheverträge entweder durch mündliche Erklärung vor dem Standesbeamten oder unter notarieller Beurkundung geschlossen werden (Art. 1710 Cc). Der Ehevertrag ist hinfällig, wenn die Ehe nicht binnen eines Jahres nach Abschluss des Vertrages geschlossen oder wenn sie für nichtig erklärt wurde, es sei denn, dieser Fall wäre ausdrücklich im Vertrag geregelt worden (Art. 1716 Cc). Die *slowenische* Rechtsordnung kennt nur einen einzigen Güterstand, weshalb dort weder Eheverträge und noch Formvorschriften für diese bekannt sind.

Dabei bleibt unklar, welche Formvorschriften gegenüber denjenigen des anderen Staates *zusätzliche* Vorschriften darstellen, ob also beispielsweise die mündliche Erklärung vor dem portugiesischen Standesbeamten (deren Inhalt sich aus dem Protokoll der Eheschließung ergibt) gegenüber der Schriftform von Art. 23 EuGüter/EuPartVO eine zusätzliche Formvorschrift darstellt und ob in Italien die Formvorschrift für die Wahl der Gütertrennung (Erklärung bei der Eheschließung, Art. 162 *Codice Civile*)[577] genügt oder diejenige maßgeblich sein soll, die für die Gütergemeinschaft italienischen Rechts (öffentliche Beurkundung in Anwesenheit von zwei Zeugen) erforderlich ist.

Hier zeigt sich ein nicht unbedeutendes Problem aufgrund der Vielfalt der mitgliedstaatlichen Rechte, wenn dies auch durch eine vorsorglich vorgenommene notarielle Beurkundung (in Italien unter Mitwirkung zweier Zeugen) kontrollierbar ist. Diese Abweichungen müssen dem Rechtsanwender aber bekannt sein und von ihm bedacht werden. Letztlich zeigt sich daran – bedenkt man, dass die Güterrechtsverordnungen dem Unionsbürger die ungehinderte

---

577 S. die Angaben auf der Plattform couples-europe.eu, http://www.couples-europe.eu/de/italy/topics/3-Wie-k%C3%B6nnen-die-Ehegatten-ihre-Verm%C3%B6gensverh%C3%A4ltnisse-regeln/, Antwort auf Frage 3.2.

Freizügigkeit ermöglichen sollen[578] – dass für dieses Ziel eine Harmonisierung der nationalen Rechte sinnvoll wäre.

578 EG 72 EuGüterVO, EG 70 EuPartVO.

Kapitel VI: Kohärenz der Güterrechtsverordnungen mit anderen Rechtsakten des europäischen Internationalen Privat- und Zivilverfahrensrechts

Kapitel VI untersucht nacheinander die Kohärenz der Güterrechtsverordnungen mit einzelnen anderen im Bereich des Familien- und Erbrechts anwendbaren Rechtsakten der Europäischen Union: mit der im Zusammenhang mit der Ehescheidung anwendbaren Rom-III-/Brüssel-IIa-VO *(1.)*, der EuErbVO *(2.)*, der EuUntVO *(3.)* sowie der Rom-I-/Rom-II- und Brüssel-Ia-VO im Bereich von Ansprüchen des sog. Nebengüterrechts *(4.)*. Damit geht es auch in diesem Kapitel um Kohärenzprobleme im System, die sich bei der Anwendung der Güterrechtsverordnungen zeigen bzw. in der Zukunft zeigen können.

1. Kohärenz der Güterrechtsverordnungen mit der Rom-III- und der Brüssel-IIa-Verordnung

a) Terminologische Abstimmung der Verordnungen

Bereits in *Kapitel IV 1 c)* wurde festgestellt, dass die Eu-Güterrechtsverordnungen im Gegensatz zur Rom-III-VO[579] den Begriff des „teilnehmenden Mitgliedstaats" im eigentlichen Gesetzestext weder verwenden noch definieren, sondern erst in Art. 70 Abs. 2 EuGüter/PartVO („Inkrafttreten") eine ausdrückliche Einschränkung des Anwendungsbereichs dieser Rechtsakte auf diejenigen Mitgliedstaaten enthalten[580], die an der Verstärkten Zusammenarbeit teilnehmen. Wie dort gesehen, verkompliziert dies unnötig die Rechtsanwendung in einem Bereich, der naturgemäß vom Zusammenhang der zahlreichen bei einer Scheidung auftretenden Fragen geprägt ist, der in Deutschland auch im verfahrensrechtlichen Scheidungsverbund seinen Ausdruck findet.

---

579 Art. 3 Nr. 1 Rom-III-VO.

580 Hierzu und zu den Unsicherheiten, die der von den Verordnungen gleichfalls verwendete, aber nicht definierte Begriff „Drittstaat" mit sich bringt, s. *Kap. IV 1 c)*.

b) Persönliche Anwendungsbereiche

(i) Zum Begriff „Ehe" aus Sicht der deutschen Rechtsordnung

Die Rom-III-VO spricht ebenso wie die EuGüterVO ausschließlich von „Ehen", ohne zwischen verschieden- und gleichgeschlechtlichen Verbindungen zu unterscheiden. Dies ermöglicht im Grundsatz die Anwendung sowohl auf hetero- als auch auf homosexuelle Ehen:

Da die Rom-III-VO und die EuGüterVO gleichermaßen die Frage nach dem Bestehen einer gültigen Ehe als *Vorfrage* ansehen und zu ihrer Beantwortung auf das nationale Recht (bei der Rom-III-VO das nationale Internationale Privatrecht) verweisen, bleibt es Sache der teilnehmenden Mitgliedstaaten, wie sie nach Maßgabe ihrer Rechtsordnung kollisionsrechtlich mit gleichgeschlechtlichen Ehen verfahren wollen bzw. müssen: ob sie solche Verbindungen in gleicher Weise behandeln wie heterosexuelle Ehen (d. h. auf sie die EuGüterVO anwenden), ob sie sie, weil ihr nationaler Ehebegriff gleichgeschlechtliche Ehen nicht erfasst, als eingetragene Partnerschaften ansehen (was zur Anwendung der EuPartVO führt) oder ob ihre Gerichte, wenn ihr nationales Recht beides nicht kennt[581], ihre internationale Zuständigkeit zur Entscheidung der güterrechtlichen Angelegenheit nach dem jeweiligen Art. 9 Abs. 1 EuGüter/PartVO ablehnen[582].

Mankowski[583] hat darauf hingewiesen, dass Art. 9 EuGüterVO jedenfalls Ausdruck der Grundentscheidung sei, dass auch gleichgeschlechtliche Ehen in den Anwendungsbereich der EuGüterVO fallen sollten, sofern die konkrete Rechtsordnung im Ergebnis das Vorliegen einer Ehe bejahe. Der Autor leitet dies auch aus der Definition der eingetragenen Partnerschaft in Art. 3 Abs. 1 Buchst. a EuPartVO her, für die es nach ihrem 15. Erwägungsgrund Anwendungsvoraussetzung sei, dass das Paar *nicht verheiratet* sei. Dies setze zum einen die Möglichkeit gleichgeschlechtlicher Ehen logisch voraus und unterstelle zum

---

581 Unter den an den Güterrechtsverordnungen teilnehmenden Mitgliedstaaten sind dies derzeit nur noch Rumänien – wo erst im März 2019 zwei von der sozialdemokratischen Regierungspartei eingebrachte Gesetzesinitiativen zur Einführung „Bürgerlicher Partnerschaften" (*Parteneriate civile*) an der Ablehnung des Senats scheiterten – und Bulgarien, dessen eingetragene Partnerschaften ausschließlich heterosexuellen Paaren vorbehalten sind.

582 S. hierzu bereits oben *Kap. IV 2 a)*.

583 IPrax 2017, 541 (548).

anderen solche Ehen gerade nicht der EuPartVO, sondern grundsätzlich der EuGüterVO.[584]

Für die EuGüterVO verweist Martiny[585] darauf, dass in der Mitteilung der Kommission zur Vorlage der Entwürfe für die Güterrechtsverordnungen aus dem Jahr 2011[586] ausdrücklich gesagt wurde, die Kommission habe sich der Beachtung der Grundrechte, u. a. des Diskriminierungsverbots in Art. 21 GR-Charta, vergewissert, so dass „in den Verordnungsvorschlägen nicht nach der sexuellen Ausrichtung unterschieden" werde. Diese Toleranz der Güterrechtsverordnungen gegenüber unterschiedlichen nationalen Ehe- und Partnerschaftsmodellen[587] hat den Vorteil, dass der der Rom-III- bzw. der EuGüterVO zugrunde zu legende Ehebegriff auch im Verhältnis zu den Vorschriften des *nationalen* Internationalen Privat- und Zivilverfahrensrechts für gesetzliche Neuausrichtungen flexibel ist:

So wurde in Deutschland das auf die Scheidung im Ausland geschlossener gleichgeschlechtlicher Ehen anwendbare Recht[588] bis zu dem mit dem Eheöffnungsgesetz vollzogenen Paradigmenwechsel in verschiedenen, auch höchstrichterlichen Judikaten anhand des auf Lebenspartnerschaften anzuwendenden Art. 17 b Abs. 1 EBGB a. F. bestimmt[589], da dem deutschen Recht die gleichgeschlechtliche Ehe nicht bekannt war.

---

584 Zur Frage einer Ausweitung des Anwendungsbereichs auch der Brüssel-IIa-VO auf gleichgeschlechtliche Ehen s. o. *Kap. II 3 a (i)–(iii).*

585 Martiny, Dieter, Die Kommissionsvorschläge für das internationale Ehegüterrecht sowie für das internationale Güterrecht eingetragener Partnerschaften, IPrax 2011, 437 (441).

586 Mitteilung der Kommission an das Europäische Parlament, den Rat, den Europäischen Wirtschafts- und Sozialausschuss und den Ausschuss der Regionen – Klärung der Vermögensverhältnisse bei internationalen Paaren (KOM (2011) 125) vom 16.03.2011, Punkt 5.

587 Vgl. EG 17 EuGüter/PartVO.

588 S. o. *Kap. II 3 a (ii).*

589 BGH, Beschluss vom 20.04.2016 – XII ZB 15/15 = BGHZ 210, 50 = FamRZ 2016, 1251 m. Anm. Dutta = NJW16,2322 m. Anm. Rauscher; BGH, Beschluss vom 20.07.2016 – XII ZB 609/14 = NJW 16, 2953, Rn. 13; weitere Nachweise bei Hausmann, Internationales und Europäisches Familienrecht, RZ 270 zu Art. 17 b EGBGB (Abschnitt I, Nr. 8 zu Art. 17 b EGBGB).

Insoweit ist allerdings nach wie vor festzustellen, dass trotz der letzten Änderung[590] des Art. 17 b Abs. 4 EGBGB und des ebenfalls gleichgeschlechtliche Ehen betreffenden Art. 17 b Abs. 5 EGBGB das Nebeneinander „zweier kollisionsrechtlicher Ehebegriffe", nämlich eines verschiedengeschlechtlichen (in Art. 13 EGBGB) und eines gleichgeschlechtlichen (in Art. 17 b Abs. IV EGBGB a. F.), wie von Teilen der Literatur[591] bereits zuvor kritisiert, formal noch immer besteht. Auch wenn Art. 17 b Abs. 5 auf die Vorschriften für die Ehe verweist, erscheint es doch befremdlich, gleichgeschlechtliche Ehen im Rahmen von *zwei* Vorschriften zu regeln, die der internationalprivatrechtlichen Regelung des „Auslaufmodells Lebenspartnerschaft" hinzugefügt worden sind bzw. die die für die (verschiedengeschlechtliche) Ehe geltenden Vorschriften für *„entsprechend"* anwendbar erklären. Parallel stellt sich die Frage, ob der zunächst in Deutschland geltende rein heterosexuelle[592] Ehebegriff des Verfassungsrechts infolge der gesellschaftlichen und rechtlichen Veränderungen nicht auch vom Bundesverfassungsgericht korrigiert werden müsste (was § 1353 BGB nahelegt[593]) und in welchem Zusammenhang dies geschehen könnte.

(ii) Eingetragene Partnerschaften

Eingetragene Partnerschaften im Sinne der EuPartVO sind von der Rom-III- und der Brüssel-II-a-Verordnung eindeutig nicht umfasst, da beide Instrumente ausdrücklich von „Ehen" sprechen. Folglich ergeben sich einerseits zwar keine Abgrenzungsprobleme zwischen diesen Rechtsakten und der EuPartVO, andererseits konnte aber auch keine Abstimmung der internationalen gerichtlichen Zuständigkeiten für status- und güterrechtliche Fragen wie in Art. 5 Abs. 1, 2 EuGüterVO erfolgen. Daher bedarf es für eine

---

590 Durch das Gesetz zum Internationalen Güterrecht und zur Änderung von Vorschriften des Internationalen Privatrechts (BGBl. I 2018, 2573), in seinem wesentlichen Inhalt in Kraft getreten am 29.01.2019.

591 Vgl. Thorn, Karsten/Paffhausen, Patricia, Eine Ehe ist keine Ehe ist eine Ehe, IPrax 2017, 590 (593). Auch Erbarth, Neues Internationales Privatrecht für die Wirkungen der Ehe im Allgemeinen, NZFam 2019, 417 (425) fordert die Abschaffung der Zweiteilung zwischen verschiedengeschlechtlicher und gleichgeschlechtlicher Ehe. Nach seiner Ansicht sollten hinsichtlich der allgemeinen Ehewirkungen alle Ehen der jetzigen Regelung für die verschiedengeschlechtliche Ehe, Art. 14 EGBGB, unterstellt werden.

592 Vgl. BVerfG, Urteil vom 29. Juli 1959, 1 BvR 205/58.

593 Dazu Thorn/Paffhausen, IPrax 2017, 590 (593).

*Annex*zuständigkeit gemäß Art. 5 Abs. 1 EuPartVO in allen Fällen einer entsprechenden Gerichtsstandvereinbarung.

c) Anwendbarkeit der Verordnungen auf Privatscheidungen und in ihrem Zusammenhang getroffene güterrechtliche Vereinbarungen

Im Urteil in der vom OLG München vorgelegten Rechtssache *Sahyouni*[594] hat der EuGH die Anwendbarkeit der Rom-III-VO ebenso wie der Brüssel-IIa-VO auf Privatscheidungen verneint. Angesichts der auch in den EU-Mitgliedstaaten immer zahlreicher werdenden Rechtsordnungen, die die Auflösung von Ehen aufgrund von übereinstimmend abgegebenen Erklärungen der Ehegatten zulassen, wirft dies Fragen betreffend die Anerkennungsmodalitäten solcher Dokumente auf, insbesondere, was in ihrem Zusammenhang mitvereinbarte güterrechtliche Scheidungsfolgen betrifft.

(i) Das Urteil Sahyouni und die darauf vorgenommene Schaffung von Art. 17 Abs. 2 EGBGB n. F.

Das Vorabentscheidungsersuchen des OLG München[595] in der Rechtssache Sahyouni betraf die Anerkennung einer syrischen Scheidung, die, so die Worte des EuGH, „nicht unter konstitutiver Mitwirkung eines Gerichts oder einer Behörde ausgesprochen" wurde.

Der Ehemann hatte 2013 vor dem geistlichen Scharia-Gericht in Latakia (Syrien) durch einen Bevollmächtigten die (einseitige) Verstoßungsformel aussprechen lassen, worauf

594 Urteil des Gerichtshofs vom 20. Dezember 2017, *Sahyouni*, Rs. C-372/16.

595 Zweiter Vorlagebeschluss des OLG München in dieser Sache vom 29.06.2016 – 34 Wx 146/14, ECLI:DE:OLGMUEN:2016:0629.34WX146.14.0A. Auf eine erste Vorlage desselben Gerichts hatte sich der EuGH für offensichtlich unzuständig erklärt, da für den Gerichtshof wie für den Generalanwalt nicht nachvollziehbar gewesen war, dass für eine Anerkennung das anwendbare materielle Scheidungsrecht zu ermitteln sei (vgl. Henrich, a.a.O., S. 18; Coester-Waltjen, IPrax 2018, 238, 239, sowie die Schlussanträge von Generalanwalt Saugmansgaard Øe für das auf die zweite Vorlage der Rechtssache Sahyouni, C-372/16, ergangene Urteil, Nr. 43). Die Prüfung der Anerkennungsfähigkeit einer Ehescheidung ist in Deutschland jedoch nach herrschender Meinung ein kollisions- und in der Folge materiell-rechtliches Problem. Da der Gesetzgeber bei Anwendungsbeginn der Rom-III-VO davon ausgegangen war, es bedürfe wegen deren universeller Anwendbarkeit daneben keiner nationalen kollisionsrechtlichen Regelung mehr, da sämtliche potentiell anzuerkennenden Scheidungen von der Rom-III-Verordnung erfasst würden, hatte er die entsprechende deutsche Kollisionsnorm in Art. 17 EGBGB vollständig gestrichen.

dieses Gericht die Scheidung feststellte. Der Ehemann beantragte – gegen den Willen der Ehefrau – die Anerkennung dieser Scheidung in Deutschland.

Für die Anerkennung ausländischer Ehescheidungen ist nach § 107 FamFG Abs. 1 S. 1 zu prüfen, ob die materiellen Anerkennungsvoraussetzungen vorliegen, wofür die Bestimmung des auf die Ehescheidung anzuwendenden Rechts erforderlich ist, und zwar unter Zugrundelegung der in Deutschland anwendbaren Kollisions- und Sachvorschriften.[596] Das OLG München war davon ausgegangen, dass mithin zur Ermittlung des maßgeblichen Sachrechts die Vorschriften der Rom-III-VO als in Deutschland geltende Kollisionsvorschriften heranzuziehen seien.[597] Nach der *Sahyouni*-Entscheidung des EuGH ist die Rom-III-VO für diesen Fall jedoch nicht einschlägig, da ihr Anwendungsbereich Privatscheidungen nicht umfasst.

Eine Scheidung, gleich welchen geographischen Ursprungs, entschied der Gerichtshof[598], werde nur dann vom Anwendungsbereich der Brüssel-IIa- und der Rom-III-VO erfasst, wenn sie „entweder von einem staatlichen Gericht oder von einer öffentlichen Behörde bzw. unter deren Kontrolle ausgesprochen [wird]. Dafür spricht … die Verwendung des Begriffs ‚gerichtliche Verfahren' in Art. 18 Abs. 1 der [Brüssel-IIa-]Verordnung".[599] Nach dem zehnten Erwägungsgrund der Rom-III-VO Nr. 1259/2010 solle deren sachlicher Anwendungsbereich mit dem der Brüssel-IIa-Verordnung im Einklang stehen, in der der Begriff „Entscheidung über die Ehescheidung" als „von einem Gericht erlassene Entscheidung" definiert sei. Die zwischenzeitliche Einführung von Privatscheidungen in mehreren Mitgliedstaaten der Union könne keine stillschweigende Änderung des Inhalts dieses Begriffs bewirken, da dies allein Sache des Unionsgesetzgebers sei[600].

---

596 Henrich, Dieter, Internationales Scheidungsrecht, 4. Aufl., Verlag Ernst und Werner Gieseking, Bielefeld 2017, S. 15 f.

597 Vgl. Rn. 22 des Urteils *Sahyouni II*, in der der Vorlagebeschluss des OLG München zitiert wird.

598 Der EuGH verwandte in der Antwort auf die zweite Vorlageentscheidung des OLG München erhebliche Mühe auf die Begründung seiner Zuständigkeit und griff dafür auf seine Rechtsprechung zurück, wonach eine Auslegung von Bestimmungen des Unionsrechts auch dann infrage kommt, wenn diese vom nationalen Recht auf Fallgestaltungen für anwendbar erklärt werden, die mit keinem Element über die Grenzen eines Mitgliedstaats hinausweisen (Rn. 28 des Urteils mit Nachweisen zur genannten Rechtsprechung).

599 Rn. 39 des Urteils.

600 Rnrn. 22, 23, 30 sowie 41–48 des Urteils *Sahyouni*.

Der Auslegung des EuGH in der *Sahyouni*-Entscheidung wurde vom deutschen Gesetzgeber im Ausführungsgesetz zu den neuen Güterrechtsverordnungen[601] mit der Schaffung einer nationalen Kollisionsnorm für nicht unter die Rom-III-VO fallende Scheidungen entsprochen: Im jetzigen Art. 17 Abs. 2 EGBGB werden auf sie die in Kapitel II der Rom-III-VO enthaltenen Kollisionsvorschriften *kraft nationalen Rechts* für anwendbar erklärt – mit Ausnahme von Art. 10 und 12 Rom-III-VO, an deren Stelle Art. 6 EGBGB, d. h. die nationale *Ordre-public*-Vorschrift, anzuwenden ist (Art. 17 Abs. 2 Nr. 5 EGBGB n. F.). Dutta[602] weist im Zusammenhang mit dieser Ausnahme von der Gesamtanwendung der Rom-III-VO darauf hin, dass Art. 6 EGBGB eine differenziertere Betrachtung des *Ordre public* als die unionsrechtlichen Vorschriften erlaubt. So sei sie von deutschen Gerichten bei einem gleichheitswidrigen Scheidungsstatut insbesondere dann nicht bemüht worden, wenn die verstoßene Ehefrau der Scheidung zugestimmt habe oder die Scheidungsvoraussetzungen nach deutschem Recht vorgelegen hätten. Der Wortlaut von Art. 6 EGBGB stellt in der Tat sehr viel deutlicher als die Unionsvorschriften (insbesondere als Art. 10 Rom-III-VO, der praktisch zu einer Beurteilung des fremden Rechts in abstrakter Hinsicht, also ohne Berücksichtigung des Einzelfalls, führt) auf das aus der Anwendung der ausländischen Rechtsordnung folgende *Ergebnis* als auf die zu diesem Ergebnis führenden Normen ab. Dennoch hätte dies in der Rechtssache *Sahyouni*, in der kein Einverständnis der verstoßenen Ehefrau vorlag, zu keinem anderen Ergebnis geführt als Art. 10 und 12 der Rom-III-VO.

(ii) Rezeption der Sahyouni-*Entscheidung*

Das Urteil *Sahyouni* führte im Schrifttum zur Befürchtung, dass die Anwendung der Rom-III- und der Brüssel-IIa-VO für den Gerichtshof nicht nur auf aus Drittländern stammende Privatscheidungen ausscheide, sondern dass auch Privatscheidungen aus Mitgliedstaaten der Europäischen Union – unter Mitwirkung öffentlicher Stellen in unterschiedlicher Form –, die von den Ehegatten im gegenseitigen Einverständnis vereinbart würden, von dieser Rechtsprechung betroffen sein könnten.

---

601 Gesetz zum internationalen Güterrecht vom 20. Dezember 2018, BGBl. 2018, Teil I Nr. 47, S. 2573.

602 Dutta, Anatol, Ausländische Privatscheidungen nach *Sahyouni*, Forum Familienrecht 2018, 60 (62) unter Hinweis auf BGH, Urteil vom 16. Oktober 2004, XII ZR 25/01 = BGHZ 2004, 1952 = FamRZ 2004, 1952 (1955).

Zu den Mitgliedstaaten, die seit Inkrafttreten der Brüssel-IIa- und der Rom-III-VO Privatscheidungen in notarieller oder behördlicher Form eingeführt haben, gehören Italien[603], Spanien[604], Frankreich[605], Griechenland[606] und Rumänien[607]; auch das portugiesische und das slowenische Recht kennen die Privatscheidung.[608]

Mayer[609] hat auf die Gründe der Unterscheidung zwischen *anzuerkennenden* „gerichtlichen Entscheidungen" und lediglich *anzunehmenden* „öffentlichen Urkunden" (die nach den Erwägungsgründen der EuGüter/PartVO[610] wie bereits der EuErbVO lediglich formelle Beweiskraft entfalten) hingewiesen: Die automatische Anerkennung der Ersteren, d. h. das Verbot der Nachprüfung der internationalen Zuständigkeit ebenso wie der Entscheidung in der Sache, gelte nur für Entscheidungen unter staatlicher Mitwirkung. Der Grund hierfür sei, dass sie auf dem gegenseitigen Vertrauen in die Rechts- und Justizsysteme der anderen Mitgliedstaaten sowie darauf beruhe, dass infolge der in den Verordnungen festgelegten einheitlichen Regeln über die internationale Zuständigkeit, aber auch infolge der zunehmend vereinheitlichten Kollisionsnormen bei einer Anrufung eines Gerichts des Anerkennungsstaats eine in wesentlichen Punkten gleiche Entscheidung ergangen wäre.[611]

Dies legt nahe, dass auch die in den Mitgliedstaaten der Union – auf übereinstimmenden Antrag und ohne geschlechtsspezifische Diskriminierung – ausgesprochenen und eingetragenen Privatscheidungen nach derzeitiger Rechtslage

603 Art. 3 Abs. 2 Buchst. b der *Legge 1 dicembre 1970*, n. 898, geändert durch die *Legge 6 maggio 2015, n. 55.*

604 Im Jahr 2015 (Art. 87 *Código Civil*).

605 2017 (Art. 229 Abs. 1 Code civil).

606 Vgl. Koutsouradis, Achilles, Aktuelles zum griechischen Familienrecht 2017/2018, FamRZ 2018, 1389.

607 Art. 375 rumänisches ZGB.

608 Dutta, Anatol, Privatscheidungen und Brüssel-IIb: drei Fragen an den neuen Art. 65 Abs. 1, FamRZ 2020, 1428. Für eine differenzierte Darstellung der entsprechenden Verfahren s. den Aufsatz von Mayer, Claudia, Scheidung ohne Gericht – Europäische Entwicklungen, StAZ 2018, 106 (108–110).

609 Mayer, Claudia, Verfahrensrechtliche Anerkennung von gerichtlichen Entscheidungen, Urkunden und Parteivereinbarungen – insbesondere von Privatscheidungen nach der neuen Brüssel-IIb-VO, StAZ 2020, 193 (194).

610 EG 48 EuGüter-, Art. 47 EuPartVO, EG 61 EuErbVO.

611 Mayer, Verfahrensrechtliche Anerkennung ..., StAZ S. 194.

den Anforderungen einer gerichtlichen Entscheidung nicht genügen und damit am Privileg der automatischen Anerkennung *de lege lata* nicht teilhaben können.

Coester-Waltjen[612] hatte allerdings kurz nach der *Sahyouni*-Entscheidung auf eine sprachliche Änderung im Urteil *Sahyouni* im Verhältnis zu der in den Schlussanträgen des Generalanwalts[613] verwendeten Formulierung hingewiesen: Während der Generalanwalt vom Ausschluss aller *nicht-konstitutiven* Ehescheidungen von der Rom-III-VO gesprochen habe, formuliere der Gerichtshof, dass „diese Verordnung nur Ehescheidungen erfasst, die von einem staatlichen Gericht oder einer öffentlichen Behörde bzw. unter deren Kontrolle ausgesprochen werden[614]". Dies lasse Raum für die Möglichkeit, die kategorische Ablehnung einer Anwendbarkeit der Rom-III-Verordnung auf alle Privatscheidungen in späteren Urteilen später noch zu nuancieren.

(iii) Stellungnahme

Aus derzeitiger Sicht ist eine Modifizierung der *Sahyouni*-Rechtsprechung im Sinne einer neuen Auslegung der Begriffe des „Gerichts" bzw. der von einem solchen erlassenen (statusändernden) „Entscheidung" schon deshalb nicht zu erwarten, weil diese Termini bereits auf eine lange Entwicklung in den verschiedenen Rechtsakten des europäischen Zivilverfahrensrechts zurückblicken und mit der zukünftigen Brüssel-IIb-VO noch ein weiterer Schritt zu ihrer Profilierung unternommen worden ist[615]:

In Art. 1 Abs. 2 S. 2 der ursprünglichen Brüssel-II-Verordnung aus dem Jahr 2000[616] hieß es zunächst lapidar: „Die Bezeichnung ‚Gericht' schließt alle in Ehesachen zuständigen Behörden der Mitgliedstaaten ein". Die von Mayer hervorgehobenen rechtsstaatlichen Garantien spielten in dieser Fassung lediglich als konkret umschriebene Tatbestände zur Versagung einer Anerkennung (Art. 15 Brüssel-II-VO) eine Rolle: Eine Ablehnung war zulässig, wenn dem

612 Coester-Waltjen, Dagmar, Die verpasste Chance – der EuGH und die Privatscheidung, IPrax 2018, 238 (240).

613 Generalanwalt SaugmansgaardØe, Schlussanträge zur Rechtssache 372/16, Nr. 67.

614 Rn. 48 des Urteils.

615 Dazu sogleich in *Kap. VI 1 c (iv)*.

616 Verordnung (EN) Nr. 1347/2000 des Rates vom 29. Mai 2000 über die Zuständigkeit und die Anerkennung und Vollstreckung von Entscheidungen in Ehesachen und in Verfahren betreffend die elterliche Verantwortung für die gemeinsamen Kinder der Ehegatten.

Antragsgegner eine Verteidigung gegen das verfahrenseinleitende Schriftstück nicht möglich war (Art. 15 Abs. 1 Buchst. b) oder wenn eine Anerkennung des betroffenen Kindes nicht stattgefunden hatte „und damit wesentliche verfahrensrechtliche Grundsätze des Mitgliedstaats, in dem die Anerkennung beantragt wird", verletzt wurden (Art. 15 Abs. 2 Buchst. b).

Die aktuelle, noch bis Ende Juli 2022[617] geltende Brüssel-IIa-Verordnung aus dem Jahr 2003 setzt indessen gemäß Art. 21 i. V. m. Art. 2 Nr. 4 bereits für die Anerkennung als solche voraus, dass die anzuerkennende „Entscheidung" von einem „Gericht" getroffen worden sein muss, wobei der Begriff der „Entscheidung" in Art. 2 Nr. 4 definiert ist als „jede von einem Gericht eines Mitgliedstaats erlassene Entscheidung über die Ehescheidung … ohne Rücksicht auf die Bezeichnung der jeweiligen Entscheidung, wie Urteil oder Beschluss".

Die im Zitat (wenn auch nur beispielhaft) genannten Entscheidungen „Urteil" bzw. „Beschluss" sprechen für die Gesetzeskonformität der Auslegung des Begriffs der „Entscheidungen" durch den Gerichtshof im Urteil „*Sahyouni*"[618].

Möglich wäre aber auch, dass mit der gewählten Formulierung „ausgesprochen werden" in Rn. 38 des Urteils an die *actus-contrarius*-Theorie gedacht worden war, zumal der statusrechtliche Akt der Ehescheidung den – gleichermaßen statusändernden – Akt der zivilrechtlichen Eheschließung aufhebt, für den ein Standesbeamter nach materiell-rechtlicher Prüfung der Eheschließungsvoraussetzungen die korrespondierenden Erklärungen der Beteiligten entgegengenommen und diese zu Eheleuten erklärt hat. Hiernach wäre eine Anerkennung von Privatscheidungen denkbar, bei denen die Beurkundung der von den Parteien vereinbarten Scheidung nach einer materiell-rechtlichen Prüfung der Voraussetzungen und der wirksamen Abgabe der Erklärungen der Beteiligten von einer Behörde oder einem Notar ausgesprochen wird, die insoweit gerichtliche Funktionen ausüben, als sie bei Nichtvorliegen der Scheidungsvoraussetzungen ihre Mitwirkung an der Scheidung verweigern müssen. Ob dies mit der bisher ergangenen Rechtsprechung des Gerichtshofs im Bereich des Erbrechts korreliert, ist allerdings fraglich. Dort sind Vorlagefragen zu einer Gerichtseigenschaft von Notaren diverser Mitgliedstaaten, die nicht in streitigen Verfahren, sondern auf das gemeinschaftliche Ersuchen der Beteiligten hin tätig werden, vom Gerichtshof negativ beschieden worden.[619] Wesentlich war dabei das

617 Geltungsbeginn der 2. Neufassung der Brüssel-II-VO ist nach ihrem Art. 105 Abs. 2 der 1. August 2022.

618 Rn. 39 des Urteils.

619 Urteil des Gerichtshofs vom 23. Mai 2019, *WB*, C-658/17, EU:C:2019:444, Rnrn. 40–56 sowie Urteil vom 16. Juli 2020, E.E., Rechtssache C-80/19, Rnrn. 47–51.

Argument, die Ausübung gerichtlicher Funktionen setze voraus, dass die Stelle [auch] in erbrechtlichen *Streitigkeiten* zuständig sei (unabhängig davon, ob das konkrete Verfahren zur Ausstellung eines Nachlasszeugnisses tatsächlich streitig sei oder nicht)[620]. Da bei der Mitwirkung von Notaren streitige Entscheidungen kaum denkbar sind, ist nicht damit zu rechnen, dass ihnen insoweit eine Gerichtseigenschaft zuerkannt werden wird. Entsprechendes gilt für die Profilierung des Begriffs der gerichtlichen Entscheidung im Rahmen der Rom-III-/Brüssel-IIa-VO.

(iv) Intervention des Unionsgesetzgebers mit der Neufassung der Brüssel-IIa-VO

Ab August 2022 sorgt Art. 2 der dann geltenden Neufassung[621] der Brüssel-IIa-VO mit den in Art. 2 Abs. 2 neu eingeführten Definitionen der „öffentlichen Urkunde" und der „Vereinbarung" für eine weitere Differenzierung im Bereich der anerkennungs- und vollstreckungsfähigen Schriftstücke. Nach dem 14. Erwägungsgrund werden dann *Vereinbarungen*, die nach einer Prüfung nach nationalem Recht in der Sache und im Rahmen des vorgesehenen Verfahrens vom Gericht gebilligt worden sind, im Hinblick auf ihre Anerkennung und Vollstreckung den gerichtlichen Entscheidungen gleichgestellt, so dass die die Letzteren betreffenden Anerkennungsvorschriften z. B. auch für gerichtlich gebilligte Vergleiche unmittelbar gelten.[622]

Für *andere* Vereinbarungen, die den öffentlichen Urkunden gleichstehen, gilt nach Kapitel IV Abschnitt 4 („Öffentliche Urkunden und Vereinbarungen") der Brüssel-IIb-Verordnung das Prinzip der Anerkennung in den anderen Mitgliedstaaten ohne Anerkennungsverfahren, wenn sie im Ursprungsstaat rechtsverbindliche Wirkung haben (Art. 65 Abs. 1 Brüssel-IIb-VO). Dies ist gemäß

620 Rn. 56 des Urteils *WB*.

621 Verordnung (EU) 2019/1111 des Rates vom 25. Juni 2019 über die Zuständigkeit, die Anerkennung und Vollstreckung von Entscheidungen in Ehesachen und in Verfahren betreffend die elterliche Verantwortung und über internationale Kindesentführungen (Neufassung) (Brüssel-IIb-Verordnung).

622 Solche Vereinbarungen sollen nach dem 70. Erwägungsgrund der Verordnung, sofern sie in einem Mitgliedstaat rechtsverbindliche Wirkung haben, für die Zwecke der Anwendung der Vorschriften über die Anerkennung den Entscheidungen gleichgestellt werden. Dazu ausführlich Mayer, Verfahrensrechtliche Anerkennung von gerichtlichen Entscheidungen, Urkunden und Parteivereinbarungen – insbesondere von Privatscheidungen …, StAZ 2020, 193 (199).

Art. 64 Brüssel-IIb-VO aber nur bei „Vereinbarungen, die in einem Mitgliedstaat, dessen gerichtliche Zuständigkeit nach Kapitel II anzunehmen ist, eingetragen wurden", der Fall. Damit sind staatlich registrierte Privatscheidungen von der Definition umfasst, wenn auch eine internationale Zuständigkeit des Registrierungsstaats gegeben ist (was gleichzeitig die Gefahr eines unionsweiten „Privatscheidungstourismus" verhindert[623]).

Da der *Unionsgesetzgeber* die Gelegenheit genutzt hat, bei der Neufassung der Brüssel-IIa-VO die Feststellungen des Urteils *Sahyouni* aufzunehmen und für die Zukunft die Anerkennung mitgliedstaatlicher reiner Privatscheidungen zu ermöglichen, ist m. E. nicht mehr damit zu rechnen, dass der Gerichtshof die Rechtsprechung aus dem Urteil *Sahyouni* modifizieren wird. Wie D u t t a[624] anmerkt, hat diese gesetzgeberische Änderung an höchst opportuner Stelle stattgefunden, nämlich im Rahmen der Neufassung der Brüssel-IIa-VO, an der erheblich mehr Mitgliedstaaten beteiligt sind als an der im Rahmen der Verstärkten Zusammenarbeit angenommenen Rom-III-VO.

Art. 65 Brüssel-IIb-VO gilt allerdings nur im Verhältnis der Mitgliedstaaten untereinander. Für die Anerkennung von in Drittländern zustande gekommenen Privatscheidungen hält weder die derzeitige noch die zukünftige Fassung der Brüssel-IIa-VO eine Regelung bereit, so dass weiterhin die jeweiligen mitgliedstaatlichen Vorschriften, in Deutschland Art. 17 Abs. 2 EGBGB und § 107 ff. FamFG, zur Anwendung kommen werden[625].

(v) Güterrechtliche Vereinbarungen im Rahmen von Privatscheidungen am Beispiel des spanischen Rechts

Für güterrechtliche Regelungen zwischen Ehegatten oder Partnern wird im 48. Erwägungsgrund der EuGüter/PartVO festgestellt, dass eine Vereinbarung über den Güterstand (bzw. die güterrechtlichen Wirkungen einer eingetragenen Partnerschaft) „eine Art der Verfügung über das Vermögen [ist], die in den Mitgliedstaaten nicht in gleichem Maße zulässig ist und anerkannt wird …"[626] Als

---

623 Mayer, a.a.O., S. 200, die u. a. auf das noch verbleibende Problem der Möglichkeit einer Überprüfung der Vereinbarung in der Sache hinweist. Dutta, Privatscheidungen und Brüssel-IIb, FamRZ 2020, 1428 (1430).

624 FamRZ 2020, 1428 (1430).

625 Dutta, ebd.

626 Schon durch die Formulierung „Verfügung über das Vermögen" wird deutlich, dass die Frage der Anerkennung von Privatscheidungen durch die Mitgliedstaaten auch die Frage nach der *sachenrechtlichen* Wirkung von in einer Privatscheidungsurkunde enthaltenen güterrechtlichen Vereinbarungen einschließt. S. dazu oben, *Kap. V 2.*

Beispiel einer Rechtsordnung, die sie ohne weiteres zulässt, kann die spanische Regelung zu Privatscheidungen dienen, die eine Einigung der Ehegatten über damit zusammenhängende güterrechtliche Fragen sogar zur unverzichtbaren *Voraussetzung* einer Privatscheidung macht:

Im Rahmen einer spanischen Privatscheidung lösen die Parteien ihre Ehe durch die Abgabe übereinstimmender Erklärungen auf, die von einem Notar oder dem zuständigen *Letrado de la Administración de Justicia* (bis 2015: *Secretario Judicial*) – einem dem deutschen Rechtspfleger vergleichbaren gerichtlichen Organ – entgegengenommen und in eine Urkunde aufgenommen werden. Mit ihr erklären die Ehegatten vor der Urkundsperson einverständlich ihren Scheidungswillen und schließen eine Scheidungsfolgenregelung mit dem auch für die einverständliche gerichtliche Scheidung vorgesehenen Inhalt ab (Art. 87 Abs. 1 i. V. m. Art. 82 und 90 *Código Civil*, Art. 54 Abs. 1 S. 2 *Ley del Notariado*)[627]. Die Wirksamkeit der Privatscheidung gegenüber Dritten tritt mit der Eintragung der Scheidung in das standesamtliche Register ein, die von der beurkundenden Person veranlasst wird[628].

Zwar nimmt in diesem Verfahren die Urkundsperson grundsätzlich nur die Willenserklärungen der Parteien entgegen. Sie ist jedoch verpflichtet, im Fall, dass sie eine oder mehrere Vereinbarungen über die Scheidungsfolgen für „schädlich oder von schwerem Nachteil" für einen der Ehegatten oder für gemeinsame Kinder halten, die Parteien hierauf hinzuweisen und das bei ihr eingeleitete Verfahren zu beenden (Art. 90 Abs. 2 Unterabs. 3 *Código Civil*). In diesem Fall kann eine gerichtliche Billigung nur noch durch den Richter erfolgen, für dessen Entscheidung aber dieselben Kriterien gelten.

Art. 90 Buchst. e *Código Civil* benennt, „falls erforderlich, die Auflösung des ehelichen Güterstands" als einen notwendigen Inhalt der abzuschließenden Scheidungsfolgenvereinbarung. Gemeint ist damit in der spanischen Rechtspraxis – insbesondere beim allgemeinspanischen gesetzlichen Güterstand der

---

627 Art. 87, auf den Art. 82 *Código Civil* verweist, i. V. m. Art. 90, 82 *Código Civil*, Art. 54 Ley del Notariado. Der einschlägige Art. 87 S. 1 *Código Civil* lautet: „Die Ehegatten können ihre Scheidung auch einverständlich durch den Abschluss einer Scheidungsfolgenvereinbarung vor dem Secretario Judicial oder in öffentlicher Urkunde vor einem Notar vereinbaren. Dies muss in der in Art. 82 geregelten Form und mit dem dortigen Inhalt erfolgen; die in der Vorschrift genannten Voraussetzungen und Umstände müssen vorliegen."

628 *Pérez Hereza, Juan, La separación y divorcio notarial* (Notarielle Trennung und Ehescheidung), abrufbar unter https://www.elnotario.es/hemeroteca/revista-63/5388-la-separacion-y-divorcio-notarial.

Errungenschaftsgemeinschaft – nicht allein die Vereinbarung über die Beendigung des Güterstands, sondern darüber hinaus auch deren konkreter dinglicher Vollzug durch Auf- und (jeweils hälftige) dingliche Zuteilung *(adjudicación)* der Vermögensgegenstände, die während der Ehe zum Gemeinschaftsgut gehörten, an die beiden Ehegatten, geht es dabei um Sachen, üblicherweise in Form von hälftigem Bruchteilseigentum.[629] Damit stellt sich neben der Frage nach der Anerkennung der vor der Urkundsperson erklärten Scheidung in anderen Mitgliedstaaten auch diejenige nach der Anerkennung der damit verbundenen güterrechtlichen Vereinbarungen und danach, inwieweit diese Vereinbarungen hinsichtlich der in anderen Mitgliedstaaten belegenen Vermögensgegenstände unmittelbar dingliche Wirkungen hervorrufen.

Was die Anerkennung einer solchen spanischen Privatscheidung in anderen Mitgliedstaaten betrifft, wäre hinsichtlich der *Statusentscheidung* den Ausführungen im Urteil *Sahyouni* und wohl auch den zuvor im Erbrecht ergangenen Entscheidungen des EuGH zufolge *de lege lata* (d. h. unter Anwendbarkeit noch der Brüssel-IIa-Verordnung) mit einer automatischen Anerkennung nicht zu rechnen: Es ist bereits zweifelhaft, ob im Rahmen des spanischen Privatscheidungsverfahrens eine (zumindest potentiell) streitige Entscheidung ergehen könnte. Denn zur Nutzung eines Verfahrens, das in der Aufnahme übereinstimmender Willenserklärungen[631] besteht, müssen sich die Ehegatten gerade einig

629 *Pérez Hereza, a.a.O.; Guardiola, Miriam, Divorcio ante notario tras la nueva Ley de Jurisdicción Voluntaria* (Scheidung vor dem Notar nach dem neuen Gesetz über die freiwillige Gerichtsbarkeit [durch das die Möglichkeit der Privatscheidung in den *Código Civil* eingeführt wurde]), abrufbar unter: https://www.legaltoday.com/practica-juridica/derecho-civil/civil/divorcio-ante-notario-tras-la-nueva-ley-de-jurisdiccion-voluntaria-2015-10-30/

630 Diese Zuteilung erfolgt direkt in der Urkunde über die Privatscheidung, und zwar selbst bei Immobilien mit unmittelbar dinglicher Wirkung, da der späteren Eintragung des Rechtsgeschäfts in das Grundbuch in Spanien lediglich deklarativer Charakter zukommt. Vgl. den am 15. November 2018 in der Notarkammer Madrid gehaltenen Vortrag des Notars Pérez de Madrid Carreras, Valerio, *La pretendida inscripción constitutiva de la hipoteca en la jurisprudencia del Tribunal Supremo* (Die angeblich konstitutive Eintragung der Hypothek in der Rechtsprechung des Tribunal Supremo). Der Text des Vortrags ist abrufbar unter https://www.elnotario.es/academia-matritense-del-notariado/9282-la-pretendida-inscripcion-constitutiva-de-la-hipoteca-en-la-jurisprudencia-del-tribunal-supremo

631 Art. 777.10 *Ley de Enjuiciamiento* Civil (Scheidung durch Erklärung des den *Letrado de la Administración de Justicia* (vormals *Secretario Judicial)* nach Aufnahme der

sein, wenngleich die Urkundsperson bzw. der nach ihnen mit der Sache befasste Richter die Billigung verweigern müssen, wenn sie zum Ergebnis kommen, dass die Vereinbarungen über die Scheidungsfolgen „schädlich oder von schwerem Nachteil“ für einen der Ehegatten oder für gemeinsame Kinder sind.

In einem von Krömer[632] berichteten Fall wurde deshalb für die Anerkennung einer Privatscheidung vor einem spanischen Notar der Weg der Anerkennung durch die deutsche Justizverwaltung gewählt. Der Autor, seinerseits Notar, tritt in diesem Zusammenhang gleichzeitig bezüglich der vor dem *Letrado de la Administración de Justicia* erklärten Ehescheidung für ihre Entscheidungsqualität ein mit der Folge, dass eine automatische Anerkennung in Anwendung der Brüssel-IIa-VO erfolgen müsste. Für den Fall der *Notariats*scheidung hingehen drohe, so Krömer, die Vorlage an den EuGH durch das mit der Entscheidung befasste Gericht, was die Anerkennung um (derzeit etwa zwei weitere) Jahre verzögern würde[633].

Im Hinblick auf die darin getroffenen *güterrechtlichen Vereinbar*ungen müsste die Privatscheidungsurkunde gemäß Art. 58 Abs. 1 Unterabs. 1 EuGüter/PartVO an sich unabhängig von der Frage der Entscheidungsqualität als „öffentliche Urkunde … die gleiche formelle Beweiskraft wie im Ursprungsmitgliedstaat und die damit am ehesten vergleichbare Wirkung [haben], sofern das der öffentlichen Ordnung *(Ordre public)* des betreffenden Mitgliedstaats nicht offensichtlich widerspricht“. Gemäß Art. 27 Buchst. g EuGüterVO fällt die Auflösung des ehelichen Güterstands und die Teilung, Auflösung oder Abwicklung des Vermögens ausdrücklich unter die Güterrechtsverordnung mit der Folge, dass das für den (unionsrechtlichen) Güterstand des Paares geltende Recht anwendbar ist. Ist dies das spanische Recht können im Rahmen der „Auflösung des Güterstands“ Neuzuordnungen des bisherigen Errungenschaftsguts mit dinglicher Wirkung vorgenommen werden.

Dies ruft in erster Linie die bereits untersuchte[634] Problematik eines Auseinanderfallens von unionsrechtlichem Güterrechts- und nationalem Sachenrechtsstatut auf den Plan, und ggf. stellt sich die Frage, ob der spanische Notar

---

Willenserklärungen der Parteien) bzw. Art. 54 Abs. 1 S. 2 *Ley del Notariado* (Beurkundung der Willenserklärungen durch den Notar).

632 Krömer, Karl, Bericht aus der Praxis: Ausstellung eines Ehefähigkeitszeugnisses für eine Deutsche mit einem Österreicher, dessen Vorehe mit einer Spanierin mittels Scheidung vor einem spanischen Notar aufgelöst wurde, StAZ 2020, 117 (118).

633 Krömer, a.a.O., S. 119, und Anmerkung der Redaktion S. 120.

634 S. dazu *Kap. V 2.*

mit Blick auf das deutsche Grundbuchrecht als einer deutschen Urkundsperson gleichwertig betrachtet werden kann, um in der Urkunde enthaltene Auf- und Zuteilungen im deutschen Grundbuch eintragen zu lassen. Da außerdem im Gegensatz zur automatischen Anerkennung einer gerichtlichen „Entscheidung" nach Art. 21 Abs. 1 Brüssel-IIa-VO „Vereinbarungen" der Ehegatten materiellrechtlich auf ihre Wirksamkeit zu überprüfen sind, besteht die Gefahr, dass die güterrechtliche Vereinbarung materiell nicht anerkannt wird, weil sie die Auflösung der Ehe durch die Scheidung als Geschäftsgrundlage haben dürfte.

Im Fall der Nichtanerkennung des *statusrechtlichen* Inhalts drohen hinkende Rechtsverhältnisse: Das Paar ist in einem Land bereits geschieden, im anderen noch verheiratet, was dazu führt, dass jedenfalls *vor* Inkrafttreten der Brüssel-IIb-VO gemischt-nationalen Paaren von der Wahl der Privatscheidung in Spanien, insbesondere, was die Notariatsscheidung betrifft, abzuraten ist.

d) Güterrechtliche internationale Annexzuständigkeit bei Anhängigkeit einer Ehe- oder Partnerschaftssache in einem teilnehmenden Mitgliedstaat

Art. 5 der EuGüter/PartVO sieht die vorrangige internationale Annexzuständigkeit der Gerichte eines an der Verstärkten Zusammenarbeit teilnehmenden Mitgliedstaats[635] vor, wenn in diesem Staat zwischen denselben Parteien nach der Brüssel-IIa-VO eine Ehesache bzw. ein Verfahren zur Auflösung oder Ungültigerklärung einer eingetragenen Partnerschaft anhängig ist[636]. Hier waren im Gesetzgebungsverfahren der EuGüter und der EuPartVO unterschiedliche rechtliche Ausgangssituationen zu beachten: Während für Erstere auf die bereits vereinheitlichten Zuständigkeitsregeln der Brüssel-IIa-VO zurückgegriffen werden konnte, war in Art. 5 EuPartVO die internationale Zuständigkeit am *Gerichtsstand der Partnerschaftsauflösung*[637] zu konzentrieren, der mangels unionsrechtlicher Instrumente noch von den einschlägigen Zuständigkeitsvorschriften der mitgliedstaatlichen Rechte vorgegeben wird.

---

635 Simotta, Die internationale Zuständigkeit ..., ZVglRWiss 2017, 44 (52)

636 Die Vorschrift verwendet die Formulierung „angerufen wird", deren Bedeutung Art. 14 EuGüter/PartVO näher konkretisiert.

637 Launhardt, Jan, Die Europäisierung der internationalen Zuständigkeit im Ehegüterrecht und im Güterrecht eingetragener Partnerschaften, Wolfgang Metzner Verlag, Frankfurt a. Main, 2020, S. 172.

(i) Erfordernis von Gerichtsstandvereinbarungen im Bereich der EuGüterVO

Für die Bündelung der internationalen Zuständigkeit wird nicht unterschieden, ob es sich bei der Zuständigkeit für die Ehesache um eine reguläre internationale Zuständigkeit nach Art. 3 handelt oder um eine Restzuständigkeit nach Art. 7 der Brüssel-IIa-VO[638]. Gerichtsstandvereinbarungen und die Begründung einer Zuständigkeit kraft rügeloser Einlassung wie im Fall eines führenden Nachlassverfahrens sind nach der Brüssel-IIa-VO für das Ehescheidungsverfahren nicht möglich. Eine Annexzuständigkeit nach der EuGüterVO tritt allerdings nicht in allen Fällen der internationalen Zuständigkeit automatisch ein, sondern es bedarf unter bestimmten Umständen der Zustimmung des Antragsgegners[639]. *Ohne* diese Zustimmung besteht die Annexzuständigkeit in den in Art. 6 Buchst. a bis c EuGüterVO genannten Fällen, da sie mit den objektiven Zuständigkeiten der drei ersten Gedankenstriche von Art. 3 Abs. 1 Buchst. a Brüssel-IIa-VO identisch sind. Dasselbe gilt für Art. 6 Abs. 1 Buchst. d EuGüterVO i. V. m. Art. 3 Abs. 1 Buchst. b der Brüssel-IIa-VO, wenn die Ehegatten eine gleiche Staatsangehörigkeit haben. Die EuGüterVO verzichtet für diese Fälle der Annexzuständigkeit lediglich auf die zwischen den verschiedenen Tatbeständen von Art. 6 Buchst. a–d EuGüterVO festgelegte Hierarchie der von ihr selbst festgelegten Foren, da zwischen den Foren der Brüssel-IIa-VO kein Stufenverhältnis besteht. Damit ist der Antragsgegner nicht schutzbedürftig, weil an diesen Orten entweder auch ohne seine Zustimmung ein güterrechtliches Verfahren eingeleitet werden könnte oder weil er – im Fall eines gemeinsamen Scheidungsantrags – dem Forum zugestimmt hat. Auch bei einem gemeinsamen Antrag beider Ehegatten (Art. 3 Abs. 1 Buchst. a, 4. Gedankenstrich Brüssel-IIa-VO) ist deshalb die Annexkompetenz automatisch.

Im Unterschied dazu bedarf es nach Art. 5 Abs. 2 EuGüterVO bei den auf den gewöhnlichen Aufenthalt des *Antragstellers* Bezug nehmenden Foren der Brüssel-IIa-VO (5. und 6. Gedankenstrich ihres Art. 3 Abs. 1 EuGüterVO) bei der Umwandlung einer Trennung in eine Ehescheidung und im Fall einer Restzuständigkeit nach Art. 7 der Brüssel-IIa-VO einer Vereinbarung zwischen Antragsteller und Antragsgegner. Zum Schutz des Letzteren verlangt die

638 Vgl. Hausmann, Internationales und Europäisches Ehescheidungsrecht, 1. Aufl., C.H. Beck, München 2013, RZ 45 zu Art. 3 Brüssel-IIa-VO, mit weiteren Nachweisen.

639 Eine sehr übersichtliche Darstellung der Annexzuständigkeit nach Art. 5 EuGüter/PartVO findet sich bei Dutta, Anatol, Europäische Güterrechtsverordnungen und deutsche Durchführungsgesetzgebung, FamRZ 2019, S. 1390 ff. (1391).

Bestimmung damit für einen „im Kern objektiven Gerichtsstand eine bestätigende Gerichtsstandvereinbarung“[640].

Ist nach Art. 5 Abs. 2 EuGüterVO eine Gerichtstandvereinbarung erforderlich, kann diese, wie sich aus dem folgenden Abs. 3 ergibt, *vor* oder *nach* der Anrufung des Gerichts durch Einleitung des güterrechtlichen Verfahrens getroffen werden. Für den ersten Fall (Abschluss *vor* Anhängigkeit) gelten nach Maßgabe von Art. 6 Abs. 3 EuGüterVO ausdrücklich die in Art. 7 EuGüterVO statuierten Formerfordernisse der Schriftform, Datierung und beiderseitigen Unterzeichnung bzw. der Vornahme in qualifizierter elektronischer Form[641]. Für die Gerichtsstandvereinbarung *nach* Einleitung des güterrechtlichen Verfahrens legt das Unionsrecht keine besondere Form fest. Die Wirksamkeit beurteilt sich daher (einschließlich des Zeitpunkts, bis zu dem ihr Abschluss möglich ist), nach der *lex fori* des angerufenen Gerichts[642].

Wohl mit Blick auf die Rechtsprechung des EuGH, wonach auch eine rügelose Einlassung eine – formlose – Gerichtsstandvereinbarung darstellt[643], wird diese Möglichkeit der Prorogation ausdrücklich ausgeschlossen (Art. 8 Abs. 1 S. 2 a. E. EuGüterVO). Dies ist folgerichtig, da sie bei den auch ohne Zustimmung des Antragsgegners führenden Foren nach Art. 3 Abs. 1, 1–4. Gedankenstrich der Brüssel-IIa-VO nicht erforderlich ist, während die in Art. 5 Abs. 2 EuGüterVO genannten Zuständigkeiten eine *ausdrückliche* Vereinbarung und vor Anhängigkeit der Güterrechtssache auch eine Vereinbarung der Annexzuständigkeit in der Form von Art. 7 Abs. 2 erfordern.

Im Zusammenhang mit den Fällen der Zustimmungsbedürftigkeit stellt sich die Frage, ob auch dann, wenn eine Vereinbarung nach Art. 5 Abs. 2 getroffen wird, lediglich die *internationale* Zuständigkeit der Gerichte des teilnehmenden Mitgliedstaats der anhängigen Ehesache vereinbart werden kann oder ob es möglich ist, eine Vereinbarung auch über die *örtliche* Zuständigkeit ein- und

---

640 Mankowski, Peter, Internationale Zuständigkeit nach EuGüVO und EuPartVO, in: Dutta, Anatol, Weber Johannes (Hrsg.), Die Europäischen Güterrechtsverordnungen, Tagungsband, Verlag C.H. Beck, München 2017, S. 43.

641 Heiderhoff, Die EU-Güterrechtsverordnungen, IPrax 2018, 1 (10) zieht hieraus den Schluss, dass eine rügelose Einlassung auf die Güterrechtssache – als „formlose“ Gerichtsstandvereinbarung – erst nach Anhängigkeit der Güterrechtssache möglich sei.

642 Hausmann, a.a.O., S. 172, RZ 74 und 75 zu Art. 5 EuGüterVO; Simotta, Die internationale Zuständigkeit …, ZVglRWiss 2017, 44 (56)

643 Vgl. Darstellung und Nachweise bei Mankowski, Internationale Zuständigkeit …, S. 31/32.

desselben Gerichts, das mit der Ehesache befasst ist, zu treffen[644]. Die im Kommissionsvorschlag von 2011 ursprünglich vorgesehene internationale *und* örtliche Annexzuständigkeit[645], die unter der Voraussetzung einer Vereinbarung gestanden hätte, wurde jedoch im Laufe des Gesetzgebungsverfahrens auf ausdrücklichen Wunsch einiger Mitgliedstaaten, in denen die Zuständigkeit für Scheidungs- und Güterrechtssachen nach den nationalen Regelungen auseinanderfällt, wieder gestrichen: In einem Teil der teilnehmenden Mitgliedstaaten entscheiden über die Statussache nicht Gerichte, sondern Verwaltungsbehörden, was eine Verbindung von vornherein verhindert.[646] Nach Auffassung von D u t t a[647] ist der Grund auch darin zu suchen, dass gemäß Art. 81 AEUV eine Kompetenz des Unionsgesetzgebers nur für *grenzüberschreitende* Jurisdiktionskonflikte besteht, weshalb bei Kindschaftssachen (Art. 12 Abs. 1 Brüssel-IIa-VO) und Güterrechtssachen (Art. 5 EuGüVO bzw. EuPartVO) auch nur die internationale Zuständigkeit angesprochen werden kann.

Es bleibt den Mitgliedstaaten jedoch unbenommen, in ihrem nationalen Verfahrensrecht eine örtliche Annexzuständigkeit bei dem in der Ehesache nach Art. 3 ff. Brüssel-IIa-VO zuständigen nationalen Gericht für vermögensrechtliche Scheidungsfolgen vorzusehen, wenn sie dies für sinnvoll halten.[648] In

---

644 So offenbar das Verständnis von Hausmann, a.a.O., RZ 75 zu Art. 5 EuGüterVO.

645 Art. 4 EuGüterVO-E lautete: „(1) Das Gericht eines Mitgliedstaats, das mit einem Antrag auf Ehescheidung, Trennung ohne Auflösung des Ehebandes oder Ungültigerklärung der Ehe befasst ist, ist im Fall einer entsprechenden Vereinbarung der Ehegatten auch für güterrechtliche Fragen in Verbindung mit dem Antrag zuständig. (2) Diese Vereinbarung kann jederzeit – auch während des Verfahrens – geschlossen werden. Ist die Vereinbarung vor dem Verfahren geschlossen worden, bedarf sie der Schriftform und muss datiert sowie von beiden Parteien unterzeichnet werden."

646 Vgl. die Beiträge von S ü ß, Rembert, K o h l e r, Christian und S e r d y n s k a, Joanna, zur Diskussion nach dem Vortrag von Mankowski auf dem wissenschaftlichen Symposium des Deutschen Notarinstituts und der Universität Regensburg am 10. Februar 2017 in Würzburg, veröffentlicht im Diskussionsbericht von G r ä f, Stephan, im oben zitierten Tagungsband, S. 46.

647 D u t t a, Anatol, Internationale Verbundgerichtsstände für Scheidungsfolgesachen im Europäischen Familienverfahrensrecht, in: B u d z i k i e w i c z, Christine, H e i d e r h o f f, Bettina, K l i n k h a m m e r, Frank, N i e t h a m m e r-J ü r g e n s, Kerstin (Hrsg.), Standards und Abgrenzungen im internationalen Familienrecht, Tagungsband zum 2. Dialog Internationales Familienrecht im Mai 2019 in Marburg, Nomos-Verlag Baden-Baden, 2019, S. 87.

648 Hausmann, Internationales und Europäisches Familienrecht, RZ 38 zur EuEheVO, S. 10.

Deutschland ergibt sich die gemeinsame örtliche Zuständigkeit aus dem 2019 in Kraft getretenen Ausführungsgesetz zu den Güterrechtsverordnungen. Nach dessen § 3 Abs. 1 Nr. 1 und 2 ist das für die Ehe- bzw. Partnerschaftssache nach der Zuständigkeitsleiter in § 122 FamG (für Partnerschaftssachen i. V. m. 270 FamFG) zuständige Gericht auch für die Güterrechtssache örtlich ausschließlich zuständig. Sachlich fällt die Güterrechtssache in die Zuständigkeit des Familiengerichts (§§ 23 a Abs. 1 Nr. 1, 23 b GVG).

(ii) Inkongruenz zwischen Brüssel-IIa- und EuGüterVO im Bereich gleichgeschlechtlicher Ehen

Wie bereits gezeigt, werden nach herrschender Meinung gleichgeschlechtliche Ehen von der Brüssel-IIa-VO nicht erfasst.[649] Damit sind die Tatbestandsvoraussetzungen von Art. 5 Abs. 1 und 2 EuGüterVO nicht erfüllt, der verlangt, dass ein Gericht „nach der Verordnung (EG) Nr. 2201/2003 angerufen“ wird. D u t t a schlägt mit Blick auf dieses Problem vor, entweder die Brüssel-IIa-VO im Licht der EuGüterVO weiter auszulegen oder über eine analoge Anwendung von Art. 5 Abs. 1 EuPartVO nachzudenken[650], die als Voraussetzung für *sämtliche* Annexzuständigkeiten eine Vereinbarung der Partner verlangt.

Die Uneinigkeit auch im Kreis der an den Güterrechtsverordnungen teilnehmenden Mitgliedstaaten, was die Anerkennung gleichgeschlechtlicher Ehen anbelangt, hat in Art. 9 Abs. 1 EuGüterVO („Alternative Zuständigkeiten“) ihren Niederschlag gefunden: Ein nach Art. 4, 6, 7 oder 8 EuGüterVO zuständiges Gericht kann sich für unzuständig erklären, wenn es feststellt, dass nach seinem Internationalen Privatrecht die zugrundeliegende Ehe als Voraussetzung eines güterrechtlichen Verfahrens nicht anerkannt wird.[651] Allerdings ist die Ablehnungsmöglichkeit nach dem Wortlaut von Art. 9 Abs. 1 EuGüterVO bei Annexzuständigkeit der Gerichte eines Mitgliedstaats nach Art. 5 EuGüterVO (Anhängigkeit einer Ehesache) gerade nicht vorgesehen, so dass in einem akzessorisch zum Scheidungsverfahren angerufenen Gericht diese Möglichkeit

---

649 S. oben *Kap. II 3 a).*

650 D u t t a, FamRZ 2016, 1973 (1978). Ebenso Launhardt, Die Europäisierung …, S. 189.

651 Art. 9 Abs. 1 ist das Ergebnis eines politischen Kompromisses: Auch den Mitgliedstaaten, für die ein autonom bestimmter, gleichgeschlechtliche Ehen umfassender Ehebegriff inakzeptabel gewesen wäre, sollte die Teilnahme an der Verordnung ermöglicht werden, Mankowski, IPrax 2017, 541 (547). Angesichts der Teilnahme Tschechiens, Bulgariens, Kroatiens und Sloweniens ist dies auch teilweise gelungen.

bei Ehegatten (im Gegensatz zu eingetragenen Partnern, vgl. Art. 9 Abs. 1 EuPartVO) nicht zur Verfügung steht.

Da güterrechtliche Verfahren zu einem hohen Prozentsatz im Zusammenhang mit Ehescheidungen oder Nachlassstreitigkeiten eingeleitet werden[652], stellt sich das Problem jedoch regelmäßig schon auf der Vorstufe, nämlich bei der Frage der internationalen Zuständigkeit für die *Scheidung* nach der Brüssel-IIa-Verordnung[653]. Die Norm, die die international zuständigen Gerichte eines Mitgliedstaats berechtigt, die Scheidung einer Ehe, die nach dem Recht ihres Staates für die Zwecke des Scheidungsverfahrens nicht als gültig angesehen wird, abzulehnen, findet sich in der (an sich rein kollisionsrechtlichen) Rom-III-VO: Einschlägig ist Art. 13, 2. Alt. Rom-III-VO, dessen Hauptanwendungsfall die – nur in einem Teil der an der Rom-III-VO teilnehmenden Mitgliedgliedstaaten vorgesehene – gleichgeschlechtliche Ehe ist[654].

War Art. 13, 2. Alt. Rom-III-VO bis zur Öffnung der Ehe für Homosexuelle auch für die Auflösung ausländischer gleichgeschlechtlicher Ehen vor *deutschen* Gerichten von praktischer Relevanz, droht nunmehr, seit der Öffnung der Ehe für Homosexuelle zum 1. Oktober 2017, die Ablehnung einer Scheidung deutscher gleichgeschlechtlicher Ehen durch die Gerichte anderer an der Rom-III-VO teilnehmender Mitgliedstaaten. Greift somit nicht eine übereinstimmende Staatsangehörigkeit der Ehegatten (Art. 3 Abs. 1 Buchst. b Brüssel-IIa-VO) als Alternative ein, steht im schlimmsten Fall gar kein Forum für die Ehescheidung zur Verfügung, an das Art. 5 EuGüterVO anknüpfen könnte, da die Brüssel-IIa-VO keine Notzuständigkeiten für die Ehescheidung regelt.

Hausmann[655] verweist vor diesem Hintergrund auf die Europäische Menschenrechtskonvention, die EU-Grundrechte-Charta und das nationale Verfassungsrecht und kommt zum Ergebnis, dass die Berechtigung der Gerichte zur Ablehnung der Scheidung einer gleichgeschlechtlichen Ehe nach Art. 13, 2. Alt. Rom-III-VO, wenn keine internationale Zuständigkeit des Eheschließungsstaats bestehe, entfallen müsse, da sonst der Justizgewährungsanspruch verletzt werde.

Dem ist zuzustimmen. Man könnte sich fragen, ob in derartigen Fällen nicht zumindest die ausschließliche und zwingende Annexzuständigkeit nach Art. 5 EuGüterVO aufgehoben und die güterrechtliche Streitigkeit vor den anderen

652 Heiderhoff, IPrax 2018, S. 1 ff. (10)

653 Mankowski, Internationale Zuständigkeit ..., S. 33.

654 Der 26. Erwägungsgrund der Rom-III-VO fasst diesen Fall ausdrücklich unter den in Art. 13 verwendeten Begriff des „Nichtvorgesehenseins“ der Ehescheidung.

655 Internationales und Europäisches Familienrecht, RZ 500 zu Art. 13 Rom-III-VO.

nach der EuGüterVO zuständigen Foren geklärt werden sollte – schon deshalb, weil bei den meisten dieser Fälle ausländisches Güterrecht anzuwenden wäre, was bei einem Gericht, das bereits nach Art. 13, 2. Alt. Rom-III-VO seine Zuständigkeit für die Ehescheidung abgelehnt hätte, naturgemäß auf Ablehnung stößt.

Dagegen spricht aber, dass auch den nach Art. 10 EuGüterVO subsidiär zuständigen Gerichten der Belegenheitsstaaten von unbeweglichem Vermögen ein Recht auf Ablehnung ihrer güterrechtlichen Zuständigkeit nicht zusteht, weil sie in der Aufzählung in Art. 9 EuGüterVO ebenfalls nicht aufgeführt sind. Es würde so eine weitere Inkohärenz geschaffen, würde man allein die zwingende internationale Annexzuständigkeit der mit der Ehesache befassten Gerichte für die Güterrechtssache aufheben. Eine Entscheidung im vermögensbezogenen Bereich des Güterrechts ist ihnen zumindest eher zumutbar als die Entscheidung in der Scheidungsangelegenheit, da sie unter dem Gesichtspunkt der Rücksichtnahme auf nationale familienrechtliche Wertungen nicht vom selben Gewicht sein kann wie die am Ende eines Ehescheidungsverfahrens stehende Statusentscheidung.

Zu erwähnen ist schließlich, dass ein Recht auf Ablehnung der internationalen Zuständigkeit in Güterrechtssachen nach Art. 9 Abs. 3 auch nicht besteht, wenn die Parteien bereits in einem anderen Staat eine Ehescheidung erwirkt haben, die im Mitgliedstaat des angerufenen Gerichts anerkannt werden kann. Denn in diesen Fällen ist das ehemalige Bestehen einer scheidungs- bzw. auflösungsfähigen Ehe/Partnerschaft, das eine Vorfrage für die Zuständigkeit für die Güterrechtsache darstellt, bereits geprüft worden[656]. Eine Anerkennungspflicht für aus den EU-Mitgliedstaaten stammende Scheidungen/Eheauflösungen ist zwar in Art. 21 Abs. 1 Brüssel-IIa-VO statuiert. Da sie nach herrschender Auffassung aber weder gleichgeschlechtliche Ehen noch eingetragene Partnerschaften umfasst, ist das nationale Anerkennungsrecht maßgeblich. So besteht eine gewisse Wahrscheinlichkeit, dass Staaten, die diesen Instituten ablehnend gegenüberstehen, selbst bei einer zukünftigen Anwendung der Brüssel-IIa-VO auf homosexuelle eheliche Verbindungen die Anerkennung unter Berufung auf die nationalen *Ordre-Public*-Vorschriften verweigern würden (Art. 22 Buchst. a Brüssel-IIa-VO).[657] Der Annexkompetenz nach Art. 9 Abs. 3 EuGüterVO wird vor diesem Hintergrund keine hohe praktische Relevanz vorausgesagt.[658]

---

656 Simotta, Die internationale Zuständigkeit ..., ZVglRWiss 2017, 44 (80).
657 Mankowski, Internationale Zuständigkeit ... a.a.O., S. 37.
658 Simotta, a.a.O., S. 81.

(iii) Erfordernis von Gerichtstandvereinbarungen in Partnerschaftssachen

Nach ihrem klaren Wortlaut (Art. 1 Abs. 1 Buchst. a) bezieht sich die Brüssel-IIa-VO *nicht* auf Partnerschaftssachen.

Die Suche nach dem Gleichlauf der internationalen Zuständigkeit für das Statusverfahren (Auflösung oder Ungültigerklärung der eingetragenen Partnerschaft) und die güterrechtliche Folgesache betrifft somit bei eingetragenen Partnerschaften nicht die Abstimmung des güterrechtlichen Forums mit einer führenden Zuständigkeit nach dem Unionsrecht, sondern mit den nationalen Regelungen über die internationale Zuständigkeit wie § 103 Abs. 1 FamFG.

Art. 5 Abs. 1 EuPartVO verlangt, da nationale Zuständigkeitsvorschriften „nicht die Autorität und Dignität einer europäischen Lösung" beanspruchen können[659], und wohl auch mit Blick auf die Unterschiedlichkeit der mitgliedstaatlichen Regelungen zur örtlichen gerichtlichen Zuständigkeit für Status- und Folgesachen, in *sämtlichen Fällen* der dort statuierten internationalen Annexzuständigkeit eine ausdrückliche Vereinbarung der Partner.

Die für Gerichtstandvereinbarungen geltenden Formvorschriften in Art. 7 EuPartVO sind nach Art. 5 Abs. 2 EuPartVO einzuhalten, wenn die Vereinbarung vor der Einleitung des güterrechtlichen Verfahrens geschlossen wird.

(iv) Stellungnahme

Das Zuständigkeitssystem der EuGüter/PartVO erweist sich vor allem vor dem Hintergrund der unterschiedlichen kollisions- und zivilverfahrensrechtlichen Einordnung und der Teilnahme nicht aller Mitgliedstaaten der Union als äußerst kompliziert, wodurch das verfolgte Ziel, den Beteiligten in ihren persönlichen Beziehungen Leben und Freizügigkeit zu erleichtern, nicht gefördert wird. Zugleich ist aber erfreulich, dass die unionsrechtliche Regelung so flexibel ist, dass sie auch zukünftige Entwicklungen in einzelnen Mitgliedstaaten aufnehmen kann, was sich am Beispiel der deutschen Öffnung der Ehe für homosexuelle Paare zeigt.

Die teilweise *ipso iure* bestehende Annexkompetenz in Ehescheidungsverfahren (Art. 5 Abs. 1 EuGüterVO) hat jedenfalls den Vorteil, dass es einem Ehegatten nicht möglich ist, die güterrechtliche Auseinandersetzung durch Verweigerung einer Gerichtsstandvereinbarung zu blockieren. Konsequenterweise muss aber insbesondere aus anwaltlicher Sicht bereits bei der Wahl des Forums für die

659 Mankowski, Internationale Zuständigkeit ..., S. 20.

Ehescheidung darauf geachtet werden, nicht unüberlegt die für den Antrag*steller* besonders naheliegenden Gerichtsstände in Art. 3, 5. und 6. Gedankenstrich für die Einreichung des Scheidungsantrags zu wählen, anstatt vielmehr darauf zu achten, dass die Annexkompetenz nicht der Zustimmung des Antragsgegners bedarf.

2. Kohärenz der Güterrechtsverordnungen mit der EU-Erbrechtsverordnung

a) Räumliche und persönliche Anwendungsbereiche

Während der räumliche Anwendungsbereich der Güterrechtsverordnungen auf derzeit 18 an der Verstärkten Zusammenarbeit teilnehmende Mitgliedstaaten beschränkt ist, ist die auf Art. 81 Abs. 2 AEUV gestützte Erbrechtsverordnung in allen Mitgliedstaaten der Union mit Ausnahme von Dänemark und Irland anwendbar[660].

Die persönlichen Anwendungsbereiche der drei Verordnungen sind gut aufeinander abgestimmt, da auch die Erbrechtsverordnung der Möglichkeit Rechnung trägt, dass zu den Hinterbliebenen anstatt eines Ehegattens ein/e Lebenspartner/in des/der Erblassers/in gehört. Dies ergibt sich aus Art. 23 Abs. 1 Buchst. b EuErbVO, wonach dem anwendbaren Erbrecht nicht nur die Nachlassansprüche des überlebenden Ehegatten, sondern auch die eines überlebenden Lebenspartners unterliegen. Gleichzeitig wurde mit der internationalen Annexzuständigkeit des Staates, dessen Gerichte mit der Nachlasssache befasst sind (Art. 4 EuGüter/PartVO), berücksichtigt, dass eine enge Verbindung zwischen Ansprüchen aus dem Güter- und dem Erbrecht besteht.

Für die Mitgliedstaaten, die an allen drei Verordnungen teilnehmen, ist damit eine umfassende Regelung entstanden, die in vermögensrechtlichen Fragen die internationale Zuständigkeit, das anzuwendende Recht und die Vollstreckung für Ehepaare und eingetragene Partnerschaften umfasst, sowohl während des Bestehens der Verbindung als auch nach ihrer Beendigung durch Scheidung („Auflösung" im Fall der eingetragenen Partnerschaft, Art. 3 Abs. 1 Buchst. b EuPartVO) oder durch Tod.

Allerdings zeichnen sich, was die praktische Anwendung der Rechtsakte betrifft, auch Schwierigkeiten im Verhältnis von Erb- und Güterrechtsverordnungen ab. Die wesentliche Ursache liegt in der teilweise schwierigen

---

660 S. u. *Anhang II.*

Abgrenzung zwischen Erb- und Güterrecht und in der Erkenntnis, dass das anwendbare Recht und die internationale gerichtliche Zuständigkeit für erb- und güterrechtliche Streitigkeiten trotz der bestehenden Annexzuständigkeit nicht immer übereinstimmen.

b) Sachliche Anwendungsbereiche

Nach dem jeweiligen Art. 1 Abs. 1 der drei Verordnungen ist die EuErbVO auf *„die Rechtsnachfolge von Todes wegen"*, die Güterrechtsverordnungen dagegen auf *„die ehelichen Güterstände"* bzw. *„die Güterstände eingetragener Partnerschaften"* anwendbar.

In Art. 3 Abs. 1 aller drei Verordnungen finden sich Legaldefinitionen der entsprechenden Termini.[661]

Danach bedeutet „Rechtsnachfolge von Todes wegen"

> *„jede Form des Übergangs von Vermögenswerten, Rechten und Pflichten von Todes wegen, sei es im Wege der gewillkürten Erbfolge, durch eine Verfügung von Todes wegen oder im Wege der gesetzlichen Erbfolge".*

Der „eheliche Güterstand" nach der EuGüterVO dagegen umfasst

> *„sämtliche vermögensrechtlichen Regelungen, die zwischen den Ehegatten und in ihren Beziehungen zu Dritten aufgrund der Ehe oder der Auflösung der Ehe gelten",*

die „güterrechtliche[n] Wirkungen einer eingetragenen Partnerschaft"

> *„die vermögensrechtlichen Regelungen, die im Verhältnis der Partner untereinander und in ihren Beziehungen zu Dritten aufgrund des mit der Eintragung der Partnerschaft oder ihrer Auflösung begründeten Rechtsverhältnisses gelten."*

In Art. 1 Abs. 2 statuieren sowohl die erbrechtliche als auch die beiden güterrechtlichen Verordnungen die sachlichen Anwendungsbereiche der in der jeweils anderen Materie erlassenen Rechtsakte als Bereichsausnahmen.

Die Formulierung der Bereichsausnahme *„Rechtsnachfolge nach dem Tod eines Ehegatten/Partners"* in Art. 1 Abs. 2 Buchst. d der Güterrechtsverordnungen ist bereits eine textlich geänderte Fassung des Regelungsgegenstands der Erbrechtsverordnung. Der Kommissionsentwurf aus dem Jahr 2011 erklärte noch *„Nachlassansprüche"* des überlebenden Ehegatten bzw. überlebenden Partners

661 Die Parallelität der Begriffe „ehelicher Güterstand" und „güterrechtliche Wirkungen eingetragener Partnerschaften" im Gegensatz zur Bezeichnung beim sachlichen Anwendungsbereich im jeweiligen Art. 1 Abs. 1, wo auch in der EuPartVO von „Güterständen" die Rede ist, wurde bereits in *Kap. II 4 a)* festgestellt.

für von den Güterverordnungen ausgenommen. Bereits hier lässt sich ablesen, dass sich die Abgrenzung der in den Eingangsvorschriften scheinbar so konsequent definierten sachlichen Anwendungsbereiche bei genauer Betrachtung als komplex herausstellt. Im Wesentlichen ist dies darauf zurückzuführen, dass die nationalen Rechte der an allen drei Verordnungen teilnehmenden Mitgliedstaaten stark unterschiedliche güter- und erbrechtliche Konzeptionen aufweisen, was bei einer Beendigung der Ehe oder eingetragenen Partnerschaft durch Tod zu Problemen bei der Einordnung der „*Nachlassansprüche*" des Überlebenden in den sachlichen Anwendungsbereich der Erbrechts- und der Güterrechtsverordnungen führen kann.

c) Aufeinandertreffen unterschiedlicher Sachvorschriften als Güter- und Erbrechtsstatut

Im internationalen Privatrecht kam es schon vor der unionsrechtlichen Regelung durch die EuErbVO und die Güterrechtsverordnungen zu Konstellationen, in denen auf die Rechtsnachfolge von Todes wegen und auf Fragen der güterrechtlichen Auseinandersetzung im Todesfall die Vorschriften unterschiedlicher nationaler Rechtsordnungen zur Anwendung kamen.[662]

Einen Eindruck von den beim Aufeinandertreffen unterschiedlicher nationaler Sachvorschriften sich stellenden Problemen vermittelt folgendes der Praxis entstammende Beispiel:

> Ein deutscher Staatsangehöriger (E) heiratet in zweiter Ehe eine kinderlose Spanierin (F) und lebt mit ihr nach der Eheschließung zunächst mehrere Jahre in Deutschland. Einen Ehevertrag haben sie nicht abgeschlossen. Nach Eintritt des E in den Ruhestand erwerben sie in F's andalusischer Heimat gemeinsam ein Hausgrundstück, das allein auf den Namen der F (die damit gegenüber E's Kindern aus erster Ehe abgesichert werden soll) eingetragen wird, und bewohnen dieses gemeinsam, d. h. sie verlegen ihren Wohnsitz von Hamburg nach Andalusien.
>
> Nach einigen Jahren verstirbt wider Erwarten nicht der deutlich ältere E zuerst, sondern die Ehefrau F infolge eines Verkehrsunfalls. Sie hinterlässt kein Testament.

Nach Art. 21 Abs. 1 der Erbrechtsverordnung ist auf F's Rechtsnachfolge von Todes wegen insgesamt das in Andalusien geltende allgemeinspanische Recht des *Código Civil*[663] anzuwenden. Vor dem Inkrafttreten der Verordnung ergab

---

662 Vgl. u. a. die Darstellung bei Paffhausen, Patricia, EuErbVO und GüterrechtsVO in Konflikt, Bucerius Law Journal 2010, S. 10 ff.

663 Art. 14 Abs. 1 *Código Civil* lautet: „Ob auf eine Person das allgemeine oder das besondere oder forale Zivilrecht anzuwenden ist, richtet sich nach der Gebietszugehörigkeit.

sich dasselbe Erbstatut aus Art. 9 Abs. 1 und 8 *Código Civil*, der wie Art. 24 Abs. 1 EGBGB a. F. auf die Staatsangehörigkeit der Erblasserin abstellte.

Wäre das allgemeinspanische Recht auch Güterstatut, so wäre das Haus bereits zum Zeitpunkt des Erwerbs in die *gemeinsame Vermögensmasse* der zwischen den Ehegatten bestehenden Errungenschaftsgemeinschaft gefallen, die vor der Abwicklung des Nachlasses zwischen dem Ehegatten des Verstorbenen und dessen Nachlass hälftig aufzuteilen ist. E hätte somit vor der Aufteilung des Nachlasses die Hälfte der Immobilie erhalten.

Hinsichtlich des Nachlasses der F (bei Errungenschaftsgemeinschaft nach deren Auflösung die Hälfte, bei deutscher Zugewinngemeinschaft aber die gesamte auf ihren Namen eingetragene Immobilie), ist nach dem anzuwendenden allgemeinspanischen Erbrecht, konkret Art. 935 *Código Civil*, die noch lebende Mutter Alleinerbin, Art. 937 *Código Civil*.

Dem E als Ehegatten steht erbrechtlich gemäß Art. 834 *Código Civil* lediglich der Nießbrauch[664] an einem Drittel des Nachlasses *(tercio de mejora)* der F zu.

Dieser Nießbrauch wirkt sich (gleichgültig, ob er sich auf ein Drittel der halben oder der ganzen Immobilie bezieht) als eine Art faktische „Veräußerungssperre" zu seinen Gunsten aus, da kaum ein Erwerber bereit sein wird, eine mit seinem Nießbrauch belastete Immobilie zu kaufen. Die Erben der F können diese rein faktische Verfügungsbeschränkung jedoch beseitigen, indem sie den überlebenden Ehegatten in Form einer Rente oder eines einmaligen Betrages auszahlen (Art. 839 *Código Civil*), was z. B. aus dem Kaufpreis einer Veräußerung bewerkstelligt werden kann.

Die Stellung des E wäre somit im Ergebnis erheblich besser, wenn er aufgrund der Auflösung einer Errungenschaftsgemeinschaft noch vor der Teilung des Nachlasses die Hälfte der Immobilie erhielte. Seine schwache erbrechtliche Position wäre für ihn nicht von Belang, da die Erben immer seine Zustimmung

---

Nach Abs. 2 der Vorschrift haben Gebietszugehörigkeit im Gebiet des allgemeinen bzw. eines foralen Zivilrechts „Personen, deren Eltern diese Gebietszugehörigkeit besitzen." Abs. 5 der Vorschrift enthält Bestimmungen betreffend den Wechsel der Gebietszugehörigkeit *(vecindad civil)*, insbesondere aufgrund eines Wohnsitzwechsels. Ergänzend hierzu wird in Art. 14 Abs. 4 klargestellt: „Eine Eheschließung ändert nichts an der Gebietszugehörigkeit. …"

664 Der spanische Nießbrauch ist selbstständiger Teil des Eigentumsrechts und als solcher auch verkehrsfähig. Art. 839 Abs. 1 *Código Civil* lautet: „Die Erben können den Nießbrauchanteil des Ehegatten abgelten, indem sie ihm eine lebenslange Rente, die Früchte bestimmter Nachlassgegenstände oder Barkapital zuteilen; dies erfolgt entweder im gegenseitigen Einverständnis oder aufgrund gerichtlicher Entscheidung."

bräuchten, um Erbschaftsgegenstände, die zuvor Teil des Errungenschaftsguts waren, zu veräußern; dasselbe würde für den Fall der Vermietung gelten, da er kraft seines Nießbrauchs die Immobilie selbst nutzen könnte.

Die Ehe von E und F, die keinen Ehevertrag abgeschlossen hatten, unterlag jedoch im Beispielsfall nicht der Errungenschaftsgemeinschaft, sondern bereits nach der Rechtslage *vor* Anwendungsbeginn der Güterrechtsverordnungen (Art. 15 Abs. 1 i. V. m. Art. 14 Abs. 1 Nr. 2 EGBGB aus deutscher, Art. 9 Abs. 2, 3. Alt. *Código Civil* aus spanischer Sicht) dem deutschen gesetzlichen Güterstand der Zugewinngemeinschaft. Seit Anwendungsbeginn der EuGüterVO führt deren Art. 26 Abs. 1 Buchst. a zum selben Ergebnis.

Somit kommt es im untersuchten Fall zur Anwendbarkeit von Vorschriften *unterschiedlicher nationaler Rechtsordnungen* als Güter- und Erbrechtsstatut.

Noch bis zum Inkrafttreten der EuErbVO hielt Art. 9 Abs. 8 des *Código Civil* hierfür eine gesetzliche Abhilfe bereit: Nach dieser Vorschrift des spanischen Internationalen Privatrechts richteten sich die gesetzlichen Rechte des überlebenden Ehegatten beim Ableben seines Partners – vorbehaltlich der Pflichtbeteiligungen[665] von (bei F nicht vorhandenen) Abkömmlingen – nach demselben Recht, das auch die güterrechtlichen Wirkungen der Ehe regelte[666]. Somit hätten sich die Rechte des überlebenden Ehegatten nach deutschem Güterrecht gerichtet mit der Folge, dass E nach § 1931 Abs. 1 BGB als Ehegatte neben Verwandten der zweiten Ordnung die Hälfte der Erbschaft ebenso wie das Erhöhungsviertel nach § 1371 Abs. 1 BGB zustünden.

---

665 Im Gegensatz zum deutschen Pflichtteilsanspruch besteht das spanische Noterbrecht nicht in einem Geldanspruch, sondern in einer Mindestbeteiligung an der Erbengemeinschaft.

666 *Art. 9 Código Civil* bezieht sich auf das Personalstatut natürlicher Personen und damit nach seinem Abs. 1 auch auf das auf ihre Rechtsnachfolge von Todes wegen anzuwendende Recht. Sein Abs. 8 lautet ins Deutsche übersetzt: „Die Rechtnachfolge von Todes wegen richtet sich nach dem Recht der Staatsangehörigkeit des Erblassers zum Zeitpunkt seines Todes, unabhängig von der Art der Nachlassgegenstände und dem Land, in dem sich diese befinden. Testamentarische Verfügungen und Erbverträge, die zur Zeit ihrer Errichtung nach dem [damaligen] Recht der Staatsangehörigkeit des Testators bzw. des Erblassers als Partei des Erbvertrages errichtet worden sind, bleiben auch dann wirksam, wenn das auf die Erbfolge anzuwendende Recht ein anderes ist; Noterbrechte richten sich jedoch nach dem Letzteren. Rechte, die von Gesetzes wegen dem überlebenden Ehegatten zustehen, richten sich nach demselben Recht, dem die Wirkungen der Ehe unterliegen; dies gilt nicht für die Noterbrechte von Abkömmlingen."

Noch in einem Urteil vom 28. April 2014[667] hatte das spanische *Tribunal Supremo* klargestellt, dass es sich bei der Vorschrift des Art. 9 Abs. 8 S. 3 *Código Civil* um „ein sachliches bzw. der Anpassung dienendes Kriterium" handle, das „eine Abstimmung des auf die Rechtsnachfolge durch den überlebenden Ehegatten anzuwendenden Rechts an das auf die Auflösung des entsprechenden Güterstands anwendbare Recht"[668] ermögliche. Seit dem Inkrafttreten der EuErbVO steht jedoch außer Zweifel, dass nach dem Grundsatz der Einheit des auf die Rechtsnachfolge von Todes wegen anzuwendenden Rechts diese gesetzliche Anpassungsregel in den Bereich des spanischen interlokalen Rechts verbannt ist.[669]

Es bleibt somit im untersuchten Fall aufgrund der internationalprivatrechtlichen Anknüpfung bei der Anwendbarkeit von Vorschriften unterschiedlicher nationaler Rechtsordnungen: deutsches Güterrecht mit dem Güterstand der Zugewinngemeinschaft und allgemeinspanisches Erbrecht nach dem gewöhnlichen Aufenthaltsort der F in Andalusien. Möglich wäre allenfalls ein Versuch, die Übertragung des von E finanzierten Immobilienanteils auf die Ehefrau als ehebedingte Zuwendung rückabzuwickeln, da die entsprechenden Ansprüche nach hier vertretener Ansicht dem unionsrechtlichen Güterstatut unterfallen[670].

d) International-privatrechtliche Einordnung des Erhöhungsviertels nach § 1371 Abs. 1 BGB und seine Aufnahme in Europäische Nachlasszeugnisse

Die bei der Anwendbarkeit verschiedener Sachvorschriften auf Güter- und Erbrecht entstehende Problematik zeigt sich (wie im Beispielsfall) in erster Linie bei der Frage nach der pauschalen Erhöhung der gesetzlichen Beteiligung des überlebenden Ehegatten am Nachlass des Erstversterbenden, wenn die Ehe dem deutschen gesetzlichen Güterstand der Zugewinngemeinschaft unterlegen hat.

Die Vorschriften über die deutsche Zugewinngemeinschaft sehen bekanntermaßen vor, dass bei Beendigung der Ehe durch den Tod eines Ehegatten gemäß

---

667 Urteil des spanischen *Tribunal Supremo*, STS 624/13 vom 28.04.2014.

668 *„[U]n criterio técnico o de adaptación para facilitar el ajuste entre la ley aplicable a la sucesión del cónyuge supérstite y la ley aplicable a la disolución del correspondiente régimen económico matrimonial"*.

669 Entscheidung der spanischen *Dirección General de los Registros y del Notariado* vom 29. Juli 2015, BOE (span. Staatsanzeiger) vom 30. September 2015, S. 88782 (Nr. 6).

670 S. dazu *Kap. VI 4 c (i)*.

§ 1371 Abs. 1 BGB der Zugewinnausgleich grundsätzlich dadurch erfolgt, dass sich das gesetzliche Erbrecht des Ehegatten *pauschal* um ein Viertel erhöht. Wird der überlebende Ehegatte nicht Erbe und steht ihm auch kein Vermächtnis zu (was auch über eine Ausschlagung herbeigeführt werden kann[671]), werden nach § 1371 Abs. 2 BGB der Zugewinn und der daraus folgende Zugewinnausgleichsanspruch in Form eines Geldanspruchs hingegen *konkret* berechnet.

Mithin stellt sich die Frage, ob im Beispielsfall der „spanische" Nießbrauch des E um das Erhöhungsviertel des überlebenden Ehegatten nach § 1371 Abs. 1 bzw. Abs. 2 BGB zu erweitern ist bzw. ob ersatzweise ein konkret zu berechnender Zugewinnausgleichsanspruch besteht.

Schon im Zusammenhang mit der Annahme und dem Inkrafttreten der EuErbVO war umstritten, ob es sich beim Erhöhungsviertel nach § 1371 Abs. 1 BGB um einen rein erbrechtlichen Anspruch, einen güterrechtlichen Anspruch oder um eine Kombination von beidem handelt.[672] Diese Einordnung ist keineswegs nur theoretischer Natur: Ist nämlich das Erhöhungsviertel als rein erbrechtliches Rechtsinstitut zu qualifizieren, würde es im Beispielsfall von vornherein nicht zur Anwendung kommen, da allgemeinspanisches Erbrecht maßgeblich ist. Dieses kennt zwar mit dem Güterstand der *participación* (Art. 1411 ff. *Código Civil*) einen der Zugewinngemeinschaft ähnlichen Wahlgüterstand, jedoch ordnet der *Código Civil* auch dann, wenn dieser Güterstand ehevertraglich vereinbart ist, zugunsten des überlebenden Ehegatten kein pauschales gesetzliches Erhöhungsviertel i. S. v. Art. 1371 Abs. 1 BGB an.[673] Fraglich ist daher nur, ob und in welcher Form ein Zugewinnausgleich stattzufinden hat.

---

671 S. § 1371 Abs. 3 BGB, der einen Unterfall von Abs. 2 der Vorschrift behandelt, da der überlebende Ehegatte aufgrund der Ausschlagung nicht Erbe wird, Palandt/*Siede*, RZ 18, 19 zu § 1371 BGB.

672 Vgl. die Nachweise bei Mankowski, Peter, Das erbrechtliche Viertel nach § 1371 Abs. 1 BGB im deutschen und europäischen Internationalen Privatrecht, ZEV 2014, S. 121 ff. (122)

673 Dasselbe ist auch beim deutsch-französischen Wahlgüterstand der Wahl-Zugewinngemeinschaft der Fall, bei der nach dem Tod eines Ehegatten der Zugewinn konkret zu berechnen ist. Dazu Becker, Peter, Der Einfluss des Güterstandes auf das Ehegattenerbrecht gemäß § 1931 BGB, JA 2019, S. 94 ff. (96); Boving, Dagmar, Deutsch-französische Ehen im Lichte der Güterrechtsverordnung und Wahlzugewinngemeinschaft, ZErb 2019, 225 ff. (229).

(i) *Diskussionsstand in Deutschland vor dem* Mahnkopf-*Urteil des EuGH*

In den vor Anwendungsbeginn der EuErbVO ergangenen Entscheidungen und Veröffentlichungen zur Einordnung des Erhöhungsviertels hatten sich in Deutschland drei wesentliche Meinungen gebildet:

Die Vertreter einer *rein erbrechtlichen* Qualifikation befanden sich in der Minderzahl, da eine erbrechtliche Einordnung dazu führt, dass bei einem Wechsel des anzuwendenden Erbrechts die Rechtsposition der im Güterstand der Zugewinngemeinschaft lebenden Ehegatten[674] enorm beeinflusst wird. Schon die Änderung des gewöhnlichen Aufenthaltsorts (vgl. den Beispielsfall) auch allein des erstversterbenden Ehegatten hätte unmittelbare Auswirkungen auf das gesetzliche Erbrecht des anderen, da bei Anwendbarkeit eines ausländischen Erbrechts das – erbrechtlich eingeordnete – Erhöhungsviertel wegfiele.[675] Dieselbe Situation kann sich – wenngleich aufgrund der Einschränkung der wählbaren Rechte auf das Recht der Staatsangehörigkeit des Erblassers (Art. 22 Abs. 1 EuErbVO) nur in beschränktem Umfang – auch durch eine einseitige erbrechtliche Rechtswahl ergeben.

M a n k o w s k i hat allerdings darauf hingewiesen, dass angesichts von § 1371 Abs. 2, 3 und 1373 ff. BGB ein vollständiger erbrechtlicher Ausschluss des Zugewinnausgleichs letztlich unmöglich ist (was wiederum gegen eine rein erbrechtliche Qualifikation des Erhöhungsviertels spricht).[676] Der Nachteil besteht darin, dass das Erhöhungsviertel dem Überlebenden – abgesehen davon, dass die konkrete Vermögensentwicklung beider Partner nicht zum Tragen kommt – eine sehr viel leichter berechenbare Beteiligung am Nachlass verschafft als ein konkret berechneter Zugewinnausgleichanspruch. Dieser hat auch keine quotale Beteiligung zur Folge, sondern stellt einen bloßen Geldanspruch dar. Infolge des Erhöhungsviertels fällt auch, praktisch gesehen, der Anteil des Überlebenden an der Erbengemeinschaft bzw. am Erlös verkaufter Nachlassgegenstände höher aus, was in den meisten Fällen einfacher durchzuführen und zu kontrollieren ist als die konkrete Berechnung des jeweiligen Zugewinns mit einer geteilten Beweislast zwischen dem überlebenden Partner und den (weiteren) Nachlassbeteiligten (vgl. §§ 1374–1376 BGB).

Als Alternative wurde – ursprünglich von Seiten der Rechtsprechung[677] – vertreten, das Erhöhungsviertel sei *erb- und güterrechtlich* zu qualifizieren. Das

---

674 Über § 6 S. 2 LebensPartG gilt dies auch für eingetragene Lebenspartner, wenn ihre Partnerschaft der Zugewinngemeinschaft unterliegt.

675 Mankowski, Das erbrechtliche Viertel …, S. 122; s. auch die dort in der Fn. 2 zitierte Literatur zugunsten der erbrechtlichen Lösung.

676 A.a.O., S. 123.

677 So insbesondere OLG Stuttgart, ZEV 2005/443 f., OLG Frankfurt, ZEV 2010, S. 253 f., OLG Köln ZEV 2012, 205 f.

erbrechtliche Viertel nach § 1371 Abs. 1 BGB komme *ausschließlich* in Fällen zur Anwendung, in denen neben deutschem Güterrecht auch deutsches Erbrecht anzuwenden sei. Werde der überlebende Ehegatte somit *nicht nach deutschem Recht* Erbe, so müsse ggf. nach einem schuldrechtlichen Ausgleich gesucht bzw. der Zugewinnausgleichsanspruch über § 1371 Abs. 2, 1. Halbsatz konkret berechnet werden[678]. Dies entspricht international-privatrechtlich der Lösung des oben erwähnten Art. 9 Abs. 8 *Código Civil.*

Nach der *ratio legis* des § 1371 Abs. 1 BGB erscheint diese einschränkende Auslegung aber deshalb nicht sachgerecht, weil bei einer (echten) Erbenstellung nach ausländischem Recht zu entscheiden wäre, ob die Voraussetzungen von § 1371 Abs. 2 überhaupt vorliegen, d. h. wie eine Erbenstellung nach ausländischem Recht aussehen müsste, um die Voraussetzung „Wird der überlebende Ehegatte nicht Erbe …“ nicht tatbestandsmäßig auszuschließen[679].

Angewandt auf den Beispielsfall, erhielte E bei Anwendung der Theorie der Doppelqualifikation lediglich den allgemeinspanischen erbrechtlichen Nießbrauch. Daneben könnte die güterrechtliche Auseinandersetzung durch konkrete Berechnung des Zugewinnausgleichsanspruchs erfolgen, dessen Existenz und Höhe aber von E's eigenem, während der Ehe erzielten Zugewinn und dessen Verhältnis zum Zugewinn der F abhinge. Dieser Anspruch würde ihm keine Beteiligung am Nachlass verschaffen; die Erbin könnte ihn hinsichtlich seines Nießbrauchs nach Art. 839 *Código Civil* auszahlen. Da dieser Wert in Spanien wie in Deutschland vom Alter des Nießbrauchsberechtigten abhängt, erhielte der schon im Ruhestand lebende E auf diesem Wege einen wertmäßig deutlich geringeren Anspruch, als seiner hälftigen wirtschaftlichen Beteiligung beim Kauf der Immobilie entspräche.

Von der in der deutschen Literatur vorherrschenden[680] Ansicht, die sowohl vom Bundesgerichtshof[681] als auch von mehreren Obergerichten[682] geteilt wurde, wurde das Erhöhungsviertel als Rechtsinstitut *güterrechtlicher* Natur angesehen.

Begründet wurde dies mit der Stellung von § 1371 BGB im Gesetz, mit der Abhängigkeit des Erhöhungsviertels vom Güterstand der Zugewinngemeinschaft und mit der Möglichkeit, dieses Viertel im Rahmen eines Ehevertrages

---

678 So Staudinger/*Firsching*, Kommentar zum BGB, vor Art. 24–26 EGBGB a. F., 2003, RZ 226. Von der zitierten Rechtsprechung wurde die Frage offengelassen.

679 So jedoch die hier zitierten obergerichtlichen Urteile.

680 Vgl. die zahlreichen Beispiele bei W a l t h e r, Bianca, Die Qualifikation des § 1371 Abs. 1 BGB im Rahmen der europäischen Erb- und Güterverordnungen, GPR 2014, S. 325 ff., Fn. 11, 12, 13.

681 Beschluss vom 13.05.2015 – IV ZB 30/14.

682 So u. a. OLG Düsseldorf, IPRax 2009, S. 505, OLG Köln ZEV, 2012, S. 506 und OLG Schleswig, FamRZ 2014, S. 504 ff.

abzubedingen oder modifizierende Vereinbarungen darüber zu treffen. Der Ausgleich sei daher güterrechtlich zu qualifizieren, obgleich er sich eines erbrechtlichen Instruments bediene.[683]

Konsequenterweise würde bei einer güterrechtlichen Qualifikation das Erhöhungsviertel nicht in den Anwendungsbereich der EuErbVO, sondern in denjenigen der güterrechtlichen Verordnungen fallen, und dem überlebenden Ehegatten bliebe das erbrechtliche Viertel trotz Anwendbarkeit ausländischen Erbrechts erhalten, sofern – hinsichtlich der in § 1371 Abs. 1 statuierten Voraussetzung, dass der überlebende Ehegatte gesetzlicher[684] Erbe werden muss – eine Erbenstellung nach ausländischem Recht einer Erbenstellung nach deutschem Recht gleichstünde, also die von der deutschen Sachnorm geforderte Stellung durch eine ausländische (hier spanische) ersetzt werden könnte.

(ii) Anwendung auf den Fall des spanischen Ehegattennießbrauchs

Dass es sich *im Beispielsfall* (deutsche Zugewinngemeinschaft mit allgemeinspanischem Erbrecht) beim Ehegattennießbrauch des überlebenden Ehemanns um eine echte Erbenstellung handelt, die die in § 1931 Abs. 1 BGB normierte tatbestandliche Voraussetzung substituieren könnte, lässt sich in Anbetracht der anwendbaren Vorschriften des spanischen Erbrechts durchaus bezweifeln:

Einem Erben im Sinne des deutschen Erbrechts steht charakteristisch eine *quotale* Beteiligung am Gesamtnachlass und damit die Beteiligung an einer mit dem Tod des Erblassers entstehenden Erbengemeinschaft zu. Beim Nießbrauch des Überlebenden an einem quotalen Drittel wäre dagegen naheliegend, diesen als Belastung des Nachlasses mit einem dinglichen Recht zu qualifizieren.

Aber auch nach dem auf die Erbfolge der F anwendbaren *allgemeinspanischen* Recht[685] wird der überlebende Ehegatte bei gesetzlicher Rechtsnachfolge von Todes wegen im Fall, dass er mit Verwandten in gerader Linie des Erblassers zusammentrifft, gerade nicht *Erbe*. Die Rechte des überlebenden Ehegatten werden für derartige Konstellationen vom Gesetz systematisch abseits der Vorschriften über die Rechtsnachfolge von Todes wegen behandelt und ausdrücklich als *„derechos del cónyuge"* (Art. 834 ff. *Código Civil*), *„usufructo universal"* (Art. 442 des katalanischen *Codi Civil*) oder gar *„legítima"* (Pflichtteil; Art. 45 der *Compilació del Dret Civil de les Illes Balears*), nicht aber mit *„sucesión del cónyuge"* (erbrechtliche Nachfolge des Ehegatten) bezeichnet. Sie gewähren

683 A.a.O, S. 122.

684 Palandt/*Siede*, RZ 2 zu § 1371 BGB.

685 Vergleichbar ist die Regelung in den Foralrechten Kataloniens und der Balearen.

dem Überlebenden somit explizit keine Erbenstellung, da die genannten Rechte gegenüber den vom Gesetz als „*Erben*" bezeichneten Personen durchzusetzen sind und von diesen durch die erwähnte Zuweisung von Renten, von Früchten konkreter Nachlassgegenstände oder durch Einmalzahlungen „abgelöst" werden können. Im Gegensatz dazu sprechen die gesetzlichen Regelungen dann von einer „*sucesión del cónyuge*", also einer echten Erbenstellung des überlebenden Ehegatten, wenn dieser wegen des Nichtvorhandenseins von Abkömmlingen oder anstelle weitläufigerer Verwandter des Erblassers Alleinerbe des Verstorbenen wird.[686]

Damit ist die Voraussetzung des § 1371 Abs. 1 BGB, wonach der Ehegatte gesetzlicher Erbe werden muss, bei einer Anwendbarkeit spanischen Erbrechts nicht erfüllt.

E könnte demnach selbst bei güterrechtlicher Einordnung des Anspruchs kein Erhöhungsviertel beanspruchen, sondern müsste gemäß § 1371 Abs. 2 BGB den eventuellen Zugewinnausgleichsanspruch konkret berechnen.

(iii) Das Urteil des EuGH in der Rechtssache Mahnkopf

Für die EuErbVO ist der oben dargestellte, wesentlich noch zu den Vorschriften des nationalen IPR geführte Meinungsstreit über die kollisionsrechtliche Einordnung des Erhöhungsviertels nach § 1371 Abs. 1 für das von der Europäischen Union erlassene Kollisionsrecht im Jahr 2018 durch ein Urteil des EuGH zugunsten einer *erbrechtlichen* Einordnung entschieden worden[687]:

Angerufen wurde der Gerichtshof vom Kammergericht Berlin in einem Erbfall, dem die hierzulande wohl häufigste Konstellation zugrunde lag, nämlich die eines im gesetzlichen Güterstand der Zugewinngemeinschaft verheirateten, in Deutschland wohnhaften Erblassers, der von seiner Ehefrau und dem gemeinsamen Sohn zu je 1/2 beerbt wurde (§§ 1924, 1931 Abs. 1, 1371 Abs. 1 BGB). Zum Nachweis ihrer Erbenstellung war zunächst vom zuständigen deutschen Nachlassgericht ein deutscher Erbschein ausgestellt worden, allerdings besaß das Ehepaar zu jeweils hälftigem Miteigentum eine Ferienimmobilie in Schweden. Zur Umschreibung dieser Immobilie beantragte die Witwe die Ausstellung eines Europäischen Nachlasszeugnisses mit den genannten

686 Art. 944 *Código Civil*, Art. 333 *Codi Civil Català*; die Regelungen der balearischen Inseln über die gesetzliche Erbfolge (Art. 53 der *Compilación del derecho civil de las Islas Baleares* für Mallorca und Menorca, Art. 84 für Ibiza und Formentera) verweisen mit Ausnahme des erhöhten Nießbrauchs auf den Inseln Mallorca und Menorca (Nießbrauch über die Hälfte der Erbschaft, nicht wie im *Código Civil* über nur 1/3) auf die Vorschriften des *Código Civil*.

687 Urteil des Gerichtshofs vom 1. März 2018, *Mahnkopf*, Rs. C-558/16.

Erbquoten, was das zuständige Amtsgericht Schöneberg verweigerte, da es im Einklang mit der Grundsatzentscheidung des Bundesgerichtshofs aus dem Jahr 2015[688] sowie mit der herrschenden Literaturmeinung davon ausging, die der überlebenden Ehefrau nach § 1371 Abs. 1 BGB zustehende Erhöhung des Erbteils falle als güterrechtliches Rechtsinstitut nicht in den Anwendungsbereich der EuErbVO, sondern vielmehr in den der (nationalen) güterrechtlichen Kollisionsvorschriften. Folglich könne dieser Anteil am Nachlass, so das Kammergericht, im Rahmen eines Europäischen Nachlasszeugnisses allenfalls informatorisch angegeben, aber nicht als erbrechtlicher Anteil des Ehegatten am Nachlass bescheinigt werden.

Nach dem vom EuGH in ständiger Rechtsprechung vertretenen Grundsatz der autonomen Auslegung war die güterrechtliche Einordnung durch die deutsche Rechtsprechung für das Unionsrecht unbeachtlich, so dass sich die Frage nach der Abgrenzung zwischen dem Anwendungsbereich der Erbrechtsverordnung und dem des ehelichen Güterrechts betreffend das Erhöhungsviertel nach § 1371 Abs. 1 BGB nunmehr erneut, allerdings auf *unionsrechtlicher* Ebene, stellte und nicht mehr vom im Ausgangsrechtsstreit zuständigen nationalen Gericht, sondern vom EuGH im Wege der Vorabentscheidung zu klären war. Das Kammergericht fragte folgerichtig in seinem Vorlagebeschluss vom 3. November 2016, ob das Erhöhungsviertel des § 1371 Abs. 1 vom Anwendungsbereich der EuErbVO umfasst werde, insbesondere, ob „der Erbteil des überlebenden Ehegatten, auch wenn dieser zu einem Bruchteil aus einer Erhöhung aufgrund einer güterrechtlichen Regelung wie § 1371 Abs. 1 BGB resultiert, im Ganzen in das Europäische Nachlasszeugnis aufgenommen werden darf".

Die Antwort des Gerichtshofs erfolgte mit einem Urteil von radikaler Kürze, in dem die unionsrechtliche Einordnung des Erhöhungsviertels in nur drei Sätzen vorgenommen wurde (Rn. 40). Da es nicht um eine Aufteilung der Vermögenswerte zwischen den Ehegatten, sondern um die Rechte des überlebenden Ehegatten an den Gegenständen gehe, die schon zum Nachlassvermögen gezählt würden, scheine der Hauptzweck der Bestimmung nicht in der Aufteilung des Vermögens oder in der Beendigung des ehelichen Güterstands zu liegen, sondern vielmehr in der Bestimmung des dem überlebenden Ehegatten im Verhältnis zu den übrigen Erben zufallenden Erbteils.

Damit ist zumindest im Ansatz die für das Europarecht verbindliche Abgrenzung zwischen Erb- und Güterrecht umrissen, und zwar – parallel zur weiter unten[689] noch darzustellenden Abgrenzung zwischen Güter- und

688 Beschluss vom 13.05.2015 – IV ZB 30/14.

689 Vgl. *Kap. V 3.*

Unterhaltsrecht – wesentlich unter funktionellen Aspekten: Der „Aufteilung der Vermögenswerte zwischen den Ehegatten" bzw. der „Beendigung des ehelichen Güterstands" entsprechen güterrechtliche Ansprüche, die Rechte des überlebenden Ehegatten an den Gegenständen, die schon zum Nachlassvermögen gezählt werden, sind erbrechtlich.

(iv) Stellungnahme

Zum *Mahnkopf*-Urteil des EuGH wurde kurz nach dessen Ergehen im Frühjahr 2018 vermutet, mit ihm werde die Politik verfolgt, dem Europarecht „im Kampf um die Reichweite des europäischen Rechts und komplementär der verbliebenen Reservatbereiche der nationalen Rechte" den größtmöglichen Anwendungsbereich zu verschaffen[690].

Von anderer Seite erntete die erbrechtliche Einordnung dagegen Beifall, da sie nicht nur mit dem in Art. 3 Abs. 1 Buchst. a in Verb. m. Art. 1 Abs. 1 EuErbVO normierten sachlichen Anwendungsbereich, sondern insbesondere auch mit Art. 23 Abs. 2 Buchst. b der Verordnung vereinbar sei. Mit der *Mahnkopf*-Entscheidung habe der EuGH jedenfalls nicht allein über die Ausweisung des erbrechtlichen Viertels im Europäischen Nachlasszeugnis, sondern auch über dessen *kollisionsrechtliche* Behandlung entschieden[691].

In der Tat ist kaum zu verkennen, dass die erbrechtliche Einordnung des Erhöhungsviertels in der Rechtssache *Mahnkopf* zumindest nach damaligem Stand der Dinge eine Reihe von Vorteilen bot, die sich bei einer güterrechtlichen Qualifikation nicht ergeben hätten:

Die zeitliche Anwendung der europäischen Güterrechtsverordnungen (deren Kollisionsvorschriften im Übrigen nur auf Paare anwendbar sind, die nach dem Anwendungsbeginn geheiratet haben bzw. ihre Partnerschaft haben eintragen lassen) hatte bei Ergehen des *Mahnkopf*-Urteils noch nicht einmal begonnen, eine güterrechtliche Einordnung hätte damit nationales IPR zur Anwendung berufen und womöglich zu völlig anderen Ergebnissen geführt.

Vor allem aber umfasst der geographische Anwendungsbereich der EuErbVO eine höhere Anzahl von Mitgliedstaaten als derjenige der Güterrechtsverordnungen. Die Gefahr einander widersprechender Entscheidungen wurde so mit

---

690 Mankowski, Europäische Regeln für die internationale Zuständigkeit für deutsche Erbscheine!, ZErbR 2018, 482.

691 Süß, Rembert, Die Entscheidung des EuGH in der Rechtssache Mahnkopf: Folgen für das gesetzliche Erbrecht des Ehegatten in internationalen Ehen und neue Gestaltungsmöglichkeiten, DNotZ 2018, 742 (745).

der erbrechtlichen Qualifikation in höherem Maße eingedämmt als dies bei einer güterrechtlichen Einordnung der Fall gewesen wäre.[692]

Gleichzeitig bestand auf Seiten des Gerichtshofs wohl auch Klarheit darüber, dass das Erhöhungsviertel und damit die erbrechtliche Gesamtbeteiligung der Witwe des Erblassers nur einwandfrei in einem Europäischen Nachlasszeugnis ausgewiesen werden konnte, wenn sie auch als erbrechtlich zu qualifizieren war. Die Entscheidung hat daher sicherlich auch einen pragmatischen Hintergrund.

Die im Urteil *Mahnkopf* vorgenommene Abgrenzung wird aber vermutlich nicht das letzte Wort des Gerichtshofs zur unionsrechtlichen Abgrenzung zwischen Güter- und Erbrecht gewesen sein: Die in § 1371 BGB normierte Lösung zur Versorgung des überlebenden Ehegatten beim Tod seines Partners ist europaweit einzigartig, so dass aus unionsrechtlicher Sicht mehr oder weniger über ein Kuriosum der Abstimmung von Güter- und Erbrecht entschieden wurde. Sicher scheint zu sein, dass eine funktionale Abgrenzung angestrebt wird. Wie aber der (sogleich anzustellende)[693] Vergleich der nationalen gesetzlichen Lösungen zur Versorgung des überlebenden Ehegatten/eingetragenen Partners nach dem Tode des Erstversterbenden zeigt, sind schon allein die gesetzlichen Grundmodelle geeignet, eine Vielzahl von unterschiedlichen Konstellationen aufzunehmen, die im Rahmen der Parteiautonomie – sei es über die Wahl des anzuwendenden Güter- oder Erbrechts, sei es durch die vertragliche Abwandlung von Güterständen – noch weiter modifiziert werden können. Insoweit scheint das Kriterium der Funktionalität das einzige zu sein, das zwar eine grundsätzliche Richtung vorgibt, aber gleichzeitig genügend Raum zur Beurteilung des jeweiligen Einzelfalls lässt.

e) Korrektur der Ergebnisse von auseinanderfallendem Erb- und Güterrechtsstatut

Hat der Erblasser während der Ehe oder Partnerschaft seinen gewöhnlichen Aufenthalt (mit oder ohne den Partner) gewechselt, wird sich in der Regel keine Identität zwischen dem Recht, dem das materielle Güterrecht nach den Güterrechtsverordnungen unterliegt, und dem Recht, das bei objektiver Bestimmung nach der EuErbVO auf seine Rechtsnachfolge von Todes wegen Anwendung findet, ergeben.

---

692 Fornasier, Matteo, Anmerkung zum Urteil *Mahnkopf* im Anschluss an dessen Veröffentlichung in der Zeitschrift FamRZ 2018, 634.

693 *Kap. VI 2 f).*

Grund dafür ist, dass die güterrechtlichen Kollisionsvorschriften an Merkmale anknüpfen, die zeitlich bei der Eheschließung bzw. Begründung der Partnerschaft vorlagen – vorrangig der *erste gemeinsame gewöhnliche Aufenthalt* nach der Eheschließung *bzw.* der *Ort der Begründung der Partnerschaft.* Das Erbrecht dagegen richtet sich in der Regel nach dem *gewöhnlichen Aufenthalt des Erblassers bei seinem Ableben.*

Dass dies weitreichende und je nach dem anzuwendenden nationalen Recht sehr unterschiedliche Konsequenzen haben kann, zeigt ein Vergleich des in *Kapitel VI 2 c)* gebildeten Fallbeispiels bei Zugrundelegung unterschiedlicher Rechtsordnungen. Im Beispiel stand einem im Güterstand der Zugewinngemeinschaft mit einer Spanierin verheirateten Deutschen bei ihrem Ableben nach allgemeinspanischem Recht lediglich ein vom Erben ablösbarer Nießbrauch am Nachlass zu. Diese Rechtslage unterscheidet sich drastisch von derjenigen, die sich ergeben hätte, hätten die Ehegatten vor dem Tod der F anstatt in Spanien beispielsweise in Österreich gelebt:

> Im deutsch-spanischen Fall gesteht das gemäß Art. 21 Abs. 1, Art. 36 Abs. 2 Buchst. a EuErbVO i. V. m. Art. 14 Abs. 1, 2 und 4 S. 1 *Código Civil* auf den Nachlass der F anzuwendende allgemeinspanische Erbrecht des *Código Civil* dem E als dem überlebenden Ehegatten lediglich den Nießbrauch an einem Drittel der Erbschaft zu.
>
> Der mangels Anwendbarkeit deutschen Erbrechts konkret zu berechnende Zugewinnausgleichsanspruch richtet sich gegen den oder die Erben und ist vom Verhältnis des während der Ehe von jedem Ehegatten erzielten Zugewinns abhängig.
>
> Demgegenüber hätte E, hätte die Ehe anstatt dem deutschen Güterrecht der allgemeinspanischen Errungenschaftsgemeinschaft unterlegen, bei der Abwicklung des Nachlasses neben dem hälftigen Anteil am übrigen Errungenschaftsgut vorab noch die Hälfte der Immobilie erhalten, da in den Nachlass der F nur fallen kann, was nach der Auseinandersetzung des gemeinschaftlichen Vermögens auf Seiten des verstorbenen Ehegatten noch vorhanden ist (Grundsatz der Priorität des Güterstatuts[694]).

Ehemann E erhält somit bei Anwendung deutschen Güterrechts und spanischen Erbrechts letzten Endes weniger, als ihm jede der beiden Rechtsordnungen zubilligen würde, würde man sie hinsichtlich beider Fragen anwenden.

Die zu einem solchen „Weniger" an der Rechtsposition des Betroffenen führende kollisionsrechtliche Konstellation wird als *Normenmangel* bezeichnet, während das gegenteilige Ergebnis, eine zu einem „Mehr" des Begünstigten

---

694 S. Dörner, Heinrich, Anmerkung zum Beschluss des OLG Stuttgart vom 8. März 2005, 8 W 96/04, ZEV 2005, 444, Nr. 2.

führende Konstellation, *Normenhäufung* genannt wird[695]. Eine solche wäre eingetreten, hätten E und F anstatt in Spanien in Österreich gelebt:

> Nach dem gemäß Art. 21 Abs. 1 der EuErbVO in diesem Fall anzuwendenden österreichischen Erbrecht würde der überlebende Ehegatte unabhängig vom Güterstand neben Kindern des Erblassers und deren Nachkommen ein Drittel der Erbmasse erhalten (§ 744 AGBGB). Daneben bekäme E – die Vergleichbarkeit der österreichischen mit einer deutschen Erbenstellung vorausgesetzt – den güterrechtlichen Zugewinnausgleich in Form des Erhöhungsviertels nach § 1371 Abs. 1 BGB. Sein Anteil am Nachlass der F würde daher 7/12 betragen – d. h. mehr als die ihm nach Maßgabe des deutschen (kombinierten Güter- und) Erbrechts zustehende Nachlassbeteiligung und auch mehr als das Drittel, das ihm das österreichische Erbrecht zubilligt.

Der Vergleich der beiden Fälle zeigt somit bei gleicher güterrechtlicher Konstellation – durch den Tod eines Partners beendete deutsche Zugewinngemeinschaft in Kombination mit allgemeinspanischem bzw. österreichischem Erbrecht – einen gewaltigen Unterschied bei der Teilhabe des überlebenden Ehegatten am Nachlass: Der Nießbrauch an 1/3 (= Recht des überlebenden Ehepartners am Nachlass) zuzüglich *konkret* berechnetem Zugewinnausgleich nach § 1371 Abs. 2 BGB steht einer (1/3 + 1/4 =) 7/12-Beteiligung am Nachlass gegenüber.

Um derartigen Widersprüchen bei der Anwendung von Normen unterschiedlicher Rechtsordnungen abzuhelfen, wurde die bereits in *Kap. I 2 d (iii)* beschriebene Methodik der Anpassung entwickelt. Mit dieser Methodik werden nicht die *Normen* als solche korrigiert, sondern lediglich im konkreten Einzelfall das *Ergebnis ihrer Anwendung.*[696] Eine solche Korrektur wird nicht nur in Deutschland praktiziert, sondern von der Rechtsprechung auch anderer Mitgliedstaaten der Union zugelassen.[697] Sie würde in der „deutsch-österreichischen" Variante des Beispielsfalls (also bei Normenhäufung) zu einer Verringerung der Erbquote des überlebenden Ehegatten führen.[698]

---

695 Beispielhaft im schon zitierten Urteil des OLG Schleswig vom 19.08.2013 – 3 WX 60/13, FamRZ 2014, 504 ff.

696 Paffhausen, EuErbVO und GüterrechtsVO in Konflikt, S. 13; Münchener Kommentar/*Sonnenberger*, Einleitung IPR, RN 532 ff.; Kegel, Gerhard/Schurig, Klaus, Internationales Privatrecht, 9. Aufl., C.H. Beck München, 2004, § 8 I.

697 Looschelders, Dirk, Die Anpassung im internationalen Privatrecht: Zur Methodik der Rechtsanwendung in Fällen mit wesentlicher Verbindung zu mehreren nicht miteinander harmonierenden Rechtsordnungen, C.F. Müller Verlag, Heidelberg, 1995, S. 23.

698 Ebenso im Ergebnis Dörner, ZEV 2005, 444, Nr. 4, bei güterrechtlicher Qualifikation des Erhöhungsviertels.

Im „deutsch-spanischen" Fall dagegen müsste sie wohl zwangsläufig güterrechtlich erfolgen, da die „Hinzufügung" einer (echten) Erbenstellung zum erbrechtlichen Nießbrauch der spanischen Rechtsordnung widersprechen würde – es sei denn, man würde sich für eine sog. *kollisionsrechtliche Anpassung* entscheiden, bei der einer der beiden Rechtsordnungen als Ganzes die Anwendung verweigert wird[699].

Da die Kollisionsnormen, die der Normenhäufung bzw. dem Normenmangel zugrunde liegen, seit Anwendungsbeginn der Erbrechtsverordnung und nunmehr auch der Güterrechtsverordnungen unionsrechtlicher Natur sind, stellt sich die Frage, ob und in welcher Form eine Anpassung auch unter diesen europarechtlichen Vorzeichen infrage kommt und wer darüber letztendlich zu entscheiden hat.

Der 12. Erwägungsgrund der Erbrechtsverordnung, der sich auf deren Bereichsausnahme betreffend das Güterrecht bezieht, scheint hierauf geradezu Bezug zu nehmen.[700] Dort heißt es zur ersten Bereichsausnahme der EuErbVO, die insbesondere Fragen des ehelichen Güterrechts und Eheverträge betrifft, in denen keine erbrechtlichen Vereinbarungen getroffen werden: „(12) … *Die Behörden, die mit einer bestimmten Erbsache nach dieser Verordnung befasst sind, sollten allerdings je nach den Umständen des Einzelfalls die Beendigung des ehelichen oder sonstigen Güterstands des Erblassers bei der Bestimmung des Nachlasses und der jeweiligen Anteile der Berechtigten berücksichtigen.*"[701]

Dass im zitierten Erwägungsgrund der Erbrechtsverordnung von mit einer bestimmten Erbsache befassten „Behörden" die Rede ist, deutet darauf hin, dass es die Gerichte der Mitgliedstaaten sind, die über die Form der Anpassung der Ergebnisse zu entscheiden haben.

Dagegen vertritt Paffhausen[702] die Auffassung, hinsichtlich der Anpassung liege eine Annexzuständigkeit des EuGH vor, was nachvollziehbar ist, wenn man bedenkt, dass bei der Anpassung mittelbar das Ergebnis einer strikten Anwendung unionsrechtlicher Kollisionsvorschriften modifiziert wird. Allerdings hängt die Befassung des Gerichtshofs davon ab, dass die nationalen Gerichte, die ohne Zweifel dem konkreten Sachverhalt näher sind, dem Unionsgericht eine entsprechende Vorlagefrage stellen. Es gibt *de lege lata* keine Zuständigkeitsvorschrift,

---

699 S. o. *Kap. I 2 d (iii)*.

700 So auch Paffhausen, Bucerius Law Journal 2010, S. 14.

701 Kursivsetzung nur hier.

702 Vgl. die Darstellung bei Paffhausen, EuErbVO und GüterrechtsVO in Konflikt, S. 10 und Fn. 49.

die den EuGH dazu befähigt, anstelle des vorlegenden Gerichts über den Ausgangsrechtsstreit unmittelbar in der Sache zu entscheiden. Dennoch würden grundsätzliche Hinweise dazu, in welcher Weise die Anpassung vorgenommen werden soll, den angestrebten internationalen Entscheidungseinklang fördern und die Rechtssicherheit bei den Beteiligten erhöhen, auch wenn die endgültige Entscheidung im konkreten Fall dem vorlegenden Gericht überlassen bleibt.

f) Vergleich der nationalen Modelle güter- und erbrechtlicher Versorgung des überlebenden Ehegatten

Der im vorherstehenden Abschnitt angestellte Vergleich zur Anwendung unterschiedlicher Rechtsordnungen als Güter- und Erbrechtsstatut (Deutschland und Spanien bzw. Deutschland und Österreich) zeigt sowohl voneinander als auch von den nationalen, gesetzlich normierten „Standardlösungen“ erheblich abweichende Ergebnisse. Sie bedürfen der Anpassung als eines gesetzlich nicht verankerten, aber dem internationalen Privatrecht zugerechneten Korrekturmechanismus, um zu Lösungen zu kommen, die mit dem Gerechtigkeitsempfinden vereinbar sind.

Es erscheint offensichtlich, dass der Grund für diese abweichenden Lösungen in den unterschiedlichen Konzepten liegt, denen diese Rechtsordnungen bei der Beantwortung der Frage folgen, wie bei Beendigung der Ehe oder Partnerschaft und damit des dafür geltenden Güterstands durch Tod die Versorgungssituation des Überlebenden gestaltet wird. Aufgrund ihrer höheren Lebenserwartung sind davon in der Mehrzahl Frauen betroffen.

Die untersuchte spanische, deutsche und österreichische Rechtsordnung kommen in den gesetzlich geregelten, d. h. „standardisierten“ Situationen (Fällen, in denen die Beteiligten die Rechtslage weder durch individuelle Verfügungen gestaltet haben[703] noch auf das Güter- und Erbrecht Vorschriften unterschiedlicher nationaler Rechtsordnungen Anwendung finden), zu sehr viel weniger divergierenden Ergebnissen:

In *Spanien* erhält der überlebende Ehegatte[704] infolge der Auflösung der Errungenschaftsgemeinschaft vor Verteilung des Nachlasses zunächst die Hälfte des während der Ehe gleichgültig von welchem Ehegatten erworbenen Vermögens als nunmehr güterrechtlich nicht mehr gebundenes Eigenvermögen,

703 D. h. bei gesetzlichem Güterstand infolge Fehlens eines Ehevertrags und gesetzliche Erbfolge mangels eines Testaments.

704 In Spanien steht die Ehe nach Art. 44 Abs. 2 *Código Civil* auch gleichgeschlechtlichen Paaren offen.

während die andere Hälfte in den Nachlass fällt, an dem ihm der Nießbrauch über 1/3 zusteht. Dieser Nießbrauch wirkt gleichzeitig als Veräußerungshindernis, da kaum jemand das mit dem Nießbrauch belastete Resteigentum wird erwerben wollen.[705]

Das *deutsche* Recht sieht zugunsten des überlebenden Ehegatten eine kombinierte güter- und erbrechtliche Versorgung in Form eines „erbrechtlichen" und eines „güterrechtlichen" Viertels vor, wobei über den Weg der Ausschlagung letztlich die Möglichkeit bleibt, stattdessen einen konkret berechneten Zugewinnausgleich herbeizuführen, wenn der überlebende Ehegatte dies vorzieht. Ob es für ihn wirtschaftlich von Vorteil ist, hängt von den Umständen des konkreten Falles ab.

Bei Anwendbarkeit *österreichischen* Güterrechts gilt für Ehe- oder Lebenspartner ohne ehevertragliche Vereinbarung als gesetzlicher Güterstand die Gütertrennung (§ 1237 AGBG), was dazu führt, dass ein wie auch immer gearteter güterrechtlicher Ausgleich nicht stattfindet. Der überlebende Ehegatter erhält jedoch bei Beendigung der Ehe durch Tod neben Kindern eine gesetzliche Erbquote von 1/3 sowie ein gesetzliches Vorausvermächtnis, das den Hausrat und das Recht umfasst, weiter in der Ehewohnung zu wohnen.

Zwar ist es stets eine Frage des Einzelfalls, nämlich der Entwicklung des beiderseitigen und gemeinschaftlichen Vermögens vor und während der Ehe, wieviel der überlebende Partner *wert*mäßig erhält, jedoch ist festzustellen, dass *im Ergebnis*, insbesondere, was das während der Ehe erworbene Vermögen betrifft, alle Rechtsordnungen dem überlebenden Ehepartner eine beträchtliche Teilhabe zubilligen.

Die Versorgungssituation des Überlebenden bei Inanspruchnahme der gesetzlichen „Standardlösungen", d. h. ohne güter- oder erbrechtliche Verfügungen, ergibt sich dabei aus der Kombination von erb- und güterrechtlichen Ansprüchen, die in grenzüberschreitenden Fällen durch die Trennung dieser beiden Materien infolge des Auseinanderfallens von Güter- und Erbrechtsstatut „auseinandergerissen" werden und dadurch an Ausgewogenheit verlieren.

---

705 Der spanische Nießbrauch (*usufructo*), geregelt in Art. 467 ff. des *Código Civil*, stellt nicht wie im deutschen Recht eine dingliche Belastung des Eigentums, sondern einen gesonderten Teil desselben dar. Das Volleigentum (*plena propiedad*) setzt sich somit zusammen aus dem gemäß Art. 480 *CC* eigenständig verkehrsfähigen Nießbrauch (*usufructo*) und dem Resteigentum oder nackten Eigentum (*nuda propiedad*). Dieselbe rechtliche Konstruktion findet sich im französischen und im Schweizer Recht.

Die folgende Analyse gesetzlicher Standardlösungen soll einen Erkenntnisgewinn über die „gängigen" nationalen Grundmodelle der Mitgliedstaaten und deren Gesetzmäßigkeiten bieten.

(i) Charakteristische Lösungen bei Errungenschaftsgemeinschaft als gesetzlichem Güterstand

Die im obigen Beispiel[706] dargestellte allgemeinspanische Regelung ist typisch für Länder, die als gesetzlichen Güterstand die Errungenschaftsgemeinschaft[707] normiert haben.

Die Mitgliedstaaten, in denen die Errungenschaftsgemeinschaft den gesetzlichen Güterstand darstellt, sind in der Europäischen Union deutlich in der Mehrzahl: Außer Spanien gehören dazu Frankreich, Italien, Belgien, Luxemburg, Tschechien, Estland, Lettland, Litauen, Polen, Rumänien, Slowenien, Kroatien, Ungarn, die Slowakei, Portugal und Malta. Bulgarien hat eine modifizierte Errungenschaftsgemeinschaft als gesetzlichen Güterstand: Gemeinschaftliches Vermögen werden nur die Vermögensgegenstände, die während der Ehe *durch gemeinschaftliche Beiträge* der Ehegatten erworben werden.[708] In der DDR war die Errungenschaftsgemeinschaft als Eigentums- und Vermögensgemeinschaft bis zum 3. Oktober 1990 ebenfalls gesetzlicher Güterstand. Die ihr unterliegenden Ehen wurden nach Ablauf von 2 Jahren in den Güterstand der Zugewinngemeinschaft übergeleitet, sofern die Ehegatten nicht gegen diese Überleitung optierten (Art. 234 § 4 EGBGB). In der Bundesrepublik Deutschland war die

---

706 *Kap. VI 2 c).*

707 In einzelnen Regelungen wird sie bisweilen auch als *Gütergemeinschaft* oder schlicht *Gemeinschaft* bezeichnet. Allerdings zeigt schon der Begriff „Zugewinn*gemeinschaft*", dass die Bezeichnungen von Güterständen über den konkreten Inhalt der entsprechenden gesetzlichen Regelungen oft wenig aussagen. Ebenso schwierig gestaltet sich die Wahl eines aussagekräftigen Begriffs in einer juristischen Fachübersetzung.

708 Art. 18, 22 und 23 des Bulgarischen Familiengesetzes *(Semeen kodeks)*. Im Justizportal der Europäischen Union *Couples in Europe* (https://e-justice.europa.eu/content_divorce-45-bg-maximizeMS_EJN-de.do?member=1) wird der bulgarische gesetzliche Güterstand als „Ehegütergemeinschaft" bezeichnet. Das während der Ehe von einem der Ehegatten erworbene bewegliche Vermögen, das seinem eigenen persönlichen Nutzen oder seiner beruflichen oder geschäftlichen Tätigkeit dient, gehört demgegenüber zu seinem Eigenvermögen. Dies gilt auch für bewegliche Sachen, die ein als Einzelunternehmer tätiger Ehegatte während der Ehe erworben hat, und für die Substitute seines in die Ehe eingebrachten oder während der Ehe ererbten oder durch Schenkung erworbenen Eigenvermögens.

Errungenschaftsgemeinschaft bis zum Inkrafttreten des Gleichberechtigungsgesetzes am 1. Juli 1958 Wahlgüterstand.

Für diesen Güterstand ist charakteristisch, dass das während der Ehe von beiden Ehegatten erworbene Vermögen mit bestimmten Ausnahmen – typischerweise durch Schenkung oder Erbschaft erworbenes Vermögen, Substitute des mit in die Ehe gebrachten Eigenvermögens und die (höchst-)persönlichen Gegenstände und Rechte eines jeden Ehegatten – zum gemeinschaftlichen Vermögen, dem sog. Errungenschaftsgut, wird. Dieses Errungenschaftsgut muss bei Beendigung des Güterstands wieder aufgelöst werden, indem beiden Teilen jeweils ein hälftiger Anteil an den zum gemeinschaftlichen Vermögen gehörenden Gegenständen zugeteilt wird. Die Auflösung der gemeinschaftlichen Vermögensmasse erfolgt somit durch Naturalteilung.

Bei einer Beendigung der Errungenschaftsgemeinschaft durch den Tod eines Partners erfolgt vor der Abwicklung seines Nachlasses regelmäßig die Aufteilung des während der Ehe erworbenen gemeinschaftlichen Vermögens zu gleichen Teilen; der Anteil des Verstorbenen fällt dabei in seinen Nachlass.

Die Rechte des überlebenden Ehegatten an diesem variieren je nach Vorhandensein weiterer Erben und deren Verwandtschaftsverhältnis zum Erblasser. Hinterlässt der Verstorbene Abkömmlinge, so erhält der überlebende Partner in den meisten der oben genannten Mitgliedstaaten einen Anteil am Nachlass, der dem eines Kindes des Erblassers entspricht (wobei in mehreren Staaten für den Anteil des überlebenden Partners eine Untergrenze von einem Viertel festgelegt ist) oder den Nießbrauch am ganzen oder an einem Teil des Nachlasses, einschließlich der Haushaltsgegenstände und/oder der bisher von ihm zusammen mit dem Erblasser bewohnten Wohnung. Die erbrechtliche Versorgung des überlebenden Ehegatten ist damit zwar nicht marginal, aber deutlich weniger ausgeprägt als in den Rechtsordnungen, in denen während der Ehe kein gemeinschaftliches Vermögen gebildet wird.

(ii) Charakteristische Lösungen bei Zugewinngemeinschaft als gesetzlichem Güterstand

Die Zugewinngemeinschaft ist in den Mitgliedstaaten der Union sehr viel weniger verbreitet als die Errungenschaftsgemeinschaft. Außer in Deutschland ist sie, modifiziert, nur noch in Griechenland (Art. 1397 ff. griech. ZGB) sowie in den Grundzügen in Zypern gesetzlicher Güterstand. In Frankreich kann sie nach dem Abkommen zwischen der Bundesrepublik Deutschland und der Französischen

Republik über den Güterstand der Wahl-Zugewinngemeinschaft[709], in Spanien in Form der *participación* als Wahlgüterstand gewählt werden.

Für die Zugewinngemeinschaft ist charakteristisch, dass während des Bestehens der Ehe vermögensrechtlich Gütertrennung gilt, die jedoch in der Regel durch Verfügungsbeschränkungen flankiert ist, insbesondere hinsichtlich der Ehewohnung (deutsch-französischer Wahlgüterstand), in Deutschland im Hinblick auf Verfügungen über das gesamte Vermögen eines Ehegatten sowie über Haushaltsgegenstände. Bei Beendigung des Güterstands findet ein Ausgleich des während des Bestehens der Ehe von den Ehegatten erzielten (nicht dagegen des ererbten oder schenkweise erworbenen) Vermögenszuwachses in Form eines Zugewinnausgleichs statt.

Im Gegensatz zur Errungenschaftsgemeinschaft ist der Überlebende bei der Zugewinngemeinschaft nicht auf eine kleine Erbquote oder einen bloßen Nießbrauch am Nachlass seines Partners beschränkt, erhält jedoch auch keinen Vorabanteil an einem während der Ehe erworbenen gemeinschaftlichen Vermögen.

In *Deutschland* wird der überlebende Partner neben Kindern Erbe zu ¼, daneben erfolgt der Zugewinnausgleich bei Anwendung von § 1371 in pauschalierter Form in Höhe von einem weiteren Viertel oder anhand einer konkreten Berechnung. Personen, die vor dem Tod des Erblassers in dessen Hausstand gewohnt haben, steht außerdem der sog. Dreißigste nach § 1969 BGB zu, der neben dem vom Erblasser gewährten Unterhalt auch das Recht zur Nutzung der Wohnung und der Haushaltsgegenstände in den ersten 30 Tagen nach dem Erbfall gestattet.

In *Griechenland* wird im Unterschied zur deutschen Regelung nur der Vermögenszuwachs ausgeglichen, zu dem der den Ausgleich begehrende Ehegatte *beigetragen* hat (wobei die widerlegliche Vermutung besteht, dass dies in Höhe von 1/3 des Zugewinns der Fall war, Art. 1400 griech. ZGB).[710] Dieselbe Regelung und Vermutung besteht nach § 14 des *zypriotischen* Gesetzes 232/91 über die Regelung der Vermögensbeziehungen der Ehegatten.[711] Dieser Ausgleich findet auch bei Tod des Ehepartners Anwendung.[712]

709 Abkommen vom 4. Februar 2010 (BGBl. 2012 II S. 178, 180, 2013 II S. 431).

710 NomosKommentar BGB, Bd. 5, Erbrecht, Länderbericht Griechenland, Rn. 18 m.w.N.; EU-Justizportal *Couples in Europe*: http://www.coupleseurope.eu/de/greece/topics/5-Welche-Folgen-hat-die-Scheidung-Trennung.

711 S. EU-Justizportal *Couples in Europe*: http://www.coupleseurope.eu/de/cyprus/topics/2-Besteht-ein-gesetzlicher-G%C3%BCterstand-und-wenn-ja-was-sieht-dieser-vor.

712 EU-Justizportal *Couples in Europe*: http://www.coupleseurope.eu/de/greece/topics/6-Welche-Folgen-hat-der-Tod-eines-der-Ehegatten.

Neben dem Zugewinnausgleich erbt der überlebende Ehegatte in *Griechenland* neben Kindern seines verstorbenen Partners 1/4 des Nachlasses, neben Geschwistern, deren Kindern, Eltern oder Großeltern des Verstorbenen und deren Abkömmlingen die Hälfte des Nachlasses (Art. 1820–1821 *HCC*).

In *Zypern* erbt der überlebende Ehegatte neben Kindern oder anderen Abkömmlingen den gleichen Anteil wie jedes Kind, neben Vorfahren des Erblassers oder deren Nachkommen bis zum dritten Verwandtschaftsgrad die Hälfte des Nachlasses.[713]

Rechtsordnungen, die das gesetzliche Modell der Zugewinngemeinschaft angenommen haben, sind damit durch eine erheblich stärkere erbrechtliche Stellung des überlebenden Ehegatten gekennzeichnet, als dies bei Staaten mit einer Errungenschaftsgemeinschaft als gesetzlichem Güterstand der Fall ist.

(iii) Charakteristische Lösungen bei der Gütergemeinschaft als gesetzlichem Güterstand

Die Gütergemeinschaft ist gesetzlicher Güterstand in Dänemark und den Niederlanden, in Frankreich und Deutschland kann sie als Wahlgüterstand vereinbart werden.[714]

Für sie ist charakteristisch, dass nicht nur während der Ehe erworbenes, sondern auch vor der Eheschließung vorhandenes Vermögen der Ehegatten gemeinschaftlich wird und beim Tod eines Ehegatten grundsätzlich der hälftigen Aufteilung unterliegt. Nicht in das Gesamtgut fallen Zuwendungen, die schenkweise oder von Todes wegen erfolgen und bei denen der Zuwendende dies ausdrücklich so bestimmt hat, ebenso wie persönliche Rechte (z. B. Urheberrechte). In *Dänemark* zählen auch Rentenansprüche, in den *Niederlanden* Rechte, die eindeutig einem Ehegatten zugeordnet werden können, sowie Früchte des Eigenvermögens nicht zum Gesamtgut.

---

713 EU-Justizportal *Couples in Europe*: http://www.coupleseurope.eu/de/cyprus/topics/6-Welche-Folgen-hat-der-Tod-eines-der-Ehegatten. Die dortige Darstellung enthält keinen expliziten Hinweis auf einen Zugewinnausgleich bei Ende der Ehe durch Tod; allerdings ist aufgrund der Parallelität zur griechischen Regelung davon auszugehen, dass der Ausgleich des Beitrags des Überlebenden zum Zugewinn seines Ehepartners auch dort neben bzw. vor der Abwicklung des Nachlasses stattfindet.

714 Dies ist in Frankreich auch in der Form möglich, dass die *communauté* der Ehegatten an ihrem gesamten Vermögen nach dem Tod des Erstversterbenden mit den gemeinsamen Kindern fortgesetzt *(communauté universelle)* und das Gesamtvermögen erst vom Letztversterbenden vererbt wird, Art. 1526 *Code civil*

Bei einer Auflösung des Güterstands durch Tod eines Partners erhält der Überlebende seinen Anteil am gemeinschaftlichen Vermögen und behält sein Eigenvermögen. Darüber hinaus ist er am Nachlass des Verstorbenen – d. h. dessen Anteil am Gesamtgut und dem Eigenvermögen – in *Dänemark* neben Erben, mit denen der Erblasser in direkter Linie verwandt war, zur Hälfte beteiligt; sind Nachkommen nicht vorhanden, erbt er den gesamten Nachlass.

In den *Niederlanden* erbt der überlebende Ehegatte bei gesetzlicher Erbfolge dasselbe wie jedes Kind, allerdings mit der Maßgabe, dass beim Tod des Erstversterbenden dessen gesamter Nachlass mit Aktiva und Passiva auf ihn übergeht. Die Erbanteile der Abkömmlinge werden in Geldansprüche umgewandelt, die erst mit dem Tod des Überlebenden fällig werden und bis dahin zu verzinsen sind (Art. 4:13–27 *Bürgerlijk Wetbok*). Der überlebende Ehegatte kann unter Lebenden allein über die Nachlassgegenstände verfügen. Im Fall seiner Enterbung erhält er in *Dänemark* ein Viertel des Nachlasses, in den *Niederlanden* das Recht auf Nutzung bzw. Nießbrauch an der ehelichen Wohnung und an anderen Vermögensgegenständen.

Damit wird in diesen Mitgliedstaaten bei gesetzlichem Güterstand dem überlebenden Ehegatten eine außerordentlich starke Position eingeräumt.

(iv) Charakteristische Lösungen bei aufgeschobener Gütergemeinschaft als gesetzlichem Güterstand

Die aufgeschobene Gütergemeinschaft existiert in den an der Ehegüter- und der Partnerverordnung teilnehmenden Mitgliedstaaten als gesetzlicher Güterstand in Finnland und Schweden.

Für sie ist charakteristisch, dass während der Ehe *kein gemeinschaftliches Vermögen* der Ehegatten entsteht, das der aufgeschobenen Gütergemeinschaft unterliegende beiderseitige Vermögen aber zu einem späteren Zeitpunkt zwischen den Ehegatten aufgeteilt wird.

Mit der Eheschließung entsteht ein gegenseitiges „Ehegattenanteilsrecht" *(Finnland)* bzw. „eheliches Recht" *(Schweden)* am gesamten Vermögen beider Ehegatten. Davon ausgenommen sind lediglich Gegenstände, die in einem Ehevertrag durch Vereinbarung zum Eigenvermögen eines Ehegatten erklärt wurden, und Zuwendungen dritter Personen, für die diese bei der Zuwendung (unter Lebenden oder testamentarisch) eine entsprechende Anordnung getroffen haben.

Bei Beendigung des Güterstands zu Lebzeiten führt dieses Ehegattenanteils-/eheliche Recht zu einer Aufteilung des gemeinsamen Vermögens in der Form, dass jeder am Güterstand Beteiligte wertmäßig Anspruch auf die Hälfte des Nettovermögens hat (vgl. 7:2 des schwedischen Ehegesetzes, *äktenskapsbalken*, *ÄktB*).

Wenn der Güterstand durch Tod eines Partners endet, wird in *Schweden*, wenn lediglich gemeinsame Abkömmlinge beider Partner vorhanden sind, der überlebende Ehegatte gesetzlicher Erbe des gesamten Nachlasses des verstorbenen Partners. Die Vermögensaufteilung erfolgt in diesem Fall erst mit dem Tod des Letztversterbenden. Die Vorschriften 3:1 und 3:2 des schwedischen Gesetzes, mit dem sein Erbrecht geregelt ist (*om rätt at taga arv*, *ÄB*) statuieren in dieser Form eine gesetzliche Vor- und Nacherbschaft hinsichtlich des Anteils des Erstverstorbenen. Der überlebende Ehegatte darf über das Vermögen, das nach seinem Tod den Erben des Erstverstorbenen zufällt, nicht testamentarisch verfügen. Über sein eigenes Vermögen kann er dagegen unter Berücksichtigung der Pflichtteilsrechte der gemeinsamen Abkömmlinge unter Lebenden wie von Todes wegen frei Verfügungen treffen[715].

Hinterlässt der zuerst verstorbene Ehegatte Abkömmlinge, die nicht gleichzeitig auch Abkömmlinge des Letztversterbenden sind, so wird deren Erbteil nicht vom ehelichen Recht des Überlebenden am Nachlass umfasst, es findet in diesem Fall sowohl eine güterrechtliche als auch eine erbrechtliche Vermögensaufteilung statt (3:9 *ÄB*). Verzichtet der Abkömmling des Erstverstorbenen auf dieses Recht, so wird auch er nach Maßgabe von 3:2 *ÄB* nach dem Tod des letztversterbenden Ehegatten am Gesamtnachlass beteiligt.

Darüber hinaus besteht in *Schweden* zugunsten des überlebenden Ehegatten ein zusätzlicher, so genannter „grundsätzlicher Schutz“ oder „Grundbetragsschutz“: Ihm muss aus seinem Eigenvermögen, seinem Anteil am ehelichen Vermögen sowie aus seinen Rechten am aufgeteilten Nachlass ein Betrag verbleiben, der dem Vierfachen des Basisbetrages – im Jahr 2017 ca. 18.620 Euro – entspricht[716]. Dieser Grundbetragsschutz ist sozialversicherungsrechtlich verankert und kann auch testamentarisch nicht eingeschränkt werden.

Die *finnische* Regelung über die Rechtsnachfolge von Todes wegen sieht vor, dass beim Vorhandensein von Kindern allein diese erben, der Ehegatte also

---

715 Nomos-Kommentar zum BGB, 5. Band (Erbrecht), Olsen-Ring/Ring Länderbericht Skandinavien Rn. 32.

716 Der Basisbetrag wird nach dem schwedischen *National Insurance Act* (1962:381) im Wesentlichen nach der Preisentwicklung bestimmt. 2017 lag der einfache Basisbetrag bei 44.800 SEK, dies entspricht ca. 4.654 EUR. Aktualisierungen sind abrufbar unter http://www.statistikdatabasen.scb.se/pxweb/en/ssd/START__PR__PR0101__PR0101E/Basbeloppet.

gesetzlich nicht Erbe wird. Das Nachlassvermögen verbleibt jedoch bis zu seinem Tod in seinem Besitz. Übersteigt beim Tod eines Ehegatten das dem Ehegattenanteilsrecht des Überlebenden unterfallende Vermögen dessen eigenes Vermögen, so entsteht güterrechtlich ein Ausgleichsanspruch in Form eines Entschädigungsanspruchs gegen die Erben des Verstorbenen. Umgekehrt ist der überlebende Ehegatte den Erben des Verstorbenen aber nicht zur Ausgleichung verpflichtet.

Hinterlässt der Erblasser keine Abkömmlinge, so wird der überlebende Ehegatte zunächst Alleinerbe. Noch lebende Eltern des ersten Erblassers sowie deren Abkömmlinge erben erst nach dem Tod des überlebenden Ehegatten, d. h. sie werden auch in Finnland gesetzlich wie eine Art Nacherben behandelt[717].

Die beiden skandinavischen Systeme haben damit im Ergebnis eine besonders rücksichtsvolle Behandlung des überlebenden Ehegatten normiert.

(v) Charakteristische Lösungen bei Gütertrennung als gesetzlichem Güterstand

An den Güterrechtsverordnungen teilnehmende Mitgliedsstaaten mit (modifizierter) Gütertrennung als gesetzlichem Güterstand sind Irland und Österreich. Hinzu kommen die spanischen Foralrechtsgebiete Katalonien und Balearische Inseln[718].

Für die Gütertrennung ist das Fortbestehen zweier getrennter Vermögensmassen während der Ehe unter der Verwaltung des jeweiligen Inhabers charakteristisch, ohne dass es bei Beendigung des Güterstands zu irgendeinem Ausgleich kommt.

Das *irische* Recht kennt sogar ausschließlich den Güterstand der Gütertrennung, d. h. es sind daneben keine Wahlgüterstände vorhanden. Es besteht jedoch nach der *Family Home Protection Act* aus dem Jahr 1976 eine Verfügungsbeschränkung hinsichtlich der Familienwohnung.

---

717 Greszat, Sarah, Internationales Erbrecht: Finnland, abrufbar im Online-Magazin „Erbrecht heute" unter http://www.erbrecht-heute.de/Aktuell/Internationales-Erbrecht-Finnland.html; weitergehend die Angaben zum finnischen Erbrecht auf der Website http://www.coupleseurope.eu/de/finland/topics/6-Welche-Folgen-hat-der-Tod-eines-der-Ehegatten sowie die Website der Berliner Anwaltskanzlei Torben Swane, http://www.erbrecht-berlin.eu/erbrecht-in-finnland/

718 Ein Überblick zu den gesetzlichen Güterständen im allgemeinspanischen Recht und den Foralrechten findet sich bei Arbaizar, Amparo, und Pasche, Julia, Entwicklungen im spanischen Familienrecht, NZFam 2019, 369 (370).

Das gesetzliche Erbrecht des überlebenden Ehegatten umfasst nach Art. 67 Abs. 2 der *Succession Act* von 1965[719] neben Abkömmlingen 2/3 des Nachlasses. Sind keine Abkömmlinge vorhanden, wird er Alleinerbe (Art. 67 Abs. 1 *Succession Act*). Selbst bei testamentarischer Erbfolge beträgt die Mindestbeteiligung des überlebenden Ehegatten neben Abkömmlingen 1/3, sind keine Abkömmlinge vorhanden, 1/2 des Nachlasses (Art. 111 *Succession Act*).

Im inzwischen als Teil des Vereinigten Königreichs nicht mehr zur Union gehörenden *Schottland* gilt eine modifizierte Gütertrennung. Nach Abschnitt 24 *Family Law (Scotland) Act 1985* wirkt sich eine Eheschließung vermögensrechtlich nicht aus. Eingeschränkt wird dies durch ein gesetzliches Wohnrecht jedes Ehegatten in der ehelichen Wohnung, selbst wenn diese dem anderen Ehegatten alleine gehört.

Beim Tod des Überlebenden hat der Ehegatte vorrangige Rechte an Haus, Mobiliar und einem Geldbetrag. Am übrigen Nachlass ist er gesetzlich zu 1/3 beteiligt (*Sections* 8 und 9 *Succession (Scotland) Act* von 1964).

In *Österreich* besteht ebenfalls eine fortdauernde Trennung der Vermögensmassen beider Ehegatten und im Hinblick auf Verfügungen gibt es grundsätzlich keine Beschränkungen. Allerdings normiert § 97 ABGB auch bei alleiniger Verfügungsberechtigung eines Ehegatten über die Wohnung, die der Befriedigung des dringenden Wohnbedürfnisses des anderen Ehegatten dient, einen Anspruch auf Erhaltung dieser Wohnung. Dieser vor allem in Trennungssituationen starke Schutz entfällt nach der österreichischen Rechtsprechung, wenn eine ausreichende, gleichwertige Unterkunft vorhanden ist.[720]

Dem überlebenden Ehegatten steht bei Beendigung der Ehe durch Tod neben Kindern 1/3, neben Eltern und Geschwistern des Erblassers oder Großeltern 2/3 des Nachlasses als gesetzliches Erbrecht (§ 757 ABGB) sowie gemäß § 758 ABGB ein gesetzliches Vorausvermächtnis zu, das den Hausrat sowie ein Wohnrecht an der Ehewohnung umfasst.[721]

---

719 Abrufbar unter http://www.irishstatutebook.ie/eli/1965/act/27/enacted/en/print.

720 Vgl. Oberster Gerichtshof (OGH), Urteil vom 17. Juli 1996, 7 Ob 2061/96 f., abrufbar unter https://www.jusline.at/entscheidung/321779.

721 S. auch oben *Kap. VI 2 e).*

(vi) Die für England und Wales charakteristischen Equity-Lösungen

Da die in England und Wales geltende gesetzliche Regelung[722] keine vermögensrechtlichen Wirkungen der Ehe kennt, findet bei Beendigung der Ehe kein güterrechtlicher Ausgleich statt. Die finanziellen Folgen einer Scheidung kann das zuständige Gericht aber durch so genannte *ancillary orders* nach pflichtgemäßem Ermessen anordnen[723].

Bei Tod eines Ehegatten stehen dem Überlebenden die persönliche Habe des Verstorbenen, ein gerichtlich zu bestimmender Geldbetrag sowie die Hälfte des darüber hinaus verbleibenden Nachlasses zu (*Section 46 Administration of Estates Act* von 1925).

(vii) Schlussfolgerungen

Der angestellte Vergleich der nationalen Standardlösungen bei Anwendung gesetzlichen Güter- und Erbrechts im Fall der Beendigung der Ehe durch das Ableben eines Partners (in *Anhang III* dieser Arbeit schematisch zusammengefasst), führt zu dem Schluss, dass Güter- und Erbrecht nicht nur in Deutschland mit seiner kollisionsrechtlich lange umstrittenen „Hybridlösung" in § 1371 Abs. 1 BGB, sondern auch in den anderen Rechtsordnungen als *Gesamtlösung* konzipiert sind.

Daher ist auch davon auszugehen, dass dann, wenn auf den Güterstand und auf die Rechtsfolge von Todes wegen unterschiedliche nationale Rechte Anwendung finden, die von der jeweiligen nationalen Rechtsordnung vorgesehenen Gesamtergebnisse verzerrt werden, wenn sie von einer anderen Ausgestaltung des gesetzlichen Güterrechts als „Versorgungskonzept" ausgehen. Der in *Kapitel VI 2 c)* dargestellte Beispielsfall des Zusammentreffens von deutschem Güterrecht mit spanischem (gesetzlicher Güterstand: Errungenschaftsgemeinschaft) bzw. österreichischen (gesetzlicher Güterstand: Gütertrennung) Erbrecht zeigt dies sehr deutlich[724].

Die frühere spanische Regelung von Art. 9 Abs. 8 S. 3 *Código Civil*, die eine „Harmonisierung" dieser unterschiedlichen Systeme im Wege einer gesetzlich vorgesehenen Anpassung im Auge hatte, indem sie anordnete, dass sich die

722 Trotz des erfolgten Austritts des Vereinigten Königreichs aus der Union ist dessen Güterrecht aufgrund der universellen Anwendung der Güterrechtsverordnungen noch von Interesse.

723 Ein Beispiel für eine solche *ancillary order* findet sich in *Kap. VI 3 a) (i).*

724 S. *Kap. VI 2 e).*

Rechte des überlebenden Ehegatten im Erbfall nach demselben Recht richten sollte, das auch das Güterstatut der Ehe bestimmt hatte, hatte genau diese Diskrepanz im Blick. Dabei ist sicherlich kein Zufall, dass eine solche Regelung einem Mehrrechtsstaat entstammt; allerdings ist sie mit Anwendungsbeginn der EuErbVO, was grenzüberschreitende Fälle betrifft, obsolet geworden und ist nur noch interlokal im Verhältnis der spanischen Foralrechtsordnungen anwendbar.

Für das unionsrechtliche Internationale Privatrecht war – angesichts der Tatsache, dass die EuErbVO seinerzeit bereits verabschiedet war – von Paffhausen[725] die umgekehrte Lösung vorgeschlagen worden, nämlich die Abänderung der Güterrechtsverordnungen in dem Sinn, dass sich das auf die güterrechtliche Auseinandersetzung anzuwendende Recht nach dem für den Erblasser gemäß Verordnung (EU) Nr. 650/2012 zu bestimmenden Erbrecht" richten sollte, auch dann, wenn die Ehegatten eine güterrechtliche Rechtwahl vorgenommen haben sollten. Zwar hätte dies, wie die Autorin selbst einräumt, die Kontinuität des Güterrechtsstatuts durchbrochen und durch Übergehung der von den Ehegatten getroffenen güterrechtlichen Rechtswahl eine Beschränkung der Parteiautonomie bedeutet.[726] Dennoch wäre dadurch auf der Ebene des europäischen Kollisionsrechts eine Lösung erreicht worden, die zu einer besseren Kompatibilität zwischen den anwendbaren Sachrechten der Mitgliedstaaten beigetragen hätte. Mit Blick auf die von allen kollisionsrechtlichen Rechtsakten der Union verfolgte Entscheidungseinheit und vor allem auch der Berechenbarkeit der schließlich geltenden Lösung wäre ihr gegenüber einer Anpassung durch das im jeweiligen Streitfall zur Entscheidung berufene Gericht der Vorzug zu geben gewesen.

g) Güterrechtliche Annexzuständigkeit der Gerichte eines teilnehmenden Mitgliedstaats bei Anhängigkeit einer Nachlasssache

Der letzte Ansatzpunkt dieser Untersuchung über das Ineinandergreifen von EuErbVO und Güterrechtsverordnungen ist die internationale Zuständigkeit für Erbsachen nach Art. 4 ff. EuErbVO und die nach Art. 4 EuGüter/PartVO daran anknüpfende internationale Annexzuständigkeit der Gerichte desselben Staates für mit dem Nachlass verbundene güterrechtliche Fragen.

---

725 EuErbVO und GüterrechtsVO in Konflikt, Bucerius Law Journal 2010, S. 12 f.

726 Zu weiteren Vor- und Nachteilen der von ihr vorgeschlagenen Modifizierung des damaligen Entwurfs zu den Güterrechtsverordnungen s. Paffhausen, a.a.O., S. 13.

(i) Reichweite und Grenzen der Annexzuständigkeit

Die Problematik der internationalen güterrechtlichen Annexzuständigkeit bei einer bereits anhängigen Nachlasssache entspricht derjenigen, die im Verhältnis der Güterrechtsverordnungen zur Rom-III- und Brüssel-IIa-VO auftritt[727]. Eine gebündelte internationale Zuständigkeit ist bei Paaren, deren Güterstand vor der Verteilung des Nachlasses die Auseinandersetzung des gemeinschaftlichen Vermögens der Ehegatten erforderlich macht – insbesondere also, wenn sie im Güterstand der Errungenschaftsgemeinschaft gelebt haben – unter dem Gesichtspunkt des Entscheidungseinklangs wünschenswert. Ähnlich ist die Interessenlage, wenn der überlebende Ehegatte den deutschen Zugewinnausgleich nach § 1371 Abs. 2 BGB konkret berechnet und vor der Verteilung des Nachlasses über die Höhe des gegen den Nachlass gerichteten Zugewinnausgleichanspruchs zu entscheiden ist[728].

In den Erwägungsgründen wird nicht erläutert, welcher konkrete Inhalt dem einschränkenden Zusatz „in Verbindung mit diesem Nachlass" zukommen soll. Allerdings leuchtet in Anbetracht der obigen Ergebnisse des Vergleichs der gesetzlich vorgesehenen Lösungen zur Versorgung des überlebenden Ehegatten oder Partners[729] ein, dass materiellrechtlich eine enge Verbindung besteht.[730] Auch in Art. 4 EuGüter/PartVO ist wie in Art. 5 nur die *internationale* Annexzuständigkeit der Gerichte des Mitgliedstaates, in dem das Nachlassverfahren anhängig ist, geregelt, so dass nicht gewährleistet ist, dass in diesem Staat auch die örtlichen und sachlichen Zuständigkeitsvorschriften zu Entscheidungen desselben *Gerichts* führen[731].

Auf welchem Zuständigkeitstitel die internationale Zuständigkeit des erbrechtlichen Verfahrens beruht, ist gleichfalls unerheblich[732]. Besonders bei den subsidiären Zuständigkeiten nach Art. 10 EuErbVO zeigt sich, dass die ausschließliche internationale Annexzuständigkeit der Gerichte des Staates, in dem

727 Vgl. *Kap. VI 1 d).*

728 Hausmann, Internationales und Europäisches Familienrecht, 2. Aufl., Verlag C.H. Beck, München 2018, Abschn. B I 2., RZ 61 (Kommentierung zu Art. 4 EuGüterVO).

729 *Kap. VI 2 c bis f.*

730 Launhardt in: Die Europäisierung der internationalen Zuständigkeit im Ehegüterrecht und im Güterrecht eingetragener Partnerschaften, S. 166, geht davon aus, dass der Tod einer *dritten* Person für die Begründung der akzessorischen Zuständigkeit nicht genügt.

731 Quinzá Redondo u. Gray, a.a.O., S. 520, Hausmann, a.a.O., Abschn. B I 2, RZ 63.

732 Launhardt, Die Europäisierung ..., S. 166.

eine Nachlasssache anhängig ist, für den betroffenen Ehegatten oder Lebenspartner umständlich und nachteilig sein kann, insbesondere, wenn der Erblasser den Staat seines persönlichen Aufenthalts mehrfach gewechselt hat.[733]

Quinza Redondo/Gray[734] bilden dazu folgendes Beispiel:

> Ein finnisch-italienisches Ehepaar lebt nach der Heirat zusammen in den Niederlanden und erwirbt eine Wohnung in Italien. Der italienische Ehepartner verlegt sodann aus beruflichen Gründen seinen gewöhnlichen Aufenthalt in die Vereinigten Staaten, wo er sechs Jahre später verstirbt, ohne weiteres Vermögen zu hinterlassen.

Bei dieser Konstellation sind nach Art. 10 Abs. 1 Buchst. a EuErbVO die italienischen Gerichte sowohl für die Nachlasssache als auch nach Art. 4 EuGüter/PartVO für alle güterrechtlichen Streitigkeiten in Verbindung mit dem Nachlass ausschließlich zuständig. Eine Gerichtsstandvereinbarung nach Art. 7 EuGüterVO ist in den Fällen von Art. 4 und 5 EuGüterVO, d. h. bei Anhängigkeit einer Nachlass- oder Ehesache, ausgeschlossen (während sie bei einer Zuständigkeit innerhalb der in Art. 6 EuGüterVO enthaltenen Leiter zulässig ist).

Die Lage wird komplizierter, wenn der Ausgangsfall so gestaltet wird, dass die Zuständigkeit eines mitgliedstaatlichen Gerichts anstatt auf Art. 10 Abs. 1 Buchst. a EuErbVO auf der subsidiären Zuständigkeit nach Art. 10 Abs. 2 oder auf einer Notzuständigkeit *(forum necessitatis)* i. S. v. Art. 11 EuErbVO beruht. Dies wäre z. B. der Fall, wenn der verstorbene Ehepartner nicht italienischer, sondern französischer Staatsangehöriger gewesen wäre und kein Vermögen in Frankreich besessen hätte. Gemäß Art. 10 Abs. 2 EuErbVO tritt in derartigen Situationen eine Aufspaltung der gerichtlichen Zuständigkeit der Nachlasssache nach der Belegenheit der einzelnen Nachlassgegenstände ein.

Simotta[735] geht davon aus, dass sich in solchen Fällen auch die *güterrechtliche* Annexzuständigkeit auf die jeweils im Forumsstaat belegenen

---

733 Zu den allgemeinen Gefahren der *vis atractiva* in Verbindung mit Zuständigkeitsmanipulationen im Wege des *forum shopping* Wendland, Matthias, Verfahrensrechtliche Probleme im System internationaler Entscheidungszuständigkeit der neuen Europäischen Güterrechtsverordnungen, IPrax 2019, S. 1 ff. (2).

734 QuinzáRedondo, Pablo und Gray, Jacqueline, *La (des)coordinación entre la propuesta de Reglamento de Régimen Económico Matrimonial y los Reglamentos en Materia de Divorcio y Sucesiones, Anuario Español de Derecho Internacional Privado 2013, S. 513 (523).*

735 Simotta, Die internationale Zuständigkeit nach den neuen Europäischen Güterrechtsverordnungen, ZVglRW, 2017, 44 (49), Heiderhoff, Hausmann, Internationales Familienrecht, Abschn. B I 2., RZ 65.

Nachlassgegenstände beschränkt. Die Entscheidungskompetenz der nach Art. 10 Abs. 2 EuErbVO zuständigen Gerichte in Güterrechtssachen könne nur so weit reichen wie in der jeweiligen Erbsache.

Launhardt[736] schlägt vor, diese Reduzierung des güterrechtlichen Verfahrensgegenstands nur bei Fällen anzuwenden, in denen sich die internationale Zuständigkeit für das Güterrechtsverfahren aus der güterrechtlichen Parallelvorschrift, Art. 10 EuGüter/PartVO, ergibt. Sollte dagegen eine güterrechtliche Zuständigkeit für das gesamte Vermögen nach Art. 6, 7, 8, 11 oder 12 EuGüter/PartVO bestehen, ist eine derartige Einschränkung seiner Auffassung nach nicht gerechtfertigt.

(ii) Stellungnahme

Eine „scheibchenweise" Liquidierung des Güterstands durch verschiedene, jeweils für die in ihrem Staatsgebiet belegenen Nachlassgegenstände international zuständigen Gerichte führt zu Rechtsunsicherheit, zu finanziellen Belastungen für die Betroffenen und zur Möglichkeit voneinander abweichender Entscheidungen, abgesehen davon, dass Art. 10 EuGüter/PartVO nur unbewegliches Vermögen betrifft. Aus diesem Grund ist der von Launhardt vorgeschlagenen Nuancierung zuzustimmen.

Es bietet sich – im Wege der Auslegung bzw. durch eine zukünftige Normierung – an, die Gerichte der teilnehmenden Mitgliedstaaten zur Aussetzung von zeitlich später eingeleiteten Nachlassverfahren zu verpflichten, bis das zuerst angerufene Gericht auch über das güterrechtliche Schicksal der betroffenen Vermögenswerte – für die unter der obigen Prämisse eine umfassende güterrechtliche Entscheidungskompetenz nach Art. 6, 7, 8, 11 oder 12 EuGüter/PartVO besteht – entschieden hat. Art. 18 Abs. 1 i. V. m. Abs. 3 Eu*Erb*VO räumt diese Möglichkeit ebenso wie Art. 18 Abs. 1 i. V. m. Abs. 3 Eu*Güter/Part*VO für untereinander im Zusammenhang stehende Verfahren in Erb- und in Güterrechtssachen ausdrücklich ein. Eine Verpflichtung zu dieser Verfahrensaussetzung ließe sich mit dem Argument der Vermeidung widersprechender Entscheidungen auch gut begründen.

(iii) Annexkompetenz auch bei nicht streitigen Verfahren?

Das führende erbrechtliche Verfahren könnte vor dem Hintergrund der im Juni 2018 vom Gerichtshof entschiedenen Rechtssache *Oberle*[737] nicht nur in

736 Die Europäisierung …, S. 170.

737 Urteil des Gerichtshofs vom 21. Juni 2018, *Oberle,* Rs. 20/17.

einem streitigen Verfahren, sondern auch in einem Verfahren der freiwilligen Gerichtsbarkeit, beispielsweise auf Ausstellung nationaler Erbnachweise, oder einem reinen Verwaltungsverfahren bestehen. Wenige Monate nach dem Urteil in der Rechtssache *Mahnkopf* entschied der EuGH dort über die internationale Zuständigkeit zur Erteilung nationaler Erbnachweise.

Die vom Kammergericht zur Vorabentscheidung vorgelegte Frage betraf die Zuständigkeit zur Erteilung eines deutschen Erbscheins zugunsten der Erben eines mit letztem gewöhnlichem Aufenthalt in Frankreich verstorbenen französischen Staatsangehörigen, der Vermögen in Frankreich und in Deutschland besaß. Die Erben hatten für die Abwicklung des Nachlasses nach den deutschen Regeln über die internationale Zuständigkeit in Angelegenheiten der freiwilligen Gerichtsbarkeit (§§ 105, 343 FamFG) einen deutschen Erbschein wegen Vorhandenseins deutscher Nachlassgegenstände beantragt.[738] Der Antrag wurde vom zuständigen Amtsgericht Schöneberg unter Hinweis auf Art. 4 EuErbVO (internationale Zuständigkeitskonzentration in Nachlassverfahren) zurückgewiesen.

Auf die Vorlagefrage des in der Beschwerdeinstanz mit der Rechtssache befassten Kammergerichts, ob die Zuständigkeit für die Erteilung deutscher Fremdrechtserbscheine weiterhin bei den deutschen Nachlassgerichten liege, stellte der EuGH fest, aus dem Wortlaut der Bestimmungen von Art. 4 (Zuständigkeitskonzentration) und Art. 64 EuErbVO ergebe sich nicht, dass die Zuständigkeitsregeln der Erbrechtsverordnung nur für *streitige* Entscheidungen gelten sollten. Auch den Definitionen in Art. 3 Abs. 1 Buchst. g („Entscheidungen in Erbsachen") und dem nach der Definition von Art. 3 Abs. 2 EuErbVO auch Verwaltungsbehörden umfassenden Begriff „Gericht" seien hierfür keine Anhaltspunkte zu entnehmen. Gleichzeitig sei unter dem Gesichtspunkt der gegenseitigen Anerkennung bereits ergangener Entscheidungen der Mitgliedstaaten festzustellen, dass nach dem 59. Erwägungsgrund der Erbrechtsverordnung diese Anerkennung unabhängig davon erfolgen solle, ob Entscheidungen über einen Erbfall mit grenzüberschreitendem Bezug in streitigen oder nicht streitigen Verfahren ergingen.[739]

Wie schon im Urteil *Mahnkopf* stützte der Gerichtshof seine Entscheidung auch hier auf den Zweck und die Ziele der Verordnung. Konkret werden neben der Vereinfachung der Amtswege[740] das Ziel der Kohärenz zwischen den

---

738 Nach Art. 62 Abs. 3 EuErbVO werden nationale Erbnachweise vom Europäischen Nachlasszeugnis nicht verdrängt, sondern bestehen neben diesem weiter.

739 Zum Urteil des EuGH Mankowski, Peter, Europäische Regeln über die internationale Zuständigkeit für deutsche Erbscheine!, ZErbR 2018, 487.

740 Rnrn. 42, 49.

Bestimmungen über die Zuständigkeit und den Vorschriften über das in diesem Bereich anwendbare Recht und die Vermeidung von Widersprüchen zwischen in verschiedenen Mitgliedstaaten ergangenen Entscheidungen genannt.[741] Art. 4 ff. EuErbVO seien folglich dahin auszulegen, dass auch die internationale Zuständigkeit der mitgliedstaatlichen Gerichte für die Verfahren zur Ausstellung der nationalen Nachlasszeugnisse durch sie geregelt sei.

(vi) Stellungnahme

Aus der Entscheidung *Oberle* zu schließen, dass auch ein Verfahren zur Ausstellung nationaler Erbnachweise oder zur Ausstellung des Europäischen Nachlasszeugnisses nach Art. 4, 7, 10 und 11 i. V. m. Art. 64 EuErbVO führendes Verfahren für eine internationale güterrechtliche *Annexzuständigkeit* i. S. v. Art. 4 EuGüter/PartVO sein kann, wäre trotz der zitierten Ausführungen des Urteils verfehlt:

Zwar wird dort der Telos der Annexkompetenz angeführt, dass nämlich „miteinander zusammenhängende Verfahren vor den Gerichten desselben Mitgliedstaats verhandelt werden sollen" (EG 32 S. 1 EuGüter/PartVO). Auch besteht aufgrund des inneren Zusammenhangs von güterrechtlicher und erbrechtlicher Versorgung des Ehegatten[742] Grund zur Annahme, dass dem auch in Verfahren auf Ausstellung von Erbnachweisen Rechnung getragen werden soll.

Wesentliche Bedeutung kommt in diesem Zusammenhang aber der Profilierung des Begriffe „Entscheidung" bzw. des diese erlassenden „Gerichts" zu. Nicht nur sind alle drei oben zitierten Zuständigkeitsregelungen in der Erbrechtsverordnung wie in den Güterverordnungen (jeweils Art. 4) textlich analog formuliert, es besteht auch in verschiedenen Sprachfassungen der Verordnungen ein enger sprachlicher Zusammenhang zwischen der Definition der „Entscheidung" als derjenigen eines „Gerichts" im Sinne der in Art. 3 Abs. 1 Buchst. g und jeweiligen Art. 4 der Erbrechts- wie der Güterrechtsverordnungen normierten Zuständigkeitsregeln:

So verwendet die spanische Fassung des Art. 3 Abs. 1 Buchst. g EuErbVO ebenso wie Art. 3 Abs. 1 Buchst. d der EuGüter/EuPartVO für die dort definierte „Entscheidung" das Substantiv *resolución*, das aus dem Verb *resolver* („entscheiden") gebildete Substantiv, welches sowohl in Art. 4 der EuErbVO (bei der Festlegung der objektiven Zuständigkeit in Erbsachen) als auch in Art. 4 und 6 der

741 Rnrn. 50, 53.

742 S. *Kap. VI 2 f (vii).*

beiden Güterrechtsverordnungen verwendet wird (*competentes para resolver*).[743] Dieselbe Parallelität zwischen Verb und daraus abgeleitetem Substantiv findet sich in der italienischen und in der portugiesischen Sprachfassung (*decisione* und *competenti a decidere* bzw. *decisão* und *competentes a decidir*).

Schon dies spricht gegen die Möglichkeit, dass ein Gericht, das nicht das nach Art. 4 allgemein zuständige Nachlassgericht ist, sondern lediglich einen nationalen Erbnachweis ausstellt, in einem führende Nachlassverfahren i. S. v. Art. 4 EuGüter/PartVO „entscheiden" könnte.

Darüber hinaus hat der Gerichtshof in seinem am 16. Juli 2020 ergangenen Urteil in der Rechtssache *E.E.*[744] klargestellt, dass *Notare* eines Mitgliedstaats – die nicht als „Gerichte" im Sinne dieser Verordnung angesehen werden, wenn sie nicht über zumindest potentiell streitige Verfahren entscheiden – nationale Nachlasszeugnisse auch *ohne* die Befolgung der allgemeinen Zuständigkeitsregeln dieser Verordnung ausstellen können. Damit würde aber die Zulassung einer internationalen güterrechtlichen Annexkompetenz auch bei nicht streitigen Verfahren eine Missbrauchsmöglichkeit *par excellence* darstellen, wenn im Zusammenhang mit dem Tod des Erblassers das Vorhandensein von Vermögen in einem teilnehmenden Mitgliedstaat dazu führen könnte, dass auch das güterrechtliche Verfahren vor die dortigen Gerichte gezogen wird, wenn der interessierte Beteiligte den entsprechenden Antrag nur schnell genug stellt.

Eine güterrechtliche Annexkompetenz ist damit bei nicht streitigen Nachlassverfahren entschieden abzulehnen.[745]

---

743 Für die Anknüpfung an die Zuständigkeit in Erbsachen im Text der Güterverordnungen („Wird ein Gericht eines Mitgliedstaats im Zusammenhang mit der Rechtsnachfolge von Todes wegen eines Ehegatten nach der Verordnung (EU) Nr. 650/2012 angerufen") verwendet die spanische Sprachfassung zudem das Verb *conocer*, das wie sein deutsches Pendant, „erkennen", auch im spanischen juristischen Sprachgebrauch den Gerichten vorbehalten ist.

744 Rechtssache C-80/19, Rn. 80.

745 Ebenso Launhardt, Die Europäisierung ..., S. 168.

3. Kohärenz der Güterrechtsverordnungen mit der EU-Unterhaltsverordnung

a) Persönliche und sachliche Anwendungsbereiche von Unterhalts- und Güterrechtsverordnungen

(i) Grundlegende Abgrenzung nach funktionalen Kriterien

Nach Art. 1 Abs. 1 EuUntVO findet diese Verordnung Anwendung auf „Unterhaltspflichten, die auf einem Familien-, Verwandtschafts- oder eherechtlichen Verhältnis oder auf Schwägerschaft beruhen."

Die schon personell weite Normierung des Anwendungsbereichs wird in sachlicher Hinsicht nur durch den Gegenstand der „Unterhaltspflichten" eingeschränkt. Darüber hinaus statuiert die Unterhaltsverordnung keine ausdrücklichen Bereichsausnahmen, wie dies bei anderen auf dem Gebiet des Zivil- und Zivilverfahrensrechts angenommenen EU-Verordnungen der Fall ist.

Im Verhältnis zu den Güterrechtsverordnungen ist eine inhaltliche Abgrenzung zwischen unterhalts- und güterrechtlichen Ansprüchen durch den EuGH im Grundsatz schon in den 80-er und 90-er Jahren, damals noch im Hinblick auf die Vorläuferübereinkommen der heutigen Unionsverordnungen im Bereich der Vollstreckung vorgenommen worden:

Bis zum Anwendungsbeginn der EuUntVO im Juni 2011 fiel die Vollstreckung von *Unterhaltsansprüchen* – im Gegensatz zur Vollstreckung güterrechtlicher Ansprüche – generell in den Anwendungsbereich des *Haager* Übereinkommens über die Anerkennung und Vollstreckung von Unterhaltsentscheidungen vom 2. Oktober 1973. Auf die Vollstreckung von Entscheidungen betreffend die ehelichen Güterstände war das *Brüsseler* Übereinkommen vom 27. September 1968 über die gerichtliche Zuständigkeit und die Vollstreckung gerichtlicher Entscheidungen in Zivil- und Handelssachen anzuwenden, das im Verhältnis zwischen den Mitgliedstaaten seit 2002 durch die Brüssel-I(a)-VO ersetzt wurde[746].

---

746 Das Brüsseler Übereinkommen wurde 2007 zwischen den EFTA-Staaten durch das Luganer Übereinkommen über die gerichtliche Zuständigkeit und die Anerkennung und Vollstreckung von Entscheidungen in Zivil- und Handelssachen vom 30. Oktober 2007 ersetzt. Es gilt für die EU-Mitgliedstaaten seit dem Anwendungsbeginn der EuUntVO noch im Verhältnis zu den Drittstaaten Island, Norwegen und Schweiz, nicht aber im Verhältnis zu Liechtenstein (Hausmann, Internationales und Europäisches Familienrecht, Abschn. C I 3, S. 392, RZ 1).

Nach Art. 13 des Haager Unterhaltsvollstreckungsübereinkommen[747] wiederum richten sich Anerkennung und Vollstreckung von *Unterhalts*ansprüchen im Verhältnis zu Drittstaaten auch heute noch nach den Vorschriften des jeweiligen Vollstreckungsstaats, während Art. 31 des *Brüsseler* Übereinkommens (über güterrechtliche Ansprüche) ein nach Art. 26 auf grundsätzlicher Anerkennung basierendes, grundsätzlich also „vollstreckungsfreundlicheres" Verfahren mit eigenen Rechtsbehelfen vorsieht.

Auf die Vorlage in der Rechtssache *van den Boogaard*[748] gab der Gerichtshof in seinem Urteil aus dem Jahr 1995 den nationalen Gerichten grundsätzliche Hinweise zur Abgrenzung unterhalts- und güterrechtlicher Ansprüche:

> Im Hinblick auf die Vollstreckung eines im Vereinigten Königreich zugesprochen Pauschalbetrags von 340.000 britischen Pfund in den Niederlanden wurde um Vorabentscheidung über dessen Einordnung und damit über die Anwendbarkeit des einen oder des anderen Übereinkommens ersucht. Es handelte sich bei der Summe um einen Teil einer vom *High Court of Justice of England and Wales* im Rahmen eines Scheidungsverfahrens zugesprochenen Summe, mit deren Zahlung zukünftige regelmäßige Unterhaltszahlungen ersetzt werden sollten. Das vorlegende Amsterdamer Gericht war der Auffassung, dass sein Urteil so weitreichende Konsequenzen für die Vermögensbeziehungen zwischen den Parteien haben würde, dass es sich nicht lediglich um eine „Entscheidung über Unterhaltspflichten" i. S. v. Art. 1 des Haager Übereinkommens handeln könne[749].

Dem englischen Recht ist der Begriff des Güterstands an sich fremd. Jedoch kann das Gericht mit weitreichendem Ermessen die finanziellen Scheidungsfolgen durch so genannte *ancillary orders* regeln, bei denen keine Unterscheidung zwischen Verfügungen zum güterrechtlichen Ausgleich und zum Unterhalt des Berechtigten getroffen zu werden braucht[750] und die in Form einer *clean break*

---

747 Haager Übereinkommen über die Anerkennung und Vollstreckung von Unterhaltsentscheidungen vom 2. Oktober 1973 (BGBl. 1986 II 825). Das Vereinigte Königreich ist mit dem Austritt aus der Europäischen Union diesem Übereinkommen beigetreten, so dass Unterhaltstitel aus dem Vereinigten Königreich bzw. aus den europäischen Mitgliedstaaten nunmehr auf diesem Wege durchgesetzt werden können.

748 EuGH, Urteil vom 27. Februar 1997, *van den Boogard*, Rs. C-220/95.

749 Rn. 9 des Urteils.

750 S. auch den Beschluss des Bundesgerichtshofs vom 12. August 2009, XII ZB 12/05, Rn. 14. Dort werden im Übrigen die Abgrenzungskriterien zwischen Güter- und Unterhaltsansprüchen aus dem EuGH-Urteil *van den Boogaard* wortgleich übernommen; B o n o m i, Andrea, Fragen des allgemeinen Teils: Qualifikation, Vorfrage, *Renvoi* und *Ordre public*, in: in Dutta/Weber (Hrsg.), Die Europäischen Güterrechtsverordnungen, Tagungsband, C.H. Beck Verlag 2017, S. 123 ff. (137).

consent order[751] sämtliche finanziellen Ansprüche zwischen den geschiedenen Ehegatten endgültig abgelten. Die frühere Ehefrau und Gläubigerin beantragte die Vollstreckung eines Teilbetrags im Rahmen des für Unterhaltspflichten geltenden Brüsseler Übereinkommens.

Der Gerichtshof stellte zunächst fest, für die Klassifizierung eines Anspruchs als unterhalts- oder güterrechtlich sei es unerheblich, ob Gegenstand der zugesprochenen Leistung periodische Zahlungen, ein Pauschalbetrag oder eine Verpflichtung zur Eigentumsübertragung an einem Gegenstand seien. Es komme im Wesentlichen auf deren Zweck an: „Wenn sich aus der Begründung einer im Rahmen eines Scheidungsverfahrens ergangenen Entscheidung ergibt, da[ss] die Leistung, die die Entscheidung anordnet, dazu bestimmt ist, den Unterhalt eines bedürftigen Ehegatten zu sichern, oder wenn die Bedürfnisse und die Mittel beider Ehegatten bei ihrer Festsetzung berücksichtigt werden, so hat die Entscheidung eine Unterhaltspflicht zum Gegenstand und fällt deshalb in den Anwendungsbereich des Übereinkommens vom 27. September 1968 über die gerichtliche Zuständigkeit und die Vollstreckung gerichtlicher Entscheidungen in Zivil- und Handelssachen … Bezweckt die Leistung dagegen nur die Verteilung der Güter zwischen den Ehegatten, so betrifft die Entscheidung die ehelichen Güterstände und kann deshalb nicht gemäß dem Brüsseler Übereinkommen vollstreckt werden.“[752]

Der Gerichtshof wies gleichzeitig darauf hin, dass einer mit einer *ancillary order* zugesprochenen Leistung auch ein Doppelcharakter zukommen könne. Eine „Annexvollstreckung“ von Unterhaltsansprüchen im Rahmen des Verfahrens der Brüssel-I-VO sei jedoch abzulehnen: Für eine Vollstreckung von Teilbeträgen im Rahmen des Haager Übereinkommens müsse klar aus der Entscheidung hervorgehen, welchem Zweck der jeweilige Teil der angeordneten Leistung zugeordnet sei.[753]

---

751 Vgl. die Erläuterungen auf Website der britischen Kanzlei Thornton – Jones, https://www.thorntonjones.co.uk/site/blog/divorce-blog/my-top-tips-for-making-a-clean-break-order

752 Vgl. Rauscher/Andrae, EuZPR/EUIPR, Kommentar II, Art. 1 EuUntVO, Rn. 23 und 27.

753 Dies hatte der EuGH schon im Jahr 1980 in dem grundsätzlichen Urteil *de Cavel II* vom 6. März 1980, Rechtssache C-120/79, Rnrn. 6 und 9 ausgeführt. Der rechtliche Gehalt einer akzessorisch zu einer Ehescheidung getroffenen Unterhaltsentscheidung sei nach dem ihr eigenen Charakter und nicht nach dem Charakter des Hauptantrags zu beurteilen: „Keine Bestimmung des Brüsseler Übereinkommens verbindet – was seinen Anwendungsbereich angeht – das Schicksal der akzessorischen Anträge mit dem Schicksal der Hauptanträge. … Ausschlaggebend für die Frage,

Insbesondere in Scheidungsvereinbarungen ist somit darauf zu achten, den jeweiligen Zweck finanzieller Leistungen zwischen den Partnern in den Vertrag aufzunehmen und diese klar als Unterstützung zum Lebensunterhalt oder Vermögensausgleich zu definieren.

(ii) Anwendbarkeit der EuUntVO auf eingetragene Partnerschaften

Im Verhältnis zur EuPartVO lässt die Formulierung des sachlichen Anwendungsbereichs der Unterhaltsverordnung in Art. 1 Abs. 1 („Unterhaltspflichten, die auf einem Familien- Verwandtschafts- oder eherechtlichen Verhältnis oder auf Schwägerschaft beruhen") auf den ersten Blick nicht erkennen, ob von ihr auch Unterhaltspflichten zwischen Mitgliedern einer eingetragenen Partnerschaft umfasst sein sollen.

Immerhin findet sich hierauf ein deutlicher Hinweis im 22. Erwägungsgrund der EuPartVO, wonach die Unterhaltspflichten im Verhältnis der Partner untereinander bereits Gegenstand der Verordnung (EG) Nr. 4/2009 des Rates und daher vom Anwendungsbereich der EuPartVO ausgenommen sind. Allerdings handelt es sich dabei um eine *nachträglich* erfolgte Auslegung der EuUntVO durch die im Rahmen einer Verstärkten Zusammenarbeit zustande gekommene EuPartVO, für die gerade nicht von der nach Art. 81 Abs. 3 AEUV für familienrechtliche Rechtsakte grundsätzlich erforderlichen Einstimmigkeit im Rat ausgegangen werden kann.

Auch kann von einem Konsens der an der Partnerverordnung nicht teilnehmenden Mitgliedstaaten der Union nicht ausgegangen werden:

Nach allgemeiner Auffassung in der deutschen Literatur ist zwar der – den Unterhaltspflichten vorgelagerte – unionsrechtliche Begriff des „Familienverhältnisses" im Kontext von Art. 1 Abs. 1 EuUntVO so zu verstehen, dass er die beispielhaft zitierten Verwandtschafts- und eherechtlichen Verhältnisse als allesamt unzweifelhaft familiäre Verhältnisse umfasst, aber noch darüber hinausgeht[754].

Gleichzeitig entziehen aber EG 21 i. V. m. EG 22 der EuUntVO den Inhalt des Begriffs sowohl einer europarechtlich autonomen Auslegung als auch dem Rückgriff auf die Regeln des Haager Unterhaltsprotokolls (insbesondere wohl

---

ob sich der Anwendungsbereich des Brüsseler Übereinkommens auf akzessorische Anträge erstreckt, ist folglich das Rechtsgebiet, dem sie selbst zuzurechnen sind, und nicht das Gebiet, um das es im Hauptantrag geht."

754 Statt vieler Hilbig, Katharina, Der Begriff des Familienverhältnisses in Art. 1 HPUnt 2007 und Art. 1 EuUntVO, GPR 2011, S. 310 m. zahlreichen w. N.

Art. 3–5, Art. 7 und Art. 11). Für die Vorfrage, ob zwischen dem Unterhaltsberechtigten und dem Unterhaltsverpflichteten ein Familienverhältnis besteht, sollen die einzelstaatlichen Rechte der Mitgliedstaaten einschließlich ihres Internationalen Privatrechts gelten.

Dies macht die weite Auslegung des Anwendungsbereichs der EuUntVO im 22. Erwägungsgrund der Partnerverordnung unter kompetenzrechtlichen Gesichtspunkten problematisch[755]: Auch wenn die Auslegung im Sinne eines weiten Verständnisses des Begriffs „Familienverhältnis" im Sinne der Unterhaltsverordnung angebracht scheint, um möglichst viele Unterhaltspflichten zu umfassen, ist nach dem genannten 21. Erwägungsgrund der Unterhaltsverordnung die Beantwortung der Vorfrage, auf *welche* Familienverhältnisse sie nach seinem Internationalen Privatrecht anzuwenden ist, jedem Mitgliedstaat selbst überlassen.

Da mit Rumänien und Bulgarien ausgerechnet zwei an der Partnerverordnung teilnehmende Mitgliedstaaten trotz der 2015 vom EGMR ausdrücklich angemahnten[756] gesetzlichen Anerkennung gleichgeschlechtlicher Verbindungen noch immer nicht über eine Regelung verfügen, die die Formalisierung homosexueller Verbindungen ermöglicht, ist hier die größtmögliche Bandbreite nationaler Lösungen gegeben. Dies gilt auch für die Einordnung von Unterhaltsansprüchen im Zusammenhang mit gleichgeschlechtlichen *Ehen*.

Dadurch sind einerseits Kompetenzkonflikte, andererseits aber auch erfolgversprechendes *Forum-Shopping* möglich, da die Durchsetzung von Unterhaltsansprüchen ohne sachliche Nachprüfung (Art. 39 ff. EuUntVO) nicht an den Grenzen der an der Partnerverordnung teilnehmenden Mitgliedstaaten haltmacht und die EuUntVO gleich vier alternative Gerichtsstände für die Titulierung anbietet, zwischen denen keine Rangfolge besteht[757].

(iii) Stellungnahme

Zusammenfassend ist, was das Verhältnis zwischen den Güterrechtsverordnungen und der EuUntVO im Hinblick auf das anzuwendende Recht betrifft,

---

755 Althammer, Das Konzept der Familie im Europäischen Internationalen Familienrecht, in: Arnold, Stefan (Hrsg.) Grundfragen des Europäischen Kollisionsrechts, Mohr Siebeck, Tübingen 2016, S. 11.

756 EGRM, Urteil vom 21. Juli 2015, *Oliari u. a. gegen Italien*, Az. 18766/11 und 36030/11.

757 Ebenso Hausmann, Rainer, Internationales und Europäisches Ehescheidungsrecht, C.H. Beck, München 2013, S. 365, Rn. 83.

aufgrund der unterschiedlichen Funktionalität der beiden Bereiche – Deckung des Unterhaltsbedarfs des Berechtigten je nach Leistungsfähigkeit des Verpflichteten auf der einen und vermögensrechtlicher Ausgleich nach dem grundsätzlich unwandelbaren ehelichen Güterrecht auf der anderen Seite – und der so zumindest theoretisch eindeutigen Abgrenzung nicht von großen Inkohärenzen auszugehen.

Insbesondere knüpft das nach der EuUntVO anzuwendende Unterhaltsrecht nach dem HUP eindeutig an den gewöhnlichen Aufenthalt des Unterhaltsberechtigten an (Art. 3 HUP), wobei ein unterhaltsberechtigter *Ehegatte* die Möglichkeit hat, sich hiergegen zu wehren, wenn das Recht eines anderen Staates zur betreffenden Ehe eine engere Verbindung aufweist (Art. 5 HUP).

Was das Verhältnis zwischen den Güterrechtsverordnungen und der EuUntVO im Hinblick auf das anzuwendende Recht betrifft, ist aufgrund der unterschiedlichen Funktionalität der beiden Bereiche – Deckung des Unterhaltsbedarfs des Berechtigten je nach Leistungsfähigkeit des Verpflichteten auf der einen und vermögensrechtlicher Ausgleich nach dem grundsätzlich unwandelbaren ehelichen Güterrecht auf der anderen Seite – und des relativ klaren Abgrenzungskriteriums vorerst kein konkreter Konfliktstoff zwischen ihnen auszumachen. Insbesondere knüpft das nach der EuUntVO anzuwendende Unterhaltsrecht nach dem HUP erst einmal klar an den gewöhnlichen Aufenthalt des Unterhaltsberechtigten an (Art. 3 HUP), mit der Möglichkeit eines unterhaltsberechtigten *Ehegatten*, sich gegen diesen Anknüpfungspunkt zu wenden, wenn das Recht eines anderen Staates zur betreffenden Ehe eine engere Verbindung aufweist (Art. 5 HUP).

Was die Anwendbarkeit der EuUntVO auf Partner eingetragener Partnerschaften und gleichgeschlechtlicher Ehen betrifft, beherbergt die Unterhaltsverordnung mit dem „Familienverhältnis"[758] letztlich eine ebenso bedeutsame und je nach Mitgliedstaat verschieden verstandene Unbekannte wie die EuGüterVO

758 Der Begriff „Familienverhältnis" findet sich auch in Art. 1 Abs. 2 Buchst. a Rom-I-/Rom-II-VO (wo er noch durch den Begriff des „wirkungsgleichen Verhältnisses" ergänzt wird) und in Art. 1 Abs. 2 Buchst. a der Brüssel-IIa-VO. In Art. 2 Abs. 2 der Freizügigkeitsrichtlinie wird der Begriff des „Familienangehörigen" definiert, der explizit auch den Lebenspartner mit umfasst. Gleichzeitig bestehen zwischen dem „Familienverhältnis" im Sinne der Unterhaltsverordnung und den Ausnahmekatalogen der Rom-I- und Rom-II-VO aber offenkundige Divergenzen, so dass von einer unionsautonomen und insbesondere rechtsaktübergreifenden Auslegung des Familienbegriffs nicht gesprochen werden kann. Dazu differenzierend Althammer, ebd., S. 14 f.

mit dem Begriff der Ehe. Nach dem erläuternden *Bonomi-Bericht* zum kurz zuvor abgeschlossenen *Haager Unterhaltsprotokoll*[759] sollte es der in den beiden Haager Instrumenten nicht definierte Familienbegriff den Unterzeichnerstaaten gerade ermöglichen, im undefinierten Bereich zwischen den in ihnen beispielhaft genannten Familienverhältnissen (beruhend auf Verwandtschafts- oder eherechtlichem Verhältnis oder auf Schwägerschaft) und dem weitesten Umfang des Begriffs ihre eigene Auslegung des Familienbegriffs anzubringen. Damit sollte vermieden werden, dass das Haager Protokoll sich mit der bei dieser Problematik zwischen den Staaten bestehenden grundlegenden Gegensätzlichkeit auseinanderzusetzen hatte.[760] Althammer[761] weist auf den nicht nur zeitlichen Entstehungszusammenhang zwischen der unionsrechtlichen Verordnung, dem Haager Unterhaltsübereinkommen von 1973 und dem Haager Unterhaltsprotokoll von 2007 hin. Nach dem 8. Erwägungsgrund der Unterhaltsverordnung ist den beiden völkerrechtlichen Instrumenten ausdrücklich „Rechnung zu tragen".

Unterhaltspflichten zwischen eingetragenen Partnern bzw. gleichgeschlechtlichen Ehepartnern sollten vor diesem Hintergrund, aber auch aus weiteren Gründen auf jeden Fall der EuUntVO unterstellt werden:

Die vor Anwendungsbeginn der EuUntVO geltende Regelung in Art. 5 Nr. 2 der Brüssel-I(a)-VO (im Verhältnis zu den EFTA-Staaten Schweiz, Norwegen und Island noch heute, gleichfalls ohne Differenzierung, Art. 5 Abs. 2 Lugano-Übereinkommen[762]) war auf *alle* Unterhaltspflichten, nicht nur auf solche anwendbar, die auf Familienverhältnisse zurückgingen.[763]

Für eine weite Auslegung im Sinne des zitierten *Bonomi-Berichts* spricht auch die sachliche und inhaltliche Nähe der EuUntVO zum Haager Unterhaltsübereinkommen von 1973 und insbesondere zum Haager Unterhaltsprotokoll von 2007, auf dessen Kollisionsnormen Art. 15 der EuUntVO verweist.[764]

---

759 Bonomi, Andrea, Erläuternder Bericht zum Protokoll vom 23. November 2007 über das auf Unterhaltspflichten anzuwendende Recht, vorgelegt im Oktober 2009 und in deutscher Sprache abrufbar unter https://assets.hcch.net/upload/expl39de.pdf

760 Bonomi-Bericht, Nr. 31, S. 15.

761 Das Konzept der Familie ..., S. 7.

762 Übereinkommen über die gerichtliche Zuständigkeit und die Anerkennung und Vollstreckung von Entscheidungen in Zivil- und Handelssachen, abgeschlossen in Lugano am 30. Oktober 2007, Art. 5 Abs. 2.

763 Hausmann, a.a.O., S. 356, RZ 50, Althammer, a.a.O., S. 11, jeweils m.w.N.

764 Allerdings bezieht sich die Ausweichklausel in Art. 5 HUP nur auf die zwischen den Parteien bestehende bzw. vormalige *Ehe*, für eingetragene Partner besteht insoweit keine Regelung.

Zudem ist die normative Gleichstellung zwischen Ehegatten und Lebenspartnern durch den Unionsgesetzgeber als Grundsatz in der EuErbVO anerkannt und wurde durch den Erlass der EuGüterVO und der EuPartVO im Rahmen derselben Verstärkten Zusammenarbeit weiter ausgebaut. So können im Formblatt nach Anhang VII der EuUntVO (Abschnitt 9.3.3.7) neben den in Art. 1 Abs. 1 der Unterhaltsverordnung genannten Beziehungen zwischen Berechtigtem und Verpflichtetem auch „*Sonstige*" angegeben werden[765].

b) Internationale und örtliche Zuständigkeit

(i) Festlegung auch der örtlichen Zuständigkeit durch die EuUntVO bei Ehen

Auf der Ebene der Zuständigkeit ist festzustellen, dass in der EuUntVO nicht nur die *internationale* Zuständigkeit geregelt ist, sondern dass anders als von den Güterrechtsverordnungen[766] von ihr auch das *örtlich* zuständige Gericht bestimmt wird. Dies ist für die bisher auf familienrechtlichem Gebiet angenommenen Verordnungen atypisch.

In örtlicher Hinsicht bietet Art. 3 EuUntVO dem Kläger vier gleichrangige Foren zur freien Wahl: am Ort des gewöhnlichen Aufenthaltsorts des Beklagten oder des Unterhaltsberechtigten (Art. 3 Buchst. a und b EuUntVO), beim Gericht, das nach seinem Recht für ein Statusverfahren (also insbesondere Verfahren auf Ehescheidung und Auflösung von eingetragenen Partnerschaften, aber auch Verfahren über die Abstammung und die Feststellung der Vaterschaft)[767] zuständig ist bzw. beim für ein Verfahren über die elterliche Verantwortung zuständigen Gericht (Art. 3 Buchst. c und d EuUntVO).

Da der Zusatz *nach seinem Recht* in Art. 3 Buchst. c der Unterhaltsverordnung auch das bei grenzüberschreitenden Sachverhalten geltende Unionsrecht nach Art. 3 ff. der Brüssel-IIa-VO einschließt[768], ist bei einer Ehescheidung bzw.

---

765 Althammer, a.a.O., S. 12.

766 Nach hier vertretener Ansicht ist lediglich die Vereinbarung der internationalen Zuständigkeit möglich. Damit müsste eine Vereinbarung über die örtliche Zuständigkeit aufgrund nationaler Zuständigkeitsvorschriften zulässig sein, um eine Zuständigkeitskonzentration beim Gericht der Ehesache zu erreichen. Vgl. dazu die Ausführungen zu Art. 5 EuGüterVO in *Kap. V 1 d).*

767 Zöller ZPO/*Geimer*, 30. Aufl., Otto Schmidt-Verlag Köln, 2014, Kommentierung zu Art. 3 EuUntVO, S. 3321; Hausmann, a.a.O, S. 369, Rn. 99.

768 Junker, Abbo, Das internationale Zivilverfahrensrecht der Europäischen Unterhaltsverordnung, Festschrift für Simotta, Verlag LexisNexis, Wien 2012, S. 263 ff. (267).

Auflösung einer eingetragenen Partnerschaft eine Zuständigkeitskonzentration beim mit dem Statusverfahren befassten Gericht unter Einschluss des Unterhalts- *und* des güterrechtlichen Verfahrens möglich:

Hinsichtlich der EuUntVO liegt es allein in der Hand des *Unterhaltsberechtigten* (bzw. seines gesetzlichen Vertreters), den Gerichtsstand nach Art. 3 Buchst. c EuUntVO zu wählen. Hiervon abweichend verlangt Art. 3 der EuGüter/PartVO für die Bündelung der Zuständigkeit von status- und güterrechtlichem Verfahren eine *Vereinbarung der Beteiligten*, wenn die Zuständigkeit für das Statusverfahren entweder an die persönlichen Verhältnisse des Klägers anknüpft (Art. 5 Abs. 2 Buchst. a und b der Brüssel-IIa-VO), wenn das Statusverfahren die Umwandlung einer Trennung (ohne Auflösung des Ehebandes) in eine Ehescheidung zum Gegenstand hat (Art. 5 Abs. 2 Buchst. a und b i. V. m. Art. 5 der Brüssel-IIa-VO) oder wenn die Zuständigkeit des im Statusverfahren entscheidenden Gerichts auf einer Restzuständigkeit beruht (Art. 7 Brüssel-IIa-VO)[769].

Der Kläger des Statusverfahrens kann damit – vorausgesetzt, er ist auch Kläger (bzw. Vertreter des Unterhaltsberechtigten) im Unterhalts- und Güterrechtsverfahren – eine Bündelung aller drei Verfahren ohne Mitwirkung des Beklagten erreichen, wenn er das Statusverfahren am Ort einleitet, an dem dieser seinen gewöhnlichen Aufenthalt hat. Dies ist ohne weiteres möglich, da zwischen den Gerichtsständen der Brüssel-IIa-Verordnung ebenfalls keine Rangordnung besteht.[770]

Die güterrechtlichen Verordnungen statuieren demgegenüber lediglich eine internationale Annexzuständigkeit zur Ehesache, die *örtliche* Zuständigkeit richtet sich nach dem innerstaatlichen Recht. Fallen die nach nationalem Recht zur Verfügung stehenden örtlichen Foren somit nicht zusammen (bzw. können nicht vereinbart werden), kann dem Kläger auch keine Vereinbarung nach Art. 7 Abs. 1 EuGüterVO helfen, da die Vorschrift nur die internationale Zuständigkeit

---

769 Nach Mankowski, Internationale Zuständigkeit nach EuGüterVO und EuPartVO, Tagungsband zum Würzburger Seminar 2017, S. 18, sollte für die genannten Gerichtsstände „minderer Dignität" die Möglichkeit eines Überraschungsschlags des Klägers abgemildert werden, indem man eine Gerichtsstandvereinbarung erforderlich machte (vgl. auch EG 34 der EuGüterVO).

770 Borras, Alegría, Erläuternder Bericht zu dem Übereinkommen aufgrund von Artikel K.3 des Vertrags über die Europäische Union über die Zuständigkeit und die Anerkennung und Vollstreckung von Entscheidungen in Ehesachen (vom Rat am 28. Mai 1998 genehmigter Text), sog. Borras-Bericht, Nr. 28, Amtsblatt Nr. C 221 vom 16/07/1998 S. 0027–0064, abrufbar unter http://eur-lex.europa.eu/legal-content/DE/TXT/?uri=CELEX:51998XG0716.

betrifft und Art. 5 Abs. 2 EuGüter/PartVO Gerichtsstandvereinbarungen für die Annexkompetenz im Zusammenhang mit einer Ehescheidung nicht zulässt.

Da nach dem 15. Erwägungsgrund der Unterhaltsverordnung eine Rückverweisung auf das nationale Recht nicht möglich ist und die Verordnung die örtliche Zuständigkeit regelt, werden die nationalen Vorschriften über die internationale Zuständigkeit im Bereich des Unterhaltsverfahrens von der EuUntVO vollständig verdrängt.[771] Die in § 28 Abs. 1 AUG vorgesehene Zuständigkeitskonzentration auf das Amtsgericht am Sitz des zuständigen OLG, wenn ein Beteiligter seinen Wohnsitz nicht im Inland hat, ist als gerichtsorganisatorische Maßnahme allerdings zulässig[772].

(ii) Internationale und örtliche Zuständigkeitskonzentration bei eingetragenen Partnerschaften

Dass Art. 3 Buchst. c EuUntVO auch bei Verfahren über die Auflösung gleichgeschlechtlicher Partnerschaften eingreift, wird von Art. 25 Abs. 1 und Art. 26 Abs. 1 des deutschen Ausführungsgesetzes zur EuUntVO (Auslandsunterhaltsgesetz) vorausgesetzt. Allerdings enthält Art. 3 Buchst. c EuUntVO die Vorgabe, dass über den Unterhalt als „Nebensache" zu entscheiden sein muss und die Zuständigkeit des nach seinem Recht zur Entscheidung in der Hauptsache berufenen Gerichts nicht ausschließlich auf der Staatsangehörigkeit einer Partei beruhen darf.

Für eine Vereinbarung nach Art. 5 EuPartVO allerdings stellt sich das Problem, dass die für das eheliche Statusverfahren maßgebliche Brüssel-IIa- ebenso wie die Rom-III-Verordnung nach (noch) herrschender Meinung im Schrifttum für eingetragene Partnerschaften nicht gelten. Damit richtet sich die gerichtliche Zuständigkeit für die Aufhebung einer eingetragenen Partnerschaft nach dem mitgliedstaatlichen Recht, in Deutschland also nach §§ 103 (internationale Zuständigkeit für Lebenspartnerschaftssachen), 269 Abs. 1 Nr. 1, 270 Abs. 1 und 122 FamFG, die für die internationale Zuständigkeit voraussetzen, dass ein Lebenspartner die deutsche Staatsangehörigkeit besitzt oder bei Begründung der Lebenspartnerschaft besaß, dass einer der Lebenspartner seinen gewöhnlichen Aufenthalt im Inland hat oder die Lebenspartnerschaft vor einer zuständigen deutschen Stelle begründet worden ist. Für die örtliche Zuständigkeit besteht gemäß § 122 FamFG eine Stufenleiter, an deren Ende die

771 Zöller ZPO/*Geimer*, Kommentierung zu Art. 3 EuUntVO, S. 3321.
772 Zöller/*Geimer*, ebd.

Zuständigkeit des Amtsgerichts Schöneberg steht. Der erste Fall (Vorhandensein der deutschen Staatsangehörigkeit bei Anhängigkeit oder Begründung der Lebenspartnerschaft) ist durch Art. 3 Abs. 1 Buchst. c der EuUntVO aber gerade ausgeschlossen; bei dieser Alternative wird eine gemeinsame Zuständigkeit des Gerichts der Lebenspartnerschaftssache also gerade nicht entstehen.

4. Kohärenz der Güterrechtsverordnungen mit der Rom-I/Rom-II- und der Brüssel-Ia-Verordnung im Bereich des sog. Nebengüterrechts

a) Untersuchungsgegenstand

Das bunte Konglomerat der in Deutschland unter dem Begriff „Nebengüterrecht" zusammengefassten Ansprüche bildet auf unionsrechtlicher Ebene einen weiteren wichtigen Ansatzpunkt für die Prüfung, ob die Einbettung der Güterrechtsverordnungen in das System des europäischen Kollisions- und Internationalen Zivilverfahrensrechts reibungslos verläuft bzw. in welcher Hinsicht eine Präzisierung durch die unionsrechtliche Rechtsprechung erforderlich sein wird.

In ersten, allgemein gehaltenen Publikationen über die Güterrechtsverordnungen wurde davon ausgegangen, dass die in Deutschland unter dem Begriff „Nebengüterrecht" zusammengefassten Ansprüche zwischen Ehe- und Lebenspartnern voraussichtlich unter die europäischen Güterrechtsverordnungen fielen, weil das Nebengüterrecht in Deutschland das kodifizierte Güterrecht ergänze und dazu diene, im Fall einer Trennung des Paares seine Lücken zu schließen[773]. Dies trifft allerdings nur auf das sog. Nebengüterrecht *im engeren Sinn* zu. Mit wachsender Zahl der wissenschaftlichen Beiträge wurden die Aussagen differenzierter, je eingehender die verschiedenen Anspruchsgruppen dieses heterogenen Rechtsgebiets auf die Möglichkeit ihrer Einordnung in den Anwendungsbereich der Güterrechtsverordnungen überprüft wurden. Denn die schon nicht einfache Bestimmung, worin die Verbindung dieser einzelnen Ansprüche zum Güterrecht besteht, wird noch verkompliziert durch einem seit der Schuldrechtsreform (2002) geführten Meinungsstreit um die dogmatische Einordnung *familienrechtlicher Rechtsbeziehungen*, die die kollisionsrechtliche mitbedingt[774].

---

773 Köhler, Der sachliche Anwendungsbereich der Güterrechtsverordnungen und der Umfang des Güterrechtsstatuts, in: Dutta/Weber (Hrsg.), Die Europäischen Güterrechtsverordnungen, Tagungsband, S. 150, Dutta, FamRZ 2016, S. 1973 ff. (1975).

774 Dazu sogleich unter *(i) bis (iii)*.

Gleichzeitig sind „nebengüterrechtliche Ansprüche“ weit davon entfernt, ein rein deutsches Problem zu sein: In Frankreich beispielsweise wird ebenso wie in Deutschland der konkludente Abschluss von Gesellschaftsverträgen zwischen Ehegatten untersucht, um ungerechte Ergebnisse des Güterrechts zu korrigieren[775]. Das englische Recht kennt eine Teilhabe an Immobilien des Partners aufgrund von Treuhandverhältnissen *(family constructive trust)*[776], und die österreichische Rechtsordnung gewährt einem am Eigentum nicht beteiligten Ehegatten in § 97 ABGB Unterlassungsansprüche gegen seinen allein verfügungsberechtigten Partner[777], um die Wohnung, die der Befriedigung seines dringenden Wohnbedürfnisses dient, weiter nutzen zu können. Daher lohnt sich die im Folgenden angestellte Untersuchung zur Abgrenzung von Schuld- und Güterrecht sowohl generell als auch hinsichtlich einzelner Anspruchsgruppen. Dieses ist auch vor dem Hintergrund zu sehen, dass der räumliche Anwendungsbereich der schuldrechtlichen Verordnungen Rom-I, Rom-II und Brüssel-Ia aufgrund der weitaus größeren Zahl teilnehmender Mitgliedstaaten über denjenigen der Güterrechtsverordnungen weit hinausreicht.[778]

(i) Begriff des Nebengüterrechts

Falkner[779] spricht von der Bezeichnung „Nebengüterrecht“ als einem „schillernden Begriff“, der das „nebengesetzliche Güterrecht“ bezeichne, welches die Rechtsfolgen im Zusammenhang mit den ehelichen Gütern „außerhalb des geschriebenen Rechts“ regle[780]. Damit dürfte – genauer – gemeint sein, dass nebengüterrechtliche Ansprüche im klassischen *Güter*recht nicht geregelt sind, da sich, wie sich im Folgenden zeigen wird, auch die Begründung der nebengüterrechtlichen Ansprüche nicht im rechtsfreien Raum bewegt.

---

775 Vgl. die Darstellungen auf der Website des Netzwerks EUROJURIS FRANCE, https://www.eurojuris.fr/articles/societe-creee-de-fait-entre-epoux-par-lonb-8780.htm

776 Sanders, Anne, Das Nebengüterrecht und die EuGüVO, FamRZ 2018, 978 ff. (981).

777 Die Vorschrift lautet: „Ist ein Ehegatte über die Wohnung, die der Befriedigung des dringenden Wohnbedürfnisses des anderen Ehegatten dient, verfügungsberechtigt, so hat dieser einen Anspruch darauf, daß der verfügungsberechtigte Ehegatte alles unterlasse und vorkehre, damit der auf die Wohnung angewiesene Ehegatte diese nicht verliere. Dies gilt nicht, wenn das Handeln oder Unterlassen des verfügungsberechtigten Ehegatten durch die Umstände erzwungen wird.“

778 *Kap. III 2 b)* und *Anhang II.*

779 Falkner, Melanie, Das (Neben-)Güterrecht, DNotZ 2013, 586.

780 Unter Bezugnahme auf Herr, Thomas, Die Systematik des Nebengüterrechts, NJW 2012, 1847 ff. (1848).

Wever unterscheidet in seinem Standardwerk „Vermögensauseinandersetzung von Ehegatten außerhalb des Güterrechts“[781] – ein Titel, der wohl am treffendsten die Vielzahl von Ansprüchen, die am Rande des Güterrechts zwischen Ehegatten entstehen können, beschreibt – zwischen dem *Nebengüterrecht im engeren* und dem *Nebengüterrecht im weiteren Sinn*:

Die erste Bezeichnung legt den Fokus auf die eingangs angesprochene Funktion der Ergänzung und Lückenschließung im Bereich des Vermögensrechts von Ehegatten und eingetragenen Partnern. Dieses Nebengüterrecht *im engeren Sinn*, so Wever, der die Rechtsprechung der deutschen Obergerichte und des Bundesgerichtshofs in den Vordergrund stellt, ist „auf den Fall der Gütertrennung zugeschnitten, nämlich auf den Fall, dass kein güterrechtlicher Ausgleich möglich ist, obwohl das Gerechtigkeitsempfinden dringend nach einem Ausgleich verlangt“[782]. In Fällen, in denen die Ehegatten im gesetzlichen Güterstand der Zugewinngemeinschaft verheiratet sind, ist die Bedeutung dieser Ansprüche bisher gering, da mit dem anwendbaren Güterrecht ein gesetzlich normiertes Ausgleichssystem zur Verfügung steht, das nach dem Verständnis der Rechtsprechung nur ganz ausnahmsweise korrigiert werden soll.

Beispiele für diesen Teil des Nebengüterrechts sind die Ansprüche auf Ausgleich bzw. Anpassung von unter Ehegatten und Partnern erfolgten „ehe- oder partnerschaftsbedingten Zuwendungen“[783] im Sinne einer *Übertragung von Vermögenssubstanz* eines Partners auf den anderen. Solche Zuwendungen stellen – im Gegensatz zu echten Schenkungen – nach der Rechtsprechung keine reine Freigebigkeit dar, sondern dienen als Instrument zur Gestaltung der ehelichen bzw. partnerschaftlichen Vermögensverhältnisse, so dass sie von ihrer Funktion her dem zwischen den Ehegatten geltenden Güterrecht nahestehen. Das gesetzlich geregelte Güterrecht hält dafür allerdings keine Regelungen bereit. Die Rückabwicklung oder Anpassung solcher Rechtsgeschäfte bei einem Scheitern der Beziehung wird daher von den Gerichten auf Vorschriften des Schuldrechts gestützt, insbesondere auf die Anspruchsgrundlagen bei einem Zweckfortfall (§ 812 Abs. 1 S. 2 2. Alt. BGB) oder einem Wegfall der Geschäftsgrundlage (§ 313 I BGB). Davon unabhängig und den genannten Anspruchsgrundlagen gegenüber vorrangig sind bei Vorliegen der spezifischen Voraussetzungen vertragliche Ansprüche aus der Auflösung einer (nach Annahme der Rechtsprechung meist

781 Wever, Reinhardt, Vermögensauseinandersetzung der Ehegatten außerhalb des Güterrechts, 7. Aufl., Verlag Ernst u. Werner Gieseking, Bielefeld 2018, S. 6 f.

782 Wever, ebd. (RZ 14).

783 S. dazu *Kap. VI 4 c)*.

konkludent) abgeschlossenen „Ehegatteninnengesellschaft“, d. h. Forderungen aus Anspruchsgrundlagen des Gesellschaftsrechts.[784] Solche Ansprüche werden selbst zwischen den Partnern nichtehelicher Lebensgemeinschaften bejaht[785] und sind damit auch bei eingetragenen Partnerschaften denkbar.

Das *Nebengüterrecht im weiteren Sinn* betrifft demgegenüber vom Güterstand unabhängige Ansprüche zur Entflechtung der im Laufe der Ehe entstandenen vermögensrechtlichen Beziehungen wie beiderseitiges Miteigentum, gemeinsam eingegangene oder gesetzlich entstandene Gesamtschulden, gemeinsame Bankkonten, aber auch mögliche Schadensersatzansprüche zwischen den Partnern. Die dem islamischen Rechtskreis entstammenden Ansprüche aus islamischen Brautgabeversprechen stellen eine weitere Untergruppe des Nebengüterrechts im weiteren Sinn dar.

(ii) Diskussion um die dogmatische Einordnung familienrechtlicher Ansprüche im nationalen Recht

Die Frage nach der international-privatrechtlichen Einordnung der verschiedenen Ansprüche des Nebengüterrechts trifft mit einer im deutschen Schrifttum geführten Diskussion um die dogmatische Qualifikation von Ansprüchen zusammen, die im familienrechtlich geregelten Bereich, namentlich als Folgen der Verletzung familienrechtlicher Pflichten entstehen. Wenngleich diese Einordnung im *nationalen* Familienrecht nicht Gegenstand dieser Arbeit ist, spielt sie kollisionsrechtlich insofern eine Rolle, als maßgeblich für die international-privatrechtliche Einordnung nach einer von Hohloch[786] geprägten Lehre nicht der Lebenssachverhalt ist, in dem die Ansprüche entstanden sind, sondern vielmehr die Qualifikation des Anspruchs*grundes*. Dies verhilft der nationalen Streitfrage zu kollisionsrechtlicher Bedeutung, obwohl gleichzeitig im Rahmen der einschlägigen unionsrechtlichen Verordnungen darauf zu achten ist, der international-privatrechtlichen Qualifikation deren *autonom unionsrechtliche* Auslegung und nicht die Kategorien des nationalen Rechts zugrunde zu legen[787].

784 Dazu grundlegend das Urteil des BGH vom 30. Juni 1999, XII ZR 230/96 = BGHZ 142,137 = BGH FamRZ 1999, 1580 ff., insbesondere die Abschnitte 3. und 4. a. E.

785 Zuletzt im Beschluss des BGH v. 10.03.2021 – XII ZR 54/20 = FamRZ 2021, 964.

786 Hohloch, Gerhard, Die „Bereichsausnahmen“ der Rom-II-VO, IPrax 2012, 110 (112). Mayer, Haftung und Paarbeziehung, S. 438, m. zahlreichen Nachweisen; Palandt/*Thorn*, RZ 10 zu Art. 1 Rom-II-VO.

787 Vgl. unten Kap. *VI 4 b (iii)*.

Das Hauptinteresse der im Schrifttum vertretenen Auffassungen gilt dem dogmatischen Verhältnis zwischen schuldrechtlichen und familienrechtlichen Verpflichtungen. Ausgangspunkt ist die Tatsache, dass das BGB im 1. Buch, dem Allgemeinen Teil, kein allgemeines Anspruchsrecht normiert, sondern lediglich mit zwei Vorschriften aus dem Verjährungsrecht, § 194 Abs. 2 und § 207 BGB, eine Verbindung zum im 4. Buch geregelten Familienrecht herstellt. Die dortigen Vorschriften wiederum normieren im Familienrecht geltende Sondervorschriften, deren Verhältnis zu den allgemeinen Vorschriften über schuldrechtliche Ansprüche umstritten ist. Dies gilt beispielsweise für die in § 1359 normierte Festlegung des Sorgfaltsmaßstabs auf die Haftung in eigenen Angelegenheiten *(diligentia quam in suis)*, der zumindest den Anschein erweckt, eine Modifizierung des Maßstabs der im Verkehr erforderlichen Sorgfalt (vgl. § 276 Abs. 1 2. Halbs. und Abs. 2 BGB) eines im 2. Buch des BGB verankerten allgemeinen Anspruchsrechts zu sein.

Im 4. Buch wiederum normiert das BGB zwei verschiedene Kategorien ehe- und familienrechtlicher Ansprüche, auf der einen Seite *vermögensrechtliche* (Leistungs-) Ansprüche, insbesondere Unterhaltsansprüche, auf der anderen Seite *personenrechtliche* Verpflichtungen. Letztere sind, was die Beziehungen zwischen Ehe- und Lebenspartnern betrifft, wesentlich mit der Lebensgemeinschaft und der gegenseitigen Verantwortung der Partner verbunden (§ 1353 Abs. 1 S. 2 BGB) und im Gesetz nur partiell konkretisiert. Zudem sind diese personenrechtlichen Ansprüche nach den erwähnten familienrechtlichen Sondervorschriften teils nicht vollstreckbar (so der Anspruch auf Herstellung der Gemeinschaft, vgl. §§ 1353 Abs. 2 BGB i. V. m. 120 Abs. 3 FamFG), teils von den Ehegatten „im gegenseitigen Einvernehmen" zu regeln (Haushaltsführung, § 1356 Abs. 1 BGB), teils stehen sie unter einer besonderen Pflicht zur Rücksichtnahme auf Partner oder Familie (Recht zur Erwerbstätigkeit, § 1356 Abs. 2). Hinzu kommt die bereits erwähnte *diligentia quam in suis* als zwischen den Ehegatten „bei der Erfüllung ihrer gegenseitigen sich aus dem ehelichen Verhältnis ergebenden Verpflichtungen" geltender besonderer Haftungsmaßstab. Auch der an sich vermögensrechtliche Anspruch auf Rückforderung überobligatorisch geleisteter Unterhaltsbeiträge wird durch die gesetzliche Vermutung des § 1360 b BGB eingeschränkt.

Die im rechtswissenschaftlichen Schrifttum geführte Diskussion setzt wesentlich an der Frage an, ob auch ein familienrechtliches Rechtsverhältnis ein Schuldverhältnis im Sinne des allgemeinen Schuldrechts darstellt und als solches durch die Vorschriften des Familienrechts in einigen Sondervorschriften lediglich modifiziert wird[788], oder ob Ansprüche aus familienrechtlichen

788 Vgl. Mayer, Claudia, Haftung und Paarbeziehung, Mohr Siebeck, Tübingen

Rechtsverhältnissen spezifisch familienrechtlich sind, so dass die Vorschriften des allgemeinen Schuldrechts auf sie nur *entsprechend* angewandt werden können, immer soweit Besonderheiten des familienrechtlichen Rechtsverhältnisses einer Analogie nicht entgegenstehen[789]. Die beiden unterschiedlichen Literaturmeinungen – weiter unten als „familienrechtlicher Ansatz“ und „schuldrechtlicher Ansatz“ bezeichnet, – führen damit zu einem umgekehrten Regel-Ausnahmeverhältnis zwischen der *automatischen* Geltung der allgemeinen schuldrechtlichen Grundsätze auch im Zusammenhang mit familienrechtlichen Verpflichtungen und deren anhand der Kriterien der Analogie zu prüfenden *Heranziehung im jeweiligen Einzelfall.*

Naturgemäß ist die Rechtsprechung gezwungen, sich mit der gesellschaftlichen Wirklichkeit auseinanderzusetzen und im Rahmen, aber auch durch Auslegung und ggf. Fortbildung der bestehenden rechtlichen Vorschriften für die ihr zur Entscheidung vorliegenden Fälle gerechte Lösungen zu finden. Diese Lösungen muss sie nachvollziehbar, aber auch kohärent zu ihrer früheren Rechtsprechung begründen, es sei denn, sie entschließt sich zu einer ausdrücklichen Abkehr von der dogmatischen Linie, der ihre früheren Judikate folgen.

Seit der Gründung der Bundesrepublik mussten erhebliche politische und gesellschaftliche Veränderungen wie beispielsweise der Wandel der allgemeinen Anschauungen über Gleichberechtigung und Berufstätigkeit von Frauen und Männern, die „sexuelle Revolution“ aufgrund der neuen Kontrollierbarkeit, mit fortschreitender Entwicklung der Humangenetik sogar Steuerbarkeit menschlicher Fortpflanzung, die zunehmende Akzeptanz nichtehelicher und homosexueller Lebensformen, aber auch Migrationsbewegungen aus anderen Kulturkreisen und die weitergehende Einbindung in die europäische Union von der Rechtsprechung aufgenommen und in das Gesamtsystem der Rechtsordnung integriert werden[790]. Hierfür entwickelte sie – auch und gerade im Rahmen des Nebengüterrechts (im engeren wie im weiteren Sinn) – neue Rechtsfiguren, um der gesellschaftlichen Entwicklung gerecht zu werden: die „unbenannte ehebedingte

---

2017, S. 74.

789 Erbarth, Die Ehe ist kein Schuldverhältnis, NJW 2013, 3478 (3480).

790 Zu diesen und weiteren Katalysatoren und gesellschaftlichen Trends Basedow, Gesellschaftliche Akzeptanz und internationales Familienrecht, FamRZ 2019, 1833 ff. (1834, 1835); Mankowski, Peter, Rechtskultur, Mohr Siebeck, Tübingen 2016, § 3 Rechtskultur und Dynamik, S. 148–272, insbes. Abschn. III und IV. Eine Aufstellung der Vielzahl von Änderungen des deutschen Familienrechts einschließlich der Tendenzen, die darin zum Ausdruck kommen, findet sich auch bei Muscheler, Karlheinz, Familienrecht, 4. Aufl., Verlag Franz Vahlen, München 2017, S. 30–41.

Zuwendung", die (stillschweigend vereinbarte) Ehegatteninnengesellschaft, oder den „familienrechtlichen Ausgleichsanspruch", von ihr allgemein als familienrechtliche Rechtsgeschäfte bzw. -verhältnisse *sui generis* klassifiziert[791].

Gleichzeitig ist nach der Rechtsprechung ein sog. „Kernbereich der Ehe", der insbesondere die „Lebens- und Geschlechtsgemeinschaft" der Ehegatten einschließt, nicht nur staatlicher Reglementierung durch Rechtssetzung, sondern auch verbindlichen rechtsgeschäftlichen Vereinbarungen der Ehegatten und (zumindest weitgehend) Schadensersatzansprüchen bei Verletzungen von in diesen Bereich fallenden Verpflichtungen entzogen.[792] Für den Bereich des Eherechts wird dies u. a. aus der Regelung des § 120 Abs. 3 FamFG (vormals § 888 Abs. 3 ZPO) hergeleitet: Die gesetzliche Anordnung, dass die Verurteilung zur Eingehung der Ehe und zur Herstellung des ehelichen Lebens nicht vollstreckt werden kann, wird als Ausdruck des Grundgedankens angesehen, dass persönliche Ehepflichten frei von unmittelbarem Rechtszwang bleiben sollen.[793] Entsprechend stellt eine die Lebens- und Geschlechtsgemeinschaft der Ehegatten beeinträchtigende Verletzung ehelicher Pflichten, insbesondere der Ehebruch, für die Rechtsprechung einen nicht justiziablen „innerehelichen Vorgang" dar.[794]

Bei alledem geht die Rechtsprechung einerseits von einem eigenständigen familienrechtlichen Charakter der fraglichen Rechtsverhältnisse aus, den sie außerdem durch die Wahl der jeweiligen Bezeichnung als *familienrechtliche* Verträge bzw. (gesetzliche) Ansprüche *sui generis* noch in den Vordergrund zu

791 Dazu im einzelnen *Kap. VI 4 c–h.*

792 So im Beschluss des Bundesgerichtshofs vom 20.02.2013 – XII ZB 412/11, wo unter Rn. 15 ausgeführt wird: „Die Ehe steht außerhalb der Rechtsverhältnisse, deren Verletzung allgemeine Ansprüche auf Ersatz von Vermögensschäden auslösen kann. Eine die Lebens- und Geschlechtsgemeinschaft der Ehegatten beeinträchtigende Ehestörung – wie insbesondere ein Ehebruch – stellt einen innerehelichen Vorgang dar. Solche Ehestörungen sind nicht in den Schutzzweck der deliktischen Haftungstatbestände einbezogen. Insoweit verdrängt das Ehe- und Familienrecht die Deliktsregeln. Damit sind neben den deliktischen auch alle solchen Ansprüche der (geschiedenen) Ehegatten gegeneinander ausgeschlossen, bei denen als verletztes Rechtsgut der Kern der Ehe und der mit diesem verfolgte Schutzzweck in Betracht käme." Sämtliche Aussagen der Passage werden mit weiteren Zitaten aus der früheren Rechtsprechung des Bundesgerichtshofs belegt.

793 Schwab, Dieter, Gemeinsame elterliche Verantwortung – ein Schuldverhältnis? Anmerkungen zur Entscheidung des BGH v. 19.06.2002 – XII ZR 173/00 (= FamRZ 2002, 1099), FamRZ 2002, 1297 (1298).

794 So bereits BGH, Urteil vom 19. Dezember 1989 – IVbZR56/88 = FamRZ 1990, 367 (368).

stellen scheint. Andererseits greift der Bundesgerichtshof, was Fälle der Verletzung von familienrechtlichen Pflichten betrifft, zunehmend auch auf die Anwendung von Vorschriften des allgemeinen Schuldrechts, konkret auf die zentrale schuldrechtliche Haftungsnorm von § 280 Abs. 1 BGB, zurück.

Die von der Rechtsprechung angeführten Begründungen – in der Regel stehen ausschließlich diese und nicht die von der Rechtsprechung gefundenen Ergebnisse in der Kritik – werden weiter unten bei der Darstellung der einzelnen Anspruchsgrundlagen unter Nennung der abweichenden Literaturmeinungen wiedergegeben.

Ein Teil des Schrifttums favorisiert bei der Einordnung der Ansprüche aus familienrechtlichen Rechtsverhältnissen in das dogmatische System des BGB einen originär familienrechtlichen Ansatz. Dieser Ansatz lehnt eine „Verschuldrechtlichung des Familienrechts"[795] entschieden ab, d. h. er fordert eine deutliche Unterscheidung zwischen familien- und schuldrechtlichen Rechtsverhältnissen, wie auch familienrechtliche Verträge von „echten" schuldrechtlichen Verträgen zu unterscheiden seien. Soweit im Gefüge der familienrechtlichen Verpflichtungen allgemein-anspruchsrechtliche Fragen auftreten – namentlich bei der Verletzung familienrechtlicher Pflichten und deren Rechtsfolgen – kommt für die Vertreter dieser Auffassung wegen der grundlegenden Unterschiede zwischen Schuld- und Familienrecht die direkte Anwendung schuldrechtlicher Vorschriften auf familienrechtliche Rechtsverhältnisse nicht in Betracht.[796] Auch die Verletzung familienrechtlicher Pflichten sei mitnichten eine Verletzung *schuldrechtlicher* Rücksichtnahmepflichten i. S. v. § 241 Abs. 2 BGB. Coester-W

795 Vgl. Schwab, Dieter, Gemeinsame elterliche Verantwortung – ein Schuldverhältnis? FamRZ 2002, 1297, Anmerkungen zur Entscheidung des BGH v. 19.06.2002 – XII ZR 173/00 = FamRZ 2002, 1099. Der Begriff wurde von zahlreichen Autoren aufgegriffen, um je nach vertretener Ansicht eine drohende Gefahr oder eine übertriebene Sorge der argumentativen Gegenseite plakativ zu benennen.

796 Erbarth, Die Ehe ist kein Schuldverhältnis, NJW 2013, 3478 (3481), in Fn. 51 des Aufsatzes den Bericht des Rechtsausschusses zum Entwurf des 1. EheRG vom 28. November 1973 zitierend, wonach „es sich bei der Ehe nicht um ein Konvolut aus vertraglichen oder vertragsähnlichen Pflichten handelt, die mit den Mitteln des Vertragsrechts durchgesetzt werden können. … Die Einordnung des familienrechtlichen Rechtsverhältnisses Ehe als Schuldverhältnis oder auch nur die Einordnung einzelner Rechte und Pflichten als schuldrechtliche sind als Erbe des gemeinen Rechts und möglicherweise als Überbleibsel der Philosophie der Aufklärung, die die Ehe als Vertragsverhältnis ansah, überholt, sie entsprechen nicht mehr der aktuellen Dogmatik im Familienrecht".

altjen[797], die hier eine vermittelnde Position einnimmt, geht, wenn solche Rücksichtnahmepflichten nicht ausdrücklich familienrechtlich normiert sind, von der Verletzung gesetzlicher *Schutz*pflichten im Rahmen eines besonderen familienrechtlichen *Schutz*verhältnisses aus, für die § 280 BGB bei Vorliegen der Voraussetzungen für eine Analogie *entsprechend* angewandt werden kann. Auch Heiderhoff warnt ausdrücklich vor dem „Griff zu schuldrechtlichen Instrumenten", weil das Familienrecht, vor allem im Hinblick auf das Kindeswohl, einen umsichtigen Umgang mit den schuldrechtlichen Ansprüchen erfordere: „Das Familienrecht ist darauf ausgerichtet, [das Kindeswohl] zu schützen, das Schuldrecht nicht. Nur wenn man beides verschmilzt, kann man zu angemessenen Ergebnissen gelangen. Die Ansprüche müssen ihre Grenze daher stets dort haben, wo die Interessen des Kindes wichtiger sind als die wirtschaftlichen Interessen des anderen Elternteils."[798]

Gernhuber/Coester-Waltjen[799] sehen alle Ansprüche als familienrechtlich an, die aus einem „familienrechtlichen Rechtsverhältnis" folgen.[800] Als familienrechtlich einzuordnen seien Rechtsverhältnisse, „zu deren Entstehungstatbestand Abstammung oder Ehe gehört, und alle Rechtsverhältnisse, die Vorstufe (Verlöbnis), Ersatz (Adoption) oder Funktionsersatz (Vormundschaft, registrierte Partnerschaft, teilweise auch die faktische Lebensgemeinschaft) eines durch Abstammung oder Ehe begründeten Rechtsverhältnisses sein sollen".[801]

International-privatrechtlich wirkt sich dies nach den zitierten Autoren dahin aus, dass für die unter diese Definition fallenden familienrechtlichen Rechtsverhältnisse und daraus entstehenden beiderseitigen Ansprüche nach einer

---

797 Coester-Waltjen, Dagmar, Schuldrecht und familienrechtliche Rechtsverhältnisse, in Festschrift für Claus-Wilhelm Canaris zum 70. Geburtstag, Verlag C.H. Beck, 2007, S. 131 ff.

798 FamRZ 2018, 272.

799 Gernhuber, Joachim / Coester-Waltjen, Dagmar, Familienrecht, 6. Aufl., Verlag C.H. Beck, München 2010, § 3 RZ 34 f., S. 21.

800 Dies, obwohl die Haftungserleichterung nach § 1359 ausschließlich für das Verhältnis zwischen Ehegatten normiert ist und die Stillhalteverpflichtung auf die Pflicht zur ehelichen Lebensgemeinschaft gestützt wird. Andererseits gilt die Einschränkung nicht für die bereits erwähnte Verjährungshemmung (§ 207 BGB), die neben Ehe und Lebenspartnerschaft auch Ansprüche in anderen familienrechtlichen Verhältnissen zwischen Kindern und Eltern (bis zur Vollendung des 21. Lebensjahrs des Kindes), Vormund und Mündel, Betreuer und Betreutem sowie Pfleger und Pflegling als gehemmt ansieht.

801 Gernhuber/Coester-Waltjen, a.a.O., § 3 RZ 14 ff., S. 17.

Qualifikation zu suchen ist, „die der ehe- bzw. familienrechtlichen Rechtsnatur dieser Geschäfte in vollem Umfang Rechnung trägt“[802]. Daher werden, rein praktisch gesehen, auch für Hausmann (2004) die Vertragstypen des Schuldrechts und dementsprechend die schuldrechtliche Anknüpfung auf der Ebene des Internationalen Privatrechts den besonders engen persönlichen Bindungen in der ehelichen Lebensgemeinschaft nicht gerecht[803]. Kollisionsrechtlich gelte dies für die nach den schuldrechtlichen Verordnungen (Rom-I-, Rom-II- und Brüssel-Ia-VO) bestehenden praktisch uneingeschränkten Rechtswahlmöglichkeiten, für die es einer Beschränkung auf diejenigen Rechte bedürfe, mit denen beide Ehegatten gleichermaßen verbunden seien. Für ebenso wenig passend hält Hausmann (2018) die objektive Anknüpfung des anzuwendenden Rechts an den gewöhnlichen Aufenthalt der Vertragspartei, welche die vertragscharakteristische Leistung erbringt (Art. 4 Abs. 3 Rom-I-VO).[804]

Soweit keine einschlägige familienrechtliche Regelung im europäischen Kollisionsrecht besteht, wird von den Autoren des „familienrechtlichen Ansatzes“ entweder eine funktionale oder akzessorische Anknüpfung an bereits unionsrechtlich vereinheitlichte familienrechtliche Bereiche vertreten oder aber, soweit eine solche Vereinheitlichung noch nicht stattgefunden hat, die Anwendung der einschlägigen Vorschriften des innerstaatlichen Internationalen Privatrechts[805].

---

802 Hausmann, Rainer, Ausgleichsansprüche zwischen Ehegatten aus Anlass der Scheidung im internationalen Privatrecht – zur Abgrenzung zwischen Vertragsstatut, Ehewirkungsstatut und Ehegüterstatut, Festschrift für Erik Jayme, Sellier European Law Publishers, München 2004, S. 305 ff. (313). In dem bereits zwölf Jahre vor Annahme der Güterrechtsverordnungen veröffentlichten Aufsatz wurde für das damalige deutsche Internationale Privatrecht ausgeführt, der wesentliche Unterschied zwischen einem schuldrechtlichen und einem familienrechtlichen Vertrag liege darin, „dass Schuldverträge zwischen beliebigen Personen abgeschlossen werden können, während der Abschluss von familienrechtlichen Verträgen nur Personen offensteht, die durch Ehe, Verwandtschaft oder Schwägerschaft miteinander verbunden sind.“ Für familienrechtliche Verträge sei es gerade kennzeichnend, dass sie zur näheren Ausgestaltung der genannten familienrechtlichen Beziehungen dienten und deshalb Personen außerhalb einer solchen familiären Beziehung als Gestaltungsmittel nicht zur Verfügung stünden. Dieses Argument kann unter der Ägide der Güterrechtsverordnungen allerdings nicht mehr entscheidend sein, da in EG 18 S. 3 der beiden Verordnungen ausdrücklich klargestellt wird, dass der unionsrechtliche Güterstand gerade nicht nur Regelungen einschließt, die bestimmte einzelstaatlichen Rechtsordnungen speziell und ausschließlich für die Ehe vorsehen.

803 Ebd., S. 313.

804 Hausmann, Internationales und Europäisches Familienrecht, Teil B, RZ 551, S. 284.

805 Hausmann, Internationales und Europäisches …, Teil A RZ 553–562, S. 134–136.

Die im Vordringen befindliche Gegenmeinung, im Folgenden unter der Bezeichnung „schuldrechtlicher Ansatz" zusammengefasst, betrachtet auch familienrechtliche Rechtsverhältnisse (verstanden als die Beziehung zwischen mindestens zwei Rechtssubjekten oder einem Rechtssubjekt und einem Rechtsobjekt) als Schuldverhältnisse, nämlich Rechtsverhältnisse, bei denen ein Gefüge von Rechten und Pflichten zwischen den beteiligten Personen entsteht, die über rein sozial begründete Rechte und Pflichten hinausgehen[806]. Auch familienrechtliche Ansprüche wurzeln nach dieser Ansicht in einer „rechtlich geregelten Sonderverbindung zwischen mindestens zwei Personen, kraft deren eine der anderen etwas schuldet", und damit in einem Schuldverhältnis[807]. Der Begriff „*Schuldverhältnis*", der zwar vom BGB verwendet wird – einerseits *im engeren Sinn* zur Bezeichnung einer einzelnen Forderungsbeziehung, andererseits *im weiteren Sinne* als eine „mindestens zwei Personen verbindende privatrechtliche Sonderverbindung"[808] –, aber gesetzlich nicht definiert ist, bezeichnet für die Vertreter dieser Auffassung keine spezielle Art von Rechtsverhältnissen, die nur *schuld*rechtlichen Sonderverbindungen vorbehalten wären, sondern ist auch in anderen Rechtsgebieten des Zivilrechts zu finden:[809] „Neben vertraglichen Schuldverhältnissen gibt es … nicht nur sachen- und erbrechtliche, sondern auch familienrechtliche Schuldverhältnisse"[810], für die eine *direkte* – und nicht analoge – Anwendung des allgemeinen Schuldrechts nur konsequent sei. Folgerichtig lassen hiernach familienrechtliche Rechtsverhältnisse auch keine

---

806 Löhnig, Martin und Preisner, Mareike, Erfreulich klare Worte des BGH – Wegweiser zur Fortentwicklung der gegenwärtigen Familienrechtsdogmatik, NJW 2013, 2080 (2082).

807 Mayer, Haftung und Paarbeziehung, S. 45/46 mit weiteren Nachweisen, insbesondere dem hier wiedergegebenen Zitat von Karl Larenz. Mit gleicher Deutlichkeit Budzikiewicz, Christine, Bürgerliches Recht und Familienrecht: Die Ehe – auch ein Schuldverhältnis? In: Grundlagen und Grundfragen des Bürgerlichen Rechts, Tagungsband zum Symposium aus Anlass des 80. Geburtstags von Dieter Schwab, Verlag Ernst und Werner Gieseking, Bielefeld, 2016, S. 147 ff. (155).

808 Preisner, Mareike, Das gesetzliche mittreuhänderische Schuldverhältnis kraft gemeinsamer Elternschaft, Mohr Siebeck, Tübingen 2014, S. 117.

809 Preisner, ebd.

810 Mayer, Haftung und Paarbeziehung S. 72. Preisner nennt als Beispiele für gesetzliche Schuldverhältnisse im Bereich des Familienrechts neben dem Rechte- und Pflichtengefüge zwischen den Eltern eines Kindes kraft dieser Elternschaft namentlich die Unterhaltspflichten (§§ 1360, 1360 a, 1569 und 1601 ff. BGB) sowie die Pflicht zum Zugewinnausgleich, § 1378 BGB. Das gesetzliche mittreuhänderische Schuldverhältnis …, S. 280/281.

speziell familienrechtlichen *Schutz*verhältnisse, sondern Schutz- und Rücksichtnahmepflichten gemäß § 241 Abs. 2 BGB entstehen, deren Verletzung nach § 280 Abs. 1 BGB mit Schadensersatzansprüchen sanktioniert wird. Gleichzeitig wiederum wird nicht in Abrede gestellt, „dass es sich bei familienrechtlichen Verhältnissen im Kern um personale, sozial geprägte Rechtsverhältnisse handelt und nicht vorrangig um individuell-vermögensrechtliche“[811].

Haftungsmodifizierungen wie in §§ 1359, 1664 BGB – die auch in anderen Sonderverbindungen wie etwa dem Gesellschaftsrecht auftreten – und alle weiteren familienrechtlichen Sondervorschriften sprechen nach Ansicht dieser Autoren gerade dafür, dass, sofern solche Sondervorschriften nicht vorhanden sind, die Vorschriften des Allgemeinen Schuldrechts gelten sollen. Der in § 1359 normierte Haftungsmaßstab der Sorgfalt wie in eigenen Angelegenheiten stellt sich somit als familienrechtlich begründete Modifikation des Maßstabs der im Verkehr erforderlichen Sorgfalt in § 276 BGB dar.

Der „Kernbereich der Ehe“, insbesondere die eheliche Lebensgemeinschaft einschließlich der Familienplanung, wird auch von dieser Literaturmeinung als Raum angesehen, der weder rechtlich verbindlichen Vereinbarungen der Partner noch gegenseitigen deliktischen Schadensersatzansprüchen zugänglich ist[812] und der von beiden Partnern, lediglich begrenzt durch die höchstpersönlichen Rechte jedes einzelnen, frei ausgestaltet werden kann. Der moderne Gesetzgeber, formuliert Looschelders, habe darauf verzichtet, den Ehegatten ein bestimmtes Leitbild der Ehe vorzugeben[813].

Entsprechend wird die in § 1353 BGB statuierte „Pflicht zur ehelichen Lebensgemeinschaft“ von den entsprechenden Autoren nicht als echte Rechtspflicht, sondern als *Generalklausel* des Ehepersonenrechts ausgelegt, das zwar im Rahmen der Institutsgarantie von Art. 6 GG unter dem Schutz des Staates stehe, aber als *Individualgrundrecht des Einzelnen* auf Eingehung einer für besonders schutz- und förderungswürdig angesehenen Lebensgemeinschaft von den Ehegatten im gegenseitigen Einvernehmen und nach deren individuellem Selbstverständnis ausgestaltet werden kann.[814]

---

811 Mayer, Haftung und Paarbeziehung S. 73, 74.

812 Dem Ausschluss des Deliktsrechts aus dem Kernbereich der Ehe zustimmend u. a. Löhnig, Martin und Preisner, Mareike, Erfreulich klare Worte des BGH …, NJW 2013, 2080 (2081); Looschelders, JurA 2000, 169 (170); Coester-Waltjen, FS Canaris, 131 (136).

813 Looschelders, Dirk, Schadensersatz bei einseitiger Durchkreuzung der Familienplanung durch den kinderwilligen (Ehe-)Partner, JurA 2000, 169 (171).

814 Mayer, Haftung und Paarbeziehung, S. 175.

Die dargestellte Sichtweise kommt im Wege der Anwendung des allgemeinen Schuldrechts zu Schadensersatzansprüchen im Innenverhältnis, wenn Verletzungen ehelicher Pflichten sich als Verletzung von Schutz- und Rücksichtnahmepflichten i. S. v. § 241 Abs. 2 BGB aus der Sonderverbindung „Ehe" darstellen. Solche Ansprüche werden auf § 280 Abs. 1 BGB in direkter Anwendung gestützt. Beispiele, an denen sich die dadurch entstehenden Unterschiede zur Gegenmeinung über die Einordnung familienrechtlicher Pflichtverletzungen zeigen, sind insbesondere Pflichtverletzungen im – auch nach diesem schuldrechtlichen Ansatz im Grundsatz nicht justiziablen – Intimbereich, wie die eigenmächtige Durchkreuzung der abgesprochenen Familienplanung und das Verschweigen außerehelicher Beziehungen durch die Ehefrau, die zu Unterhaltspflichten des Ehemanns als rechtlichem Scheinvater eines außerehelich gezeugten Kindes geführt haben.[815]

Die von der Rechtsprechung in vereinzelten Judikaten bejahte *deliktsrechtliche* Haftung im Innenverhältnis bei Verletzungen ehelicher Pflichten wegen Störungen der ehelichen Lebensgemeinschaft bzw. der Ehe selbst als „sonstigem Recht" i. S. v. § 823 BGB wird von dieser Auffassung abgelehnt: weder der räumlich-gegenständliche Bereich der Ehe noch diese selbst stellten absolut geschützte Rechtspositionen im Sinne der Vorschrift dar. Eine deliktsrechtliche Haftung auf der Grundlage einer vorsätzlichen sittenwidrigen Schädigung aus § 826 BGB sei jedoch denkbar, da das grundsätzlich vorrangige Familienrecht nicht der Privilegierung vorsätzlicher sittenwidriger Schädigungen im familiären Nähebereich dienen dürfe.[816]

International-privatrechtlich wird namentlich von Mayer die Einordnung der genannten Schadensersatzansprüche aus § 280 Abs. 1 BGB als gesetzliche Schuldverhältnisse aus unerlaubter Handlung unter die Rom-II-VO vertreten.[817]

(iii) Stellungnahme

Was die Streitfrage der dogmatischen Einordnung familienrechtlicher Ansprüche im deutschen BGB betrifft, können beide Ansätze Argumente für sich in Anspruch nehmen:

Der schuldrechtliche Ansatz wird insbesondere von Mayer mit dem Rückgriff auf eine „Kreuzeinteilung" des BGB begründet: Danach sind Schuld- und Sachenrecht des BGB (die Bücher 2 und 3, in denen relative Rechte zwischen

---

815 Dazu unten *Kap. VI 4 h (iii)*.

816 Löhnig/Preisner, NJW 2013, 2080 (2081).

817 In Haftung und Paarbeziehung, S. 437 ff.

Personen bzw. subjektive Rechte von Personen an Sachen geregelt werden) an das Institutionensystem des römischen Rechts *(personae, res, actiones)* angelehnt, während die Herauslösung des Familien- und Erbrechts auf die naturrechtlichen Systeme zurückgeht. Sie enthalten daher insbesondere von den schuld- und sachenrechtlichen Regelungen abweichende Spezialvorschriften wie den Sorgfaltsmaßstab in §§ 1359, 1664 oder den Eigentumserwerb bei der Gütergemeinschaft, § 1416 Abs. 1 S. 1,[818] während das allgemeine Schuldrecht die grundsätzlichen Regelungen eines allgemeinen Obligationenrechts festlegt.

Für diese m. E. zutreffende Kreuzeinteilung spricht insbesondere auch der Wortlaut des im Schuldrecht verankerten § 277 BGB, wonach, wer nur für diejenige Sorgfalt einzustehen hat, welche er in eigenen Angelegenheiten anzuwenden pflegt, von der Haftung wegen grober Fahrlässigkeit nicht befreit ist. Die Regelung, die offensichtlich sämtliche Tatbestände meint, in denen die *diligentia quam in suis* angeordnet wird, betrifft im Schuldrecht lediglich den gesetzlich zum Rücktritt Berechtigten (§ 346 Abs. 3 Nr. 3) und den unentgeltlichen Verwahrer (§ 690 BGB), während für die entsprechenden im Familien- und Erbrecht normierten Fälle des Ehegatten (§ 1359), der Eltern (§ 1664 Abs. 1) und des Vorerben (§ 2131 BGB) in keinem der beiden Bücher Vorschriften darüber vorhanden sind.

Ein weiteres gewichtiges Argument, das vom „schuldrechtlichen Ansatz" fruchtbar gemacht wird, enthalten die Materialien zum BGB, wonach die allgemeinen Vorschriften des 2. Buches des BGB als allgemeines Obligationenrecht ausdrücklich auf Rechtsverhältnisse auch außerhalb des Schuldrechts anwendbar sein sollen.[819]

818 Mayer, Haftung und Paarbeziehung, S. 68, 69. Ebenso Preisner, Das gesetzliche mittreuhänderische Schuldverhältnis …, S. 104 und Fn. 438, unter Bezugnahme auf die Lehre von Larenz zur Begründung des schuldrechtlichen Ansatzes.

819 Mugdan, Benno, Die gesamten Materialien zum Bürgerlichen Gesetzbuch für das Deutsche Reich, Band II, 1899: „In einer wichtigen Frage nimmt der Entwurf in Ansehung der Erfordernisse des Schuldverhältnisses entschieden Stellung. Ein vermögensrechtliches Interesse des Gläubigers gehört nach seiner Auffassung nicht zur Obligation (S. 3). … Die allgemeinen Rechtsnormen des 2. Buches gelten, wie schließlich bemerkt werden mag, im Allgemeinen auch für diejenigen Obligationen, welche in sachenrechtlichen, familienrechtlichen, erbrechtlichen Verhältnissen entspringen und im Sachen-, Familien- und Erbrechte geregelt sind. Sie finden aber auch, wie zum 3. Buche nachgewiesen ist, im Allgemeinen Anwendung auf solche Ansprüche auf eine Leistung, welche lediglich auf einem dinglichen Rechte beruhen und einem dinglich Berechtigten als solchem zustehen (S. 4 a. E.)."

Schließlich spricht eine größere Konkordanz mit dem unionsrechtlichen Kollisionsrecht für die Anwendung des schuldrechtlichen Ansatzes: Sowohl aus der Rom-I- als auch der Rom-II-VO sind „(außer-)vertragliche Schuldverhältnisse aus einem Familienverhältnis oder aus Verhältnissen, die nach dem auf diese Verhältnisse anzuwendenden Recht vergleichbare Wirkungen entfalten, einschließlich der Unterhaltspflichten" ausgeschlossen (Art. 1 Abs. 2 Buchst. b Rom-I/Rom-II-VO), was im Umkehrschluss bedeutet, dass das Unionsrecht offensichtlich davon ausgeht, dass auch *aus* einem Familienverhältnis vertragliche bzw. außervertragliche Schuldverhältnisse im unionsrechtlichen Sinn entstehen können.

Auch die von der Gegenmeinung, dem „familienrechtlichen Ansatz", hervorgehobenen Besonderheiten familienrechtlicher Rechtsverhältnisse sind nicht vernachlässigen. Die dort vertretene, lediglich *analoge* Anwendung schuldrechtlicher Vorschriften auf familienrechtliche Ansprüche hat, praktisch gesehen, aber zur Folge, dass der Rechtsanwender letztlich wählen kann, *welche* Vorschriften er für analog anwendbar hält, wobei im jeweils zu entscheidenden Einzelfall (durch spätere Instanzen überprüfbar) festzustellen ist, ob die Voraussetzungen der Analogie, d. h. die Existenz einer planwidrigen Regelungslücke und eine der analog heranzuziehenden Vorschrift vergleichbare Interessenlage, vorliegen.

Die Anwendung des „schuldrechtlichen Ansatzes" – direkte Anwendung der schuldrechtlichen Vorschriften auf familienrechtliche Ansprüche – bietet damit mehr Rechtssicherheit, neben der dogmatisch überzeugenderen Begründung. Dieser Ansatz führt aber auch, wie sich weiter unten[820] zeigt, bei rigider Anwendung der schuldrechtlichen Parameter teilweise zu Rechtsfolgen, für die ein Korrektiv, über das typisch familienrechtliche Konzepte wie etwa das Kindeswohl prägend einfließen können, gefunden werden muss.

b) Anwendungsbereiche der Schuldrechts- und der Güterrechtsverordnungen

(i) Rom-I- und Rom-II-VO

Im Hinblick auf den Anwendungsbereich der beiden schuldrechtlichen Rom-Verordnungen ist auf Folgendes hinzuweisen:

Die Rom-I- und die Rom-II-Verordnung sowie die verfahrensrechtliche Brüssel-Ia-Verordnung gelten nach derzeitigem Mitgliederstand für sämtliche

820 S. insbesondere *Kap. VI 4 h (iii) und (iv).*

Mitgliedstaaten mit Ausnahme Dänemarks[821], das aber über das EVÜ an weitgehend gleiche rechtliche Prinzipien gebunden ist. Damit sind daran deutlich mehr Staaten beteiligt als an den Güterrechtsverordnungen. Im Gegensatz zu diesen sind die schuldrechtlichen Verordnungen nicht auf die familienrechtliche Handlungsgrundlage der Union, Art. 81 Abs. 3 AEUV, gestützt, sondern auf Art. 61 Buchst. c und Art. 67 Abs. 5 EG-Vertrag. Sie wurden im Mitentscheidungsverfahren angenommen[822], in dem im Rat die qualifizierte Mehrheit ausreicht. Hauptzweck ist – wie bei allen Maßnahmen nach Art. 65 EG-Vertrag (heute Art. 81 Abs. 2 AEUV) – das reibungslose Funktionieren des Binnenmarkts.

Nach dem jeweiligen Art. 1 Abs. 1 enthalten die beiden Rom-Verordnungen Vorschriften zur Bestimmung des auf „vertragliche“ bzw. „außervertragliche Schuldverhältnisse“ in Zivil- und Handelssachen anzuwendenden Rechts. Der in sämtlichen unionsrechtlichen Verordnungen im Internationalen Privat- und Zivilverfahrensrecht verwendeten Regelungstechnik folgend, wird so ihr Anwendungsbereich zunächst (im jeweiligen Art. 1 Abs. 1) positiv beschrieben und sodann (in Art. 1 Abs. 2) durch Bereichsausnahmen, für die die Verordnung nicht gelten soll, negativ abgegrenzt[823].

Die Abgrenzung der – autonom zu bestimmenden – sachlichen Anwendungsbereiche beider Rom-Instrumente untereinander verläuft nicht ganz parallel zu der Unterscheidung, die im deutschen Recht zwischen vertraglichen und gesetzlichen Schuldverhältnissen getroffen wird. Dies zeigt sich in erster Linie daran, dass der sachliche Anwendungsbereich der auf außervertragliche Schuldverhältnisse anwendbaren Rom-II-VO lediglich vier Rechtsinstitute (abschließend) umfasst: Neben dem IPR der unerlaubten Handlung, der ungerechtfertigten Bereicherung und der Geschäftsführung ohne Auftrag ist dort auch das Kollisionsrecht für die – nach nationaler Auffassung (vor-) vertragliche – Haftung[824] aus Verschulden bei Vertragsverhandlungen *(culpa in*

821 Irland hatte bereits zu Beginn des Gesetzgebungsverfahrens von der Möglichkeit Gebrauch gemacht, sich an den Verordnungen zu beteiligen, EG 44 Rom-I, EG 39 Rom-II-VO.

822 Gesetzgebungsverfahren unter Mitwirkung von Rat und Parlament gem. Art. 251 EG-Vertrag.

823 Hohloch, Gerhard, Die „Bereichsausnahmen“ der Rom-II-VO, IPrax 2012, 110 ff. (110, 116).

824 Beispielhaft Wagner, Volkmar, Haftung der Bieter für *culpa in contrahendo* in Vergabeverfahren, NZBau 2005, 436.

contrahendo) enthalten[825] . Darüber hinaus sind die unionsrechtlich normierten Anspruchskategorien mit denen des von ihnen abgelösten nationalen Kollisionsrechts nicht deckungsgleich[826]. Hinsichtlich ihres sachlichen Anwendungsbereichs sind die Rom-I- und die Rom-II-VO somit komplementäre Rechtsakte, decken aber zusammengenommen nicht das gesamte Schuldrecht ab[827]. Wesentliches Unterscheidungsmerkmal zwischen den in ihnen geregelten vertraglichen und außervertraglichen Schuldverhältnissen ist nach ständiger Rechtsprechung des EuGH die *Freiwilligkeit*, mit der eine Verpflichtung eingegangen worden ist bzw. die *Unfreiwilligkeit* auf Seiten dessen, dem Verpflichtungen von Gesetzes wegen entstanden sind[828]. Ein Vertragsbegriff des Europäischen IPR ist bisher nicht definiert worden[829], ebenso wenig wie ein Begriff des Schuldverhältnisses, auf den aber beide Verordnungen Bezug nehmen. Nach ihrem jeweiligen 7. Erwägungsgrund sollen sie hinsichtlich ihres Anwendungsbereichs und ihrer Bestimmungen sowohl untereinander als auch mit der Brüssel-I(a)-VO „im Einklang stehen“[830].

Was *Sekundär*ansprüche betrifft, die in Zusammenhang mit einem zugrundeliegenden Vertragsverhältnis stehen, hat der EuGH in einem Urteil vom 24. November 2020[831] durch seinen Großen Senat im Anwendungsbereich der Brüssel-Ia-VO eine Abgrenzung zwischen vertraglich und außervertraglich – im entschiedenen Fall deliktisch – einzuordnenden Sekundäransprüchen getroffen[832]. Nach den dortigen Ausführungen des Gerichtshofs ist der vom Kläger

---

825 Dass der 11. Erwägungsgrund der Rom-II-VO darüber hinaus die in den Mitgliedstaaten existierenden unterschiedlichen Definitionen außervertraglicher Schuldverhältnisse erwähnt, erklärt, dass „außervertragliche Schuldverhältnisse“ nach nationalem und unionsrechtlichem Verständnis kaum deckungsgleich sein können.

826 Beispielhaft zum Begriff der unerlaubten Handlung Palandt/*Thorn*, RZ 1 zu Art. 4 Rom-II-VO.

827 Hohloch, Die „Bereichsausnahmen“ der Rom-II-VO, IPrax 2012, 110 ff. (112)

828 Beispielhaft: Urteil des Gerichtshofs vom 17. September 2002, *Tacconi*, C-334/00, Rn. 23 (differenzierende Betrachtung der *culpa in contrahendo*); Hohloch, a.a.O., S. 112, Mayer, Haftung und Paarbeziehung, S. 436 m. zahlr. Nachw.

829 Mankowski, Peter, Der Vorschlag für die Rom-I-Verordnung, IPrax 2006, 101.

830 Köck, Die einheitliche Auslegung der Rom-I, Rom-II und Brüssel-I-Verordnung im europäischen internationalen Privat- und Zivilverfahrensrecht, S. 156, spricht insoweit von einer Auslegungsdirektive des Unionsgesetzgebers.

831 Urteil *Wikingerhof GmbH*, Rs. C-59/19, Rnrn. 32–36.

832 Der entschiedene Rechtsstreit betraf Sekundäransprüche aus einem Vertrag, der durch den Missbrauch einer marktbeherrschenden Stellung, mithin einer gegen die

zugrunde gelegte *Anspruchsgrund* maßgeblich: Eine Klage habe einen Vertrag oder Ansprüche aus einem Vertrag i. S. v. Art. 7 Nr. 1 Buchst. a der Verordnung Nr. 1215/2012 zum Gegenstand, wenn eine Auslegung des Vertrags sich als unerlässlich darstelle, um zu klären, ob das Verhalten, das der Kläger dem Beklagten vorwerfe, rechtmäßig oder widerrechtlich sei. Berufe sich der Kläger in seiner Klageschrift auf die Regeln über die Haftung aus unerlaubter Handlung oder einer Handlung, die einer unerlaubten Handlung gleichgestellt sei, d. h. auf einen Verstoß gegen eine gesetzliche Verpflichtung, und erscheine es nicht unerlässlich, den Inhalt des mit dem Beklagten geschlossenen Vertrags zu prüfen, um zu beurteilen, ob das diesem vorgeworfene Verhalten rechtmäßig oder rechtswidrig sei, weil die Verpflichtung des Beklagten unabhängig von diesem Vertrag bestehe, liege eine unerlaubte Handlung oder eine einer unerlaubten Handlung gleichgestellte Handlung vor.

Bezeichnenderweise sind „Schuldverhältnisse aus einem Familienverhältnis oder aus Verhältnissen, die nach dem auf diese Verhältnisse anzuwendenden Recht vergleichbare Wirkungen entfalten" sowie „Schuldverhältnisse aus ehelichen Güterständen, aus Güterständen aufgrund von Verhältnissen, die nach dem auf diese Verhältnisse anzuwendenden Recht mit der Ehe vergleichbare Wirkungen entfalten" aus den Anwendungsbereichen beider schuldrechtlicher Verordnungen ausgenommen (Art. 1 Abs. 2 Buchst. b und c der Rom-I-, Art. 1 Abs. 2 Buchst. a und b der Rom-II-VO). Diese stellen – neben Schuldverhältnissen aus anderen von der Union geregelten bzw. noch zu regelnden Rechtsgebieten, beispielsweise dem Gesellschaftsrecht – Bereichsausnahmen der Rom-I- bzw. Rom-II-VO dar.

Die Auslegung des Begriffs „Verhältnisse, die mit der Ehe oder anderen Familienverhältnissen vergleichbare Wirkungen entfalten", der zur Bezeichnung beider Bereichsausnahmen verwendet wird, richtet sich gemäß EG 8 der Verordnungen nach dem Recht des Mitgliedstaats, in dem sich das angerufene Gericht befindet. So ergibt sich eine Parallelität zu den Güterrechtsverordnungen, die die Beantwortung der Vorfragen nach dem Bestehen einer Ehe bzw. eingetragenen Partnerschaft ebenfalls dem Recht der teilnehmenden Mitgliedstaaten zuweisen. Davon abgesehen ist nach EG 8 der Rom-I- und EG 10 der Rom-II-VO unter Familienverhältnissen „die Verwandtschaft in gerader Linie, die Ehe, die Schwägerschaft und die Verwandtschaft in der Seitenlinie" zu verstehen.

---

gesetzlichen Vorschriften zum Schutz des Wettbewerbs verstoßenden Handlung, zustande gekommen war.

(ii) Abgrenzung zwischen den Anwendungsbereichen der schuldrechtlichen Verordnungen und ihren güterrechtlichen Bereichsausnahmen

Für die Abgrenzung der Anwendungsbereiche der Rom-Verordnungen zu denen der Güterrechtsverordnungen ist nach dem Vorstehenden wesentlich von Interesse, wie Schuldverhältnisse, die die Bereichsausnahmen der Ersteren bilden, d. h. Schuldverhältnisse aus einem Familienverhältnis bzw. ehelichen Güterständen und vergleichbaren Verhältnissen, von den durch die Rom-I- und die Rom-II-Verordnung erfassten Schuldverhältnissen abzugrenzen sind.

Einschlägige Quellen zu den völkerrechtlichen Vorläufern der beiden Rom-Verordnungen und der Brüssel-Ia-VO, der *Schlosser-Bericht*[833] zum Übereinkommen über den Beitritt Dänemarks, Irlands und des Vereinigten Königreich zum EuGVÜ[834] und der *Giuliani-Lagarde-Bericht* zum EVÜ[835], weisen darauf hin, dass seinerzeit eine restriktive Auslegung der Bereichsausnahmen der „ehelichen Güterstände“ beabsichtigt war und diese ausschließlich Ansprüche betreffen sollten, die sich *unmittelbar* aus den jeweiligen familienrechtlichen Rechtsverhältnissen ergäben.[836]

Dass neben ehe- bzw. partnerschaftsbedingten Vermögensbeziehungen auch Verträge über sonstige Leistungen wie Kauf-, Dienst- oder Darlehensverträge sowie echte Schenkungen denkbar sind[837], war für die Vorläuferabkommen der drei schuldrechtlichen Verordnungen selbstverständlich:

„Zwar“, so heißt es im *Schlosser*-Bericht von 1979, „enthalten manche Gesetze einzelne Bestimmungen speziell für den Fall, da[ss] solche [schuldrechtlichen] Beziehungen unter Ehegatten bestehen. … Auch die Rechtsprechung hat in

---

833 Bericht von Prof. Dr. Peter Schlosser (Berichterstatter der vom Rat einberufenen Arbeitsgruppe), zum Übereinkommen vom 9. Oktober 1978 über den Beitritt des Königreichs Dänemark, Irlands und des Vereinigten Königreichs Großbritannien und Nordirland zum Übereinkommen über die gerichtliche Zuständigkeit und die Vollstreckung gerichtlicher Entscheidungen in Zivil- und Handelssachen sowie zum Protokoll betreffend die Auslegung dieses Übereinkommens durch den Gerichtshof, ABl. C 59/88 vom 5. März 1979, Nr. 46.

834 Übereinkommen über die gerichtliche Zuständigkeit und die Vollstreckung gerichtlicher Entscheidungen in Zivil- und Handelssachen vom 27.09.1968.

835 Übereinkommen von Rom über das auf Schuldverhältnisse anzuwendende Recht, auch Europäisches Schuldvertragsübereinkommen, vom 19. Juni 1980.

836 Vgl. Palandt/*Thorn*, RZ 10 zu Art. 1 Rom-II-VO; OLG Nürnberg, Beschluss vom 31.10.2018 – 105 F 69/15 = FamRZ 2019, 840, Rn. 25 ff.

837 Hausmann, Ausgleichsansprüche zwischen Ehegatten …, Festschrift für Jayme, S. 307.

diesem Bereich gelegentlich Sonderregeln entwickelt, die der Tatsache Rechnung tragen sollen, da[ss] solche Beziehungen gerade zwischen Ehegatten bestehen. All dies ändert nichts daran, da[ss] Rechtsbeziehungen aus einem allgemeinen obligationenrechtlichen oder deliktischen Entstehungsgrund dem EuGVÜ auch dann unterliegen, wenn sie unter Ehegatten bestehen. …

Was die ehelichen Güterstände anbelangt, kann man demgemäß zur Tragweite des Art. 1 Abs. 2 Nr. 1 [EuGVÜ] folgendes sagen:

Das Übereinkommen gilt dann nicht …, wenn der Rechtsstreit Fragen zum Gegenstand hat, die während der Ehe oder nach deren Auflösung zwischen den Ehegatten untereinander, ausnahmsweise auch zwischen Ehegatten und Dritten, wegen solcher Rechte an oder auf Vermögen entstanden sind, die sich aus der ehelichen Beziehung ergeben[838]*. Die genannten Rechte umfassen auch alle durch Gesetz oder Ehevertrag festgelegten Verwaltungs- und Verfügungsrechte, bezogen auf Vermögen, das den Ehegatten wechselseitig gehört.*“[839]

Zwei Jahre später formulierte der *Giuliani-Lagarde*-Bericht zum EVÜ, dem Vorläuferübereinkommen der Rom-I-VO, Ähnliches in Bezug auf die dortige Bereichsausnahme der „ehelichen Güterstände“[840]:

„Im Gegensatz zu Artikel 1 Absatz 2 des ursprünglichen Vorentwurfs schließt die Fassung von Buchstabe b)[841] des Absatzes 2 [EVÜ] die Materie der Schenkungen nicht generell aus. Die Mehrzahl der Delegationen sprach sich für die Einbeziehung der sich aus einem Vertrag ergebenden Schenkungen in den Anwendungsbereich des Übereinkommens aus; dies gilt auch für Schenkungen innerhalb der Familie, soweit diese nicht unter das Familienrecht fallen. Vom Anwendungsbereich der einheitlichen Vorschriften ausgeschlossen bleiben daher nur jene vertraglichen Schenkungen, die dem Familienrecht, dem ehelichen Güterrecht oder dem Erbrecht unterstehen“.

---

838 Hervorhebung nur hier.

839 Schlosser-Bericht, ebd. Nr. 46 und 50.

840 Bericht über das Übereinkommen über das auf vertragliche Schuldverhältnisse anzuwendende Recht von Herrn Mario Giuliano, Professor an der Universität Mailand, und Herrn Paul Lagarde, Professor an der Universität Paris I, ABl. C 282 vom 31/10/1980, S. 1–50, Abschnitt (3) zu Titel 1, Anwendungsbereich des Übereinkommens.

841 „Die Vorschriften dieses Artikels sind nicht anzuwenden auf a) … b) Vertragsverhältnisse betreffend … – die ehelichen Güterstände, – die Rechte und Pflichten, die auf einem Familien-, Verwandtschafts- oder ehelichen Verhältnis oder auf einer Schwägerschaft beruhen, einschließlich der Unterhaltsverpflichtungen gegenüber einem unehelichen Kind …“

Dem folgend haben in den letzten Jahren sowohl der österreichische Oberste Gerichtshof (OGH)[842] als auch das OLG Nürnberg[843] ein Eingreifen der Bereichsausnahmen der schuldrechtlichen Verordnungen in Rechtsverhältnissen zwischen (früheren) Ehegatten mit der Begründung verneint, diese Ausnahmen beträfen keine Rechtsverhältnisse, die sich unmittelbar aus dem Familienrechtsverhältnis ergäben[844] (OLG Nürnberg) bzw. die „ihren Grund in der Ehe selbst haben" (OGH)[845].

Im Schrifttum nennt Thorn[846] als Beispiele für Ansprüche, die den Bereichsausnahmen der heutigen Rom-Verordnungen entsprechen, Unterhaltspflichten und Ansprüche aus dem Güterrecht, nicht dagegen Ansprüche aus außervertraglichen Schuldverhältnissen, bei denen diese familienrechtlichen Beziehungen einen *lediglich mittelbaren Einfluss* entfalten. Für die übrigen in EG 8 der Rom-I-VO genannten Familienverhältnisse werden in Rechtsprechung und Schrifttum analoge Einschränkungen vertreten. So sollen aus der Kindschaft sich ergebende Unterhaltsansprüche in den Anwendungsbereich der Bereichsausnahme des Art. 1 Abs. 2 Buchst. a fallen, aber nicht Ansprüche, die sachlich zwar im Kontext einer Bereichsausnahme entstehen, deren Rechtsgrund aber nicht das Familienverhältnis als solches ist, wie Ansprüche aus außervertraglichen Schuldverhältnissen, bei denen familienrechtliche Beziehungen lediglich einen mittelbaren Einfluss entfalten, beispielsweise Delikte zwischen Ehegatten und Angehörigen, die auch zwischen beliebigen Personen stattfinden könnten[847].

Für Hohloch[848] gehören zu den Bereichsausnahmen „Leistungs- und Verpflichtungsverhältnisse" mit gesetzlichem Entstehungsgrund in Ehe, Familie,

---

842 OGH Wien, Urteil vom 27.05.2015 – 6 Ob 29/15 f. (Anspruch aus Geschäftsführung ohne Auftrag aufgrund einseitiger Finanzierung und Erhaltung der Ehewohnung nach Auszug eines Partners sowie Anspruch auf Gesamtschuldnerausgleich wegen einseitiger Tilgung des für den Erwerb der Ehewohnung aufgenommenen Darlehens) Abschn. 1-1.4, unter ausdrücklichem Verweis auf den Schlosser-Bericht und die Übereinstimmung des sachlichen Anwendungsbereichs von Rom-I-, Rom-II- und Brüssel-I-VO.

843 Beschluss vom 31. Oktober 2018 – 7 UF 617/18 = FamRZ 2019, 840 (Deliktischer Anspruch des Kontoinhabers wegen Missbrauchs einer Bankvollmacht durch seinen Partner), Rnrn. 25 und 26.

844 OLG Nürnberg, Beschluss vom 31.10.2018 – 105 F 69/15 = FamRZ 2019, 840, Rn. 25.

845 A.a.O., Abschn. 1.

846 Palandt/*Thorn*, RZ 10 zu Art. 1 Rom-II-VO.

847 OLG Nürnberg vom 31. Oktober 2018, Rn. 25, Hohloch, Die Bereichsausnahmen …, S. 116.

848 IPrax 2012, 110 (117).

Erbrecht und den ihnen gleichgestellten Rechtslagen. Demgemäß sei das Ausgleichsverhältnis nach Beendigung eines Güterstandes, wenn und soweit es sich als gesetzliches Schuldverhältnis mit Ansprüchen und Verpflichtungen darstelle, Teil der Bereichsausnahme.

(iii) Stellungnahme

Dafür, dass die Bereichsausnahmen der heutigen Rom-I- und II-VO im vom *Schlosser-* bzw. vom *Giuliano-Lagarde*-Bericht inspirierten engen Sinn auszulegen sind, spricht mittlerweile auch die Auslegung der Bereichsausnahme zum Gesellschaftsrecht durch den EuGH. Dieser hat in der Rechtssache C-272/18 – wie zuvor noch ausführlicher Generalanwalt Saugmandsgaard Øe in seinen Schlussanträgen[849] – seinerseits Bezug auf den *Giuliano/Lagarde*-Bericht genommen[850]. Die in Rede stehende Bereichsausnahme zugunsten des Gesellschaftsrechts, heißt es in Rn. 36 des Urteils, betreffe ausschließlich die organisatorischen Aspekte von Gesellschaften, Vereinen und juristischen Personen, weshalb sie (nur) für „alle jene sehr komplexen Rechtsakte (Verträge, Verwaltungsakte, Registrierung)" gelte, „die für die Errichtung einer Gesellschaft erforderlich sind oder ihre innere Verfassung oder ihre Auflösung regeln."[851]

Wie der Generalanwalt ausgeführt hatte, sind z. B. Geschäfte in Bezug auf Gesellschaftsanteile von denen zu unterscheiden, die diesen Geschäften zugrunde liegende Verträge aufwerfen, die unter das Vertragsstatut *(lex contractus)* fallen: „Es geht daher in jeder Fallgestaltung darum, gewissenhaft eine Qualifikation vorzunehmen. In diesem Rahmen muss, worauf das vorlegende Gericht zu Recht hinweist, in der Regel eine differenzierende Qualifikation anhand der Rechtsfragen, die eine Klage aufwirft, vorgenommen werden. … allein der Umstand, dass ein Vertrag eine Verbindung zu ‚Fragen betreffend das Gesellschaftsrecht' hat, [bewirkt] nicht, dass die Verpflichtungen, die sich aus diesem Vertrag ergeben, vom Anwendungsbereich der Rom-I-Verordnung ausgenommen sind."

Mit seiner Entscheidung hat sich der Gerichtshof, den Schlussanträgen folgend, der engen Auslegung der Bereichsausnahmen der schuldrechtlichen

---

849 Schlussanträge des Generalanwalts Saugmandsgaard Øe in der Rechtssache C-272/18, Nr. 43, 44, 74, 77 und Fn. 11.

850 Urteil des Gerichtshofs vom 3. Oktober 2019, *Verein für Konsumenteninformation/TVP Treuhand-* und Verwaltungsgesellschaft für Publikumsfonds mbH & Co KG, Rs. C-272/18, Rn. 36.

851 So bereits im Urteil vom 8. Mai 2019, *Kerr*, C-25/18, EU:C:2019:376, Rn. 33.

Verordnungen angeschlossen. Auch lässt sich den Ausführungen des Generalanwalts, explizit das Unionsrecht betreffend, wiederum die Differenzierung zwischen Anspruchsgrund und Lebenssachverhalt entnehmen.

Gleichzeitig muss aber eine solche enge Auslegung der Bereichsausnahme „*aus* ehelichen Güterständen" ihrerseits davon bestimmt sein, was nach den Güterrechtsverordnungen in den unionsrechtlichen Begriff des Güterstands fällt. Die Bereichsausnahme muss Ansprüche umfassen, die zum unionsrechtlich definierten ehelichen Güterstand gehören, und zwar nicht nur aus Gründen der Kohärenz, sondern auch, um die einheitliche Auslegung der schuldrechtlichen Verordnungen innerhalb der Union nicht zu gefährden: Angesichts der unterschiedlichen räumlichen Anwendungsbereiche der schuldrechtlichen und der güterrechtlichen Verordnungen kann eine Änderung des Umfangs dieser Bereichsausnahmen gegenüber ihrem sachlichen Anwendungsbereich *vor* dem Geltungsbeginn der Güterrechtsverordnungen vom Unionsgesetzgeber nicht gewollt sein. Im Verhältnis der schuldrechtlichen Bereichsausnahmen zur EuGüterVO bleibt nur die Option einer verordnungsübergreifenden Abgrenzung des unionsrechtlichen Güterstands.

Dafür steht bisher allerdings nur die vom EuGH 1979 geprägte *de-Cavel*-Formel[853] zur Verfügung, die in die Definition des Güterstands in Art. 3 Abs. 1 Buchst. a EuGüterVO (Art. 3 Abs. 1 Buchst. b EuPartVO) übernommen wurde. Die aufgrund der Ehe oder Partnerschaft im Verhältnis zu Dritten geltenden Regelungen sind darin explizit aufgenommen worden, fanden aber auch im oben wiedergegebenen Zitat aus dem *Schlosser*-Bericht bereits Erwähnung[854]. Da sich Leistungs- und Verpflichtungsverhältnisse im Verhältnis zu Dritten nur in wenigen Fällen unmittelbar *aus* dem Güterstand ergeben werden – in Frage kommen hier wohl zuvorderst Bezüge zur Ehewohnung, zur Schlüsselgewalt oder zu Verfügungsbeschränkungen – und die am Rechtsstreit beteiligten Rechtssubjekte gerade nicht die Ehegatten bzw. Partner untereinander sind, erscheint die Aufnahme solcher Drittbeziehungen im Verhältnis zur *de-Cavel*-Formel hinnehmbar, was die Abstimmung der Anwendungsbereiche der Güterrechtsverordnungen wie der schuldrechtlichen Bereichsausnahmen im Verhältnis zu unechten Drittstaaten betrifft.

W e b e r[855] hält in einer einschränkenden Auslegung den Anwendungsbereich des Güterstands der europäischen Verordnungen nur für tangiert, „sofern

852 Nr. 49 bis 55 der Schlussanträge.

853 EuGH, Urteil *de Cavel*, Rechtssache 143/78, Slg. 1979, 1055, Rn. 8.

854 S. o. *Kap. VI 4 b (ii)*.

855 Weber, DNotZ 2016, S. 659 ff. (664, Fn. 23, 665, 666).

die Schließung, das Bestehen oder die Auflösung der Ehe *conditio sine qua non* für dieses vermögensrechtliche Rechtsverhältnis ist". Die notwendige Berücksichtigung des funktionalen Gesichtspunkts führe dazu, dass eine güterrechtliche Qualifikation eines Rechtsverhältnisses erst in Betracht komme, wenn das Rechtsgeschäft *gerade* der Ausgestaltung der Vermögensverhältnisse der Ehegatten[/Partner] diene. Die güterrechtliche Qualifikation sei dagegen nicht angezeigt, wenn das Rechtsverhältnis nicht ehebedingt ausgestaltet sei. Schlössen etwa Ehegatten einen Schenkungsvertrag mit Anrechnung auf den Zugewinnausgleich, so unterliege nur die Anrechnung dem Güterstand, nicht jedoch die Schenkung.

Hausmann[856] führt zugunsten eines umfassenderen Güterstandbegriffs an, die Güterrechtsverordnungen hätten auch die Aufgabe, Lücken des unionsrechtlichen Systems zu schließen: „Mit Hilfe dieser weiten Auslegung [des Güterstands], die auch das Recht der allgemeinen Ehewirkungen einbezieht, soweit vermögensrechtliche Aspekte der Ehe betroffen sind, sollen Zuständigkeitslücken im Grenzbereich zwischen der Brüssel-Ia-VO, der EuUnterhaltsVO und der EuGüterVO vermieden werden. Das gleiche Ziel wird auf dem Gebiet des Kollisionsrechts im Verhältnis zur Rom-I-VO angestrebt. ..."

Im Hinblick auf nationale Verbote von Schenkungen zwischen Ehegatten bzw. Normen, die die freie Widerruflichkeit solcher Geschäfte anordnen, plädiert Nordmeier[857] für deren güterrechtliche Qualifikation mit dem Argument, eine Anwendung der Rom-I-VO würde die grundsätzlich von den Güterrechtsverordnungen angestrebte Einheit des Güterstands untergraben. Über die Möglichkeit von Schenkungen von unbeweglichem Vermögen nach Art. 4 Abs. 1 Buchst. c Rom-I-VO würde so bei objektiver Anknüpfung das jeweilige Belegenheitsrecht, bei beweglichen Gegenständen nach Art. 4 Abs. 2 Rom-I-VO das Recht des gewöhnlichen Aufenthalts des Schenkers entscheiden. Dies laufe dem Grundanliegen des [damaligen] Vorschlags für die EuGüterVO zuwider, im Interesse von Rechts- und Planungssicherheit für die Ehegatten deren Vermögensbeziehungen umfassend *demselben* Recht zu unterstellen.

Die von Weber vertretene Einschränkung des Güterstandbegriffs nach der *de-Cavel*-Formel ist vor diesem Hintergrund zu hinterfragen. Denn gegen sie

856 Hausmann/Odersky, Internationales Privatrecht in der Notar- und Gestaltungspraxis, S. 308.

857 Schenkungen unter Ehegatten im Internationalen Privatrecht: Deutsch-portugiesische Fälle nach EGBGB, Rom-I-VO und EheGüRVO-E, Rezension zum Beschluss des OLG Frankfurt a.M. vom 12.04.2013, 4 UF 39/12, IPrax 2014, 411 (416).

spricht die Tatsache, dass der Anwendungsbereich der Güterrechtsverordnungen im Lauf des Gesetzgebungsverfahrens, beispielsweise durch die Streichung der Bereichsausnahmen hinsichtlich Gesellschaften und unentgeltlicher Zuwendungen unter Ehegatten, durch den Unionsgesetzgeber im Laufe des Gesetzgebungsverfahrens ausgeweitet und nicht verengt worden ist. Zudem ist der Güterstandbegriff seiner Formulierung nach an sich *kausal* angelegt, wie die Präposition „aufgrund" beweist, die seit dem *de-Cavel*-Urteil im Jahr 1979 verwendet wird. Auch die englische, französische und spanische Fassung der Verordnung drücken aus, dass die vermögensrechtliche Regelung ein Ergebnis[858] der Ehe oder deren Auflösung sein muss, was selbst die *conditio-sine-qua-non*-Formel andeutet. Der Ehe verdankt in dem von Weber gebildeten Beispielsfall aber nicht nur die Anrechnungsbestimmung ihre Existenz, sondern auch die Schenkung.

Nordmeier[859] weist darauf hin, dass eine Abgrenzung nach der Familienbezogenheit der Schenkung sich für den Einzelfall nur schwer konkretisieren lässt. Andererseits werde „[e]ine unentgeltliche Zuwendung … ihren Grund stets auch in der persönlichen Nähebeziehung von Schenker und Beschenkten haben, deren sinnfälliger Ausdruck bei Ehegatten die zwischen ihnen bestehende Ehe ist." Schenkungen zwischen Ehegatten bezweckten somit primär die Vermögensverteilung untereinander. Dies entspricht aber gerade der von Weber geforderten *funktionalen* Abgrenzung, die der EuGH in der Entscheidung *van den Boogaard*[860] im Verhältnis zum Unterhaltsrecht vorgenommen hat, dass nämlich das Güterrecht auf die Verteilung der Güter zwischen den Ehegatten abzielt. Bei der als Beispiel angeführten Schenkung mit Anrechnungsbestimmung ist dies aber auch der Fall, denn die Anrechnungsbestimmung wäre nicht getroffen worden, hätten die Ehegatten nicht bei der Vornahme des in derselben Urkunde enthaltenen Rechtsgeschäfts die wirtschaftlichen Auswirkungen von Schenkung *und* eventueller güterrechtlicher Auseinandersetzung im Auge gehabt. Was die von Hausmann angeführten schuldrechtlichen Parameter, konkret die von der Rom-I-VO ermöglichte unbeschränkte Parteiautonomie bzw. die objektive Anknüpfung an den gewöhnlichen Aufenthalt der Partei, die die vertragscharakteristische Leistung erbringt, betrifft, so sind diese auch hier nicht passend, vielmehr sollten die beiden Ehegatten mit dem anwendbaren Recht gleichermaßen

858 Engl.: „as *a result of* marriage or its dissolution", frz. „*qui résultent* du mariage ou de sa dissolution", span. „*como resultado* del matrimonio o de su disolución".

859 IPrax 2014, 417/18.

860 S. *Kap. VI 3 a (i)*.

verbunden sein.[861] Noch verfehlter wäre, die beiden Geschäfte im genannten Beispiel unterschiedlich zu qualifizieren.

Schließlich ist das vom Unionsgesetzgeber im Raum der Freiheit, der Sicherheit und des Rechts grundsätzlich angestrebte strategische Ziel eines lückenlosen Europäischen Zivil- und Zivilverfahrensrecht bei der Auslegung des Güterstandbegriffs zu berücksichtigen. Die unterschiedliche mitgliedstaatliche Beteiligung an den schuldrechtlichen und den güterrechtlichen Verordnungen, abgesehen von der unterschiedlichen gesetzgeberischen Legitimation, könnte hier zu sehr verschiedenen räumlichen Anwendungsbereichen führen. Denn würden die an der Verstärkten Zusammenarbeit teilnehmenden Mitgliedstaaten im entstehenden Schnittbereich die Güterrechtsverordnungen, die nicht teilnehmenden Mitgliedstaaten dagegen die Schuldrechtsverordnungen anwenden, so würden zumindest die Bereichsausnahmen der schuldrechtlichen Verordnungen nicht in allen Mitgliedstaaten in gleicher Weise ausgelegt und angewandt. Das Instrument der Verstärkten Zusammenarbeit würde sich so zu einer Gefahr für die einheitliche Anwendung des Unionsrechts entwickeln. Zwar könnte auch in den an den Güterrechtsverordnungen *nicht* teilnehmenden Staaten nach Art. 4 Abs. 3 bzw. 4 Rom-I-/Rom-II-VO die Möglichkeit einer Anknüpfung an das Güterrecht kraft engerer Verbindung genutzt werden. Dies ist jedoch nicht zwingend, da die im Folgenden dargestellten Fallkonstellationen in diesen Staaten kollisionsrechtlich in anderer Weise geregelt sein können. Dies bedeutet, dass selbst bei einem „Umweg über die Schuldrechtsverordnungen" die Gefahr einer uneinheitlichen Anwendung von Unionsrecht und als deren Folge ein Anreiz zum *Forum Shopping* bestehen bliebe.

Daher empfiehlt sich dringend, bei der Auslegung des Güterstandbegriffs und seiner Abgrenzung zu den „Schuldverhältnissen" Abweichungen von seinen grundlegenden Parametern, nämlich der Funktion der Vermögensverteilung und der Unmittelbarkeit, mit der sich Leistungs- und Verpflichtungsverhältnisse „*aus* dem Güterstand" ergeben müssen, zu vermeiden.

c) Ansprüche auf Ausgleich von Zuwendungen und Arbeitsleistungen

Ansprüche auf Ausgleich von Zuwendungen oder Arbeitsleistungen, die zugunsten des Partners oder in Schwiegerschaftsverhältnissen erbracht worden sind, sollen ungerechte Ergebnisse des anzuwendenden Güterrechts auffangen

861 Hausmann, Kap. B, RZ 551 zu Art. 15 EGBGB, S. 284.

und stellen damit nach der Definition von Wever Nebengüterrecht *im engeren Sinn* dar. Im gesetzlichen Güterstand der Zugewinngemeinschaft besteht dafür seltener eine Notwendigkeit als bei einer Gütertrennung, da der Zugewinnausgleichsanspruch ein möglicherweise während der Ehe zwischen den Partnern entstandenes wirtschaftliches Ungleichgewicht gerade nivellieren soll. Daher schließt der Bundesgerichtshof Ansprüche auf eine Korrektur ehebezogener Zuwendungen im Grundsatz aus, wenn die Ehegatten im gesetzlichen Güterstand der Zugewinngemeinschaft gelebt haben. Der Wert der durch solche Zuwendungen erworbenen Rechte sei „grundsätzlich als Aktiv- bzw. Passivposten in den Endvermögen der Ehegatten zu berücksichtigen und güterrechtlich auszugleichen. Nur soweit besondere Umstände einen güterrechtlichen Ausgleich als nicht tragbare Lösung erscheinen lassen, kann die Vereinbarung über die nicht abschließend vollzogene ehebezogene Zuwendung nach den Grundsätzen über den Wegfall der Geschäftsgrundlage an die mit dem Scheitern der Ehe eingetretene neue Situation angepasst werden."[862]

(i) Rückerstattung bzw. Anpassung von ehe- bzw. partnerschaftsbezogenen Zuwendungen

Nach den 2016 angenommenen Fassungen der Güterrechtsverordnungen gehören *unentgeltliche Zuwendungen* nicht mehr zu deren Bereichsausnahmen, wie dies noch in den ersten Vorschlägen der Kommission aus dem Jahr 2011 vorgesehen war.[863] Im damaligen 12. Erwägungsgrund der Verordnungsvorschläge hieß es erläuternd, Gültigkeit und Wirkungen unentgeltlicher Zuwendungen seien in der Rom-I-Verordnung geregelt und daher vom Anwendungsbereich der Güterrechtsverordnungen ausgenommen. Die Streichung dieser Bereichsausnahme dient als Hauptargument dafür, dass der Ausgleich ehe- und

---

862 Urteil des Bundesgerichtshofs vom 6. November 2002, XII ZR 242/99, Abschn. 3. Ebenso insbesondere die Urteile vom 03.12.1975 – IV ZR 110/74 (grundlegend), vom 10. Juli 1991 – XII ZR 114/89, Abschn. 1, Rn. 7, und vom 23. April 1997 – XII ZR 20/95, Abschn. 2 a.

863 Art. 1 Abs. 3 Buchst. c und e des Vorschlags für eine Verordnung des Rates über die Zuständigkeit, das anzuwendende Recht, die Anerkennung und die Vollstreckung von Entscheidungen im Bereich des Ehegüterrechts, KOM(2011) 125 endg., sowie Art. 1 Abs. 3 Buchst. d und f des Vorschlags für eine Verordnung des Rates über die Zuständigkeit, das anzuwendende Recht, die Anerkennung und die Vollstreckung von Entscheidungen im Bereich des Güterrechts eingetragener Partnerschaften, KOM(2011) 126 endg.

partnerschaftsbedingter Zuwendungen nunmehr dem unionsrechtlichen Güterrecht unterfallen soll.

Dass unentgeltliche Zuwendungen zwischen Ehegatten auch als Instrument des vermögensrechtlichen Ausgleichs dienen können, wurde in der Tat erst im Nachhinein ins Blickfeld der Kommission gerückt, denn die unentgeltlichen Zuwendungen wurden erst nach der Stellungnahme des Europäischen Parlaments zu den ursprünglichen Entwürfen im Jahr 2013[864] aus dem Katalog der Bereichsausnahmen entfernt. Die ursprünglich vorgesehene Ausnahme war möglicherweise darauf zurückzuführen, dass in einigen europäischen Rechtsordnungen Schenkungen zwischen Ehegatten entweder nur sehr eingeschränkt erlaubt oder ganz verboten sind[865], was vornehmlich mit Argumenten des Gläubigerschutzes begründet wird[866].

Mit der Streichung der Bereichsausnahme sind die anfangs zu erwartenden Qualifikationsprobleme hinsichtlich unbenannter Zuwendungen entfallen[867]. Diese wurden ursprünglich als besondere *entgeltliche* Rechtsgeschäfte familienrechtlicher Art angesehen, denn sie werden in Erwartung des Fortbestehens der

864 Die Bereichsausnahme für unentgeltliche Zuwendungen wurde mit der Neufassung der Verordnungsentwürfe vom 6. Oktober 2014 gestrichen, nachdem das Europäische Parlament diese Änderung mit seiner Stellungnahme vom 10. September 2013 (Legislative Entschließung des Europäischen Parlaments vom 10. September 2013 zu dem Vorschlag für eine Verordnung des Rates über die Zuständigkeit, das anzuwendende Recht, die Anerkennung und die Vollstreckung von Entscheidungen im Bereich des Ehegüterrechts (COM(2011)0126 – C7-0093/2011 – 2011/0059(CNS)), ABl. C 93 vom 09.03.2016), Änderung 28, vorgeschlagen hatte.

865 Hausmann, Rainer, Ausgleichsansprüche zwischen Ehegatten aus Anlass der Scheidung im IPR, in: Festschrift für Erik Jayme, Sellier, European Law Publishers, München 2004, S. 304 ff. (316). Ders., Internationales und Europäisches Familienrecht, 2. Aufl. 2018, Anhang zu Teil B, RZ 657.

866 Hausmann, Ausgleichsansprüche …, S. 317.

867 Da solche durch die Ehe- bzw. Partnerschaft bedingten unbenannten Zuwendungen im Gegensatz zur ausdrücklichen Nennung der unentgeltlichen Zuwendungen in den ersten Verordnungsentwürfen keinerlei Erwähnung fanden, wäre durch den EuGH zu klären gewesen, ob sie in den Bereich des Güterrechts fallen sollten oder nicht. Die Einordnung im Einzelfall wäre noch dadurch erschwert worden, dass, wie es schon in der Stellungnahme des deutschen Notarvereins zu den Verordnungsvorschlägen von 2011 hieß, „die (notarielle) Praxis … nicht schwarz-weiß (bzw. entgeltlich/unentgeltlich) ist, sondern … von Grauschattierungen beherrscht [wird]"; Stellungnahme des deutschen Notarvereins zu den Verordnungsvorschlägen vom 10. Juni 2011 (s. o. Fn. …) abrufbar unter www.dnotv.de/Dokumente/Stellungnahmen, S. 2.

Ehe als Beitrag zur Verwirklichung oder Ausgestaltung der ehelichen Lebensgemeinschaft erbracht und sollen letztlich auch dem Zuwendenden zugutekommen[868]. Erst seit 1991 charakterisiert sie der Bundesgerichtshof als *objektiv unentgeltlich*[869]. Rechtsgrund der Zuwendung ist für die Rechtsprechung ein „familienrechtlicher Vertrag *sui generis*“[870].

(ii) Stellungnahme

Die Rückerstattung bzw. Anpassung derartiger Zuwendungen ist seit dem Anwendungsbeginn der Güterrechtsverordnungen in der Tat güterrechtlich zu qualifizieren: Es handelt sich um Regelungen, die das Entfallen des vereinbarten Zwecks (Verwirklichung oder Ausgestaltung der ehelichen Lebensgemeinschaft) bzw. der Ehe als Geschäftsgrundlage der Zuwendung, die gerade die Verwirklichung und Ausgestaltung der ehe- oder partnerschaftlichen Verbindung im Auge hat, voraussetzen. Sie erfüllen somit die Definition des unionsrechtlichen Güterstands im jeweiligen Art. 3 Abs. 1 Buchst. a der Güterrechtsverordnungen, wonach sie zwischen den Ehegatten aufgrund der Ehe oder deren Auflösung gelten.[871] Gestützt wird diese güterrechtliche Qualifikation auch dadurch, dass die deutsche Rechtsprechung, wenn die Ehegatten im Güterstand der Zugewinngemeinschaft verheiratet sind, Ansprüche auf Rückerstattung unbenannter Zuwendungen, abgesehen von „schlechthin unangemessenen und unzumutbaren“ Fällen, mit der Begründung verneint, der güterrechtliche Zugewinnausgleich verdränge den Rückerstattungsanspruch.[872]

---

868 Vgl. BGH, Urteil vom 09.07.2008 – XII ZR 179/0, Rn. 15 = NJW 2008, 3277.

869 Hausmann, Internationales und Europäisches Familienrecht, Teil B RZ 550.

870 BGHZ 84, 367 = NJW 1982, 2236; BGH NJW-RR 1987, 69.

871 Ebenso u. a. Münchener Kommentar/*Looschelders*, 7. Aufl., C.H. Beck, München 2018, RN 98 zur EuGüterVO, m.w.N.; Heiderhoff, Bettina, Vorschläge zur Durchführung der EU-Güterrechtsverordnungen, IPrax 2017, S. 232 f.; Köhler, a.a.O., S. 149, Dutta, a.a.O., S. 1975.

872 Vgl. den ersten und zweiten Leitsatz des Urteils des Bundesgerichtshofs vom 10. Juli 1991 – XII ZR 114/89: „Zuwendungen, die Ehegatten während des gesetzlichen Güterstandes einander gemacht haben und deren Wert sie, gestützt auf das Scheitern der Ehe, zurückverlangen, werden grundsätzlich allein güterrechtlich ausgeglichen (Bestätigung der bisherigen Rechtsprechung, BGHZ 82, 227 …; BGH, FamRZ 1982, 778). Erstrebt der Zuwender in Abweichung von diesem Grundsatz eine Ausgleichung nach den Regeln über den Wegfall der Geschäftsgrundlage, so gehört zur schlüssigen Klagebegründung die Darlegung, daß das Ergebnis, zu dem der Zugewinnausgleich unter Einbeziehung der Zuwendung führt, schlechthin unangemessen und für ihn unzumutbar ist.“

(iii) Ausgleich von Arbeitsleistungen

Auch der Ausgleich von Arbeitsleistungen eines Ehegatten oder Partners zugunsten des anderen in Form einer Mitarbeit in dessen Betrieb oder von Leistungen zum Bau eines zunächst gemeinsam genutzten Hauses auf einem im Alleineigentum des Ehe-/Lebenspartners stehenden Grundstück wird von der Rechtsprechung, sofern nicht explizit ein schuldrechtlicher Vertrag darüber abgeschlossen wurde oder Ansprüche aus einer Innengesellschaft in Frage kommen, über die Annahme eines stillschweigend geschlossenen familienrechtlichen Kooperationsvertrags *sui generis* gelöst, der der Ausgestaltung der ehelichen Lebensgemeinschaft dient. Das Fortbestehen der Ehe [Partnerschaft] wird als Geschäftsgrundlage angesehen, die durch das Scheitern der Beziehung entfällt. Der Ausgleich erfolgt über § 313 BGB und muss den dort statuierten Billigkeitsanforderungen genügen.

Die dogmatische Begründung des Bundesgerichtshofs für diese Lösung wurde an einem Fall entwickelt, in dem ein Straßenbaupolier das von seiner Ehefrau allein erworbene Familienheim in Eigenarbeit umgebaut hatte[873]. Im Urteil wurde ausgeführt, dass zugunsten des Partners erbrachte Arbeitsleistungen nicht als Zuwendungen im Sinne von oben (i) angesehen werden könnten, da der Vermögensmehrung des Begünstigten keine entsprechende Vermögenseinbuße des Gebers gegenüberstehe. Das Verhalten der Parteien habe dennoch rechtsgeschäftliche Qualität, was schon daran zu erkennen sei, dass dem Kläger ein Wohnrecht an dem zu errichtenden Eigenheim habe bestellt werden sollen. Der Senat sehe daher auch hier im Verhalten der Parteien den schlüssigen Abschluss eines besonderen familienrechtlichen Vertrags, dessen Inhalt in erster Linie den ausdrücklichen Abreden der Parteien, ergänzend aber auch dem schlüssig zum Ausdruck gebrachten Parteiwillen zu entnehmen sei.

Beim Scheitern der Ehe, so der BGH in einer weiteren Entscheidung[874], führe auch im Fall von Arbeitsleistungen die Anwendung der Regeln über die Geschäftsgrundlage (analog zur Situation bei Vorliegen einer ehebedingten Zuwendung) zu angemessenen Ergebnissen. Denn wirtschaftlich betrachtet, stellten diese ebenso eine geldwerte Leistung dar wie die Übertragung von Vermögenssubstanz.

---

873 Urteil vom 8. Juli 1982 – IX ZR 99/80, BGHZ 84, 910 = FamRZ 1982, 910.

874 Urteil vom 13. Juli 1994 – XII ZR 1/93, FamRZ 1994, 1167, 1168. Mitarbeit der Ehefrau in der Baumschule ihres Mannes.

Bei der kollisionsrechtlichen Einordnung des nach § 313 BGB gewährten Ausgleichsanspruchs könnte die Überlegung des BGH, Arbeitsleistungen seien keine Zuwendungen, da es an einer Vermögenseinbuße auf Seiten des Leistenden fehle, zunächst Zweifel am Vorliegen einer „vermögensrechtlichen" Regelung im Sinne des jeweiligen Art. 3 Abs. 1 Buchst. a) der Güterrechtsverordnungen aufkommen lassen. Allerdings ist zu unterstreichen, dass der BGH trotz dieser Abgrenzung auch bei Arbeitsleistungen in der Rechtsfolge zum Ergebnis ihrer *finanziellen* Ausgleichspflichtigkeit kommt, und zwar unter Hinweis auf die wirtschaftliche Gleichwertigkeit von Arbeitsleistung und Zuwendung.[875] Zudem hat der Bundesgerichtshof in der zitierten Entscheidung aus dem Jahr 1994 die Höhe des Ausgleichsanspruchs auf die Kosten der Arbeitsleistung bei fiktiver Erbringung durch Dritte begrenzt. Auch in dieser Hinsicht ist die wirtschaftliche Bewertung der Arbeitsleistung in die Berechnung des Ausgleichsanspruchs mit eingeflossen, zumal der Bundesgerichtshof verlangt, dass deren Früchte beim Scheitern der Ehe als *Vermögensmehrung* noch vorhanden sein müssen[876]. Diese Forderung entspricht der Situation bei einem güterrechtlichen Ausgleich. Das Merkmal der Vermögensbezogenheit ist daher im Hinblick auf den Güterstandbegriff der EuGüter/PartVO zu bejahen.

Auch hinsichtlich des Merkmals der Ehe-/Partnerschaftsbezogenheit gilt bei Arbeitsleistungen Gleiches wie bei unbenannten Zuwendungen: Sie werden während bestehender Ehe zur Verbesserung der ehelichen Lebensumstände erbracht und haben im Fortbestehen der Verbindung der Partner ihre (Geschäfts-)Grundlage, die mit der Auflösung der Ehe entfällt. Dies rechtfertigt auch die gleiche international-privatrechtliche Einordnung unter die Güterrechtsverordnungen.

(iv) Ausgleich der Leistungen von Schwiegereltern

Ausgangspunkt der hier untersuchten Ausgleichsbegehren sind Zuwendungen und Arbeitsleistungen, die von den Eltern eines Partners entweder ausschließlich an ihr Schwiegerkind oder an dieses gemeinsam mit ihrem leiblichen Kind erbracht werden – und deren Aufrechterhaltung nicht mehr zumutbar erscheint, wenn die Ehe oder Partnerschaft scheitert.

Gegen das *eigene* Kind besteht in diesem Zusammenhang regelmäßig kein Ausgleichs- oder Rückforderungsanspruch: Der Bundesgerichtshof hat in derartigen Leistungen gegenüber dem eigenen Kind von Anfang an echte Schenkungen

875 Haußleitner, Otto, Schulz, Werner, Vermögensauseinandersetzung bei Trennung und Scheidung, 5. Aufl., Verlag C.H. Beck, München 2011, S. 362, Rn. 25.

876 BGH, a.a.O. (FamRZ 1994, 1168 ff.) S. 1168 f.

i. S. v. § 516 BGB gesehen, die nicht der Ehe wegen, sondern uneigennützig als Freigebigkeit an das Kind erfolgt sind[877]. Das Bestehen einer Geschäftsgrundlage im Verhältnis zwischen Eltern und eigenen Kindern ist zwar vorstellbar, dagegen kaum, dass diese Grundlage beim Scheitern der Ehe des Kindes entfallen sein soll[878].

Bei Zuwendungen zwischen Schwiegereltern und Schwiegerkind stellt sich die Lage anders dar: Der Bundesgerichtshof geht – seit einer Änderung seiner Rechtsprechung in zwei grundsätzlichen Entscheidungen aus dem Jahr 2010[879] – nunmehr auch im Verhältnis zu diesem von einer echten Schenkung und nicht mehr von einer sich aus der bestehenden Ehe erklärenden Zuwendung im Sinne eines familienrechtlichen Rechtsverhältnisses *sui generis* aus: Der Vermögensmehrung des Beschenkten stehe hier – im Unterschied zu unbenannten Zuwendungen unter Ehegatten – eine echte Vermögensminderung bei den schenkenden Schwiegereltern gegenüber, da diese im Gegensatz zu einem Ehe- oder Lebenspartner nicht davon ausgingen, im Rahmen der Lebensgemeinschaft auch selbst weiter von der Zuwendung profitieren zu können[880]. Wendeten Schwiegereltern ihrem Schwiegerkind etwas zu, so der BGH in der Entscheidung vom 3. Februar 2010, so geschehe dies primär in Ansehung ihres eigenen Kindes, denn die Zuwendung wäre regelmäßig nicht vorgenommen worden, würde es sich bei dem Empfänger nicht um den Partner des Kindes handeln. Bei einem Scheitern der Ehe entfalle damit die Geschäftsgrundlage der Schenkung. Auch Ansprüche wegen Zweckverfehlung aus § 812 Abs. 1 S. 2, 2. Alt. seien denkbar[881].

Durch die Änderung der „Schwiegereltern-Rechtsprechung" wird den rückfordernden Schwiegereltern – im Gegensatz zur früheren Auffassung des Gerichts, wonach zugunsten der Schwiegereltern lediglich Ansprüche aus abgeleitetem Recht des eigenen Kindes in Betracht kamen – nunmehr

877 So schon die frühere BGH-Rechtsprechung, vgl. das Urteil vom 28. Oktober 1999, XII ZR 255/96.

878 BGH, Urteil vom 3. Februar 2010, XII ZR 189/2006 = FamRZ 2010, S. 958, Rn. 27: Die im Schenkungsrecht normierten Rückforderungsansprüche wegen Nichterfüllung von Auflagen, Verarmung des Schenkers oder groben Undanks (§§ 527, 528 und 530 BGB) seien, so der BGH, als Sonderfälle des Wegfalls der Geschäftsgrundlage anzusehen, außerhalb dieser normierten Fälle bleibe jedoch der Grundtatbestand des § 313 BGB anwendbar.

879 Urteile vom 3. Februar 2010, XII ZR 189/2006 = FamRZ 2010, S. 958, sowie vom 21. Juli 2010, XII ZR 180/09 = FamRZ 2010, S. 1626.

880 A.a.O. (Urteil vom 3. Februar 2010), Rnrn. 11 und 21 ff., 36.

881 Ebd. Leitsätze 1 und 3.

ein *eigener*, direkter Rückforderungsanspruch gegen das Schwiegerkind zugesprochen[882]. Dies betrifft auch die Fälle von Überweisungen der Schwiegereltern an gemeinschaftliche Konten des eigenen Kindes und des Schwiegerkindes. Wenn vor der Änderung das Interesse der Schwiegereltern mangels eigenen Anspruchs dahin ging, zu beweisen, dass das Geld ausschließlich dem eigenen Kind geschenkt worden sei[883], so müssen sie nunmehr darlegen und beweisen, dass das Geschenk beiden Ehegatten, d. h. nicht nur dem eigenen Kind gegolten hat, wofür nach Auffassung des Bundesgerichtshofs weder ein Erfahrungssatz noch eine tatsächliche Vermutung besteht[884].

(v) Stellungnahme

Die Rückforderung von Schwiegereltern-Zuwendungen unterfällt bei Zugrundelegung der jetzigen höchstrichterlichen Rechtsprechung auch als mehrseitiges Rechtsverhältnis ebenfalls den güterrechtlichen Verordnungen: Das Entfallen der Geschäftsgrundlage bzw. der Zweckfortfall der Zuwendung oder Arbeitsleistung, wodurch der Anspruch der Schwiegereltern (als „Dritten" im Sinne der Güterstanddefinition in Art. 3 Abs. 1 EuGüter/PartVO) entsteht, steht in unmittelbarem Zusammenhang mit der Beendigung der Ehe und lässt somit eine Regelung eingreifen, die aufgrund der Ehe oder ihrer Auflösung im Verhältnis zu Dritten gilt. Damit unterfallen auch solche Rückforderungsansprüche von Schwiegereltern in aller Regel den Güterrechtsverordnungen.

(vi) Ausgleich von Leistungen des Schwiegerkindes an seine Schwiegereltern

Ansprüche des Schwiegerkindes gegen seine Schwiegereltern ergeben sich zum Beispiel, wenn dieses durch Geld- und/oder Arbeitsleistungen zur Verbesserung einer den Schwiegereltern gehörenden, von Kind und Schwiegerkind

---

882 Die nach der früheren Rechtsprechung regelmäßig anzustellende Prüfung, ob bei noch nicht durchgeführtem Zugewinnausgleich zwischen Kind und Schwiegerkind die in § 313 Abs. 1 geforderte Unzumutbarkeit der Aufrechterhaltung der Rechtslage entfiel, weil sich der Zugewinnausgleichsanspruch des eigenen Kindes durch die Zuwendung (die seinerzeit nach § 1374 Abs. 2 nicht in das Anfangsvermögen des Schwiegerkindes fiel) erhöhte, erübrigt sich damit.

883 Vgl. Urteil des Bundesgerichtshofs vom 12. April 1995, XII ZR 58/94 = FamRZ 1995, 1060.

884 BGH, a.a.O, Nr. 1 der Urteilsbegründung.

unentgeltlich bewohnten Immobilie beigetragen hat. Die Rechtsprechung sieht die dieser Nutzung zugrundeliegende Vereinbarung als Leihe an.[885]

Möchte das Schwiegerkind nach dem Scheitern der Ehe seine Investitionen zurückerstattet oder ausgeglichen haben, ist dies nach Auffassung der Rechtsprechung erst möglich, wenn *beide* Ehegatten die Wohnung der Schwiegereltern verlassen haben, da erst der Wegfall des Leihverhältnisses *insgesamt* einen Kondiktionsanspruch des Schwiegerkindes durch Entfallen des Rechtsgrunds der Leistung i. S. v. § 812 Abs. 1 S. 2, 1. Alt. entstehen lässt.[886] Ein Anspruch des Schwiegerkindes gegen die Schwiegereltern bestehe nicht, solange noch eines der Mitglieder der durch den Ausbau oder die Renovierung mit Wohnraum versorgten Familie in der ausgebauten oder renovierten Wohnung lebe, da die Leihe als solche unteilbar sei. Nach einem Urteil des OLG Brandenburg[887] kommt in derartigen Fällen jedoch ein Anspruch des Schwiegerkinds gegen seinen vormaligen Partner auf Nutzungsentschädigung nach § 1361 b Abs. 3 S. 2 BGB in Betracht. Diese Vorschrift könne nicht nur dann herangezogen werden, wenn das bestehende Nutzungsrecht dinglicher, sondern auch dann, wenn es schuldrechtlicher Natur sei[888].

Die Berechnung des Kondiktionsanspruchs soll auf der Grundlage der Steigerung des Ertragswerts der Wohnung durch die vorgenommenen Verbesserungen

---

885 Vgl. den vom OLG Brandenburg im Urteil vom 5. August 2009, 3 U 110/08, ECLI: DE:OLGBB:2009:0805.3U110.08.0A, entschiedenen Fall: „Den Ausbauarbeiten des Klägers lag die mit den Beklagten getroffene Abrede zugrunde, ihm und seiner Familie den Dachraum zunächst zum Ausbau und nach Schaffung einer Familienwohnung zur dauerhaften Wohnnutzung zu überlassen. Eine derartige Abrede zwischen den Eigentümern eines Hauses und deren Schwiegersohn kann als Leihe qualifiziert werden (BGH NJW 1985, NJW Jahr 1985 Seite 313 ff.; BGHZ 111, BGHZ Band 111 Seite 125 ff.). Im Hinblick auf den nach dem Vertragsschluss erfolgenden Ausbau des zunächst noch ungenutzten Dachraums erfolgt dabei keine Festlegung eines Nutzungsentgelts. Die Einigung auf den Leihvertrag berücksichtigt stattdessen die erforderlich werdenden Investitionen des Entleihers; sie ist darauf gerichtet, dass eine Wohnnutzung erst nach der Vornahme von Arbeiten möglich wird, die der Entleiher selbst finanzieren soll, weshalb er dann nach der entsprechenden Veranlassung aber auch kein (weiteres) Entgelt für die – insoweit selbst geschaffene – Nutzungsmöglichkeit zahlen muss."

886 Ständige Rechtsprechung seit dem Beschluss des Bundesgerichtshofs vom 10. Oktober 1984, VIII ZR 152/83 = FamRZ 1985, 150 = NJW 1985, 313, Abschnitt II.

887 OLG Brandenburg, a.a.O., Abschnitt II. 1. C der Urteilsbegründung.

888 S. auch OLG Rostock, Beschluss vom 6. September 2016, 10 UF 206/15 = FamRZ 2017, 433; im selben Sinn OLG Hamm, 14 UF 166/13 = FamRZ 2013, 2014 (2016).

erfolgen. Allerdings seien dabei die Grundsätze zu berücksichtigen, die der BGH für den Ausgleich von Mieterleistungen (Baukostenzuschuss, eigene Aus- und Umbauten) bei vorzeitiger Beendigung langfristiger Miet- und Pachtverhältnisse entwickelt habe.[889]

Was die kollisionsrechtliche Einordnung des Ausgleichsanspruchs angeht, fällt das zugrundeliegende Leihe- oder Mietverhältnis nach dem oben dargestellten Abgrenzungskriterien[890] nicht in die güterrechtliche Bereichsausnahme der Rom-I-VO, da diese eng auszulegen und das Schuldverhältnis nicht unmittelbar „aus der Ehe" entstanden ist. Die Leihe ergibt sich weder direkt aus dem Familienrechtsverhältnis, noch hat sie ihren Grund in der Ehe selbst: Wirtschaftlich liegt in den meisten Fällen, genauer betrachtet, eine *Win-Win*-Situation vor, da einerseits die Schwiegereltern die Wohnmöglichkeit günstig zur Verfügung stellen, das Schwiegerkind andererseits aber seine Arbeitskraft und finanziellen Investitionen einsetzt, um diese zu renovieren oder überhaupt bewohnbar zu machen, und so den Wert der Immobilie steigert. Zwar wird in der Mehrzahl der Fälle *auch* eine familiäre Motivation vorliegen: In der zitierten Entscheidung des OLG Brandenburg ging es dem Schwiegersohn beim Ausbau des Dachgeschosses wesentlich um die Schaffung eines eigenen Familienheims, an dessen fortdauernder Nutzung er selbst partizipieren wollte; im Fall des BGH aus dem Jahr 1984 war wesentliches Motiv der Beklagten, die Familie ihrer Tochter bei sich zu haben. Dies rechtfertigt aber nicht die Herausnahme der jeweiligen Rechtsverhältnisse aus den schuldrechtlichen Verordnungen, konkret aus der Rom-II-VO. Denn die konkreten (schuldvertraglichen) Absprachen sind den Ansprüchen des Schwiegerkindes nur rechtlich vorgelagert. Dies gilt insbesondere für die nach dem Entfallen der Leihe entstehenden Bereicherungsansprüche, da diese sich gerade nicht aus der Ehe, sondern erst aus der vollständigen Beendigung der *Leihe* ergeben. Die familienrechtlichen Beziehungen der Beteiligten entfalten so lediglich *mittelbaren Einfluss*.

Dafür spricht auch, dass in dieser Konstellation – im Unterschied zu den unter oben *(iii)* untersuchten Situationen (Schenkungen der Schwiegereltern an Schwiegerkind) – auf Seiten der Ehegatten (Kind oder Schwiegerkind) keinerlei Vermögen gebildet wird, das auch nur theoretisch von einem güterrechtlichen

---

889 Bundesgerichtshof, a.a.O. Für die Grundsätze des Ausgleichs der Mieterleistungen die Urteile des BGH in NJW 1959, 872 = WM 1959, 538, BGHZ 29, 289 = NJW 1959, 1425 zitiert.

890 S. o., *Kap. VI 4 b (iii)*.

Ausgleich betroffen sein könnte, sondern dass auf Dauer lediglich das Vermögen der Schwiegereltern gemehrt wird.

Das anzuwendende Recht ist somit nach Art. 10 der Rom-II-VO zu bestimmen, da der Anspruchsgrund nach den zitierten Urteilen im Bereicherungsrecht liegt. Greift die in Art. 10 Abs. 1 normierte Alternative, ist das Recht des Staates anwendbar, dem auch die Leihe unterliegt.

Die internationale Zuständigkeit liegt gemäß Art. 4 der Brüssel-Ia-VO im Wohnsitzstaat des Beklagten, wobei fraglich ist, ob die in Deutschland in § 266 Abs. 1 Nr. 4 FamFG normierte sachliche Zuständigkeit des Familiengerichts für Streitigkeiten „im Zusammenhang mit Trennung oder Scheidung oder Aufhebung der Ehe" in Anbetracht der obigen Überlegungen aufrecht erhalten bleibt oder vielmehr entfallen müsste. Angesichts der Unterschiedlichkeit der Kriterien zwischen der Brüssel-Ia-Verordnung, die lediglich die internationale, und dem nationalen Verfahrensrecht, das die sachliche Zuständigkeit bestimmt, sollte m. E. an der Zuweisung zu den Familiengerichten festgehalten werden.

d) Ansprüche aus der Auseinandersetzung von Innengesellschaften

(i) Begründung und international-privatrechtliche Qualifikation

Der Bundesgerichtshof hat Korrekturen der Ergebnisse des Güterrechts auch durch Rückgriff auf Vorschriften des Gesellschaftsrechts vorgenommen, wenngleich das Gericht betont, dass Auseinandersetzungsansprüche aus Ehegatteninnengesellschaften (im Unterschied zu den oben dargestellten Ansprüchen auf Ausgleich von Zuwendungen und Arbeitsleistungen) gegenüber der güterrechtlichen Auseinandersetzung nicht subsidiär seien[891].

Bei Beiträgen zu einem über die Lebensgemeinschaft hinausgehenden Gesellschaftszweck ist das Gericht – unabhängig von der letztendlichen Vermögensinhaberschaft – mehrfach auch vom Vorliegen einer *stillschweigend* abgeschlossenen Ehegatteninnengesellschaft ausgegangen. Wirtschaftliche Ansprüche zwischen den Ehegatten und Partnern ergeben sich daraus, dass die Innengesellschaft bei Beendigung der Zusammenarbeit liquidiert wird und jeder Mitgesellschafter Anspruch auf seinen Anteil am Auseinandersetzungsguthaben

891 BGH, Urteil vom 28. September 2005, XII ZR 189/02, Rn. 12, Rn. 21 und LS 2; Wever, Vermögensauseinandersetzung außerhalb des Güterrechts, RZ 950, 1183.

hat, dessen Höhe nach §§ 732–734 BGB zu ermitteln ist[892]. Das konkrete Beteiligungsverhältnis am resultierenden Guthaben richtet sich nach den zwischen den Gesellschaftern getroffenen Absprachen zur Verteilung von Gewinn und Verlust. Sind solche Absprachen nicht getroffen worden, weil das Gericht davon ausgeht, dass eine Innengesellschaft stillschweigend vereinbart wurde, ergibt sich aus § 722 Abs. 1 BGB, dass im Zweifel eine Beteiligung zu gleichen Anteilen anzunehmen ist[893].

Auch eine konkludent abgeschlossene Ehegatteninnengesellschaft setzt voraus, dass die Eheleute bzw. eingetragenen Partner mit ihren beiderseitigen Leistungen einen über den typischen Rahmen der Lebensgemeinschaft hinausgehenden Zweck verfolgen, indem sie durch Einsatz von Vermögenswerten und Arbeitsleistungen gemeinsam ein Vermögen aufbauen oder berufliche bzw. gewerbliche Tätigkeiten ausüben[894]. Ist ein solcher Zweck nicht vorhanden und dient der Einsatz von Vermögen und Arbeit nur der Verwirklichung der ehelichen Lebensgemeinschaft bzw. deren Ausstattung, etwa durch den gemeinschaftlichen Bau eines Familienheims, oder geht eine Mitarbeit im Betrieb des Partners nicht über den Rahmen des für die Ehegattenmitarbeit Üblichen hinaus, scheidet eine konkludente Ehegatteninnengesellschaft aus. Denn im Gegensatz zur ehe- oder partnerschaftsbedingten Zuwendung bzw. Arbeitsleistung werden die Beiträge zur Innengesellschaft nicht um der Beziehung willen geleistet, sondern im *Eigeninteresse* jedes Gesellschafters[895].

Es darf sich, zweitens, nicht um eine auf Seiten eines Partners lediglich untergeordnete Tätigkeit handeln, sondern die aktive Beteiligung beider Partner muss gleichgeordnet[896] sein und mit beiderseitiger Beteiligung an Gewinn und Verlust erfolgen. Die geforderte *Gleichordnung* ist allerdings nicht im Sinne einer wirtschaftlichen Gleich*wertigkei*t in Form gleich hoher oder gleichartiger Beiträge an Finanzierungsmitteln oder sonstigen Leistungen zu verstehen.[897]

---

892 Gerhardt, Peter, v. Heintschel-Heinegg, Bernd, Klein, Michael/ *v. Heintschel-Heinegg*, Handbuch des Fachanwalts für Familienrecht, 10. Aufl. 2015, Kap. 10, Rn. 46 f., S. 1539.

893 BGH, Urteil vom 30. Juni 1999, XII ZR 230/96 = FamRZ 1999, 1580 ff. (1585) = NJW 1999, 2962, 2963.

894 BGH, Urteil vom 10. Juni 2015, IV ZR 69/14 = IPrax 2016, 384 ff. = FamRZ 2015, 1379 ff., insb. Abschnitt II 1 des Urteils („Zu a"), mit zahlr. Rechtsprechungsnachweisen.

895 Haußleitner/Schulz, S. 333, RZ 207.

896 BGH, Urteil vom 30. Juni 1999, XII ZR 230/96; Christandl, FamRZ 2012, 1682.

897 Rn. 18 des Urteils.

Die mit Beendigung der Gesellschaft entstehenden Ausgleichsansprüche haben nach Auffassung der Rechtsprechung nicht die immanente Voraussetzung, dass eine befriedigende Lösung über das anwendbare Güterrecht nicht erreicht werden kann. Auch sind Ansprüche aus einer Ehegatteninnengesellschaft nicht notwendig auf den Zeitraum des Bestehens einer Ehe oder Lebenspartnerschaft beschränkt, die Innengesellschaft kann auch bereits *vor* der Eheschließung durch Zusammenwirken der Partner im Stadium einer nichtehelichen Lebensgemeinschaft entstanden sein[898]. Ungeachtet dieser systematischen Eigenständigkeit des Rechtsinstituts vom bestehenden Güterstand wurde im Schrifttum geäußert, es sei nichts anderes als ein „juristischer Kunstgriff zur Beseitigung von güterrechtlich bedingten, als unbillig empfundenen Härten“[899].

Konkludent abgeschlossene Innengesellschaften sind von der Rechtsprechung in der Tat vorwiegend in Fällen der Gütertrennung angenommen worden: Die Vorstellung der Ehegatten, über den Zugewinnausgleich an dem gemeinsam Erarbeiteten teilzuhaben, so der BGH, spreche eher dagegen, ihr Verhalten betreffend ihre gemeinsame Arbeit oder Wertschöpfung als Abschluss eines Gesellschaftsvertrags auszulegen. Daher sei der Umstand, dass die Ehegatten im gesetzlichen Güterstand lebten, als gewichtiges Indiz gegen das Zustandekommen einer Innengesellschaft durch schlüssiges Verhalten zu werten, wenngleich diese Möglichkeit nicht ausgeschlossen sei[900].

In Hinblick auf die international-privatrechtliche Einordnung spielt auch hier eine Rolle, dass die ursprünglichen Kommissionsentwürfe der Güterrechtsverordnungen in Art. 1 Abs. 3 Buchst. e EuGüterVO-E (Art. 1 Abs. 3 Buchst. f PartVO-E) vorsahen, „Ehegattengesellschaften“ bzw. „Gesellschaften zwischen Partnern“ aus dem Anwendungsbereich beider Rechtsakte auszunehmen, während diese Bereichsausnahme im heutigen Text der Verordnungen nicht mehr erscheint[901]. Teile des deutsche Schrifttums wie auch die Rechtsprechung waren vor dieser Streichung der (auch in der Rom-I-, Rom-II- und EuErbVO normierten) Bereichsausnahme zugunsten des Gesellschaftsrechts davon ausgegangen,

898 Bundesgerichtshof, Urteil vom 28. September 2005, XII ZR 189/02, Rn. 27.

899 Christandl, Gregor, Die Ehegatteninnengesellschaft im internationalen Privatrecht mit besonderer Berücksichtigung deutsch-spanischer Sachverhalte, FamRZ 2012, 1692 (1693); für weitere Äußerungen der Literatur in ähnlichem Sinn s. Fn. 7 des Aufsatzes sowie Wedemann, Die Qualifikation …, IPrax 2016, 256, Fußn. 34, und Mayer, IPrax 2016, 334, Fußn. 5.

900 Vgl. BGH, Urteil v. 28.09.2005 – XII ZR 189/02 = NJW 2006, 1268, 1269, Rn. 12 m.w.N.

901 Wie die ursprünglich vorgesehene Bereichsausnahme der „unentgeltlichen Zuwendungen“.

dass bloße Innengesellschaften dem Vertragsstatut und nicht dem Gesellschaftsstatut unterliegen sollten[902]. Letzteres solle verselbständigten Gebilden vorbehalten bleiben, deren Rechtswirkungen sich nicht auf die unmittelbar daran Beteiligten beschränkten[903], so ein Urteil des BGH[904] zu einer im Hinblick auf spanische Immobilien angenommenen, konkludent begründeten Ehegatteninnengesellschaft.[905] Die funktionale Nähe zum Ehegüterstatut lege allerdings eine akzessorische Anknüpfung der Ausgleichsansprüche an das Güterrecht nahe.

Seit der Annahme der endgültigen Fassung der Güterrechtsverordnungen herrscht in der deutschen Literatur die Auffassung vor, die Güterrechtsverordnungen seien auf Ansprüche aus Innengesellschaften anwendbar[906], da die Bereichsausnahme von Gesellschaften zwischen Ehegatten und Partnern aus den ersten Entwürfen eliminiert worden sei. Judikate sind bisher noch nicht vorhanden.

(ii) Stellungnahme

Neben der Streichung der Bereichsausnahme sprechen die oben zitierten Überlegungen des BGH, wonach der Abschluss einer Ehegatteninnengesellschaft vor allem naheliegend ist, wenn für die Ehe oder Partnerschaft Gütertrennung gilt, so dass letztlich in der Tat als unbillig empfundene Ergebnisse des Güterrechts korrigiert werden sollen, für eine güterrechtliche Einordnung des Rechtsinstituts.

---

902 BGH, Urteile vom 10. Februar 2009, VI ZR 28/08 = NJW 2009, 1482, Rn. 10, sowie vom 13. September 2004, II ZR 276/02 = NJW 2004, 3706, 3708; Mayer, Claudia, Nebengüterrecht im IPR – Qualifikation der Ansprüche aus einer Ehegatteninnengesellschaft, IPrax 2016, 353, mit zahlreichen Literaturnachweisen.

903 Wedemann, Frauke, Die Qualifikation von (Ehegatten-)Innengesellschaften, ehebezogenen Zuwendungen und familienrechtlichen Kooperationsverträgen, IPrax 2016, 252 (253); ähnlich Palandt/*Thorn*, RZ 12 zu Art. 1 Rom-I-VO. S. a. oben *Kap. VI 4 b (ii).*

904 Es handelt sich um das bereits zitierte Urteil vom 10. Juni 2015, IV ZR 69/14 = IPrax 2016, 384 ff. = FamRZ 2015, 1379 ff.

905 So auch Mayer, Nebengüterrecht ..., S. 354, Wedemann, IPrax 2016, 253. A.A. Christandl, FamRZ 2012, 1692 (1694): „Die engste *rechtliche* Beziehung [i. S. v. Art. 4 Abs. 4 Rom-I-VO] besteht bei der Ehegatteninnengesellschaft ... mit jenem Recht, dessen Regelungen sie korrigiert, und damit mit dem Recht des Güterstands". Ebenso Andrae, Internationales Familienrecht, § 5 RZ 17.

906 Münchener Kommentar zum BGB/*v. Hein*, 7. Aufl. 2018, RZ 100 zur EuGüterVO; Wedemann, Die Qualifikation von (Ehegatten-)Innengesellschaften ..., IPrax 2016, 252 (256). Mayer, Nebengüterrecht im IPR, 353, IPrax 2016, 353.

Gleichzeitig wird bei einem Gleichlauf zwischen anwendbarem Güterrecht und dem Recht der Innengesellschaft ein Auseinanderfallen der internationalen Zuständigkeit verhindert, und die Einordnung unter das Güterrecht wäre in den meisten Fällen sicher auch deshalb sachgerecht, weil sich im Zusammenwirken der Partner nicht ein für eine „normale" Gesellschaft typisches, vorwiegend wirtschaftlich ausgerichtetes Verhältnis der Gesellschafter, sondern vielmehr das zwischen den Partnern bestehende enge persönliche Verhältnis widerspiegelt.

Andererseits können in einzelnen Fällen Zweifel daran entstehen, dass es sich um explizit oder konkludent vereinbarte, „fakultative Regelungen" (vgl. EG 18 EuGüterVO) handelt, die aufgrund der Ehe/Partnerschaft oder deren Auflösung gelten, also dem unionsrechtlichen Begriff des Güterstands unterfallen. Dass eine Ehegatteninnengesellschaft nicht notwendig auf den Zeitraum des Bestehens einer Ehe oder Lebenspartnerschaft beschränkt ist[907] und der Zweck einer Ehegatteninnengesellschaft (mutmaßlich auch einer Gesellschaft zwischen eingetragenen Partnern) über die Verwirklichung der Statusbeziehung hinausgehen muss, spricht vielmehr dagegen. Der Gesetzgeber hat sich zwar – auf Initiative des Europäischen Parlaments[908] – dafür entschieden, dass Gesellschaften zwischen Ehegatten/Partnern keine Bereichsausnahmen mehr darstellen, also nicht von vornherein und pauschal aus dem Anwendungsbereich der Güterrechtsverordnungen ausscheiden sollen. Dies kann aber nicht heißen, dass sie nicht an den Kriterien der Güterrechtsverordnungen zu messen wären.

Wenn der Bundesgerichtshof einerseits zwar die grundsätzliche Unabhängigkeit der gesellschaftsrechtlichen Auseinandersetzung vom bestehenden Güterstand hervorhebt, andererseits aber betont, die Geltung des gesetzlichen Güterstands sei als gewichtiges Indiz *gegen* das Zustandekommen einer stillschweigenden Ehegatteninnengesellschaft anzusehen, lässt dies den Schluss zu, dass den Umständen des konkreten Einzelfalls entscheidende Bedeutung zukommt:

So ist es, was den zeitlichen Aspekt von Entstehung und Beendigung der Innengesellschaft betrifft, nicht nur möglich, dass die Gesellschaft vor der Formalisierung der Beziehung entstanden ist, sondern auch, dass sie nach der Trennung weiter fortbesteht. Dies wird im Fall der in einem überschaubaren Betrieb des Ehemanns mitarbeitenden Ehefrau vielleicht nicht oft der Fall sein. In Konstellationen, in denen Angestellte das Tagesgeschäft erledigen und die Kooperation der Partner sich auf finanzielle Beiträge beschränkt, ist der Gedanke

907 Bundesgerichtshof vom 28. September 2005 – XII ZR 189/02, Rn. 27.

908 Nordmeier, IPrax 2014, 417.

eines solchen Fortbestehens dagegen sogar naheliegend. In solchen Fällen ist nicht davon auszugehen, dass die Auseinandersetzungsansprüche *aufgrund* der Auflösung der Ehe oder Partnerschaft gelten. Zwar werden unter „Profis" die entsprechenden Absprachen eher schriftlich getroffen werden. Da aber der Anspruch auf das Auseinandersetzungsguthaben aus einem vertraglichen Verhältnis entsteht und in dessen Rahmen auch frei gestaltet werden kann, sollte in solchen Fällen nach wie vor von der Geltung der Rom-I-Verordnung ausgegangen werden. Diese weist mit Art. 4 Abs. 3 Rom-I-VO die notwendige Flexibilität hinsichtlich des anzuwendenden Rechts auf, falls zu einem anderen als dem in Art. 4 Abs. 1 festgelegten Vertragsstatut eine engere Verbindung des Rechtsverhältnisses besteht. Ein Auseinanderfallen der internationalen gerichtlichen Zuständigkeit für die Verfahren aus der güterrechtlichen und vertraglichen Auseinandersetzung kann im Bedarfsfall gemäß Art. 25, 26 Brüssel-Ia-VO durch Prorogation vermieden werden.

Sollte die Definition des unionsrechtlichen Güterstands erfüllt sein – beispielsweise, weil eine stillschweigend abgeschlossene Innengesellschaft zur gemeinsamen Vermögensbildung im Zusammenhang mit der Trennung aufgekündigt worden oder durch den Tod eines Ehegatten kraft Gesetzes erloschen ist – ist eine güterrechtliche Qualifikation mit internationaler Annexzuständigkeit der Gerichte des Staates, die gemäß Art. 5 Ehegüter/PartVO für das Scheidungsverfahrens zuständig sind, sachgerecht, wobei die eventuellen Erfordernisse von Gerichtsstandvereinbarungen zu beachten sind[909].

e) Ausgleichsansprüche aus Gesamtschuldner- und Gesamtgläubigerverhältnissen

(i) Gesamtschuldnerausgleich

In der Darstellung von Haußleitner/Schulz[910] wird zu Beginn des Kapitels über den Gesamtschuldnerausgleich so lapidar wie praxisnah festgestellt: „Im Rahmen von Trennung und Scheidung streiten Eheleute bei der Vermögensauseinandersetzung meist weniger um die Aufteilung ihres Aktivvermögens als um den Ausgleich von Schulden."

909 S. *Kap. VI 1 d)*.

910 Haußleitner/Schulz, Vermögensauseinandersetzung bei Trennung und Scheidung, S. 307, RN 108.

So wird ein Ehegatte oder eingetragener Partner, der aus einer wirksam übernommenen Mithaftung[911] für Darlehensverpflichtungen des anderen in Anspruch genommen worden ist, nach dem Ende der Beziehung von diesem möglicherweise Ausgleich verlangen wollen. Eine gesamtschuldnerische Haftung kann sich aber auch bei außervertraglichen Schuldverhältnissen ergeben, beispielsweise aus einer Haftung als Gebäudebesitzer (§ 836 Abs. 1 BGB) oder aus gemeinsamer steuerlicher Veranlagung – hier sind Ehegatten und Partner im Hinblick auf die an den Fiskus zu entrichtende Einkommenssteuerschuld gemäß § 44 Abs. 1 S. 1, 3. Alt. AO Gesamtschuldner.

§ 426 Abs. 2 BGB sieht bei Gesamtschuldnerschaft den Übergang der ursprünglichen Verbindlichkeit auf den Gesamtschuldner vor, der die Forderung des Gläubigers mit befreiender Wirkung für alle beglichen hat. Ist die Mithaftung in Form einer Bürgschaft übernommen worden, findet der Forderungsübergang nach § 774 Abs. 1 BGB statt.

Im Hinblick auf Ehegatten oder eingetragene Partner, die Gesamtschuldner sind, erhebt sich in diesem Zusammenhang die Frage, ob ein Ausgleich zwischen ihnen stattzufinden hat, obwohl kraft ihres Güterstands eine Sonderbeziehung besteht, die das vermögensrechtliche Innenverhältnis grundsätzlich bestimmt. Ein Ausgleich soll nach einem Urteil des OLG Hamm jedenfalls dann nicht erfolgen, wenn der mit einem gemeinsam aufgenommenen Darlehen finanzierte Gegenstand, meist handelt es sich um die Ehewohnung, mit seinem Erwerb in das Gesamtgut einer Errungenschaftsgemeinschaft gefallen ist[912]. Für den

911 Im Vorfeld der Inanspruchnahme durch den Gläubiger steht zunächst die Frage, ob es im Außenverhältnis überhaupt zu einer wirksamen Mitverpflichtung des Leistenden gekommen ist. Ist der „Zahlende" durch den Abschluss gar nicht wirksam verpflichtet worden, weil die Rechtsprechung des Bundesgerichtshofs über die Sittenwidrigkeit der Mitverpflichtung eines Ehegatten unter Ausnutzung seiner emotionalen Verbundenheit mit dem Partner (ständige Rechtsprechung des Bundesgerichtshofs, u. a. im Urteil des BGH vom 15. November 2016, XI ZR 32/16, 20, mit zahlreichen Nachweisen) zum Tragen kommt, ist an Stelle des Ausgleichs mit dem Ehegatten von einem in den Anwendungsbereich der Rom-II-VO fallenden Bereicherungsanspruch aus § 812 Abs. 1 S. 1 1. Alt. gegen den Zahlungsempfänger, im Beispielsfall die Bank, auszugehen. Eine wirksame Mithaftung und daraus folgend ein echter Gesamtschuldnerausgleich ist nur möglich, wenn der Ehegatte tatsächlich selbst Mit-Darlehensnehmer gewesen ist, was nach der zitierten höchstrichterlichen Rechtsprechung ein Eigeninteresse und eine gleichberechtigte Stellung als Darlehensnehmer, insbesondere den eigenen Anspruch auf Auszahlung der Darlehensvaluta, voraussetzt (BGH, ebd., Rnrn. 9, 15 f., sowie Urteil vom 25. Januar 2005, XI ZR 325/03 = NJW 2005, 973, Abschn. 1).

912 OLG Hamm, Urteil vom 13. März 1998, 29 U 218/97 = FamRZ 99, 299 f.

Schuldendienst, den ein Partner noch *nach* der Liquidierung dieses Güterstands durch Aufteilung des Gesamtguts allein für den nunmehr beiderseitig im Bruchteileigentum stehenden Gegenstand[913] entrichtet, soll diese Subsidiarität gegenüber dem Güterrecht hingegen nicht mehr gelten[914].

Werden die Ehegatten nicht kraft Güterstands gemeinschaftlich Eigentümer, sondern erfolgt der Erwerb einer Ehewohnung nach Bruchteilen von je 1/2, richten sich ihre Haftungsanteile im Innenverhältnis nach Auffassung der deutschen Rechtsprechung häufig gleichfalls nicht nach der gesetzlichen Regel von § 426 Abs. 1 BGB. Vielmehr hat der BGH festgestellt[915], gegenüber der gesetzlichen Regel sei „ein anderes bestimmt", wenn das Verhältnis der Anteile während des Zusammenlebens in der Ehe „überlagert" sei von einer ausdrücklichen oder stillschweigenden Handhabung durch die Ehegatten, die die Haftungsquoten modifiziere[916]. Die gesetzlich vorgesehene hälftige Verteilung greife in diesem Fall erst

---

913 Die Liquidierung der Errungenschaftsgemeinschaft führt vorbehaltlich besonderer Absprachen regelmäßig zu einer dinglichen Beteiligung in Form eines jeweils hälftigen Miteigentumsanteils am betroffenen Vermögensgegenstand.

914 In diesem Sinn ergingen jedenfalls mehrere Entscheidungen in der spanischen Rechtsprechung: Audiencia Provincial de La Coruña, Urteil vom 14.10.2013; Audiencia Provincial de Granada (Sección 4ª), Urteil vom 14.12.2012, zusammengefasst und auszugsweise zitiert von Castillo Jiménez, Immaculada, abrufbar unter https://www.mundojuridico.info/repeticion-del-pago-de-la-hipoteca-contra-el-otro-codeudor/). Für einseitige Zahlungen selbst auf das ursprünglich zur Finanzierung der Familienwohnung aufgenommene Darlehen wird dem Zahlenden für die Zeit nach der Trennung ein Ausgleichsanspruch zugesprochen, während das Darlehen selbst eine Schuld der Errungenschaftsgemeinschaft darstellt.

915 So in den Urteilen vom 17. Mai 1983, IX ZR 14/82 = FamRZ 1983, 795 ff., 796, und vom 13. April 2000, IX ZR 372/98 = FamRZ 2001, 1442 f., Abschn. 2 Buchst. b aa) m.w.N.

916 Bereits in den 80er-Jahren hatte der Bundesgerichtshof (Urteile vom 17. Mai 1983, IX ZR 14/82 = BGHZ 87, 265 = FamRZ 1983, 795 und vom 28. April 1983 – IX ZR 2/82) festgestellt, für die Zeit bis zum Scheitern der Ehe liege es nahe, im Rahmen der klassischen Alleinverdienerehe eine abweichende Bestimmung von der Haftung zu gleichen Teilen i. S. v. § 426 Abs. 1 anzunehmen und damit „... die alleinige Haftung des Klägers für die Darlehensschulden aus der konkreten Gestaltung des ehelichen Verhältnisses zu folgern ... Wenn ein Ehegatte allein über ein Einkommen verfügt, während der andere den Haushalt versorgt, ist es üblich, dass der verdienende Teil die gemeinschaftlichen finanziellen Verbindlichkeiten trägt, auch wenn sie dem gemeinsamen Vermögenserwerb dienen. Dem liegt die Anschauung zugrunde, dass die finanziellen Leistungen des einen und die Haushaltsführung des anderen Teils grundsätzlich gleichwertige Beiträge zur ehelichen Lebensgemeinschaft darstellen."

in der Zeit nach der Trennung ein. Für die Frage der internen Haftung und die Änderung des Ausgleichsmaßstabs könne es neben den Einkommensverhältnissen auch auf die Vermögensverhältnisse beider Eheleute ankommen[917].

Betreffend diesen Ausgleich von *nach Beendigung* der ehelichen Gemeinschaft erfolgten Zahlungen hat der BGH auf den Zweck der Darlehensaufnahme bzw. dessen weiteres Fortbestehen abgestellt, insbesondere darauf, ob die Valuta ab diesem Zeitpunkt noch zur Erhaltung der wirtschaftlichen Grundlagen beider oder nur eines der früheren Partner dient; die endgültige Trennung führt als grundlegende Änderung der Verhältnisse jedenfalls zu einem Anspruch auf Neuregelung der Verwaltung und Benutzung der entsprechenden Vermögenswerte.[919] An der Rückzahlung von Darlehen, die zwar ursprünglich die Verwirklichung der ehelichen Lebensgemeinschaft zum Ziel hatten, nach dem Scheitern der Ehe aber nur noch im Interesse eines Ehegatten bestehen, braucht sich der andere Ehegatte damit nicht mehr zu beteiligen[920]. Vielmehr kann ihm ein Anspruch auf Freistellung von seiner Mithaftung zustehen, der vom am Darlehen interessierten Schuldner beispielsweise durch Leistungen an den Drittgläubiger, durch eine befreiende Schuldübernahme oder durch die Stellung anderer Sicherheiten erfüllt werden kann.[921]

Nach ständiger Rechtsprechung des BGH verdrängen die güterrechtlichen Vorschriften über den Zugewinnausgleich den Gesamtschuldnerausgleich nicht, und zwar unabhängig davon, ob die Leistung eines gesamtschuldnerisch haftenden Ehegatten vor oder nach der Rechtshängigkeit des Scheidungsverfahrens erbracht worden ist. Die Tilgung der Gesamtschuld durch einen der haftenden Ehegatten bewirke, so das Gericht, im Regelfall keine Veränderung der für die Ermittlung des Zugewinns maßgeblichen Endvermögen, wenn

---

917 BGH, Urteil vom 13.04.2000 – IX ZR 372/98 = FamRZ 2001, 1142, Abschn. 2 b aa), m.w.N.; Urteil v. 25.11.1987 – IVb ZR 95/86 = FamRZ 1988, 264 (265).

918 Im Gegensatz dazu ging der österreichische OGH in einem Fall aus dem Jahr 2015 für den Ausgleichsanspruch aufgrund einseitiger Tilgung des zum Erwerb der Ehewohnung aufgenommenen Darlehens bei noch bestehender Ehe von hälftigen Haftungsanteilen aus. Urteil vom 27.05.2015 – 6 Ob 29/15 f. – Rn. 10 ff., zit. in *Kap. VI 4 b (iii)* zur Reichweite der Bereichsausnahmen der schuldrechtlichen Verordnungen.

919 BGH, Urteil vom 17. Mai 1983, IX ZR 14/82.

920 BGH, ebd.

921 BGH, Urteil vom 4. März 2015, XII ZR 61/13, Rnrn. 21 ff., m.w.N. So auch die Literatur, vgl. Wever, Vermögensauseinandersetzung außerhalb des Güterrechts, S. 655, unter Hinweis auf Roßmann, Die Entwicklung des Nebengüterrechts – Gesamtschuldnerausgleich, FuR 2016, S. 680 (684).

die Gesamtschuld wirtschaftlich zutreffend in die jeweiligen Endvermögen eingestellt werde[922].

In Bezug auf eingetragene Partnerschaften existiert in Deutschland, soweit ersichtlich, noch keine obergerichtliche Rechtsprechung, was damit zusammenhängen könnte, dass bei gleichgeschlechtlichen Paaren das Hauptmotiv für die Modifikation der Haftungsquoten vor der Trennung – dass sich einer der Partner dauerhaft auf die Haushaltsführung konzentriert und damit beruflich hinter seinen Möglichkeiten zurückbleibt – viel seltener auftritt[923]. Grundsätzlich ist die Modifikation der in § 426 Abs. 1 BGB normierten Regel jedoch auch zwischen eingetragenen Partnern denkbar.

Kollisionsrechtlich folgt nach Art. 16 Abs. 1 Rom-I-VO bzw. Art. 20 Rom-II-VO das auf die Ausgleichsansprüche zwischen Gesamtschuldnern anzuwendende Recht dem Statut der getilgten Forderung.[924] Allerdings wurde im deutschen Schrifttum schon unter der Geltung der nationalen Kollisionsvorschriften zum Teil auch vertreten, dass der Gesamtschuldnerausgleich durch akzessorische Anknüpfung an die zwischen den Schuldnern bestehende besondere Rechtsbeziehung dem Güterrechtsstatut unterstellt werden müsse[925]. Zumindest sei dies dann der Fall, wenn ein bestimmter Güterstand Grundlage der Eintrittspflicht sei, z. B. bei der Haftung des Gesamtguts einer Errungenschaftsgemeinschaft.[926] Die Verweisung umfasse in diesem Fall, so Andrae, auch die allgemeinen schuldrechtlichen Bestimmungen der

---

922 BGH, Urteil vom 06.10.2010 – XII ZR 10/09 = NJW-RR 2011,72, Abschn. 3 a mit zahlr. Nachweisen. Kritisch zu dem vom BGH für zutreffend gehaltenen Verfahren Braeuer, Max, Anm. zum zitierten Urteil in FamRZ 2011, 453.

923 Zur Unterschiedlichkeit klassischer homosexueller und heterosexueller Lebensmodelle s. den Artikel von Schrupp, Antje, Homosexualität, Heterosexualität – alles dasselbe? vom 6. Juli 2011, im Internet abrufbar unter https://buchliebe.wordpress.com/2011/06/06/homosexualitat-heterosexualitat-%E2%80%93-alles-dasselbe/

924 Hausmann, Rainer, Internationales Privatrecht in der Notar- und Gestaltungspraxis, 3. Aufl., C.H. Beck, München 2017, S. 382, RZ 199. Behrens, Christian H., Gesamtschuldnerausgleich und sonstige Regressansprüche im Europäischen Kollisionsrecht nach der Rom-I-, Rom-II- und EG-Unterhaltsverordnung, Verlag Dr. Kovač, Hamburg 2013, S. 167/168.

925 MüKomm-BGB/*Martiny*, Art. 16 Rom-I-VO, Rauscher/*Freitag*, EuZPR/EuIPR, Art. 15, 16 Rom-I-VO, Rn. 34.

926 Andrae, Marianne, Internationales Familienrecht, 4. Aufl., Nomos-Verlag Baden-Baden, 2019, § 4 Die aus Ehe und eingetragener Lebenspartnerschaft resultierenden Vermögensbeziehungen, RZ 362, m.w.N.; Staudinger/*Mankowski*, Internationales Eherecht, Art. 15 EGBGB, 2011, RZ 271.

berufenen Rechtsordnung über den Gesamtschuldnerausgleich, soweit sie nach diesem Recht auf das Innenverhältnis zwischen den Ehegatten Anwendung finde[927]. Konsequenterweise würde sie nach dieser Ansicht auch die Bestimmung der Haftungsanteile im Innenverhältnis dem für die güterrechtlichen Beziehungen der Ehegatten maßgeblichen Recht bestimmen.

Unionsrechtlich sind bisher keine Anhaltspunkte ersichtlich, dass die von der Rechtsprechung von Fall zu Fall geprüfte haftungsmodifizierende Überlagerung des Gesamtschuldnerausgleichs durch die eheliche oder partnerschaftliche Sonderverbindung dazu führen soll, dass auch Ausgleichsansprüche aus einseitiger bzw. nicht dem Verhältnis der Anteile entsprechender Tilgung der gemeinsam eingegangenen Verbindlichkeit *vor* Beendigung der Ehe güterrechtlich einzuordnen wären.[928]

(ii) Gesamtgläubigerausgleich

Die meisten Fälle von Gesamtgläubigerschaft zwischen Ehegatten bzw. eingetragenen Partnern betreffen gemeinsame Bankkonten (insbesondere das sog. „Ehegatten-Oderkonto") und auf den Namen von beiden abgeschlossene Geldanlagen. Auch an Mieteinnahmen aus im Miteigentum stehenden Immobilien, an einer zurückzuerstattenden Mietkaution[929] oder an Steuerrückzahlungen besteht Gesamtgläubigerschaft[930].

Wie bei den oben untersuchten Gesamtschulden kann auch hier eine Überlagerung durch das gelebte Paarverhältnis vorliegen (z. B. bei gemeinsamen, durch unterschiedlich hohe Beiträge der Partner gebildeten Anlagen). Selbst ein fließender Übergang zwischen Gesamtschuldner- und Gesamtgläubigerschaft ist

---

927 Andrae, Internationales Familienrecht, RZ 362, m.w.N.

928 S. dazu unten (*iii*).

929 Vgl. eine neuere Entscheidung (Hinweisbeschluss) des OLG Köln vom 2. Mai 2016, AZ 25 UF 2/16, Rn. 15. Dort ging es um die Rückzahlung einer Mietkaution für die ehemalige Ehewohnung, die ausschließlich vom alleinverdienenden Ehemann entrichtet worden war. Das OLG Köln verneinte, dass für die Berechtigung der Ehegatten eine von der gesetzlichen Vermutung in § 430 BGB abweichende „andere Bestimmung" als die jeweils hälftige Gesamtgläubigerschaft vorliege.

930 Gemäß § 44 Abs. 1 S. 1 AO haften Ehegatten bei einer gemeinsamen steuerlichen Veranlagung von Gesetzes wegen gesamtschuldnerisch für die Einkommenssteuerschuld und sind damit auch Gesamtgläubiger der Rückzahlungsforderung.

möglich, da beispielsweise gemeinsame Girokonten in der Regel nicht nur Guthaben, sondern auch Negativsaldi aufweisen können.

§ 430 BGB stellt nach Auffassung der Rechtsprechung eine eigene Anspruchsgrundlage für die Rückführung dessen dar, was sich ein Ehegatte durch eigenmächtigen Zugriff auf gemeinschaftliche Vermögenswerte verschafft hat, ohne im Innenverhältnis darauf Anspruch zu haben[931]. Dieser rein vermögensrechtliche Anspruch, so das OLG Brandenburg, werde durch die Möglichkeit eines Zugewinnausgleichs nicht verdrängt. Er sei vielmehr vorrangig zu befriedigen und gegebenenfalls später in die Berechnung der Ausgleichsforderung mit einzustellen. Angesichts des Anspruchsinhalts komme es für den Anspruch aus § 430 BGB aber weder entscheidend auf die Herkunft der Mittel noch darauf an, aus welchen Gründen das Gemeinschaftskonto überhaupt eingerichtet worden sei[932].

Ein enger Bezug zur Ehe bzw. Partnerschaft wird von der Rechtsprechung angenommen, wenn eine Forderung in das eheliche Gesamtgut fällt.[933] Er wird vermutlich aber auch vorliegen, wenn über das Oder-Konto der gemeinsame Unterhalt bestritten wird oder wenn Bausparguthaben auf einem Gemeinschaftskonto angelegt sind. Auch in diesen Fällen führt die gelebte Ehe zu einer Überlagerung des Gesamtgläubigerverhältnisses durch das bestehende familienrechtliche Rechtsverhältnis, die sich an der nach außen gleichberechtigten Beteiligung trotz unterschiedlicher Beiträge im Innenverhältnis zeigt.

Gleichfalls unter die Güterrechtsverordnungen fällt nach deren EG 30 ausdrücklich ein eventuell zu gewährender Ausgleich bei mit gemeinsamem Vermögen finanzierten Rentenversicherungen.

(iii) International-privatrechtliche Einordnung und Stellungnahme

Im Zusammenhang mit den Rechtsfiguren des Gesamtschuldner- und Gesamtgläubigerausgleichs ist auf unionsrechtlicher Ebene zu berücksichtigen, dass

931 OLG Brandenburg, Beschluss vom 04.02.2008 – 13 W 2/08 = FamRZ 2008, 2036; BGH, Urteil vom 29.11.1989 – IV b ZR 4/89 NJW 1990, 705.

932 OLG Brandenburg, a.a.O., Rn. 6. Gerade bei Ehegatten seien hierfür mannigfache, dem Außenstehenden unbekannt bleibende Motive denkbar; selbst Fälle, in denen lediglich die Absicht verfolgt werde, für den Fall der Verhinderung oder des Todes des einen Ehegatten dem anderen die Legitimation zu erleichtern, seien nicht selten.

933 OLG Celle, Urteil v. 16.09.1998 – 14 a (6) U 281/96 = IPrax 1999, 114 m. Anm. Jayme, in einem Fall portugiesischer Ehegatten, LS 2: „Die Mitberechtigung des Ehegatten im Innenverhältnis unterliegt dem Ehegüterstatut.“

beide Institute wohl in größerem Umfang als alle anderen hier untersuchten Ansprüche nicht allein dem Recht der Mitgliedstaaten bekannt sind, die an der Verstärkten Zusammenarbeit teilnehmen, sondern auch dem Recht der übrigen Mitgliedstaaten der Union. Die unionsrechtliche Qualifikation hat damit unmittelbaren Einfluss auf die Einheitlichkeit der Rechtsanwendung zwischen teilnehmenden und nicht teilnehmenden Mitgliedstaaten.

Abhängig von der vertraglichen oder außervertraglichen Natur des zugrundeliegenden Rechtsverhältnisses, fällt der Ausgleich zwischen Gesamtschuldnern gemäß Art. 16 Rom-I- oder Art. 20 Rom-II-VO unter die schuldrechtlichen Verordnungen. Diese bieten für den Ausgleich zwischen Gesamtschuldnern somit eine explizite und klare Lösung an, die zu einer unionsweit einheitlichen Anwendung dieser Vorschriften führt. Der Anwendungsbereich der Güterrechtsverordnungen erfordert dagegen „vermögensrechtliche Regelungen, die zwischen den Ehegatten/Partnern und in ihren Beziehungen zu Dritten *aufgrund* der Ehe/Partnerschaft oder deren Auflösung gelten". Dies trifft bei den Gesamtschuldverhältnissen zwischen Partnern jedoch lediglich auf die *Modifikationen* der Beteiligung der Partner im Innenverhältnis zu, die sich aber nach den oben zitierten Entscheidungen allein auf die Zeit vor der Trennung beschränken. Daher scheint das bereits weiter oben[934] wiedergegebene Zitat aus dem *Schlosser*-Bericht einschlägig zu sein, wonach auch einzelne gesetzliche Sonderbestimmungen und von der Rechtsprechung entwickelte Sonderregeln, die der Tatsache Rechnung tragen sollen, dass solche Beziehungen gerade zwischen Ehegatten bestehen, nichts daran ändern können, dass Rechtsbeziehungen aus einem allgemeinen obligationenrechtlichen oder deliktischen Entstehungsgrund den schuldrechtlichen Kollisionsvorschriften unterliegen. Darüber hinaus widerspräche es auch der Prozessökonomie, für die unterschiedlichen zeitlichen Phasen ein- und derselben Forderung bzw. die dadurch begründeten Ausgleichspflichten unterschiedliche Verfahren mit verschiedenen internationalen Zuständigkeiten zu eröffnen.

Daher sollte im Grundsatz an der Anwendung der Art. 16 Abs. 1 Rom-I-VO bzw. Art. 20 Rom-II-VO festgehalten und der Gesamtschuldnerausgleich nur ausnahmsweise über die Ausweichklausel von Art. 4 Abs. 3 Rom-I-VO bzw. Rom-II-VO akzessorisch an das Güterrecht angeknüpft werden, nämlich dann, wenn das Statusverhältnis für die Anschaffung eines finanzierten Gegenstande tatsächlich ursächlich ist[935]. Am ehesten wird dies bei der Kreditaufnahme zum

934 S. *Kap. VI 4 b (ii)*.

935 Gleichfalls für eine akzessorische (güterrechtliche) Anknüpfung im Rahmen der Rom-I-VO, „die eine Differenzierung nach dem das Innenverhältnis beherrschenden

Erwerb von Ehewohnung und Hausrat der Fall sein, die der Verwirklichung der Lebensgemeinschaft dienen und in anderer Hinsicht offensichtlich von den Güterrechtsverordnungen erfasst sein sollen[936]. Hier ist davon auszugehen, dass auch die in Art. 5 EuGüter/PartVO vorgesehene Annexzuständigkeit einschließlich der dort verlangten Gerichtsstandvereinbarungen für bestimmte Foren[937] den Interessen beider Beteiligten entsprechen.

Zudem sollte für die Ansprüche auf Gesamtgläubigerausgleich die ausnahmsweise güterrechtliche Einordnung davon abhängen, ob die gemeinsame Forderungsinhaberschaft (nicht die während der Ehe geleisteten Beiträge) entscheidend durch das familienrechtliche Statusverhältnis geprägt werden oder nicht[938]. Bei einer den Partnern gemeinsam zustehenden Steuerrückerstattung wird dies wahrscheinlich der Fall sein, jedoch sind Steuer- und Zollsachen als ganze Rechtsgebiete[939] gemäß Art. 1 Abs. 1 S. 2 EuGüter/PartVO von der Verordnung ausgenommen.

f) Familienrechtlicher Ausgleichsanspruch

(i) Begründungen des Anspruchs

Der sog. familienrechtliche Ausgleichsanspruch wurde von der Rechtsprechung als Regressmöglichkeit zwischen gleichberechtigt Unterhaltspflichtigen entwickelt, namentlich in Fällen, in denen ein Elternteil für den Unterhalt gemeinsamer Kinder allein aufgekommen ist, während auch der andere Elternteil unterhaltspflichtig gewesen wäre. Dies ist beispielsweise der Fall, wenn der betreuungspflichtige Elternteil neben dem von ihm geschuldeten (Natural-) Unterhalt zusätzlich den Barunterhalt geleistet hat, zu dem der andere Elternteil verpflichtet gewesen wäre, oder wenn ein Elternteil, während das gemeinsame Kind von Dritten versorgt wurde (weil es beispielsweise ein Internat besucht hat oder bei einer Pflegefamilie untergebracht war), den Barunterhalt beider Unterhaltsschuldner entrichtet hat. In beiden Konstellationen kommt

Rechtsverhältnis ermöglicht", Launhardt, Die Europäisierung der internationalen Zuständigkeit im Ehegüterrecht und im Güterrecht eingetragener Partnerschaften, S. 105, mit zahlreichen Nachweisen.

936 Vgl. EG 53 EuGüter/PartVO sowie oben *Kap. V 1 c)*.

937 S. o. *Kap. VI 1 d (i)*.

938 Ebenso Launhardt, Die Europäisierung ... S. 106, wiederum unter akzessorischer Qualifikation im Rahmen der Rom-I-VO.

939 Palandt/*Thorn*, RZ 1 zu Art. 1 EuGüterVO.

ein Gesamtschuldnerausgleich nicht in Betracht, da beide Elternteile dem Kind gemäß § 1606 Abs. 3 BGB *anteilig* und nicht als Gesamtschuldner haften.[940]

Entfällt beim betreuenden Elternteil die gesetzliche Prozessstandschaft nach § 1629 Abs. 2 S. 2 BGB, weil das Kind volljährig geworden ist oder nicht mehr bei ihm lebt, kann er den für den anderen Elternteil verauslagten Kindesunterhalt nicht mehr durch eine Klage im Namen des Kindes realisieren. Für sein berechtigtes Ausgleichsinteresse besteht daher nach Ansicht der Rechtsprechung und von Teilen des Schrifttums eine Gesetzeslücke, zu deren Schließung der BGH schon Ende der 50-er Jahre einen familienrechtlichen Ausgleichsanspruch als Rechtsinstitut *sui generis* bejaht hat[941]. Er ergebe sich, so der BGH, aus der „naturgegebenen Notwendigkeit“, die Unterhaltslast im Innenverhältnis zwischen den Eltern entsprechend ihrem Leistungsvermögen gerecht zu verteilen[942]. Im seinerzeit entschiedenen Fall hatte die Mutter nach Kriegsende die gemeinschaftlichen Kinder während mehrerer Jahre allein versorgt.

Objektiv ist Tatbestandsvoraussetzung dieses praxisrelevanten Anspruchs, dass der Elternteil, der überobligatorisch Unterhalt geleistet hat, eine im Innenverhältnis dem anderen Elternteil gegenüber dem Kind obliegende Unterhaltsverpflichtung erfüllt hat[943]. Da es sich bei den über den familienrechtlichen Ausgleichsanspruch geltend gemachten Ersatzbeträgen, wirtschaftlich gesehen, um rückständige Unterhaltsleistungen handle, die dem Gläubiger durch Geldleistungen zu erstatten seien, fordert der BGH außerdem, dass der Schuldner in Verzug gesetzt wurde (§ 1613 Abs. 1 BGB).[944] Dabei genügt eine Inverzugsetzung

940 Zwirlein, Susanne, Der familienrechtliche Ausgleichsanspruch – eine überschießende Rechtsschöpfung, FamRZ 2015, 896 (897); Roth, Andreas, Der familienrechtliche Ausgleichsanspruch, FamRZ 1994, 793 (794).

941 Vgl. bereits das Urteil vom 9. Dezember 1959, IV ZR 178/59, BGHZ 31,329 ff. = BGH FamRZ 1960, 194, 195 = NJW 1960, 957 (958). Zur Frage des Vorliegens einer Gesetzeslücke: Wever, Vermögensauseinandersetzung ..., S. 239 f.

942 BGH, Urteil vom 9. Dezember 1959, IV ZR 178/59 = BGHZ 31, 329. Die Mutter der Kinder hatte während der Kriegsgefangenschaft des Vaters die Kinder allein versorgt.

943 BGH, Urteil vom 9. Mai 1984, IV b ZR 84/82, NJW 1984, 2158 (2159) = FamRZ 1984, 775. BGH NJW 1981, 2348 f., BGH, Urteil vom 20.05.1981 – IVb ZR 558/80 = FamRZ 1981, 761 (762).

944 Tragender Gesichtspunkt ist der Schutz des Unterhaltspflichtigen selbst, der vor Forderungen größeren Umfangs geschützt werden soll, auf die er sich, weil er vom Berechtigten nicht in Anspruch genommen wurde, nicht eingerichtet hat, BGH, Urteil vom 9. Mai 1984, IVb ZR 84/82 = FamRZ 1984, 775 ff., m.w.N. Ebenso BGH, Urteil vom 17. April 2013, XII ZB 329/12, Rn. 13 f.

hinsichtlich des *Unterhalts*, d. h. eine Inverzugsetzung explizit zur Rückforderung des auf die fremde Schuld Geleisteten ist nicht erforderlich[945].

Subjektiv muss der Ausgleich begehrende Elternteil zum Zeitpunkt, an dem er die Unterhaltsleistungen erbracht hat, die Absicht gehabt haben, den Unterhalt vom anderen Elternteil anteilig zurückzufordern[946]. Diese Voraussetzung kann, insbesondere vor dem Hintergrund von § 1361 b BGB, zu Beweisschwierigkeiten führen, allerdings hat sich die Rechtsprechung teilweise recht flexibel gezeigt: Das OLG Nürnberg hielt in einem Beschluss aus dem Jahr 2012 den Beweis der Rückforderungsabsicht bereits dadurch für erbracht, dass – nach dem Wechsel der Obhut des Kindes von der späteren Antragsgegnerin zu ihrem geschiedenen Ehemann (Antragsteller) – der ausgleichsverpflichteten Mutter ein Schreiben des Jugendamts zugegangen war, das sie zur Auskunft über ihre Einkommensverhältnisse aufforderte. Dadurch, so das Gericht, sei ihr „deutlich [geworden], dass der Antragsteller das Jugendamt wegen des Unterhaltsanspruchs des Kindes gegen die Antragsgegnerin aufgesucht hat und das Jugendamt zur Unterstützung auch des Antragstellers gehandelt hat“[947].[948]

Prozessual wird aus der wirtschaftlichen Identität des Ausgleichsanspruchs mit dem rückständigen Kindesunterhalt[949] gefolgert, dass bei einem Wechsel der Obhut während des Kindesunterhaltsverfahrens die Verweigerung der Zustimmung zu einem Beteiligtenwechsel auf Antragstellerseite vom unterhaltsberechtigten Kind zum ausgleichsberechtigten Ehegatten (§§ 113 Abs. 1 FamFG i. V. m. 263 ZPO) durch den Antragsgegner als rechtsmissbräuchlich anzusehen sei. Dies gilt selbst dann noch, wenn der Wechsel der Obhut im Beschwerdeverfahren erfolgt[950].

Eine zweite Fallgruppe des familienrechtlichen Ausgleichsanspruchs betrifft den Ausgleich von Sozialleistungen, die allein von einem Elternteil vereinnahmt wurden, obwohl sie den Eltern je hälftig zugestanden hätten – namentlich staatliches Kindergeld, das aus Vereinfachungsgründen an nur ein Elternteil ausgezahlt worden ist. Die Häufigkeit dieser Fälle hat sich seit der Familienrechtsreform

945 Wever/*Hoffmann*, Vermögensauseinandersetzung ..., S. 342.

946 BGH, Urteil vom 26.06.1968, IV ZR 601/68 = BGHZ 50, 266 = FamRZ 1968, 450 f. = NJW 1968, 1780.

947 OLG Nürnberg, Beschluss vom 24. Oktober 2012, 7 UF 969/12, Rn. 71.

948 Hieraus lässt sich gleichzeitig schließen, dass allein die (nachweisbare) Absicht einer späteren Rückforderung nicht genügt, sondern dass diese dem auf Ausgleich in Anspruch Genommenen darüber hinaus auch *zur Kenntnis gelangt* sein muss.

949 BGH FamRZ 1981, 761 (762).

950 OLG Hamburg, Beschluss vom 30. Oktober 2018, 12 UF 231/13.

2009 erheblich verringert, da nun das Kindergeld als Einkommen des Kindes angesehen wird, das für seinen Unterhalt zu verwenden ist (§ 1612 b Abs. 1 BGB)[951]. Der Anwendungsbereich des familienrechtlichen Ausgleichsanspruchs zwischen den Elternteilen reduziert sich daher auf atypische Fälle, in denen keine vorrangigen[952] Parteiabsprachen bestehen – so, wenn nach einem Wechsel der Obhut das Kindergeld versehentlich weiter an den Elternteil bezahlt worden ist, der das Kind ursprünglich betreut hat.[953]

Die dogmatische Einordnung des familienrechtlichen Ausgleichsanspruchs als im Wege richterlicher Rechtsfortbildung entwickelter Anspruch *sui generis* ist in der Literatur auf Kritik gestoßen[954]: Mit § 1607 Abs. 2 S. 2 bzw. § 1607 Abs. 3 S. 1 BGB lägen gesetzliche Regelungen vor, über deren analoge Anwendung ein gesetzlicher Übergang *(cessio legis)* des Unterhaltsanspruches des Kindes erreicht werde. Ungereimtheiten betreffend die Höhe des Ausgleichsanspruchs und das Entstehen einer Anspruchskonkurrenz zwischen dem unterhaltsberechtigten Kind und dem ausgleichsberechtigten Elternteil könnten vermieden werden[955]. Da die Voraussetzungen der analogen Anwendung – zum einen eine planwidrige Regelungslücke, zum anderen eine der gesetzlich geregelten vergleichbare Interessenlage – in jedem Einzelfall zu prüfen seien, sei davon auszugehen, dass sich die entsprechenden Ergebnisse nah am Willen des Gesetzgebers bewegten. Auch seien durch den erhöhten Begründungsbedarf bei der Analogie richterliche Entscheidungen nachvollziehbarer und damit prognostizierbarer als bei der Schöpfung des familienrechtlichen Ausgleichsanspruchs als eines gänzlich neuen Instituts[956].

---

951 Nach Teilen der Literatur steht dem Kind sogar ein Auskehranspruch gegen den das Kindergeld beziehenden Elternteil zu, wenn er dieses nicht für dessen Barunterhalt verwendet. Wever/*Hoffmann*, ebd., S. 355, RZ 814 und Fn. 102, m.w.N.

952 Wever/*Hoffmann*, ebd., S. 351.

953 OLG Koblenz, Urteil vom 08.12.2005 – 5 U 1297/05 = FamRZ 2006, 1274. Der dort zugesprochene Ausgleich wurde vom OLG Koblenz allerdings über einen Wegfall der Geschäftsgrundlage der bei der Scheidung zwischen den Eltern getroffenen Vereinbarung aus Anlass der teilweisen Aufhebung des Kindergelds gelöst. Weitere, eher theoretische Anwendungsfälle des familienrechtlichen Ausgleichsanspruchs s. bei Wever/*Hoffmann*, Vermögensauseinandersetzung …, S. 356.

954 Zwirlein, FamRZ 2015, 896 (898), Mayer, Haftung und Paarbeziehung, S. 415 ff.

955 Mayer, ebd., S. 417/418.

956 Zwirlein, ebd., Mayer, Haftung und Paarbeziehung, S. 444, Roth, FamRZ 1994, 793 (795).

(ii) Stellungnahme

Der Lösung der oben besprochenen Fälle unter analoger Heranziehung von § 1607 Abs. 3 BGB anstatt durch den Rückgriff auf die „naturgegebene Notwendigkeit" eines Ausgleichs zwischen den Eltern des Kindes ist argumentativ der Vorzug zu geben. Wenn der Bundesgerichtshof trotz des Fehlens einer ausdrücklichen Regelung im BGB die Notwendigkeit eines solchen Ausgleichs konstatiert, so geht auch das Gericht von einer Regelungslücke aus. Die Feststellung entsprechender Interessen als Voraussetzung der analogen Anwendung des gesetzlich vorgesehenen Forderungsübergangs stellt die methodisch anerkanntere, besser überprüfbare und damit rechtssicherere Grundlage dar[957], während das richterrechtlich geschaffene Ausgleichsinstitut *sui generis* den Eindruck vermittelt, dass an einem Instrument festgehalten wird, das von der Rechtsprechung weder gesetzlich verankert noch – und dies ist ein Problem sämtlicher familienrechtlicher Rechtsinstrumente *sui generis* –, dogmatisch ausreichend strukturiert worden ist. Damit verbunden ist erneut die Frage, welche Richtung die zukünftige Entwicklung der familienrechtlichen Dogmatik nehmen wird (dazu unten *Kap. VI 4 i)*).

(iii) International-privatrechtliche Einordnung

Dass der familienrechtliche Ausgleichsanspruch international-privatrechtlich in den Anwendungsbereich der EuGüterVO fällt, ist mehr als zweifelhaft:

Sein Zusammenhang mit dem Unterhalt bzw. der Verantwortung beider Elternteile für gemeinsame Kinder ist deutlich enger als der Zusammenhang mit deren statusrechtlicher Beziehung als Ehepaar bzw. eingetragene Partnerschaft. Der familienrechtliche Ausgleichsanspruch besteht nicht „aufgrund der Ehe/Partnerschaft oder deren Auflösung". Seine Begründung – welcher Auffassung (Anspruch *sui generis* oder *cessio legis*) man sich auch immer anschließt – deutet nämlich gerade nicht auf die Ehe/Partnerschaft als seinen Grund hin, sondern vielmehr auf die gemeinsame Unterhaltspflicht und das Erfordernis einer gerechten Aufteilung im Innenverhältnis[958]. Weder die Interessenkonstellation noch die Anspruchsvoraussetzungen ändern sich, wenn die Eltern anstatt als Ehepartner als nichteheliche Lebensgemeinschaft miteinander zusammengelebt haben oder wenn das gemeinsame Kind in sexuellen Kontakten gezeugt wurde, die nie zu einer Lebensgemeinschaft geführt haben.

---

957 Zwirlein, FamRZ 2015, 896 (898); Roth, FamRZ 1994, 793 (794).

958 So bereits BGHZ 31, 329 = FamRZ 1960, 194, 195.

Der Anwendungsbereich der Güterrechtsverordnungen ist somit nicht eröffnet, es bleibt zu untersuchen, ob der Anspruch stattdessen in den Anwendungsbereich der EuUntVO fällt:

Nach der Literaturmeinung, die eine analoge Anwendung von 1607 Abs. 3 BGB befürwortet und auch hier vertreten wird, ist dies fraglos der Fall, da infolge des Übergangs des originären Anspruchs auf Kindesunterhalt gerade ein – lediglich von Gesetzes wegen übergegangener – Unterhaltsanspruch geltend gemacht wird. In einem Vorabentscheidungsverfahren aus dem Jahr 2000[959], bei dem es um die Anerkennung und Vollstreckung eines von einem niederländischen Gericht zugesprochenen Regressanspruchs aus auf den Sozialhilfeträger übergegangenem Recht noch nach dem Brüsseler Übereinkommen[960] ging, wurde auch seitens des EuGH wesentlich auf den zugrundeliegenden *Unterhaltsanspruch* Bezug genommen, der heute nicht mehr dem EVÜ, sondern der EuUntVO unterfällt. Dies müsste konsequenterweise ebenso für Regressklagen zwischen Privaten nach einem Übergang des Anspruchs in analoger Anwendung von § 1607 Abs. 3 BGB gelten. Somit bietet die hier vertretene Ansicht, die die analoge Anwendung von § 1607 Abs. 3 bevorzugt, auch international-privatrechtlich eine relativ unproblematische Einordnungsmöglichkeit in den Anwendungsbereich der Unterhaltsverordnung. Gleichzeitig würde die Unterstellung unter die EuUntVO eine umfassende Regelung aller mit (zivilrechtlichen) Unterhaltsansprüchen zusammenhängenden Fragen durch die EuUntVO fördern[961].

Davon unabhängig ist verfahrensrechtlich – sowohl, was die internationale als auch, was die örtliche gerichtliche Zuständigkeit nach der Unterhaltsverordnung betrifft – noch anzumerken, dass eine (alternative) Zuständigkeit des Gerichts nach Art. 3 Buchst. b EuUntVO am gewöhnlichen Aufenthaltsort des Regressgläubigers nach der Rechtsprechung des EuGH wohl nicht besteht, weil der Klägergerichtsstand nach Auffassung des Gerichts nur dem Schutz des Unterhalts*berechtigten* als der mutmaßlich schwächeren Partei dienen soll.[962]

---

959 Urteil vom 14. November 2002, C-271/00, *Baten*, Tenor und Rnrn. 28–31, 34 und 37.

960 Übereinkommen von Brüssel von 1968 über die gerichtliche Zuständigkeit und die Vollstreckung gerichtlicher Entscheidungen in Zivil- und Handelssachen, ABl. Nr. L 299 vom 31.12.1972, S. 32 bis 42.

961 Vgl. auch Hausmann, Internationales und Europäisches Ehescheidungsrecht, S. 358/359, RZ 59–61 m.w.N.

962 Vgl. – zu einer Regressklage des Landes Bayern gegen die Eltern eines niederländischen Studierenden zur Geltendmachung von aufgrund Zahlung von BaFöG auf den Freistaat übergegangenen Unterhaltsansprüchen – das Urteil des EuGH vom

Die Erstreckung der Vorschrift auf Ausgleichsansprüche zwischen den Eltern, die sich gleichrangig gegenüberstehen, könnte unter Bezugnahme auf diese Rechtsprechung abgelehnt werden.[963] Allerdings sollte nicht verkannt werden, dass mit dem Klägerforum in Anbetracht des notorisch hohen Anteils von Unterhaltsverweigerung dem (unter gesetzlichem Übergang der Unterhaltsforderung) ersatzweise einspringenden Staat ein schärferes Schwert in die Hand gegeben werden könnte, um seine Unterhaltsvorschüsse beim Verpflichteten einzuklagen[964].

Legt man die von der Rechtsprechung vertretene Position zugrunde, ist der Anwendungsbereich der Unterhaltsverordnung nach derzeitigem Verständnis nicht eröffnet. Art. 1 Abs. 1 der EuUntVO spricht nur von „Unterhaltspflichten", nicht von Ausgleichsansprüchen zwischen Unterhaltsverpflichteten. Art. 15 EuUntVO verweist zur Bestimmung des anzuwendenden Rechts sehr knapp auf das Haager Unterhaltsprotokoll, eine Vorschrift, die wie in den Güterrechtsverordnungen oder der Erbrechtsverordnung die Reichweite des anzuwendenden Rechts präzisiert, steht hier nicht zur Verfügung. Unter diesen Vorzeichen wären die Ansprüche auf nachträglichen Ausgleich der vom Anspruchsgläubiger zunächst allein getragenen Unterhaltslast[965] in die Rom-II-VO einzuordnen, die über ihren Art. 4 Abs. 3 eine akzessorische Anknüpfung an das Unterhaltsrecht zulässt.

---

15. Januar 2004, C-433/01, *Blijdenstein*, Rnrn. 29 und 30. Für die (zustimmende) Literatur s. Hausmann, ebd., Rn. 61, m.w.N.

963 Vom EuGH ist dies für den Fall der Zession eines Direktanspruchs des Geschädigten gegen den gegnerischen Versicherer entschieden worden: Auch hier soll der besondere Klägergerichtsstand des Art. 11 Abs. 1 Buchst. b Rom-I-VO ausschließlich dann gelten, wenn der Zessionar des besonderen Schutzes, der in dieser Zuständigkeitsnorm zum Ausdruck kommt, auch tatsächlich bedarf. Beim gewerblichen Kauf im Rahmen von Versicherungsverträgen sei dies, so das Gericht, nicht der Fall. S. Urteil des Gerichtshofs vom 20. Mai 2021, CNP/Gefion Insurance A/S, C-913/19, Rn. 39, 40.

964 Vgl. die Meldung „Staat zahlt immer mehr für Unterhaltsverweigerer" vom 19. März 2019 auf der Statistik-Plattform „statista.com", abrufbar unter https://de.statista.com/infografik/17397/staatlichen-unterhaltsvorschusszahlungen/

965 Im Beschluss des Bundesgerichtshofs vom 18. März 2020, XII ZB 380/19 = NJW 2020, 2024, scheint zumindest auf kollisionsrechtlicher Ebene auch ein etwas weiteres Verständnis des „Schuldverhältnisses" anzuklingen, von dem auch Ansprüche aus familienrechtlichen Rechtsverhältnissen mit umfasst werden. Dazu sogleich in *Kap. VI 4 g).*

g) Brautgaben – Rechtsinstitute aus dem islamischen Rechtskreis

(i) Begriff und Funktionen der islamischen Brautgabe

Die Kultur der islamisch geprägten Länder bzw. ihrer nach Westeuropa eingewanderten Träger hat die Vermögensauseinandersetzung außerhalb des Güterrechts um ein weiteres Rechtsinstitut, nämlich die Brautgabe (arab. *mahr*, türk. *mehir*, im Iran *mehrie*) bzw. das bei der Eheschließung vom Bräutigam abgegebene Versprechen auf Zahlung einer solchen bereichert. Eine Brautgabevereinbarung ist traditioneller Bestandteil der muslimischen Eheschließungszeremonie[966], das Rechtsinstitut wird bereits im Koran, der Hauptquelle des islamischen Scharia-Rechts, erwähnt[967]. Die Verpflichtung zur Zahlung der Brautgabe ist unmittelbare Folge der Eheschließung.[968] Begrifflich wird unterschieden zwischen der „Morgengabe", die zu Beginn der Ehe gezahlt oder gestundet wird, indem sie nach der Heirat von der Ehefrau jederzeit eingefordert werden kann, und der „Abendgabe", die bei Beendigung der Ehe durch Scheidung oder den Tod des Mannes fällig wird.[969] Nicht zu verwechseln ist die Morgengabe mit einem Brautpreis oder Brautgeld, das bei der Heirat von der Familie des Bräutigams an die Familie der Braut (u. a. für den Verlust ihrer Arbeitskraft) zu zahlen wäre: Die Brautgabe steht ausschließlich der Braut zu und ist weder bedingungs-[970] noch bedarfs-[971] noch verschuldensabhängig[972].

Mehrheitlich wird die Brautgabe ehevertraglich vereinbart. Einige islamische Rechtsordnungen, insbesondere die iranische, sehen den Anspruch auf die

966 Vgl. den Sachverhalt des Beschlusses des OLG Frankfurt a. Main vom 11. Dezember 2019, 4 UF 23/19, und Anm. Oppermann, Thorsten, NZFam 2020, 266.

967 Vers 4 der Sure 4 („Die Frauen"), aus der medinischen Entstehungsperiode des Koran, lautet: „Und gebt den Frauen ihre Morgengabe als Geschenk. Wenn sie für euch aber freiwillig auf etwas davon verzichten, dann verzehrt es als wohlbekömmlich und zuträglich. [4:4]". S. unter http://islamische-datenbank.de/quran-koran?action=viewayat&surano=4

968 Yarayan, Ali, Die Morgengabe nach türkischem Recht in der deutschen Rechtspraxis, NZFam 2016, 1153.

969 Althammer, Christoph, Abendgabe und Scheidung nach deutschem Recht, Anmerkung zu OLG Hamm, Beschluss vom 22. April 2014, NZFam 2016, 1022.

970 Iranbomy, Seyed, Rosinentheorie der Morgengabe, FamFR 2011, S. 123 (124).

971 BGH, XII ZR 107/08 = NJW 2010, 1529.

972 Yassari, Nadjma, Die Brautgabe im Familienvermögensrecht, Innerislamischer Rechtsvergleich und Integration in das deutsche Recht, Mohr Siebeck, Tübingen 2014, § 18 Neun Thesen zur Brautgabe, S. 405, These 5.

Brautgabe jedoch auch gesetzlich vor, so dass sie selbst dann zu zahlen ist, wenn sie nicht vereinbart oder sogar explizit vertraglich ausgeschlossen wurde. In solchen Fällen gilt die „übliche“ Höhe der Brautgabe als geschuldet.[973]

In den im 20. und 21. Jahrhundert neu entstandenen islamischen Nationalstaaten sind verschiedene Kodifikationen des islamischen Familienrechts mit unterschiedlichen rechtspolitischen Zielsetzungen und Schwerpunkten erlassen worden. Die Verstaatlichung des traditionell religiös bestimmten islamischen Familienrechts hat damit zu größerer Rechtssicherheit und Rechtsklarheit im Hinblick auf das materielle Recht der Brautgabe geführt.[974] Gegenläufig war die Entwicklung in der Türkei: Dort bestanden bis 1926 gesetzliche Vorschriften über die Brautgabe, die nach der Gründung der Republik Türkei (1923) im Rahmen der unter Kemal Atatürk durchgeführten Gesetzesreformen[975] aus dem türkischen ZGB herausgenommen wurden. Nach den Feststellungen des türkischen Kassationshofs (*Yargitay*) ist ihre Vereinbarung jedoch nach wie vor zulässig[976]. Mangels gesetzlicher Regeln wird sie zivilrechtlich als Schenkung, bei Stundung als aufschiebend bedingte Schenkung bzw. Schenkungsversprechen betrachtet.[977]

Das Rechtsinstitut wird in den verschiedenen islamischen Staaten unterschiedlich begründet. So gilt es, abhängig von der Kulturgeschichte des jeweiligen Raums, als wirtschaftliche Gegenleistung des Mannes für die körperliche Hingabe und den ihm geschuldeten Gehorsam der Frau[978], als Institut zu ihrem

---

973 Vgl. z. B. § 1087 des iranischen ZGB, nach dem die Ehefrau nicht nur bei fehlender Vereinbarung, sondern selbst beim ausdrücklichen *Ausschluss* eines Mahrs das Recht auf eine Brautgabe in der üblichen Höhe hat. § 1091 iran. ZGB lautet: „Zur Bestimmung eines üblichen Mahr muss die Situation der Frau, was die Familienwürde und andere Eigenschaften wie auch ihre Stellung, verglichen mit Ihresgleichen und ihr Nahestehenden und ihren Verwandten, anbelangt, neben dem ortsüblichen berücksichtigt werden.“

974 Yassari, Nadjma, Die Brautgabe im Familienvermögensrecht, § 18 These 2, S. 403.

975 Vgl. den geschichtlichen Online-Kalender des WDR: „Stichtag 1. Januar 1926 – Türkei führt westlichen Kalender ein“, abrufbar unter https://www1.wdr.de/stichtag/stichtag2218.html, wo unter anderem berichtet wird, Atatürk selbst habe bei seiner Heirat ein „nur symbolisches Brautgeld von 30 Silbermünzen“ bezahlt.

976 Krüger, Hilmar, Zum Problem der Brautgabe im türkischen Recht, IPrax 2014, S. 204, 205.

977 Yarayan, Ali, Die Morgengabe … NZFam 2016, 1153 ff. (1154). Aus dem Charakter als Schenkungsversprechen wird das in Art. 288 des türkischen Zivilgesetzbuchs für die Schenkung verankerte Schriftformerfordernis abgeleitet.

978 S. die Darstellung im Urteil des BGH vom 9. Dezember 2009, XII ZR107/08 Rn. 12 = NJW 2010, 1528, 1529, und die dortigen Quellenangaben.

Schutz gegenüber einer möglichen Verstoßung[979], als Verhandlungsposition für eine zeitliche Verlängerung ihres zeitlich begrenzten Personensorgerechts für der Ehe entstammende Kinder[980], als Schadensersatz für Unbill, Enttäuschung, Schmerz und Verlust an sozialem Ansehen bei einer Scheidung der Ehe[981] und schließlich als Versorgung für eine auf eine Scheidung oder auf den Tod des Ehemannes folgende „versorgerlose Zeit"[982].

Damit kommt der Morgengabe, allgemein betrachtet, in erster Linie eine *Absicherungsfunktion* zu: Da islamische Rechtsordnungen in der Regel als gesetzlichen Güterstand die Gütertrennung vorsehen, hat die Ehefrau bei Beendigung der Ehe keine Aussicht auf einen güterrechtlichen Ausgleich. Hinzu kommt der in islamischen Staaten nur sehr eingeschränkte Anspruch auf nachehelichen Unterhalt mit einer Dauer von gesetzlich maximal vier Monaten. Auch im Fall der Beendigung der Ehe durch den Tod des Ehemanns sieht das islamische Erbrecht ein Erbteil der überlebenden Ehefrau von lediglich einem Viertel vor, sind Kinder vorhanden, sogar nur von einem Achtel.[983] Der Anspruch der Ehefrau auf die Brautgabe dagegen wird in islamischen Rechtsordnungen in besonderem Maße geschützt: Im Iran erhält sie auf Antrag einen entsprechenden Rechtstitel. Beim Tod des Mannes kann sie die Brautgabe vorrangig aus der Erbmasse beanspruchen, und auch zu Lebzeiten ist sein Vermögen regelmäßig bis zur Höhe des Anspruchs auf die Brautgabe dem Zugriff anderer Gläubiger entzogen.[984]

Zugleich dient die Morgengabe als Instrument der *Verhaltenssteuerung*[985]. Iranbomy[986] spricht von einer „Herstellung der Waffengleichheit" zwischen Ehemann und Ehefrau, da Letztere in den islamischen Rechtsordnungen nicht oder zumindest nicht zu denselben Bedingungen wie der Mann

979 Nachweise bei Wever/*Hoffmann*, Vermögensauseinandersetzung ..., S. 382, RZ 872.

980 Yassari, Die Brautgabe ... S. 405, § 18 Neun Thesen zur Brautgabe, These 4; dabei wird von der Autorin auch ein sich vollziehender Paradigmenwechsel im Recht der elterlichen Sorge hin zu einer größeren Ausrichtung auf das Kindeswohl dargestellt, der zu einer verringerten Bedeutung der Brautgabe im Problemkreis der Personensorge geführt hat.

981 Finger, Peter, Islamische Morgengabe – insbesondere im Verhältnis zum Iran, FuR 2017, S. 182 ff., m.w.N.

982 Yassari, Die Brautgabe ..., S. 405, Punkt 5.

983 Iranbomy, ebd., S. 124.

984 Iranbomy, ebd., S. 124.

985 Yassari, ebd., S. 403, These 1.

986 Ebd., S. 125.

berechtigt ist, eine Ehescheidung zu beantragen. Hier hat die Morgengabe zum einen präventive Funktion, die den Mann vor einem leichtfertigen Ausspruch der Scheidung abschrecken soll. Sie erlaubt darüber hinaus der Frau, bestimmte Freiheiten (Reise-, Berufs-, Studienfreiheit und freie Wahl des Wohnorts) für sich zu erwirken, falls ihr Mann ihr diese nicht gewähren möchte. Will sie sich selbst von ihrem Gatten trennen, verschafft ihr die Brautgabe die Möglichkeit, die Scheidung ohne seine Zustimmung zu erreichen: Da sie bei einer von ihr beantragten Scheidung zur Zahlung einer Abfindung an ihren Ehemann verpflichtet ist, dient ihr die gestundete Morgengabe als Gegenanspruch, durch dessen Aufrechnung sie sich aus der Ehe „freikaufen" kann.[987]

(ii) Funktionsverlust bei Verlagerung des gewöhnlichen Aufenthaltsorts und kollisionsrechtliche Einordnung

Die oben genannten Funktionen der Brautgabe haben ihren Ursprung und Sinn im islamisch geprägten Herkunftsrecht und dessen gesellschaftlicher Ordnung. In einem von der westlichen Rechtskultur geprägten Land, in dem die Ehefrau in gleicher Weise wie ihr Ehemann berechtigt ist, die Scheidung zu beantragen[988], in dem ihre gesetzlichen Ansprüche auf Trennungs- und nachehelichen Unterhalt sehr viel weiter gehen und in dem Sorgerechtsstreitigkeiten wesentlich nach dem Kindeswohl entschieden werden, sind die meisten dieser Funktionen nicht mehr erforderlich. In diesem Sinn ist schon von einer „Rosinentheorie der Morgengabe"[989] gesprochen worden: Die Ehefrau könne nicht die Vorteile ihres Heimatrechts *und* diejenigen eines westlichen Scheidungsstatuts für sich beanspruchen. Die Morgengabe sei deshalb entweder als nicht mehr geschuldet anzusehen oder sie sei bei der Scheidung mit dem nach dem Recht des Ursprungslands bestehenden Gegenanspruch des Ehemanns zu verrechnen.

Dem hat sich der Bundesgerichtshof in einem Urteil vom 9. Dezember 2009 zu einer Morgengabe nach iranischem Recht vom Grundsatz her angeschlossen[990]: Die von der Anwendung deutschen Sachrechts im Rahmen der

---

987 Die vorstehenden Beispiele entstammen alle dem iranischen Recht, vgl. dazu BGH, XII ZR 107/08 = NJW 2010, 1531.

988 Vgl. insbesondere Art. 10 Rom-III-VO.

989 So der Titel des bereits mehrfach zitierten Aufsatzes von Iranbomy in FamFR 2011, S. 123 ff.

990 BGH, XII ZR 107/08 (bereits zitiert).

Scheidung bewirkte Besserstellung der Ehefrau im Vergleich zur Rechtsordnung des Herkunftsstaats könne rechtfertigen, so das Gericht, dass ihr auch Nachteile zumutbar seien, die sich aus der Anwendung dieses deutschen Sachrechts ergäben. So verliere die Klägerin im konkret zu entscheidenden Fall zwar den Vorteil der „automatischen" Anpassung des als Morgengabe vereinbarten Betrages an die iranische Geldwertentwicklung. Dem stehe auf der anderen Seite aber der durch den Statutenwechsel bewirkte Schutz gegenüber, den das deutsche Scheidungsfolgenrecht der geschiedenen Ehefrau in Form eines längeren nachehelichen Unterhalts oder des Versorgungsausgleichs gewähre.

Kollisionsrechtlich war die Einordnung von Brautgaben in Deutschland jahrzehntelang umstritten. Es wurden eine schuldrechtliche, eine unterhaltsrechtliche und eine güterrechtliche Qualifikation[991] vertreten[992], teils wurde von einer ehebedingten Zuwendung ausgegangen[993].

991 Die genannten familienrechtlichen Statute sind für die Brautgabe jedoch nicht in jeder Hinsicht einschlägig: Der im islamischen Recht nach einer Scheidung sehr gering bemessene, bei intakter Ehe jedoch umfassende *Unterhaltsanspruch* besteht im islamischen Rechtskreis *neben* dem Anspruch auf die Brautgabe, die sich zudem im Unterschied zum Unterhalt nur eingeschränkt an der finanziellen Leistungsfähigkeit des Verpflichteten und in keiner Weise an der Bedürftigkeit des Berechtigten orientiert und eher als Grundlage einer eigenen Vermögensbildung zu sehen ist. Auch geht es nicht wie beim *Güterrecht* um die in der Ehe erwirtschafteten Vermögenswerte, da die Ehefrau unabhängig von der Entwicklung des Vermögens des Ehemanns Anspruch auf die Morgengabe hat, und zwar schon zu Beginn oder während des Bestehens der Ehe, so dass sie nicht als „pauschalierte Teilhabe der Ehefrau an der vom Ehemann in der Ehe erzielten Vermögenssteigerung" (so der BGH im Urteil vom 9. Dezember 2009, XII ZR 107/08) verstanden werden kann.

992 Zahlreiche Nachweise zu jeder der drei Qualifizierungen sind im Urteil des BGH vom 9. Dezember 2009, XII ZR 107/08 = NJW 2010, S. 1528, 1529, Rn. 13, zu finden. Das OLG Stuttgart hat im Beschluss vom 4. März 2019, 11 WF19/19 für die Prüfung der Erfolgsaussichten eines Antrags auf Trennungsunterhalt im VKH-Verfahren die vorausgegangene Verurteilung des Ehemanns zu einer einmaligen Abfindung und Wohngeld durch ein marokkanisches Gericht mit dem Hinweis für unschädlich gehalten, dass sie die Zeit nach der Ehescheidung betreffe und somit keine anderweitige Rechtshängigkeit hinsichtlich des Trennungsverfahrens begründen könne.

993 Yassari, Die Brautgabe …, S. 347, merkt zu dieser Einordnung zutreffend an, dass die unbenannte Zuwendung gerade als Sammelbegriff für unspezifische ehebedingte Gaben verwendet wird, während die Brautgabe ein spezifisches Rechtsinstitut mit fest umrissenem Inhalt ist, für das der Fortbestand der Ehe keine Voraussetzung darstellt.

In einer Entscheidung vom 9. Dezember 2009 ordnete der Bundesgerichtshof die (vom OLG Hamburg in der Vorinstanz güterrechtlich qualifizierte) Brautgabe unter das seiner Auffassung nach als familienrechtliches Auffangstatut fungierende Statut der allgemeinen Ehewirkungen ein: Die Morgengabe könne zwar je nach Fallgestaltung aus Sicht des deutschen Rechts Berührungspunkte zum Unterhaltsrecht, zum Ehegüterrecht, zum Scheidungs- und zum Erbrecht aufweisen, lasse sich aber weder generell noch im zu entscheidenden Fall schwerpunktmäßig einem dieser Institute zuordnen[994]. Das Statut der allgemeinen Ehewirkungen gelte nach der Systematik des EGBGB, das die Eheschließung, das Güterrecht sowie das Scheidungs- und Scheidungsfolgenrecht speziellen Statuten unterstelle, als *Auffangtatbestand* des deutschen Internationalen Privatrechts für alle Wirkungen, für die keine speziellere Verweisungsnorm bereitgestellt werde.[995] Durch die Einordnung der Brautgabe unter diesen Auffangtatbestand ergebe sich zugleich der Vorteil, dass infolge der Wandelbarkeit des Ehewirkungsstatuts Friktionen zwischen einem der Brautgabe zugrundeliegenden islamischen Sachrecht und den veränderten Lebensumständen des Paares vermieden werden könnten[996].

Dieses Ziel wird nach der zwischenzeitlich vorgenommenen Änderung von Art. 14 EGBGB[997], der die objektive Einordnung in den Nrn. 1 und 2 vorrangig nicht mehr dem Recht einer gemeinsamen Staatsangehörigkeit, sondern dem Recht des jeweiligen gemeinsamen bzw. letzten gemeinsamen gewöhnlichen Aufenthalts unterstellt, noch zielgenauer erreicht als zum Zeitpunkt der zitierten Entscheidung und trägt der „Umgebungsgeprägtheit“[998] der allgemeinen Ehewirkungen Rechnung.

In seiner bisher neuesten Entscheidung zur Brautgabe aus dem Jahr 2020[999] hat der Bundesgerichtshof diese erneut als – im Zweifel – allgemeine Ehewirkung

994 BGH, NJW 2010, S. 1528, Rn. 14.

995 Unter Hinweis auf Wurmnest, Wolfgang, Die Mähr von der Mahr – Zur Qualifikation von Ansprüchen aus Brautgabevereinbarungen, RabelsZ 2007, 527 (546) weist der BGH darauf hin, dass in den islamisch geprägten Rechtsordnungen die Brautgabe ebenfalls als Ehewirkung angesehen werde, wobei der Begriff der Ehewirkungen vom dortigen Schrifttum allerdings synonym für alle – vermögensrechtlichen wie nichtvermögensrechtlichen – Rechte und Pflichten gebraucht werde.

996 BGH, ebd., Rn. 20.

997 Durch Art. 2 des Gesetzes zum Internationalen Güterrecht und zur Änderung von Vorschriften des Internationalen Privatrechts; die neue Fassung ist anwendbar seit dem 29. Januar 2019.

998 Coester-Waltjen, FamRZ 2013, 170 (172, 175).

999 Beschluss des Bundesgerichtshofs vom 18. März 2020, XII ZB 380/19.

eingeordnet[1000], wobei intertemporal die Anwendung weder der Rom-I-VO noch der EuGüterVO in Frage kam. Welche Verordnung im Fall ihrer zeitlichen Anwendbarkeit einschlägig wäre, wurde vom BGH explizit offen gelassen.

Im deutschen Schrifttum besteht zwar seit Annahme der Güterrechtsverordnungen weitgehender Konsens, dass die Brautgabe der europäischen Ehegüterverordnung unterfällt[1001]. Dass der BGH in seiner Entscheidung auch Gegenstimmen[1002] zitiert, erscheint jedoch geradezu als ein Wink an die nationalen Gerichte, dass in dieser Hinsicht auch Zweifel an der richtigen Auslegung des unionsrechtlichen Güterstandbegriffs bestehen könnten und der Bundesgerichtshof eine entsprechende Vorlage für angebracht hält.

1000 Zwischenzeitlich hatte das OLG Hamm in einer Entscheidung aus dem Jahr 2016 (Beschluss vom 22. April 2016, 3 UF 262/115) vor dem Hintergrund islamisch-sunnitischen Rechts (in diesem Fall waren beide Ehegatten libanesischer Abstammung, der Ort der Eheschließung Beirut) eine für den Fall der Verstoßungsscheidung zu entrichtende Abendgabe in Höhe von 15.000 US-Dollar „wegen des unterhaltsähnlichen Versorgungscharakters" unterhaltsrechtlich qualifiziert. Die Anspruchsvoraussetzung des libanesischen Rechts, wonach die Abendgabe nur im Falle eines vom Ehemann ausgehenden „talaq" zu zahlen sei – im konkreten Fall war die Scheidung von der Ehefrau beantragt worden – wurde vom OLG Hamm mit Hinweis auf den deutschen *Ordre public* von der Anwendung ausgeschlossen. Allerdings wurde hiergegen Kritik geäußert, da bei der Anwendung deutschen Rechts nicht der Verstoß gegen einen deutschen *Ordre public*, sondern vielmehr die Frage einer auch durch Auslegung der Vereinbarung nach § 157 BGB nicht mehr zu korrigierenden Sittenwidrigkeit nach § 138 BGB zu prüfen gewesen wäre. S. dazu Althammer, Abendgabe und Scheidung nach deutschem Recht, Anmerkungen zu OLG Hamm, Beschluss vom 22.04.2016 – 3 UF 262/15, NZFam 2016, 1022 (1023). Das OLG Frankfurt a. Main wiederum hatte im Beschluss vom 11. Dezember 2019 (4 UF 23/19) eine Morgengabe in Höhe von 5.555,55 EUR als allgemeine Ehewirkung qualifiziert.

1001 Münchener Kommentar/*v. Hein*, 2018, EuGüterVO, RZ 97, Palandt/*Thorn*, RZ 3 zu Art. 1 EuGüterVO, Heiderhoff, IPrax 2018, 1 (2), Dutta, FamRZ 2016, 1973, 1974; Weber, DNotZ 2016, S. 659 ff., 665. Yassari, a.a.O. S. 326; Andrae, Internationales Familienrecht, S. 248; Henrich, Zur EU-Güterrechtsverordnung: Handlungsbedarf für die nationalen Gesetzgeber, ZfRV 2016, 171, 173.

1002 Rn. 15 des Beschlusses unter Hinweis auf Bonomi in Dutta/Weber, Die Europäischen Güterrechtsverordnungen: Fragen des Allgemeinen Teils: Qualifikation, Vorfrage, Renvoi und Ordre public, 124 ff. (136 f.) und Coester-Waltjen, Dagmar, Fernwirkungen der Europäischen Verordnungen auf die international-familienrechtlichen Regelungen des EGBGB, FamRZ 2013, 170 ff.

(iii) Stellungnahme

Aufsehenerregend ist im zitierten Beschluss des BGH aus dem Jahr 2020 nicht nur dessen augenfälligstes Ergebnis, dass nämlich eine deutschem Recht unterliegende islamische Brautgabevereinbarung analog § 518 Abs. 1 BGB der notariellen Beurkundung bedarf[1003], sondern auch die Aussage, diese lasse sich „aus dem Blickwinkel des deutschen Sachrechts als familienrechtlicher Vertrag *sui generis* einordnen, der [wegen seiner Ehebezogenheit[1004]] Übereinstimmungen mit dem in der Rechtsprechung des Senats entwickelten Rechtsinstitut der unbenannten Zuwendung aufweist“[1005].

Ob die Brautgabe der europäischen Ehegüterverordnung tatsächlich unterfällt, hängt davon ab, ob die Voraussetzungen des Art. 3 Abs. 1 Nr. 1 EuGüterVO, von dem nach dem 18. Erwägungsgrund der EuGüterVO nicht nur zwingende, sondern auch fakultative, d. h. zwischen den Ehegatten vereinbarte Regelungen umfasst sind, erfüllt sind oder nicht. Angesichts der eingangs dieses Abschnitts *g)* gemachten Ausführungen zu Begriff und Funktion der Brautgabe können kaum Zweifel daran aufkommen, dass diese Regelung – sei es nun von Gesetzes wegen oder aufgrund einer anlässlich der Hochzeit getroffenen Vereinbarung – aufgrund der Ehe besteht.

Mit Blick auf die in der Literatur geführte Diskussion zwischen familienrechtlichem und schuldrechtlichem Ansatz ist zunächst hervorzuheben, dass der Bundesgerichtshof die Brautgabe als familienrechtlichen Vertrag *sui generis* ansieht, gleichzeitig aber neben der Unterhalts- und den Güterrechtsverordnungen auch die Möglichkeit einer Anwendung der Rom-I-VO in Erwägung zieht (und diese ebenso wie die Anwendbarkeit der EuGüterVO aus Gründen der zeitlichen Geltung ablehnt). Dies weist darauf hin, dass sich der seiner nationalen Rechtsprechung entstammende Terminus „familienrechtlicher Vertrag *sui generis*“

1003 Ebd., Rnrn. 43–46. Der Formzwang wurde insbesondere mit der Schutzfunktion und der Beweisfunktion dieser Form begründet. Nach einer Anmerkung von Dutta zu dieser Entscheidung wird dies in Zukunft dazu führen, dass sich die bei der muslimischen Eheschließung regelmäßig vereinbarte Brautgabe auf eine Verbindlichkeit reduziert, die „wegen der Formunwirksamkeit (§§ 125 S. 1, 518 Abs. 1) von der Ehefrau nicht eingeklagt werden kann, aber einen Rechtsgrund zum Behaltendürfen schafft, wenn sie – von Ehemanns oder seiner Familie Gnaden – erfüllt wird (§ 518 Abs. 2 BGB)“. Dutta, Anatol, Anmerkung zum Beschluss des BGH vom 18. März 2020, FamRZ 2020, 1077.

1004 BGH, Beschluss vom 18. März 2020, Rn. 30.

1005 Rn. 20 des Beschlusses vom 18. März 2020.

und die unionsrechtlichen Kategorien „vertragliche" bzw. „außervertragliche Schuldverhältnisse" für den BGH nicht notwendig ausschließen. Sollte diese Auslegung vom EuGH bestätigt werden, würde sie den nahtlosen Anschluss der Güterrechtsverordnungen an die Bereichsausnahmen der schuldrechtlichen Verordnungen betreffend „Schuldverhältnisse aus einem Familienverhältnis…" und „Schuldverhältnisse aus ehelichen Güterständen …" erlauben, und zwar auch unter den Vorzeichen der von der nationalen Rechtsprechung geprägten Rechtsverhältnisse *sui generis*. Die Situation bei der Einordnung ähnelt in der Tat derjenigen im Hinblick auf die ehebedingten Zuwendungen, wie vom BGH in der Entscheidung zitiert, was zumindest bei der international-privatrechtlichen Qualifikation eine Annäherung an den oben dargestellten „schuldrechtlichen Ansatz"[1006] zeigt.

Etwas anderes könnte sich allenfalls bei einer unterhaltsrechtlichen Einordnung der Brautgabe ergeben, der freilich Ausnahmecharakter zukommen müsste: Die unionsrechtliche Rechtsprechung stellt zur Abgrenzung von unterhalts- und güterrechtlichen Ansprüchen wie das deutsche Recht auf die Berücksichtigung der Leistungsfähigkeit des Verpflichteten und den Bedarf des Berechtigten auf der einen und den Gesichtspunkt eines reinen Vermögensausgleichs auf der anderen Seite ab[1007]. Beim Anspruch auf die Erfüllung des Morgengabeversprechens sind die wirtschaftlichen Verhältnisse der Beteiligten jedoch irrelevant. Gleichzeitig bestehen die Rechtsinstitute „Brautgabe" und „Unterhalt" in den islamischen Ländern nebeneinander und sind voneinander unabhängig[1008]. Eine Anwendung der EuUntVO kommt daher nur ausnahmsweise in Frage, wenn eine explizite Vereinbarung diese unterhaltsrechtliche Einordnung rechtfertigt, so beispielsweise, wenn die Verpflichtung nachweisbar den nachehelichen Unterhalt sichern soll und dem Begriffspaar Bedarf und Leistungsfähigkeit dabei Bedeutung beigemessen wird.[1009] Vorbehaltlich anders lautender Ergebnisse bei einer Befassung des EuGH ist nach alledem von einer grundsätzlich güterrechtlichen Einordnung der Brautgabe (aufgrund ausdrücklicher Vereinbarung oder aber – namentlich im Iran – aufgrund einer an die Eheschließung anknüpfenden gesetzlichen Regelung) auszugehen.

1006 *Kap. VI 4 a) (ii).*

1007 S. o. *Kap. VI 3 a).*

1008 Yassari, Die Brautgabe …, S. 340.

1009 Yassari, a.a.O., S. 340 f.; ebenso die zitierte BGH-Entscheidung aus dem Jahr 2020, Rn. 18.

Dies allerdings hätte bei einer Verlagerung des gewöhnlichen Aufenthalts des Paares in einen westlichen Staat angesichts der grundsätzlichen Unwandelbarkeit des Güterrechts zur Folge, dass das Recht des Herkunftsstaats anwendbar bleibt, obwohl sie, wie gesehen, einen Teil ihrer Funktionen verliert. Dem kann *de lege lata* nur durch eine entsprechende nachträgliche Rechtswahl begegnet werden kann.

In diesem Zusammenhang hat Yassari in ihrer Untersuchung zu islamischen Brautgaben aus dem Jahr 2014 den Vorschlag gemacht, dass die Parteien die Möglichkeit haben sollten, eine Änderung ihres Güterrechts ausschließlich im Hinblick auf die Brautgabe herbeizuführen. Mit einer Ergänzung der EuGüterVO könne eine Entkopplung des Brautgaberechts vom allgemeinen Güterrechtsstatut vorgenommen werden. Dies wäre meines Erachtens auch sinnvoll, weil die Brautgabe einem den nationalen Güterrechten der Mitgliedstaaten der Union gänzlich fremden Rechtskreis entstammt. Dabei sollte m. E. die einzufügende Regelung sogar eine Änderung der objektiven Anknüpfung an das Recht des Staates des gewöhnlichen Aufenthalts bzw. im Fall einer Scheidung an das Scheidungsstatut umfassen.

Eine entsprechende Modifikation der EuGüterVO könnte in Anlehnung an den von Yassari für das EGBGB gemachten Vorschlag[1010] lauten:

> „Artikel 3 (1) Im Sinne dieser Verordnung bezeichnet der Ausdruck
>
> … h) ‚Brautgabe' die einem Ehegatten oder künftigen Ehegatten vom anderen aufgrund der Eheschließung als Brautgabe versprochene oder nach dem Recht der Eheschließung geschuldete Leistung von Vermögensgegenständen."
>
> „Artikel 21. Einheit des anzuwendenden Rechts. Das gesamte Vermögen der Ehegatten unterliegt ungeachtet seiner Belegenheit dem gemäß Artikel 22 oder 26 auf den ehelichen Güterstand anzuwendenden Recht. Das auf die Brautgabe anzuwendende Recht bestimmt sich nach Artikel 26 a und 26 b."
>
> „Artikel 26 a. Wahl des auf die Brautgabe anzuwendenden Rechts. (1) Die Ehegatten können das auf die Brautgabe anzuwendende Recht durch Vereinbarung bestimmen oder ändern, sofern hierdurch eines der folgenden Rechte bestimmt wird:
>
> a) das Recht des Staates, in dem die Ehegatten oder künftigen Ehegatten oder einer von ihnen zum Zeitpunkt der Rechtswahl ihren gewöhnlichen Aufenthalt haben, oder
>
> b) das Recht eines Staates, dessen Staatsangehörigkeit einer der Ehegatten oder künftigen Ehegatten zum Zeitpunkt der Rechtswahl besitzt, oder

1010 S. 327.

c) das Recht, das die Parteien als das auf ihren Güterstand anzuwendende Recht bestimmt haben.

(2) Artikel 23 und 24 dieser Verordnung sind anzuwenden."

„Artikel 26 b. Mangels Rechtswahl auf die Brautgabe anzuwendendes Recht. (1) Mangels einer Rechtswahl nach Art. 26 a unterliegt die Brautgabe dem Recht des Staates, in dem die berechtigte Person bei der Geltendmachung ihren gewöhnlichen Aufenthalt hat. (2) Erfolgt die Geltendmachung der Brautgabe im Zusammenhang mit der Ehescheidung, so gilt für die Brautgabe das auf die Scheidung anzuwendende Recht."

Auf diese Weise ließe sich – auch wenn dadurch von der grundsätzlichen Unwandelbarkeit des Güterrechts abgerückt würde – die durch den Orts- und Kulturwechsel veränderte Situation im Hinblick auf die konkret vereinbarte Brautgabe berücksichtigen, und zwar unter Zuhilfenahme der dem nationalen Gericht vertrauten Instrumente, in Deutschland neben der Auslegung des Brautgabeversprechens insbesondere die Wirksamkeits- und Ausübungskontrolle von Eheverträgen und die Möglichkeit zur Anpassung der Vereinbarung nach § 313 BGB[1011].

h) Ansprüche bei Verletzung ehelicher und partnerschaftlicher Pflichten

Schadensersatzansprüche zwischen den Partnern bestehender wie aufgelöster Ehen und eingetragener Partnerschaften können in vielen Zusammenhängen entstehen. Das Thema ist damit so facettenreich[1012], dass die aus Rechts- und Pflichtverletzungen entstehenden Ansprüche hier nur in einer repräsentativen Auswahl untersucht werden können. Im Zusammenhang mit ihnen sind verschiedene, hauptsächlich im Familienrecht normierte Sonderregelungen und von der Rechtsprechung entwickelte Grundsätze zu beachten, so dass auch insoweit von einer „familienrechtlichen Überlagerung"[1013] der Ansprüche gesprochen wird:

- Die Festlegung des bei einer „Verletzung der sich aus dem ehelichen Verhältnis ergebenden Verpflichtungen" anzulegenden Sorgfaltsmaßstabs auf die

1011 So auch Finger, Peter, Islamische Morgengabe – insbesondere im Verhältnis zum Iran, FuR 2017, 182, 187/188.

1012 Vgl., die zahlreichen von Wever/Hoffmann, Vermögensauseinandersetzung, Kapitel 8 *(Bearb. Hoffmann)*, S. 299–335 (300–302) dargestellten Ansprüche.

1013 Wever/Hoffmann, S. 300.

diligentia quam in suis des Schädigers in § 1359 BGB (§ 4 LPartG[1014]). Entsprechend ist bei der Erfüllung der genannten Verpflichtungen die Sorgfalt maßgeblich, die der Verpflichtete in eigenen Angelegenheiten anzuwenden pflegt.
- Eine von der Rechtsprechung unter Hinweis auf die in § 1353 Abs. 1 S. 2 BGB normierte Pflicht zur ehelichen Lebensgemeinschaft vertretene Stillhalteverpflichtung. Sie verlangt vom geschädigten Partner, Ansprüche entweder nur zum Teil oder gar nicht zu verfolgen, wenn sich der Schädiger im Rahmen seiner wirtschaftlichen Möglichkeiten in einer der ehelichen Gemeinschaft angepassten Weise um einen anderweitigen Ausgleich des Schadens bemüht. Eine angemessene Schadenslinderung durch den schuldigen Ehegatten könne jedoch nicht den *Bestand* des Ersatzanspruchs berühren, so der BGH, sondern führe nur dazu, dass er sich gegen dessen Geltendmachung wenden könne.[1015]
- Der gleichfalls richterrechtlich entwickelte Grundsatz, dass einem Partner dem anderen gegenüber Schmerzensgeld nur in dem Rahmen zuzusprechen ist, dass die der ganzen Familie zur Verfügung stehenden Einkünfte nicht unverhältnismäßig gemindert werden, da das Schmerzensgeld eine angemessene, billige Entschädigung darstellen soll[1016].
- Eine nach § 207 Abs. 1 S. 1 BGB für die Dauer der Ehe oder Lebenspartnerschaft bestehende Verjährungshemmung.

Die Rechtsprechung des Bundesgerichtshofs und der Obergerichte hat Fallgruppen gebildet, in denen das familienrechtliche Moment der hier untersuchten Schadensersatzansprüche in unterschiedlicher Weise zum Tragen kommt. Der Bundesgerichtshof kommt dabei letztlich zu einer Anwendung schuldrechtlicher Vorschriften auch in familienrechtlich mitgeprägten oder überlagerten Rechtsverhältnissen[1017], ohne diese jedoch explizit als „Schuldverhältnisse“ zu bezeichnen. Der stattdessen verwendete Begriff der „Sonderverbindung“ erweckt den Eindruck, dass es sich gegenüber einem Schuldverhältnis um ein *aliud* handle.

1014 Gemäß § 1 LPartG gilt dieses seit Inkrafttreten des Eheöffnungsgesetzes für vor dem 1. Oktober 2017 in Deutschland begründete Lebenspartnerschaften und für im Ausland begründete Lebenspartnerschaften, soweit auf sie deutsches Recht anwendbar ist.

1015 Beschluss des BGH vom 13.01.1988 – IVB ZR 110/86 = FamRZ 1988, 476 mit zahlreichen Nachweisen auch aus dem Schrifttum.

1016 BGH, Urteil vom 18.06.1973 – III ZR 207/71 = NJW 1973, 1654.

1017 Löhnig/Preisner, NJW 2013, 2080 (2083).

Die bereits eingangs dieses *Kapitels VI*[1018] dargestellten, im Schrifttum vorherrschenden Auffassungen betreffend die dogmatische Einordnung familienrechtlicher Ansprüche – oben als „familienrechtlicher" und „schuldrechtlicher Ansatz" bezeichnet – gehen in diesem Bereich am deutlichsten auseinander:

Für den in der Literatur vertretenen „familienrechtlichen Ansatz" sind die oben genannten Vorschriften für originär familienrechtliche Rechtsverhältnisse geltende *leges speciales*, zu deren Verständnis und Ergänzung die Vorschriften des allgemeinen Schuldrechts allenfalls analog herangezogen werden können. Zur Gegenmeinung vermittelnd hat Coester-Waltjen[1019] 2007 vorgeschlagen, namentlich im Zusammenhang mit der Wahrnehmung von Umgangsrechten[1020] von einer Verletzung gesetzlicher *Schutz*pflichten im Rahmen eines besonderen familienrechtlichen *Schutz*verhältnisses aufgrund gemeinsamer Elternschaft auszugehen, für die § 280 BGB *analog* herangezogen werden könne. Der „schuldrechtliche Ansatz" sieht hingegen in Verletzungen familienrechtlicher Verpflichtungen – auch im Bereich des Umgangsrechts – Verstöße gegen allgemeine schuldrechtliche Rücksichtnahmepflichten i. S. v. § 241 Abs. II BGB, die direkt der zentralen schuldrechtlichen Haftungsnorm § 280 Abs. 1 BGB zu unterstellen sind.

(i) Ansprüche aus Gesundheits- und Eigentumsverletzungen im Straßenverkehr

Der Anwendungsbereich von § 1359 BGB und § 4 LPartG, die für das eheliche/partnerschaftliche Verhältnis den Haftungsmaßstab der *diligentia quam in suis* festlegen, bezieht sich konkret auf die Erfüllung von „sich aus dem ehelichen/lebenspartnerschaftlichen Verhältnis ergebenden Verpflichtungen". Insbesondere betrifft dies die ehelichen Unterhaltspflichten, das eheliche Güterrecht und die Haftung aus Geschäften zwischen den (Ehe-)Partnern, die im Zusammenhang mit der Verwirklichung der ehelichen Lebensgemeinschaft stehen. Normzweck ist die Erhaltung des innerfamiliären Friedens.[1021]

Bei Schadensersatzansprüchen, die einem Partner gegenüber dem anderen durch Gesundheits- oder Eigentumsverletzungen im Straßenverkehr entstehen,

---

1018 *Kap. VI 4 a), insbesondere (ii) und (iii).*

1019 Coester-Waltjen, Dagmar, Schuldrecht und familienrechtliche Rechtsverhältnisse, in Festschrift für Claus-Wilhelm Canaris zum 70. Geburtstag, Verlag C.H. Beck, 2007, S. 131 ff.

1020 Vgl. *Kap. VI 4 h (iv).*

1021 Palandt/*v. Pückler*, RZ 1, 2 zu § 1359 BGB.

greift § 1359 BGB nach ständiger Rechtsprechung des Bundesgerichtshofs nicht ein: Am Rande der Einhaltung der Verkehrsregeln sei kein Spielraum für eine individuelle Sorgfalt[1022]. Auch Gesellschafter (zwischen denen gemäß § 708 ebenfalls die eigenübliche Sorgfalt als Haftungsmaßstab gilt) müssten sich im Straßenverkehr als Fahrgäste eines Mitgesellschafters nicht mit geringerer Sorgfalt behandeln lassen als dies nach dem allgemein gültigen objektiven Maßstab erforderlich sei.[1023]

In Betracht kommen in diesem Zusammenhang auch Ansprüche auf Schmerzensgeld (vgl. § 253 Abs. 2 BGB). Allerdings können hier insbesondere die von der Rechtsprechung aus § 1353 abgeleitete Stillhalteverpflichtung[1024] und die durch die wirtschaftlichen Umstände der Betroffenen vom BGH erwogene betragsmäßige Beschränkung des Schmerzensgelds greifen[1025].

Kollisions- und international-verfahrensrechtlich kommt, da es sich um Verletzungen allgemeiner Sorgfaltspflichten im Straßenverkehr handelt, die sich lediglich im familiären Bereich, quasi mit dem „Lebenssachverhalt Ehe“ als Kulisse, ereignen, angesichts der unionsrechtlichen Güterstanddefinitionen in Art. 3 Abs. 1 Buchst. a EuGüterVO, Art. 3 Abs. 1 Buchst. b EuPartVO eine Anwendung der Güterrechtsverordnungen auf solche Schadensersatzansprüche nicht in Betracht, da sie nicht „aufgrund“ der Ehe oder eingetragenen Partnerschaften gelten.

Vielmehr sind sie als unerlaubte Handlungen i. S. v. Art. 4 Rom-II-VO der schuldrechtlichen Verordnung zu unterstellen, da die Bereichsausnahmen zugunsten „außervertraglicher Schuldverhältnisse aus einem Familienverhältnis bzw. aus ehelichen Güterständen“ (Art. 1 Abs. 2 Buchst. a und b Rom-II-VO) nach einer engen Auslegung, wie hier vertreten, nicht eingreifen. Für den „schuldrechtlichen Ansatz“ wird auch eine Verletzung von Pflichten aus § 241 Abs. 2 BGB vorliegen, da die unerlaubte Handlung gleichzeitig einen Verstoß

1022 Vgl. BGH, Urteil vom 24. März 2009 – VI ZR 79/08 = FamRZ 2009, 1048 = NJW 2009, 1875, Rn. 10–12. Der dort entschiedene Fall betraf einen Unfall mit einem Motorboot beim Wasserskifahren. Im selben Sinne der Beschluss vom 13.01.1988 – IVB ZR 110/86 = FamRZ 1988, 476 mit Hinweis auf BGHZ 53, 352, 355 = FamRZ 1970, 386, 387 und BGHZ 63, 51, 58 = FamRZ 1974, 641, 643. BGH, Urteil vom 18.06.1973 – III ZR 207/71 = NJW 1973, 1654.

1023 BGH, Urteil vom 20.12.1966 – VI ZR 53/65 = BGHZ 46, 313, 317 f.; Urteil v. 13.01.1988 – IVb ZR 110/86 = FamRZ 1988, 476 (477).

1024 BGH, FamRZ 1988, 476 (477), Wever/*Hoffmann*, Vermögensauseinandersetzung, S. 300, RZ 679 und S. 307, RZ 696.

1025 BGH, Urteil vom 18.06.1973 – III ZR 207/71 = NJW 1973, 1654.

gegen Schutz- und Rücksichtnahmepflichten aus der Sonderverbindung darstellt. Entsprechende Schadensersatzansprüche aus § 280 Abs. 1 BGB werden jedoch als rechtliche Sanktionen einer unerlaubten Handlung, d. h. der schuldhaften Verursachung der entsprechenden Pflichtverletzung, gleichfalls der Rom-II-VO unterstellt.[1026]

Prozessual ist aufgrund der einheitlichen Auslegung der sachlichen Anwendungsbereiche beider Verordnungen (EG 7 Rom-II-VO) die Brüssel-Ia-VO einschlägig. Insbesondere sind die Voraussetzungen der besonderen Gerichtsstände für unerlaubte Handlungen in Art. 7 Abs. 2 und 3 der Verordnung am konkreten Fall zu prüfen.

(ii) Ansprüche wegen Verletzungen des „räumlich-gegenständlichen Bereichs der Ehe“

Die *Zuweisung* von Ehewohnung und Hausrat nach §§ 1361 a, 1361 b BGB, der *Schutz gegen den eigenmächtigen Verkauf* der Familienwohnung durch den Eigentümer-Ehegatten/-Partner und die für die Nutzung dieser Wohnung in 1361 b Abs. 2 BGB normierte *Nutzungsentschädigung* sind schon bei der Abgrenzung zwischen dem Anwendungsbereich der Güterrechtsverordnungen und dem der noch national geregelten allgemeinen Ehewirkungen güterrechtlich eingeordnet worden.[1027] Diese Regelungen betreffen Befugnisse, Rechte und Pflichten eines oder beider Ehegatten/Partner in Bezug auf einen wesentlichen Vermögensgegenstand, die gemäß Art. 27 Buchst. d EuGüter/PartVO vom Güterstand erfasst werden; die Normen zum Schutz der Familienwohnung werden außerdem in den Erwägungsgründen der Güterrechtsverordnungen explizit erwähnt (EG 53 EuGüterVO, EG 52 EuPartVO).

Eheliche Auseinandersetzungen um die Ehewohnung haben die deutsche Rechtsprechung aber auch noch in anderer Weise beschäftigt: Seit den 60-er Jahren[1028] war sie als der ehelichen Lebensgemeinschaft dienender räumlicher Bereich Gegenstand mehrerer obergerichtlicher Entscheidungen. Den Begriff

---

1026 Insbesondere von Mayer, Haftung und Paarbeziehung, S. 440.

1027 S. o. *Kap. V 1 b).*

1028 Bereits 1962 untersuchte das OLG Bremen, Urteil vom 02.11.1962, 1 U 80/62 (NJW 1963, 395) eine Störung des räumlich-gegenständlichen Bereichs der Ehe in einem Fall, in dem die getrennt lebende Ehefrau einen männlichen Mieter (zu dem sie keine Liebesbeziehung unterhielt) zum Schutz gegen eine gewaltsame Rückkehr des Ehemannes in der Ehewohnung behielt. Eine Störung des geschützten Bereichs wurde in diesem Fall verneint.

des *„räumlich-gegenständlichen Bereichs der Ehe“* entwickelte die Rechtsprechung, um die räumliche Sphäre zu umschreiben, in der sich das Zusammenleben der Ehegatten faktisch und organisatorisch abspielt, die „die Grundlage für das gemeinsame Ehe- und Familienleben bildet und die zugleich den einzelnen Familienmitgliedern die Entfaltung ihrer Persönlichkeit ermöglichen soll“[1029].

Ansprüche zur Beseitigung entsprechender Störungen durch Dritte wurden dabei auf §§ 823 I i. V. m. 1004 BGB gestützt. Im Innenverhältnis zwischen den Ehegatten sollen dagegen Störungen, die unmittelbar die Lebens- und Geschlechtsgemeinschaft der Ehegatten berühren, als innereheliche Vorgänge nicht in den Schutzzweck dieser Normen fallen, da sie der Kontrolle des Staates entzogen seien[1030]. Die staatliche Verpflichtung aus Art. 6 Abs. 1 Grundgesetz, so Riegel[1031], gehe dahin, „diesen Raum, in dem eine Ehe gelebt werden kann, [nach außen] zu schützen, während die konkrete Nutzung des Bereichs allein die Ehepartner bestimmen. Schutzgut ist der äußere Bereich der Ehe, der das Zusammenleben erst ermöglicht“.

Ebenfalls im Hinblick auf das Innenverhältnis führte dennoch der Bundesgerichtshof in einem Urteil aus dem Jahr 1978[1032] aus, aus dem Gebot der ehelichen Lebensgemeinschaft (§ 1353 I BGB) ergebe sich die Pflicht der Ehegatten, sich gegenseitig die Benutzung der ehelichen Wohnung zu gestatten, auch dann, wenn ein Ehegatte Alleineigentümer dieser Wohnung sei. Dieses Besitzrecht des Begünstigten dauere selbst noch während eines laufenden Scheidungsverfahrens an, solange die Ehe nicht durch rechtsgestaltende richterliche Entscheidung aufgehoben werde. Einem Urteil des OLG Celle[1033] aus dem Jahr 1979 zufolge konnte ein Ehegatte außerdem Störungen durch Besuche des neuen Partners seines (Noch-)Ehegatten bei Getrenntleben in der Ehewohnung „[m]it dem sich

1029 BGH, Beschluss vom 19. Februar 2014, XII ZB 45/13, Rn. 10.

1030 So u. a. das Urteil des Bundesgerichtshofs vom 19. Februar 2014, XII ZB 45/13 = FamRZ 14, 746 (Ehrverletzende Äußerung eines Dritten, die die Beziehung der Eheleute als „innerehelichen Vorgang“ gefährdet, den räumlich-gegenständlichen Bereich der Ehe jedoch nicht betrifft).

1031 Riegel, Ralf, Grenzen des Schutzes des räumlich gegenständlichen Bereichs der Ehe, NJW 1989, 2789 (2799)

1032 Urteil vom 7. April 1978, V ZR 154/75, Abschnitt II 1.

1033 OLG Celle, Urteil vom 29.11.1979 – 12 UF 153/79, Abschn. 2; ebenso OLG Schleswig, Beschluss vom 2. November 1988, 13 U 3/88 und 13 U 4/88, FamRZ 1989, 979 und bereits BGH, Urt. v. 26.06.1952, IV ZR 228/51 = BGHZ 6, 360.

aus § 1353 I BGB ergebenden Recht auf die eheliche Lebensgemeinschaft … entsprechend den §§ 823, 1004 BGB“ verbieten.[1034]

Für diese Anspruchsgrundlage sprechen sich im Schrifttum auch Brudermüller[1035] und Sprau[1036] aus. Für Mayer[1037] hingegen ergibt sich der Anspruch gegen den eigenen Ehegatten aus der Verletzung seiner Pflichten aus dem zwischen den Partnern bestehenden familienrechtlichen Schuldverhältnis, so dass § 280 Abs. 1 BGB und keinesfalls das Deliktsrecht einschlägig ist, da ihrer Auffassung nach weder die Ehe selbst noch deren räumlich-gegenständlicher Bereich „sonstige Rechte“ i. S. v. § 823 BGB darstellen[1038]. Im Außenverhältnis zum Schutz eines bestimmten räumlichen Bereichs vor unliebsamem Eindringen Dritter greifen nach Auffassung der Autorin hingegen sehr wohl die Vorschriften zu Eigentums- und Besitzschutz ein.

(iii) Stellungnahme

Auch wenn die Begründung des Anspruchs gegen den eigenen Ehegatten über die Verletzung schuldrechtlicher Rücksichtnahmepflichten i. S. v. § 241 Abs. 2 BGB schlüssig ist, gewährt die Vorschrift des § 280 Abs. 1 BGB ihrem Wortlaut nach dem Verletzten *Schadensersatzansprüche*, während vom klagenden Ehegatten nach den zitierten Entscheidungen regelmäßig Unterlassung begehrt und eine gerichtliche Regelung insbesondere für die Zukunft angestrebt wird. Der Bundesgerichtshof hat die grundsätzliche Möglichkeit von Unterlassungsansprüchen auch neben dem Anspruch auf Schadensersatz im Rahmen von § 280 Abs. 1 BGB zwar bejaht, allerdings nur in zwei Urteilen aus den Jahren 1995[1039]

1034 Mit der Störung des räumlich-gegenständlichen Schutzbereichs befasste sich auch das OLG Zweibrücken, 2 UF 71/88 (= NJW 1989, 1614) im Urteil vom 26. Oktober 1988, wenngleich im entschiedenen Einzelfall der Anspruch verneint wurde, da der Kläger „sich der schützenswerten Position einer am gesetzlichen Leitbild der Einehe ausgerichteten ehrenhaften und würdevollen Eheführung begeben“ habe, indem er im Vorfeld durch einverständlich praktizierten Partnertausch das Eindringen von Außenstehenden in den ehelichen Intimbereich in Kauf genommen habe.

1035 Palandt/*Brudermüller*, Einleitung zu § 1353 BGB, RZ 5.

1036 Ebenso Palandt/*Sprau*, RZ 18 zu § 823 BGB.

1037 Haftung und Paarbeziehung, S. 104.

1038 Haftung und Paarbeziehung, S. 104.

1039 Im Urteil vom 12.01.1995 – III ZR 136/93, Abschnitt II 2 c. wurde ein Unterlassungsanspruch hinsichtlich unlauterer Kontoverfügungen des Geschäftsführers eines eingetragenen Vereins auf eine im Rahmen der dienstvertraglichen Beziehungen zwischen den Parteien begangene Vertragsverletzung, d. h. auf die Anspruchsgrundlage der positiven Vertragsverletzung gestützt.

(damals noch auf der Grundlage der positiven Forderungsverletzung) und 2009[1040], die dem Bereich des besonderen Schuldrechts entstammen. Nach der zu § 280 Abs. 1 ergangenen Entscheidung ist ein Unterlassungsanspruch auch nur dann möglich, wenn die Verletzungshandlung im konkreten Vertragsverhältnis noch andauert bzw. der daraus resultierende Schaden noch nicht irreparabel ist. Ein allgemeiner Anspruch auf Unterlassung im Hinblick auf künftige Verletzungen kommt für den BGH nicht in Betracht, weshalb dem Unterlassungsantrag im konkreten Fall auch nicht stattgegeben wurde.

Gegenüber dem eigenen Ehepartner könnte aber stattdessen ein Abwehranspruch aus § 1004 Abs. 1 BGB in Verbindung mit dem allgemeinen Persönlichkeitsrecht (Art. 2 Abs. 1 GG) geltend gemacht werden. Diese Vorschrift sieht in S. 1 die Beseitigung von Störungen, in S. 2 den in die Zukunft gerichteten Unterlassungsanspruch unmittelbar vor. Sie wird auf Störungen absoluter und deliktisch geschützter Rechte analog angewandt, wozu auch das grundgesetzlich geschützte allgemeine Persönlichkeitsrecht zählt[1041].

Ein Getrenntleben der Partner in der Ehewohnung ergibt sich regelmäßig nicht freiwillig, sondern aufgrund eingeschränkter wirtschaftlicher Verhältnisse. Es führt dazu, dass beide Partner, die durch das Scheitern einer zweifellos wichtigen Beziehung ohnehin belastet sind, nun ihren jeweils individuellen Rückzugsort in der früheren Ehewohnung haben. Die Störung dieses Rückzugsbereichs schmälert massiv die Möglichkeiten zur Entspannung, Erholung und damit zur Bildung von persönlicher Resilienz. Es muss deshalb möglich sein, (womöglich sogar beabsichtigte) psychische Verletzungen durch den Noch-Ehegatten an diesem Ort dauerhaft, d. h. auch für die Zukunft, zu unterbinden. Daher liegt nahe, im Innenverhältnis auf die Verletzung des *individuellen* allgemeinen Persönlichkeitsrechts durch den früheren Partner abzustellen, wenn dieser die nicht nur ihm, sondern auch dem anderen Beteiligten als Individuum dienende Rückzugsmöglichkeit beeinträchtigt. In der Ausprägung als Recht auf Achtung der – auch räumlichen – Privatsphäre[1042] stellt das allgemeine Persönlichkeitsrecht ein absolut geschütztes Recht im Sinn von § 823 Abs. 1 BGB dar,

---

1040 Schwarzhandel mit vom Verein unter Verbot des Weiterverkaufs verkaufter Eintrittskarten zu Bundesligaspielen, Urteil des Bundesgerichtshofs vom 11. September 2008 – I ZR 74/06 – Rn. 17.

1041 Palandt/*Herrler*, RZ 4 zu § 1004 BGB.

1042 Vgl. u. a. OLG Frankfurt, Urt. v. 21.11.2016 – 16 U 120/16, BeckRS 2016, 21408, sowie die umfangreiche Caroline-von-Monaco-Rechtsprechung u. a. des Bundesverfassungsgerichts (z. B. im Urteil vom 15.12.1999 – 1 BvR 653/96 = BVerfGE 120, 180 ff., Tenor sowie Abschnitt 1 b cc)).

auf das der Unterlassungsanspruch aus § 1004 Abs. 1 BGB analog angewandt werden kann, bei zu befürchtender Wiederholungsgefahr auch mit allgemeiner, d. h. in die Zukunft gerichteter Wirkung.[1043]

Was die international-privatrechtliche Qualifikation solcher mit der „Ehestörungsklage" geltend gemachter Ansprüche betrifft, ist nicht leicht zu beurteilen, ob solche Fälle der Störungsabwehr dem Anwendungsbereich der Güterrechtsverordnungen unterfallen:

Einerseits erscheinen sie, soweit sie von der Rechtsprechung und Literatur im Verhältnis der Partner zugesprochen bzw. nicht zugesprochen werden[1044], und umso mehr nach dem obigen Vorschlag der Lösung über das allgemeine Persönlichkeitsrecht, vorwiegend *personen-* und nicht vermögensbezogen[1045]. Andererseits betreffen die Abwehransprüche die Nutzung der *Ehewohnung* als wesentlichem, der Ehe dienendem Vermögensgegenstand, dessen Schutz wohl gerade aus diesem Grund in den Erwägungsgründen der Güterrechtsverordnungen erwähnt wird.

Allerdings geht es bei der hier untersuchten Thematik nicht um die Frage, ob ein Recht zur Nutzung der Ehewohnung überhaupt besteht, sondern um Beseitigungs- und Unterlassungsansprüche, die bereits die Folge einer *Verletzung* dieses unbestritten bestehenden Rechts sind. Dies spricht gegen eine güterrechtliche Qualifikation und für eine Einordnung unter die Rom-II-VO als Ansprüche aus einer durch diese Abwehransprüche sanktionierten unerlaubten Handlung. Dass die Anwendbarkeit der schuldrechtlichen Verordnung nicht notwendig vom Eintritt eines konkreten Schadens abhängt, sondern dass auch reine Abwehransprüche genügen, ergibt sich aus Entscheidungen des EuGH wie des BGH bei Unterlassungsklagen von Verbraucherschutzorganisationen. In diesen wurde für die Anwendbarkeit der Brüssel-Ia-VO ein „schädigendes Ereignis" i. S. v. Art. 5 Abs. 1 Nr. 3 der EuGVVO (jetzt Art. 7 Nr. 2 Brüssel-Ia-VO) unabhängig vom Erfordernis eines konkreten Schadens bei Angriffen auf die Rechtsordnung angenommen, deren Verhinderung die Aufgabe von Verbraucherorganisationen sei.[1046]

1043 Palandt/*Herrler*, RZ 32 zu § 1004 BGB.

1044 Es handelt sich um Ausnahmen vom Grundsatz der Nichteinmischung des Staates in den Kernbereich der Ehe. Im bereits zitierten, vom OLG Zweibrücken entschiedenen Einzelfall (Urteil vom 26. Oktober 19882, UF 71/88 = NJW 1989, 1614) wurde die Klageabweisung gleichfalls rein personenbezogen begründet.

1045 So auch das OLG Celle im Urteil vom 29.11.1979 – 12 UF 153/79, Abschn. 1.

1046 Das Urteil des BGH vom 9. Juli 2009 – Xa ZR 19/08 nimmt konkret auf das Urteil des EuGH vom 01.10.2002, *Verein für Konsumenteninformation/Karl Heinz Henkel*, C-167/00 = NJW 2001, 3617, Rnrn. 40 ff., insbesondere Rn. 49, Bezug.

Nach Auffassung von Mayer kommt infolge der rechtlichen Sanktionierung in Form der (ausnahmsweisen) Verpflichtung zur Unterlassung bei Anwendung von § 280 Abs. 1 BGB wegen des Vorliegens einer „unerlaubten Handlung“ ebenfalls die Rom-II-VO zur Anwendung.[1047]

Wird die hier vertretene Lösung – Abwehr von Verletzungen des allgemeinen Persönlichkeitsrechts auf der Grundlage von 1004 BGB analog in Verbindung mit dem allgemeinen Persönlichkeitsrecht – zugrunde gelegt, unterfällt allerdings der Abwehranspruch der Bereichsausnahme in Art. 1 Abs. 2 Buchst. g der Rom-II-VO, die Ansprüche aus der Verletzung der Privatsphäre und von Persönlichkeitsrechten betrifft. Entsprechend ist nach wie vor das *nationale* IPR über das auf unerlaubte Handlungen anzuwendende Recht, d. h. in Deutschland Art. 40 und 41 EGBGB anzuwenden, von deren Anwendungsbereich Verletzungen des Persönlichkeitsrechts umfasst werden, und zwar nicht nur, was Ersatzansprüche, sondern auch, was Unterlassungs-[1048] und Beseitigungsansprüche[1049] betrifft. Die internationale Zuständigkeit bestimmt sich nach § 105 i. V. m. § 266 Abs. 1 Nr. 3, 267 Abs. 1 S. 1 bzw. Abs. 2 FamFG, so dass regelmäßig sachlich wie örtlich das Familiengericht zuständig sein wird, das mit der Ehesache befasst ist.

(iv) Ansprüche bei Verletzungen des „Kernbereichs der Ehe“

Die Rechtsprechung zu Schadensersatzansprüchen wegen Verletzungen des sog. Kernbereichs der Ehe steht im Zusammenhang mit der Zeugung von Kindern und den mit ihrem Unterhalt verbundenen Aufwendungen. Solche Ansprüche sind bisher anhand von zwei Fallgruppen entschieden worden, wobei die Rechtsprechung nach derzeitigem Stand zu einer weitgehenden Ablehnung von Schadensersatzansprüchen kommt, da der sexuelle Intimbereich rechtlich verbindlichen Vereinbarungen zwischen den Partnern entzogen sei.

Die erste Fallgruppe betrifft die Zeugung eines Kindes als Folge des eigenmächtigen Absetzens empfängnisverhütender Mittel (z. B. der „Pille“) entgegen der mit dem Partner getroffenen Absprachen. Rechtsprechung ist bisher nur in der Konstellation einer nichtehelichen Partnerschaft ergangen[1050], allerdings ist

---

1047 Haftung und Paarbeziehung, S. 439/440.

1048 Urteil des Bundesgerichtshofs vom 19.12.1995 – VI ZR 15/95 = NJW 1996, 1128, Abschn. III. A mit zahlr. Nachweisen.

1049 Palandt/*Thorn*, RZ 15 zu Art. 1 Rom-II-VO.

1050 Bundesgerichtshof, Urteil vom 17. April 1986 – IX ZR 200/85, Abschn. 2 b aa = FamRZ 2013, 939 ff. Dazu kritisch Looschelders, Dirk, Schadensersatz bei „einseitiger“ Durchkreuzung der Familienplanung durch den kinderwilligen (Ehe-) Partner?, JurA 2000, 169 (172/173).

diese auf alle heterosexuellen Verbindungen übertragbar. Im entsprechenden Urteil leitete der 9. Zivilsenat des Bundesgerichtshofs aus den gesetzlichen Regelungen über die rechtlichen Folgen des Verlöbnisbruchs (§ 1297 BGB) ab, dass im engsten persönlichen Freiheitsbereich nicht nur Eingriffe und Regelungen des Staates abzulehnen seien, sondern dass in diesem Bereich auch keine verbindlichen rechtsgeschäftlichen Regelungen zwischen den Partnern getroffen werden könnten. Die Entscheidung, ob die Partner einer nichtehelichen Lebensgemeinschaft zur Vermeidung einer Schwangerschaft empfängnisverhütende Mittel einsetzen wollten oder nicht, betreffe den engsten Kern ihrer Persönlichkeit und ihrer selbstbestimmten Entfaltung, in dem Zuwiderhandlungen gegen entsprechende Absprachen durch das Absetzen des empfängnisverhütenden Präparats nicht durch Schadensersatzansprüche aus der Verletzung rechtsverbindlicher Vereinbarungen bewehrt sein könnten. Auch Ansprüche aus unerlaubter Handlung seien abzulehnen: Der Intimbereich zweier volljähriger Partner, die damit das Entstehen von Leben verantworteten, unterliege auch dann nicht dem Deliktsrecht, wenn einer von ihnen den anderen über die Anwendung empfängnisverhütender Maßnahmen getäuscht habe. Schließlich entspreche die Ablehnung entsprechender Ansprüche den Interessen des Kindes, das wegen des Schadensersatzverlangens seines eigenen Vaters die finanzielle und seelische Belastung der Mutter miterleben müsse und das durch die Erkenntnis, durch die eigene Existenz eine Haftung der Mutter gegenüber dem Vater ausgelöst zu haben, in seiner Menschenwürde betroffen sein würde.

Dieser Rechtsprechung ist zuzustimmen. Die Gefahr, an einen Partner zu geraten, der in ihn gesetztes Vertrauen enttäuscht, indem er den eigenen Kinderwunsch ohne Rücksicht auf seinen Partner durchsetzt oder beim Einsatz von Verhütungsmitteln zu wenig Sorgfalt an den Tag legt, ist Teil des allgemeinen Lebensrisikos. Wer eine Schwangerschaft um jeden Preis vermeiden möchte, kann und sollte dafür selbst entsprechende Vorkehrungen treffen.[1051] Darüber hinaus ist das zweite Argument des BGH – Beeinträchtigung der Menschenwürde des Kindes – von entscheidender Bedeutung, da die seelischen Folgen für das Kind unabsehbar sind[1052].

1051 Neben der Anwendung einschlägiger physisch und biologisch wirkender Verhütungsmittel besteht für die Angehörigen beider Geschlechter die Möglichkeit einer operativen Sterilisation. Für den Fall des späteren Sinneswandels lassen sich nach heutigem Stand der Wissenschaft nicht nur Ei-, sondern auch Samenzellen zuverlässig konservieren.

1052 Vgl. die Studie von Amendt, Gerhard, Das Leben unerwünschter Kinder, Fischer Taschenbuch Verlag, Frankfurt a. Main, 1992. Danach leiden von ihren Eltern

Da auch Verletzungen der sexuellen Treue einen „innerehelichen Vorgang“ im obigen Sinne darstellen, wurde auch in Fällen des Verschweigens der (möglicherweise) außerehelichen Herkunft eines von der Frau in Treuebruch empfangenen Kindes, dem der ahnungslose rechtliche Vater (§ 1592 BGB) Unterhalt gewährt, deliktische Schadensersatzansprüche gegen die Mutter von der Rechtsprechung abgelehnt. Eine Ausnahme wurde lediglich in Fällen angenommen, in denen die Grenze zur vorsätzlichen sittenwidrigen Schädigung (§ 826 BGB) überschritten war[1053]. In einem Beschluss vom 20. Februar 2013 wurde zwar die Möglichkeit von Schadensersatzansprüchen auch unterhalb dieser Grenze auf der Grundlage von § 280 Abs. 1 BGB bejaht, und zwar als Folge der Verletzung einer mutmaßlichen Auskunftspflicht über als Väter des gezeugten Kindes in Betracht kommende Sexualpartner durch die Mutter, die dadurch den Regress des Scheinvaters gegen den biologischen Vater vereitele. Eine derartige Auskunftspflicht wurde jedoch schon zwei Jahre später vom Bundesverfassungsgericht für verfassungswidrig erklärt, da sie die „grundrechtlichen Grenzen richterlicher Rechtsfortbildung“ überschreite: Ein Anspruch auf Auskunft über die Identität des außerehelichen Sexualpartners führe zu Verletzungen des Allgemeinen Persönlichkeitsrechts in Verbindung mit der Menschenwürde und dem Rechtsstaatsprinzip und könne allein durch den Gesetzgeber normiert werden, der hierbei seinerseits die Rechte der Mutter, insbesondere das Recht auf Wahrung ihrer Intimsphäre, beachten müsse.[1054]

Eine entsprechende Gesetzesvorlage[1055] wurde von der Bundesregierung 2016 auf den Weg gebracht, ist aber – wohl auch aufgrund der Kritik aus dem Bundesrat – bisher nicht angenommen worden. Sie sieht im Wege einer Reform von § 1607 BGB eine Auskunftspflicht der Mutter über den oder die möglichen biologischen Väter in den Grenzen der Erforderlichkeit und der Zumutbarkeit vor. Voraussetzung ist außerdem, dass der Scheinvater seine Vaterschaft angefochten hat; der Regressanspruch gegen den biologischen Vater soll auf den Zeitraum von zwei Jahren vor Einleitung des Vaterschaftsanfechtungsverfahrens bis

---

abgelehnte Kinder deutlich häufiger als Wunschkinder unter psychischen Störungen und psychosomatischen Krankheiten und können in ihrem späteren Leben durch Beziehungsprobleme und durch Glücksunfähigkeit in hohem Maße seelisch beeinträchtigt sein.

1053 Beschluss des Bundesgerichtshofs vom 20. Februar 2013 – XII ZB 412/11 = NJW 2013, 2108, Rn. 15–18.

1054 Beschluss vom 24. Februar 2015 – 1 BvR 472/14 = FamRZ 2015, 729, Rn. 35 ff. insbes. Rn. 44, Rn. 52, 53.

1055 BT-Drs. 18/10343.

zum Ende dieses Verfahrens begrenzt sein. Allerdings sagt dieser Gesetzentwurf nichts über mögliche Ansprüche im Paarverhältnis, konkret eine Schadensersatzpflicht der Mutter aus der Verletzung von Schutz- und Rücksichtnahmepflichten, wenn sie eigene Zweifel an der Vaterschaft ihres Ehemanns diesem gegenüber nicht offenbart hat[1056].

Was die international-privatrechtliche Einordnung der entsprechenden Ersatzansprüche aus § 826 BGB bzw. 280 Abs. 1 BGB betrifft, kommen mit Rücksicht auf ihren Entstehungsgrund – Haftung wegen vorsätzlicher, sittenwidriger Vereitelung der Geltendmachung von gemäß § 1607 Abs. 3 BGB entstandenen Regressansprüchen gegen den biologischen Vater einerseits bzw. Haftung wegen Verletzung einer Aufklärungspflicht bei Zweifeln an der ehelichen Abstammung des Kindes bzw. (*de lege ferenda*) einer Auskunftspflicht über die Identität des möglichen biologischen Vaters andererseits – neben der Rom-II-VO auch die spezifisch familienrechtlichen Verordnungen zum Unterhalt und zu den ehelichen Güterständen in Betracht, die Bereichsausnahmen der schuldrechtlichen Verordnungen sind.

Für eine Einordnung unter die EuGüterVO müsste die vermögensrechtliche Regelung gemäß Art. 3 Abs. 1 Buchst. a der Verordnung „aufgrund der Ehe oder deren Auflösung“ gelten. Es trifft zwar zu, dass die rechtliche Vaterschaft bei Ehegatten auf dem Tatbestand der Ehe basiert (§ 1592 Nr. 1 BGB), während in nichtehelichen Lebensgemeinschaften erst die Anerkennung des Kindes zur Vermutung der Vaterschaft führt (§ 1592 Nr. 2 BGB)[1057]. Dennoch wird auch ein nichtehelicher Scheinvater, der mit der Mutter in einer vermeintlich stabilen Beziehung lebt, vor einer Anerkennung des Kindes kaum seine Vaterschaft überprüfen lassen, so dass eine ähnliche rechtliche Situation auch in nichtehelichen Verbindungen denkbar ist. Der Übergang des Unterhaltsanspruchs auf den Leistenden ist *de lege lata* jedenfalls für beide Konstellationen, Leistung des Ehegatten der Mutter (§ 1607 Abs. 3 S. 1 BGB) und Leistung eines Dritten als Vater (§ 1607 Abs. 3 S. 2 BGB) vorgesehen.

Ansatzpunkt des Ersatzanspruchs ist damit aber nicht die Ehe oder deren Auflösung, der Schadensersatzanspruch gründet sich vielmehr auf die Erregung oder Aufrechterhaltung des Irrtums des Scheinvaters über seine Vaterschaft oder auf die Verletzung einer Aufklärungspflicht, deren Erfüllung die Unterhaltsaufwendungen mutmaßlich verhindert hätte bzw. *(de lege ferenda)* einer

---

1056 Helms, Tobias, Anmerkung zum Beschluss des BGH vom 20. Februar 2013, FamRZ 2013, 943; s. dazu sogleich unter *(v)*.

1057 Palandt/*v. Pückler*, RZ 16 zu § 1607 BGB.

Auskunftspflicht, die ihm erlauben würde, seinen Regressanspruch gegen den biologischen Vater durchzusetzen.

Damit bestehen solche Ansprüche aber nicht „aufgrund der Ehe oder deren Auflösung“. Der unterhaltsrechtliche Anspruchsübergang nach § 1607 BGB spricht eher dafür, dass die EuUntVO einschlägig ist, zumal – wenn man eine Haftung aus verletzter Aufklärungspflicht über die eventuelle nichteheliche Abstammung des Kindes bejaht – ein vom biologischen Vater erlangter Unterhaltsregress den dem Scheinvater entstandenen Schaden und somit dessen Schadensersatzanspruch gegenüber der Mutter mindert, deren Haftung im Verhältnis zum Scheinvater aber dennoch nicht nachrangig ist[1058].

Daher ist mit Rücksicht auf die hier vertretene enge Auslegung der Bereichsausnahmen der Rom-II-Verordnung[1059] der Anwendungsbereich dieser schuldrechtlichen Verordnung einschlägig. Handlungen, die Schadensersatzansprüche als Sanktionen nach sich ziehen, sind dort als unerlaubte Handlungen einzuordnen[1060].

(v) Stellungnahme zur Schadensersatzpflicht durch Aufklärungspflichtverletzung

Helms[1061] hat zu dem 2013 ergangenen Beschluss des BGH angemerkt, die Herleitung eines Schadensersatzanspruchs aus § 280 BGB dürfe nicht an eine Auskunftspflicht über den biologischen Vater anknüpfen, vielmehr sei entscheidend, dass die Mutter nicht gleich nach der Geburt von sich aus ihre Abstammungszweifel offenbart habe, um dem Scheinvater die Chance zu eröffnen, durch eine Vaterschaftsanfechtung seine Unterhaltspflicht auszuschließen. Diesen Ansatz hat Mayer[1062] 2019 aufgegriffen und zugleich Probleme der an eine solche Aufklärungspflichtverletzung anknüpfenden Haftung erörtert. Sie liegen

---

1058 Mayer, FamRZ 2019, 1839 (1845).

1059 S. *Kap. VI 4 b (ii)*.

1060 Zwirlein-Forschner, Susanne, Mautgebühren im IPR und IZVR – ein Grenzgang zwischen den europäischen Verordnungen, IPrax 2021, 221 (226), Mayer, Haftung und Paarbeziehung, S. 439, Rauscher/*Unberath/Cziupka/Pabst* in: Rauscher (Hrsg.), EuZPR/EuIPR, Art. 1 Rom-II-VO, RZ 19 ff.

1061 Helms, Tobias, Anmerkung zum Beschluss des BGH vom 20.02.2013 – XII ZB 412/11, FamRZ 2013, 943.

1062 Mayer, Claudia, Schadensersatz des Scheinvaters gegen die Mutter für Unterhaltszahlungen an das Kuckuckskind, FamRZ 2019, 1839 (1843 ff.).

insbesondere im Nachweis der Kausalität, in der Bestimmung des Umfangs des Schadensersatzanspruchs und in der Frage der Verjährung.

Die Untersuchung, ob und inwieweit die Annahme einer solchen Aufklärungspflicht gerechtfertigt ist, würde den hier zur Verfügung stehenden Rahmen sprengen und zudem deren Hauptgegenstand, der in erster Linie die Frage der kollisions- und international-verfahrensrechtlichen Einordnung entsprechender Ansprüche betrifft, verdrängen. Es sei daher lediglich angemerkt, dass die von Mayer vorgeschlagene Anwendung einer „Vermutung aufklärungsrichtigen Verhaltens“[1063] zu einer Umkehr der Beweislast über eine Entscheidung führt, die, wie die Autorin selbst einräumt „von zahlreichen subjektiven und emotionalen Umständen abhängig [ist, die] sich einer objektiv-rationalen Beweisführung … schlicht entziehen“[1064]. Diese Beweislastumkehr durch eine Vermutung „aufklärungsrichtigen Verhaltens“ würde gegenüber dem *status quo* der von der Rechtsprechung (nur für vorsätzliches sittenwidriges Handeln aus § 826 BGB) bejahten Haftung zu einer enormen Ausweitung führen. Brisant ist auch, dass eine entsprechende Aufklärungspflicht aus § 280 Abs. 1 BGB, die nach Auffassung von Mayer bereits „*de lege lata* … im Gesetz vorgesehen und … gerechtfertigt“ ist, nach aktuellem Stand der Humanbiologie ausschließlich für Frauen gelten würde. Weitere Probleme betreffen die Quantifizierung des Schadens[1065] und die Verjährung der Ersatzansprüche[1066].

1063 Diese zur Beweislastumkehr führende Vermutung wurde vom BGH bisher in zwei Konstellationen des besonderen Schuldrechts angewandt: Vgl. die Urteile vom 05.07.1973, VII ZR 12/73 = NJW 1973, 1685 (Marketingberatung) und vom 11.04.1967, VI ZR 61/66 = NJW 1969, 1508 (Arzthaftung).

1064 Mayer, a.a.O., S. 1844.

1065 Dem Äquivalenzprinzip folgend, ist die Erwartung eines Kindes ursächlich nicht nur für „gezahlten Kindesunterhalt“, sondern auch für „andere auf das Kind bezogene Aufwendungen, die [der rechtliche Vater] aufgrund der irrigen Annahme vorgenommen hat, dass das Kind von ihm abstammt“, so Mayer a.a.O. Daher wäre zu überlegen, inwieweit in diesem Zusammenhang ein in Erwartung des Nachwuchses gebautes Eigenheim sowie sämtliche Spielarten des Mehr- und Sonderbedarfs, etwa die Kosten eines in das Kind investierten Musikunterrichts, kieferorthopädischer oder stationärer Behandlungen, die die Krankenkasse nicht vollumfänglich übernimmt, die Kosten der Unterbringung in einer Privatschule oder eines längeren Auslandsaufenthalts zu Buche schlagen müssten.

1066 Die Verjährungsfrist beträgt gemäß § 199 Abs. 3 Nr. 1 BGB zehn Jahre, jedoch führt nach Mayer eine „jeden Tag aufs Neue bestehende (und als solche unverjährbare) Aufklärungspflichtverletzung“ dazu, dass dem Scheinvater mit jeder Zahlung für das Kind ein (gesonderter) Schaden entsteht. Dies wiederum hätte zur Folge, dass

Der 2016 in den Bundestag eingebrachte Gesetzesvorschlag statuiert in den Grenzen der Zumutbarkeit eine Pflicht der Mutter zur Auskunft über als biologische Väter in Frage kommende Sexualpartner, damit der Scheinvater seinen zeitlich begrenzten Regressanspruch geltend machen kann. Daneben wird der Gesetzgeber kaum bereit sein, eine zeitlich uneingeschränkte Haftung der Mutter wegen Verschweigens eigener Zweifel an der Abstammung des Kindes zuzulassen. Vielmehr kommt in der Begründung des Entwurfs der m. E. wesentliche soziale Gesichtspunkt zum Tragen: In Rechtsprechung und Literatur[1067] wurden zum Teil selbst bei Vorliegen einer vorsätzlichen sittenwidrigen Schädigung i. S. v. § 826 BGB Schadensersatzansprüche des getäuschten bzw. hintergangenen Partners abgelehnt, weil dadurch vor allem das aus dem Ehebruch hervorgegangene Kind benachteiligt werde, das „naturgemäß in allen seinen Lebensbedingungen an den Lebensverhältnissen der Mutter und ihrem Lebensstandard teilnimmt“[1068]. Das Wohl des der Situation ausgesetzten Kindes wird somit als typisch familienrechtliches Kriterium zu einer Eindämmung des Scheinvaterregresses und der Ausfallhaftung der Mutter über den vom Gesetz zeitlich eingeschränkten Anspruch hinaus führen.

Zwar weist auch Mayer auf die Möglichkeit hin, bereits bei der Begründung des Ersatzanspruchs mit einer Verletzung von Aufklärungspflichten nach § 241 Abs. 2 BGB Zumutbarkeitskriterien einfließen zu lassen, die zu Einschränkungen der Haftung auf tatbestandlicher Seite führen. Letztlich reduziert sich dieses Entfallen der tatbestandlichen Aufklärungsverpflichtung wegen Unzumutbarkeit aber auf den Fall, dass die Schwangerschaft auf einer Vergewaltigung beruht, von der die Mutter traumatisiert ist[1069]. Kindeswohlargumenten wird auf diese Weise keinerlei Bedeutung eingeräumt.

---

in Anwendung der kenntnisunabhängigen zehnjährigen Verjährungsfrist die Frau mit Ersatzforderungen für die letzten zehn Jahre vor der Entdeckung überzogen werden kann. Soweit es sich um Ehegatten handelt, ist allerdings nicht klar, weshalb nicht die Vorschrift des § 207 Abs. 1 i. V. m. § 209 BGB greifen soll, wonach die Verjährung zwischen Ehegatten solange gehemmt ist, wie die Ehe besteht. Dies ist in den Fällen besonders prekär, in denen „Männer erst nach dem Beziehungsbruch genauer nachfragen“ – s. den am 9. November 2011 veröffentlichten Presseartikel „Das letzte familiäre Tabu“, abrufbar unter https://taz.de/BGH-Urteil-zu-Kuckucks kindern/!5107962/

1067 Vgl. die Nachweise bei Looschelders, Dirk, Schadensersatz bei „einseitiger“ Durchkreuzung der Familienplanung durch den kinderwilligen (Ehe-)Partner? JurA 2000, 169 (174).

1068 BGH, Urteil vom 17.04.1986, IX ZR 200/85, Abschn. 2 b bb.

1069 Haftung und Paarbeziehung, S. 238 ff.

(vi) *Ansprüche bei Pflichtverletzungen im Zusammenhang mit gemeinsamer Elternschaft*

Zwischen (ehemaligen) Partnern können sich schließlich Schadensersatzansprüche ergeben, die ihren Ursprung im beiderseitigen Recht zum Umgang mit gemeinsam gezeugten oder adoptierten Kindern haben.

Wird beispielsweise der Kindergarten von der allein sorgeberechtigten Mutter angewiesen, das Kind nicht mehr zur Wahrnehmung eines gerichtlich oder durch eine mittlerweile unliebsam gewordene Vereinbarung der Eltern festgelegten Umgangs an den Vater herauszugeben, werden von der Rechtsprechung Schadensersatzansprüche des Vaters aus der Verletzung des *Umgangsrechts als absolutes Recht* i. S. v. § 823 Abs. 1 BGB im Grundsatz bejaht, wenn er im Vertrauen auf die Umgangsregelung finanzielle Aufwendungen getätigt oder Verdienstausfälle in Kauf genommen hat, um das Umgangsrecht wahrnehmen zu können.

Solche Ersatzansprüche sind allerdings nur dann gegeben, wenn der Umgang insgesamt unterbunden wird. Ist es aufgrund des Verhaltens des betreuenden Elternteils nicht möglich, ihn in der vom Umgangsberechtigten geplanten Weise zu gestalten, beispielsweise, wenn ihm der für eine Urlaubsreise mit dem Kind erforderliche Reisepass vorenthalten wird, lehnt die Rechtsprechung derartige Ansprüche ab[1070]: Da mit der Ausübung des Umgangsrechts verbundene Kosten vom Umgangsberechtigten zu tragen seien, liege in dieser Situation kein klassischer Schaden im Sinne eines unfreiwilligen Vermögensopfers vor, dieser Schaden bestehe vielmehr in sinnlos gewordenen freiwilligen Aufwendungen.

Da das Vermögen als solches nicht unter die vom Recht der unerlaubten Handlungen geschützten Rechtspositionen falle, sei in derartigen Fällen über das Deliktsrecht für den reinen Vermögensschaden kein Ersatz zu erlangen.[1071]

Der Bundesgerichtshof[1072] hat deshalb im Jahr 2002 die Möglichkeit von Schadensersatzansprüchen aufgrund schuldhafter Pflichtverletzung „unter

1070 So ein vom Kammergericht entschiedener Fall aus dem Jahr 2017 (Beschl. v. 06.04.2017 – 19 UF 87/16 = KG FamRZ 2018, 270 m. Anm. Heiderhoff).

1071 Vgl. Mayer, Claudia, Ersatzansprüche bei Verstößen gegen Regelungen des Personensorge- oder Umgangsrechts, FamRZ 2019, 1969 (1974); ebenso im Ergebnis Heiderhoff, Bettina, Anmerkung zum Beschluss des KG vom 6. April 2017, FamRZ 2018, 272.

1072 BGH, Urteil v. 19.06.2002 – XII ZR 173/00 = FamRZ 2002, 1099 (1100). Hervorhebungen wie im Original. Dort ging es um den Ersatz der Mehrkosten, die durch die sorgeberechtigte Mutter, die Flugreisen des Kindes nicht dulden wollte, bei

Heranziehung der zur positiven Forderungsverletzung [heute § 280 Abs. 1 BGB] entwickelten Grundsätze“ bejaht. Nach den Ausführungen des BGH begründet „das jedem Elternteil von § 1634 I S. 1 BGB a. F. [= § 1684 I BGB n. F.] eröffnete Recht zum Umgang mit dem Kind … zwischen dem Umgangsberechtigten und dem zur Gewährung des Umgangs Verpflichteten ein gesetzliches Rechtsverhältnis familienrechtlicher Art, das durch § 1634 I S. 2 BGB a. F. [= § 1684 II S. 1 BGB n. F.] näher ausgestaltet wird und an dem das Kind als Begünstigter teilhat.“ Dieses gesetzliche Rechtsverhältnis umfasse die Pflicht, bei der Gewährung des Umgangs die Vermögensbelange des Umgangsberechtigten zu berücksichtigen und ihm die Wahrnehmung seines Umgangsrechts mit dem Kind nicht durch die Auferlegung unnötiger Vermögensopfer zu erschweren.

Insbesondere hier wirken sich die verschiedenen dogmatischen Ansätze zur Einordnung familienrechtlicher Verpflichtungen aus:

Während sich die Rechtsprechung – nach der Annahme familienrechtlicher (Kooperations-)Verträge *sui generis* – für die Bejahung auch *gesetzlicher Rechtsverhältnisse familienrechtlicher Art* entschieden und zur Anwendung schuldrechtlicher Grundsätze auf diese durchgerungen hat[1073], argumentiert Coester-Waltjen[1074] mit der Existenz von „gesetzlich nicht weiter präzisierten *Schutz*verhältnissen“[1075]: § 241 Abs. 2 BGB normiere zwar für das allgemeine Schuldrecht die Pflicht zur Rücksichtnahme auf die Rechte, Rechtsgüter und Interessen des anderen Teils. Jedoch bestünden trotz dieser Parallelität Unterschiede zu den untersuchten familienrechtlichen Ansprüchen, die „eine Prägung

der Durchführung der Umgangskontakte des Kindes mit seinem Vater verursacht worden waren.

1073 Auch nach einem Beschluss des OLG Bremen vom 24. November 2017 (4 UF 61/17 = NZFam 2018, 21) begründet das Umgangsrecht nach § 1684 Abs. 1 BGB ein gesetzliches Rechtsverhältnis familienrechtlicher Art zwischen den Eltern des Kindes, das sie zur Rücksichtnahme auf die Vermögensbelange des Umgangsberechtigten verpflichtet. Dem Umgangsberechtigten, so das Gericht, könne gemäß §§ 1684, 280 I analog ein Schadenersatzanspruch auch dann zustehen, wenn sich die Umgangsregelung aus einem privaten, nicht gerichtlich gebilligten Vergleich ergebe.

1074 Coester-Waltjen, Dagmar, Schuldrecht und familienrechtliche Rechtsverhältnisse, in Festschrift für Claus-Wilhelm Canaris, S. 131 ff. (134).

1075 Vgl. auch Erbarth, Alexander, Die Ehe ist kein Schuldverhältnis, Abgrenzung familienrechtlicher Rechtsverhältnisse von Schuldverhältnissen, NJW 2013, 3478 (3480).

durch personale Rechte und den ihnen inhärenten Schutz von Rechtspositionen aufweisen“[1076].

Aus dem Blickwinkel des schuldrechtlichen Ansatzes vertritt namentlich Preisner unter Rückgriff auf ein von Löhnig[1077] entwickeltes Treuhandmodell, das zwischen den Eltern eines gemeinsamen Kindes (seien diese miteinander verheiratet oder nicht) bestehende Schuldverhältnis ergebe sich aus der *Mittreuhand* beider Eltern für die Interessen des Kindes, das auf der horizontalen Ebene zwischen den Eltern die beiden vertikalen treuhänderischen Grundverhältnisse, die zwischen dem Kind und jedem Elternteil für sich genommen bestünden, sichere, effektiviere und konkretisiere[1078]. Hierfür normiere das Familienrecht eine Reihe von gegenseitigen Rechten und Pflichten, maßgeblich Verhaltenspflichten, deren konkreter Umfang von der Verteilung der elterlichen Sorge abhänge.[1079] Durch die für beide gesetzlich normierten Pflichten seien die Elternteile unabhängig von einer zwischen ihnen bestehenden Paarbeziehung in ein „Näheverhältnis“ gezwungen, in dem auf der horizontalen Ebene Neben- und Schutzpflichten i. S. v. § 241 Abs. 2 BGB bestünden. Diese verstärkte Möglichkeit der Einwirkung auf die sonstigen Rechte, Rechtsgüter und Interessen des jeweils anderen führe zu dauerhaften Sekundärpflichten der Rücksichtnahme bei der gemeinsamen Ausübung der Mittreuhänderschaft. Die Verletzung dieser Pflichten wiederum könne zur Ersatzpflichtigkeit frustrierter Vermögensaufwendungen führen[1080].[1081]

Nach alledem ist zumindest unstreitig, dass die Verletzung von Pflichten zur Rücksichtnahme auf die vermögensrechtlichen Belange aus gesetzlichen Sonderbeziehungen – sei es unter Rückgriff auf ein „gesetzliches Schuldverhältnis *sui generis*“, auf gesetzliche familienrechtliche Schutzverhältnisse oder auf die

---

1076 Coester-Waltjen, Schuldrecht und familienrechtliche Rechtsverhältnisse, in Festschrift für Claus-Wilhelm Canaris, S. 131 ff. (137).

1077 Löhnig, Martin, Treuhand, Mohr-Siebeck, Tübingen 2006. Das dortige Treuhandmodell ist ausführlich dargestellt bei Preisner in: Das gesetzliche mittreuhänderische Schuldverhältnis ..., S. 266 ff.

1078 Preisner, Das gesetzliche mittreuhänderische Schuldverhältnis ..., S. 282.

1079 Preisner, Das gesetzliche mittreuhänderische Schuldverhältnis ..., S. 279.

1080 Preisner, a.a.O., S. 284, 291.

1081 Da elterliche Pflichten vormals als Bestandteil der ehelichen Pflichten interpretiert worden seien, sei davon auszugehen, dass auch für das Verhältnis zwischen den Eltern eines gemeinsamen Kindes der Haftungsmaßstab der *diligentia quam in suis* vorgesehen gewesen sei – eine gesetzliche Lücke, die nach Ansicht der Autorin durch die analoge Anwendung von § 1664 BGB zu schließen ist. Preisner, a.a.O., S. 292 ff.

Verletzung von Schutz- und Rücksichtnahmepflichten aus einem mittreuhänderischen Schuldverhältnis i. V. m. § 241 Abs. 2 BGB – nach § 280 Abs. 1 BGB in direkter oder analoger Anwendung sanktioniert werden kann.

Für grenzüberschreitende Sachverhalte stellt sich daran anschließend die Frage nach der kollisions- und international-zivilverfahrensrechtlichen Behandlung solcher Ansprüche.

Zum auf das Umgangsrecht anwendbaren Recht ist kein kollisionsrechtlicher Unionsrechtsakt vorhanden.[1082] Die 2019 neu gefasste Brüssel-IIa-VO regelt im zweiten Abschnitt ihres Kapitels II die internationale Zuständigkeit zur Entscheidung in Fragen des Umgangsrechts selbst (Art. 1 Abs. 1 Buchst. b, Abs. 2 Buchst. a–e, Art. 2 Nr. 7 bis 11), wie der EuGH in einer Entscheidung aus dem Jahr 2018[1083] im Hinblick auf ein von Großeltern beantragtes Umgangsrecht mit ihren Enkelkindern bestätigt hat. Vorschriften zur Anerkennung und Vollstreckung von Entscheidungen im Bereich des Umgangsrechts bzw. im Zusammenhang mit der Rückgabe eines Kindes, namentlich Art. 40 und 41 Brüssel-IIa-VO, sind in Kapitel III normiert. Die Brüssel-IIa-VO enthält jedoch keine Vorschriften für Streitigkeiten über Ansprüche, die aus der *Verletzung* des Umgangsrechts bzw. anderer damit im Zusammenhang stehender Verpflichtungen resultieren, ausgenommen allein die Zuständigkeit für die Rückführung des Kindes nach einer Kindesentführung, Art. 10 Brüssel-IIa-VO.

Als international-privatrechtliche Regelungen kommen damit die schuldrechtlichen Verordnungen und die Güterrechtsverordnungen in Frage, wobei die Anwendbarkeit der Letzteren bezweifelt werden muss: Die hier untersuchten Ansprüche wurzeln nicht in Ehen, eingetragenen Partnerschaften oder einem eheähnlichen Zusammenleben der Partner, sondern in der zwischen den Eltern zu wahrenden Rücksichtnahme als gesetzliche Folge ihrer gemeinsamen

---

1082 Die Gewährleistung des Rechts zum persönlichen Umgang wird zwar vom Haager Kinderschutzübereinkommen von 1996 (Übereinkommen vom 19. Oktober 1996 über die Zuständigkeit, das anzuwendende Recht, die Anerkennung, Vollstreckung und Zusammenarbeit auf dem Gebiet der elterlichen Verantwortung und der Maßnahmen zum Schutz von Kindern, BGBl. 2009 II, 603), (ggf. ergänzt durch das Übereinkommen vom 25. Oktober 1980 über die zivilrechtlichen Aspekte internationaler Kindesentführung (Übereinkommen vom 25. Oktober 1980 über die zivilrechtlichen Aspekte internationaler Kindesentführung, BGBl. 1990 II, 207) umfasst, jedoch ist die Regelung des Umgangsrechts als solches dort nur „rudimentär" berücksichtigt (vgl. Hausmann, Internationales und Europäisches Ehescheidungsrecht, Teil M, RZ 54, S. 1224).

1083 Urteil des Gerichtshofs vom 31. Mai 2018, *Valcheva*, C-335/17.

Elternschaft, unabhängig davon, ob die Eltern miteinander verheiratet sind oder nicht[1084]. Die Schadensersatzansprüche bestehen mithin nicht „aufgrund der Ehe/Partnerschaft oder deren Auflösung". Es bleibt auch hinsichtlich dieser Schadensersatzansprüche letztlich nur die Möglichkeit der Einordnung unter die Rom-II-VO als Ansprüche aus einer (durch den Schadensersatzanspruch) sanktionierten Handlung[1085], und unter die Brüssel-Ia-VO in internationalverfahrensrechtlicher Hinsicht.

i) Ergebnis und Stellungnahme

Die im vorliegenden Abschnitt 4. vorgenommene Untersuchung der wesentlichen Anspruchsgruppen des „Nebengüterrechts" zeigt, dass die im nationalen Recht bestehende Diskussion über die dogmatische Einordnung der im Bereich von familiären Rechtsverhältnissen entstehenden Ansprüche[1086] ihre Fortsetzung im Internationalen Privatrecht findet, da die kollisionsrechtliche Qualifikation, die ihrerseits die internationale Zuständigkeit bestimmt, eine Analyse des Rechtsgrunds erfordert, aus dem der Anspruch geltend gemacht wird und der von dem familiären Lebenssachverhalt, in dem sie entstehen, zu unterscheiden ist. Die beiden Rom-Verordnungen gehen ganz offensichtlich davon aus, dass *Schuldverhältnisse* aus Familienverhältnissen bzw. Güterständen denkbar sind, wenngleich dieser unionsrechtliche Begriff autonom auszulegen ist.

Die in Art. 1 Abs. 2 Buchst. c Rom-I- / Art. 1 Abs. 2 Buchst. b Rom-II-VO statuierte Bereichsausnahme der Schuldverhältnisse *aus ehelichen Güterständen* muss nach hier vertretener Ansicht, was Leistungs- und Verpflichtungsverhältnisse betrifft, mit denen der Güterrechtsverordnungen deckungsgleich sein. Dies umso mehr, als die Definition des unionsrechtlichen Güterstands im Vergleich zur *de-Cavel*-Formel des EuGH aus dem Jahr 1979 – abgesehen von der Einbeziehung von Drittbeziehungen aufgrund der Ehe oder deren Auflösung, die in Ausnahmefällen aber bereits als vom EVÜ nicht umfasst angesehen wurden[1087] – keine Änderung erfahren hat, so dass hinsichtlich der Anwendbarkeit

1084 Die Situation ist z. B. hinsichtlich aller Kinder, selbst hinsichtlich der Sorgerechtsverhältnisse (vgl. § 1626 a Abs. 1 Nr. 2 BGB), dieselbe, wenn das älteste im Gegensatz zu seinen Geschwistern noch vor der Eheschließung der Eltern geboren wurde.

1085 Zwirlein-Forschner, Susanne, Mautgebühren im IPR und IZVR – ein Grenzgang zwischen den europäischen Verordnungen, IPrax 2021, 221 (226), Mayer, Haftung und Paarbeziehung, S. 439, Rauscher/*Unberath/Cziupka/Pabst* in: Rauscher (Hrsg.), EuZPR/EuIPR, Art. 1 Rom-II-VO, RZ 19 ff.

1086 S. o. *Kap. VI 4 a (ii)*.

1087 Vgl. das Zitat aus dem Schlosser-Bericht in *Kap. VI 4 b (ii)*.

der Bereichsausnahmen der beiden 2007 und 2008 angenommenen Rom-Verordnungen ebenfalls keine Modifikation eingetreten ist.

Auch wenn im nationalen Recht die verschiedenen Positionen zur dogmatischen Einordnung solcher Ansprüche im Ergebnis nur hinsichtlich der Frage der direkten oder lediglich analogen Anwendung schuldrechtlicher Vorschriften und des dadurch bewirkten umgekehrten Regel-/Ausnahmeverhältnisses für die Anwendbarkeit der Regeln des allgemeinen Schuldrechts zu variieren scheinen, ergibt sich doch im Rahmen des hier vertretenen schuldrechtlichen Ansatzes das Erfordernis eines familienrechtlichen Korrektivs.[1088] Denn er führt zwar im Bereich rein *vermögensrechtlicher* Pflichten zu angemessenen Ergebnissen, je deutlicher der Sachverhalt jedoch durch das besondere Näheverhältnis von Anspruchsinhaber und Anspruchsgegner bestimmt ist, desto mehr entstehen Zweifel an dieser Angemessenheit. Dies lässt sich vor allem an den Schadensersatzansprüchen zwischen Ehegatten und Partnern ablesen. Dies ist jedoch insofern nicht überraschend, als von vornherein nicht zu erwarten ist, dass die vorrangig auf vertragliche, letztlich also wirtschaftlich orientierte Austauschverhältnisse zugeschnittenen Vorschriften des 2. Buchs in den stark durch persönliche Beziehungen geprägten Rechtsgebieten des 4. und 5. Buchs des BGB zu uneingeschränkt stimmigen Ergebnissen führen. Dies könnte durch die Normierung weiterer familienrechtlicher Vorschriften gelöst werden, die, wie etwa die noch nicht verabschiedete gesetzliche Normierung des Scheinvaterregresses, einzelne Ansprüche mit Rücksicht auf familienrechtliche Besonderheiten begrenzen. Letzten Endes wäre diesem Vorgehen gegenüber der Identifikation immer neuer Instrumente *eigener Art,* für die eine dogmatische Anbindung an die Systematik des BGB nicht existiert, der Vorzug zu geben. Nichtsdestotrotz muss man der Rechtsprechung zugutehalten, dass sie mit diesen Instrumenten die besondere familienrechtliche Situation zutreffend gewürdigt und damit die Einzelfallgerechtigkeit in diesem Bereich gefördert hat.

Die vermehrte Heranziehung schuldrechtlicher Elemente auch durch die Rechtsprechung weist möglicherweise auf einen bevorstehenden Paradigmenwechsel in dieser Hinsicht hin, was auch eine begrüßenswerte Annäherung zur international-privatrechtlichen Sichtweise zur Folge hätte.

1088 S. insoweit besonders *Kap. VI 4 a (ii) und (iii).*

Zusammenfassung der Ergebnisse

1. Zum Anwendungsbereich der Güterrechtsverordnungen

a) Räumlicher Anwendungsbereich

Der räumliche Anwendungsbereich der EuGüter/PartVO beschränkt sich auf lediglich 18 Mitgliedstaaten, da nach mehreren Anläufen und Änderungen an den 2011 von der Kommission vorgelegten Entwürfen eine Einigkeit im Rat nicht zu erzielen war und die Verordnungen im Rahmen einer Verstärkten Zusammenarbeit angenommen wurden.

b) Zeitlicher Anwendungsbereich

Die kollisionsrechtlichen Vorschriften in Kapitel III der Güterrechtsverordnungen gelten für Paare, die *nach* dem 29.01.2019 die Ehe geschlossen haben bzw. ihre Partnerschaft haben eintragen lassen oder die nach dem 29.01.2019 eine Rechtswahl in Bezug auf die güterrechtlichen Wirkungen ihrer Verbindung getroffen haben. *Am* 29. Januar 2019 hat dagegen die Anwendung der international-verfahrensrechtlichen Vorschriften der Verordnungen begonnen.

c) Persönlicher Anwendungsbereich

Gemäß Art. 1 Abs. 1 EuGüter/PartVO sind die Verordnungen auf „die ehelichen Güterstände“ bzw. auf „die Güterstände eingetragener Partnerschaften“ anwendbar. Der Inhalt des der Anwendung der EuGüterVO vorgelagerten Ehebegriffs wird in EG 17 als Vorfrage dem nationalen Recht der Mitgliedstaaten zugewiesen, so dass es Sache der an der Verstärkten Zusammenarbeit teilnehmenden Mitgliedstaaten bleibt, wie sie kollisionsrechtlich mit gleichgeschlechtlichen Ehen verfahren wollen: ob sie sie in gleicher Weise behandeln wie heterosexuelle Ehen (d. h. die EuGüterVO auf sie anwenden wollen), ob sie sie, weil ihr nationaler Ehebegriff die gleichgeschlechtliche Ehe nicht erfasst, als eingetragene Partnerschaft ansehen (was zur Anwendung der EuPartVO führt) oder ob ihre Gerichte die Zuständigkeit für die Entscheidung der güterrechtlichen Angelegenheiten solcher Verbindungen nach Art. 9 Abs. 1 EuGüter/PartVO ablehnen dürfen, weil die streitgegenständliche Ehe für die Zwecke eines Verfahrens über den ehelichen Güterstand nicht anerkannt wird. Zugleich bekräftigt Art. 9 EuGüterVO die Grundentscheidung des Unionsgesetzgebers, dass auch gleichgeschlechtliche Ehen in den Anwendungsbereich der EuGüterVO fallen, wenn die fragliche Rechtsordnung im Ergebnis das Bestehen einer Ehe bejaht (Mankowski).

d) Sachlicher Anwendungsbereich

Der sachliche Anwendungsbereich umfasst die ehelichen Güterstände bzw. die Güterstände eingetragener Partnerschaften, die nach den im jeweiligen Art. 3 Abs. 1 der Verordnungen enthaltenen Definitionen der Formel aus dem *de-Cavel*-Urteil des EuGH entsprechen, allerdings noch auf die für die Beziehungen zu Dritten geltenden Regelungen ausgedehnt worden sind.

2. Zum System des europäischen Internationalen Privat- und Zivilverfahrensrechts

a) Handlungsgrundlagen für Rechtsakte des europäischen Internationalen Privat- und Zivilverfahrensrechts und zum Erlass der Güterrechtsverordnungen ausgeübte Rechtssetzungskompetenz

Die Analyse des bei Anwendungsbeginn der beiden Europäischen Güterrechtsverordnungen bestehenden, durch unionsrechtliche Rechtsakte vereinheitlichten europäischen Kollisions- und Internationalen Zivilverfahrensrechts zeigt im Hinblick auf sein langfristiges strategisches Ziel, nämlich die Verwirklichung eines Raums der Freiheit, der Sicherheit und des Rechts, eine weitgehende Alternativlosigkeit der speziellen Handlungsgrundlage von Art. 81 AEUV für neue Maßnahmen der Union, insbesondere, was das Gebiet des Familienrechts betrifft: Zum einen, weil Abs. 2 der Vorschrift maßgebliche Zwischenziele wie die gegenseitige Anerkennung und die Vollstreckung gerichtlicher und außergerichtlicher Entscheidungen zwischen den Mitgliedstaaten, die Vereinbarkeit der in den Mitgliedstaaten geltenden Kollisionsnormen und Vorschriften zur Vermeidung von Kompetenzkonflikten konkret benennt. Zum anderen, weil Art. 81 Abs. 3 AEUV für den Bereich des Familienrechts ein besonders „souveränitätsschonendes" Verfahren vorsieht, das eng mit der besonderen Bedeutung der Familie als dem menschlichen Erfahrungsraum verbunden ist, in dem Kulturmuster tradiert, Werte entwickelt und Eigentum und soziale Stellung weitergegeben werden. Die Gesetzgebungskompetenzen der Union konzentrieren sich auf die Regelung des anwendbaren Rechts, der gerichtlichen Zuständigkeit sowie der Anerkennung und Vollstreckung, und zwar ausschließlich für *grenzüberschreitende* Sachverhalte – ein Kriterium, das wegen seines Mangels an Präzision und den weitreichenden Möglichkeiten zur Manipulation zwar immer wieder in der Kritik stand, sich aber ebenso oft behauptet hat.

Art. 81 Abs. 3 stellt aufgrund seines besonderen Gesetzgebungsverfahrens, das für Rechtsakte im Bereich des Familienrechts eine einstimmige Entscheidung des Rats nach bloßer Anhörung des Europäischen Parlaments verlangt, nach herrschender Meinung eine *lex specialis* zur unionsrechtlichen Handlungsgrundlage in Art. 114 Abs. 1 AEUV dar. Die Handlungsgrundlage in Art. 19 Abs. 1 AEUV betrifft nicht die hier im Vordergrund stehende familiäre Konstellation, sondern den Schutz vor Diskriminierungen im Allgemeinen. Sie ist darüber hinaus, ebenso wie Art. 21 Abs. 2 AEUV, aufgrund der besonderen Anforderungen an das dafür zu beachtende Gesetzgebungsverfahren zu vernachlässigen.

b) Problemanalyse des bei Anwendungsbeginn der Güterrechtsverordnungen bestehenden Systems des europäischen Internationalen Privat- und Zivilverfahrensrechts

(i) Allgemeine Probleme des Systems

Die Analyse des in nur 20 Jahren von der Union aufgebauten Systems zeigt, dass dieses an diversen Stellen Inkohärenzen aufweist:

Es bestehen noch Lücken in so praxisrelevanten Bereichen wie dem Recht der Voraussetzungen einer Eheschließung bzw. der Begründung einer eingetragenen Partnerschaft, dem Abstammungsrecht und dem Recht der internationalen Adoption.

Das Nebeneinander getrennter und gemischter, vor allem aber sektoriell beschränkter Verordnungen, deren Abgrenzung untereinander und im Verhältnis zu den noch anwendbaren nationalen Vorschriften, beispielsweise im Bereich des Sachenrechts, noch nicht abgeschlossen ist, führt zu Rechtsunsicherheit. Wenig anwenderfreundlich ist auch die stellenweise willkürlich anmutende, in den verschiedenen Rechtsakten verwendete Terminologie, während gleichzeitig identische Begriffe aufgrund ihrer Verwendung in unterschiedlichen sektoriellen Regelungen unterschiedliche Bedeutungsschwerpunkte erhalten haben.

„Vor die Klammer gezogene" allgemeine Regeln des europäischen Kollisions- und Zivilverfahrensrechts fehlen. Die im europäischen Kollisionsrecht *fast* grundsätzliche, im Bereich der Erbrechtsverordnung allerdings durchbrochene Ablehnung des *renvoi,* der nicht durchgehend erreichte Gleichlauf von anzuwendendem Recht und internationaler Zuständigkeit und die erst in den neueren Rechtsakten des europäischen Familienrechts berücksichtigte Gleichstellung hetero- und homosexueller Verbindungen werden zwar als Grundentscheidungen des Unionsgesetzgebers betrachtet, können jedoch aufgrund der unterschiedlichen Haltung der verschiedenen Mitgliedstaaten zur justiziellen Zusammenarbeit in Zivilsachen, letztlich also aufgrund nationaler Egoismen, nicht konsequent durchgehalten werden.

(ii) Spezielle Probleme der familienrechtlichen Rechtsakte

Im Bereich des Familienrechts stellt vor allem die unterschiedliche Akzeptanz der Verordnungen die Praktikabilität des Systems in Frage. Sie ergibt sich einerseits durch eine Totalverweigerung zweier (vor Austritt des Vereinigten Königreichs dreier) Mitgliedstaaten im Hinblick auf die justizielle Zusammenarbeit in Zivilsachen, andererseits durch die besonders hohe Anforderung der Einstimmigkeit im Rat bei Anwendung der speziellen Rechtsgrundlage des Art. 81 Abs. 3 AEUV. Dadurch bleibt das europäische System des Internationalen Privat- und Zivilverfahrensrechts, was die Verfolgung seiner Ziele, nämlich Rechtssicherheit und Beseitigung rechtlicher Hindernisse zur Verwirklichung eines Raums der Freiheit, der Sicherheit und des Rechts betrifft, hinter seinen Möglichkeiten zurück.

Im Bereich des Familienrechts erweist sich insbesondere als Hindernis, dass das Güterrecht wie das Recht der Ehescheidung das Vorbestehen einer Ehe voraussetzt, sich aber unterschiedliche Auffassungen der Mitgliedstaaten über die inhaltliche Bedeutung dieses Schlüsselbegriffs gegenüberstehen. Diese treffen konkret bei der Subsumtion staatlich formalisierter gleichgeschlechtlicher Ehen aufeinander und haben den Unionsgesetzgeber dazu gezwungen, diese wichtige Vorfrage der Beantwortung durch die nationalen Rechtsordnungen zu überlassen. Vor dem Hintergrund der Rechtsprechung des Europäischen Gerichtshofs für Menschenrechte, wonach gleichgeschlechtlichen Verbindungen eine gesetzliche Regelung und die gesetzlich vorgesehene Möglichkeit einer Formalisierung nicht versagt werden darf, könnte der Begriff der eingetragenen Partnerschaft als Auffanginstitut fungieren. Jedoch nehmen an den Güterrechtsverordnungen derzeit zwei Mitgliedstaaten (Bulgarien und Rumänien) teil, die trotz entsprechender Initiativen noch keine entsprechende gesetzliche Regelung besitzen. Solche nationalen Regelungen wären jedoch unabdingbar, um die nunmehr zur Trias erweiterte Gruppe von Unionsrechtsakten, die neben den Rechten „klassischer" Ehepartner auch diejenigen von eingetragenen Partnern berücksichtigen (Erbrechts-, Unterhalts- und Güterrechtsverordnungen), zum Nukleus einer grundrechtskonformen Unionsgesetzgebung im Bereich des Internationalen Privat- und Zivilverfahrensrechts zu machen, die den Unionsbürger als Privatperson im Blick hat. Wäre diesbezüglich ein Grundkonsens der Mitgliedstaaten vorhanden, so könnten für die eingetragene Partnerschaft als Rechtsinstitut parallele Rechtsakte zur Rom-III- und zur Brüssel-IIa-VO geschaffen werden, die nach derzeitigem Stand der Diskussion auf eingetragene Partnerschaften ebenso wenig anwendbar sind wie auf gleichgeschlechtliche Ehen.

3. Zur Widerspruchsfreiheit der Güterrechtsverordnungen in sich und untereinander

a) Redaktionelle Ungenauigkeiten und inhaltliche Inkohärenzen der Güterrechtsverordnungen im Verhältnis zum bei ihrem Anwendungsbeginn bestehenden System des Internationalen Privat- und Zivilverfahrensrechts der Union

Das mehrfach unterbrochene und durch politische Differenzen der Mitgliedstaaten gekennzeichnete Gesetzgebungsverfahren hat neben anderen redaktionellen Ungereimtheiten vor allem drei Hauptprobleme entstehen lassen, die die Anwendung der Güterrechtsverordnungen erschweren:

(i) Fehlende Definitionen für die Begriffe „Mitgliedstaat" und „Drittstaat"

Das Fehlen von Definitionen der Begriffe „Mitgliedstaat" und „Drittstaat" im jeweiligen Eingangsteil ist in der Zusammenschau mit der EuUntVO und der Rom-III-VO insofern misslich, als der Unionsgesetzgeber in allen drei Verordnungen auf dem Gebiet des Familienrechts diesbezüglich unterschiedliche Wege gegangen ist, nämlich einmal die durchgehende Verwendung des Zusatzes „teilnehmend" im gesamten Text der Rom-III-VO, die Aufnahme des Begriffs „teilnehmender Mitgliedstaat" in die Definitionen in Art. 1 Abs. 2 EuUntVO und die Beschränkung des räumlichen Anwendungsbereichs in Art. 70 Abs. 2 EuGüter/PartVO. Die Verständlichkeit des Gesamtsystems wird dadurch erheblich beeinträchtigt.

(ii) Nach wie vor bestehende Möglichkeit der Güterstandspaltung

Auch nach dem Anwendungsbeginn beider Verordnungen ist es möglich, dass das von Art. 21 EuGüter/PartVO proklamierte Ziel der Einheit des anzuwendenden Güterrechts aufgrund einer nach Art. 13 Abs. 1 EuGüter/PartVO gespaltenen gerichtlichen Zuständigkeit oder aufgrund der in Art. 10 EuGüter/PartVO normierten subsidiären Zuständigkeiten verfehlt wird.

(iii) *Fehlende Präzision bei der Normierung des Drittschutzes*

Im Bereich des Drittschutzes definiert Art. 28 Abs. 1 EuGüter/PartVO nicht, inwieweit ein mit einem Ehegatten/Partner kontrahierender Dritter Einschränkungen aufgrund des Güterstands seines Vertragspartners gegen sich gelten lassen muss. Auch ist nicht klar, ob die für die Kenntnis des Dritten in Art. 28 Abs. 2 aufgestellte gesetzliche Vermutung widerlegt werden kann oder nicht. Dies erlegt nach hier vertretener Ansicht dem Dritten zu viel eigene Informationsverantwortung auf, zumal mit seiner Pflicht, sich zu informieren, keinerlei Aufklärungspflichten auf Seiten des mit ihm kontrahierenden Ehegatten korrespondieren.

b) Kohärenz der Güterrechtsverordnungen untereinander

Im Lauf des Gesetzgebungsverfahrens der Güterrechtsverordnungen wurde die in den ursprünglichen Entwürfen der Kommission an verschiedenen Stellen zu Tage getretene Ungleichbehandlung, wenn nicht Diskriminierung, zwischen Ehen und eingetragenen Partnerschaften, insbesondere im Bereich der Rechtswahl, beseitigt. Die noch bestehenden Unterschiede sind dem vorhandenen unionsrechtlichen Kontext geschuldet, der bei Ehen weiter ausgebaut ist als bei eingetragenen Partnerschaften (z. B. im Bereich der Auflösung eingetragener Partnerschaften, an die die Annexkompetenz in Art. 5 Abs. 1 EuPartVO anknüpft, s. *Kap. VI 1 d (iii)*).

4. Zur Abgrenzung zwischen dem Anwendungsbereich der Güterrechtsverordnungen und dem des weiterhin geltenden nationalen Kollisionsrechts

Auch zwischen den Anwendungsbereichen der Güterrechtsverordnungen und denen der mitgliedstaatlichen Regelungen, die in den unionsrechtlich noch nicht bearbeiteten Bereichen anwendbar bleiben, ergibt sich eine Reihe von Abgrenzungsproblemen:

a) Unionsrechtlicher Güterstand und weiterhin national geregelte Ehewirkungen

Die unionsrechtliche Definition des Güterstands bzw. der güterrechtlichen Wirkungen eingetragener Partnerschaften führt dazu, dass der Anwendungsbereich der güterrechtlichen Verordnungen einen Teil der Institute und Rechtsfragen aufnimmt, die bisher dem mitgliedstaatlichen Kollisionsrecht für die allgemeinen Ehewirkungen unterlagen. Beispiele sind Geschäfte, die der Schlüsselgewalt unterliegen, die Haftung für durch sie entstehende Verbindlichkeiten, Eigentumsvermutungen wie § 1362 BGB oder Verfügungsbeschränkungen bezüglich der Ehewohnung.

Der Anwendungsbeginn der Eu-Güterrechtsverordnungen im zeitlich engen Zusammenhang mit dem im Herbst 2017 in Kraft getretenen Gesetz zur Einführung des Rechts auf Eheschließung für Personen gleichen Geschlechts (Eheöffnungsgesetz) hat im deutschen Internationalen Privatrecht eine weitreichende gesetzliche Neuausrichtung angestoßen. Insbesondere wird in Art. 17 b Abs. 4 S. 1 EGBGB n. F. die weitgehende Anwendung der Kollisionsvorschriften auch der Rom-III-VO auf gleichgeschlechtliche Ehen angeordnet. Der mit dem Gesetz zum internationalen Güterrecht und zur Änderung von Vorschriften des Internationalen Privatrechts geänderte Art. 17 b Abs. 4 S. 2 EGBGB verweist güterrechtliche Fragen gleichgeschlechtlicher Ehen klarstellend in die EuGüterVO.

Diese Änderungen der deutschen IPR-Vorschriften betreffen auch verschiedengeschlechtliche Ehen und eingetragene Partnerschaften grundlegend, indem die Kollisionsvorschriften für die allgemeinen Ehewirkungen an den Anknüpfungspunkten der EuGüterVO ausgerichtet und die Möglichkeit geschaffen worden ist, parallel zur Unwandelbarkeit des Güterrechts auch das Recht der allgemeinen Ehewirkungen durch Rechtswahl unwandelbar zu machen.

Angesichts der schwierigen Unterscheidung zwischen Regelungen, die allgemeine Ehewirkungen und solchen, die den unionsrechtlich geregelten Güterstand betreffen, und in Anbetracht der Komplexität der in Art. 5 EuGüter/PartVO vorgesehenen Annexzuständigkeiten kann eine gemeinsame internationale Zuständigkeit für status- und güterrechtliche Auseinandersetzungen *verlässlich* aber nur über eine entsprechende Gerichtsstandvereinbarung für die güterrechtliche Angelegenheit geschaffen werden. Ob über die internationale Zuständigkeit hinaus auch eine örtliche gemeinsame Zuständigkeit besteht, ist Sache einer internen Angleichung durch die Mitgliedstaaten selbst.

b) Abgrenzung zwischen unionsrechtlichem Güterrechts- und nationalem Sachenrechtsstatut

Abgrenzungsprobleme zwischen unionsrechtlich bestimmtem Güterrecht und nationalem Sachenrecht zeichnen sich bisher vor allem bei der Frage der Anerkennung der dinglichen Wirkungen güterrechtlicher Berechtigungen ohne entsprechenden Publikationsakt ab. Zwar liegt zu den unmittelbaren dinglichen Wirkungen eines polnischen Vindikationslegats in Deutschland mit dem Urteil *Kubicka* ein erstes Judikat zum Anwendungsbereich der Eu-Erbrechtsverordnung vor; dieser ist zum nationalen Sachenrecht hin durch Bereichsausnahmen abgegrenzt, die wortgleich auch in den Güterrechtsverordnungen normiert sind. Nach hier vertretener Ansicht kann aufgrund der Unterschiede zwischen güter- und erbrechtlicher Materie jedoch nicht von einem *acte éclairé* auch für Rechtsänderungen gesprochen werden, die aufgrund güterrechtlicher Dispositionen eingetreten sind.

c) Zusammenspiel unionsrechtlicher und nationaler Vorschriften im Bereich der Rechtswahl

Für die Rechtswahl als solche (Art. 22, 24 EuGüter/PartVO) ist nach hier vertretener Ansicht in Anbetracht von EG 47 EUGüterVO und EG 46 EuPartVO auch bei einer Wahl deutschen Rechts keine anfängliche Wirksamkeitskontrolle im Sinne der richterlichen Kontrolle von Eheverträgen möglich, da der Unionsgesetzgeber lediglich sicherstellen wollte, dass eine informierte Rechtswahl, d. h. eine Rechtswahl in voller Sachkenntnis getroffen werden kann. Gesetzliche oder von der Rechtsprechung entwickelte nachträgliche Korrekturmöglichkeiten wie die Vertragsanpassung wegen Wegfalls der Geschäftsgrundlage oder § 242 BGB sind bei der Vereinbarung deutschen Rechts hingegen anwendbar. Daneben kann auf den *Ordre-public*-Vorbehalt zurückgegriffen werden, um die Anwendung bestimmter Vorschriften des gewählten Rechts abzulehnen.

Im Anwendungsbereich der EuPartVO hängt die Wählbarkeit eines bestimmten Güterrechts nicht davon ab, ob dieses Recht eine verpflichtende oder lediglich eine optionale güterrechtliche Regelung vorsieht, indem es wie im Fall Frankreichs und Spaniens mit Ausnahme der Vorschriften zum Schutz der Familienwohnung von Gesetzes wegen keine güterrechtlichen Wirkungen anordnet.

Beide Güterrechtsverordnungen sehen in Art. 23 Abs. 1 EuGüter/PartVO für die Wahl des anzuwendenden Rechts eigene, autonom auszulegende Formvorschriften vor. Ein indirektes Kohärenzproblem ergibt sich durch die in den mitgliedstaatlichen Rechten geltenden Varianten zusätzlicher Formvorschriften, da Art. 23 Abs. 2–3 EuGüter/PartVO die Einhaltung der Form der dort genannten Rechte, vorrangig des Rechts des gemeinsamen Aufenthaltsstaats, vorschreibt. Eine Harmonisierung der nationalen Rechte in dieser Hinsicht wäre ein Gewinn.

5. Zur Kohärenz der Güterrechtsverordnungen im Verhältnis zu einzelnen Rechtsakten des Europäischen Internationalen Familien- und Familienverfahrensrechts

a) Im Verhältnis zur Rom-III- und Brüssel-IIa-VO

(i) Problem der Anerkennung von Privatscheidungen

Ein Sonderproblem bei der Anerkennung ausländischer Scheidungstitel ergibt sich durch die Ablehnung der Anwendbarkeit der Rom-III- und der Brüssel-IIa-VO auf Privatscheidungen durch den EuGH auch im güterrechtlichen Bereich. Durch die Notwendigkeit eines gesonderten Anerkennungsverfahrens unterliegen der statusrechtliche und der häufig mitvereinbarte (zum Teil sogar zwingend mit zu vereinbarende) güterrechtliche Inhalt des entsprechenden Dokuments bei der Anerkennung verschiedenen Verfahren, während sie inhaltlich miteinander verknüpft sind. Nach derzeitiger Rechtslage (d. h. vor Geltung der Brüssel-IIb-Verordnung) ist deshalb von der Wahl der Privatscheidung bei grenzüberschreitenden Sachverhalten abzuraten, zumal sich bei der Umschreibung von bei der Auflösung des Güterstands aufgeteiltem Gesamtgut auch sachenrechtliche Probleme stellen können.

(ii) Internationale Annexkompetenz der Gerichte eines anhängigen Ehescheidungsverfahrens

In der Zusammenschau mit der Rom-III- und der Brüssel-IIa-VO normieren die Zuständigkeitsvorschriften der EuGüter/PartVO ein komplexes Zuständigkeitssystem. Da große Sorgfalt darauf verwendet wurde, in Scheidungsverfahren den Antragsgegner trotz der mehreren in der Brüssel-IIa-VO *nebeneinander* (und nicht wie in den Güterrechtsverordnungen stufenweise) zur Verfügung stehenden Foren nicht zu übervorteilen, wird für die Bündelung der internationalen Zuständigkeit an den am gewöhnlichen Aufenthalt des Antragstellers eröffneten Foren nach Art. 3 Abs. 1, 5. und 6. Gedankenstrich der Brüssel-IIa-VO eine ausdrückliche – und vor Anhängigkeit des güterrechtlichen Verfahrens auch formbedürftige – Gerichtstandvereinbarung verlangt. Eine Zuständigkeit kraft rügeloser Einlassung des Antragsgegners scheidet aus. Ob eine Prorogation lediglich in Bezug auf die internationale oder auch in Bezug auf eine bestimmte *örtliche* Zuständigkeit zulässig ist, ist unionsgerichtlich noch nicht entschieden, aber angesichts der im Gesetzgebungsverfahren von mehreren Mitgliedstaaten vorgebrachten Besonderheiten ihrer nationalen Zuständigkeitssysteme zu verneinen.

(iii) Annexzuständigkeit bei Partnerschaftssachen und gleichgeschlechtlichen Ehen

Ihrem Wortlaut nach (Art. 1 Abs. 1 Buchst. a) bezieht sich die Brüssel-IIa-VO nicht auf Partnerschaftssachen, nach herrschender Meinung auch nicht auf gleichgeschlechtliche Ehen, für die eine analoge Anwendung der EuPartVO erwogen werden sollte. Die Abstimmung von status- und güterrechtlicher Zuständigkeit müsste dann für diese Verbindungen zwischen den Foren der EuPartVO und den entsprechenden nationalen Vorschriften zur Auflösung eingetragener Partnerschaften erfolgen; Art. 5 Abs. 1 EuPartVO verlangt – anders als Art. 5 EuGüterVO – zum Schutz des Antragsgegners für *jeden* Fall güterrechtlicher Annexzuständigkeit eine ausdrückliche Gerichtstandvereinbarung der Beteiligten.

Da die Anhängigkeit einer Ehesache zu den häufigsten Anlässen gehört, aus denen ein güterrechtliches Verfahren eröffnet wird, ist bei gleichgeschlechtlichen Ehen zu beachten, dass schon für das Ehescheidungsverfahren die (prinzipiell kollisionsrechtliche) Rom-III-VO in ihrem Art. 13 Abs. 2 den in einem Ehescheidungsverfahren angerufenen Gerichten die Möglichkeit einräumt, ihre Jurisdiktion für das Scheidungsverfahren zu verweigern und sich für unzuständig zu erklären, sollten sie die Vorfrage nach dem Bestehen einer wirksamen Ehe verneinen. Dies kann zu Situationen der Unscheidbarkeit einer gleichgeschlechtlichen Ehe führen. Dem Vorschlag von Hausmann folgend, sollte in solchen Fällen dem angerufenen nationalen Gericht unter Hinweis auf die Europäische Menschenrechtskonvention, die EU-Grundrechte-Charta und die nationalen Verfassungen die Berufung auf Art. 13 Abs. 2 Rom-III-VO versagt werden können. Damit bestünde dort auch für die Güterrechtssache eine internationale Zuständigkeit.

b) Im Verhältnis zur EuErbVO

(i) Einheitlicher personeller Anwendungsbereich

Zum personellen Anwendungsbereich von EuErb- und Eu-Güterrechtsverordnungen kann festgestellt werden, dass alle drei Rechtsakte zusammen eine umfassende kollisionsrechtliche Regelung der vermögensrechtlichen Fragen sowohl von Ehepaaren als auch von eingetragenen Partnerschaften darstellen, sei dies während des Bestehens der Verbindung oder nach deren Beendigung durch Scheidung/Auflösung oder Tod. Aus Art. 23 Abs. 1 Buchst. b der Erbrechtsverordnung ergibt sich zweifelsfrei, dass diese auch auf Nachlassansprüche des überlebenden Lebenspartners anwendbar ist.

(ii) Einzelfallgerechte Lösungen bei unterschiedlichem Erb- und Güterrechtsstatut und Frage nach einer Annexzuständigkeit des EuGH

Der Vergleich der in den Mitgliedstaaten existierenden gesetzlichen „Standardlösungen" zur Versorgung des überlebenden Partners, wenn eine Ehe oder Partnerschaft durch Tod endet, zeigt, dass sich diese Versorgung regelmäßig aus einer Kombination des gesetzlichen Güterrechts mit dem gesetzlichen Erbrecht ergibt und dass diese nationalen gesetzlichen Modelle meist verzerrt werden, sobald Erb- und Güterrecht zu unterschiedlichen nationalen Standardlösungen gehören.

Die Frage, wie in derartigen Fällen eine Abstimmung zwischen anwendbarem Erb- und Güterrecht stattfinden soll, kann nach hier vertretener Ansicht nicht durch einen Gesetzgebungsakt, sondern wegen der Diversität der möglichen Problemstellungen nur im Wege von Einzelfallentscheidungen der Rechtsprechung gelöst werden, insbesondere unter Nutzung des Instruments der Anpassung.

Da das anzuwendende Erb- bzw. Güterrecht anhand unionsrechtlicher Verordnungen zu bestimmen ist, wird vereinzelt vertreten, dem EuGH eine entsprechende Annexzuständigkeit zuzusprechen, die jedoch nirgends normiert ist. Angesichts der weitaus größeren Sachnähe der mitgliedstaatlichen Gerichte kann die Entscheidung, was die konkrete Lösung im Einzelfall betrifft, von diesen auch am besten bewältigt werden. Es versteht sich von selbst, dass der EuGH bei der Abgrenzung und Auslegung der unionsrechtlichen IPR- und IZVR-Vorschriften selbst das letzte und entscheidende Wort hat. Die Anpassung unbilliger Ergebnisse aufgrund der Anwendbarkeit verschiedener Rechtordnungen auf das Güter- und das Erbrecht kann dagegen nur durch die mitgliedstaatliche Rechtsprechung erfolgen.

c) Im Verhältnis zur EuUntVO

(i) Abgrenzung der Anwendungsbereiche

Nach dem Urteil *van den Boogard*, Rechtssache C-220/95 des Gerichtshofs, ist die Abgrenzung zwischen unterhalts- und güterrechtlichen Ansprüchen nach dem Zweck einer gerichtlich zugesprochenen Leistung vorzunehmen. Eine Unterhaltsleistung hat die Aufgabe, im Unterschied zu einer Leistung des güterrechtlichen Vermögensausgleichs entweder ausdrücklich dem Berechtigten die Bestreitung seines Lebensunterhalts zu gewährleisten, oder sie muss sich auf „die Bedürfnisse und die Mittel beider Ehegatten", d. h. die Bedürftigkeit des

Berechtigten und die Leistungsfähigkeit des Verpflichteten, stützen. Dient die in Rede stehende Leistung dagegen der bloßen Vermögensverteilung zwischen den (ehemaligen) Ehegatten, ist sie güterrechtlich zu qualifizieren.

Der in der EuUntVO verwendete Begriff des Familienverhältnisses, dessen Feststellung nach dem 21. Erwägungsgrund der EuUntVO den Rechten der Mitgliedstaaten überlassen bleibt, sollte es nach dem mit der EuUntVO in engem zeitlichem und inhaltlichem Zusammenhang stehenden *Bonomi*-Bericht zum Haager Unterhaltsprotokoll den Unterzeichnerstaaten ermöglichen, auch am Rande der in Art. 1 Abs. 1 EuUntVO beispielhaft genannten Familienverhältnisse ihre eigene Auslegung vom Begriff der Familie anzubringen. Dadurch wird auch im unterhaltsrechtlichen Zusammenhang die Frage der Anwendbarkeit der Verordnung auf Unterhaltsansprüche aus eingetragenen Partnerschaften oder gleichgeschlechtlichen Ehen wie in der Rom-III-VO und den Güterrechtsverordnungen von den nationalen Sichtweisen überdeckt. Dies zeugt von Anwenderfreundlichkeit auf nationaler Ebene, zumal dem Unterhaltsberechtigten der Klägergerichtsstand gemäß Art. 3 Buchst. b EuUntVO offensteht, führt aber auch zur Gefahr einer uneinheitlichen Anwendung des Unionsrechts.

(ii) Internationale Zuständigkeit

Im Rahmen ihrer Zuständigkeitsvorschriften regelt die EuUntVO im Unterschied zu den Güterrechtsverordnungen nicht nur die internationale, sondern auch die *örtliche* gerichtliche Zuständigkeit; ein Gleichlauf der internationalen Zuständigkeit für Unterhalts- und Güterrechtssachen kann sich somit nur über die gemeinsame Verbindung beider Verfahren mit einer Ehe- oder Partnerschaftssache ergeben. Hinsichtlich einer Bündelung der örtlichen Zuständigkeit beim in der Statussache angerufenen Gericht steht es dem jeweiligen nationalen Gesetzgeber offen, eine entsprechende Verbundzuständigkeit festzulegen bzw. durch Gerichtsstandvereinbarungen oder rügelose Einlassung zuzulassen.

d) Im Verhältnis zur Rom-I/II- und Brüssel-Ia-VO im sog. Nebengüterrecht

(i) Nebengüterrecht und Diskussion über die dogmatische Einordnung familienrechtlicher Ansprüche

Die Annahme, Ansprüche des Nebengüterrechts unterfielen ohne weiteres dem europäischen Güterstandbegriff, weil sie dazu dienten, unbillige Ergebnisse des Güterrechts zu korrigieren, erweist sich im Hinblick auf die autonome Auslegung des Unionsrechts als zu pauschal, weil der Umfang des Begriffs Nebengüterrecht nicht zweifelsfrei feststeht und im sog. Nebengüterrecht *im weiteren Sinn* die Gegenbeispiele überwiegen.

Im deutschen Schrifttum werden zwei grundlegende Meinungen hinsichtlich der dogmatischen Einordnung familienrechtlicher Rechtsverhältnisse vertreten, deren Unterschiede besonders bei Verletzungen im Familienrecht wurzelnder Verpflichtungen zu Tage treten. Daneben stehen die von der Rechtsprechung vertretenen, dogmatisch nicht weiter qualifizierten Rechtsinstitute *sui generis*, die für immer mehr Rechtsinstitute im Bereich des Familienrechts, zuletzt auch für die dem islamischen Rechtskreis entstammende Brautgabe fruchtbar gemacht werden. Im Schrifttum sieht der hier als *schuldrechtlicher* Ansatz bezeichnete Kreis von Autoren in familienrechtlichen Rechtsverhältnissen, die sich zu einem Gefüge von Rechten und Pflichten verdichtet haben, Schuldverhältnisse im Sinne des allgemeinen Schuldrechts, auf die die Vorschriften des 2. Buchs des BGB direkt anzuwenden sind. Der *familienrechtliche* Ansatz lehnt dies mit Hinweis auf die Gefahr einer „Verschuldrechtlichung des Familienrechts" (Schwab) ab, vertritt stattdessen die Existenz von originär familienrechtlichen Rechtsverhältnissen und lässt mit Hinweis auf die ehe- und familienrechtlichen Besonderheiten allenfalls eine analoge Anwendbarkeit der schuldrechtlichen Vorschriften zu. Dadurch ergibt sich zwischen beiden Ansätzen ein gegensätzliches Regel-Ausnahmeverhältnis, was die Anwendung schuldrechtlicher Vorschriften bzw. Grundsätze betrifft, da der schuldrechtliche Ansatz von der automatischen Geltung derselben auch für familienrechtliche Ansprüche ausgeht, der familienrechtliche Ansatz dagegen nur nach Prüfung der Kriterien einer Analogie (planwidrige Regelungslücke, der gesetzlichen Regelung vergleichbare Interessenlage) im jeweiligen Einzelfall.

(ii) Schuldrechtliche Bereichsausnahmen und Ehegüterrecht

Die zu den Vorläufern der schuldrechtlichen Verordnungen (Rom-I-, Rom-II- und Brüssel-IIa-VO) verfügbaren Quellen, namentlich der *Schlosser-Bericht* zum Übereinkommen über den Beitritt Dänemarks, Irlands und des Vereinigten Königreich zum EuGVÜ und der *Giuliani-Lagarde-Bericht* zum EVÜ, sprechen für eine enge Auslegung der in den beiden Rom-Verordnungen statuierten Bereichsausnahmen betreffend „Schuldverhältnisse aus ehelichen Güterständen" und „aus Güterständen aufgrund von Verhältnissen, die nach dem auf diese Verhältnisse anzuwendenden Recht mit der Ehe vergleichbare Wirkungen entfalten" (Art. 1 Abs. 2 Buchst. c Rom-I-VO, Art. 1 Abs. 2 Buchst. b der Rom-II-VO). Dies wird durch die Rechtsprechung des EuGH zur Bereichsausnahme betreffend das

Gesellschaftsrecht und durch Judikate mitgliedstaatlicher Gerichte zur Bereichsausnahme „aus einem Familienverhältnis“ bestätigt.

Da der auch für den Anwendungsbereich der Bereichsausnahmen maßgebliche Güterstandbegriff aus dem *de-Cavel*-Urteil (1979) des EuGH durch die Güterrechtsverordnungen eine annähernd deckungsgleiche gesetzliche Normierung erfahren hat, ist mit Blick auf die einheitliche Anwendung der schuldrechtlichen Verordnungen, die einen deutlich größeren räumlichen Anwendungsbereich haben als die Güterrechtsverordnungen, eine Modifikation des Güterstandbegriffs im Verhältnis zur *de-Cavel*- Formel abzulehnen. Denn Einengungsversuche würden im System des europäischen Zivil- und Zivilverfahrensrechts Lücken entstehen lassen, die Anreize für *Forum-Shopping* entstehen ließen.

Im Anschluss an diese allgemeinen Betrachtungen sind die wesentlichen als Ansprüche des Nebengüterrechts angesehenen Rechtsinstitute separat dargestellt und im Hinblick auf ihre international-privat- und zivilverfahrensrechtliche Einordnung untersucht worden.

(iii) Ansprüche auf Ausgleich von Zuwendungen und Arbeitsleistungen im Verhältnis zwischen den Partnern sowie zwischen diesen und Schwiegereltern

Im Bereich unbenannter Zuwendungen und Arbeitsleistungen zugunsten des Ehegatten oder eingetragenen Partners (die angesichts der Erstreckung der für Ehen entwickelten Rechtsprechung auf nichteheliche Lebensgemeinschaften im Wege des *Erst-Recht*-Schlusses ebenfalls einzuschließen sind) steht nach der Streichung der auf „unentgeltliche Zuwendungen“ bezogenen Bereichsausnahme im Text der Güterrechtsverordnungen der Anwendung von Art. 3 Abs. 1 Buchst. a EuGüter/Art. 3 Abs. 1 Buchst. b EuPartVO auf die Rückabwicklung bzw. den nachträglichen Ausgleich solcher Zuwendungen nichts mehr im Wege. Die mit dem Scheitern der Ehe bzw. eingetragenen Partnerschaft entstehenden Ansprüche unterliegen dem Anwendungsbereich der Güterrechtsverordnungen, da es sich (auch bei den Arbeitsleistungen mit Rücksicht auf deren finanzielle Bewertung und auf die Anforderung, dass die Vermögensmehrung beim früheren Partner noch vorhanden sein muss) um vermögensrechtliche Regelungen handelt, die aufgrund der Auflösung der Ehe oder Partnerschaft entstehen.

Ebenso verhält es sich mit den Ansprüchen von Schwiegereltern gegenüber ihrem Schwiegerkind, da der unionsrechtliche Güterstand nicht nur vermögensrechtliche Regelungen zwischen den Partnern, sondern auch Regelungen im Verhältnis zu Dritten umfasst und die Vornahme wie die Rückforderung von an ein Schwiegerkind gemachten Zuwendungen regelmäßig mit der Ehe des eigenen Kindes bzw. deren Beendigung in direktem Zusammenhang steht.

Bei Leistungen des Schwiegerkindes an seine Schwiegereltern ist dies nicht zwangsläufig der Fall. In den dazu vom BGH entschiedenen Fällen, in denen das Schwiegerkind eine von seinen Schwiegereltern zur Verfügung gestellte Wohnung ausgebaut hat, um dort mit seiner Familie mietfrei oder besonders günstig wohnen zu können, hindert das von der Rechtsprechung angenommene, trotz Beendigung der statusrechtlichen Beziehung möglicherweise von einem der Partner fortgeführte Miet- oder Leiheverhältnis bis zu seinem vollständigen Entfallen das Entstehen der im Grundsatz bejahten bereicherungsrechtlichen Ansprüche des Schwiegerkindes. Deshalb handelt es sich nicht um „Regelungen, die aufgrund der Ehe/Partnerschaft oder deren Auflösung gelten". Nach hier vertretener Ansicht ist das anzuwendende Recht vielmehr nach Art. 10 der Rom-II-VO zu bestimmen, die internationale Zuständigkeit richtet sich nach Art. 4 der Brüssel-Ia-VO.

(iv) Ansprüche aus Innengesellschaften

Die Streichung der Bereichsausnahmen „Ehegattengesellschaften" bzw. „Gesellschaften zwischen Partnern" aus den Entwürfen der Güterrechtsverordnungen ist das hauptsächliche Indiz, dass auch die in Deutschland nach Auffassung der Rechtsprechung meist stillschweigend zustande kommenden Ehegatteninnengesellschaften, die das Güterrecht flankieren, nunmehr im Wesentlichen güterrechtlich zu qualifizieren sind. Da der Bundesgerichtshof aber gleichzeitig die grundsätzliche Unabhängigkeit der gesellschaftsrechtlichen Auseinandersetzung vom bestehenden Güterstand hervorhebt und auch Fälle vorkommen, in denen die Zusammenarbeit der Partner über das Bestehen der Statusbeziehung zeitlich hinausgeht, ist für die Einordnung unter die Rom-I- bzw. die Güterrechtsverordnungen nach hier vertretener Ansicht die jeweilige Konstellation des Einzelfalls entscheidend. Für eine schuldvertragliche Einordnung spricht neben der zeitlichen Unabhängigkeit vom Bestehen der Beziehung ein Vorhandensein ausdrücklich getroffener Absprachen, während das Bestehen von Gütertrennung, ein der gemeinsamen Vermögensbildung dienender Zweck und die tatsächliche Beendigung der Zusammenarbeit mit dem Ende der Beziehung eine güterrechtliche Einordnung nahelegen.

(v) Ansprüche aus Gesamtschuldner- und Gesamtgläubigerverhältnissen

Bei der Gesamtschuldnerschaft sieht § 426 Abs. 2 BGB den Übergang der ursprünglichen Verbindlichkeit auf den Gesamtschuldner vor, soweit er die Forderung des Gläubigers mit befreiender Wirkung für alle beglichen hat. Die deutsche Rechtsprechung bejaht für die Zeit *vor* der Trennung unter Berücksichtigung des tatsächlichen Lebensmodells des Paares eine von der gesetzlich hälftigen Haftung im Innenverhältnis (§ 426 Abs. 1 BGB) abweichende Beteiligung, und zwar unter Hinweis auf die zwischen den Partnern bestehende Sonderverbindung und eine daraus resultierende „Überlagerung" ihres Gesamtschuldverhältnisses. Werden nach Beendigung des Statusverhältnisses noch Zahlungen vorgenommen, ist nach Auffassung der Rechtsprechung entscheidend, ob die Gesamtschuld ab diesem Zeitpunkt noch zur Erhaltung der wirtschaftlichen Grundlagen beider oder nur eines der früheren Partner dient. Im zweiten Fall braucht sich der andere grundsätzlich nicht mehr an der gemeinsam eingegangenen Verbindlichkeit zu beteiligen, so dass ihm in der Regel ein Freistellungsanspruch von seiner Mithaftung zusteht.

Damit ist der von der unionsrechtlichen Güterstanddefinition geforderte Ursachenzusammenhang zwischen der bestehenden Ehe oder Partnerschaft und dem Gesamtschuldverhältnis letztlich nicht im Hinblick auf den Ausgleichsanspruch an sich, sondern lediglich im Hinblick auf die Modifikationen der gesetzlich vorgesehenen Beteiligung beider Partner im Innenverhältnis vorhanden, und er beschränkt sich außerdem auf Ausgleichsansprüche, die vor der Trennung entstanden sind. Prozessökonomische Gründe sprechen gegen eine unterschiedliche international-privatrechtliche Qualifikation, je nachdem, ob der Ausgleich vor oder nach Beendigung des Statusverhältnisses geleistete Zahlungen betrifft. Nach hier vertretener Ansicht sollten solche Regressansprüche daher insgesamt Art. 16 Abs. 1 Rom-I-VO bzw. Art. 20 Rom-II-VO unterstellt werden. Diese ermöglichen überdies eine in der gesamten Union einheitliche Einordnung, die beim Institut des Gesamtschuldnerausgleichs von besonderer Wichtigkeit ist, weil die Rechtsfigur unionsweit bekannt ist. Eine Einordnung unter die Güterrechtsverordnungen kann ausschließlich in Fällen angenommen werden, in denen die Gesamtgläubigerschaft eindeutig *aufgrund* der Ehe besteht, konkret z. B. bei Kreditaufnahme zum Erwerb der – in anderen Zusammenhängen eindeutig unter die Güterrechtsverordnungen fallenden – Ehewohnung und bei unter die Schlüsselgewalt fallenden Rechtsgeschäften.

Entsprechend sollte auch für die Ansprüche auf Gesamtgläubigerausgleich eine ausnahmsweise güterrechtliche Einordnung davon abhängen, ob die gemeinsame Forderungsinhaberschaft (d. h. nicht die während der Ehe geleisteten Beiträge) entscheidend durch das familienrechtliche Statusverhältnis geprägt ist oder nicht. Ein enger Bezug zur Ehe bzw. Partnerschaft wird von der Rechtsprechung angenommen, wenn eine Forderung in das eheliche Gesamtgut fällt, dürfte aber auch gegeben sein, wenn über das fragliche Oder-Konto der gemeinsame Unterhalt bestritten wird oder Bausparguthaben auf einem Gemeinschaftskonto angelegt sind.

(vi) Familienrechtlicher Ausgleichsanspruch

Der für den Regress überobligatorischer Unterhaltsleistungen an gemeinsame Kinder von der Rechtsprechung zugesprochene familienrechtliche Ausgleichsanspruch wird von dieser als „Anspruch *sui generis*" qualifiziert, während Teile des Schrifttums ihn als im Wege der analogen Anwendung von § 1607 Abs. 3 BGB übergegangenen Unterhaltsanspruch ansehen.

Nach keiner der beiden Ansichten unterfällt er den europäischen Güterrechtsverordnungen, da er sich nicht aus dem (früheren) Statusverhältnis von Berechtigtem und Verpflichtetem, sondern aus der gemeinsamen Elternschaft ergibt. Die zitierte Literaturmeinung kommt infolge des Übergangs des originären Unterhaltsanspruchs direkt zur Anwendung der EuUntVO, wobei die Anwendbarkeit des dort normierten, besonders günstigen Klägerforums durch den EuGH zu bestätigen wäre, da sie möglicherweise im Widerspruch zu seiner Rechtsprechung steht. Auch die deutsche Rechtsprechung weist schon bei den Anspruchsvoraussetzungen auf die inhaltliche Nähe des Regressanspruchs zum Unterhaltsanspruch hin, insbesondere, indem sie eine Inverzugsetzung hinsichtlich des Unterhaltsanspruchs fordert. Der Anwendungsbereich der Unterhaltsverordnung beschränkt sich ihrem Wortlaut nach allerdings auf „Unterhaltspflichten", umfasst also nicht den Ausgleich von *nebeneinander* unterhaltspflichtigen Personen. Folgt man der Literaturmeinung, die eine *cessio legis* in analoger Anwendung von § 1607 Abs. 3 BGB befürwortet, ist auf den übergegangenen Anspruch die EuUntVO unmittelbar anwendbar. Anderenfalls muss auf den „Anspruch *sui generis*" die schuldrechtliche Rom-II-VO angewandt werden, die über die Ausweichklauseln in Art. 4 Abs. 3 der Rom-I/Rom-II-VO auch eine akzessorische Anknüpfung an das Unterhaltsrecht ermöglicht.

(vii) Brautgaben

Islamische Brautgaben können in verschiedener Form und zu unterschiedlichen Zwecken vereinbart werden, stellen aber regelmäßig ein Instrument zur Absicherung und Verhaltenssteuerung dar und sind in einigen muslimisch geprägten

Ländern gesetzlich normiert. Mit dem Umzug des Paares von einem mehrheitlich muslimischen in ein westlich geprägtes Land, in dem seitens der Frau ein eigener Scheidungsantrag möglich ist, weitreichendere Ansprüche auf Trennungs- und nachehelichen Unterhalt bestehen und das Kindeswohl eine vorrangige Größe darstellt, werden diese Funktionen größtenteils obsolet. Im Jahr 2020 hat der Bundesgerichtshof die Brautgabe als familienrechtlichen Vertrag *sui generis* eingeordnet, ihre Vereinbarung aufgrund des Charakters als jederzeit abrufbare unentgeltliche Leistung als beurkundungsbedürftiges Rechtsgeschäft qualifiziert und – wie schon im Jahr 2009 – das Statut der allgemeinen Ehewirkungen für anwendbar erklärt, wobei im dortigen Fall der zeitliche Anwendungsbereich der Güter- bzw. schuldrechtlichen Verordnungen nicht einschlägig war.

Nach hier vertretener Auffassung ist der Güterstandbegriff der EuGüter/PartVO in der Regel als erfüllt anzusehen, es sei denn, die Brautgabe wäre aufgrund einer eindeutig unterhaltsrechtlichen Konzeption (Abstellen auf den Bedarf des Berechtigten und die Leistungsfähigkeit des Verpflichteten) ausnahmsweise unterhaltsrechtlich zu qualifizieren. Wegen des fremdartigen Charakters der Brautgabe wird hier bei objektiver Bestimmung im Anschluss an Y a s s a r i eine Abkopplung der Brautgabe vom allgemeinen Güterrecht in dem Sinn vorgeschlagen, dass sie dem Recht des Aufenthaltsstaats der Berechtigten bzw. dem Scheidungsstatut unterliegen soll.

(viii) Schadensersatzansprüche zwischen Ehegatten

Die Frage nach der Behandlung der sehr unterschiedlich gearteten Schadensersatzansprüche zwischen Ehe- und eingetragenen Partnern erfolgt in Anlehnung an die deutsche obergerichtliche Rechtsprechung in mehreren Fallgruppen.

- 1. Fallgruppe: Ansprüche aus Gesundheits- und Eigentumsverletzungen im Straßenverkehr

Ansprüche aus Gesundheits- und Eigentumsverletzungen im Straßenverkehr, bei denen insbesondere die Modifizierung des allgemeinen Haftungsmaßstabs durch § 1359 BGB von der Rechtsprechung mit der Begründung verneint wird, dass am Rande der Einhaltung der Verkehrsregeln kein Spielraum für eine individuelle Sorgfalt bestehe, spielen sich lediglich im tatsächlichen Umfeld des „Lebenssachverhalts Ehe" ab und sind daher nach hier vertretener Ansicht der Rom-II-VO bzw. verfahrensrechtlich der Brüssel-Ia-VO zu unterstellen.

- 2. Fallgruppe: Ansprüche aus Verletzungen des „räumlich-gegenständlichen Bereichs der Ehe"

Abwehransprüche zum Schutz der eigenen Privatsphäre auch gegenüber dem eigenen (Noch-)Ehegatten im „räumlich-gegenständlichen Bereich der Ehe", konkret der Ehewohnung, insbesondere durch Mitbringen des neuen Partners in die während der Trennungszeit noch von beiden bewohnte Ehewohnung, werden von der Rechtsprechung auf deliktische Anspruchsgrundlagen, nämlich §§ 823 Abs. 1, 1004 BGB i. V. m. Art. 6 Abs. 1 GG gestützt. Der „schuldrechtliche Ansatz" sieht dagegen im Innenverhältnis der Ehegatten § 280 Abs. 1 BGB aufgrund der Verletzung gegenseitiger Schutz- und Rücksichtnahmepflichten aus § 241 Abs. 2 BGB als Anspruchsgrundlage. Für die regelmäßig begehrte Unterlassung auch in der Zukunft ist jedoch nach hier vertretener Auffassung eine Herleitung des Anspruchs über § 1004 BGB aus dem durch Art. 2 Abs. 1 GG geschützten allgemeinen Persönlichkeitsrecht auf Achtung der – auch räumlichen – Privatsphäre besser geeignet.

Da der Abwehranspruch mehr personen- als vermögensbezogen und sein Gegenstand eine *Verletzung* des von der Rechtsprechung angenommenen Nutzungsrechts und nicht etwa dieses Nutzungsrecht selbst ist, ist der Anwendungsbereich der Güterrechtsverordnungen nicht eröffnet. Vielmehr fallen die von der Rechtsprechung (Art. 6 GG, 823 Abs. 1, 1004 analog) und von der Literatur vertretenen Abwehransprüche als Folgen einer zumindest durch Schadensersatzansprüche sanktionierten unerlaubten Handlung unter die Rom-II-VO, zivilverfahrensrechtlich unter die Brüssel-Ia-VO. Was den hier vertretenen Vorschlag betrifft, den Abwehranspruch auf eine Verletzung des individuellen Persönlichkeitsrechts (Art. 2 GG, 823 Abs. 1, 1004 analog) zu stützen, unterfällt dieser der Bereichsausnahme in Art. 1 Abs. 2 Buchst. g der Rom-II-VO („außervertragliche Schuldverhältnisse aus der Verletzung der Privatsphäre oder der Persönlichkeitsrechte"), so dass das anzuwendende Recht national, in Deutschland über Art. 40, 41 EGBG, die internationale Zuständigkeit über § 105, § 266 Abs. 1 Nr. 3, 267 Abs. 1 FamFG zu bestimmen ist.

– 3. Fallgruppe: Ansprüche aus Pflichtverletzungen im „Kernbereich der Ehe"

Mögliche Schadensersatzansprüche aus Verletzungen von Rechten des Partners im Kernbereich der Ehe betreffen die Zeugung von Kindern und die zu deren Gunsten entstehenden Unterhaltspflichten.

Hinsichtlich der Zeugung eines Kindes infolge eigenmächtigen Absetzens empfängnisverhütender Mittel entgegen mit dem Partner getroffener Absprachen sollte nach hier vertretener Ansicht eine Haftung im Innenverhältnis abgelehnt werden, um den geschlechtlichen Intimbereich nach wie vor von der Möglichkeit *verbindlicher* Absprachen auszuschließen. Wer auf keinen Fall ein Kind zeugen möchte, muss selbst Vorkehrungen zur Verhinderung einer Schwangerschaft treffen.

Die Zeugung eines außerehelichen Kindes unter Verletzung der sexuellen Treue als solche ist als „innerehelicher Vorgang“ sanktionslos. Allerdings wird vertreten, dass Ersatzansprüche rechtlicher Scheinväter wegen einer Verletzung der Aufklärungspflicht über Zweifel an der ehelichen Abstammung des Kindes zu bejahen seien. Jedoch führt dies zu einer geradezu uferlosen Ausweitung der Haftung der Mutter, bei der die Interessen des gezeugten Kindes hintangestellt werden. Ein bereits 2016 vorgelegter Gesetzentwurf, mit dem eine Auskunftspflicht der Mutter betreffend als biologische Väter in Frage kommender Sexualpartner statuiert werden soll, soll *de lege ferenda* zu einer Haftung des biologischen Vaters für Unterhaltsaufwendungen während eines etwas mehr als zweijährigen Zeitraums bis zum Abschluss des Vaterschaftsanfechtungsverfahrens des Scheinvaters führen. Nach hier vertretener Ansicht ist ein weitergehender Anspruch gegen die Mutter, insbesondere unter Berücksichtigung des Kindeswohls, zu verneinen.

Bejaht man die Möglichkeit solcher Schadensersatzansprüche gegen die Mutter, sind sie als unerlaubte Handlungen der Rom-II-VO zu unterstellen: Ihre Haftung aus § 826 (so die nach wie vor maßgebliche Rechtsprechung) bzw. § 280 Abs. 1 BGB hat ihren Grund nicht in der Ehe als solcher. Der Anwendungsbereich der EuGüterVO wie auch der Bereichsausnahmen in Art. 1 Abs. 2 Buchst. a und b Rom-II-VO sind damit nicht eröffnet.

– 4. Fallgruppe: Ansprüche aus gemeinsamer Elternschaft

Rechtsverletzungen bei der Ausübung der Rechte und Pflichten aus gemeinsamer Elternschaft haben ihren Ursprung in der beiderseitigen Verantwortung und dem beiden Eltern zustehenden Recht zum Umgang mit einem gemeinsam gezeugten oder adoptierten Kind. Die Rechtsprechung hat zwar das Umgangsrecht als sonstiges Recht i. S. v. § 823 Abs. 1 BGB anerkannt, jedoch führt dies im Hinblick auf den Ersatz frustrierter Aufwendungen für eine bestimmte Gestaltung des Umgangs nicht zum Erfolg, da es sich um reine Vermögensschäden handelt. Der Bundesgerichthof hat jedoch 2002 ein gesetzliches Rechtsverhältnis familienrechtlicher Art zwischen den Eltern sowie die Möglichkeit von Schadensersatzansprüchen aufgrund schuldhafter Verletzung der daraus resultierenden Pflichten „unter Heranziehung der zur positiven Forderungsverletzung [heute § 280 Abs. 1 BGB] entwickelten Grundsätze“ bejaht.

Die Anwendung von § 280 Abs. 1 BGB auf die Verletzung von Rücksichtnahmepflichten auf vermögensrechtliche Belange des jeweils anderen Elternteils anlässlich mit der Ausübung des Umgangsrechts ist nur hinsichtlich ihrer

Reichweite streitig: Die Rechtsprechung zieht die zu dieser Vorschrift entwickelten Grundsätze heran, im Schrifttum wird auf eine analoge Anwendung von § 280 Abs. 1 BGB auf die Verletzung gesetzlichen *Schutz*pflichten (Coester-Waltjen) oder auf die direkte Anwendung der Vorschrift wegen der Verletzung von Schutz- und Rücksichtnahmepflichten aus § 241 Abs. 2 BGB (schuldrechtlicher Ansatz) rekurriert.

Die Schadensersatzpflicht beruht, was eine mögliche Einordnung unter die Güterrechtsverordnungen betrifft, nicht auf der Ehe oder deren Auflösung, da die unter (vormaligen) Ehegatten sich ergebende Situation derjenigen unter nicht verheirateten oder gar nicht miteinander liierten Eltern entspricht. Die entstehenden Schadensersatzansprüche gelten damit nicht aufgrund der Ehe/Partnerschaft oder deren Auflösung, letzter Grund der verletzten Verpflichtungen ist vielmehr die gemeinsame Zeugung des Kindes oder dessen gemeinsame Adoption. Aus der Verletzung von gegenseitigen gesetzlichen Rücksichtnahmepflichten, die einem gesetzlichen Rechtsverhältnis entstammen, ergibt sich vielmehr die Anwendung der Rom-II- sowie der Brüssel-Ia-VO.

6. Zur Einbettung der Güterrechtsverordnungen im Allgemeinen

Abschließend lässt sich feststellen, dass die Einbettung der Güterrechtsverordnungen in das System des Europäischen Internationalen Privat- und Zivilverfahrensrechts zwar zahlreichen Problemen begegnet, dass diese jedoch mehr oder weniger „systemimmanent“ sind, da sie bereits vor Anwendungsbeginn der Güterrechtsverordnungen im Zusammenspiel der verschiedenen gesetzlichen Regelungen aufgetreten sind. Man kann daher die beiden Rechtsakte – insbesondere mit Blick auf die schwierigen Umstände ihrer Entstehung – als von politischen Interessen der Mitgliedstaaten beeinflusste, handwerklich aber doch gelungene Normierungen betrachten, die das europäische System des Internationalen Privat- und Zivilverfahrensrechts um wichtige Rechtsregeln ergänzen und, wo nötig, mit der Rechtsprechung des EuGH noch profiliert werden können.

Anhang I: Tabellarische Aufstellung der bis zum Anwendungsbeginn der Güterrechtsverordnungen von der Europäischen Union im Bereich des Internationalen Privat- und Zivilverfahrensrechts erlassenen Rechtsakte

Bis zum Anwendungsbeginn der Güterrechtsverordnungen am 29. Januar 2019 haben die Organe der Europäischen Union auf der Grundlage der oben besprochenen Vorschriften folgende Sekundärrechtsakte erlassen:

Datum des Rechtsakts	Titel	Teilnehmende Mitgliedstaaten	Angegebene Rechtsgrundlage	Zeitliche Geltung
29.05.2000	Verordnung (EG) Nr. 1346/2000 des Rates vom 29. Mai 2000 über **Insolvenzverfahren**	Alle Mitgliedstaaten außer Dänemark	Art. 65 EGV	Seit 31.05.2003
29.05.2000	Verordnung (EG) Nr. 1347/2000 des Rates vom 29. Mai 2000 über die **Zuständigkeit** und die **Anerkennung und Vollstreckung** von Entscheidungen in **Ehesachen und in Verfahren betreffend die elterliche**	Alle Mitgliedstaaten außer Dänemark	Art. 65 EGV	01.03.2001 bis 01.03.2005

Datum des Rechtsakts	Titel	Teilnehmende Mitgliedstaaten	Angegebene Rechtsgrundlage	Zeitliche Geltung
	Verantwortung für die gemeinsamen Kinder der Ehegatten **(Brüssel-II-VO oder Eu-Ehe-VO)** -> ersetzt durch Verordnung (EG) Nr. 2201/2003 vom 27. November 2003 und Verordnung (EU) 2019/1111 vom 25. Juni 2019			
29.05.2000	Verordnung (EG) 1348/2000 des Rates vom 29.05.2000 über die **Zustellung gerichtlicher und außergerichtlicher Schriftstücke in Zivil- und Handelssachen in den Mitgliedstaaten** -> ersetzt durch Verordnung (EG) Nr. 1393/2007 vom 13. November 2007	Alle Mitgliedstaaten außer Dänemark	Art. 65 EGV	31.05.2001 bis 13.11.2008
22.12.2000	Verordnung (EG) Nr. 44/2001 des Rates vom 22. Dezember 2000 über die **gerichtliche Zuständigkeit** und die **Anerkennung und Vollstreckung** von Entscheidungen **in Zivil- und Handelssachen (Brüssel-I-VO oder EUGVVO)** -> ersetzt durch Verordnung (EU) Nr. 1215/2012 vom 12. Dezember 2012 **(Brüssel-Ia-VO)**	Alle Mitgliedstaaten einschl. Dänemark (nach dem Abkommen vom 19.10.2005 zwischen der EU und Dänemark)	Art. 65 EGV	01.03.2002 bis 10.01.2015

Datum des Rechtsakts	Titel	Teilnehmende Mitgliedstaaten	Angegebene Rechtsgrundlage	Zeitliche Geltung
28.05.2001	Verordnung (EG) Nr. 1206/2001 des Rates vom 28. Mai 2001 über die **Zusammenarbeit zwischen den Gerichten der Mitgliedstaaten auf dem Gebiet der Beweisaufnahme** in Zivil- oder Handelssachen	Alle Mitgliedstaaten außer Dänemark	Art. 65 EG	Seit 01.04.2004
27.01.2003	Richtlinie 2002/8/EG des Rates vom 27. Januar 2003 **zur Verbesserung des Zugangs zum Recht bei Streitsachen mit grenzüberschreitendem Bezug** durch Festlegung gemeinsamer **Mindestvorschriften für die Prozesskostenhilfe** in derartigen Streitsachen **(PKH-Richtlinie)**	Alle Mitgliedstaaten außer Dänemark	Art. 61 Buchst. c und Art. 67 EGV	Seit 1. Februar 2003
27.11.2003	Verordnung (EG) Nr. 2201/2003 des Rates vom 27. November 2003 über die **Zuständigkeit** und die **Anerkennung und Vollstreckung** von Entscheidungen in **Ehesachen und in Verfahren betreffend die elterliche Verantwortung** und zur Aufhebung der Verordnung (EG) Nr. 1347/2000 **(Brüssel-IIa- oder EuEheVO)**	Alle Mitgliedstaaten außer Dänemark	Art. 81 Abs. 3 AEUV	Seit 01.08.2004 (Art. 67–70), volle Geltung ab 01.03.2005

Datum des Rechtsakts	**Titel**	**Teilnehmende Mitgliedstaaten**	**Angegebene Rechtsgrundlage**	**Zeitliche Geltung**
21.04.2004	Verordnung (EG) Nr. 805/2004 des Europäischen Parlaments und vom 21. April 2004 zur Einführung eines **europäischen Vollstreckungstitels für unbestrittene Forderungen**	Alle Mitgliedstaaten außer Dänemark	Art. 61 Buchst. c und Art. 67 Abs. 5, 2. Gedankenstrich EGV	Seit 21.01.2005 (Art. 30–32), volle Geltung ab 21.10.2005
12.12.2006	Verordnung (EG) Nr. 1896/2006 des Europäischen Parlaments und des Rates vom 12. Dezember 2006 zur Einführung eines **Europäischen Mahnverfahrens, EuMahnVO**	Alle Mitgliedstaaten außer Dänemark	Art. 61 Buchst. c EGV	Seit 12.06.2008 (Art. 28–31), volle Geltung ab 12.12.2008
11.07.2007	Verordnung (EG) Nr. 861/2007 des Europäischen Parlaments und des Rates vom 11. Juli 2007 zur Einführung eines europäischen Verfahrens für geringfügige Forderungen, **EuBagatellVO**	Alle Mitgliedstaaten außer Dänemark	Art. 61 Buchst. c und Art. 67 EGV	Seit 01.01.2009 (Art. 25 ab 01.01.2008)
11.08.2007	Verordnung (EG) Nr. 864/2007 des Europäischen Parlaments und des Rates vom 11. Juli 2007 über das auf **außervertragliche Schuldverhältnisse** anzuwendende Recht **(Rom-II-VO)**	Alle Mitgliedstaaten außer Dänemark	Art. 61 Buchst. c und Art. 67 EGV	Seit 11.01.2009 (Art. 29 bereits ab 11.07.2008)

Datum des Rechtsakts	**Titel**	**Teilnehmende Mitgliedstaaten**	**Angegebene Rechtsgrundlage**	**Zeitliche Geltung**
13.11.2007	Verordnung (EG) Nr. 1393/2007 des Europäischen Parlaments und des Rates vom 13. November 2007 über die **Zustellung gerichtlicher und außergerichtlicher Schriftstücke in Zivil- oder Handelssachen in den Mitgliedstaaten** (Zustellung von Schriftstücken) und zur Aufhebung der Verordnung (EG) Nr. 1348/2000 des Rates **(EuZustellungsVO)**	Alle Mitgliedstaaten außer Dänemark	Art. 61 Buchst. c, Art. 67 EGV	Seit 13.11.2008 (Art. 29 bereits ab 13.08.2008)
21.05.2008	Richtlinie (EG) Nr. 2008/52 des Europäischen Parlaments und des Rates vom 21. Mai 2008 über bestimmte **Aspekte der Mediation in Zivil- und Handelssachen, Mediationsrichtlinie**	Alle Mitgliedstaaten außer Dänemark	Art. 61 Buchst. c und Art. 67 Abs. 5, 2. Gedankenstrich EGV	Seit 13.06.2008
17.06.2008	Verordnung (EG) Nr. 593/2008 des Europäischen Parlaments und des Rates vom 17. Juni 2008 über das auf **vertragliche Schuldverhältnisse anzuwendende Recht (Rom-I-VO)**	Alle Mitgliedstaaten außer Vereinigtes Königreich und Dänemark	Art. 61 Buchst. c und Art. 67 Abs. 5, 2. Gedankenstrich EGV	17.12.2009 (Art. 26 bereits ab 17.06.2009)

Datum des Rechtsakts	**Titel**	**Teilnehmende Mitgliedstaaten**	**Angegebene Rechtsgrundlage**	**Zeitliche Geltung**
18.12.2008	Verordnung (EG) Nr. 4/2009 des Rates vom 18. Dezember 2008 über die Zuständigkeit, **das anwendbare Recht, die Anerkennung und Vollstreckung von Entscheidungen und die Zusammenarbeit in Unterhaltssachen (EuUntVO)**	Alle Mitgliedstaaten außer Dänemark, jedoch gelten die Vorschriften über die Zuständigkeit und über die Anerkennung und Vollstreckung	Art. 61 Buchst. c und Art. 67 Abs. 2 EGV	18.06.2011 (Art. 2 Abs. 2, 47 Abs. 3, 71, 72 und 73 bereits seit 18.09.2010)
20.12.2010	Verordnung (EU) Nr. 1259/2010 des Rates vom 20. Dezember 2010 zur Durchführung einer Verstärkten Zusammenarbeit im **Bereich des auf die Ehescheidung und Trennung ohne Auflösung des Ehebandes anzuwendenden Rechts (Rom-III-VO)**	Belgien, Bulgarien, Deutschland, Spanien, Frankreich, Griechenland, Italien, Lettland, Litauen, Luxemburg, Ungarn, Malta, Österreich, Portugal, Rumänien und Slowenien	Art. 81 Abs. 3 AEUV	21.06.2012 (Art. 17 bereits ab 21.06.2011)

Datum des Rechtsakts	Titel	Teilnehmende Mitgliedstaaten	Angegebene Rechtsgrundlage	Zeitliche Geltung
04.07.2012	Verordnung (EU) Nr. 650/2012 des Europäischen Parlaments und des Rates vom 4. Juli 2012 über die **Zuständigkeit, das anzuwendende Recht, die Anerkennung und Vollstreckung von Entscheidungen und die Annahme und Vollstreckung öffentlicher Urkunden in Erbsachen** sowie zur Einführung eines **Europäischen Nachlasszeugnisses (EuErbVO)**	Alle Mitgliedstaaten außer Vereinigtes Königreich, Irland und Dänemark	Art. 81 Abs. 2 Buchst. c AEUV	17.08.2015 (Artikel 77 und 78 ab dem 16. Januar 2014, Artikel 79, 80 und 81, ab dem 5. Juli 2012)
13.12.2011	Richtlinie (EU) Nr. 2011/99 über die **Europäische Schutzanordnung**	Alle Mitgliedstaaten außer Irland und Dänemark	Art. 82 Abs. 1 Buchst. a und d AEUV	10.01.2012 Umsetzungsfrist: 11. Januar 2015
12.12.2012	Verordnung (EU) Nr. 1215/2012 des Europäischen Parlaments und des Rates vom 12. Dezember 2012 über die **gerichtliche Zuständigkeit und die Anerkennung und Vollstreckung von Entscheidungen in Zivil- und Handelssachen** (Brüssel-Ia-VO oder EUGVVO)	Alle Mitgliedstaaten einschl. Dänemark (nach Abkommen vom 19.10.2005 zwischen der EU und Dänemark (Dänemark *kann* die Verordnung anwenden))	Art. 81 Abs. 2 Buchst. a, c und e AEUV	Seit 10. Januar 2015 (Art. 75 und 76 bereits ab dem 10. Januar 2014)

Datum des Rechtsakts	**Titel**	**Teilnehmende Mitgliedstaaten**	**Angegebene Rechtsgrundlage**	**Zeitliche Geltung**
21.05.2013	Verordnung (EU) Nr. 524/2013 des Europäischen Parlaments und des Rates vom 21. Mai 2013 über die **Online-Beilegung verbraucherrechtlicher Streitigkeiten** und zur Änderung der Verordnung (EG) Nr. 2006/2004 und der Richtlinie 2009/22/EG (Verordnung über **Online-Streitbeilegung in Verbraucherangelegenheiten**)	Alle Mitgliedstaaten	Art. 114 AEUV	09.01.2016 (mit 2 Ausnahmen)
21.05.2013	Richtlinie Nr. 2013/11/EU des Europäischen Parlaments und des Rates vom 21. Mai 2013 über die alternative Beilegung verbraucherrechtlicher Streitigkeiten und zur Änderung der Verordnung (EG) Nr. 2006/2004 und der Richtlinie 2009/22/EG (**Richtlinie über alternative Streitbeilegung in Verbraucherangelegenheiten**)	Alle Mitgliedstaaten	Art. 114 AEUV	08.07.2013 Ende Umsetzungsfrist 09.07.2015
12.06.2013	Verordnung (EU) Nr. 606/2013 über die gegenseitige **Anerkennung von Schutzmaßnahmen in Zivilsachen**	Alle Mitgliedstaaten außer Dänemark	Art. 81 Abs. 2 Buchst. a, e und f AEUV	Seit 11. Januar 2015

Datum des Rechtsakts	**Titel**	**Teilnehmende Mitgliedstaaten**	**Angegebene Rechtsgrundlage**	**Zeitliche Geltung**
15.05.2014	Verordnung (EU) Nr. 655/2014 des Europäischen Parlaments und des Rates zur Einführung eines Verfahrens für einen Europäischen Beschluss zur vorläufigen Kontenpfändung im Hinblick auf die Erleichterung der grenzüberschreitenden Eintreibung von Forderungen in Zivil- und Handelssachen (**EuKontenpfändungsVO**)	Alle Mitgliedstaaten außer dem Vereinigten Königreich und Dänemark	Artikel 81 Absatz 2 Buchstaben a, e und f AEUV	Ab 18. Januar 2017 (Artikel 50 bereits ab 18. Juli 2016)
24.06.2016	Verordnung (EU) 2016/1103 des Rates vom 24. Juni 2016 zur Durchführung einer Verstärkten Zusammenarbeit im Bereich der Zuständigkeit, des anzuwendenden Rechts und der Anerkennung und Vollstreckung von Entscheidungen in Fragen des ehelichen Güterstands **(EuGüterVO)**	Belgien, Bulgarien, Tschechische Republik, Deutschland, Griechenland, Spanien, Frankreich, Kroatien, Italien, Luxemburg, Malta, Niederlande, Österreich, Portugal, Slowenien, Finnland, Schweden, Zypern	Art. 81 Abs. 3 AEUV	Ab 29. Januar 2019, Art. 63 und 64 ab 29. April 2018, Art. 65–67 ab 29. Juli 2016

Datum des Rechtsakts	Titel	Teilnehmende Mitgliedstaaten	Angegebene Rechtsgrundlage	Zeitliche Geltung
24.06.2016	Verordnung (EU) 2016/1104 des Rates vom 24. Juni 2016 zur Durchführung einer Verstärkten Zusammenarbeit im Bereich der Zuständigkeit, des anzuwendenden Rechts und der Anerkennung und Vollstreckung von Entscheidungen in Fragen güterrechtlicher Wirkungen eingetragener Partnerschaften **(EuPartVO)**	Belgien, Bulgarien, Tschechische Republik, Deutschland, Griechenland, Spanien, Frankreich, Kroatien, Italien, Luxemburg, Malta, Niederlande, Österreich, Portugal, Slowenien, Finnland, Schweden, Zypern	Art. 81 Abs. 3 AEUV	Ab 29. Januar 2019, Art. 63 und 64 ab 29. April 2018, Art. 65–67 ab 29. Juli 2016
06.07.2016	Verordnung (EU) 2016/1191 des Europäischen Parlaments und des Rates zur Förderung der Freizügigkeit von Bürgern durch die Vereinfachung der Anforderungen an die Vorlage bestimmter öffentlicher Urkunden innerhalb der Europäischen Union und zur Änderung der Verordnung (EU) Nr. 1024/2012 **(EuApostillen- oder EuLegitimationsVO)**	Alle Mitgliedstaaten	Art. 21 Abs. 2 AEUV	Ab 16. Februar 2019, Art. 24 Abs. 2, ab dem 16. Februar 2017, Art. 12 und Art. 24 Abs. 3 ab 16. Februar 2018, Art. 22 und Art. 24 Abs. 1 ab 16. August 2018

Datum des Rechtsakts	**Titel**	**Teilnehmende Mitgliedstaaten**	**Angegebene Rechtsgrundlage**	**Zeitliche Geltung**
25.06.2019	Verordnung (EU) 2019/1111 des Rates vom 25. Juni 2019 über die Zuständigkeit, die Anerkennung und Vollstreckung von Entscheidungen in Ehesachen und in Verfahren betreffend die elterliche Verantwortung und über internationale Kindesentführungen (Neufassung) **(Brüssel-IIb-VO)**	Alle Mitgliedstaaten außer Dänemark	Art. 81 Abs. 3 AEUV	Ab 22. August 2022, Art. 92, 93 und 103 ab 22. Juli 2019

Anhang II: Graphische Darstellungen der jeweiligen Akzeptanz der europäischen Rechtsakte auf dem Gebiet des europäischen Familienrechts

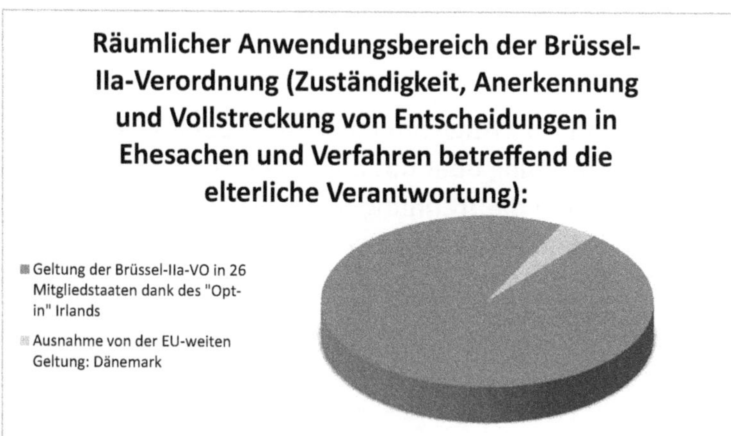

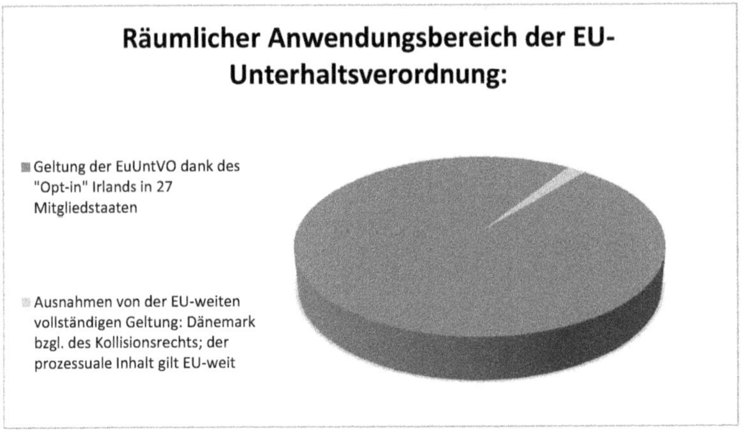
Räumlicher Anwendungsbereich der EU-Unterhaltsverordnung:
Geltung der EuUntVO dank des "Opt-in" Irlands in 27 Mitgliedstaaten
Ausnahmen von der EU-weiten vollständigen Geltung: Dänemark bzgl. des Kollisionsrechts; der prozessuale Inhalt gilt EU-weit

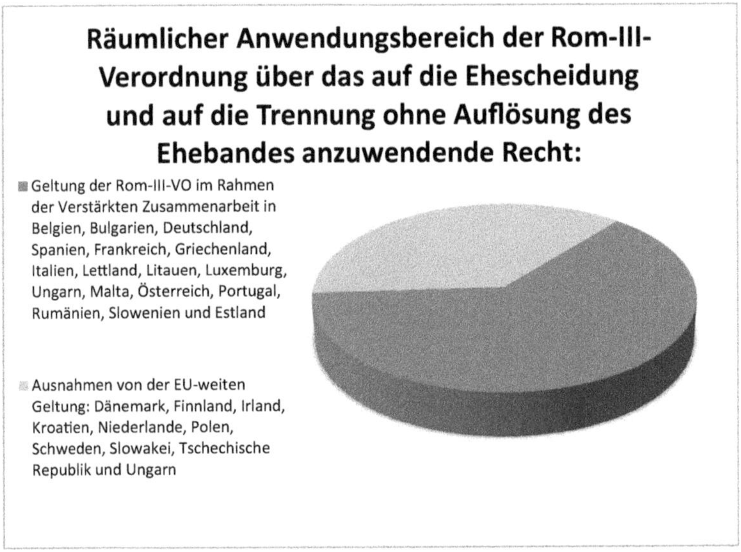
Räumlicher Anwendungsbereich der Rom-III-Verordnung über das auf die Ehescheidung und auf die Trennung ohne Auflösung des Ehebandes anzuwendende Recht:
Geltung der Rom-III-VO im Rahmen der Verstärkten Zusammenarbeit in Belgien, Bulgarien, Deutschland, Spanien, Frankreich, Griechenland, Italien, Lettland, Litauen, Luxemburg, Ungarn, Malta, Österreich, Portugal, Rumänien, Slowenien und Estland
Ausnahmen von der EU-weiten Geltung: Dänemark, Finnland, Irland, Kroatien, Niederlande, Polen, Schweden, Slowakei, Tschechische Republik und Ungarn

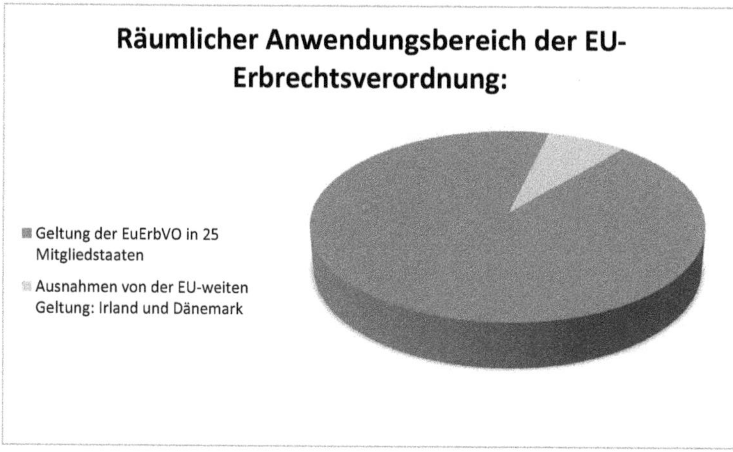
Räumlicher Anwendungsbereich der EU-Erbrechtsverordnung:
Geltung der EuErbVO in 25 Mitgliedstaaten
Ausnahmen von der EU-weiten Geltung: Irland und Dänemark

Räumlicher Anwendungsbereich der EU-Güterrechtsverordnung:
Geltung der EuGüVO in 18 Mitgliedstaaten: Belgien, Bulgarien, Deutschland, Finnland, Frankreich, Griechenland, Italien, Kroatien, Luxemburg, Malta, Niederlande, Österreich, Portugal, Schweden, Slowenien, Spanien, Tschechien, Zypern
Ausnahmen von der EU-weiten Geltung: Dänemark, Irland, Estland, Lettland, Litauen, Polen, Rumänien, die Slowakei, Ungarn

Räumlicher Anwendungsbereich der EU-Partnerschaftsverordnung:
Geltung der EuPartVO: 18 Mitgliedstaaten (wie GüterrechtsVO)
Ausnahmen von der EU-weiten Geltung: Dänemark, Irland, Estland, Lettland, Litauen, Polen, Rumänien, die Slowakei, Ungarn

Anhang III: Zusammenschau von gesetzlichem Güterstand und gesetzlichem Erbrecht nach nationalen Güterrechtsmodellen

Güterstand	**Mitgliedstaaten**	**„Standardlösung“ als Kombination von Güter- und Erbrecht bei Tod eines Ehegatten und Zusammentreffen des Überlebenden mit Kindern bzw. Abkömmlingen des Erblassers:**
Errungenschaftsgemeinschaft	Spanien (Gebiete des allg. ZivilR), Frankreich, Italien, Belgien, Luxemburg, Tschechien, Estland, Lettland, Litauen, Polen, Rumänien, Slowenien, Kroatien, Ungarn, Slowakei, Portugal, Malta, Bulgarien (mod.)	Aufteilung des während der Ehe erworbenen gemeinschaftlichen Vermögens zu gleichen Teilen zwischen dem überlebenden Partner und dem Nachlass des Verstorbenen. Darüber hinaus erhält der überlebende Ehegatten einen Anteil am Nachlass des Verstorbenen, der dem eines Kindes des Erblassers entspricht (teilweise mit einer Untergrenze von einem Viertel) oder den Nießbrauch am ganzen oder einem Teil des Nachlasses, einschließlich der Haushaltsgegenstände und/oder der bisher von ihm zusammen mit dem Erblasser bewohnten Wohnung.
Zugewinngemeinschaft	Deutschland, Griechenland, Zypern	Beteiligung am Nachlass des Verstorbenen mit 1/4, in Zypern mit derselben Quote wie jedes Kind. Daneben Ausgleich des während der Ehe erzielten Zugewinns, in Griechenland und Zypern nur, soweit der Ausgleich

Güterstand	**Mitgliedstaaten**	**„Standardlösung“ als Kombination von Güter- und Erbrecht bei Tod eines Ehegatten und Zusammentreffen des Überlebenden mit Kindern bzw. Abkömmlingen des Erblassers:**
		begehrende Ehegatte dazu beigetragen hat (gesetzl. Vermutung, dass dies in Höhe von 1/3 des Zugewinns der Fall war). In Deutschland ist ein pauschalisierter Ausgleich des Zugewinns durch Erhöhungsviertel nach § 1371 Abs. 1 die gesetzliche Regel.
Gütergemeinschaft	Dänemark, Niederlande	Das Gesamtgut (Gesamtvermögen beider Ehegatten – mit Ausnahme von Schenkungen und Erwerben von Todes wegen, bei denen der Zuwendende dies ausgeschlossen hat, und von persönlichen Rechten, in Dänemark auch Rentenansprüchen, in NL auch eindeutig einem Ehegatten zugeordnete Rechte und Früchte des Eigenvermögens) wird hälftig aufgeteilt. Beteiligung des überlebenden Ehegatten am Nachlass in Dänemark zur Hälfte, in den NL gilt folgende Sonderregelung: Der Ehegatte erhält dinglich den gesamten Nachlass, die Ansprüche der Kinder wandeln sich in verzinsbare Geldansprüche, die erst mit dem Tod des Überlebenden fällig werden.
Aufgeschobene Gütergemeinschaft	Schweden, Finnland	Während der Ehe besteht kein gemeinsames Vermögen. Ein am Vermögen des jeweils anderen Ehegatten während der Ehe bestehendes Ehegattenanteilsrecht führt jedoch bei Beendigung des Güterstands zu einer Aufteilung des Nettovermögens beider Ehegatten (Ausnahme: Schenkungen und erbrechtliche Erwerbe bei entsprechender Bestimmung des Zuwendenden).

Güterstand	**Mitgliedstaaten**	**„Standardlösung" als Kombination von Güter- und Erbrecht bei Tod eines Ehegatten und Zusammentreffen des Überlebenden mit Kindern bzw. Abkömmlingen des Erblassers:**
		Bei Beendigung der Ehe durch Tod und Zusammentreffen des Überlebenden mit gemeinsamen Kindern wird in Schweden der überlebende Partner Alleinerbe, darf jedoch über die auf diesem Wege erworbenen Gegenstände nicht testamentarisch verfügen. Bei Vorhandensein nicht gemeinsamer Abkömmlinge erfolgt nach dem Tod des Erstversterbenden eine güterrechtliche und eine erbrechtliche Aufteilung.
		Finnland: Beim Ableben des Erstversterbenden hat der Überlebende aufgrund des Ehegattenanteilsrechts einen Ausgleichsanspruch gegen die (allein) erbenden Kinder, sofern das diesem Recht unterliegende Vermögen des Verstorbenen sein eigenes übersteigt. Zudem verbleibt der Nachlass im Besitz des überlebenden Ehegatten bis zu dessen Ableben.
Gütertrennung und modifizierte Gütertrennung	Irland, Österreich, Schottland	Getrennte Vermögensmassen während der Ehe ohne güterrechtlichen Ausgleich. Das gesetzliche Erbrecht des Ehegatten beträgt in Irland 2/3, in Österreich 1/3 zuzügl. eines gesetzlichen Vorausvermächtnisses, bestehend im Recht zur Nutzung von Hausrat und Ehewohnung. In Schottland besteht neben besonderen Rechten an der Ehewohnung, dem Hausrat und dem Geldvermögen ein Erbrecht des Ehegatten in Höhe von 1/3 der im Nachlass des Verstorbenen vorhandenen Fahrnis.

Güterstand	**Mitgliedstaaten**	**„Standardlösung" als Kombination von Güter- und Erbrecht bei Tod eines Ehegatten und Zusammentreffen des Überlebenden mit Kindern bzw. Abkömmlingen des Erblassers:**
Ausschließlich erbrechtliche Lösung	England, Wales	In England und Wales erhält der überlebende Ehegatte von Todes wegen gesetzlich die persönlichen Gegenstände des Verstorbenen, einen Geldbetrag sowie die Hälfte des darüber hinaus noch verbleibenden Nachlasses.

Literaturverzeichnis

Adolphsen, Jens, Europäisches Zivilverfahrensrecht, 2. Aufl., Springer Verlag Berlin-Heidelberg 2014.

Althammer, Christoph, Bindungswirkung der Entscheidungen des EuGH, in Gsell, Beate, und Hau, Wolfgang (Hrsg), Zivilgerichtsbarkeit und Europäisches Justizsystem, Mohr Siebeck, Tübingen 2012.

Althammer, Christoph (Hrsg.), Brüssel-IIa-, Rom-III-, Kommentar zu den Verordnungen (EG) 2201/2003 und (EU) 1259/201, C.H. Beck-Verlag, München 2014. (zit.: Bearbeiter in: Althammer, Christoph (Hrsg.) …).

Althammer, Christoph, Abendgabe und Scheidung nach deutschem Recht, Anmerkung zu OLG Hamm, Beschluss vom 22. April 2014, NZFam 2016, 1022.

Althammer, Christoph, Das Konzept der Familie im Europäischen Internationalen Familienrecht, in: Arnold, Stefan (Hrsg.) Grundfragen des Europäischen Kollisionsrechts, Mohr Siebeck, Tübingen 2016, S. 1 ff.

Amendt, Gerhard, Das Leben unerwünschter Kinder, Fischer Taschenbuch Verlag, Frankfurt a. Main, 1992.

Andrae, Marianne, Erneut zum Begriff „Eheliche Güterstände", IPrax 2017, 526.

Andrae, Marianne, Der sachliche Anwendungsbereich der Europäischen Güterrechtsverordnung, IPrax 2018, 221.

Andrae, Marianne, Internationales Familienrecht, 4. Aufl., Nomos, Baden-Baden 2019.

Antomo, Jennifer, Privatscheidungen und der neue Art. 17 Abs. 2 EGBGB: Rom-III-VO à la berlinoise, Das Standesamt (StAZ) 2019, 31.

Arbaizar, Amparo, und Pasche, Julia, Entwicklungen im spanischen Familienrecht, NZFam 2019, 369.

Arndt, Hans-Wolfgang, Fischer, Kristian, Fetzer, Thomas, Europarecht, 10. Aufl., Verlag C.F. Müller, Heidelberg 2010.

Arnold, Stefan, Gründe und Grenzen der Parteiautonomie im Europäischen Kollisionsrecht, in Arnold, Stefan (Hrsg.), Grundfragen des Europäischen Kollisionsrechts, Mohr Siebeck, Tübingen 2016, S. 23 ff.

Basedow, Jürgen, Der kollisionsrechtliche Gehalt der Produktfreiheiten im Binnenmarkt: *favor offerentis, RabelsZ 59 (1995)*, 1.

Basedow, Jürgen, The Communitarisation of Private International Law, RabelsZ 2009, 459.

Basedow, Jürgen, Der Raum des Rechts und das internationale Privatrecht, Liber Amicorum Kresæimir Sajko, 2012, S. 23 ff.

Basedow, Jürgen, Kohärenz im Internationalen Privatrecht und Verfahrensrecht der Europäischen Union. Eine einleitende Orientierung, in: von Hein, Jan, und Rühl, Gisela (Hrsg.), Kohärenz im Internationalen Privat- und Verfahrensrecht der Europäischen Union, Mohr Siebeck, Tübingen 2016, S. 5 ff. Tagungsband einer am 10. und 11. Oktober 2014 an der Universität Freiburg i.Br. von Prof. Dr. Jan v. Hein zum Thema veranstalteten Tagung.

Basedow, Jürgen, Gesellschaftliche Akzeptanz und internationales Familienrecht, FamRZ 2019, 1833 ff.

Becker, Gary Stanley, Familie, Gesellschaft und Politik – die ökonomische Perspektive, Teil II Familie und Gesellschaft, Eine ökonomische Entwicklung der Familie (1985), Mohr Siebeck, Tübingen 1996.

Becker, Peter, Der Einfluss des Güterstandes auf das Ehegattenerbrecht gemäß § 1931 BGB, JA 2019, S. 94 ff.

Beck'scherOnline – Kommentar zum Bürgerlichen Gesetzbuch, hrsg. von Bamberger, Heinz Georg/Roth, Herbert, (zitiert: BeckOK-BGB/*Bearbeiter*, Auflage und Stand der Bearbeitung).

Behrens, Christian H., Gesamtschuldnerausgleich und sonstige Regressansprüche im Europäischen Kollisionsrecht nach der Rom-I-, Rom-II- und EG-Unterhaltsverordnung, Verlag Dr. Kovač, Hamburg 2013.

Bergschneider, Ludwig, Ist die Rechtsprechung des Bundesverfassungsgerichts und des Bundesgerichtshofs zur richterlichen Kontrolle von Eheverträgen noch zeitgemäß? Festschrift für Meo-Micaela Hahne, Verlag Ernst und Werner Gieseking, Bielefeld 2012, S. 113 ff.

Benicke, Christoph, Anpassung im Internationalen Privatrecht, Festschrift f. Jan Schapp, Mohr Siebeck, Tübingen 2010, S. 61 ff.

Bernitt, Carmen Christina, Die Anknüpfung von Vorfragen im europäischen Kollisionsrecht, Tübingen, 2010.

Bonomi, Andrea, Fragen des Allgemeinen Teils: Qualifikation, Vorfrage, Renvoi und Ordre public, in: Dutta, Anatol, Weber, Johannes (Hrsg.), Die Europäischen Güterrechtsverordnungen; Tagungsband zum wissenschaftlichen Symposium des Deutschen Notarinstituts und der Universität Regensburg am 10. Februar 2017 in Würzburg, Verlag C.H. Beck, München 2017, S. 124 ff.

Bonomi, Andrea, Erläuternder Bericht zum Protokoll vom 23. November 2007 über das auf Unterhaltspflichten anzuwendende Recht, vorgelegt im Oktober 2009 und in deutscher Sprache abrufbar unter https://assets.hcch.net/upload/expl39de.pdf

Borras, Alegría, Erläuternder Bericht zu dem Übereinkommen aufgrund von Artikel K.3 des Vertrags über die Europäische Union über die Zuständigkeit und die Anerkennung und Vollstreckung von Entscheidungen in Ehesachen, sog. Borras-Bericht, Nr. 28, Amtsblatt Nr. C 221 vom 16/07/1998 S. 0027–0064, abrufbar unter http://eur-lex.europa.eu/legal-content/DE/TXT/?uri=CELEX:51998XG0716

Boving, Dagmar, Deutsch-französische Ehen im Lichte der Güterrechtsverordnung und Wahlzugewinngemeinschaft, ZErb 2019, 225 ff.

Braeuer, Max, Anmerkung zum Urteil des BGH vom 06.10.2010 – XII ZR 10/09, FamRZ 2011, 453.

Brödermann, Eckart / Rosengarten, Joachim, Internationales Privat- und Zivilverfahrensrecht, 7. Aufl. 2015, Verlag Franz Vahlen, München 2015.

Brosch Marlene, Rechtswahl und Gerichtsstandvereinbarungen im internationalen Familien- und ErbR der EU, Mohr Siebeck, Tübingen 2019
Looschelders, Dirk, Internationales Privatrecht, Springer-Verlag Heidelberg, Berlin 2004.

Bruns, Manfred, Eingetragene Lebenspartnerschaften im Rahmen der EU-Erbrechtsverordnung, Zeitschrift für die Steuer- und Erbrechtspraxis (ZErb) 2014, 181.

Büte, Dieter, Das neue internationale Güterrecht der Europäischen Union, Familie und Recht (FuR) 2019, 136.

Budzikiewicz, Christine, Bürgerliches Recht und Familienrecht: Die Ehe – auch ein Schuldverhältnis? In: Grundlagen und Grundfragen des Bürgerlichen Rechts, Tagungsband zum Symposium aus Anlass des 80. Geburtstags von Dieter Schwab, Verlag Ernst und Werner Gieseking, Bielefeld, 2016, S. 147 ff.

Bydlinski, Franz, Richterrecht über Richterrecht, Der Bundesgerichtshof in Zivilsachen zur beschränkten Bindungskraft von Präjudizien, in: 50 Jahre Bundesgerichtshof, Festgabe aus der Wissenschaft, Band I, C.H. Beck, München 2000, S. 3 ff.

Cassirer, Ernst, Philosophie der symbolischen Formen (Bd. I: Die Sprache, Bd. II: Das mythische Denken, Bd. III: Phänomenologie der Erkenntnis. 1923–1929), Felix Meiner Verlag, Hamburg, 2002.

Christandl, Gregor, Die Ehegatteninnengesellschaft im internationalen Privatrecht mit besonderer Berücksichtigung deutsch-spanischer Sachverhalte, FamRZ 2012, 1692.

Classen, Claus Dieter in: Schulze, Reiner, Zuleeg, Manfred, Kadelbach, Stefan (Hrsg.), Europarecht – Handbuch für die deutsche Rechtspraxis, 3. Aufl., 2015.

Coester-Waltjen, Dagmar, Schuldrecht und familienrechtliche Rechtsverhältnisse, in Festschrift für Claus-Wilhelm Canaris zum 70. Geburtstag, Verlag C.H. Beck, 2007, S. 131 ff.

Coester-Waltjen, Dagmar, Die objektive Anknüpfung des Ehegüterstatuts, in: Dutta, Anatol, Weber, Johannes (Hrsg.), Die Europäischen Güterrechtsverordnungen; Tagungsband zum wissenschaftlichen Symposium des Deutschen Notarinstituts und der Universität Regensburg am 10. Februar 2017 in Würzburg, Verlag C.H. Beck, München 2017, S. 47 ff.

Coester-Waltjen, Dagmar, Die verpasste Chance – der EuGH und die Privatscheidung, IPrax 2018, 238.

Döbereiner, Christoph, Das internationale Güterrecht nach den Güterrechtsverordnungen, Mitteilungen des Bayerischen Notarvereins, der Notarkasse und der Landesnotarkammer Bayern (MittBayNot) 2018, 406.

Döbereiner, Christoph, Anmerkung zum Urteil des EuGH vom 12. Oktober 2017, *Kubicka*, C-218/16, in FamRZ 2017, 2060 (2061).

Dörner, Heinrich, Anmerkung zum Beschluss des OLG Stuttgart vom 8. März 2005, 8 W 96/04, ZEV 2005, 444.

Dutta, Anatol/Wegemann, Frauke, Die Europäisierung des internationalen Zuständigkeitsrechts, in: Geimer, Reinhold/Schütze, Wolf A. (Hrsg.), Recht ohne Grenzen, Festschrift für Athanassios Kaissis, C.H. Beck, München 2012.

Dutta, Anatol, Gemeinsame und getrennte Kodifikation von IPR und IZVR auf europäischer Ebene, in: vonHein, Jan, und Rühl, Gisela (Hrsg.), Kohärenz im Internationalen Privat- und Verfahrensrecht der Europäischen Union, Mohr Siebeck, Tübingen 2016, S. 35 ff. Tagungsband einer am 10. und 11. Oktober 2014 an der Universität Freiburg i.Br. von Prof. Dr. Jan v. Hein zum Thema veranstalteten Tagung.

Dutta, Anatol, Das neue internationale Güterrecht der Europäischen Union – ein Abriss der europäischen Güterrechtsverordnungen, FamRZ 2016, 1973.

Dutta, Anatol/Weber, Johannes (Hrsg.), Internationales Erbrecht, 1. Aufl., C.H. Beck, München 2016. (zit.: Bearbeiter in: Dutta/Weber (Hrsg.), Internationales Erbrecht).

Dutta, Anatol, Helms Tobias und Pintens, Walter (Hrsg.), Ein Name in ganz Europa – Vorschläge für ein Internationales Namensrecht der Europäischen Union, Wolfgang Mezner Verlag, 2016 Hausmann, Rainer/ Odersky, Internationales Privatrecht in der Notar- und Gestaltungspraxis, 3. Aufl., C.H. Beck-Verlag München 2017.

Dutta, Anatol, Ausländische Privatscheidungen nach *Sahyouni*, Forum Familienrecht 2018, 60.

Dutta, Anatol, Anmerkung zum Beschluss des BGH vom 18. März 2020, FamRZ 2020, 1077.

Dutta, Anatol, Privatscheidungen und Brüssel-IIb: drei Fragen an den neuen Art. 65 Abs. 1, FamRZ 2020, 1428.

Emmerich, Julian, Probleme der Anknüpfung im Rahmen der EuErbVO, Duncker und Humblot GmbH, Berlin, 2016.

Erbarth, Alexander, Neues Internationales Privatrecht für die Wirkungen der Ehe im Allgemeinen, NZFam 2019, 417.

Erbarth, Alexander, Die Ehe ist kein Schuldverhältnis, Abgrenzung familienrechtlicher Rechtsverhältnisse von Schuldverhältnissen, NJW 2013, 3478.

Erman, Bürgerliches Gesetzbuch, Handkommentar mit AGG, EGBGB (Auszug), ErbbauRG, LPartG, ProfHaftG, VBVG, VersAusglG und WEG hrsg. von Barbara Grunewald, Georg Maier-Reimer und Harm Peter Westermann, 15. Aufl., Otto-Schmidt-Verlag, Köln 2017. (zit.: Bearbeiter in: Erman, Walter (Begr.), Handkommentar BGB).

Falkner, Melanie, Das (Neben-)Güterrecht, DNotZ 2013, 586.

Finger, Peter, Islamische Morgengabe – insbesondere im Verhältnis zum Iran, Familie und Recht (FuR) 2017, 182.

Fornasier, Matteo, Anmerkung zum Urteil *Mahnkopf* im Anschluss an dessen Veröffentlichung in FamRZ 2018, 634.

Fornasier, Matteo, in Dutta/Weber (Hrsg.), Internationales Erbrecht, Art. 69 Rn. 34.

Forschner, Julius, Statutenwechsel und Abwicklung des Güterstands, DNotZ 2020, 381.

Franzen, Martin, Privatrechtsangleichung durch die Europäische Gemeinschaft, Verlag Walter de Gruyter, Berlin, New York 1999.

Freitag, Robert, Der Einfluss des Europäischen Gemeinschaftsrechts auf das internationale Produkthaftungsrecht, Mohr Siebeck, Tübingen 2000.

Garber, Thomas, Zum Begriff der Ehe i. S. d. Art. 1 Abs. 1 lit. a EuEheKindVO, Festschrift für Daphne-Ariane Simotta, LexisNexis Verlag Wien, 2012, S. 161 ff.

GarcíaCantero, Gabriel, *El régimen primario y su marco en el Código Civil*, Revista Jurídica de les Illes Balears 2016, Nr. 14, abrufbar unter https://revistajuridicaib.icaib.org/el-regimen-matrimonial-primario-y-su-marco-en-el-codigo-civil/

Geiger, Rudolf, Khan, Daniel-Erasmus, Kotzur, Markus: EUV/AEUV, Vertrag über die Europäische Union und Vertrag über die Arbeitsweise der Europäischen Union, Kommentar, 6. Aufl., C.H. Beck, München 2017. (zit.: Geiger, Khan, Kotzur/*Bearbeiter*).

Gestrich, Andreas, Krause, Jens-Uwe, Mitterauer, Michael, Geschichte der Familie, Alfred Kröner Verlag, Stuttgart 2003.

Gerhard, Peter, Heintschel – Heinegg, Bernd von, Klein, Michael, Handbuch des Fachanwalts Familienrecht, 10. Aufl., Luchterhand Berlin, 2015.

Gernhuber, Joachim/Coester-Waltjen, Dagmar, Familienrecht, 6. Aufl., Verlag C.H. Beck, München 2010.

Grabitz, Eberhard (Begr.), Hilf, Meinhard, Nettesheim, Martin, Das Recht der Europäischen Union: EUV, AEUV, 68. Aufl., C.H. Beck, München 2019, Grundwerk mit Fortsetzungen (zit.: Grabitz, Hilf, Nettesheim, Stand).

Gräf, Stephan, Diskussionsbericht zu den Vorträgen von Michael Coester und Andrea Bonomi, in: Dutta, Anatol, Weber, Johannes (Hrsg.), Die Europäischen Güterrechtsverordnungen; Tagungsband zum wissenschaftlichen Symposium des Deutschen Notarinstituts und der Universität Regensburg am 10. Februar 2017 in Würzburg, Verlag C.H. Beck, München 2017, S. 145.

Gräf, Stephan, Drittbeziehungen und Drittschutz in den Europäischen Güterrechtsverordnungen, Mohr Siebeck Tübingen 2018.

Greeske, Marion, Die Kollisionsnormen der neuen EU-Erbrechtsverordnung, Verlag Peter Lang GmbH, Frankfurt am Main 2014.

Greszat, Sarah, Internationales Erbrecht: Finnland, abrufbar im Online-Magazin „Erbrecht heute“ unter http://www.erbrecht-heute.de/Aktuell/Internationales-Erbrecht-Finnland.html

Groeben, Hans von der, Schwarze, Jürgen, Hatje, Armin, Europäisches Unionsrecht, 7. Aufl., Nomos-Verlag, Baden-Baden, 2015. (zit.: Von der Groeben/Schwarze/Hatje/*Bearbeiter*).

Gruber, Urs, Scheidung auf Europäisch – die Rom-III-Verordnung, IPrax 2012, 381.

Guardiola, Miriam, Divorcio ante notario tras la nueva Ley de Jurisdicción Voluntaria (Scheidung vor dem Notar nach dem neuen Gesetz über die freiwillige Gerichtsbarkeit), abrufbar unter: https://www.legaltoday.com/practica-juridica/derecho-civil/civil/divorcio-ante-notario-tras-la-nueva-ley-de-jurisdiccion-voluntaria-2015-10-30/

Hau, Wolfgang, Zivilsachen mit grenzüberschreitendem Bezug, in: Arnold, Stefan und Lorenz, Stephan, (Hrsg.) Gedächtnisschrift für Hannes Unberath, C.H. Beck, München 2015, S. 139 ff.

Hausmann, Rainer, Ausgleichsansprüche zwischen Ehegatten aus Anlass der Scheidung im internationalen Privatrecht – zur Abgrenzung zwischen

Vertragsstatut, Ehewirkungsstatut und Ehegüterstatut, in Festschrift für Erik Jayme, Sellier. European Law Publishers, München 2004, S. 305 ff.

Hausmann, Rainer, Internationales und Europäisches Ehescheidungsrecht, 1. Aufl., C.H. Beck, München 2013.

Hausmann, Rainer, Internationales Privatrecht in der Notar- und Gestaltungspraxis, 3. Aufl., C.H. Beck, München 2017.

Hausmann, Rainer, Die Inhaltskontrolle von Eheverträgen in Fällen mit Auslandsberührung, Festschrift für Reinhold Geimer, C.H. Beck, München 2017, S. 199 ff.

Hausmann, Rainer, Internationales und Europäisches Familienrecht, 2. Aufl., C.H. Beck, München, 2018.

Haußleitner, Otto, Schulz, Werner, Vermögensauseinandersetzung bei Trennung und Scheidung, 5. Aufl., Verlag C.H. Beck, München 2011.

Heiderhoff, Bettina, Die EU-Güterrechtsverordnungen, IPRax 2018, S. 1 ff.

Heiderhoff, Bettina, Vorschläge zur Durchführung der EU-Güterrechtsverordnungen, IPrax 2017, 231.

Henrich, Dieter, Zur EU-Güterrechtsverordnung: Handlungsbedarf für die nationalen Gesetzgeber, Zeitschrift für Europarecht, Internationales Privatrecht und Rechtsvergleichung (ZfRV) 2016, 171.

Henrich, Dieter, Internationales Scheidungsrecht, 4. Aufl., Verlag Ernst und Werner Gieseking, Bielefeld 2017

Herdegen, Matthias, Europarecht, 16. Aufl., C.H. Beck München 2014.

Herlin - Karnell, Ester, Denmark and the European Area of Freedom, Security and Justice: A Scandinavian Arrangement (January 1, 2013). Amsterdam Law Forum (2013) Ausgabe 1, S. 95. Im Internet verfügbar unter http://ssrn.com/abstract=2244177 bzw. http://dx.doi.org/10.2139/ssrn.2244177

Herr, Thomas, Die Systematik des Nebengüterrechts, NJW 2012, 1847.

Hess, Burkhard, Europäisches Zivilprozessrecht. Ein Lehrbuch. C.F. Müller, Heidelberg 2010.

Hess Burkhard, Binnenverhältnisse im Europäischen Zivilprozessrecht, in: von Hein Jan, und Rühl, Gisela (Hrsg.), Kohärenz im Internationalen Privat- und Verfahrensrecht der Europäischen Union, Mohr Siebeck, Tübingen 2016, S. 68 ff. Tagungsband einer am 10. und 11. Oktober 2014 an der Universität Freiburg i.Br. von Prof. Dr. Jan v. Hein zum Thema veranstalteten Tagung.

Hill, Paul, Kopp, Johannes, Familiensoziologie. Grundlagen und theoretische Perspektiven. 3. Aufl., Verlag für Sozialwissenschaften, Wiesbaden 2004.

Hilbig, Katharina, Der Begriff des Familienverhältnisses in Art. 1 HPUnt 2007 und Art. 1 EuUntVO, Zeitschrift für Gemeinschaftsprivatrecht (GPR) 2011, 310.

Hoffmann, Bernd von/Thorn, Karsten, IPR, C.H. Beck-Verlag, München 2020.

Hohloch, Gerhard, Die „Bereichsausnahmen" der Rom-II-VO, IPrax 2012, 110 ff.

Huber, Christian, Der Unterhaltsregress des Scheinvaters, FamRZ 2004, 145 ff.

Huber, Peter M., Unionsbürgerschaft, Europarecht (EuR) 2013, 637 ff.

Iranbomy, Seyed, Rosinentheorie der Morgengabe, FamFR 2011, 123 ff.

Jarass, Hans, Charta der Grundrechte der Europäischen Union unter Einbeziehung der vom EuGH entwickelten Grundrechte, der Grundrechtsregelungen der Verträge und der EMRK, Kommentar, 2. Aufl., C.H. Beck München 2013.

Jayme, Erik, Anmerkung zum Urteil des OLG Celle v. 16.09.1998 – 14 a (6) U 281/96, IPrax 1999, 114 ff.

Joubert, Nathalie, La dernière pierre (provisoire ?) à l'édifice du droit international privé européen en matière familiale, Revue critique de droit international privé, 2017, 1 ff.

Junker, Abbo, Internationales Privatrecht, Verlag C.H. Beck, München 1998.

Junker, Abbo, Das internationale Zivilverfahrensrecht der Europäischen Unterhaltsverordnung, Festschrift für Daphne-Ariane Simotta, Verlag LexisNexis, Wien 2012, S. 263 ff.

Katzenmaier, Silvia, Jüngere Entwicklungen im französischen Familienrecht, NZFam 2019, 107.

Kegel, Gerhard/Schurig, Klaus, Internationales Privatrecht, 9. Aufl., C.H. Beck München, 2004.

Kleinschmidt, Jens, Anmerkung zum Urteil Kubicka in Fachdienst Zivilrecht – LMK (C.H. Beck) 2018, 2018, 403371.

Köck, Manuela, Die einheitliche Auslegung der Rom-I, Rom-II- und Brüssel-I-Verordnung im europäischen internationalen Privat- und Verfahrensrecht, Duncker & Humblot, Berlin 2014.

Köhler, Andreas, Der sachliche Anwendungsbereich der Güterrechtsverordnungen und der Umfang des Güterrechtsstatuts, in: in: Dutta, Anatol, Weber, Johannes (Hrsg.), Die Europäischen Güterrechtsverordnungen; Tagungsband zum wissenschaftlichen Symposium des Deutschen Notarinstituts und der Universität Regensburg am 10. Februar 2017 in Würzburg, Verlag C.H. Beck, München 2017, S. 149 ff.

Kohler, Christian, Die Güterrechtsverordnungen der Europäischen Union und die vorrangigen Staatsverträge mit Drittstaaten, in: Dutta, Anatol, Weber, Johannes (Hrsg.), Die Europäischen Güterrechtsverordnungen; Tagungsband zum wissenschaftlichen Symposium des Deutschen Notarinstituts und der Universität Regensburg am 10. Februar 2017 in Würzburg, Verlag C.H. Beck, München 2017, S. 164 ff.

Kohler, Christian und Pintens, Walter, Entwicklungen im europäischen Personen- und Familienrecht 2010–2011, FamRZ 2011, 1433.

Koutsouradis, Achilles, Aktuelles zum griechischen Familienrecht 2017/2018, FamRZ 2018, 1389.

Kropholler, Jan, Internationales Privatrecht einschließlich der Grundbegriffe des Internationalen Zivilverfahrensrechts, 6. Aufl., Mohr Siebeck, Tübingen 2006.

Krömer, Karl, Bericht aus der Praxis: Ausstellung eines Ehefähigkeitszeugnisses für eine Deutsche mit einem Österreicher, dessen Vorehe mit einer Spanierin mittels Scheidung vor einem spanischen Notar aufgelöst wurde, StAZ 2020, 117.

Krüger, Hilmar, Zum Problem der Brautgabe im türkischen Recht, IPrax 2014, 204.

Launhardt, Jan, Die Europäisierung der internationalen Zuständigkeit im Ehegüterrecht und im Güterrecht eingetragener Partnerschaften, Wolfgang Metzner Verlag, Frankfurt a. Main, 2020.

Leifeld, Janis, Das Anerkennungsprinzip im Kollisionsrechtssystem des internationalen Privatrechts, Verlag Mohr Siebeck, Tübingen 2010.

Lenaerts, Koen, Kooperation und Spannung im Verhältnis von EuGH und nationalen Verfassungsgerichten, Vortrag an der Humboldt-Universität zu Berlin am 24. November 2014, abrufbar unter https://www.rewi.hu-berlin.de/de/lf/oe/whi/FCE/2014/veroeffentlichung-lenaerts.pdf

Lippert, André, Der grenzüberschreitende Sachverhalt – Der Yeti des Europarechts, Zeitschrift für europarechtliche Studien (ZEuS) 2014, 273.

Lippert, Barbara, Differenzierte Integration in der EU im Spiegel von Austritt-Beitritt-Assoziierung, Integration 2017, 101.

Lobach, Quincy C. und Rapp, Tobias, Eine empirische Untersuchung zum Europäischen Familien- und Erbrecht, FamRZ 2020, 83.

Löhnig, Martin, Die gleichgeschlechtliche Ehe im Internationalen Privatrecht, NZFam 2017, 1085.

Löhnig, Martin, Treuhand, Mohr-Siebeck, Tübingen 2006.

Löhnig, Martin und Preisner, Mareike, Erfreulich klare Worte des BGH – Wegweiser zur Fortentwicklung der gegenwärtigen Familienrechtsdogmatik, NJW 2013, 2080.

Looschelders, Dirk, Die Anpassung im internationalen Privatrecht: Zur Methodik der Rechtsanwendung in Fällen mit wesentlicher Verbindung zu mehreren nicht miteinander harmonierenden Rechtsordnungen, C.F. Müller Verlag, Heidelberg, 1995.

Looschelders, Dirk, Schadensersatz bei „einseitiger“ Durchkreuzung der Familienplanung durch den kinderwilligen (Ehe-)Partner?, JurA 2000, 169.

Looschelders, Dirk, Internationales Privatrecht, Springer Verlag Heidelberg, 2004.

Lurger, Brigitte, Die Verortung natürlicher Personen im europäischen IPR und IZVR, in: von Hein, Jan, und Rühl, Gisela (Hrsg.), Kohärenz im Internationalen Privat- und Verfahrensrecht der Europäischen Union, Mohr Siebeck, Tübingen 2016, S. 229 ff. Tagungsband einer am 10. und 11. Oktober 2014 an der Universität Freiburg i.Br. von Prof. Dr. Jan v. Hein zum Thema veranstalteten Tagung.

Mäsch, Gerald, Zur Vorfrage im europäischen IPR in: Leible, Stefan/ Unberath, Hannes (Hrsg.), Brauchen wir eine Rom-0-Verordnung? Jenaer Wissenschaftliche Verlagsgesellschaft (© Sellier European Law Publishers), Jena 2013, S. 201 ff.

Mankowski, Peter, Der Vorschlag für die Rom-I-Verordnung, IPrax 2006, 101.

Mankowski, Peter, Das erbrechtliche Viertel nach § 1371 Abs. BGB im deutschen und europäischen Internationalen Privatrecht, ZEV 2014, 121.

Mankowski, Peter, Rechtskultur, Mohr Siebeck, Tübingen 2016.

Mankowski, Peter, Internationale Zuständigkeit nach EuGüVO und EuPartVO, in: Dutta, Anatol, Weber, Johannes (Hrsg.), Die Europäischen Güterrechtsverordnungen; Tagungsband zum wissenschaftlichen Symposium des Deutschen Notarinstituts und der Universität Regensburg am 10. Februar 2017 in Würzburg, Verlag C.H. Beck, München 2017, S. 12 ff.

Mankowski, Peter, Anmerkung zur Vorlageentscheidung des KG in der Rechtssache Oberle und dem Beschluss des OLG Hamburg vom 16. November 2016, 2 W 85/16, FamRZ 2017, 566.

Mankowski, Peter, Das Gesetz über die „Ehe für alle“, seine Folgen und sein europäisches Umfeld im Internationalen Privat- und Prozessrecht, IPRax 2017, 541.

Mankowski, Peter, Europäische Regeln über die internationale Zuständigkeit für deutsche Erbscheine!, Zeitschrift für die Steuer- und Erbrechtspraxis (ZErbR) 2018, 487.

Martiny, Dieter, Die Anknüpfung güterrechtlicher Angelegenheiten nach den Europäischen Güterrechtsverordnungen, Zeitschrift für die gesamte Privatrechtswissenschaft (ZfPW) 2017, 1 ff.

Martiny, Dieter, Die Kommissionsvorschläge für das internationale Ehegüterrecht sowie für das internationale Güterrecht eingetragener Partnerschaften, IPrax 2011, 437.

Mayer, laudia, Nebengüterrecht im IPR – Qualifikation der Ansprüche aus einer Ehegatteninnengesellschaft (Anmerkung zu BGH, Urteil vom 10.06.2015 – IV ZR 69/14 = IPrax 2016, S. 384), IPrax 2016, 353.

Mayer, Claudia, Haftung und Paarbeziehung, Mohr Siebeck, Tübingen 2017.

Mayer, Claudia, Scheidung ohne Gericht – Europäische Entwicklungen, Das Standesamt (StAZ) 2018, 106.

Mayer, Claudia, Schwab, Dieter, in: Mayer, Claudia, Schwab, Dieter, Gottwald, Peter, Henrich, Dieter (Hrsg.): Familienrecht und Religion – Europäische Perspektiven, Einleitung zum Tagungsband des 14. Symposiums für Europäisches Familienrecht der Universität Regensburg, Gieseking-Verlag, Bielefeld 2019, S. 3 ff.

Mayer, Claudia, Schadensersatz des Scheinvaters gegen die Mutter für Unterhaltszahlungen an das Kuckuckskind, FamRZ 2019, 1839 ff.

Mayer, Claudia, Verfahrensrechtliche Anerkennung von gerichtlichen Entscheidungen, Urkunden und Parteivereinbarungen – insbesondere von Privatscheidungen nach der neuen Brüssel-IIb-VO, StAZ 2020, 193.

Meingast, Irene Elisabeth, Vermögensrechtliche Folgen der Ehescheidung im Rechtsvergleich Spanien – Österreich unter besonderer Berücksichtigung des Systems der ehelichen Güterstände in Spanien, Dissertation, Wien 2010, abrufbar unter https://core.ac.uk/download/pdf/11591233.pdf

Melchior, George, Die Grundlagen des deutschen Internationalen Privatrechts, Berlin/Leipzig, 1932.

Michaels, Ralf, in: The New European Choice-Of-Law Revolution, 82 *Tulane Law Review* 1607–1644 (2008).

Münchener Kommentar zum Bürgerlichen Gesetzbuch, hrsg. von Franz Jürgen Säcker und Roland Rixecker, Band 10 (5. Aufl. 2010), Band 11 (7. Aufl. 2018) und Band 12 (7. Aufl. 2017), C.H. Beck, München. (zit.: Münchener Kommentar/*Bearbeiter*, Erscheinungsjahr der Bearbeitung).

Münchener Kommentar zum FamFG, 3. Aufl., C.H. Beck, München 2019.

Mugdan, Benno, Die gesamten Materialien zum Bürgerlichen Gesetzbuch für das Deutsche Reich, Band II, 1899.

Muscheler, Karlheinz, Familienrecht, 4. Aufl., Verlag Franz Vahlen, München 2017.

Naumann, Christof, Kooperative Judikatur – Theorie und Praxis des Rechtsprechungsverbunds zwischen Europäischem Gerichtshof und den obersten Verwaltungsgerichten der Mitgliedstaaten. Bericht über einen Vortrag des Präsidenten des deutschen Bundesverwaltungsgerichts, Prof. Dr. Klaus Rennert, auf der Frühjahrstagung der Arbeitsgemeinschaft Verwaltungsrecht im DAV, Bayerische Verwaltungsblätter (BayVBl) 2018, 15.

Nietner, Sarah, Internationaler Entscheidungseinklang im Europäischen Kollisionsrecht, Verlag Mohr Siebeck, Tübingen 2015.

Nomos Kommentar Bürgerliches Gesetzbuch, Nomos-Verlag, Baden-Baden 2013.

- Band 5: Erbrecht, hrsg. von Kroiß, Ludwig, Ann, Christoph, Mayer, Jörg.
- Band 6: Rom-Verordnungen, hrsg. von Heidel, Thomas, Hüßtege, Rainer, und Mansel, Heinz-Peter.

Nordmeier, Carl Friedrich, Schenkungen unter Ehegatten im Internationalen Privatrecht: Deutsch-portugiesische Fälle nach EGBGB, Rom-I-VO und EheGüRVO-E (Rezension zum Beschluss des OLG Frankfurt a.M. vom 12.04.2013, 4 UF 39/12), IPrax 2014, 411.

Oppermann, Torsten, Anmerkung zum Beschluss des OLG Frankfurt a. Main vom 11. Dezember 2019, 4 UF 23/19, NZFam 2020, 266.

OrietoPrietodelos Mozos, Patricia, La nueva regulación de la Ley aplicable a la separación judicial y al divorcio: aplicación del Reglamento Roma III en España, elektronische Veröffentlichung über das Netz der Universidad Complutense de Madrid, online abzurufen unter http://eprints.ucm.es/23222/2/Reglamento_Roma_III.

Pache, Eckart, in: Niedobitek, Matthias (Hrsg.), Europarecht – Politiken der Union, de Gruyter, Berlin/Boston, 2014, § 10: Die Union als Raum der Freiheit, der Sicherheit und des Rechts, S. 1162 ff.

Paffhausen, Patricia, EuErbVO und GüterrechtsVO in Konflikt, Bucerius Law Journal 2010, S. 10 ff. (im Internet abrufbar unter http://law-journal.de/archiv/jahrgang-2014/heft-1/euerbvo-und-guterrechtsvo-in-konflikt).

Palandt, Otto (Begr.), Bürgerliches Gesetzbuch, 80. Aufl., C.H. Beck, München 2020. (zit.: Palandt/*Bearbeiter*).

Pérez Hereza, Juan, La separación y divorcio notarial (Notarielle Trennung und Scheidung), abrufbar unter https://www.elnotario.es/hemeroteca/revista-63/5388-la-separacion-y-divorcio-notarial.

Pérez de Madrid Carreras, Valerio, La pretendida inscripción constitutiva de la hipoteca en la jurisprudencia del Tribunal Supremo (Die angeblich konstitutive Eintragung der Hypothek in der Rechtsprechung des Tribunal Supremo), abrufbar unter https://www.elnotario.es/academia-matritense-del-notariado/9282-la-pretendida-inscripcion-constitutiva-de-la-hipoteca-en-la-jurisprudencia-del-tribunal-supremo.

Pfeiffer, Thomas, Welches Eherecht hätten'S denn gerne? Frankfurter Allgemeine Zeitung vom 14. September 2017, S. 8.

Piir, Ragne, Eingreifen oder nicht eingreifen, das ist hier die Frage. Die Problematik der Bestimmung und des Anwendungsbereichs der Eingriffsnormen im internationalen Privatrecht, Juridica International. Law Review. University of Tartu (Estland), XVII 2010, abrufbar unter https://www.juridicainternational.eu/?id=14586

Preisner, Mareike, Das gesetzliche mittreuhänderische Schuldverhältnis kraft gemeinsamer Elternschaft, Mohr Siebeck, Tübingen 2014.

Prütting, Hanns, Wegen, Gerhard, Weinreich, Gerd (Hrsg.), BGB-Kommentar, 10. Aufl., Luchterhand, München 2015. (zit.: Prütting/Wegen/Weinreich/*Bearbeiter*).

Quinzá Redondo, Pablo und Gray, Jacqueline, La (des)coordinación entre la propuesta de Reglamento de Régimen Económico Matrimonial y los Reglamentos en Materia de Divorcio y Sucesiones, Anuario Español de Derecho Internacional Privado 2013, S. 513.

Raupach, Claudia, Ehescheidung mit Auslandsbezug in der Europäischen Union, Mohr-Siebeck, Tübingen 2014.

Rauscher, Thomas, Familienrecht, 2. Aufl., C.F. Müller, Heidelberg 2008.

Rauscher, Thomas (Hrsg.), Europäisches Zivilprozess- und Kollisionsrecht (EuZPR/EUIPR), Band I–III, Verlag Dr. Otto Schmidt, Köln 2016 bzw. 2017.

Rauscher, Thomas, Internationales Privatrecht, 5. Aufl., C.F. Müller, Heidelberg 2017.

Renner, Moritz, Ordre public und Eingriffsnormen, Konvergenzen und Divergenzen zwischen IPR und IZVR, in: von Hein, Jan, und Rühl, Gisela (Hrsg.), Kohärenz im Internationalen Privat- und Verfahrensrecht der Europäischen Union, Mohr Siebeck, Tübingen 2016, S. 467 ff. Tagungsband einer am 10. und 11. Oktober 2014 an der Universität Freiburg i.Br. von Prof. Dr. Jan v. Hein zum Thema veranstalteten Tagung.

Repasi, René, Wirkungsweise des unionsrechtlichen Anwendungsvorrangs im autonomen IPR, Verlag Mohr Siebeck, Tübingen 2018.

Richter, Dagmar, Ehe und Partnerschaft im Recht der Europäischen Union – Wie weit reicht die Bestimmungsmacht der Mitgliedstaaten? Zeitschrift für europarechtliche Studien (ZEuS) 2014, 301.

Riegel, Ralf, Grenzen des Schutzes des räumlich gegenständlichen Bereichs der Ehe, NJW 1989, 2789.

Ring, Gerhard und Ohlsen-Ring, Line, Internationales Privatrecht, 2. Aufl. 2017.

Ring, Gerhard/Olsen-Ring, Line, Das Gesetz zum Internationalen Güterrecht und zur Änderung von Vorschriften des Internationalen Privatrechts, Zeitschrift für die notarielle Beratungs- und Beurkundungspraxis (NotBZ) 2019, 124.

Rodríguez Jiménez, Sonia, Foros de atribución de competencia judicial civil internacional (Internationale Zuständigkeitsforen), veröffentlicht in der Biblioteca Juridica Virtual del Instituto de Investigaciones Juridicas der Universidad Nacional Autónoma de México und abrufbar unter https://archivos.juridicas.unam.mx/www/bjv/libros/9/4251/18.pdf.

Rösler, Rechtswahlfreiheit im internationalen Scheidungsrecht der Rom-III-Verordnung, RabelsZ für internationales und ausländisches Privatrecht 2014, 180.

Roth, Andreas, Der familienrechtliche Ausgleichsanspruch, FamRZ 1994, 793.

Rupp, Caroline, Verliebt, verlobt, rückabgewickelt? – Ansprüche bei der Auflösung von Verlöbnissen aus grenzüberschreitender Perspektive, Rabels Zeitschrift 2019, 154.

SachsenGessaphe, Karl August von, Internationales Privatrecht und UN-Kaufrecht, 2. Aufl., Berliner Wissenschaftsverlag 2007.

Saenger, Ingo (Hrsg.), Zivilprozessordnung, Handkommentar, 8. Aufl., Nomos, Baden-Baden, 2019.

Sahner, Andreas, Materialisierung der Rechtswahl im internationalen Familienrecht, Mohr Siebeck Verlag, Tübingen 2019.

Sanders, Anne, Das Nebengüterrecht und die EuGüVO, FamRZ 2018, 978.

Schmidt, Jan Peter, in: Dutta/Weber (Hrsg.), Internationales Erbrecht, Rn. 1 zu Art. 31 EuErbVO.

Schrupp, Antje, Homosexualität, Heterosexualität – alles dasselbe? vom 6. Juli 2011, im Internet abrufbar unter https://buchliebe.wordpress.com/2011/06/06/homosexualitat-heterosexualitat-%E2%80%93-alles-dasselbe/

Schwab, Dieter, Familienrecht und Religion – ein Blick in die Geschichte, in Mayer, Claudia, Schwab, Dieter, Gottwald, Peter, Henrich, Dieter (Hrsg.): Familienrecht und Religion – Europäische Perspektiven,

Tagungsband des 14. Symposiums für Europäisches Familienrecht der Universität Regensburg, Gieseking-Verlag, Bielefeld 2019, S. 9 ff.

Schwab, Dieter, Gemeinsame elterliche Verantwortung – ein Schuldverhältnis? FamRZ 2002, 1297, Anmerkungen zur Entscheidung des BGH v. 19.06.2002 – XII ZR 173/00 = FamRZ 2002, 1099.

Schwarze, Jürgen, Becker, Ullrich, Hatje, Armin, Schoo, Johann, EU-Kommentar, 4. Aufl., Nomos Verlag, Baden-Baden 2019. (zit.: Schwarze, Becker, Hatje, Schoo/*Bearbeiter*).

Schweitzer, Michael, Dederer, Hans-Georg, Staatsrecht, Bd. III (Staatsrecht, Völkerrecht, Europarecht), 11. Aufl., Verlag C.F. Müller, Heidelberg 2016.

Schweitzer, Rosemarie von, Einführung in die Wirtschaftslehre des privaten Haushalts, Ulmer Verlag, Stuttgart, 1991.

Serdynska, Joanna, Die Entstehung der Güterrechtsverordnungen – Ein Überblick, in: Dutta, Anatol, Weber, Johannes (Hrsg.), Die Europäischen Güterrechtsverordnungen; Tagungsband zum wissenschaftlichen Symposium des Deutschen Notarinstituts und der Universität Regensburg am 10. Februar 2017 in Würzburg, Verlag C.H. Beck, München 2017, S. 7 ff.

Simotta, Daphne-Ariane, Die internationale Zuständigkeit nach den neuen europäischen Güterrechtsverordnungen, *Zeitschrift für vergleichende Rechtswissenschaft* (ZVglRWiss) 2017, 44.

Sobotta, Christoph, Die Mehrsprachigkeit als Herausforderung und Chance bei der Auslegung des Unionsrechts, Zeitschrift für Europäische Rechtslinguistik (ZERL). Köln: Europäische Rechtslinguistik, http://zerl.uni-koeln.de/sobotta-2015-mehrsprachigkeit-unionsrecht.html, (Abruf am 10. Dezember 2020).

Spernat, Thomas, Die gleichgeschlechtliche Ehe im Internationalen Privatrecht unter besonderer Berücksichtigung des Einflusses des EG-Vertrages, Verlag Peter Lang, Frankfurt a. Main 2011.

Spickhoff, Andreas, Die Vollmacht im Kollisionsrecht, Zeitschrift für Europarecht, Internationales Privatrecht und Rechtsvergleichung (ZfRV) 2016, 175.

Staudinger, Julius von (Begr.), Kommentar zum BGB mit Einführungsgesetz und Nebengesetzen, Sellier de Gruyter, Berlin. (zit.: Staudinger/*Bearb.*, BGB, kommentierte Vorschrift bzw. Titel des Bandes, Erscheinungsjahr der Bearbeitung).

Streinz, Rudolf/Michel, Walther, EUV/AEUV, 2. Aufl., C.H. Beck, München 2012. (zit.: Streinz/*Bearbeiter*, Auflage, Erscheinungsjahr).

Streinz, Rudolf/Michel, Walther, EUV/AEUV, Kommentar, 3. Aufl., C.H. Beck, München 2018. (zit.: Streinz/*Bearbeiter*, Auflage, Erscheinungsjahr).

Stürner, Michael, Der Ordre public im Europäischen Kollisionsrecht, in Arnold, Stefan (Hrsg.) Grundfragen des Europäischen Kollisionsrechts, Mohr Siebeck, Tübingen 2016, S. 87 ff.

Süß, Rembert, Sonderanknüpfung von Eheverträgen und Schutz Dritter, in: Dutta, Anatol, Weber, Johannes (Hrsg.), Die Europäischen Güterrechtsverordnungen; Tagungsband zum wissenschaftlichen Symposium des Deutschen Notarinstituts und der Universität Regensburg am 10. Februar 2017 in Würzburg, Verlag C.H. Beck, München 2017, S. 102 ff.

Süß, Rembert, Die Entscheidung des EuGH in der Rechtssache Mahnkopf: Folgen für das gesetzliche Erbrecht des Ehegatten in internationalen Ehen und neue Gestaltungsmöglichkeiten, DNotZ 2018, 742.

Süß, Rembert, Erste Konsequenzen aus der Mahnkopf-Entscheidung des EuGH – und Rechtsermittlung zweiter Klasse für türkische Witwen? Zeitschrift für die Steuer- und Erbrechtspraxis (ZErb) 2019, 249.

Süß, Rembert, Kohler, Christian und Serdynska, Joanna, Diskussionsbeiträge nach dem Vortrag von Mankowski auf dem wissenschaftlichen Symposium des Deutschen Notarinstituts und der Universität Regensburg am 10. Februar 2017 in Würzburg, in: Dutta, Anatol, Weber, Johannes (Hrsg.), Die Europäischen Güterrechtsverordnungen; Tagungsband zum wissenschaftlichen Symposium, Verlag C.H. Beck, München 2017, S. 46 ff.

Tekin, Funda, Differenzierte Integration im Raum der Freiheit, der Sicherheit und des Rechts im Spannungsfeld zwischen Problemlösungsinstinkt und Souveränitätsreflex, integration 2017, 260.

Thorn, Karsten/Paffhausen, Patricia, Eine Ehe ist keine Ehe ist eine Ehe, IPrax 2017, 590.

Thomas, Heinz/Putzo, Hans, Zivilprozessordnung, Verlag C.H. Beck, 40. Aufl. 2019. (zit.: Thomas/Putzo/*Bearbeiter*).

Vedder, Christoph, Heintschel v. Heinegg, Wolf (Hrsg.), Europäisches Unionsrecht, Handkommentar, 2. Aufl., Nomos-Verlag, Baden-Baden 2017. (zit.: Vedder, Heintschel v. Heinegg/*Bearbeiter*).

Wachter, Thomas, Internationale Zuständigkeit der deutschen Nachlassgerichte nach dem EuGH-Urteil in der Rechtssache *Oberle*, Zeitschrift für die Steuer- und Erbrechtspraxis (ZErb) 2018, 230.

Wagner, Rolf, Zwanzig Jahre justizielle Zusammenarbeit in Zivilsachen, IPrax 2019, 185 ff.

Wagner, Volkmar, Haftung der Bieter für *culpa in contrahendo* in Vergabeverfahren, NZBau 2005, 436 ff.

Walther, Bianca, Die Qualifikation des § 1371 Abs. 1 BGB im Rahmen der europäischen Erb- und Güterverordnungen, Zeitschrift für Gemeinschaftsprivatrecht (GPR) 2014, S. 325 ff.

Weber, Johannes, Die Europäischen Güterrechtsverordnungen: Eine erste Annäherung, DNotZ 2016, S. 659.

Weber, Johannes, Einführungsbeitrag zur Tagung über die Europäischen Güterrechtsverordnungen, in: Dutta, Anatol, Weber, Johannes (Hrsg.), Die Europäischen Güterrechtsverordnungen; Tagungsband zum wissenschaftlichen Symposium des Deutschen Notarinstituts und der Universität Regensburg am 10. Februar 2017 in Würzburg, Verlag C.H. Beck, München 2017, S. 4 ff.

Weber, Johannes, Sachenrecht und Verkehrsschutz aus der Perspektive der Europäischen Güterrechtsverordnungen, Rheinische Notarzeitschrift 2017, 365.

Weber, Johannes, Kubicka und die Folgen: Vindikationslegate aus Sicht des deutschen Immobiliarsachenrechts, DNotZ 2018, 16.

Wedemann, Frauke, Die Qualifikation von (Ehegatten-)Innengesellschaften, ehebezogenen Zuwendungen und familienrechtlichen Kooperationsverträgen, IPrax 2016, 252.

Weinert-Portmann, Susanne, Familie – ein Symbol der Kultur, Verlag für Sozialwissenschaften, Wiesbaden 2009.

Wengler, Wilhelm, Die Vorfrage im Kollisionsrecht, RabelsZ 8 (1934), 148.

Wengler, Wilhelm, Alternative Zuweisung von Vorfragen und hinkende Ehe, IPRax 1984, 68.

Wever, Reinhardt/*Hoffmann*, Vermögensauseinandersetzung der Ehegatten außerhalb des Güterrechts, 7. Aufl., Verlag Ernst u. Werner Gieseking, Bielefeld 2018.

WinklervonMohrenfels, Peter, Die gleichgeschlechtliche Ehe im deutschen IPR und im internationalen Verfahrensrecht, in: Arkan, Sabih und Yongalik, Aynur (Hrsg.), Festschrift für Tuğrul Ansay, Kluwer Lay International, London – Alphen an de Rijn (NL), 2006.

Wollenschläger, Ferdinand, Grundfreiheit ohne Markt, Die Herausbildung der Unionsbürgerschaft im unionsrechtlichen Freizügigkeitsregime, Mohr Siebeck, Tübingen 2007.

Wurmnest, Wolfgang, Die Mähr von der Mahr – Zur Qualifikation von Ansprüchen aus Brautgabevereinbarungen, RabelsZ 2007, 527.

Yarayan, Ali, Die Morgengabe nach türkischem Recht in der deutschen Rechtspraxis, NZFam 2016, 1153.

Yassari, Nadjma, Die Brautgabe im Familienvermögensrecht, Innerislamischer Rechtsvergleich und Integration in das deutsche Recht, Mohr Siebeck, Tübingen 2014.

Yassari, Nadjma, Stand des Scheidungsrechts in den islamischen Ländern, in Dutta, Anatol, u. a. (Hrsg.), Scheidung ohne Gericht? Neue Entwicklungen im europäischen Scheidungsrecht, Gieseking-Verlag, 2017.

Ziereis, Marie-Therese, Das neue internationale Güterrecht – ein Überblick über die Europäischen Güterrechtsverordnungen, NZFam 2019, 237.

Zöller, Richard (Begr.) Zivilprozessordnung, 30. Aufl., Verlag Dr. Otto Schmidt, Köln 2014. (zit.: Zöller ZPO/*Bearbeiter*)

Zwirlein, Susanne, Der familienrechtliche Ausgleichsanspruch – eine überschießende Rechtsschöpfung, FamRZ 2015, 896.

Zwirlein-Forschner, Susanne, Mautgebühren im IPR und IZVR – ein Grenzgang zwischen den europäischen Verordnungen, IPrax 2021, 221.

www.ingramcontent.com/pod-product-compliance
Ingram Content Group UK Ltd.
Pitfield, Milton Keynes, MK11 3LW, UK
UKHW020715041026
15590UKWH00002B/680

9 783631 901663